普通高等教育物流类专业系列教材

现代物流学

主　编　初良勇
副主编　康文庆　刘晓佳　李滢棠

机械工业出版社

本书共 16 章，以现代物流的功能要素和物流形式为主线，结合国内外物流经典案例，系统阐述了物流学基础知识、物流系统分析、现代物流活动的功能要素及其运作管理、现代物流管理等基本理论，对现代物流的典型形态即企业物流、城市物流、区域物流、国民经济物流和国际物流进行了专门的介绍，对现代物流的先进运作模式即第三方物流与第四方物流、逆向物流、电子商务物流、绿色物流、智慧物流与数字物流及供应链管理进行了系统论述，最后剖析了制造业物流、商贸业物流和港航物流业的经典案例。

本书适合作为高等院校物流管理、物流工程、交通运输等专业本科生的教材，也适合作为交通运输工程、交通运输、物流管理与工程等专业研究生的教材，还可供现代物流企业、供应链运营企业和工商企业中从事物流管理的人员参考。

图书在版编目（CIP）数据

现代物流学/初良勇主编. —北京：机械工业出版社，2023.8
普通高等教育物流类专业系列教材
ISBN 978-7-111-73442-0

Ⅰ. ①现… Ⅱ. ①初… Ⅲ. ①物流-高等学校-教材 Ⅳ. ①F252

中国国家版本馆 CIP 数据核字（2023）第 118547 号

机械工业出版社（北京市百万庄大街 22 号　邮政编码 100037）
策划编辑：曹俊玲　　　　　　责任编辑：曹俊玲　单元花
责任校对：肖　琳　陈　越　　封面设计：鞠　杨
责任印制：张　博
保定市中画美凯印刷有限公司印刷
2023 年 11 月第 1 版第 1 次印刷
184mm×260mm・24.25 印张・599 千字
标准书号：ISBN 978-7-111-73442-0
定价：69.80 元

电话服务　　　　　　　　　　网络服务
客服电话：010-88361066　　　机　工　官　网：www.cmpbook.com
　　　　　010-88379833　　　机　工　官　博：weibo.com/cmp1952
　　　　　010-68326294　　　金　　书　　网：www.golden-book.com
封底无防伪标均为盗版　　　机工教育服务网：www.cmpedu.com

前　言

现代物流业是支撑国民经济发展的基础性、战略性和先导性产业。现代物流高度集成并融合创新运输、仓储、配送、信息、金融等服务功能，是延伸产业链、提升价值链、打造供应链、发展现代产业体系的重要支撑，对于建设现代流通体系、降低流通成本、提升流通效率、推动形成高水平国民经济循环具有重要的作用。

党的二十大报告指出，加快构建新发展格局，着力推动高质量发展。随着我国对外开放程度日益提高、经济社会转向高质量发展，现代物流产业越来越凸显其对于促进国民经济发展、提升企业效益的重要基础性作用。多年来，我国各级政府部门和市场意识敏锐的企业，始终坚持把现代化的物流管理理念与经营模式、先进的物流技术与装备引入国家、地区经济建设和企业的经营管理之中，同时强调加强物流行业自主创新能力，不断提高社会和企业的核心竞争能力。

现代前沿科技的飞速发展大力推动着物流与供应链业务的数字化、智慧化、绿色化发展，对助力企业商业模式加速转型升级和物流行业建设发挥着至关重要的作用。人工智能、大数据、物联网、数字孪生等新兴科技在仓储作业、干线运输、城市物流、末端配送等众多物流场景中有着广泛而重要的应用前景，有效推动了现代物流、供应链全过程的数智化和可视化。

正是基于上述背景，为了满足物流管理、物流工程等相关专业课程教学的需要，以理论联系实际为指导思想，结合课程组的多年教学经验，编者密切跟踪现代物流发展趋势，以现代物流的功能要素和运作模式为主线编写了本书，从物流管理基本理论、物流功能要素、物流运作模式等多个方面对现代物流进行了全面介绍。本书内容既强调现代物流的基本原理、方法和技术的科学性、系统性及先进性，又注重其可操作性和实用性，可满足高等院校物流类专业的本科生、研究生以及相关科研技术人员的需要。

初良勇担任主编，并负责全书总体框架的设计及最后定稿，康文庆、刘晓佳、李滢棠担任副主编，参加编写的还有林奎星、吴利清、李淑娟、姚艺飞、郭嘉伟、屠丹和赵飞。全书共 16 章，具体编写分工分为：第一章、第二章、第十章、第十四章、第十五章由初良勇编写，第三章、第四章由刘晓佳编写，第六章、第十二章由康文庆编写，第七章、第十一章由李滢棠编写，第五章、第十三章由林奎星编写，第八章、第九章由吴利清编写，第十六章由初良勇、李淑娟、姚艺飞、郭嘉伟、屠丹和赵飞共同编写。参与本书资料整理的有肖焕彬、左世萍、郑杰峰、牛锴文、闫淼、周于佩、谢依依、王梦瑶、王嘉宁和章嘉文。

在本书编写过程中，编者参考和借鉴了一些文献资料以及相关企业的案例，在此向有关作者和企业表示诚挚的谢意。

由于编者水平有限，书中难免存在不足之处，恳请广大读者批评指正。

编　者

目 录

前言
第一章 物流学基础知识 … 1
本章学习目标 … 1
引例 … 1
第一节 物流的概念和内涵 … 2
第二节 现代物流的演变与发展历程 … 7
第三节 现代物流的内涵和特征 … 9
第四节 现代物流的分类 … 13
第五节 现代物流的价值和作用 … 15
第六节 新经济时代现代物流管理理念 … 18
第七节 现代物流学的学科属性与理论体系 … 20
案例分析 … 21
复习思考题 … 23
参考文献 … 23

第二章 物流系统分析 … 24
本章学习目标 … 24
引例 … 24
第一节 系统及系统工程 … 24
第二节 物流系统 … 26
第三节 物流系统分析 … 31
第四节 物流系统规划 … 35
第五节 物流系统评价 … 45
案例分析 … 47
复习思考题 … 48
参考文献 … 48

第三章 现代物流活动的功能要素及其运作管理 … 49
本章学习目标 … 49
引例 … 49
第一节 运输及其合理化 … 51
第二节 储存保管 … 60
第三节 装卸搬运管理 … 65

第四节 现代包装及集装箱化 … 69
第五节 流通加工 … 73
第六节 物流配送管理 … 76
第七节 物流信息及信息系统 … 80
案例分析 … 83
复习思考题 … 85
参考文献 … 85

第四章 现代物流管理 … 86
本章学习目标 … 86
引例 … 86
第一节 物流管理的内容 … 88
第二节 物流成本管理 … 91
第三节 物流服务管理 … 95
第四节 物流质量管理 … 101
第五节 物流的标准化管理 … 103
第六节 物流战略管理 … 106
第七节 物流组织管理 … 109
案例分析 … 112
复习思考题 … 113
参考文献 … 113

第五章 企业物流 … 114
本章学习目标 … 114
引例 … 114
第一节 企业物流概述 … 115
第二节 生产企业物流 … 119
第三节 流通企业物流 … 126
课外阅读 … 129
复习思考题 … 131
参考文献 … 131

第六章 城市物流 … 132
本章学习目标 … 132
引例 … 132
第一节 城市物流概述 … 133

目录

　　第二节　城市物流系统 ………………… 141
　　第三节　城市物流系统规划 …………… 143
　　第四节　国内外城市物流系统规划情况 …… 147
　　课外阅读 ……………………………… 150
　　复习思考题 …………………………… 151
　　参考文献 ……………………………… 152

第七章　区域物流 ……………………… 153
　　本章学习目标 ………………………… 153
　　引例 …………………………………… 153
　　第一节　区域物流概述 ………………… 154
　　第二节　区域物流系统规划 …………… 157
　　第三节　区域物流网络布局规划 ……… 162
　　第四节　区域物流运作管理 …………… 164
　　课外阅读 ……………………………… 170
　　复习思考题 …………………………… 172
　　参考文献 ……………………………… 172

第八章　国民经济物流 ………………… 173
　　本章学习目标 ………………………… 173
　　引例 …………………………………… 173
　　第一节　国民经济物流概述 …………… 174
　　第二节　国民经济物流与生产布局 …… 177
　　第三节　我国国民经济物流的发展情况 …… 179
　　第四节　我国国民经济物流的发展政策 …… 182
　　课外阅读 ……………………………… 190
　　复习思考题 …………………………… 193
　　参考文献 ……………………………… 193

第九章　国际物流 ……………………… 194
　　本章学习目标 ………………………… 194
　　引例 …………………………………… 194
　　第一节　国际物流概述 ………………… 195
　　第二节　国际物流系统 ………………… 199
　　第三节　国际物流运作管理 …………… 203
　　课外阅读 ……………………………… 207
　　复习思考题 …………………………… 209
　　参考文献 ……………………………… 210

第十章　第三方物流与第四方物流 …… 211
　　本章学习目标 ………………………… 211
　　引例 …………………………………… 211
　　第一节　第三方物流概述 ……………… 212
　　第二节　第三方物流的运作模式 ……… 217

　　第三节　第四方物流概述 ……………… 226
　　第四节　第四方物流的运作模式 ……… 231
　　案例分析 ……………………………… 236
　　复习思考题 …………………………… 237
　　参考文献 ……………………………… 237

第十一章　逆向物流 …………………… 238
　　本章学习目标 ………………………… 238
　　引例 …………………………………… 238
　　第一节　逆向物流概述 ………………… 239
　　第二节　逆向物流的理论基础和
　　　　　　发展历程 …………………… 245
　　第三节　逆向物流的运作管理 ………… 252
　　第四节　行业逆向物流分析 …………… 256
　　课外阅读 ……………………………… 263
　　复习思考题 …………………………… 265
　　参考文献 ……………………………… 265

第十二章　电子商务物流 ……………… 266
　　本章学习目标 ………………………… 266
　　引例 …………………………………… 266
　　第一节　电子商务概述 ………………… 267
　　第二节　电子商务物流概述 …………… 272
　　第三节　电子商务与物流管理的关系 …… 276
　　第四节　电子商务环境下物流业发展的
　　　　　　趋势 ………………………… 279
　　第五节　在新发展阶段，我国发展电子
　　　　　　商务物流的对策 …………… 280
　　课外阅读 ……………………………… 284
　　复习思考题 …………………………… 286
　　参考文献 ……………………………… 286

第十三章　绿色物流 …………………… 287
　　本章学习目标 ………………………… 287
　　引例 …………………………………… 287
　　第一节　绿色物流概述 ………………… 288
　　第二节　绿色物流系统 ………………… 292
　　第三节　绿色物流运作模式 …………… 295
　　课外阅读 ……………………………… 297
　　复习思考题 …………………………… 300
　　参考文献 ……………………………… 300

第十四章　智慧物流与数字物流 ……… 301
　　本章学习目标 ………………………… 301

引例 …………………………………… 301
第一节　智慧物流 ……………………… 302
第二节　大数据理论知识 ……………… 305
第三节　大数据时代下的智慧物流 …… 307
第四节　数字物流 ……………………… 313
复习思考题 ……………………………… 316
参考文献 ………………………………… 316

第十五章　供应链管理 …………………… 317
本章学习目标 …………………………… 317
引例 ……………………………………… 317
第一节　供应链概述 …………………… 318
第二节　供应链管理 …………………… 327
第三节　供应链的构建 ………………… 336
案例分析 ………………………………… 343

复习思考题 ……………………………… 345
参考文献 ………………………………… 345

第十六章　现代物流与供应链经典案例 …………………………………… 346
本章学习目标 …………………………… 346
第一节　制造业物流创新——海尔集团物流革命及其一体化 …………… 346
第二节　商贸业物流创新——顺丰物流集团供应链生态体系与物流服务创新 … 362
第三节　港航物流业创新——中谷物流运营体系及服务创新策略 ……… 368
复习思考题 ……………………………… 379
参考文献 ………………………………… 379

第一章

物流学基础知识

本章学习目标

掌握物流的基本概念和内涵，了解商流与物流的关系，理解现代物流的演变与发展历程，掌握现代物流的内涵和特征，掌握现代物流的分类，了解现代物流的价值及其在宏观和微观经济中的作用，理解现代物流的发展趋势及其经营理念，深刻认识现代物流学的学科属性与理论体系，能够结合实际案例进行现代物流经营理念分析。

引例

中国物资储运集团打造现代综合物流旗舰

中国物资储运集团有限公司（以下简称中国储运）隶属于国务院国资委监管的大型中央企业中国物流集团有限公司，是国家首批5A级物流企业。

中国储运成立于20世纪60年代初，由原国家经委物资管理总局储运管理局改制建立，是有近60年历史的专业物流企业，实体网络覆盖我国主要城市和全球主要经济区域，业务涵盖期现货交割物流、大宗商品供应链、互联网+物流、工程物流、消费品物流、金融物流等领域，是资产规模达269亿元、净资产达135亿元的大型仓储物流商。

中国储运仓储网络覆盖亚洲、欧洲、美洲等世界主要经济区域；在国内20多个省、直辖市和自治区投资运营了物流园区，形成了立足中国、服务全球的仓储物流服务能力，能够为中外企业的全球化经营提供物流支持。

中国储运旗下的物流园区、物流中心总占地面积约1000万 m^2，其中露天堆场约300万 m^2、库房约300万 m^2，铁路专用线57条，具备公路铁路、公路水路联运功能。公司根据市场需求，持续完善、升级基础设施，能够提供各类物资商品仓储、运输、线上与线下交易、信息发布以及工商税务、餐饮住宿等服务。

未来，中国储运将以"打造现代综合物流旗舰"为愿景，依托通达全国、辐射海外的物流网络，不断拓展供应链服务空间，构建面向国内外的公共物流平台，为客户提供至臻至美的服务。

（资料来源：中国物资储运集团有限公司官网. http://www.cmst.com.cn/zgwzcy/652550/652539/index.html.）

现代物流作为一种现代流通方式在世界范围内受到广泛重视并迅速发展。我国自20世纪70年代末期引入物流概念以来，随着企业经济增长方式的转变和科学技术的飞速发展，现代物流在国民经济发展中的地位越来越重要，各级政府、产业界和理论界高度重视并切实推进现代物流的发展。现代物流理论的产生和发展经历了一个长期过程，理解和掌握现代物流的基本概念、内涵及其发展趋势是学习现代物流理论的基础。

第一节　物流的概念和内涵

从广义上讲，物流（Logistics）作为一种社会经济活动，早在"物流"这个名词出现之前就广泛存在了。可以说，物流是随着人类社会产生而产生，随着商品经济的发展而发展的。

一、物流的基本概念

1. "物"的含义

物流中的"物"可抽象为一般物质的产品，或称为物质资料，即泛指经过人类劳动加工的一切社会产品。这些物质产品，从经济用途上可以分为生产资料和生活资料，其中生产资料包括劳动对象和劳动工具，生活资料包括生存资料、享受资料和发展资料；从形态上可以分为有形的和无形的，有形的物质产品存在的形态有固体、液体和气体，无形的物质产品，如电等。另外，物质产品还包括生产和生活消费过程中所产生的一切废弃物。随着人们生活水平的不断提高，如何处理这些废弃物，也是物流的重要课题。

长期以来，我国不同部门对物质资料有不同的习惯叫法。例如，商业部门对经营的生活资料称为"商品"；物资部门把经营的生产资料称为"物资"；生产部门把生产出来的物品称为"产品"，而把生产过程所需的各种原料、半成品、外构件、外协件，以及生产过程的废弃物，统称为"物料"；交通运输部门又把经营的对象称为"货物"。所有这些不同叫法，只是习惯上的约定，抽象为一般的物质资料或物质产品，就还是其本来的含义。作为物流中的"物"必须具有可流动性。不可流动的物质资料如土地、房屋等，不在物流研究的范围之内。

2. "流"的含义

一般意义上的"流"是指上述物质资料的一种物理性运动形式。这种运动，无论在哪种情况下，都需要一系列活动才能实现，如包装、装卸搬运、储存保管、运输等。物流中的"流"强调其目的性，即满足需求从供给者向需求者的物资实体的流动。物流中的"流"存在于社会再生产的全过程，包括生产领域、流通领域和消费领域。在生产领域，物流中的"流"与生产过程的工艺流程相适应。在零件的生产工艺中，除了对机器设备进行直接加工外，有很大部分工艺属于物流活动，如物料搬运、对半成品和成品的储存等。在流通领域，为了实现商品（物质资料）从供给者（包括供应商、生产商）所在地到消费者所在地（包括生产消费和生活消费）的空间位移，除了商品交易活动以外，还有许多物流活动，如包装、装卸搬运、运输、储存保管等。在消费领域，生产消费属于生产物流；生活消费，特别是体现社会集团的生活消费，也普遍存在物流活动。

3. 物流的含义

综合以上对"物"和"流"的理解，我们对物流的定义为：物流是指以满足客户需求为目的，考虑成本和效益的物质资料从供给者到需求者的实体性移动，是创造时间效用和空间效用的经济活动。物质资料的这种物理性移动存在于社会再生产的全过程，包括物质资料在生产领域的生产过程中各个阶段之间的流动，以及从生产所在地经由供应所在地向消费所在地的流动。

4. 深入理解物流的内涵

完整的物流概念包含以下要点：

（1）物流的研究对象和研究目的　物流的研究对象是贯穿流通领域和生产领域的一切

物料流以及相关的信息流，研究目的是对其进行科学规划、管理及控制，使其高效率、高效益地达到预定的服务目标。

（2）物流的活动范围　物流的活动范围极其广泛，既包括原材料与供应阶段的物流，也包括生产阶段的物流、销售阶段的物流、退货阶段的物流及废弃物处理阶段的物流等整个生产、流通、消费过程的全部物流活动。

（3）物流的作用　物流的作用是将物资由供给主体向需求主体转移（包含物资的废弃与还原），创造时间价值和空间价值，并且创造部分形质效用。

（4）物流活动　物流活动包括运输、仓储、装卸搬运、包装、流通加工、配送以及相关的信息活动等。

（5）物流在供应链中的作用　物流作为供应链的一个组成部分，在供应链管理与整合中起着非常重要的作用。

（6）物流强调的内容　物流不仅强调各构成要素的整体最佳，还强调物流活动与其他生产经营活动连接的整体最佳，以及物流客户服务的重要性。

（7）物流活动的目标　物流在社会实践中不断发展，是社会分工深化的结果，物流活动的目标可以归纳为以下几个方面：

1）客户满意。现代物流系统具有很强的服务性，这是一种以客户满意为出发点的服务目标，树立"客户第一"的观念，将商品按照客户的要求，以正确的方式、合理的成本送到客户手中。

2）降低成本。物流活动是一种降低总成本的活动。这种成本降低活动包含的内容广泛，即时间成本的降低、空间成本的降低，而且包括交易成本的降低等。物流系统就是要通过渠道设计和网络分析来提高物流运作的高效性、流动性。

3）速度经济。及时性并不等于快速性，也就是说它并不只是简单的时间节约，而是指让物品在最恰当的时间送到客户手中。现代物流不仅仅是物品的传递，更是要通过信息的沟通来实现物品最适合的流动。在物流领域采取的如直达运输、联合运输、看板、按专门路线配送（货运专线运输）等管理和技术，就是这一目标的体现。

4）规模经济。与生产领域的规模生产一样，在流通领域同样也需要规模化经营。对于物流系统来说，就是要通过引入机械化、自动化来提高物流设施规模化的处理能力，通过电子计算机和通信技术的应用以及物流网络的建立与完善来实现信息处理的规模化。

5）范围经济。范围经济意味着对产品进行共同生产相对于单独生产具有经济性。物流的范围经济性是指物流企业在能够同时提供运输、仓储、流通加工、配送，以及这些功能集成的服务时，远比单独建立起一个个功能性企业来提供服务更具有效益。

6）战略与竞争优势。企业通过物流活动的有效组织和协调，能够对成本降低和差异化产生影响，从而形成相对于竞争对手的竞争优势。传统运输、仓储、物资等企业纷纷转型发展现代物流，把物流作为一种战略性竞争行为，通过物流服务提供的成本优势和差异化，树立起其在行业内的竞争优势。

二、物流与流通

现代社会经济活动是一个极为庞大、极为复杂的系统。人类为了满足生活和生产的需要，不断地消费着各式各样的物质资料，同时也有无数的工厂或其他制造系统不停地生产和制造人类所需要的物资。消费者如果不能得到所需要的物资，社会经济将会发生紊乱。

生产者只有将产品转移给消费者，才能实现产品的使用价值，同时可以获得效益，使劳动组织者的各种劳动消耗得到补偿，才能有条件组织再生产。因此，在生产和消费之间必须建立通畅的渠道，这就是流通的任务，所以流通被称为连接生产与消费的纽带。

1. 流通的作用

流通的主要作用是克服生产与消费之间的隔离，使之连接起来。生产与消费之间的隔离有以下三种：

（1）所有权的隔离　所有权的隔离也称为社会的隔离，是指商品的生产者与商品的消费者因所处的地位不同而产生的隔离。在这里，生产者把商品的所有权转让给消费者，消费者得到这种所有权，可以解决所有权的隔离。例如，汽车制造商每年生产几万辆甚至几十万辆汽车，但是只要这些汽车仍在工厂内，它们的功能和价值就不会体现出来。只有这些汽车到客户手中时，其应有的功能和价值才得以体现。这就是所谓的通过流通来实现所有权的效用。承担这种效用实现任务的是交易流通，也叫商品流通，简称商流。

（2）空间的隔离　所谓空间的隔离，是指因生产商品的场所和消费场所的不同而产生的隔离。例如，我国的钢铁业所需要的原材料并不能完全依靠国内生产的铁矿石和煤炭（无论在数量上还是质量上，都无法满足我国钢铁业的发展和规模），而是从遥远的印度、澳大利亚和巴西等国购买，通过散装船大量运输进口。因此，通过物流中的运输克服了生产地和消费地之间在地区和空间的隔离，创造了物流的场所和空间的效用。

（3）时间的隔离　所谓时间的隔离，是指生产商品的时间和使用商品的时间是不相同的。例如，粮食是集中收获的，假如一下子把它吃光，就要出大问题。因为到翌年收割前，人们还要继续吃粮食，所以从收获到消费完毕，这期间需要将粮食储存在仓库里。又如，电扇等家电只有在夏天才会使用，即它的需求具有季节性，但它的生产具有连续性，因此只能把多余的产品存入仓库。这样，物流中的储存就可以解决生产时期和消费时期的时间隔离，即储存创造时间的效用。

上述三种隔离创造的效用，即所有权的效用、空间的效用和时间的效用，都是通过流通得以实现的。但是，如果从实现三种效用的具体分工来看，流通中的商品流通——商流，担负着实现所有权效用的任务，而流通中的物资流通——物流，则担负着实现空间效用和时间效用的任务。

2. 流通的内容

国民经济现代化的标志就是发展生产，使产品极大地丰富，充分满足人民日益增长的、多样化的需求。由于社会产品数量的增长和品种的增多，给流通领域提出了更高的要求。如果众多的产品不能及时到达客户手里，或者生产厂家的原材料供应没有保障，提高生产率就难以实现。因此，国民经济现代化水平越高，对流通的要求也就越高。可以说，没有现代化的流通，就没有国民经济的现代化。

流通活动的内容如图1-1所示，包含商流、物流、资金流和信息流。其中，资金流是在所有权更迭的交易过程中发生的，可以认为从属于商流；信息流则分别从属于商流和物流，属于物流的部分称为物流信息。

（1）商流　对象物所有权转移的活动称为商流。在商流中的物资也称为商品。商流活动一般称为贸易或交易。商品通过交易活动由供给方转让给需求方，这种转让是按价值规律进行的。商流的研究内容是商品交换的全过程，具体包括市场需求预测、订货、合同签订、销售服务等。

第一章 物流学基础知识

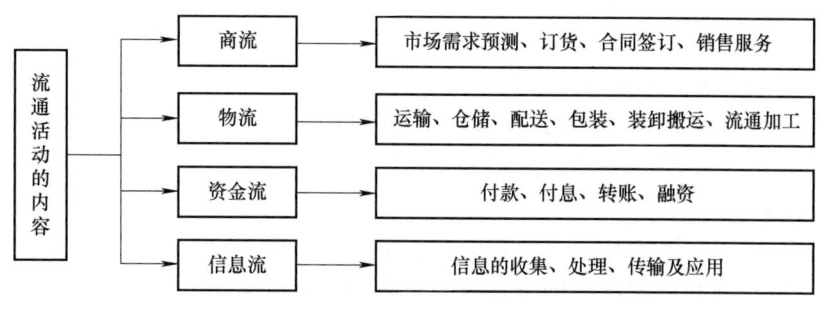

```
                    ┌─── 商流 ───→  市场需求预测、订货、合同签订、销售服务
流通活动            ├─── 物流 ───→  运输、仓储、配送、包装、装卸搬运、流通加工
的内容     ─────────┤
                    ├─── 资金流 ─→  付款、付息、转账、融资
                    └─── 信息流 ─→  信息的收集、处理、传输及应用
```

图 1-1　流通活动的内容

（2）物流　物流是指实物从供给方向需求方的转移，这种转移既要通过运输或搬运来解决空间位置的变化，又要通过储存保管来调节双方在时间节奏方面的差别。物流克服了供给方和需求方在空间和时间方面的距离，创造了空间价值和时间价值，在社会经济活动中起着不可缺少的作用。

（3）资金流　资金流主要是指资金转移，包括付款、付息、转账、融资等方面的活动。

（4）信息流　信息流主要是指有关商品价格、促销、营销、资信、货运跟踪、储存、流通加工、分拣、配送、提货、技术支持、售后服务等方面的信息流通。

3. 商流与物流的关系

商流和物流是同一个生产资料流通过程中相伴发生的两个方面，表现在流通领域生产资料的商品价值和使用价值的运动，所以商流和物流是互相依存的关系。但是，商流和物流又有不同的内容、特点和规律性，因此可以把商流和物流作为两个独立的范畴加以研究。

一般来说，商流和物流是前后继起的运动。在商品经济条件下，商流是物流的前提，而物流是商流的保障。只有通过商流，才能实现产品所有权、支配权、使用权的转移；而在商流的基础上必须通过物流才能实现产品由生产领域向消费领域的运动。因此，物流要受商流的制约，而商流要靠物流来完成。它们之间的相互关系主要表现在以下几个方面：

1）商流反映一定的生产关系，决定着生产资料流通的社会性质，也决定着物流的社会性质。

2）流通的实质是实现商品价值和使用价值。商流是实现商品价值形式的更替，物流是实现商品使用价值位置的变换，它们共同保证商品价值和使用价值在流通领域顺利地实现。

3）商流的价值运动方向和规模，决定着物流运动的方向和规模，而物流的交通运输、储存保管、包装等条件，也制约着在商流交换中人们彼此接触的范围和广度。

4）商流阻塞、停滞会直接关系到物流的顺畅与发展，而物流阻塞、不通畅也会直接影响商品到达消费者手中的速度和商品价值实现的时间，影响商流的发展。

4. 商物分离

商流和物流也有其不同的物质基础和不同的社会形态。从马克思主义政治经济学角度看，在流通这一统一体中，商流偏重于经济关系、分配关系、权力关系，因而属于生产关系范畴；而物流偏重于工具、装备、设施及技术，因而属于生产力范畴。所以，商物分离实际是流通总体中的专业分工、职能分工，是通过这种分工实现大生产式的社会再生产的产物，这是物流学科中重要的观念。物流学科正是在商物分离基础上才得以对物流进行独立的考察，进而形成的学科。但是，商物分离并不是绝对的，在科学技术飞速发展的今天，优势既可以通过分工获得，也可以通过趋同获得，"一体化"的动向在原来许多分工领域变得越来越明显。在流通领域中，发展也是多种形式的，绝对不是单一的"分离"。

现代物流学

（1）商物分离的概念　企业为提高物流效率，趋向于将商流与物流区分开来，将物流设施及有关物流的功能从商业流通领域分离出来，设置物流据点，集中处理若干商品流通的物流业务。因为商物分离可以向物流据点大量运送商品、补充库存，再加上商品库存较集中，所以可以增多品种、减少库存、提高配送效率，使商品流通据点集中精力从事商品运营。

综上所述，在合理组织流通活动中，实行商物分离是提高社会经济效益的客观需要，也是企业现代化发展的趋势。商物流通网络的模式如图 1-2 所示，图 a 是商流和物流合一的流通网络，图 b 是商流和物流分离的流通网络。在图 1-2 中圆圈称为网络的节点，在节点处发生的是货物的发送、停止、存放或者信息的发生、处理、加工、终结等活动。节点之间的实线表示实物的流动，即物流，虚线表示信息流，这些节点和虚实线就构成了网络。

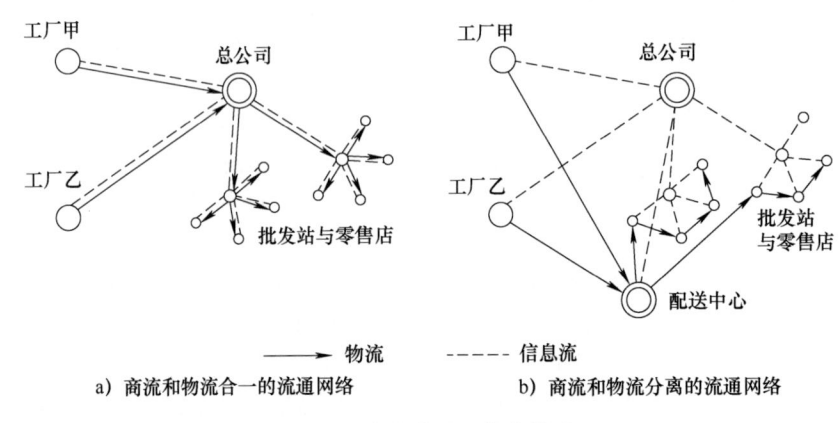

图 1-2　商物流通网络的模式

图 1-2a 中各部门之间的网络比较简单，总公司从工厂购得商品存于总公司仓库或直接送至批发站，批发站再将商品分别送到各零售店，信息流和物流完全一致。在图 1-2b 中，①零售店向批发站订货，订货信息通过批发站传送给总公司的信息中心，信息中心在确认库存商品以后，可以根据订货需要，向配送中心下达送货指令。②配送中心根据指令向零售店送货，同时配送中心将商品出入库的相关信息传达给总公司的信息中心，商品库存量的减少和在库状况记入信息中心的数据库。③在库存量减少到一定水平时，总公司便对工厂下达向配送中心补充货物的指令，或是发出订货的需求，以保证配送中心功能的实施。

（2）商物分离的特征　①库存方面。取消总公司仓库和营业仓库分散库存方式而代之以配送中心集中库存。②输送方面。原先是从工厂仓库至总公司仓库，再到批发站仓库，最后到零售店，是商物一致的三段输送。在商物分离模式下是由工厂仓库送至配送中心，然后直接送至零售店的两段输送。③配送方面。原是分别向各零售店送货，现改为回路配送。④信息系统方面。不再由总公司、批发站和工厂分头处理，而是以信息中心集中处理方式，用现代化通信系统进行各环节的集中控制。

（3）商物分离的方法　商物分离的方法包括以下几种：①订货与配送相分离，把自备卡车与委托运输或共同运输联系在一起，降低运输费用，减少固定资产投资；②把在同一系统的负责一定范围的物流据点合并，加强物流管理，压缩流通库存，减少交叉运输，提高物流系统效率；③减少物流中间环节，流通路线实施从工厂经流通中心到客户手中，甚至由工厂直接运货给客户。

第二节 现代物流的演变与发展历程

现代物流的概念在各个经济发展阶段，适应不同的经济活动目的，不断地进化、调整和完善，即便在同一历史时期同一经济发展阶段，不同的国家也因不同的学派、不同的学术团体和不同的组织机构，出自不同的角度和观点而有所差别。

一、美国物流概念的演变历程

美国的物流概念经历了从 PD（Physical Distribution，实物分配或分销配送）到 Logistics（物流）到 Supply Chain Management（供应链管理）的一个不断演变的过程。

物流概念最早出现在美国，美国市场营销学创始人阿奇·萧（Arch Shaw）提出了 PD 的物流概念。萧在他的《市场流通中的若干问题》（Some Problems in Marketing Distribution）一书中指出："在市场流通中存在两种活动，一种是创造需求，即通过市场分析、渠道、促销等手段，让更多的人购买企业的产品；另一种是产品实体分配（Physical Distribution of Goods），即怎样更经济、更及时地将客户订购的产品送到客户手中。"实际上，前者是商流，后者是物流。1933 年，美国市场营销协会（American Marketing Association，AMA）给 Physical Distribution（PD）下的定义是："PD 是销售活动中所伴随的物质资料从产地到消费地的种种企业活动，包括服务过程。"1963 年，美国实物配送协会（National Council of Physical Distribution Management，NCPDM）成立。该协会 1963 年对物流管理的定义为：物流管理是为了计划、执行和控制原材料、在制品库存及制成品从起源地到消费地的有效流动，从而进行的两种或多种活动的集成。

1918 年，英国犹尼利弗的哈姆勋爵成立了"即时送货股份有限公司"，目的是在全国范围内把商品及时送到批发商、零售商和客户手中。第二次世界大战期间，美国从军事需要出发，在战时后勤供应中，首先采用了"物流管理"（Logistics Management）这一名词，并对后勤供应中的运输、补给、屯驻等进行全面管理，运用运筹学和电子计算机技术进行科学的规划，用系统的观念很好地解决了军事后勤的保障问题。第二次世界大战后，系统化"物流"的思想被美国人应用到企业管理中，被称为"企业物流"（Business Logistics），即利用系统工程的方法对企业的供销、运输、储存等活动进行全面综合管理，并在此基础上形成了物流学科。新学科成立的标志是提出了物流系统的概念，界定了物流系统的范围，认为在流通过程中的运输、仓储、装卸搬运等物流活动具有共同的特征，即是为了改变物资的空间状态和时间状态。它们之间存在着相互制约、相互关联的关系，必须从整体出发，引用系统科学的理论和方法进行系统优化，这个系统就是物流系统。从 20 世纪 80 年代中期开始，Logistics（物流）逐渐取代 PD 成为物流学科的代名词，这是物流学科走向成熟的重要标志。

1985 年，NCPDM 更名为美国物流管理协会（Council of Logistics Management，CLM），协会正式将物流这个概念从 Physical Distribution 转变为 Logistics，并且在 1986 年对物流定义为："以满足客户需求为目的，对原材料、在制品、产成品以及相关信息从供应地到消费地的高效率、低成本流动和储存而进行的计划、实施和控制过程。"CLM 对物流的这一定义，特别强调有效流动与储存，强调信息及管理在物流中的作用。

1992 年，CLM 修订了物流定义，将 1985 年定义中的"原材料、在制品、产成品"修

现代物流学

改为"产品、服务"。这实际上大大拓展了物流的内涵与外延,既包括生产物流,也包括服务物流。

2002年,CLM再一次修订物流的定义:"物流是供应链过程的一部分,它是对商品、服务及相关信息在起源地和消费地之间有效率和有效益的正向及反向移动与储存进行的计划、执行与控制,其目的是满足客户需求。"此次修订非常关键,反映了美国及西方发达国家对物流认识的升华和发展,是站在供应链的角度去认识和理解物流。

> **小贴士——美国供应链管理专业协会的演变过程**
>
> 美国供应链管理专业协会(Council of Supply Chain Management Professionals,CSCMP)1963年在美国芝加哥成立,原名为美国实物配送管理协会(NCPDM),1983年更名为美国物流管理协会(CLM),2005年1月1日更名为美国供应链管理专业协会,是美国和世界上物流和供应链管理领域最有影响的专业组织,是由物流和供应链领域的杰出人员组成的核心组织,一直以来以其卓越的贡献影响着全球行业的发展。CLM于2005年1月1日起正式更名为"供应链管理专业协会",标志着全球物流进入供应链时代。

二、日本物流概念的演变历程

日本的物流概念,可以追溯到1956年日本向美国派出的"流通技术专业考察团",该考察团在美国发现,美国人说的"Physical Distribution"(实物分配或分销配送)涉及大量的流通技术,对提高流通的劳动生产率很有好处,于是在考察报告中对Physical Distribution进行了介绍,随后这一概念引起了日本产业界的重视,日本人就把Physical Distribution译成日语"物の流",1965年更进一步简化为"物流"。

1981年,日本日通综合研究所在《物流手册》上对物流的定义是:物流是物质资料从供给者向需要者的物理性移动,是创造时间性、场所性价值的经济活动。从物流的范畴来看,包括包装、装卸、保管、库存管理、流通加工、运输、配送等诸多活动。

日本在物流概念产生以后,出现了一些物流研究机构,比较有名的有两个,即日本物流管理协会(Japan Logistics Management Association,JLMA)和日本物流管理委员会(Japanese Council of Logistics Management,JCLM)。面对物流的发展,为了提高物流效率、促进物流发展,两个研究机构于1992年6月2日合并成立了日本后勤系统协会(Japan Institute of Logistics System,JILS),将物流改称为后勤,该协会的专务理事稻束原树1997年在《这就是"后勤"》一文中对"后勤"下了定义:"后勤"是一种对于原材料、半成品和成品的有效率流动进行规划、实施和管理的思路,它同时协调供应、生产和销售各部门的个别利益,最终达到满足客户需求的目的。换言之,"后勤"意味着:按要求的数量、以最低的成本送到要求的地点,以满足客户的需求作为基本目标。日本所谈的后勤,实际上对应了我们所说的物流。

三、中国物流概念的演变历程

我国是从日本引入物流概念的。1979年我国开始实行对外开放政策,1979年6月,中国物资经济学会派代表团参加在日本举行的第三届国际物流会议,代表团第一次把物流这一概念介绍到了国内,此后有关部门展开了物流研究。中国物资经济学会在前期将物流概念引入我国的过程中起到了重要作用,并连续多年组团参加国际物流会议。1987年1

月 5 日，中国物流研究会在安徽蚌埠召开了首届大型学术年会，这次会议对国内物流研究起到了较大的促进作用。但毕竟当时我国的经济还比较落后，政府和企业对物流的重视程度和支持力度都还不够，导致我国的物流研究并没有真正深入地开展起来。直到 20 世纪 90 年代后期，随着我国经济的发展及对外开放的深入，尤其是流通体制的改革，流通领域连锁经营的发展，以及 1997 年以来电子商务的发展，促进了有关政府部门、企业和学术研究机构对物流的关注。

1997 年，国内贸易部产业发展司决定对物流的定义展开研究。因物流术语关系其他很多相关行业，经国家科委、国家技术监督局批准作为国家标准研究项目，先后由北京工商大学、中国物资流通协会物流技术经济委员会牵头，由北京工商大学、北京物资学院、北京交通大学、华中科技大学以及一些企业参与了中华人民共和国国家标准《物流术语》的编制工作。

2001 年，《物流术语》（GB/T 18354—2001）将物流定义为：物品从供应地向接收地的实体流动过程。根据实际需要，将运输、储存、装卸、搬运、包装、流通加工、配送、信息处理等基本功能实施有机结合。这个定义既参考了美国、日本的物流定义，又充分考虑了我国物流发展的实际。该标准对统一国内对物流的认识起到了积极的作用。

但是，国内物流发展很快，对物流的认识也在不断深入，因此，该标准也经过了不断修改和完善。2006 年进行了第一次修订，2021 年进行了第二次修订，2021 年版《物流术语》（GB/T 18354—2021）已于 2021 年 8 月 20 日发布，2021 年 12 月 1 日正式实施。它将物流描述为：根据实际需要，将运输、储存、装卸、搬运、包装、流通加工、配送、信息处理等基本功能实施有机结合，使物品从供应地向接收地进行实体流动的过程。

第三节 现代物流的内涵和特征

现代物流是指具有现代特征的物流，它是与现代社会大生产紧密联系在一起的，体现了现代企业经营和社会经济发展的需要。在现代物流管理和运作中，广泛采用了先进的管理技术、工程技术和信息技术等。随着时代的进步，物流管理和物流活动的现代化水平也在不断提高。

一、现代物流的内涵

通常认为，传统物流是指物品的运输、储存及一些附属业务形成的功能单一的物流模式。

现代物流是相对于传统物流而言的。它在传统物流的基础上，引入高科技手段，如通过计算机进行信息联网，并对物流信息进行科学管理，从而使物流速度加快、准确率提高，减少库存，降低成本，延伸并扩大传统物流服务的功能。

对于现代物流的内涵，可以从以下几个方面来理解：

（1）现代物流突出系统要素集成的思想　现代物流要求物流要素快速整合和集成，形成供应链，并实施供应链管理。物流要素（或叫物流资源）包括铁路运输、公路运输、内河及海上运输、邮政运输、管道运输及仓储业、流通加工业、包装业、物流信息业等。把物流要素按供应链的要求整合成有机的系统，并实行供应链管理，能够以最快的速度和最低的成本把所有的物流要素（包括国内的和国际的）加以集成。例如，美国联邦快递对其拥有的 4.2 万辆货车、643 架飞机的物流资源的供应链整合，每天可处理包裹 320 万件，为

现代物流学

全球 210 个国家与地区提供服务，并能够把所有物品以最便宜、最廉价的方式运到所有的地方。对于没有货车、飞机等物流资源的第三方物流企业，可以通过市场整合物流资源，也能降低物流成本，提高物流效率。

（2）现代物流强调信息技术的广泛应用　应用信息网络技术进行管理是现代物流的生命线。网络化、信息化、全球化是现代物流业的基本特征。正是信息网络技术、因特网、局域网、电子数据交换系统等信息网络技术的发展与广泛应用，才有了现代物流，物流业也才得以步入网络化、信息化、全球化的轨道。

实践证明，信息网络技术是现代物流的生命线。因为现代物流正是依靠基于各种通信方式的移动通信手段、全球卫星定位（GPS）技术、地理信息（GIS）技术、计算机网络技术、自动化仓库管理技术、智能标签技术、条码及射频技术和信息交换技术等多种信息技术，把整个物流网络系统乃至整条供应链有机地联系在一起。

（3）第三方物流是现代物流的显著标志　第三方物流的出现是现代物流的一个标志。作为现代物流最典型的模式，第三方物流具有整合、运输、装卸、搬运、仓储、配送、流通加工、包装、物流信息等基本功能。在此基础上，发展了货运代理、客户服务、物流系统设计功能等。其中，物流信息、客户服务和物流系统设计功能是衡量第三方物流服务能力的重要标志，也是第三方物流企业自身核心竞争力的重要内容。第三方物流的优势集中表现在专业优势、信息优势、规模优势、管理优势和服务优势等方面。

二、现代物流的特征

传统物流包括流通业、仓储业、交通运输业和邮政业。随着社会的发展，尤其是近年来新经济赋予物流领域的新知识、新技术、新管理思想和新管理方法等，使传统物流迅速发展成为现代物流。现代物流的特征可以理解为物流的现代化特征，主要体现在以下几个方面：

（1）物流要素系统化　物流不是运输、保管等活动的简单叠加，而是通过彼此的内在联系，在共同的目的下形成的一个系统，构成系统的功能要素之间存在着相互作用的关系。在考虑物流最优化的时候，必须从系统的角度出发，通过物流功能的最佳组合实现物流整体的最优化。局部的最优化并不代表物流系统整体的最优化。

（2）物流作业自动化　物流作业自动化是指物流作业过程的设备、设施的自动化，包括包装、装卸、分拣、运输、识别等作业过程。例如自动识别系统、自动检测系统、自动分拣系统、自动存取系统、自动跟踪系统等。物流作业自动化可方便物流信息的实时采集与追踪，提高整个物流系统的管理和监控水平。

（3）物流管理智能化　随着科学技术的发展与应用，物流管理由手工作业，到半自动化、自动化，直至智能化，是一个渐进的发展过程。从这个意义上说，智能化是自动化的继续和提升。因此可以说，自动化过程中包含更多的机械化成分，而智能化中包含更多的电子化成分，如集成电路、计算机硬件、软件等。智能化能在更大范围和更高层次上实现物流管理的自动化。智能化不仅能用于作业，而且能用于管理，如库存管理系统、成本核算系统等。智能化不仅可以代替人的体力，而且可以代替人的脑力。因此，与自动化相比，智能化能更多地减少人的脑力和体力劳动。

（4）物流体系标准化　在物流管理发展过程中，从企业物流管理到社会物流管理都在不断制定和采用新的标准。从物流的社会角度来看，物流标准可分为企业物流标准、社会物流标准（物流行业标准、物流国家标准、物流国际标准）。从物流技术角度来看，物流标准可分为物流产品标准（物流装备、设备标准）、物流技术标准（条码标准、EDI 即电子数据交换标准）、物流管理标准（ISO 9000、ISO 14000 等）。

（5）物流手段现代化　　在现代物流活动中，运输手段的大型化、高速化、专用化，装卸搬运机械的自动化，包装单元化、仓库立体化、自动化，以及信息处理和传输计算机化、电子化、网络化等为开展现代物流提供了物质保证。

（6）物流信息电子化　　现代信息技术、通信技术以及网络技术，已广泛应用于物流信息的处理和传输过程，物流各环节之间，物流部门与其他相关部门之间，不同企业之间的物流信息交换、传递和处理，可以突破空间和时间的限制，保持物流与信息流的高度统一和对信息的实时处理。

（7）物流服务社会化　　在现代物流时代，物流业已得到充分发展，企业物流需求通过社会化物流服务满足的比重在不断提高，第三方物流将成为现代物流的主体，物流产业在国民经济中的作用越来越大。

（8）物流节点网络化　　随着生产和流通空间范围的扩大，为了保证产品高效率的分销和材料供应，现代物流需要有完善、健全的物流网络体系。网络上点与点之间的物流活动要保持系统性、一致性，这样可以保证整个物流网络有最优的库存总水平及库存分布，将主干线上的运输与支线末端的配送有效结合起来，形成快速灵活的物流通道。

（9）物流运作可视化　　随着现代物流技术特别是电子信息技术和光电技术的发展和应用，无论是客户还是供应商，不再为看不到货物而担心或烦恼。客户可以在办公室看见货物的储存、运输状况，并通过文字、数字、图像等信息形式，了解货物的物流、商流、资金流和信息流等各种情况。物流管理不再是经济的"黑暗地带"，供应链管理也不再是"看不见的手"。例如，库存可视化，可通过多重定位提供当前库存的实时资料，客户可以用获得的信息来控制和管理库存。货运可视化，可以提供网站访问，以便获取货运的具体情况，包括发货人、运货人、收货人、货物的详细信息以及基于事件的状态或区域更新的信息等。

> **小贴士　物流可视化**
>
> 结合 GIS、GPS 和无线通信技术、计算机仿真技术，为物流运作过程，如运输调度、仓储管理和生产过程控制等提供一个可视化的管理平台。

（10）物流系统信息化　　信息在实现物流系统化、物流作业一体化方面发挥着重要作用。现代物流通过信息将各项物流活动功能有机结合在一起，通过对信息的实时把握，控制物流系统按照预定的目标运行。准确地把握信息，如库存信息、需求信息，可以减少没效率（或效率低）、非增值的物流活动，提高物流效率和物流服务的可靠性。

（11）物流快速反应化　　在现代物流信息系统、作业系统和物流网络的支持下，可以满足客户多样化、个性化、小批量、多品种、高频次的需求，可以实现"今日订货，明日交货；上午订货，下午交货"的理想物流。快速反应是当今物流的重要特征。同时，物流企业及时配送、快速补充订货、迅速调整库存结构的能力正在加强。

（12）物流功能集成化　　现代物流从传统的仓储、运输延伸到采购、生产、分销等诸多环节，通过集成，可以优化物流管理，降低运营成本，提高物品价值。另外，由于科学技术的发展和在物流领域的广泛运用，在提高物流管理水平的同时，大量高新技术的采用也使企业面临着各种技术高度集成的问题。

现代物流学

（13）物流经营国际化　在国际经济技术合作过程中，产生了货物和商品的转移，从而带动了国际运输和国际物流的产生和发展。物流国际化主要表现为两个方面：一是其他领域的国际化产生了对国际物流的需求，即国际化物流；二是物流本身的国际化，主要表现为国际物流贸易、国际物流合作、国际物流投资和国际物流交流。

（14）物流服务绿色化　现代物流最优化包括物流物质资源最优化、客户资源最优化、作业流程最优化、操作规程最优化、供应链最优化、组织结构最优化、运输路线最优化、物流总成本最小化等。那么，未来的物流是怎样的呢？未来的物流正如捷克著名物流专家诺瓦克博士所说："在物流中，到处是自动化商店，它们可以自动为你提供你要的东西，仓库全成了自动的，机器人可听懂人话，随时为人取货、存货。你可以通过电话、无线电话等远程控制它们。送货服务时间以最佳方式排列，生产、包装、运输协调一致。一切机器都自动工作，产品消费和运输需要包装，然后装上托盘，运输一律使用托盘和集装箱……这便是未来的物流。"

三、现代物流与传统物流的区别

现代物流与传统物流的根本区别在于：现代物流强调系统整体优化，即以现代信息技术为基础，对物流系统内运输、包装、装卸、搬运、流通加工、配送、储存等各子系统之间进行优化整合，因此出现供应链一体化管理、核心业务管理的协调，强调全程物流等；现代物流一定有完善的物流信息系统和信息网络的支持，其决策、运作过程与管理都离不开信息系统的支撑；现代物流需要先进的物流科学技术。现代物流与传统物流的区别见表1-1。

表1-1　现代物流与传统物流的区别

比较项目	传统物流	现代物流
物流功能	物流功能独立，运输、仓储、货运代理企业等物流各环节各自为政	物流功能有效整合，充分、有效、高效整合各种物流功能要素
物流服务	只是提供简单的位移，短期合约居多，标准化的服务	提供额外增值性服务，长期战略合作伙伴，客户定制服务
物流信息	人工控制，有限的或无EDI，无实时跟踪系统	信息管理，广泛的EDI数据传送，实时信息系统
物流管理	有限或无现代化管理，分散多头管理	系统化管理，信息化管理，全面质量管理

小案例

运输企业向现代物流企业转型

运输企业向现代物流企业转型过程中常见的模式有以下几种：

1. 进化型

广州宝供物流企业集团原来从事传统的铁路货物运输代理，在市场竞争日益加剧的情况下，逐渐转型为供应链物流企业。在进行业务转型的过程中，该企业并没有事先制定物流服务发展的方向，而是根据市场的需求不断改进物流服务项目，逐步形成现代物流中的核心竞争力，确定企业的战略服务定位。这种模式称为进化型转型模式。

2. 转基因型

北京双臣一城快运有限公司定位于快速物流服务，首先确立了战略目标和明确的战略定位，制定了明确的战略方案，并在战略执行中按照预定的目标逐步推进。这种模式称为转基因型转型模式，比较适合刚成立的企业。

第一章　物流学基础知识

3. 嫁接型

中国远洋物流有限公司原来主营传统海洋运输，慢慢向国际物流服务转型。这家公司在转型过程中，在传统海运业务的基础上开拓了物流增值服务，使它成为能够提供一体化物流服务的现代物流企业。这种模式称为嫁接型转型模式，适合目前具有一定规模并具有一定竞争优势且与公司长期战略一致的运输企业。

4. 再生型

日本大和运输公司的业务由传统的道路运输转向快递物流服务，在此转型过程中原来的道路运输业务服务流程、服务对象发生了很大的变化，公司按照新的要求重组了物流服务项目，并成为新的物流服务提供商。这种模式称为再生型模式，适合目前具有一定规模，但运输服务的项目没有竞争优势或者前景很暗淡的企业。

第四节　现代物流的分类

在社会领域中物流活动是普遍存在的，但是在不同的领域和活动中，物流的表现形态、基本结构、技术特征和运作方式等有诸多差异。构建有效的物流系统，加强物流管理，必须首先研究物流的构成，通过科学的分类和研究，探讨物流的共同特点和差异。我们可以从不同的角度对物流进行分类。

一、按物流活动的空间范围分类

按物流活动的空间范围，可以将物流划分为国际物流、国内物流或国民经济物流、区域物流、城市物流、企业物流等。

国际物流是指跨越国境的物流，即国与国之间的物流；国内物流或国民经济物流是指发生在一国之间的物流，是存在于一国国民经济各个领域的物流；区域物流是指在一国之内的一定地理区域所发生的物流，如东北地区物流、长三角区域物流、珠三角区域物流、沿海区域物流、西部区域物流等；城市物流是指一个城市或城市区域所发生的物流，如上海市物流、北京市物流等，由于城市是区域的中心，也可将城市物流看成区域物流中的一种；企业物流是指发生在一个企业内部的物流，如果企业是跨地域，甚至是跨国的，则企业物流就变得复杂化了。

二、按物流的阶段分类

按物流的阶段分类即按物流在生产经营过程中所处的阶段不同而进行的分类。按这种方法，可将物流划分为供应物流、生产物流、销售物流、回收物流、废弃物物流等。

（1）供应物流　生产企业、流通企业或消费者购入原材料、零部件或商品的物流过程称为供应物流，也就是物资生产者、持有者至需求者、使用者之间的物流。对工厂而言，供应物流是指生产活动所需要的原材料、备品备件等物资的采购、供应活动所产生的物流；对于流通领域而言，供应物流是指交易活动中从买方立场出发的交易行为所发生的物流。

（2）生产物流　从工厂的原材料购进入库起，直到工厂成品库的成品发送为止，这一全过程的物流活动称为生产物流。生产物流是制造企业所特有的，它和生产流程同步。原材料、半成品等按照工艺流程在各个加工点不停顿的移动、流转形成了生产物流。如果生产物流发生中断，生产过程也将随之停顿。

（3）销售物流　生产企业、流通企业售出产品或商品的物流过程称为销售物流，它是指物资从生产者或持有者到客户或消费者的物流。对于制造企业而言，销售物流是指售出商品；对于流通企业而言，销售物流是指交易活动中从卖方角度出发的交易行为所发生的物流。

（4）回收物流　在生产及流通活动中有一些物资是要回收并加以利用的，如作为包装容器的纸箱、塑料框、酒瓶等，建筑行业的脚手架也属于这一类物资。还有可用杂物的回收分类和再加工，例如，旧报纸、书籍通过回收、分类，可以再制成纸浆加以利用；特别是金属类废弃物，由于金属具有良好的再生性，可以回收并重新熔炼成有用的原材料。回收物资品种繁多，流通渠道也不规则，并且多有变化，因此管理和控制的难度大。

（5）废弃物物流　生产和流通系统中所产生的无用的废弃物，如开采矿山时产生的土石、炼钢生产中的钢渣、工业废水，以及其他一些无机垃圾等，如果不妥善处理，不但没有再利用价值，还会造成环境污染，就地堆放会占用生产用地以至妨碍生产。对这类物资的处理过程产生了废弃物物流。废弃物物流没有经济效益，但是具有不可忽视的社会效益。为了减少资金消耗、提高效率、更好地保障生活和生产的正常秩序，对废弃物资综合利用的研究很有必要。

三、按照物流系统性质分类

物流按照系统性质可以分为社会物流、行业物流、企业物流等。

（1）社会物流　社会物流一般是指流通领域发生的物流，是全社会物流的整体，所以有人也称之为大物流或宏观物流。社会物流的一个标志是：它是伴随商业活动发生的，也就是说与物流过程和所有权的更迭相关。就物流学的整体而言，可以认为其研究对象主要是社会物流。社会物流的流通网络是国民经济的命脉。流通网络分布是否合理、渠道是否畅通都是至关重要的问题，必须对其进行科学管理和有效控制，采用先进的技术手段，保证高效能、低成本运行，这样做可以带来巨大的经济效益和社会效益。

（2）行业物流　同一行业中的企业虽然在市场上是竞争对手，但是在物流领域却常常可以互相协作，共同促进行业物流系统的合理化，行业物流系统化的结果是使参与的所有企业都得到相应的利益。国内许多行业协会正在根据本行业的特点，提出自己的行业物流系统化标准。例如，建筑机械行业物流系统化的具体内容有：各种运输手段的有效利用；建设共同的零部件仓库，实行共同集中配送；建立新旧车设备及零部件的共同流通中心；建立技术中心，共同培训操作人员和维修人员；统一建设机械的规格等。

（3）企业物流　企业是从事商务活动，即为满足客户需要而提供产品或服务、以营利为目的的经济组织。它有别于经济领域的其他主体，如政府和居民。一个制造企业，首先要购进原材料，然后经过若干工序的加工，最后形成产品销售出去。一个运输企业要按照客户的要求将货物运送到指定地点。在经营范围内由生产或服务活动所形成的物流系统称为企业物流。

四、按物流的执行主体分类

按物流的执行主体对物流进行分类，可以将物流划分为制造业物流（也可称生产企业物流）、流通业物流、专业化物流、消费者物流等。制造业物流和流通业物流是由本企业来组织的物流；专业化物流则是由专业化物流组织来实施的，也称第三方物流或第四方物流；消费者物流是指发生在消费者与消费者之间或消费者与流通企业之间的物流，如消费者因搬家或邮寄包裹而发生的物流，以及消费者因退货或废旧物资的回收而发生的物流等。

五、按物流的行业分类

按物流的行业分类即按专业化物流组织者从事物流行业的不同对物流进行的分类。按这种分类方法，物流可划分为铁路物流、公路物流、航运物流、航空物流、邮政物流等。这几种物流统称为行业物流。

第五节 现代物流的价值和作用

一、现代物流的价值发现

从国际范围来说，物流的价值已经有八次重要发现了。

1. 物流系统功能价值的发现

在第二次世界大战期间，美国军队在后勤军事系统中采用了托盘、叉车。这个系统贯穿了军事物资从单元组合（集装）的装卸活动开始，高效连贯地搬运、运输、储存、再运输搬运，直到按指定军事目标到达目的地为止的整个过程，有效地支撑了庞大的战争体系。这促使人们认识到物流作为一种系统的活动，能够实现以往由许多活动才能完成的各项功能，并认识到物流系统功能的价值。

2. 物流经济活动价值的发现

第二次世界大战以后，大量军事技术和军事组织方式转移到民间活动中，物流系统的思想方法和相关技术、相关管理方式实现了"军转民"，取得了成功。这就使人们认识到，物流不仅有非常重要的军事价值，而且具备非常重要的经济活动价值，可以在经济界广泛地被采用，为企业增加一些新的管理思想和结构模式。第二次世界大战以后，如价值工程、物流等在战争期间形成的理论，都成功地实现了向经济领域的转移，从军事活动的价值转变为经济活动的价值。

3. 物流利润价值的发现

第二次世界大战以后，主要国家的经济发展面对的是一个"无限的市场"，只要能够快速、顺利地实现产品向客户转移就能够获取利润。企业界采用物流技术和物流管理方式之后，能够有效地增强企业的活力，提高企业的效率和效益，从而增加企业的利润。在产业革命以后，经济领域对于人力、原材料这两个利润源泉的挖掘已经有了100多年的历史，虽然在现代社会中仍然可以用新的方式开发这两个利润源泉，但是寻找新的利润源泉变得更为迫切。物流作为"第三个利润源泉"就是在这种情况下被发现的，是对物流利润价值的发现。

4. 物流成本价值的发现

20世纪70年代初，世界爆发了"第一次石油危机"，实际上是以石油为首的能源、原料、材料、劳动力价格的全面上涨。传统的第一、第二利润源泉已经变成了企业的成本负担。在这种情况下人们发现，物流领域有非常大的降低成本的空间。当企业和经济界利用物流系统技术和现代物流管理方式之后，有效地抑制了原材料、能源、人力成本上扬的压力，从而使人们认识到，物流还具备非常重要的降低成本的价值。物流这一价值发现，大大提高了物流在国际上的声誉。在石油危机期间，许多经济学家预言的全世界长期的经济衰退并没有出现，这和经济领域成功地发掘物流的降低成本的价值有相当大的关系。

5. 物流环境价值的发现

物流系统的开发、物流合理化的广泛推行和系统化物流管理的普遍实施，在有效降低成本的同时，由于物流合理化，能够在合理的、更节约使用物流设备的情况下完成资源配置任务。物流系统化以后，物流装备可以得到全面的、系统的开发，因此物流装备的效率大大提高，同时物流装备的能耗大大降低。这些汇集起来之后人们惊喜地发现，物流对改善环境、降低污染、实施可持续发展有重大作用。这就使许多受现代"城市病"之苦的工业化城市格外重视和偏爱用物流这种系统经济形态来改善分立的、混乱的交通，减少交通阻塞、运输损失，降低污染，改善企业外部环境。

6. 物流对企业发展战略价值的发现

物流对企业发展战略价值的发现实际上是对物流服务价值的发现。20世纪80年代之后，企业普遍从考虑当前利益和当前成本转向了考虑长期的、战略性的发展。这个长期的、战略性的发展有两个非常重要的支持因素：一个支持因素是在现代信息技术支撑下建立的稳定的、有效的"供应链"，以增强企业的本体能力；另一个支持因素是贴近客户的服务，而这个服务是远远超出所谓"售后服务"水平的全面贴近客户的服务。在物流领域出现了广泛配送方式、流通加工方式以及更进一步的准时供应系统、即时供应系统、零库存系统等，这些都成功地使企业获得了更长远的战略发展能力。

7. 物流对国民经济价值的发现

1997年，东南亚经济危机过后，人们在分析和总结东南亚各国和各地区的情况时发现，以物流为重要支柱产业的新加坡有较强的抗御经济危机的能力。例如，1998年受金融风波影响较大的马来西亚经济增长为-6.8%、泰国为-8.0%、东盟为-9.4%，与此相比，新加坡当年实现了1.5%的正增长。这个发现非常重要，它的重要性在于，物流不仅对于微观企业有非常重要的意义，而且对于国家经济发展也有非常重要的意义。物流作为一个产业，在国民经济中的地位也是非常重要的，它能够起到完善结构、提高国民经济总体质量和抗御危机的作用。

8. 物流对新经济价值的发现

我国的网络经济在经过多年探索和发展之后终于认识到，网上的虚拟运作和实际物流相结合，才是一个完整的新经济形态。这一点在电子商务中反映得更为明确。

二、现代物流的作用

物流的产生和发展是社会再生产的需要，是流通的主要因素。物流在国民经济中占有重要地位，主要表现在以下几个方面：

1. 物流在宏观经济中的作用

在宏观经济的大系统中，物流仅是其中的一个子系统。这个系统的运行对整个宏观经济的运行有重大影响。

（1）物流是国民经济的动脉系统　物流连接社会生产各个部分，使之成为一个有机整体。任何一个社会（或国家）的经济，都是由众多的产业、部门、企业组成的。这些企业分布在不同的地区、城市和乡村，属于不同的所有者。它们之间相互供应产品，用于对方的生产性消费和职工的生活消费，互相依赖而又互相竞争，形成极其错综复杂的关系。物流就是维系这些复杂关系的纽带。马克思对此曾有过如下一段论述："交换没有造成生产领域之间的差别，而是使不同的生产领域发生关系，并把它们变成社会总生产的多少互相依赖的部门。"商流和物流一起，把各个生产部门变成社会总生产中互相依赖的部门。

（2）物流使社会再生产不断进行，是创造社会物质财富的前提条件　社会生产的重要

第一章　物流学基础知识

特点是它的连续性，这是人类社会得以发展的重要保证。一个社会不能停止消费，同样也不能停止生产。连续不断的再生产总是以获得必要的生产原材料并使之与劳动力相结合而开始的。一个企业的生产要不间断地进行，必须保证原料、材料、燃料和工具、设备等生产资料不间断地流入生产企业，经过一定的加工后又使产成品不间断地流出生产企业。同时，在生产企业内部，各种物质资料也需要在各个生产场所和工序之间相继传送，使它们经过一步步深加工后成为价值更高、使用价值更大的新产品。这些厂内物流和厂外物流如果出现故障，生产过程必然受到影响，甚至会使生产停滞。

（3）物流对国际贸易和经济全球化的促进作用　国际贸易是国际物流产生的前提，没有国际贸易就不会有国与国之间的物流。因此，国际贸易的规模与结构决定国际物流的规模与结构。同时，国际物流又是国际贸易的重要保障。没有国际物流，国际贸易也就无法最终实现，并且国际物流的速度、效率和质量直接影响国际贸易的规模与效益，也是发展国际经济的重要条件。随着世界经济的发展和国际形势的变化，国际贸易出现了一些新的趋势和特点，从而对物流提出了更新、更高的要求，如更高的质量和效率、更好的安全性和经济性。

近几年的经济全球化至少包括国际贸易的全球化、资本输出（投资）的全球化、产品生产与销售网络的全球化、原材料采购与供应的全球化和人力资源组织与开发的全球化。经济全球化，特别是商品贸易、商品生产、商品销售及原材料采购的全球化，必然带来物流的全球化。因此，经济全球化是物流全球化的前提。同样，物流全球化又是经济全球化的保障，没有物流全球化，也就无法实现经济的全球化。从这个意义上说，经济全球化与物流全球化相伴而生，互相促进，共同发展。现代经济与现代物流是正相关的。

2. 物流在微观经济中的作用

（1）物流的改进是提高企业微观经济效益的重要源泉　物流组织的好坏不仅直接决定生产过程能否顺利进行，也决定产品的价值和使用价值能否得以实现，物流费用已成为生产成本和流通成本的重要组成部分。特别是随着科学技术的进步，在工业发达国家，通过降低物料消耗而获取利润（第一利润源泉）和通过节约活劳动消耗而增加利润（第二利润源泉）的潜力已经越来越小，而通过降低物流费用取得利润（第三利润源泉）的潜力却很大。

（2）物流对产品生产的作用　物流是连续生产的保障，是生产经济性的保障。既要保证原材料的供应，生产的不停顿，又要尽量减少存货，这就需要加强物流管理。目前，许多外国企业已把生产管理从制造管理转向物流管理。许多企业采取准时制（Just in Time，JIT）的方法进行储存管理，使生产由生产推式（Push）的管理转向由需求拉式（Pull）的管理。

（3）物流对商品销售或市场营销的作用　物流有时被称为市场营销的一半。这是因为企业物流系统中的产品物流作业负责产品到客户的运输和储存，因而对产品的销售起到重要的作用。在某种情况下，产品物流作业的好坏是销售成败的关键。物流与市场营销中的4P：价格（Price）、产品（Product）、促销（Promotion）和场所（Place）都紧密相关。

物流对产品价格的形成有重要影响，物流的规模大小可以影响产品的批量价格。物流对产品内外包装的决策也有重要影响。物流在目前的拉动式促销中，因为具有强大的"急救"能力，从而成为促销的重要保证。

小案例

从 7-11 连锁便利店看第三利润源

除生产管理和营销管理外，物流管理因其能大幅度降低成本和各种与商品流动相关的费用，从而成为连锁企业创造利润的第三大源泉。全球最大的连锁便利店 7-11 就是通过集中化的物流管理系统成功地削减了相当于商品原价 10%的物流费用。截至 2022 年 9 月，7-11 在全球拥有 70000 多家连锁门店，在中国内地的门店有 2800 多家。

7-11 便利店依靠的是小批量的频繁进货模式。只有利用先进的物流系统，才有可能发展连锁便利店，因为它使小批量的频繁进货得以实现。

典型的 7-11 便利店非常小，场地面积平均仅 100m² 左右，但就是这样的门店提供的日常生活用品达 3000 多种。虽然便利店供应的商品品种广泛，但通常没有储存场所，为提高商品销量，售卖场地原则上应尽量大。这样，所有商品必须能通过配送中心得到及时补充。如果一个消费者光顾便利店时不能买到便利店本应有的商品，便利店就会失去一次销售机会，并使便利店的形象受损。所有的零售企业都认为，这是必须首先避免的事情。

JIT 体系不完全是交货时间的事，也包含以最快的方式通过信息网络从各个门店收到订货信息的技术，以及按照每张特定的订单最有效率地收集商品的技术。这有赖于一个非常先进的物流系统的支持。

（资料来源：百度百科，7-11：日本伊藤洋华堂公司所属便利店.）

第六节 新经济时代现代物流管理理念

新经济就是以高科技、信息、网络、知识为重要构成部分和主要增长动力的经济。在新经济时代，现代物流应该突出以下经营理念：

一、"7R"的理念

现代物流是以满足客户需求为前提和出发点的观念，使社会生产链得以改造。现代物流服务可以用 7 个"恰当"（7R）来表示：恰当的产品（Right Product）、恰当的数量（Right Quantity）、恰当的条件（Right Condition）、恰当的地点（Right Place）、恰当的时间（Right Time）、恰当的客户（Right Customer）、恰当的成本（Right Cost）。

7R 指出了现代物流的基本活动，它既强调了时间和空间的重要性，又强调了成本与服务的重要性。当物流系统发生变动时，物流管理者应不断评价成本与服务水平的合适性。7R 改变了现代生产的链条，由从生产到需求，变为从需求出发到组织生产，再到满足需求。

二、物流系统化的理念

物流系统化是物流的"本性"，是开展现代物流的根本。所谓系统，是指相互联系、相互统一的要素结合在一起，达到同一个目的的群体性结合。物流系统本意是指物流的各环节（运输、保管、包装等）相互影响、相互联系、相互作用、相互制约，形成一个有机组合、协调运行的整体，发挥出综合效益、总体优势。现代物流区别于传统物流最重要的特性就是系统化。

三、物流社会化的理念

第三方物流和第四方物流都是物流社会化的产物。从物流社会化发展的进程来看，第三方物流是物流社会化一个必然的结果。第三方物流实际代表专业的、广泛的物流服务，是物流服务的一种高级的、成熟的形态。

第一章　物流学基础知识

四、物流服务的理念

现代物流应突出其服务的理念，由基本服务向精细服务以及增值服务过渡。基本服务是社会物流企业能够向客户提供的最低限度和通常的服务。基本服务可以做到的是满足客户对物流的一般需求。例如，客户的长距离运输需求，通过社会物流企业可以得到公路和铁路的服务，存货的需求可以得到恰当的仓库库容，也就是说，应该使社会物流企业的服务具有"可得性"。

精细服务是在基本服务基础上的高水平服务，这种服务也是面对所有客户的，不带歧视性，不带特惠性。高水平服务的标准可以规定为"零缺陷服务"，也可以规定为"精细物流服务"，具体的服务水平要根据社会物流企业的服务能力来确定。

增值服务是指通过社会物流企业对客户的服务，可以提高客户物流活动的效率和效益，使客户的物流领域成为"第三利润源泉"。一般来说，增值服务是对特定客户的特定要求实行的服务。当然，如果社会物流企业在服务方面有所创新，也可以用增值服务的方式面对所有的客户进行服务。

五、物流整合的理念

现代物流的新意，在于其系统整合（Integration）的概念，即整合传统的物流作业领域，并把它上升到综合的战略高度。在企业内部，物流管理者是对分散的物流作业进行协调，以形成服务客户为主的综合能力。这种协调将跨越本企业，联系最终客户以及原材料和服务的提供者。从战略角度看，物流管理指挥跨越组织的物流作业，实现供应链（Supply Chain）的协调。现代物流的重要性在于使物流在企业内部与外部整合，从而形成企业在市场上的竞争能力。

六、物流全球化的理念

今天，经济全球化已成为现实，并对企业的生产方式产生重大的影响。企业从全球市场上获得原材料，在世界各地的工厂组织生产，然后将产品运送到世界各地的消费者手中。这种在不同国家建立生产基地，并将这些全球化产品销往国际市场的做法，必将带动物流的全球化。全球化物流是企业全球战略的支持与保证。

七、物流一体化的理念

物流被看作企业与客户和供应商联系的能力，这个能力的强弱直接影响企业的发展。企业内部物流一体化，是在企业内部作业中将所有涉及物流的工作和功能结合起来。对其加以延伸，便是企业外部物流的一体化，也称为供应链管理。

小案例

百岁物流为客户开展一体化综合性物流服务

上海百岁物流有限公司（简称百岁物流）是一家专业化的现代第三方物流公司，致力于为客户提供一体化的综合物流服务。A 客户是全球知名化工企业，百岁物流与 A 客户合作将近 3 年。刚开始，百岁物流只为 A 客户提供单一的运输服务。后来，百岁物流成立了 A 客户项目部，为 A 客户实施仓储管理。百岁物流在合适的地区挑选了全新的室内仓库作为其华东地区的配送中心，面积达 2 万 m²，分为 4 个子仓库，根据 A 客户产品的不同特性和包装合理规划库区，同时配置相应设施。A 客户所需的库存信息、货物在途信息等都可以通过百岁物流的物流信息系统查询。

在这之后，百岁物流开始为 A 客户提供华东地区的物流配送，收货对象为上海、浙江、江苏、安徽、河南地区的经销商、工业企业、全国范围的超市卖场、部分城市的特约维修站及加油站等，收货点多达 500 多个。百岁物流建立配送中心后，储存的 A 客户产品增加到了 500 多种，除原先单纯提供运输服务时承接的车辆润滑油外，又增加了工业用油等众多品种。配送中心的管理还包括产品的区位销售代码管理、改包装、贴标签、流通加工等多项增值服务。百岁物流提供的服务使 A 客户的物流成本大为降低。

此外，百岁物流还为 A 客户提供整合物流服务，包括原材料从港口到 A 客户深圳工厂的运输，产品从工厂到上海 RDC（Regional Distribution Center，区域配送中心）的多式联运、上海 RDC 到华东地区的配送和上海 RDC 的管理。目前，百岁物流服务的内容包括仓储、配送、地对空、国际货代、增值服务等。从参与客户供应链管理的角度来说，服务的内容涉及供应链管理的各个环节，包括供应物流、生产物流和销售物流。

八、精益物流的理念

精益物流起源于日本丰田汽车公司的一种物流管理思想，其核心是追求消灭包括库存在内的一切浪费，并围绕此目标发展的一系列具体方法。它是从精益生产的理念中蜕变而来的，是精益思想在物流管理中的应用。精益物流的目标可概括为企业在提供满意的服务水平的同时，把浪费降到最低程度。精益物流的内涵是运用精益思想对企业物流活动进行管理。

九、"零库存"的理念

从现代物流的角度出发，仓库不再是储存物资的"仓库"，而是一条流动的"河"。企业按订单采购生产所必需的物资；仓库从根本上消除了呆滞物资，消除了库存。从社会物流角度出发，采用物流配送方式、JIT 供应方式、第三方物流方式，都是无库存观念的具体运作。

十、绿色物流的理念

绿色物流是指在物流过程中抑制物流对环境造成的危害的同时，实现对物流环境的净化，使物流资源得到最充分的利用，即向绿色物流、循环型物流转变。

第七节　现代物流学的学科属性与理论体系

一、现代物流学的学科属性

现代物流学是一门新兴学科，是自然科学与社会科学的交叉学科，也称为边缘学科。现代物流学更体现了高科技含量的物流技术、准确迅速的物流信息、高效的物流管理和物流控制，以及高服务质量和高物流效益。现代物流学的产生和发展是社会化大生产和科学技术迅速发展的必然结果，它具有以下几个方面的特点：

（1）现代物流学是一门综合性学科　物流的综合性主要反映在两个方面。一方面，它是自然科学与社会科学的交叉，它的理论与方法是在多学科的基本理论上形成的，是经济学、管理学、工学、理学、社会学、法学的集成。物流学科的发展渗透着现代科学技术、

第一章 物流学基础知识

现代经济理论和现代管理方法与物流实践的结合和应用。另一方面，在组织物流运行中，涉及流通领域、生产领域、交通运输、邮电等服务领域甚至消费领域。有关经济学、管理学、工程学、技术学、社会学的基本原理必然反映到物流管理之中。

（2）现代物流学是一门进行系统分析的学科　物流本身就是一个复杂的社会系统，但同时又处在国民经济、世界经济等比它更大、更复杂的大系统之中。系统的观点，如全局观念、发展和变化观念、环境对系统的影响和制约观念等，以及系统分析、系统综合方法，在物流研究中都是极其重要的。

（3）现代物流学又是一门应用性学科　物流是一门实践性极强的学科。我国的物流企业发展很快，遇到并且也解决了许多问题，不断地获得成功经验。现代物流学的研究课题、数据与资料源于生产和流通，其研究成果又直接应用于生产和流通的实践。它直接服务于制定长远发展规划、制定经济发展的方针政策、提高物流技术和改进物流的组织管理。因此，物流学和物资经济学、商业经济学、商品学、工程科学、生产加工工艺学等学科有密切的关系。

二、现代物流学的理论体系

现代物流学主要研究社会经济中（包括生产性企业和非生产性企业）物质资料空间位移过程中的各种技术和经济问题，包括所涉及的运输、包装、储存、流通加工、配送信息等环节中的技术、经济与管理，即在一定社会条件下以系统优化理论为指导，研究物流的技术与经济管理的理论和方法。

现代物流学理论体系应包括以下内容：

（1）物流基本理论　物流基本理论主要包括物流的概念、层次与分类，物流的产生与发展，物流在经济与社会发展中的地位和作用，现代物流的经营理念等。

（2）物流系统理论　物流系统理论主要包括物流系统的构成、物流系统的结构、物流系统的分析、物流系统的规划、物流系统的运行及评价等。

（3）物流管理理论　物流管理理论是目前物流研究的重点问题，也是物流理论体系的核心内容，主要包括物流管理的概念、分类与方法，物流管理的产生与发展，物流成本管理，物流作业管理，物流服务管理，物流组织管理，物流经营管理，物流战略管理等问题。

（4）物流系统功能要素理论　物流系统功能要素理论主要包括物流系统及其构成要素、物流的主要功能要素（如运输、仓储、配送、包装、装卸、搬运等要素特征）及其合理化的理论。

（5）物流运作典型模式理论　物流运作典型模式理论主要包括企业物流运作与管理、城市物流系统运作、区域物流及国民经济物流系统及其构成、国际物流系统及运作管理。

（6）物流最新发展趋势理论　物流最新发展趋势理论主要包括第三方物流与第四方物流、供应链物流、电子商务物流、绿色物流、物流政策等。

现代物流学强调应用经济分析和现代数学方法，寻求物流过程优化，特别是仓储、运输、配送子系统的过程优化，并取得物流大系统优化的理想效果。

案 例 分 析

案例一　现代物流与传统储运

物流的概念自 20 世纪 80 年代传入我国以来，经过政府有关部门、研究机构及广大企

现代物流学

业大力宣传和倡导，已逐渐走出象牙塔，成为大众的热门话题。但由于对物流的研究探索时间还不长，物流的实际运作机构也处于发展初期，因此当前对"物流"的认识不免存在着一些误区，现归纳如下：

物流就是物资流通。由于我国物流的要领当初是由物资部门从日本引入的，人们自然以为物流就是物资流通的简称。

物流就是储运。由于储存与运输是物流系统的两大支柱，在物流学教科书中，储运占了相当大的篇幅，故有人以为物流就是储运。

物流离我们太遥远。有些人虽然也认识到了发展物流业的战略意义，但觉得目前离我们太遥远。他们觉得在我国发展物流是可望而不可即的。这种观念在一些落后地区和中小城市比较普遍。

物流就是我们已经在干的事。不少接触了一些物流知识，但理解不深的人，常以为物流就是我们已在干的那些事，如运输、保管、流通加工等，物流不过是个新的名词。所以，他们心安理得地将自己的仓库改名为物流中心或配送中心，将贸易公司或运输公司改名为物流公司。这是一种非常有害的将物流庸俗化的倾向。

发展物流必须大投入。有些人认为要搞物流必须有大资金投入，而我国物流相关企业的资本实力还不够雄厚，无钱搞物流。我国确实存在物流基础设施投入不足，交通运输、流通等行业技术水平、实力有待进一步提高等问题，但这并不意味着一定要等到有大资金投入才能发展物流。相关产业的企业应首先立足于现有设施，通过技术改造提高技术水平；更重要的是，应牢固树立依靠科学管理出效益的思想；同时，在学习借鉴国外先进的物流方式和经验的基础上，积极探索有中国特色的物流服务方式，领先优质服务和业务创新，求得生存和发展。

问题：
1. 如何正确理解现代物流？
2. 你认为现代物流与传统储运有什么本质不同？
3. 现代物流企业的核心能力表现在哪些方面？

案例二　北方工业公司的现代物流理念

现代物流管理理念正如汹涌的波涛，冲击着我国传统的运输、仓储、货代等企业。如何适应这一形势，跟上物流发展的脉搏，是摆在众多企业领导者面前的一大课题。北方工业公司是我国的一家国有大型综合性企业，其进出口货物品种多、数额大。为此，北方工业公司在全国各主要口岸建立了为数众多的国际货运代理公司。随着现代物流概念的兴起，作为这样一家大型企业的货代业务，该如何适应物流发展需求，调整服务方式和服务理念呢？

北方工业公司认为，网络设计和信息设计能使公司从战略角度配置物流资源。网络设计的基本工作是选定承担预定的物流工作需要的各类设施及其地点，预见每一种设施怎样进行存货作业和储备多少存货。对一般物流企业来说，应该是先为特定的物流需求在硬件设施方面进行统一设置，然后再利用其提供物流服务。对北方工业公司来说，主要是利用好原有的硬件设施。信息设计是现代物流系统设计不可或缺的，随着 IT 产业的发展，对物流信息的收集、处理和利用带来了前所未有的便利，所以北方工业公司认为，IT 和物流是一对孪生兄弟。信息设计的总体思想源于物流管理所需的各类需求，如预测、订货管理、存货管理、售后服务、应收应付款管理等。信息设计的有效性,直接决定了物流系统的准确性,反应的敏感性。物流信息设计也经历了计算机发展的各个过程,现今北方工业公司已从 EDI 方式跨越到利用互联网平台,这使物流的动态服务、即时服务变为现实。

问题:

1. 通过上述案例,可以看出北方工业公司有怎样的物流经营理念?
2. 传统货运代理企业如何向现代物流企业转型?

◇复习思考题

1. 什么是物流?如何深入理解物流的内涵?
2. 商流与物流的关系如何?
3. 什么是商物分离?商物分离的特征和优越性表现在哪些方面?
4. 分析美国物流概念产生、发展的历程及特点。
5. 现代物流的典型特征体现在哪些方面?
6. 学习现代物流应该树立哪些先进的物流管理理念?

◇参考文献

[1] 吴清一. 物流学概论[M]. 北京:中国物资出版社,2005.
[2] 钱东人,朱海波. 新编现代物流学[M]. 北京:中国物资出版社,2006.
[3] 江少文. 现代物流[M]. 上海:立信会计出版社,2006.
[4] 戢守峰. 物流管理新论[M]. 北京:科学出版社,2004.
[5] 侯龙文. 现代物流管理[M]. 北京:经济管理出版社,2006.
[6] 崔介何. 物流学概论[M]. 5 版. 北京:北京大学出版社,2015.

第二章

物流系统分析

本章学习目标

了解系统及系统工程的概念，掌握系统的特点；理解物流系统的含义及构成要素；掌握物流系统的模式及物流系统化目标；理解物流系统分析的原则与影响因素，掌握物流系统分析的步骤；理解物流系统规划的内容，掌握物流网络规划、物流节点规划及线路规划的基本方法；了解物流系统评价的意义及原则，掌握物流系统评价的步骤；能够运用系统规划基本理论和方法，结合具体案例进行物流系统规划。

引例

丁谓施工的故事

我国有一个丁谓施工的故事，这个故事蕴含着系统工程的思想。

传说宋真宗在位时，皇宫曾起火。一夜之间，大片的宫室、楼台、殿阁、亭榭变成了废墟。为了修复这些宫殿，宋真宗派当时的晋国公丁谓主持修缮工程。当时，要完成这项重大的建筑工程面临着三个大问题：第一，需要把大量的废墟垃圾清理掉；第二，要运来大批木材和石料；第三，要运来大量新土。不论是运走垃圾还是运来建筑材料和新土，都涉及大量的运输问题。如果安排不当，施工现场会杂乱无章，正常的交通和生活秩序都会受到严重影响。

丁谓研究了工程之后，制定了这样的施工方案：首先，从施工现场向外挖了若干条大深沟，把挖出来的土作为施工需要的新土备用，于是就解决了新土问题。然后，从城外把汴水引入所挖的大沟中，于是就可以利用木排及船只运送木材、石料，解决了木材、石料的运输问题。等到材料运输任务完成之后，再把沟中的水排掉，把工地上的垃圾填入沟内，使沟重新变为平地。

按照这个施工方案，不仅节约了许多时间和经费，而且工地秩序井然，城内的交通和生活秩序不受施工太大的影响，因而确实是很科学的施工方案。

物流系统是围绕满足特定物流服务需求，由物流服务需求方、物流服务提供方及其他相关机构形成的一个包含所需物流运作要素的网络。从系统的角度去分析、设计和规划现代物流是现代物流研究的核心问题。

第一节 系统及系统工程

在自然界和人类社会中，任何事物都是以系统的形式存在的。人们可以把每个要研究的问题或对象看作一个系统，在认识客观事物或改造客观事物的过程中，用综合分析的思维方式看待事物，根据事物内在的、本质的、必然的联系，从整体的角度进行分析和研究，这类事物就被看作一个系统。

一、系统的定义

系统这个词来自拉丁语的 Systema，一般认为是"群"与"集合"的意思。随着科学技术的不断发展，系统的概念不断扩充。不同学科中系统的概念略有不同，如机械系统、电子系统、航天系统、卫星通信系统、企业系统、社会系统等。无论什么系统，其实质都是一样的，即各类系统都是由多个相互联系、相互作用的功能实体构成的。

到目前为止，系统的确切定义依照学科不同、使用方法不同和解决的问题不同而有所区别。国外关于系统的定义有 40 多种。我国系统科学界对系统的通用定义是："系统是由相互作用和相互依赖的若干组成部分结合而成的、具有特定功能的有机整体，而且这个整体又是它从属的更大的系统的组成部分。"换句话说，系统是同类或相关事物按一定的内在联系组成的整体。相对于环境而言，系统具有一定的目的和一定的功能，并且相对独立。

在现实中，一个机组、一个工厂、一个部门、一项计划、一个研究项目、一套制度都可以看成一个系统。由定义可知，系统的形成应具备下列条件：

1）系统是由两个或两个以上要素组成的。
2）各要素之间相互联系，使系统保持相对稳定。
3）系统具有一定的结构，保持系统的有序性，从而使系统具有特定的功能。

二、系统的特点

从上面的分析可以看出，系统具有以下特点：

（1）系统的集合性　无论是人造系统还是经过改造的自然系统，通常都是由多个子系统组成的，而且组成的关系是多层次的。由于每个子系统中所要考虑的因素和变量相当多，系统就必然形成庞大的纵向和横向联系。可见，系统是一个集合体，是由多个要素组成的统一体、综合体。

（2）系统的相关性　各系统要素组成了系统，是因为它们之间存在相互联系、相互作用、相互影响的关系。这个关系不是简单的加总，而是相互增强或相互减弱。有效的系统要素相互增强，使系统保持稳定，具有很强的生命力。

（3）系统的目的性和可控性　系统按照形成方式可分为自然系统和人造系统。凡是人造系统都有明确的目的性和可控性。系统的各个组成部分都围绕着一个共同的目标进行活动。例如，物流系统的各个组成部分，都是围绕着实现物资从生产领域向消费领域转移这一目标进行的。

（4）系统的层次性　系统是有层次的，一个主系统可以包括若干子系统，子系统下又有子系统，而且主系统本身又可能包含在更大的系统中。

（5）系统的环境适应性　任何系统都存在于一定的物质环境中，因而也必然受到环境因素的影响，与外部环境产生物质交换和信息交换。系统要正常运行就必须使自己的工作适应环境，这便是系统的环境适应性。

具备上述五个特点的系统是合理的、完整的、科学的系统。物流系统就是这样的系统。

三、系统工程

系统工程（System Engineering，SE）是一门新兴的交叉学科，尚处于发展阶段，至今

现代物流学

还没有统一的定义。现列举国内外知名学者对系统工程所做的解释，为我们认识"系统工程"提供线索和参考。

我国著名科学家钱学森教授指出："系统工程是组织管理系统的规划、研究、设计、制造、试验和使用的科学方法，是一种对所有系统都具有普遍意义的科学方法。""系统工程是一门组织管理的技术。"

美国著名学者 H. 切斯纳（H.Chestnut）指出："系统工程认为虽然每个系统都是由许多不同的特殊功能部分所组成的，而这些功能部分之间又存在着相互关系，但每一个系统都是完整的整体，每一个系统都要求有一个或若干个目标。系统工程就是按照各个目标进行权衡，全面求得最优解（或满意解）的方法，并使各组成部分能够最大限度地互相适应。"

日本工业标准（JIS）规定："系统工程是为了更好地达到系统目标，而对系统的构成要素、组织结构、信息流动和控制机制等进行分析与设计的技术。"

系统不仅涉及工程学领域，还涉及社会、经济和政治等领域，为了圆满解决这些交叉领域的问题，除了需要某些纵向的专门技术以外，还需要一种技术从横向把它们组织起来。这种横向技术就是系统工程，也就是研究系统所需的思想、技术和理论等体系化的总称。

学术界有时把系统分析作为系统工程的同义词来解释。对复杂大系统进行系统分析往往夹杂着决策者个人的价值观和主观判断。因此，系统分析不仅需要计算，还需要依赖直觉和经验进行判断。可以说，系统分析的方法既有科学性，又具有某种艺术性。

综上所述，系统工程是以研究大型复杂的人工系统和复合系统为对象的一门交叉科学，它既是一个技术过程又是一个管理过程。它把自然科学和社会科学的某些思想、理论、方法、策略和手段根据总体协调的需要有机地联系起来；应用定量分析和定性分析相结合的方法以及计算机等技术工具，对系统的构成要素、组织结构、信息交换、反馈控制等功能进行分析、设计、制造和服务，从而实现系统整体目标的最优化。因此，系统工程是一门现代化的组织管理技术，是特殊的工程技术，是跨越许多学科的边缘学科。

第二节 物流系统

从系统论的角度看，物流也是一个有机的整体，用系统的观点来分析和研究物流活动是现代物流科学的核心问题。

一、物流系统概述

1. 物流系统的含义

物流系统是指在一定的时间和空间里，由所需流动的物品、设备、运输工具、仓储设施、人员以及相关的物流环节等相互制约的动态要素构成的具有特定功能的有机整体。

一般情况下，可以把物流系统分为物流作业系统和物流信息系统两部分。

（1）物流作业系统　在运输、保管、搬运、包装、流通加工等作业中使用先进技能和技术，并使生产据点、物流据点、运输配送路线、运输手段等网络化，以提高物流活动的效率。

（2）物流信息系统　在保证订货、进货、库存、出货、配送等信息通畅的基础上，使通信据点、通信线路、通信手段网络化，提高物流作业系统的效率。

2. 物流具有系统性的原因

1）物流本身就是一个系统，而不是单一的运输或单一的保管作业。只有物流各环节整

第二章 物流系统分析

体合理化、机械化和现代化,才能真正节约费用、提高效率、增加效益和提高服务水平。

2)物流各环节之间相互联系、相互制约,有时还相互矛盾。如果只重视一个侧面,忽略另一个侧面,就会产生不协调。例如,不包装或简化包装,就要增加装卸、搬运和保管费用,降低运输效率;如想减少库存,则要增加配送次数,加大运输成本等。

3)物流管理和物流技术本身也要求统一性和整体性。例如,托盘的标准和规格与包装尺寸、卡车车厢宽度、集装箱宽度等都有一致性要求,关系到装卸、运输效率。

4)物流外围条件的系统要求。例如,要提高物流服务水平,加强用户服务建设,但服务是什么标准、成本是否合算,还要根据企业销售、企业经营和企业市场战略的需要而定。也就是说,物流系统与商流系统乃至企业经营、城市规划、环境保护等众多企业外部环境因素相关,在追求物流系统整体最优的同时,还应该与相关的外部条件协调一致。

二、物流系统的构成要素

1. 物流系统的一般要素

物流系统一般是由财、物、任务目标等要素组成的有机整体。物流系统的一般要素通常可以分为以下三类:

(1)财 财是指物流活动中不可缺少的资金。交换是以货币为媒介的。实现交换的物流过程,实际上也是资金运动的过程,同时物流服务本身也是需要以货币为媒介的。物流系统建设是资本投入的一大领域,离开资金这一要素,物流不可能实现。

(2)物 物是指物流作业中的原材料、成品、半成品、能源、动力等物质条件,包括物流系统的劳动对象,即各种实物,以及劳动工具、劳动手段,如各种物流设施、工具,各种消耗材料(燃料、保护材料)等。没有物,物流系统便成了无本之木。

(3)任务目标 任务目标是指物流活动预期安排和设计的物资储存计划、运输计划以及与其他单位签订的各项物流合同等。

2. 物流系统的功能要素

物流系统的功能要素是指物流系统所具有的基本能力,这些基本能力有效地组合、连接在一起,便构成了物流系统的总功能,便能合理、有效地实现物流系统的目标。它包括采购、运输、储存保管、包装、装卸搬运、流通加工、配送和物流信息。

如果从物流活动的实际工作环节来考察,物流就是由上述八项具体工作构成的,换句话说,物流能实现以上八项功能。

3. 物流系统的物质基础要素

物流系统的建立和运行,需要有大量与之相配套的物质基础要素。这些基础要素的有机联系对物流系统的运行有决定性意义。这些基础要素的有机结合对物流系统运作的效率和成本具有重要影响,对实现物流和某一方面的功能也是必不可少的。

物质基础要素主要有:

(1)物流设施 物流设施是指组织物流系统运行的基础物质条件,包括物流站点、货场、物流中心、仓库、物流线路、建筑、公路、铁路、港口等。

(2)物流装备 物流装备是指保证物流系统开工的条件,包括仓库货架、进出库设备、加工设备、运输设备、装卸机械等。

(3)物流工具 物流工具是指物流系统运行的物质条件,包括包装工具、维护保养工具、办公设备等。

(4)信息技术及网络 信息技术及网络是指掌握和传递物流信息的手段,根据所需信息水平不同,包括通信设备及线路、传真设备、计算机及网络设备等。

4. 物流系统的支撑要素

物流系统的建立需要满足许多条件,不但要确定物流系统的地位,而且还要协调与其他系统的关系。这些要素必不可少,主要包括:

(1)体制、制度　物流系统的体制、制度决定了物流系统的结构、组织、领导、管理方式,是物流系统的重要保障。有了这个支撑条件,物流系统在国民经济中的地位才能真正确立。

(2)法律、规章　物流系统的运行不可避免地涉及企业或人的权益问题。法律、规章一方面限制和规范物流系统的活动,使之与更大的系统协调;另一方面给予保障,合同的执行、权益的划分、责任的确定都需要法律、规章进行维系。

(3)行政、命令　物流系统和一般系统的不同之处在于,物流系统关系到国家军事、经济命脉,所以行政、命令等手段也常常是物流系统正常运转的重要支持要素。

(4)标准化系统　保证物流环节协调运行,是物流系统与其他系统在技术上实现连接的重要支撑条件。

三、物流系统的模式

物流系统有输入、处理(转化)、输出、限制(制约)、反馈等功能。根据物流系统的性质,物流系统模式的具体内容有所不同,如图 2-1 所示。

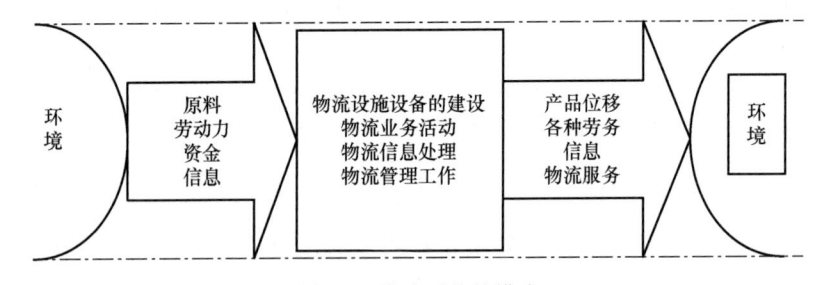

图 2-1　物流系统的模式

(1)输入　输入是指通过提供资源、能源、设备、劳力等手段对某一系统发生作用,统称为外部环境对物流系统的输入,包括原料、劳动力、资金、信息等。

(2)处理(转化)　处理(转化)是指物流本身的转化过程。从输入到输出之间所进行的生产、供应、销售、服务等活动中的物流业务活动称为物流系统的处理(转化),具体内容包括:物流设施设备的建设;物流业务活动,如运输、仓储、装卸、搬运、包装、流通加工;物流信息处理及物流管理工作等。

(3)输出　物流系统与其本身所具有的各种手段和功能,对环境的输入进行各种处理后所提供的物流服务称为系统的输出,具体内容包括:产品位移;各种劳务,如合同的履行;信息及物流服务等。

(4)限制(制约)　外部环境对物流系统施加一定的约束称为外部环境对物流系统产生限制(制约),具体内容包括:资本条件、能源限制、资金与生产能力限制、价格影响、需求变化、仓库容量、装卸与运输能力、政策变化等。

(5)反馈　物流系统在把输入转化为输出的过程中,由于受系统各种因素的限制,不能按原计划实现,需要把输出结果返回给输入进行调整,即使按原计划实现,也要把信息返回，以对工作做出评价，这个过程称为信息反馈。信息反馈活动包括：各种物流活动的分析报告、各种统计报告数据以及国内外市场信息的有关动态等。

四、物流系统的特征

物流系统具有一般系统所共有的整体性、相关性、目的性、环境适应性等特征，同时还具有规模庞大、结构复杂、目标众多等大系统所具有的特征。

（1）物流系统是一个"人机系统"　物流系统由人和形成劳动手段的设备、工具所组成。它具体表现为物流劳动者运用运输设备、装卸搬运机械、仓库、港口、车站等设施，作用于物资的一系列生产活动。在这一系列物流活动中，人是系统的主体。因此，在研究物流系统各个方面的问题时，必须把人和物有机地结合起来加以考察和分析。

（2）物流系统是一个大跨度系统　在现代经济社会中，企业之间的物流经常跨越不同的地域，国际物流的地域跨度更大。物流系统通常采用储存的方式解决产需之间的时间矛盾，这一过程的时间跨度往往也很大。物流系统的跨度越大，其管理方面的难度越大，对信息的依赖程度也就越高。

（3）物流系统是一个可分系统　无论规模多大的物流系统，都可以分解成若干个相互联系的子系统。这些子系统的多少和层次的阶数，是随着人们对物流系统的认识和研究的深入而不断深入、不断扩充的。系统与子系统之间，子系统与子系统之间，存在着时间和空间上及资源利用方面的联系，也存在总目标、总费用及总运行结果等方面的相互联系，同时子系统又可以在物流管理目标与管理分工上自成体系，具有独立性。因此，物流系统不仅有多层次性，而且还具有多目标性。在对物流系统的分析与设计中，既要研究物流系统运行的全过程，也要对物流系统的某一环节（或称之为子系统）加以分析。

（4）物流系统是一个动态系统　物流系统一般联系多个企业与用户，随着需求、供应、渠道、价格的变化，系统内部的要素及系统的运行也经常发生变化。物流系统常受到社会生产及需求的广泛制约，所以物流系统必须是具有适应环境的能力、随环境变化而变化的动态系统。

（5）物流系统是一个复杂系统　物流系统的运行对象"物"，包括社会上各种各样的物资资源，资源的多样性带来了物流系统的复杂化。物资资源品种成千上万，从事物流活动的人员队伍庞大，物流系统内的物资占用大量的流动资金，物流网点遍及城乡各地。这些人、财、物资源的组织和合理利用，是一个非常复杂的问题。

在物流活动的过程中，伴随着大量的物流信息，物流系统要通过这些信息把各个子系统有机地联系起来。收集、处理物流信息，并使之指导物流活动，也是一项复杂的工作。因此，在分析与设计物流系统时，要充分认识到物流系统的复杂性。

（6）物流系统是一个多目标系统　物流系统的总目标是实现其整体经济效益的最大化。但物流系统各要素存在非常强烈的"背反"现象，这常称为"二律背反"现象或"效益背反"现象。因此，在实际工作中要同时实现物流时间最短、服务质量最佳、物流成本最低这几个目标几乎是不可能的。显然，在物流系统分析与设计中，应该建立多目标函数，并在多目标中求得系统的整体最佳效果。正是由于物流系统的"效益背反"现象，我们更应该运用系统科学的思想和方法，寻求物流系统的总体最优化。

五、物流系统化的目标

（1）服务目标　物流系统是起"桥梁、纽带"作用的流通系统的一部分，它连接着生产与再生产、生产与消费，因此要有很强的服务性。物流系统采取多种配送形式，就是其服务性的体现。在技术方面，近年来出现的准时供货方式、柔性供货方式等，也是其服务性的表现。

（2）快速、及时目标　及时性不但是服务性的延伸，也是流通对物流提出的要求。快速、及时既是一个传统目标，又是一个现代目标。其原因是随着社会大生产的发展，这一要求更加强烈了。在物流领域采取的诸如直达物流、联合一贯制运输、高速公路、时间表系统等管理技术，就是这一目标的体现。

（3）节约目标　节约是经济领域的重要规律。在物流领域，除流通时间的节约外，因为流通过程消耗大而又基本上不增加或提高商品使用价值，所以依靠节约来降低投入，是提高相对产出的重要手段。

（4）规模化目标　规模化目标是以物流规模作为物流系统的目标，以此来追求"规模效益"。生产领域的规模生产是早已被社会承认的。由于物流系统比生产系统的稳定性差，因而难以形成标准的规模化格式。在物流领域以分散或集中等不同方式建立物流系统，研究物流集约化的程度，就是规模优势这一目标的体现。

（5）库存调节目标　库存调节目标是服务目标的延伸，也是宏观调控的要求，也涉及物流系统本身的效益。在物流领域，正确确定库存方式、库存数量、库存结构、库存分布就是这一目标的体现。

六、物流系统工程

物流系统工程是指在物流管理中，从物流系统的整体利益出发，把物流与信息流融为一体，运用系统工程的理论和方法，为物流系统的规划、管理和控制选择最优方案，以最低的物流费用，最好的服务质量，达到提高社会经济效益目的的综合性组织管理技术。

数学基础理论、一般系统理论、协同学理论、系统动力学理论、耗散结构理论等为物流系统工程的发展打下了坚实的理论基础。系统工程方法论的基础就是运用各种数学方法、计算技术和控制论，实现系统的模型化和最优化。进行系统分析和系统设计，主要采用的技术和方法如下：

1. 模型化技术

所谓模型，就是由实体系统经过变换而得到的一个映像，是对系统的描述、模仿或抽象。模型化就是通过说明系统的结构和行为，采用适当的数学方程、图像，甚至是以物理的形式来表达系统实体的一种科学方法。模型表现了实际系统的各组成因素及其相互之间的因果关系，反映了实际系统的特征。

建立模型是系统设计的关键。适当的系统模型是选择最优方案的基础。物流系统工程常用的数学模型是：物流预测模型、物流网络模型、物流线路模型、物资分配模型、库存模型、运输模型、投入产出模型等。

2. 最优化理论和方法

最优化的观念贯穿于物流系统工程，也是物流系统工程的指导思想和力争的目标。物流系统工程应根据社会生产发展的需要和发展水平，根据物流的规模和物流的各种装备情况，提出预期实现的任务目标。但是，仅有实现的目标而不具备实现的条件，目标则会成为空话。建立一个物流系统工程模型，应充分考虑客观条件是否具备，进行全面分析，合理地提出任务。在外界环境约束条件下，正确处理物流系统众多因素之间的关系，采用系统优化技术，才能得到满意的结果。在物流系统中大部分是以数学模型来处理问题的，如物资调运的最短路径问题、最大流量问题、最小物流费用问题、最佳储存量问题、物流网点的合理选择问题等。

第三节 物流系统分析

所谓系统分析，就是对一个系统内的基本问题，用逻辑推理、科学分析的方法，在确定条件与不确定条件下找出各种可行的方案。或者说，系统分析就是以系统的整体最优为目标，对系统的各个主要方面进行定性和定量的分析，是一个有目的、有步骤的探索性分析过程，以便给决策者提供直接判断和决定最优方案所需要的信息和资料。系统分析要求有严格的逻辑性：在进行系统分析时，首先应紧紧围绕建立系统的目标；其次，应从系统的整体利益出发，使局部利益服从整体利益，既要考虑当前利益，又要考虑长远利益；最后，做到抓住关键问题，采用定量分析和定性分析相结合的方法。

一、物流系统分析的含义

用系统观点来研究物流活动是现代物流学的核心思想。系统分析在选定系统目标和准则的基础上，分析构成系统的各级子系统的功能和相互关系，以及系统与环境的相互影响，运用科学的分析工具和方法，对系统的目的、功能、环境、费用和效益进行充分调查、比较、分析和研究，并建立若干替代方案和必要的模型，进行系统实验，把实验、分析、计算的各种结果同早先制订的计划进行比较和评价，寻求使系统整体效益最佳和有限资源配备最佳的方案，为决策者的决策提供科学依据和信息。

物流系统分析（Logistic System Analysis，LSA）是指在特定的时间和空间里，将所从事的物流服务及其过程作为一个整体来处理，以系统的观点、系统工程的理论和方法进行分析研究，以实现其空间和时间的经济效应。

可见，物流系统分析包含的内容是非常广泛的，既包含系统内部各要素，又包含与系统相联系的外部环境。物流系统分析的目的，就是通过分析，比较各种替代方案的各项技术、经济指标，向决策者提供可做出正确决策的资料和信息，以便获得最优或最满意的方案。所以，物流系统分析实质上就是在明确目的的前提下，分析和决定系统所应具备的功能和相应的环境条件。

物流系统是由相互联系、相互作用的多个要素组成的，具有多个子系统并能实现多种功能的集合。对物流系统进行分析，就要了解物流系统各部门的内在联系，把握物流系统行为的内在规律性，这无论对于设计新系统还是改造现有系统，都是极其重要的。

二、物流系统分析的作用

为了说明系统分析的作用，需要先分析系统的建立过程。系统的建立过程一般可分为系统规划、系统设计和系统实施三个阶段，如图2-2所示。

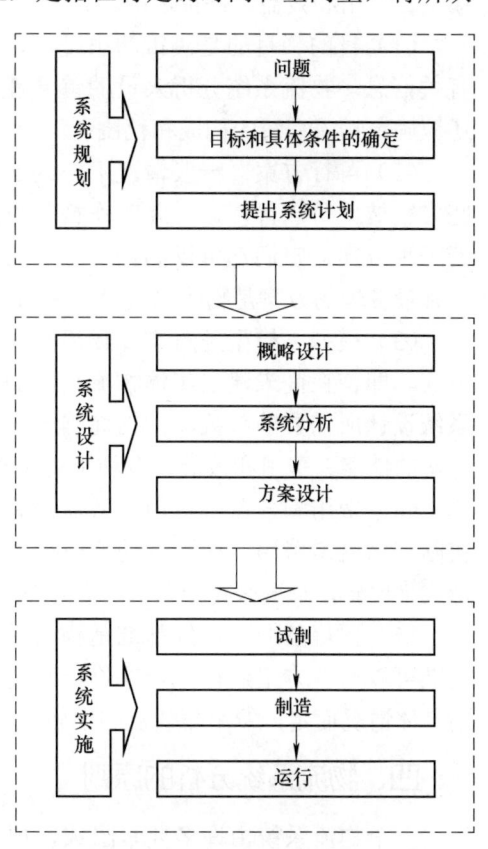

图2-2 系统的建立过程

现代物流学

在图 2-2 中，系统规划阶段的主要任务是定义系统的概念，明确建立或改进系统的必要性，并在此基础上明确目的和确定目标；同时，提出系统建立应具备的环境条件以及系统的约束条件。简而言之，就是提出问题、确立元素和约束，并制订相应的开发计划。系统设计阶段，首先要对系统进行概略设计，其内容是建立多个可行方案；然后进行系统分析，分析的内容包括目的、替代方案、费用和效益、模型及评价标准等；最后确定系统设计方案，对系统进行详细设计，即提出模式和解决方案。系统实施阶段，主要是对系统中的关键项目进行实验和试制，在此基础上进行必要的改进，然后正式投入运行，即实施和改进。

由此可见，物流系统分析在整个系统的建立过程中处于非常重要的地位。它起到承前启后的作用，特别是当系统中或系统所处的环境中存在不确定因素或相互矛盾的因素时，更需要通过系统分析来保证。

三、物流系统分析的要素

物流系统分析的要素是指系统分析的项目，一般必须把握以下几点：明确期望达到的目的和目标；确定达到预期目的和目标所需要的设备、技术条件和相应的资源条件；计算和估计达到各种可行方案所需要的资源、费用和产生的效益；建立各种替代方案所需要的模型，在模型中标明目的、技术条件、环境条件、资源条件、时间、费用、元素之间的关系；为选择最优方案，建立一定的判别准则。

在上述论点的基础上，人们总结出物流系统分析的五个基本要素：目的、可行方案、模型、费用和效益、评价基准。

（1）目的　目的是决策的出发点，为了准确获得决定最优化物流系统方案所需的各种有关信息，物流系统分析人员的首要任务就是充分了解建立物流系统的目的和要求，同时还应确定物流系统的构成和范围。

（2）可行方案　一般情况下，为实现某一目的，总会有几种可采取的方案或手段。这些方案彼此可以替换，因此叫作替代方案或可行方案。例如，企业的分销物流系统可以有若干种方案，它们都可以满足企业产成品分销的需求，这些可行方案就是替代方案。选择一种最合理的方案是物流系统分析要研究和解决的问题。

（3）模型　模型是对实体物流系统抽象的描述。它可以将复杂的问题化为易于处理的形式。即使在尚未建立实体物流系统的情况下，也可以借助一定的模型来有效地求得物流系统设计所需要的参数，并据此确定各种制约条件。同时，还可以利用模型来预测各替代方案的性能、费用和效益，有利于对各种替代方案进行分析和比较。

（4）费用和效益　费用和效益是分析、比较和抉择方案的重要指标。用于方案实施的实际支出就是费用，达到目的所取得的成果就是效益。如果能把费用和效益都折合成货币形式来比较，一般来说效益大于费用的设计方案是可取的，反之则不可取。

（5）评价基准　评价基准是物流系统分析中确定各种替代方案优先顺序的标准。评价基准可以对各方案进行综合评价，确定出各方案的优先顺序。评价基准一般根据物流系统的具体情况而定，费用与效益的比较是评价各方案的基本手段。

四、物流系统分析的原则

一个物流系统由许多要素组成，要素之间相互作用，物流系统与环境互相影响。这些问题涉及面广而又错综复杂，因此在进行物流系统分析时，应认真考虑以下一些原则：

第二章 物流系统分析

（1）物流系统内部与物流系统环境相结合　一个企业的物流系统，不仅受到企业内部各种因素，如企业生产规模、产品技术特征、职工文化技术水平、管理制度与管理组织等的作用，而且还受到社会经济动向及市场状况等环境因素的影响。

（2）局部效益与整体效益相结合　在分析物流系统时常常发现，物流子系统的效益与物流系统整体的效益并不总是一致的。有时从物流子系统的局部效益来看是经济的，但从物流系统的整体来看并不理想，这种方案是不可取的；反之，如果从物流子系统的局部效益来看是不经济的，但物流系统的整体效益是好的，这种方案则是可取的。

（3）当前利益与长远利益相结合　在进行物流系统分析与设计时，既要考虑当前利益，又要考虑长远利益，如果所采用的方案对当前和长远都有利，这样的方案当然最为理想。但如果方案对当前不利而对长远有利，此时要通过全面分析后再下结论。一般来说，只有兼顾当前利益和长远利益的物流系统才是好的物流系统。

（4）定量分析与定性分析相结合　物流系统分析不仅要进行定量分析，而且要进行定性分析。物流系统分析总是遵循"定性—定量—定性"这一循环往复的过程，不了解物流系统各个方面的性质，就不可能建立探讨物流系统定量关系的数学模型，只有将定性与定量两者结合起来综合分析，才能达到优化的目标。

五、影响物流系统分析与设计的因素

物流系统的分析与设计定位于物流服务市场，配置各种物流要素，形成一定的物流生产能力，使之能以最低的总成本达到既定的目标。只有通过考察、分析影响物流系统绩效的内在和外在因素，才能做出合理的分析与设计方案。

影响物流系统分析与设计的因素通常有以下几个方面：

（1）物流服务需求　物流服务项目是在物流系统分析与设计的基础上进行的。由于竞争对手、物流服务市场在不断地发生变化，必须不断地改进物流服务条件，以寻求最有利的物流系统，支持市场发展前景良好的物流服务项目。

物流服务需求包括服务水平、服务地点、服务时间、产品特征等多项因素。这些因素是进行物流系统分析与设计的依据。短的交货周期，意味着需要采用快捷的运输方式或配置更多的仓库，服务地点和服务时间直接决定物流系统的物流网络配置以及运输方案设计，产品特征影响仓储设备、搬运设备、运输设备等的选择。

（2）行业竞争力　为了成为有效的市场参与者，应对竞争对手的物流竞争力，如竞争者的服务水平、物流资源配置情况、服务方式及理赔情况等进行详细分析，从而掌握行业的基本服务水平，寻求自己的物流市场定位，以发展自身的核心竞争力，构筑合理的物流系统。

（3）地区市场差异　物流系统中物流设施的结构直接同客户的特点及状况有关。地区人口密度、交通状况、经济发展水平等都会影响物流设施设置的决策。

（4）物流技术发展　在技术领域对物流系统最有影响力的是信息技术、运输技术、包装技术等。其中，计算机信息和网络技术的应用对物流的发展具有革命性的影响，及时、快捷、准确的信息交换可以随时掌握物流动态，不但可以改进物流系统的实时管理与决策，而且还可以为实现物流作业一体化、提高物流效率奠定基础。

多式联运、新型车辆、优化运输路径选择等，提高了运输衔接能力和运输效率。机器人、自动化仓储系统、自动导向系统、自动分拣系统等的纷纷使用，提高了物流节点的生产能力以及物流节点的物流输入和输出能力。

包装的创新提高了物流操作效率（便于物流的运输、搬运、分拣等），提升了货物的安

现代物流学

全保护能力,增加了信息传递的载体(包装货品识别的跟踪和管理)。

(5)流通渠道结构　流通渠道结构由买卖产品的关系组成。一个企业必须在渠道结构中建立企业之间的商务关系,而物流活动是伴随着一定的商务关系产生的。因此,为了更好地支持商务活动,物流系统的构建应考虑流通渠道的结构。

(6)经济发展　经济发展水平、居民消费水平、产业结构等直接影响着物流服务需求的内容、数量和质量。为了满足用户需要,物流业的内容也在不断拓展、丰富,运输、配载、配送、中转、保管、倒装、装卸、包装、流通加工和信息服务等构成了现代物流活动的主要内容。为此,物流系统应适应物流服务需求的变化,不断拓展其功能,以满足经济发展的需要。

(7)法规、财政、工业标准等　运输法规、税收政策、工业标准等都将影响物流系统的规划。在分析设计时,既要考虑政策性因素,如政府的方针、税收政策、法令以及法律法规和发展规划等方面的要求,又要考虑环保因素,如废物排放量、污染程度、生态平衡等方面的要求,同时还要遵循国家标准与行业标准。

六、物流系统分析的步骤

任何问题,仅做一项分析往往是不够的,一项成功的物流系统分析,是一个循环过程,如图 2-3 所示。

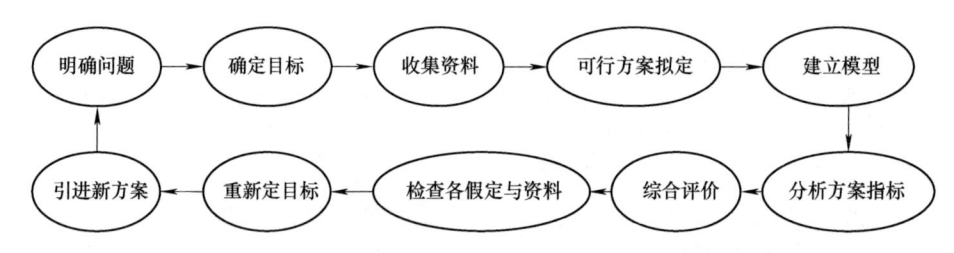

图 2-3　物流系统分析的步骤

(1)明确问题,确定目标　系统分析首先要明确所要解决的问题,以及问题的性质、重点和关键所在,恰当地划分问题的范围边界,了解该问题的历史、现状和发展趋势,在此基础上确定系统的目标。系统分析是针对所提出的具体目标而展开的,由于实现系统功能的目的是靠多方面因素来保证的,因此系统目标也是由若干个目标组成的。在多目标情况下,要考虑各项目标的协调和平衡,保持目标的整体性、可行性和经济性。

(2)收集资料,分析问题　提出问题、明确目标之后,还必须广泛收集与所提问题有关的一切资料,包括历史资料和现实资料,尤其要重视反映各要素之间相互联系和相互作用的资料。在分析和整理资料的基础上,尽量搞清楚所要解决的问题受哪些内部或外部要素的制约和影响,它们的主次关系如何,各自有什么特点和规律,它们之间的联系是怎样的。对这些问题分析得越透彻,成功的可能性就越大。

(3)建立模型　建立模型是对与系统目标相关的因素之间的关系进行描述。可根据不同的表达方式、方法的需要选择不同的模型。通过模型的建立,可以确认影响系统功能和目标的主要因素及其影响程度,确认这些因素的相关程度、总目标和分目标的达成途径及其约束条件。

(4)系统评价及其优化　运用确定的评价标准,主要从技术和经济两个方面对各种方案进行比较和评价,权衡各个方案的利弊得失,包括应用系统优化的理论和方法,例如运筹学、系统工程与方法等,对若干个可行方案的模型进行仿真和优化计算,寻找最优解,从而为选择最优方案提供足够的信息。

第二章　物流系统分析

系统分析工作不是一蹴而就的，往往由于在某个步骤出现问题，需要返回到前面的步骤，甚至返回到确定目标阶段重新开始。只有这样，才能保证为决策提供完全、准确的信息，进而保证决策的准确性和科学性。

第四节　物流系统规划

物流系统规划是指确定物流系统发展目标和设计达到目标的策略与行动的过程。物流系统是一个涉及领域非常广泛的综合系统，它涉及交通运输、货运代理、仓储管理、流通加工、配送、信息服务、营销策划等领域。物流系统又是一个开放的复杂系统，影响其发展的内外因素多且变化大，其依托的外部环境的变化也有很大的不确定性。因此，不论是改进现在的物流系统还是开发新的物流系统，进行物流系统规划都显得尤为重要。

一、物流系统规划概述

1. 物流系统规划的意义

物流系统规划有利于社会经济的可持续发展，对物流业的发展、物流设备的配置、物流用地的布局、物流企业的经营与管理模式的确定，以及制造业的生产组织与优化都有十分重要的意义。其重要意义主要表现在以下几个方面：

（1）有利于物流业持续稳定健康地发展　物流系统规划指引着物流业的发展。物流业的发展首先需要社会有物资需求，其次需要以一定的公共的和私有的基础设施为依托。社会物资需求的种类、数量、分布情况等都需要进行物流系统规划加以确定。另外，物流业发展所依托的基础设施利用情况、未来规划情况，也需要物流系统规划辅助决策。因此，有必要对物流业发展各阶段进行物流系统规划，为物流业走上正确的发展轨道提供科学的依据。

（2）有利于物流用地和设施的合理配置　土地资源的利用是物流业发展在城市空间上的主要约束条件，对物流的影响主要是物流基础设施对物流条件的选择和各种物流需求在不同用地功能上的产生状况。因此，只有通过物流系统规划才能整体把握物流用地分布和数量情况，物流用地中仓储、车场的布局和规模，以及配送中心和物流园区的选址、用地规模、功能设置等。

（3）有利于城市物流系统建设与发展　物流领域容易出现低水平的重复建设现象，需要有规划地制约。物流领域进入的门槛比较低，而发展的门槛比较高，这就使物流领域容易在初期出现低水平层次的重复建设现象。物流领域的建设投资，尤其是基础建设的投资规模是比较大的，需要有规划地引导。如果没有科学的规划，就不能有效地利用资源，就可能给国家、社会、企业造成巨大损失。物流系统规划能进一步优化协调社会物流需求与物流供应，有利于改善城市交通运输状况，促进城市用地模式的合理化，有利于设计合理的投资和建设方案，减少资源浪费，提高资源利用率。

（4）有利于物流企业的经营管理水平的提高　物流系统规划对企业的物流市场进行充分的调查和分析，对物流供应链进行配置与设计，有助于物流企业制定合理的经营管理模式，有助于形成社会物流企业标准化和个性化的统一协调管理。

2. 物流系统规划的特点

物流系统规划将对象视为一个相互联系的有机整体，从全局的观点出发进行综合分析，从整体上进行宏观控制。系统规划要遵循"局部服从全局、个别服从整体、微观服从宏观、

现代物流学

治标服从治本、眼前服从长远、子系统服从大系统"的原则,只有重视了全局、整体和大系统的要求,使系统整体上合理、经济、最优,才能提高规划的综合效益和整体效率。

(1) 物流系统规划是综合规划　物流系统规划的涉及面非常广泛,需要有各方共同遵循的目标与原则。物流涉及生产领域、流通领域、消费及后消费领域,甚至军事领域,几乎包含了全部社会产品在社会与企业中的运动过程,是一个非常庞大而且复杂的领域。仅以社会物流的共同基础设施而言,我国相关的管理部门就有交通运输部、商务部等,还涉及很多行业。这些领域和行业在各自的发展规划中都包含局部的与物流有关的规划。物流系统规划的方法涉及数学、运筹学、管理学、经济学,以及城市规划、交通规划、工程建设等多个技术领域。

(2) 物流系统规划是动态规划　物流系统本身以及所处的环境的复杂多变,决定了物流系统规划的动态性。从宏观上看,与物流业有关的社会经济政策的不断调整、城市建设和发展的不断推进,以及国际政治经济的变化要求物流系统的规划要有适应变化发展的空间和能力。从微观上看,物流企业内部的发展不仅受宏观政策的影响,还受科学技术发展的影响。政策和技术的刺激促使物流企业生产管理、基础设施和科技含量不断变化。因此,物流系统规划要有发展的、动态的眼光。

(3) 物流系统规划是过程规划　物流业的发展要经过萌芽期、起步期、发展期,再逐步走向成熟期。物流系统规划要注重物流业发展各阶段的发展过程,制定相应的发展目标、发展方案和实施办法。

3. 物流系统规划的内容

现代物流系统规划的内容主要有物流发展战略规划、物流网络规划、物流节点规划、物流线路规划以及物流信息系统规划等几个方面,具体内容如图 2-4 所示。

物流系统规划,首先要进行物流发展战略规划,即根据调查分析和物流需求的预测结果确定物流未来的发展目标、发展速度和发展规模;其次要根据物流的整体发展战略规划确定物流建设的网络规划,包括分布模式和数量;再次要进行物流节点规划,相应地布置物流基础设施,包括道路、仓库、物资中转站、配送中心和物流园区等;然后要进行物流线路规划;最后要进行物流信息系统规划。在信息时代,物流信息的电子化是必然要求。物流信息系统规划是物流信息收集的数据库化和代码化、物流信息处理的电子化和计算机化、物流信息传递的标准化和实时化、物流信息储存的数字化。物流作业过程中的制造商、批发商、零售商等各个环节的"商流、物流、信息流"要精确地流动,不能过多也不能过少,这就需要规划物流信息系统,使物流供应链和需求链必须保持同步、等量流动。

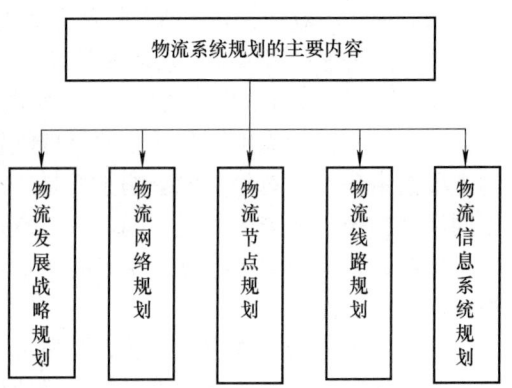

图 2-4　物流系统规划的主要内容

关于物流发展战略规划的内容在第三章有详细阐述,在此不再赘述。下文主要阐述物流网络规划、物流节点规划和物流线路规划三个方面的内容。

二、物流网络规划

随着经济和贸易全球化的发展,网络化物流已经成为现代物流的发展趋势。物流网络

第二章 物流系统分析

是物流系统的基础设施,任何先进高效的物流系统都是基于一个具体的物流网络,如何搭建现代化的物流网络已经成为物流系统研究的核心问题。

1. 物流网络的内涵

按运动的程度即相对位移大小观察,物流的过程是由许多运动过程和许多相对停顿过程组成的。一般情况下,在两种不同形式的运动过程中或在相同形式的两次运动过程中都要有暂时的停顿,而一次暂时停顿也往往连接两次不同的运动。物流过程便是由这种多次的"运动—停顿—运动—停顿"所组成的。

物流系统网络简称物流网络,就是把物流系统抽象为由节点与链连成的网络,如图 2-5 所示。任意一对节点之间可能有多条链相连,代表不同的运输形式、不同的路线。节点也代表那些库存流动过程中的临时经停点,如货物运达零售商或客户之前短暂停留的仓库。

2. 物流网络的构成要素

物流网络结构是指产品从原材料起点到市场需求终点的整个流通渠道的结构,包括物流节点的类型、数量与位置,节点所服务的相应客户群体,相应产品类别以及产品在节点之间的运输方式等。

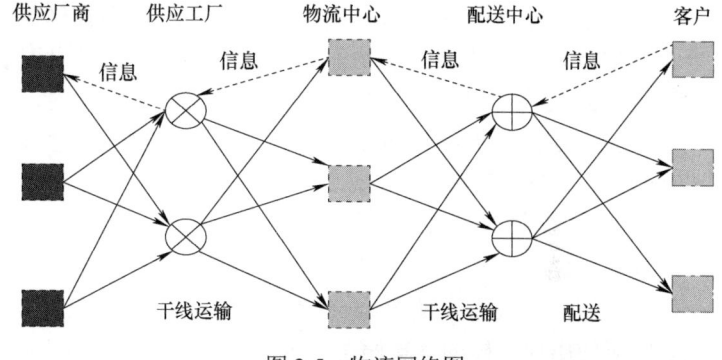

图 2-5 物流网络图

(1)供应厂商 在物流网络中,供应厂商作为产品或原材料的生产者和供应商,是物流网络的始点。物流网络系统的核心功能就是实现原材料或产品从产地到客户之间的空间转移。因此,物流网络结构实质上就是在既定的自然和社会环境下,通过中间节点的布局配置,有效地实现物流始点和终点的连接。因此,厂商的分布不但作为物流网络结构的一个构成要素,而且还影响着物流网络中的其他要素。例如,在厂商分布集中和厂商分布分散两种情况下,无论是集中的厂商还是分散的厂商,都是物流网络的重要构成部分,但对应上述分布物流网络的内部结构就会存在明显差别。

厂商分布与物流网络结构有着互动的影响:当大规模的厂商分布既定的时候,物流网络结构往往会把厂商分布作为一个约束条件;当物流网络初具规模的时候,新的厂商在选址时则会把已有的物流网络作为约束条件。

(2)客户 与作为物流网络始点的厂商相对应,客户作为物流网络的终点,也是物流网络的重要组成部分。只有有了物流网络始点和终点的存在,物流网络的存在才有实际意义,物流网络构建的目标才能够明确。客户自身的特征和分布的特点直接决定物流网络的内部结构,即如何适应特定的客户分布和客户的需求。

客户既是物流网络结构的一部分,也是物流网络服务的对象。物流网络是否高效的直接评价标准就是能否为物流客户提供所需服务。换句话说,物流网络是客户的导向系统。

(3)物流节点 根据不同物流节点的功能和规模,确定合适的物流节点配置,为物流网络功能的实施提供支撑。物流中心和配送中心是物流网络系统的重要节点。

在物流网络中可能存在几个功能不同的物流中心,也可能存在同时具有几种功能的物流中心。物流中心作为物流网络的一个关键部分,其功能和效率对整个物流网络具有重要影响。因此，在进行物流网络规划时，物流中心的规划设计是一个关键问题，决定着整个物流网络的效率。

（4）运输线路　厂商、物流节点和客户构成了物流网络结构的主要构架，要想使这些要素形成一个网络系统，必须有效地把它们连接起来。这些节点之间的实体连接需要通过运输来实现，包括运输线路和运输方式的选择。

在一个物流网络中，不同层级的物流中心与配送中心的连接也需要通过运输来实现。显然，只要涉及产品的空间转移，就必须通过运输来实现。提高不同节点之间运输的有效性是物流网络规划中运输线路选择的目标。

（5）信息系统　在物流网络各节点之间不仅存在产品实体的流动，而且存在大量物流信息在节点之间的传递。在物流网络内，物流信息的及时传递、共享以及处理都会对整个物流网络的效率产生重要影响。在构建物流网络构架时，既要考虑有形的硬件节点建设，也要考虑无形的信息网络体系建设。只有有了物流信息管理体系的支持，物流网络才能够真正激活，才能真正发挥作用。

3. 物流网络的布局与规划

物流网络的布局与规划是指确定产品从供货点到需求点流动的结构，包括决定使用什么样的设施（如果需要使用）、设施的数量、设施的位置、分派给各设施的货品和客户、设施之间应使用什么样的运输服务、如何进行服务等。

网络结构可以有多种形式，根据流经网络的产品不同，其可以比图 2-5 中的网络层次更多或更少，也可能有完全不同的结构。也就是说，一个企业的产品可以有不止一个物流网络设计方案。

这种网络设计的问题既包括空间设计问题，也包括时间设计问题。空间或地理设计问题决定各种设施（如工厂、仓库和零售点）的平面地理位置。在确定各种设施的数量、规模和位置时，要在以地理特征表示的客户服务要求和成本之间寻求平衡。这些成本包括：生产或采购成本、库存持有成本、设施成本（储存、搬运和固定成本）和运输成本。

4. 物流网络的分析模型和方法

可用于网络分析的模型有许多种，可以分为以下几类：

（1）数学分析技术　数学分析技术泛指各种只借助简单数学分析技术的方法，包括统计图表、制图技术和表格对比等几种方法。这类技术的分析结果不一定是低质量的，洞察力、经验和对网络规划的良好理解使人们能够做出满意的设计。这类方法能够考虑主观因素、例外情况、成本和限制条件等，许多复杂的数学模型也不包括的因素。这使分析内容更丰富，并且有可能得出能直接用于实施的设计方案。

例如，某生产卡车刹车部件、分销各种卡车和公共汽车备件公司的老板，打算将他的生产厂仓库转移到其他地区。已知满足该限制条件的选址点只有几个，可以很容易用计算机来分析每个地点的成本。一旦确定了大致范围，就可以通过一些客观因素的比较选出最终位置。这些客观因素包括当地的教育质量、公众对企业的态度、运输和公共事业的可得性。与该地点相关的特殊成本也应该考虑在内，这些成本包括房地产和地方税、公共事业费和租金。

（2）仿真模型　网络的仿真通常包括模拟成本结构、约束条件和其他能够合理代表网络的因素。这类模拟通常利用随机的数学关系来完成，因而仿真程序就是对系统的模型进行抽样实验的技术。也就是说，将一定的网络结构表示为仿真模型，然后提供与系统方案运营相关的成本和其他数据，就相同或不同的方案反复多次进行实验，便可以生成有助于比较不同设计方案的统计数据。由于模型关系非常复杂，所处理的信息量巨大，因此仿真通常是通过计算机进行的。

仿真可以被用来处理物流管理中的各种规划问题，如利用仿真模型进行仓库选址、进行网络优化和选择运输策略等。

绝大部分仿真模型要针对所分析的具体问题专门设计。大多数仿真模型是建立在通用仿真语言基础之上的。这些语言包括 GPSS、SIMULA、DYNAMO、SIMFACTORY 和 SLAM。目前，这些语言中的大多数都具有图像功能，模拟时产品的流动和库存水平可以用动画的形式展现在屏幕上，便于对结果进行解释。

在某个复杂问题的描述中，有大量十分重要的细节，问题中存在许多随机因素，如果寻找数学上的最优解并不是问题的关键，就可以选用仿真技术。物流界将仿真技术看作第二常用的分析技术，仅次于统计方法。

（3）启发式模型　启发式模型是某种形式的混合模型，它将仿真模型定义的真实性与最优模型所能实现的寻求最优解的过程结合在一起。启发式模型一般可以解决许多复杂的问题，但无法保证获得最优解。模型是围绕启发式方法的概念建立的，欣克尔（Hinkle）和库恩（Kuhn）对启发式方法定义如下：

启发式方法是一个简化了的推理过程，寻求得到满意答案，而不是最优解。启发式方法包含一种规则或计算程序，可以限制问题的可行解的个数。它模拟人的一些行为准则，对无法求得最优解的问题得出一个可接受的解，从而缩短问题的求解时间。

启发式模型对某些物流中难以解决的问题是一种很实用的方法。如果人们建模的目的是要找到最佳答案，并且利用优化法对问题求解要求的条件过多时，那么启发式模型会非常有用。

（4）最优化模型　最优化模型是依据精确的数学过程评价各种可选方案，并且能保证得到针对该问题的数学最优解（最佳选择），即从数学上可以证明所得到的解是最优的。许多确定性的运筹学模型或管理科学模型都属于这种类型。这些模型包括数学规划（线性规划、非线性规划、动态规划和整数规划）、枚举模型、排序模型、各种各样的微积分模型和设备替换模型。许多最优化模型已经过概括总结，可以买到相应的软件包。

最优化模型的优势如下：

1）在给定一整套假设条件和数据的情况下，可以保证用户能得到最优解。

2）可以正确处理许多复杂的模型结构。

3）因为得到了所有的方案，并进行了评估，所以分析效率会更高。

4）因为每次都保证得到最优解，所以可以放心地对各次运行的结果进行比较。

最优化模型和启发式模型所获得的解在成本或利润上的差异是很明显的。尽管最优化模型的这些优势令人印象深刻，但它也并不是没有缺点。最优化模型最主要的缺点就是随着问题复杂程度的提高，即使利用最大型的计算机，也无法在合理的计算时间内得到最优解。因此常常需要在求解时间和问题描述的现实性之间取得平衡。虽然如此，有限的最优化模型也可以应用在启发式模型中，求得部分问题的最优解。

三、物流节点规划

1. 物流节点的概念

物流系统节点简称物流节点，是指物流网络中连接物流线路的结节处。节点以一定的节点形态存在，在物流系统中发挥着不同的作用。节点和线路结合在一起，构成了物流的网络结构。节点和线路的相互关系和配置,形成了物流系统的比例关系,这种比例关系就是物流系统的结构。

运输线上的物流节点,我国称之为货站、车站、编组站。从物流节点角度出发,物流节点包括仓库、配送中心和物流中心等。从物流过程状态来看,有相对运动的状态和相对停顿的状态。货物在节点处于相对停顿的状态,在线路处于相对运动的状态。其中,包装、装卸、储存、配货、流通加工等活动都是在节点上完成的。

2. 物流节点的主要类型

按节点的功能,可将物流节点分为以下几种类型:

(1) 转运型节点　转运型节点是指处于运输线路上,以连接不同线路和不同运输方式为主要功能的节点,包括铁道运输线路上的车站、货站、编组站,水运线路上的港口、码头,空运线路上的空港。连接不同方式的转运站和中转仓库等的节点都处于运输线路上,并且主要通过中转将不同的线路和不同的运输方式连接起来。货物在这类节点上停顿的时间都比较短。

(2) 储存型节点　储存型节点是指以保管存放货物为主要功能的节点,包括储备仓库、营业仓库等。由于储备的需要以及生产和消费的季节性等原因,一些货物需要较长时间的储存,因此储存型节点主要是带有储备性质的仓库。由于货物储存量较大、周转速度较慢,因此对仓库的货物保管、养护的要求比较高。

(3) 集散型节点　集散型节点是指以集中货物或分散货物为主要功能的节点,包括集货中心和分货中心。集货中心是将一定范围内来源分散、批量小,但总量较大的货物集中起来,以便大批量处理或发货。分货中心是对集中到达的数量巨大的货物进行拆分处理,形成新的货体和新的包装形态,以适应大量集中生产和小批量分散的要求。

(4) 配送型节点　配送型节点是指连接干线物流与末端物流,以货物配备和组织送货为主要功能的节点。配送中心是配送型节点的典型代表。配送中心是现代物流业发展中出现的新型物流节点,具有集货、分货、分拣、倒装、加工、配货,为客户调节库存、送货服务和收集及传递信息的功能。在现代物流中,配送活动已不是单纯的物流活动,而是与销售或供应等营销活动结合在一起,成为营销活动的重要内容。

(5) 综合型节点　综合型节点是指在一个节点中将若干功能有机结合在一起,有完善的设备、有效的衔接和协调各个工艺流程的集约型节点。配送中心和物流中心等都属于这一类节点。这种具有多功能的节点是为适应物流大量化、复杂化、细致准确的要求而出现的。在一个节点中实现多功能的连接和转化,不仅简化了物流系统,而且大幅度地提高了物流效率,是现代物流系统中节点发展的方向之一。

上述物流节点的分类并不是绝对的,现实中各类节点的功能往往是交叉并存的。现代物流的发展对节点的要求不断提高,传统的单一型节点出现向多功能、综合型转变的趋势。转运型节点可以是流通仓库、中心仓库、运输场站、物流中心(中心仓库+运输场站)、配送仓库等。例如,转运节点的物流功能有装卸、配送,物流在进出口的控制,货运单元的构造和解体,进库、出库,缓冲和仓储,包装和再包装,分拣与配送等。

3. 物流中心选址的原则

物流中心的选址应同时遵循适应性原则、协调性原则、经济性原则和战略性原则。

(1) 适应性原则　物流中心的选址必须与国家、省市的经济发展方针、政策相适应,与我国物流资源分布和需求分布相适应,与国民经济和社会发展相适应。

(2) 协调性原则　物流中心的选址应当将国家的物流网络作为一个大系统来考虑。物

第二章　物流系统分析

流中心的设施设备在地域分布、物流作业生产力、技术水平等方面互相协调。

（3）经济性原则　在物流中心发展过程中，有关选址的费用主要包括建设费用及物流费用（经营费用）两部分。物流中心的选址定在市区、近郊区或远郊区，其未来物流活动辅助设施的建设规模与建设费用以及运费等物流费用是不同的，选址时应以总费用最低作为经济性原则。

（4）战略性原则　物流中心的选址应具有战略眼光。一是要考虑全局，二是要考虑长远。局部要服从全局，目前利益要服从长远利益，既要考虑目前的实际需要，也要考虑日后发展的可能。

4. 物流中心选址的影响因素

物流中心选址应考虑以下因素：

（1）自然环境因素　自然环境因素包括气象条件、地质条件、水文条件和地形条件。

1）气象条件。在物流中心选址过程中，主要考虑的气象条件有温度、风力、降水量、无霜期、冻土深度、年平均蒸发量等指标，如选址时要避开风口，因为在风口建设会加速露天堆放商品的老化。

2）地质条件。物流中心是大量商品的集结地，某些容重很大的建筑材料堆码起来会对地面造成很大的压力。如果物流中心地面以下存在着淤泥层、流沙层、松土层等不良地质条件，会在受压地段造成沉陷、翻浆等严重后果，因此土壤承载力要高。

3）水文条件。物流中心选址需要远离容易泛滥的河川流域与上溢地下水的区域，要认真考察近年的水文资料。地下水位不能过高，洪泛区、内涝区、古河道、干河道等区域绝对禁止使用。

4）地形条件。物流中心应地势高亢、地形平坦，并且应具有适当的面积与外形，若选在完全平坦的地形上是最理想的，其次选择稍有坡度或起伏的地方，对于山区陡坡地区则应该完全避开。在外形上可选长方形，不宜选狭长或不规则形状。

（2）经营环境因素　经营环境因素包括经营环境、商品特性、物流费用和服务水平。

1）经营环境。物流中心所在地区的优惠物流产业政策，对物流区域的经济效益将产生重要影响；数量充足和素质较高的劳动力条件，也是物流中心选址考虑的因素之一。

2）商品特性。经营不同类型商品的物流中心最好能分别布局在不同地域，如生产型物流中心的选址，应与产业结构、产品结构、工业布局紧密结合。

3）物流费用。物流费用是物流中心选址的重要考虑因素之一。大多数物流中心选址接近物流服务需求地，例如接近大型工业、商业区，以便缩短运距，降低运费等物流费用。

4）服务水平。服务水平是物流中心选址的考虑重点。由于现代物流中能否实现准时运送是服务水平高低的重要指标，因此，在物流中心选址时，应保证客户可在任何时候向物流中心提出物流需求，都能获得快速满意的服务。

（3）基础设施状况　基础设施状况包括交通条件和公共设施状况。

1）交通条件。物流中心必须具备方便的交通运输条件：最好靠近交通枢纽进行布局，如紧临港口、交通主干道枢纽、铁路编组站或机场，有两种以上运输方式相连接。

2）公共设施状况。物流中心的所在地，要求城市的道路、通信等公共设施齐备，有充足的供电、水、热、燃气的能力，并且场区周围要有污水、固体废物处理能力。

（4）其他因素　其他因素包括国土资源利用、环境保护要求和周边状况。

1）国土资源利用。物流中心的规划应贯彻节约用地、充分利用国土资源的原则。物流中心一般占地面积较大，周围还需留有足够的发展空间，为此地价对布局规划有重要的影

现代物流学

响。此外,物流中心的布局还要兼顾区域与城市规划用地的其他要素。

2）环境保护要求。物流中心的选址需要考虑保护自然环境,人文环境状况能够得到改善,城市的生态建设得以维持和增进。

3）周边状况。由于物流中心是火灾重点防护单位,不宜设在易散发火种的工业设施（如木材加工企业、冶金企业）附近,也不宜选择居民住宅区附近。

5. 物流中心选址的模型

在物流系统中,物流中心居于重要的枢纽地位,其上游是供应地（工厂、码头等）,下游是用户。物流中心的合理选址非常重要,随着市场竞争的日益激烈,物流管理已经成为企业、地区乃至国家的重要任务。物流中心选址研究已形成了多种方法,大致可分为定性和定量两类方法。定性方法主要是结合 AHP（Analytic Hierarchy Process,层次分析法）和模糊综合评价对各方案进行指标评价,找出最优选址。定量方法主要分为连续模型与离散模型两类。连续模型认为物流中心的地点可在平面上取任意点,代表性的方法是重心法。离散模型则认为物流中心的地点是有限的几个可行点中的最优点,代表性模型有 Kuehn-Hamburger（奎汉-哈姆勃兹）模型、Baumol-Wolfe 模型、Blson 模型。下面重点讲一下重心模型。

（1）重心模型的建立　重心模型是一种单设施静态选址的方法,将运输成本作为唯一的选址决策因素。给定供给点与需求点的坐标,以及节点之间的运输量,对于单个物流设施应当使运输总成本最小,即

$$\min \text{TC} = \sum V_i R_i d_i \tag{2-1}$$

式中,TC 为运输总成本；V_i 为节点 i 的运输总量；R_i 为待选物流中心到节点 i 的运输费率；d_i 为待选物流中心到节点 i 的距离。

物流中心地址的坐标通过下面一组方程来确定：

$$\overline{X} = \frac{\sum V_i R_i X_i / d_i}{\sum V_i R_i / d_i} \tag{2-2}$$

$$\overline{Y} = \frac{\sum V_i R_i X_i / d_i}{\sum V_i R_i / d_i} \tag{2-3}$$

式中,$(\overline{X}, \overline{Y})$ 为待选物流中心的坐标；(X_i, Y_i) 为已知的供给点与需求点的坐标。

距离 d_i 的计算公式为

$$d_i = k\sqrt{(X_i - \overline{X})^2 + (Y_i - \overline{Y})^2} \tag{2-4}$$

式中,k 是模型中坐标单位与实际空间距离的比例尺（如 $i = 10\text{m}$,$k = 10$）。

（2）重心模型的求解　重心模型的求解步骤如下：

第一步,确定已知的供给点与需求点的坐标、运输量及线性运输费率。

第二步,忽略距离 d_i,根据重心公式求得待选物流中心的初始坐标（$\overline{X}_0$, $\overline{Y}_0$）。

$$\overline{X}_0 = \frac{\sum V_i R_i X_i}{\sum V_i R_i} \tag{2-5}$$

$$\overline{Y}_0 = \frac{\sum V_i R_i Y_i}{\sum V_i R_i} \tag{2-6}$$

第三步,根据第二步得到的（$\overline{X}_0$, $\overline{Y}_0$）计算出 d_i,暂不考虑比例系数 k。

第四步,将 d_i 带入式（2-2）和式（2-3）,求出修正的（$\overline{X}$, $\overline{Y}$）。

第二章 物流系统分析

第五步，根据修正的（$\overline{X}$，$\overline{Y}$）重新计算 d_i。

第六步，重复第四步、第五步，直到（$\overline{X}$，$\overline{Y}$）的变动小于理想的精度。

第七步，最后，根据求得的最佳选址计算运输总成本。

需要说明的是，当各节点的坐标与运输量分布均匀，运输费率为线性的情况下，初始点（$\overline{X}_0$，$\overline{Y}_0$）就已经是一个满意的解了。对于节点数量较少，运输量差异较大的情况，应当进行适当次数的迭代。

四、物流线路规划

物流网络中除节点外，还涉及许多线路问题，如线路规划、线路选择设计等。在进行线路选择设计时，不仅要考虑运输距离，还要考虑运输工具、运输时间和运输费用等因素。因此，线路设计实际上是一个多目标决策。运输线路合理与否，直接影响物流的速度和成本。因此，采用科学的方法进行线路设计是物流网络规划中一项非常重要的工作。进行线路设计就是要用最少的运力，走最短的里程，花最少的费用，经最少的环节，以最快的速度把货物送至用户手中。选择一条从始点到终点的线路要受到以上目标的影响。决策目标可以是运输费用最少、运输风险最小、运输时间最短或需求满足情况最好等。在一般情况下，多目标线路设计的各个目标之间会发生冲突。例如，运输时间快了，费用就不一定最少；运输费用省了，运输时间就不一定最短。这样就没有任何一条线路是最佳的。这时就需要对各种目标进行综合比较分析，在几种可行的方案中确定一个较为满意的方案。

1. 物流运输线路的类型

（1）往复式运输线路　往复式运输线路是指车辆在两个装卸作业点之间的线路上，做一次或多次重复运行的运输线路。这种运输线路的几何形状可近似地看作直线型，可分为单程有载往复式、回程部分有载往复式和双程有载往复式三种。这三种线路类型，以双程有载往复式线路的里程利用率最高，而单程有载往复式里程利用率最低。因此，在实际的运输组织工作中应尽量避免选择单程有载往复式运输线路。

（2）环行式运输线路　环行式运输线路是指车辆在若干个装卸作业点组成的封闭回路上做连续单向运行的运输线路。在环行式运输线路的选择中，以里程利用率最高为原则。

（3）汇集式运输线路　汇集式运输线路是指车辆沿分布于运行线路上的各装卸作业点，依次完成相应的装卸作业，并且每次货物装卸量均小于该车额定载重，直到整个车辆装满（卸空）后返回出发点的行驶线路。这种形式的运输线路的组织工作较为复杂，但有利于做到"取货上门，送货到家"，可有效满足客户需求，因而在配送运输中被广泛应用。在汇集式运输线路的选择中以运输费用最低为原则。

2. 运输线路选择的目标

运输线路选择的目标就是运输线路的合理化。所谓运输线路合理化，就是按照货物流通规律组织货物运输，力求用最少的劳动消耗获得最高的经济效益，即在完成货运任务、满足客户需求的前提下，使货物运输经过最短的里程、最少的环节，花费最少的时间和最低的成本。运输线路合理化是物流企业运输管理的最基本要求。合理化的运输线路可以节省运力、缩短运输时间，最终表现为节约运输成本和提高运输质量，增强物流企业的竞争优势。在确定运输线路选择目标时，可根据物流企业的具体情况选择如下具体目标：

（1）以效益最高或成本最低为目标　以效益最高或成本最低为目标，即以利润最大化或成本最低化为目标。此目标是运输线路选择时常用的一个目标。

现代物流学

（2）**以里程最短为目标** 当运输成本与运输里程相关性较强，与其他因素相关性较弱时，运输里程最短的实质就是运输成本最低，则可考虑以运输里程最短为目标。当运输成本不能通过运输里程来反映时，如道路收费和运行条件严重影响成本，单以最短里程作为目标就不适宜。

（3）**以配送服务水准最优为目标** 当准时配送要求成为第一位或需要牺牲成本来确保服务水平时，则需要以服务水准作为首选目标。这种成本的损失可以从其他方面弥补回来，如优质服务可采用较高的价格策略。

（4）**以运输周转量最小为目标** 在完成运输任务的前提下，运输周转量越小，运输费用有可能越低。

实际上，企业物流配送的运输线路选择常常不是以上述一个目标来操作的，而是多个目标的综合，涉及了多目标决策问题。例如，某商业流通型企业物流配送中心为城区众多零售企业配送。送货司机选择的配送线路常常不是路径最短的线路，而是选择配送时间最短、红绿灯数量最少、街道最不拥挤的线路，其次才考虑配送距离远近的问题。

3. 运输线路选择的优化模型

要实现运输线路的优化，就要使用系统分析等科学方法，合理制定运输方案，防止迂回、对流、过远等不合理运输的发生，实现满意的运输活动。系统分析方法是指把运输活动看作一个由多种因素组成的相互影响、相互制约的整体，把影响系统功能的各种因素模拟成约束条件，在客观因素定量化的前提下加以系统组合，形成严密的数学模型，运用运筹学、人工智能、神经网络等方法进行定量分析，从中选择最优方案。

运输线路选择的优化模型一般可以描述为：已知有 m 个生产地 A_i，其中产量分别为 $a_i(i=1,2,\cdots,m)$，有 n 个销售地 B_j，其需要量分别为 $b_j(j=1,2,\cdots,n)$，从 A_i 到 B_j 运输单位物资的运价（单价）为 c_{ij}。若用 x_{ij} 表示从 A_i 到 B_j 的运量，那么在产销平衡的条件下，要求得总运费最小的调运方案，即求解以下数学模型：

$$\min z = \sum_{i=1}^{m}\sum_{j=1}^{n} c_{ij}x_{ij}$$

$$\text{s.t.} \begin{cases} \sum_{j=1}^{n} x_{ij}=a_i, & i=1,2\cdots,m \\ \sum_{i=1}^{n} x_{ij}=b_j, & j=1,2\cdots,n \\ x_{ij}\geqslant 0 \end{cases}$$

上述模型也是运输问题的数学模型。它包含 $m\times n$ 个变量，$(m+n)$ 个约束方程。这类运输问题可以分两种方法来求解：对简单的问题，可以采用图上作业法求解；对复杂的和一般的运输问题，需要使用表上作业法来求解。

小案例

运输线路问题求解

某商品由 3 个发运点 A_1、A_2、A_3，调运到 4 个收货点 B_1、B_2、B_3、B_4。3 个发运点的发运量分别是 4t、10t 和 8t，4 个收货点的收货量分别是 8t、5t、3t 和 6t。已知各点的距离和交通网络如图 2-6 所示。问：如何调运才能使总的周转量最小？

第二章 物流系统分析

此类问题可以用线状线路的图上作业法求解。这类图形是指在运输线路中没有回路,在规划其合理的调运方案时,只要避免发生对流,便可得到一个最优的运输方案。具体作业步骤如下:

(1)在图上画出发货点和收货点。用○表示发货点,用□表示收货点,并把发货、收货数量标识在上面。各点之间的长度记在线路旁边,以公里表示。规划商品的运输方向用箭头,并画在前进方向的右边。

(2)在规划运输方向时,要按照"先端点由外向里"就近调拨的原则,来进行各收发点的产销平衡。

按照图 2-7 的图上作业法显示的调运方案可知:

总周转量=$(5×5+5×8+1×20+4×6+3×15+4×10)$t·km = 194t·km

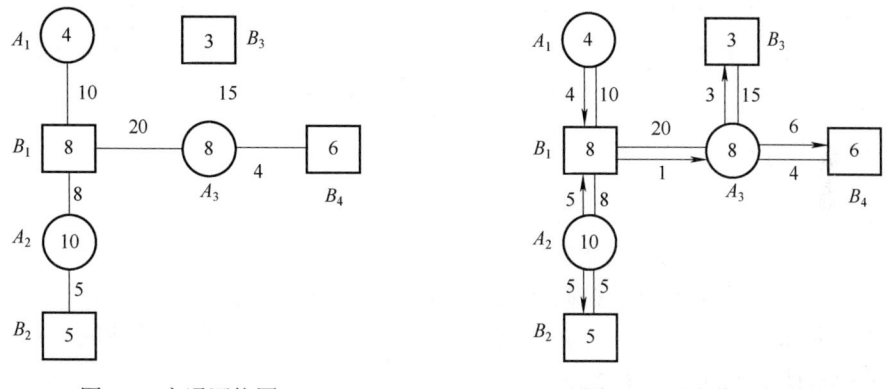

图 2-6 交通网络图

图 2-7 图上作业法求解

第五节 物流系统评价

对物流系统进行评价是指要从技术、经济和政治等多方面对所设计的物流系统方案进行分析和评价,通过这个过程选择最为满意的系统设计方案。

一、物流系统评价的意义

现代物流作为一种先进的管理技术和组织方式,对资源进行优化组合,是企业在降低物资消耗、提高劳动生产率以外创造利润的重要源泉,也是企业降低生产经营成本、提高服务质量和经济效益、提高产品竞争力的重要环节。物流系统的总体目标是实现对整个社会流通和全部国民经济效益的影响,以及系统本身在运行后所获得的企业效益。但是必须认识到,物流系统也是一个多目标函数系统,服务最大化、快捷性、资源最小化要求、规模集约化要求、库存调节性等系统目标之间存在着效益背反现象,处理不当常常会出现系统总体恶化的现象。因此,必须采用系统工程的方法,从整个供应链的高度来研究物流系统。在物流管理中,充分利用系统理论和系统方法,将供货厂商和用户纳入系统管理中,从系统整体出发,互相协调,采用科学的方法对物流系统进行综合评价。

物流系统运行评价工作的好坏决定了决策的正确与否,也将影响决策的最终结果。要想对物流系统有全面彻底的了解,进而对系统的运行实行有效的控制,使其圆满达到预期目标,就必须对系统进行评价。

就物流系统而言,对其评价的主要目的有两个:一是判断物流系统各方案是否能够在既

现代物流学

达到预定的各项性能指标，又满足各种内外约束条件的前提下，实现物流系统的预定目标；二是按照预定的评价指标体系评出各参评方案的优劣，为选择实施方案提供最优选择。

二、物流系统评价的原则

在进行物流系统评价过程中应该遵循以下基本原则：

（1）动态与静态分析相结合，以动态分析为主　例如，对于物流系统经济方面的评价，建议采用动态分析的指标，可以采用复利计算的方法将不同时间内的资金流入和流出换算成同时间的价值，使不同项目和不同方案具有可比性，并能反映未来时期的发展情况。这对树立资金合理利用、提高效益的观念具有重要意义。静态指标具有简单、直观、方便等优点，在评价时可作为辅助分析之用。

（2）定量与定性分析相结合，以定量分析为主　定量分析具有明确的综合的数学概念，易于进行经济分析比较，但也有一些经济因素不能量化，只能用定性方法对其做正确表述，因此必须采用定性与定量分析相结合的方法进行评价。

三、物流系统评价的指标

评价指标是指为了达到系统的目的，从系统本身的众多特性中选出一套能够代表系统特性，并且能够衡量系统运行性能的指标。在决策理论中，它可以作为目标函数；在控制理论中，可以根据评价指标建立控制系统输出水平的标准。因此，实际上，这一整套指标是对现实复杂系统的一种简化，它必须具有控制标准和评价标准的双重功能。被选定为评价指标的系统特性必须具备以下条件：

（1）可查性　任何指标都应该相对稳定，可以通过一定的途径、方法观察和测量。在现实生活中，并不是所有的现象都可以调查测量，任何易变的、发散的及无法把握的指标都不能列入评价指标体系，否则物流系统的评价将失去准确性和科学性，也就失去了评价的意义。

（2）可比性　每一个评价指标都应该是可比的。所谓可比，包含三个方面的含义，即该指标可以在不同的方案、不同的范围、不同的时间点上进行比较。只有这样，才能达到物流系统评价择优的目的。

（3）定量性　评价指标体系中的每一个指标都应该能够量化。客观现象错综复杂，只有加以定量处理才能有所把握，以进行标准化分析评价。定量性也是为了适应建立模型进行数学处理的需要。对于那些难以量化的指标，要么舍弃不用，要么利用专家意见进行软数据的量化。

一般来说，物流系统极具复杂性，往往是处于复杂的社会、经济系统环境之中，甚至本身就属于社会、经济系统范畴。因此，很难用单一的指标来进行评价，必须建立一个指标体系。这个指标体系必须从多角度、多方位将物流系统内相互联系、相互制约的复杂因素条理化、层次化，并且能够区分它们各自对评价结果的影响程度，还能对那些只能定性评价的因素进行科学、方便的量化处理，从而根据不同问题、不同目的，运用不同指标对系统展开评价择优。

评价指标体系通常可以分为以下几类：

1）政策性指标，包括政府的方针、政策、法令以及法律约束和发展规划等方面的要求。
2）技术性指标，包括产品或服务的性能、寿命、可靠性、安全性等。
3）经济性指标，包括成本、效益、建设周期、投资回收期等。
4）社会性指标，包括社会福利、社会节约、综合发展等。
5）环境保护指标，包括废物排放量、污染程度、生态环境平衡等。
6）时间性指标，包括系统实施的进度、时间节约、物流系统生命周期等。

第二章 物流系统分析

7）资源性指标，包括物流系统建设对人力、物力、能源和土地占用等方面。

以上各类指标又可以进一步细化为许多小类指标，所有指标构成了完整的物流系统评价指标体系。

四、物流系统评价的步骤

评价是根据明确的目标来测定对象系统的属性，并将这种属性变为客观定量的计算值或主观效用的行为过程。这一过程包括三个步骤：一是明确评价目的，二是建立评价指标体系，三是选择评价方法并建立评价模型。物流系统评价也要遵循这样的评价过程，其步骤如下：

第一步，明确评价目的。对物流系统进行综合评价，是为了从总体上把握物流系统现状，寻找物流系统的薄弱环节，明确物流系统的改善方向。为此，应将物流系统的各项评价指标的实际值与基准值进行比较。若以目标值作为基准值，可评价物流系统对预期目标的实现程度，寻找实际与目标的差距所在；若用物流系统运行的历史值为基准值，则可评价物流系统的发展趋势，从中发现薄弱环节，从而寻找出物流系统的改善潜力。

第二步，建立评价指标体系。物流系统评价指标体系影响因素多，应选择有代表性的评价指标，以便从总体上准确反映物流系统的运行状况。可将物流系统按水平结构划分，选取典型的物流生产率指标和物流质量指标，形成具有递阶层次结构的评价指标体系。

第三步，选择评价方法并建立评价模型。从物流系统的综合评价指标体系中可以看出，在对物流系统进行评价时要注意以下两个问题：

1）评价指标多，但可以划分为不同层次。因此，可通过逐级综合得出对各部分的评价，然后再对系统做出总体的评价。

2）由于管理基础工作等方面的原因，有时指标无法精确量化。同时，由于物流系统是多属性的复杂系统，评价结果用一个数值来表示不够全面和准确，因而对各指标进行等级评价具有一定的模糊性。

对物流系统的评价一般采取综合评价方法，通常可采用模糊数学或灰色系统理论的方法对物流系统进行综合评价。为了便于说明，根据指标体系建立指标评价表，评价指标的值采用征询专家意见的方法确定。

案 例 分 析

沃尔玛的现代物流配送系统

沃尔玛作为世界上最大的商业零售企业，如何能在销售收入上超过"制造之王"的汽车工业，超过世界所有的银行、保险公司等金融机构，超过引领"新经济"的信息企业，已成为各方关注的焦点。

沃尔玛前任总裁大卫·格拉斯这样总结："配送设施是沃尔玛成功的关键之一，如果说我们有什么比别人干得好的话，那就是配送中心。"其配送中心的基本流程是：供应商将商品送到配送中心后，经过核对采购计划、进行商品检验等程序，分别送到货架的不同位置存放。提出要货计划后，计算机系统将所需商品的存放位置查出，并打印有商店代号的标签。整包装的商品直接从货架上送往传送带，零散的商品由工作台人员取出后也送到传送带上。一般情况下，商店要货的当天就可以将商品送出。

沃尔玛共有六种形式的配送中心。第一种是"干货"配送中心，主要用于生鲜食品以外的日用商品进货、分装、储存和配送，目前这种形式的配送中心数量很多。第二种是食品中心，包括不易变质的饮料等食品，以及易变质的生鲜食品等，需要有专门的冷藏仓储和运输设施，直接送货到店。第三种是山姆会员店配送中心，这种业态批零结合，有 1/3 的会员是小零售商，配送商品的内容和方式同其他业态不同，使用独立的配送中心。由于这种商店 1983 年才开始建立，数量不多，有些商店使用第三方配送中心的服务。考虑到第三方配送中心的服务费用较高，沃尔玛已决定在合同期满后，用自行建立的山姆会员店配送中心取代。第四种是服装配送中心，不直接送货到店，而是分送到其他配送中心。第五种是进口商品配送中心，为整个公司服务，主要作用是大量进口以降低进价，再根据要货情况送往其他配送中心。第六种是退货配送中心，接收店铺因各种原因退回的商品，其中一部分退给供应商，一部分送往折扣商店，一部分就地处理，其收益主要来自出售包装箱的收入和供应商支付的手续费。

如今，沃尔玛在美国拥有 100%的物流系统，配送中心已是其中一小部分。沃尔玛完整的物流系统不仅包括配送中心，还有更为复杂的资料输入采购系统、自动补货系统等。

为了满足美国国内 3000 多个连锁店的配送需要，沃尔玛在美国共有近 3 万个大型集装箱挂车、5500 辆大型货运卡车，24 小时昼夜不停地工作。每年的运输总量达到 77.5 亿箱，总行程 6.5 亿 km。合理调度如此规模的商品采购、库存、物流和销售管理，离不开高科技手段。为此，沃尔玛建立了专门的计算机管理系统和卫星定位系统，拥有世界第一流的先进技术。

问题：
1. 请概括物流配送系统所包含的物流功能要素？
2. 沃尔玛配送中心分为哪六种类型？体现了其怎样的经营策略？对于配送中心的运营你还可以给出哪些经营策略？

◇复习思考题

1. 什么是系统？系统有哪些典型特征？
2. 什么是物流系统？为什么物流具有系统性？
3. 物流系统的构成要素包括哪些？
4. 物流系统化的目标是什么？
5. 简述物流系统分析的作用和原则。
6. 简述物流网络规划的基本方法。
7. 简述物流线路规划的基本方法。
8. 简述物流系统评价的基本步骤。

◇参考文献

[1] 吴清一. 物流学[M]. 北京：中国物资出版社，2006.
[2] 何明珂. 物流系统论[M]. 北京：高等教育出版社，2004.
[3] 张锦. 物流系统规划[M]. 北京：中国铁道出版社，2004.
[4] 吴清一. 物流系统工程[M]. 北京：中国物资出版社，2004.
[5] 方仲民. 物流系统规划与设计[M]. 北京：机械工业出版社，2003.
[6] 许永龙. 物流系统的经济评价理论与方法[M]. 北京：中国社会科学出版社，2006.
[7] 董维忠. 物流系统规划与设计[M]. 北京：电子工业出版社，2006.
[8] 谢如鹤，罗荣武，张得志. 物流系统规划原理与方法[M]. 北京中国物资出版社，2004.

第三章 现代物流活动的功能要素及其运作管理

本章学习目标

了解现代物流活动的功能要素构成；掌握运输、储存保管、装卸搬运、流通加工、配送、物流信息的概念，了解其分类情况，理解各要素的特征、功能和作用；理解、熟悉各功能要素不合理的表现形式；掌握各功能要素实现合理化的途径，并具备运用所学理论知识改造各功能要素的能力，实现各功能要素的合理化；灵活运用所学知识，结合案例进行分析；尝试独立完成物流整体流程，提出改造的建议和方法。

引例

京东物流

京东物流隶属于京东集团，以打造客户体验最优的物流履约平台为使命，通过开放、智能的战略措施促进消费方式转变和社会供应链效率的提升，将物流、商流、资金流和信息流有机结合，实现与客户的互信共赢。京东物流通过布局全国的自建仓配物流网络，为商家提供一体化的物流解决方案，实现库存共享及订单集成处理，可提供仓配一体、快递、冷链、大件、物流云等多种服务。

京东物流以降低社会物流成本为使命，致力于成为社会供应链的基础措施。基于短链供应，打造高效、精准、敏捷的物流服务；通过技术创新，实现全面智慧化的物流体系；与合作伙伴、行业、社会协同发展，共建共生物流生态。通过智能化布局的仓配物流网络，京东物流可以为商家提供仓储、运输、配送、客服、售后等正逆向一体化的供应链解决方案，同时提供仓间调拨、代贴条码、个性包装、B2B 服务、组套加工、动产金融等增值服务。

2021 年，京东物流总收入达 1047 亿元，同比增长 42.7%，其中来自外部客户的收入达 591 亿元，同比增长 72.7%，占总收入的 56.5%。京东物流提前超额完成 2017 年正式独立之际制定的"五年收入规模过千亿、外部客户收入占比过半"的战略目标，收获越来越多客户的认可，进入了新的发展阶段。

京东物流一体化供应链物流服务正帮助更多企业实现供应链综合效率提升和成本降低，提升企业市场竞争力。京东物流 CEO 余睿表示，京东物流将充分发挥新型实体企业效能，深耕技术驱动的一体化供应链物流服务，继续为用户提供高品质服务体验，最大化助力实体经济和新兴产业，推进行业高质量发展，为社会持续创造价值。

业绩保持强劲增长的背后，是京东物流聚焦一体化供应链物流服务、持续夯实物流基础设施建设、强化"三位一体"供应链技术竞争力、提升商流洞察能力的结果，这有力地推动了实体经济高质量、可持续发展。过去十几年，京东物流从无到有，实现了一体化供应链物流服务的全面布局，截至2021年12月31日，已运营超1300个仓库、43座"亚洲一号"大型智能物流园区，供应链物流科技处于行业领先地位。此外，京东物流还服务了超30万企业客户、超1000个产业带，并为超30万一线员工提供高质量就业。2021年，京东物流为一线员工薪酬福利支出达358亿元，相较2020年增长近100亿元。

持续强化"三位一体"供应链技术核心竞争力

聚焦一体化供应链物流服务核心赛道，京东物流持续投入并升级基础能力。在物理世界不断增强六大网络覆盖和协同能力；在数字世界持续构建软件、硬件及系统集成的"三位一体"的供应链物流技术，以助力企业、行业、社会高质量发展。

在物理世界，京东物流持续夯实高效协同的六大物流网络。过去一年，京东物流新增仓库数量约400个，相当于在过去一年每天新增一座仓库。截至2021年12月31日，京东物流已在全国运营超1300个仓库，包含京东物流管理的云仓面积在内，总管理面积超2400万 m^2。

值得一提的是，京东物流已经在全国33个城市运营了43座"亚洲一号"大型智能仓库，2021年新增11座。它们深度覆盖二三线及以下城市，大大提升了偏远地区的配送时效。

与此同时，京东物流持续扩大综合运输网络覆盖。2021年，与中铁快运的合作使京东物流可利用超300条铁路线。同时，京东物流创新地开拓多式联运业务，开通了西南海铁联运、北粮南运两条多式联运通道，并开通芜湖至中亚国际班列通道，实现国际多式联运通道突破。

在数字世界，京东物流持续强化软件、硬件及系统集成的"三位一体"供应链物流技术核心竞争力。2021年，京东物流持续加大研发投入。研发投入达28亿元，同比增长37%，形成了覆盖园区、仓储、分拣、运输、配送等供应链各关键环节的技术产品和解决方案。

如今，京东物流先进的供应链科技正成为助力企业数智化转型，实现降本增效的重要驱动力。2021年，京东物流帮助中电港亿安仓升级改造，为其打造了一座高达21m的三代天狼立体仓库，拣选人效提升230%，拣货准确率提升至99.99%，并全面实现自动化和信息化。同时，京东物流分别在长沙、北京进行5G应用试点，携手运营商探索5G全连接智能园区，并在全国部署近400辆L4级别自动驾驶智能快递车，在"最后一公里"配送中发挥着重要作用。

2021年，京东物流已申请专利和软件许可超5500项，涉及自动化技术和无人技术相关专利数量超3000项。除此之外，2021年，京东物流多项技术成果获得国际、国内顶级荣誉。其中，物流中心机器人智能调度系统荣获"北京市科学技术进步奖一等奖"，无人仓调度算法应用入围全球运筹和管理科学界最高奖项——"弗兰兹·厄德曼奖"。同时，京东物流还成为国内首家获DCMM（数据管理能力成熟度）4级认证物流企业，并获批国家科技创新2030"新一代人工智能"重大项目。

（资料来源：https://baijiahao.baidu.com/s?id=1726971765126664671&wfr=spider&for=pc.）

物流是现代若干领域经济活动系统的、集成的、一体化的概念。物流是为了满足客户的需要，以最低的成本，通过运输、保管、配送等方式，实现原材料、半成品、成品及相关信息由商品的产地到商品的消费地所进行的计划、实施和管理的全过程。这个过程是物品从供应地到接收地的实体流动过程，主要包括运输、储存保管、包装、装卸、搬运、流通加工、配送，以及与其相联系的物流信息处理等基本功能要素。物流系统的功能要素是物流系统所具有的基本能力，这些基本能力有效地组合、连接在一起，便形成了物流的总功能，便能合理、有效地实现物流系统的总目标。物流的合理化是在各功能要素合理化的基础上实现的，整个物流的管理也是建立在这些基本活动的有效管理之上的。

第三章　现代物流活动的功能要素及其运作管理

第一节　运输及其合理化

作为企业"第三利润源泉"的物流，其全部物流费用的 50%以上由运费组成，如表 3-1 和图 3-1 所示。由此可见，运输在物流中占有重要地位，运输是物流的首要功能。从物流系统来看，运输是实现物品空间位置的物理性转移，是创造物流空间效用的；从整个国民经济来说，运输业是国民经济中从事旅客和货物运输的生产部门，是实现物流系统输送功能的产业。因此，加强对运输活动的研究，实现运输合理化，无论是对物流系统整体功能的发挥，还是对促进国民经济持续、稳定、协调的发展，都有着极为重要的意义。

表 3-1　2020 年我国社会物流总费用构成表

项目	费用（万亿元）	所占比例（%）
运输费用	7.9	53
保管费用	5.1	34
管理费用	1.9	13
社会物流总费用	14.9	100

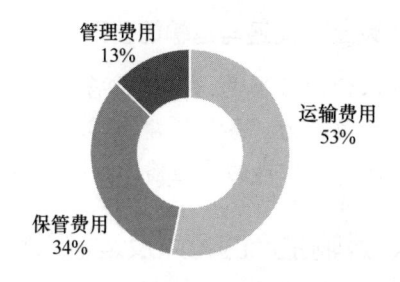

图 3-1　2020 年我国社会物流总费用占比

（资料来源：中国物流与采购联合会前瞻产业研究院）

从费用结构来看，2020 年我国运输费用为 7.9 万亿元，占比 53%，同比增长 0.1%；保管费用为 5.1 万亿元，占比 34%，同比增长 3.9%；管理费用为 1.9 万亿元，占比 13%，同比增长 1.3%。社会物流总费用与 GDP 的比率为 14.7%，与上年基本持平。

> **小贴士**　我国社会物流总额及其增长情况
>
> 你知道 2013 年—2020 年我国社会物流总额及其增长情况吗？具体如图 3-2 所示。
>
> 图 3-2　2013 年—2020 年我国社会物流总额及其增长情况
>
> （资料来源：中国物流与采购联合会前瞻产业研究院）

一、运输的概念

运输是物体借助于运力在空间上产生的位置移动。我国国家标准《物流术语》（GB/T 18354—2021）对运输的定义是："利用载运工具、设施设备及人力等运力资源，使货物在较大空间上产生位置移动的活动。"在此过程中包括集货、分配、搬运、中转、装入、卸下、分散等一系列操作。

在商业社会中,因为市场的广阔性、商品的生产和消费不可能在同一个地方进行。一般来说,商品都是集中生产、分散消费的。为了实现商品的价值和使用价值,使商品的交易过程能够顺利完成,必须经过运输这个环节,把商品从生产地运到消费地,以满足社会消费的需要和进行商品的再生产。如果将原材料供应商、工厂、仓库及客户看作物流系统中的固定节点,那么商品的运输过程正是连接这些节点的纽带,是商品在系统中流动的载体。因此,可以把运输称为物流的动脉。对旅客的运输简称为"客运",对货物的运输简称为"货运",本书中的运输专指货运。

> **小贴士 交通与运输的差别**
>
> 在人们的习惯意识中,常将交通与运输等同,而实质上两者是有差别的,《辞海》对交通的解释为:各种运输和邮电通信的总称,即人和物的转运和输送,语言、文字、符号、图像等信息的传递播送。即交通包括运输,运输是交通的一个组成部分。

二、运输生产的特点及运输对物流的功能和作用

(一)运输生产的特点

运输是一种特殊的物质生产活动,它具有很强的服务性。按在社会再生产中的地位、运输生产的过程和产品的属性来说,运输生产和工农业生产相比,有很大的差别。

(1)运输生产对象的广泛性　运输生产是一切经济部门生产过程的延续。运输生产的对象包括工、矿、农、林、牧、渔等各产业的商品,种类繁多,并且随着新产品不断被淘汰,其类别和品名也在不断地变化。

(2)运输生产不创造新的实物形态的产品　运输生产不像工农业生产那样改变劳动对象的物理、化学性质和形态,而只改变劳动对象的空间位置,并不创造新的实物形态产品。

(3)运输生产的非实体性　运输产品是看不见、摸不着的,和被运输的实体产品结合在一起的产品,只是实现空间的位移。

(4)运输生产与消费同时进行　在运输生产过程中,劳动工具和劳动对象是同时运输的,运输产品的生产与消费同时进行,运输产品既不能储存,也不能调拨。

(5)运输生产的不平衡性　运输生产的不平衡性表现在时间和空间上。工农业生产和销售的季节性导致运输往往在年内各季、季内各月以及月内各旬、日之间不均衡。资源分布和生产率的配置导致货物运输具有方向性,即往返程货运量不相等。例如,我国自然资源主要分布在西部和北部内陆地区,而工业基地则主要分布在东部和南部沿海。这决定了我国物资由北向南、由西向东的基本流向。

(6)各种运输方式产品的同一性　各种运输方式虽然线路、运输工具以及技术装备各不相同,但生产的是同一种产品,即货物在空间上的位移,对社会具有同样的效用。

(7)巨大的外部性与成本转移性　所谓外部性,是指向市场以外其他人强加的成本和利益。发达的运输可带动周边区域的经济发展,它能使区域繁荣、商品价格下降、底价上涨,产生巨大的经济效益,"要想富,先修路"说的就是运输业的正外部性;同时运输活动也产生噪声、环境污染、能源消耗等不良后果,带来了巨大的负外部性。上述产生的后果并非由运输企业自身承担,而是由所有人共同承担,即将成本转移到运输企业的外部。

小案例

运输成本转移

如运输业通过购买更多运输车辆来增加运输供给量,获得更多的利润。但伴随而来的是交通拥堵、运输时间的增加、运输条件的恶化等,使得本该由运输企业承担的成本,部分转移到消费者身上或转移给社会。

(8) 运输生产的部分可替代性　运输生产的可替代分为内部可替代和外部可替代两种。内部可替代是指运输方式之间的替代性。外部可替代是指可被非运输方式来替代,如现代通信与网络技术。

(二) 运输对物流的功能和作用

1. 运输是物流系统功能的核心

物流具有三大功能:空间效用、时间效用和形质效用。运输可以创造出商品的空间效用和时间效用。运输通过改变商品的地点或者位置所创造出的价值称为商品的空间效用。运输使商品能够在适当的时间到达消费者手中,这就产生了商品的时间效用。这两种效用的产生,能够真正满足消费者消费商品的需要。如果运输系统瘫痪,商品不能在指定的时间送到指定的地点,那么消费者消费商品的需要就得不到满足,整个物流过程就不能得到实现,并且在社会物流总成本费用中,运费占50%以上,因此运输是物流系统功能的核心。

2. 运输是物流网络构成的基础

物流系统是一个网络系统,由线路和节点组成。运输和配送活动是线路活动,其他活动为节点活动。若没有运输和配送这类线路活动,网络节点将成为孤立的点,网络结构也就不存在。

3. 运输是物流系统合理化的关键

物流系统合理化是在各子系统合理化的基础上形成的最优物流系统总体功能,运输是物流系统功能的核心。只有运输合理化,才能使物流系统更加合理,功能更强,总体功能最优。

4. 运输可以扩大商品的市场范围

在古老的市场交易过程中,商品只在本地进行销售,每个企业所面对的市场都是有限的。随着各种运输工具的发明,企业通过运输可以到很远的地方去销售,市场范围大大地扩展,发展机会也大大增加。

5. 运输可以保证商品价格的稳定性

各个地区由于地理条件不同,拥有的资源也不相同。如果没有一个顺畅的运输体系,其他地区的商品就不能到达本地市场,那么本地市场所需要的商品也就只能由本地来供应。正是因为这种资源的地域不平衡性,造成了商品供给的不平衡性。因此,在一年中,商品的价格可能会出现很大的波动。但是,如果拥有了一个顺畅的运输体系,那么当本地市场的商品供给不足时,外地的商品就能够通过这个运输体系进入本地市场,本地的过剩产品也能够通过这个运输体系运送到其他市场,从而保持供求的动态平衡和价格的稳定。

6. 运输能够促进社会分工的发展

随着社会的发展,为了实现真正意义上的社会高效率,必须推动社会分工的发展。对于商品的生产和销售来说,也有必要进行分工,以达到最高的效率。但是,当商品的生产和销售两大功能分开之后,如果没有一个高效的运输体系,那么这两大功能都不能实现。运输是商品生产和销售之间不可缺少的联系纽带,只有拥有了它,才能真正实现生产和销售的分离，促进社会分工的发展。

三、运输方式

运输方式一般是指按照运输过程所经常使用的基础设施分成五种运输方式，即铁路运输、公路运输、水路运输、航空运输及管道运输。每一种运输方式所能提供的服务内容和服务质量各不相同，因而每一种运输方式的成本也各不相同。

（一）铁路运输

铁路运输是指利用机车、车辆等技术设备沿铺设轨道运行的运输方式。

1. 铁路运输的特点

铁路运输的优点为：运行速度快；适应性强，连续性好；安全性和准确性高；运输能力大；运输成本低；耗能少；环境污染小。

与此同时，铁路运输也有诸多不足之处，主要表现在以下几个方面：线路修建投资多，建设周期长；铁路短途运输平均成本高；铁路运输受轨道限制，灵活性差，不能实现"门到门"运输；车站固定，不能随处停车，货车编组、解体需要时间，货物滞留时间长等。

2. 铁路运输的适用范围

铁路比较适合大宗货物，如煤炭、矿石、粮食、建筑材料等的运输，以及中长距离的一般货物的运输，高速铁路适用于客流量大的城市之间旅客运输；在石油等能源比较缺乏的地区，铁路运输是一种比较好的运输方式。由于铁路运输的基建投资比较大，一般全年货运量达到1000万t时，修建铁路才具有经济意义。

（二）公路运输

公路运输是指利用一定载运工具（汽车、拖拉机、人力车等）沿公路线路实现旅客或货物的空间位移。狭义的公路运输就是汽车运输。

1. 公路运输的特点

公路运输的优点为：机动灵活，可实现"门到门"运输；中短途运输送达速度较快；始建投资少，修建比较容易，资金周转快，回收期短；固定设施费用及车辆购置费用相对铁路要低；与其他运输方式相比，技术改造容易；具有较好的适应性、替代性强等。

公路运输的缺点表现在以下几个方面：运载量小，能耗大；运输成本高，劳动生产率低；受气候影响大，安全性差；舒适性低；对环境污染严重；对金属等资源消耗量大，汽车的金属消耗量要比铁路、船舶大很多。

2. 公路运输的适用范围

一般而言，公路运输比较适合鲜活物品，高价值轻质量物品的运输以及中短途客货运输，能弥补其他运输方式的不足，起到完善路网的作用。公路运输适合补充和衔接其他运输方式，担负铁路、水运达不到的区域以及铁路和水运起终点的集散运输。在没有铁路和水运的区域或基于国际政治、经济的需要，公路运输也可以担负长距离的干线运输。

（三）水路运输

水路运输是指利用船舶、排筏和其他浮运工具，在江、河、湖泊、人工水道及海洋上运送旅客和货物的一种运输方式。水路运输按其航行的区域，大体上可分为远洋运输、沿海运输和内河运输三种类型。

1. 水路运输的特点

水路运输的优点主要表现在以下几个方面：运输能力强，运量大；建设投资少；占用耕

第三章 现代物流活动的功能要素及其运作管理

地少;污染轻;能源等资源消耗少;运输成本低;单位运输工具装载量大,劳动效率高等。

与此同时水路运输也有一些缺点,表现在以下几个方面:适应性差;速度慢;受自然条件影响,安全性较差;可达性差,运输时间难以保证准确等。

2. 水路运输的适用范围

由于水路运输的运输能力是其他运输方式无法比拟的,所以水路承担着大宗散装货物的长距离运输。由于海洋约占地球表面的 2/3,因此水路运输在世界外贸运输中始终保持主导地位,是国际贸易往来的主要运输方式。据统计,国际货物 80%以上是由水路运输来完成的。

(四) 航空运输

航空运输是使用飞机或其他航空器进行运输的运输方式。

1. 航空运输的特点

航空运输具有以下几个优点:速度快;灵活、机动性大;安全破损少;包装简单;始建投资少,用地少,建设周期短等。

航空运输的缺点表现在以下几个方面:运载能力低,单位运输成本高;受气候条件限制,可达性差;重量受到限制;噪声污染严重;速度快的优势在短途运输中难以发挥。

2. 航空运输的适用范围

航空运输适用于长途客运,以及价值高、时间性强、运费承担能力很强的货物,如鲜活易腐和价值高昂的贵重物品、贵重设备的零部件、精密仪器和报刊的空中快递,同时还可适用于特殊目的的运输任务,如救灾抢险物资、航空摄影、人工降雨、航空遥感、航空探矿、农林播种等。

(五) 管道运输

管道运输是不需要使用运输工具(车辆),主要利用运输管道,通过一定的压力差完成在管道内往目的地输送货物的运输方式,其原理相当于自来水管道将水输送到各家各户。它的输送能力来自管道本身。管道实际上可以看作运输线路的一部分,管道运输是使用管道输送流质货物的一种运输方式。

1. 管道运输的特点

管道运输的优点为:运量大;占地少;不受气候的影响;节约劳力和能源;投资少、工期短、成本低、稳定性强;运输效率高。

管道运输的缺点主要是:适应性差,只能输送液态或气态物资,过于专门化;管道运输只能单向运输,并且是定向、定点运输,灵活性差,可达性不好;一次性固定投资多,投资回收期较长;容易沉淀、积垢,清理成本高。

2. 管道运输的适用范围

从上述管道运输的特点来看,管道运输适用于运量大,液体、气体等流质货物的运输,如原油、成品油、天然气等。它是一种专用运输,不能运输旅客和其他货物。

总结以上内容,可以归纳出各种运输方式主要的优缺点,见表 3-2。

表 3-2 各种运输方式主要的优缺点

运输方式	优点	缺点
铁路运输	运行速度快;适应性强,连续性好;安全性和准确性高;运输能力大;运输成本低;耗能少;环境污染小	线路修建投资多,建设周期长;灵活性差;修建铁路要消耗大量金属

（续）

运输方式	优 点	缺 点
公路运输	机动灵活，可以实现"门到门"的运输；货损货差小；始建投资少；机动性好；通用性高	运载量小，能耗大；运输成本高，劳动生产率低；安全性差；舒适性低；对环境污染严重；对金属等资源消耗量大
水路运输	运输能力强，运量大；占用耕地少；污染轻；消耗能源少；运输成本低	适应性差；速度慢；受自然条件影响，安全性较差；可达性差
航空运输	速度快；灵活，机动性大；安全破损少；占地少	运输能力低，单位运输成本高；受气候影响大；噪声污染严重
管道运输	运量大；占地少；不受气候的影响；节约劳力和能源；投资少、工期短、成本低、稳定性强；运输效率高	适应性差，过于专门化；只能单向、定向、定点运输，灵活性差，可达性不好；一次性固定投资多

> **小贴士 运输方式的选择**
>
> 运输方式的选择可以综合考虑运输货物的品种、运输批量、运输距离、运输期限、运输成本等因素，并结合各种运输方式的技术经济特点来进行定性的选择，也可以根据综合评价法、成本比较法等来进行定量的分析。

五种基本运输方式的技术经济特征比较见表 3-3。

表 3-3 五种基本运输方式的技术经济特征比较

运输方式	铁路运输	公路运输	水路运输	航空运输	管道运输
运输成本	低于公路运输	高于铁路运输、水路运输和管道运输，仅比航空运输低	一般比铁路运输低	最高	与水路运输接近
速度	长途快于公路运输，短途慢于公路运输	长途慢于铁路运输，短途快于铁路运输	较慢	极快	较慢
能耗	低于公路运输和航空运输	高于铁路运输和水路运输	低，船舶单位能耗低于铁路运输，更低于公路运输	极高	最小，在大批量运输时与水路运输接近
便利性	机动性差，需要其他运输方式的配合和衔接，才能实现"门到门"的运输	机动灵活，能够进行"门到门"运输	需要其他运输方式的配合和衔接，才能实现"门到门"运输	难以实现"门到门"运输，必须借助其他运输工具	运送货物种类单一且管线固定，运输灵活性差
投资	投资多，建设周期长	投资少，投资回收期短	投资少	投资多	建设费用比铁路低 60% 左右
运输能力	运能大，仅次于水路运输	载重量不高于运送大件货物	运能最大	只能承运小批量、体积小的货物	运输量大
对环境的影响	占地多	占地多，环境污染严重	占地少		占地少，对环境无污染
适用范围	适合大宗低值货物的中、长距离运输，也适用于大批量、时间性强、可靠性要求高的一般货物和特种货物的运输	适用于近距离、小批量的货物运输，或水路运输、铁路运输难以到达地区的长途、大批量货物运输	适用于运距长、运量大、对送达时间要求不高的大宗货物的运输，也适合集装箱运输	适用于价值高、体积小、送达时效要求高的特殊货物的运输	适用于单向、定点、量大的流体状且连续不断的货物的运输

第三章　现代物流活动的功能要素及其运作管理

四、运输合理化

（一）物流运输合理化的含义及作用

运输合理化即运输配送优化，是指从物流的总体目标出发，运用系统理论和系统工程的原理和方法，充分利用各种运输方式的优点，扬长避短，以运筹学等方法建立模型、图表来规划合理的运输路线和运输工具，以最短的路径、最少的环节、最快的速度和最少的费用以及最好的服务，组织好货物的运输和配送活动，避免不合理运输情况和次优化的出现。

运输合理化的作用主要体现在以下几个方面：

1）运输合理化有利于加速社会再生产的进程，促进国民经济持续、稳定、协调发展。
2）运输合理化能节约运输费用，降低物流成本。
3）运输合理化能缩短运输时间，加快物流速度。
4）运输合理化能节约运力，缓解运力紧张的状况，还能节约能源。

（二）影响物流运输合理化的因素

随着现代物流对社会经济发展影响的增大，物流合理化的要求越来越高。物流合理化在很大程度上要依赖于运输配送的合理化。影响物流运输合理化的因素很多，起决定作用的有以下五个因素，即合理化运输的"五要素"：

（1）运输距离　运输距离是影响合理运输的一个基本要素，运输过程中的运输时间和运输费用等技术经济指标都与运输距离有关。

（2）运输环节　在运输过程中，每增加一个运输环节都会增加运输的辅助作业，所以减少运输环节对合理运输有利，运输环节越少越好。

（3）运输工具　在现代五种运输方式中，各种运输工具都有其优缺点。对运输工具进行合理选择，最大限度地发挥运输工具的优点和作用，是运输合理化的重要因素。

（4）运输时间　运输时间包括两个方面的含义：运输时间的长短和运输的准时性。在全部物流运作时间中，特别是在远程运输中，运输时间占了绝大部分，因此缩短运输时间对缩短整个流通时间有决定性的作用。

（5）运输费用　运输费用在全部物流费用中占很大的比例。运输费用的高低是运输合理化的一个重要标志，也是各种合理化措施是否有效的判断依据之一。

以上五个要素是相互关联、相互影响的，在选用时要进行全面考虑。

（三）不合理运输的表现形式

不合理运输是在现有条件下可以达到的运输水平而未达到，从而造成了运力浪费、运输时间增加、运费超支等问题的运输形式。目前，我国存在的不合理运输按其表现形式主要有以下三大类：

1. 与运输距离有关的不合理运输

迂回运输是指货物在长于最短距离方向上进行的绕道运输，如图3-3所示。过远运输是指选择供货单位时，不就地就近获取某种商品或物资，而舍近求远从外地或远处运来同种商品或物资的运输，如图3-4所示。

2. 与运输方向有关的不合理运输

1）对流运输是指同一品种、同一规格可以相互替代的物资在同一线路或平行线路上的

现代物流学

相向运输，它是不合理运输最突出、最普遍的一种，其表现形式有两种：明显对流和隐蔽对流。明显对流是指同类（或可以相互代替的）货物沿着同一线路相向运输，如图 3-5a 所示；隐蔽对流是指当同类（或可以相互代替的）货物在不同运输方式的平行路线上或不同时间进行相反方向的运输，如图 3-5b 所示。

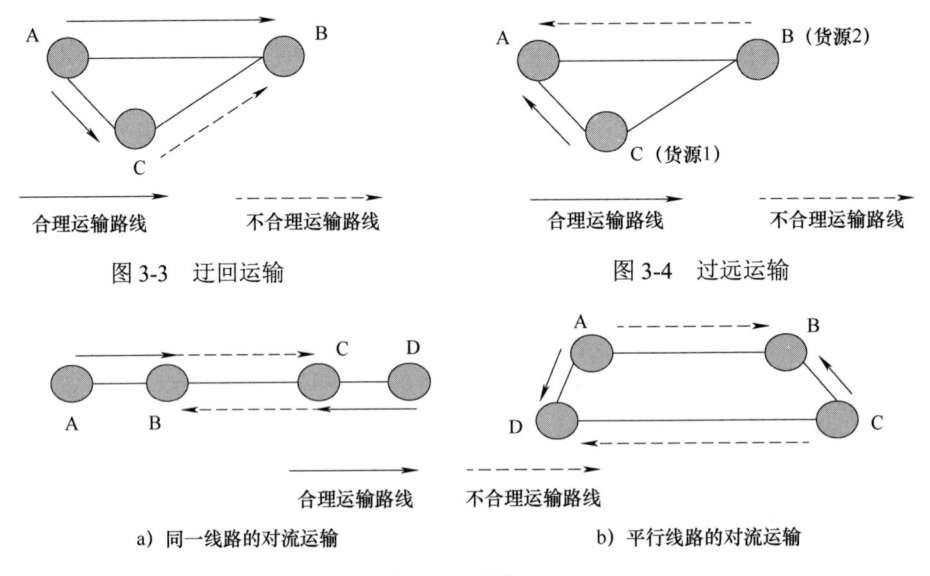

图 3-3 迂回运输

图 3-4 过远运输

a) 同一线路的对流运输

b) 平行线路的对流运输

图 3-5 对流运输

2）倒流运输是指货物从销地或中转地向产地或起运地回流的一种现象，如图 3-6 所示。

3）起程或返程空驶是最严重的不合理运输形式。

4）交叉运输是指同种物资有两对以上产销联系，在路网密集地区交叉运送，而产生多余行走公里。此种不合理运输在路网较密集的地区易于产生。

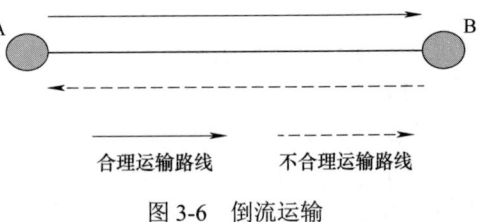

图 3-6 倒流运输

3. 与货物运量有关的不合理运输

1）重复运输是指一种货物本来可以直达目的地，但是在目的地之外的其他场所将货卸下，再重复装运送达目的地，这是重复运输的一种形式，如图 3-7a 所示。重复运输的另一种形式是，同品种货物在同一地点一边运进，一边又向外运出，如图 3-7b 所示。

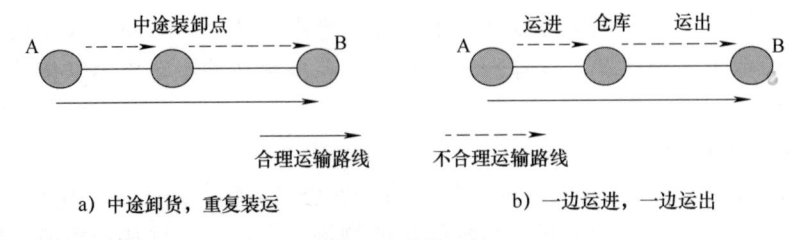

a) 中途卸货，重复装运

b) 一边运进，一边运出

图 3-7 重复运输

2）运力选择不当是指没有选择有优势的运输工具，或不正确地选择运输工具造成的不合理现象。常有以下几种形式：①弃水走陆。在同时可以利用水运及陆运时，不利用成本

第三章 现代物流活动的功能要素及其运作管理

较低的水运或水陆联合运输,而寻求成本较高的铁路运输或汽车运输,使水运优势不能发挥。②铁路、大型船舶的过近运输:在较近的距离,即不是铁路及大型船舶的经济运行里程范围内,却利用这些运力进行运输的不合理做法。③运输工具承载能力选择不当:不根据承运货物数量及重量来选择,而盲目决定运输工具,造成因超载、损坏车辆或不满载而浪费运力的现象。

3) 无效运输是指被运输的货物杂质较多,使运输能力浪费于不必要的物资运输,如煤炭中的矸石、石油中的水分、矿石中的泥土和砂石等均是无使用价值的含有物,对使用者毫无用处,造成了运力浪费。

以上对不合理运输的描述,主要就形式本身而言。在实际中,必须将其放在物流系统中从系统的角度进行综合判断,避免单一角度分析时可能出现的"效益背反"现象,达到优化整个系统的目的。

(四)运输合理化的有效措施

(1) 提高运输工具实载率 充分利用运输工具的额定能力,减少车船空驶和不满载行驶的时间,减少浪费,从而求得运输的合理化。

(2) 有效减少动力投入,增加运输能力以求得运输的合理化 运输的投入主要是能耗和基础设施的建设,在运输设施建设已定型和完成的情况下,尽量减少能源投入,提高产出能力,降低运输成本。

(3) 发展社会化运输体系 运输社会化的含义是发展运输的大生产优势,实行专业分工,打破一家一户自成运输体系的状况,实现物流运输社会化,可以充分利用运输资源,避免出现各种不合理的运输形式,还可以实现运输组织效益和运输规模效益。

(4) 合理选择运输方式和运输工具 五种基本运输方式均有自身的优点与不足,在选择运输方式时,大体可考虑以下五个方面的因素:运输物品的特性(物品的形状、单件重量和体积、危险性和易腐性等)、运量(运输批量的大小)、运输距离、运输期限(物品的到货期)和运输成本。同时,各种运输方式的技术性能随着科学技术的进步不断变化,所以在选择时还要结合各种运输方式的技术特点进行。

(5) 尽量发展直达运输 直达运输是追求运输合理化的重要形式,可以减少中转过载换装,提高运输速度,节省装卸费用,降低中转货损。

(6) 配载运输 配载运输是充分利用运输工具载重量和容积,合理安排装载的货物及载运方法以求得合理化的一种运输方式。配载运输也是提高运输工具实载率的一种有效形式。配载运输往往是轻重商品的混合配载,以达到充分利用装载工具的载重力和容积的目的。

(7) "四就"直拨运输 一般批量到站或到港的货物,首先要进分配部门或批发部门的仓库,然后再按程序分拨或销售给用户。这样一来,往往出现不合理运输。"四就"直拨运输是指由管理机构预先筹划,就厂、就站(码头)、就库、就车(船)将货物分送给客户,而无须再入库。其实质是减少中转环节,力求以最少的中转次数完成运输任务的一种形式。

(8) 发展特殊运输技术和运输工具 依靠科技进步是运输合理化的重要途径。例如,专用散装及罐车解决了粉末、液状物运输损耗大、安全性差等问题,"滚装船"解决了车载货的运输问题,袋鼠式车皮、大型半挂车解决了大型设备整体运输的问题等,都是通过运用先进的科学技术来实现合理化的。

(9) 通过流通加工,减少无效运输 有些货物本身由于形态和特征问题很难实现运输的合理化,如果进行适当加工,就能够有效地实现运输的合理化。

案例

京东物流布局使用 20000 辆新能源车，年减碳排放量可达 40 万 t

2021 年春节前夕，一辆辆新能源物流车满载着货物奔向消费者，绿色运配正让网购年货更加环保。目前，京东物流已在全国 7 个大区、50 多个城市，总计布局使用新能源车约 20000 辆，并大量使用清洁能源充电基础设施，每年可减少约 40 万 t 二氧化碳排放，这相当于 2000 万棵树每年吸收的二氧化碳量。

从干线物流货车到终端的快递车，规模化的新能源车队覆盖了京东物流多种业务场景。如今，京东物流已陆续将北京的自营城配车辆全部更换为新能源车辆。在服务 2022 年"相约北京"系列冬季体育赛事中，京东物流在赛区城市配送、场馆内部物流服务中全部使用电动物流车，所有服务车辆 100%符合国 6b 排放标准，并且在张家口赛区内试运行氢能物流车。

除了规模化使用清洁能源运输外，创新技术应用正有效提升运配效率，降低能源损耗。京东物流利用大数据优化北京及周边地区仓储网络规划，通过大数据进行实时最优路径规划，减少在途车辆，并对收货环节进行精准排产，避免车辆集中到达，减少车辆等待时间。另外，跨区包裹和仓库之间调拨的车辆可安排夜间运行，减少日间车辆近 30%。在京东物流"亚洲一号"智能产业园中，通过调度算法和运筹优化技术指挥车辆精确地走向适合的月台；同时，通过可视化导引、摄像头识别，指导司机准确进行停靠，有效降低车辆在园区外的排队时间，以及在园区内的等待时间，如图 3-8 所示。

图 3-8 京东新能源物流车

第二节 储存保管

在经济和社会活动中，储存保管现象随处可见：工业企业需要对原材料、零部件、半成品、劳动工具以及产成品进行储存保管，商业企业需要对其经销的商品进行储存保管，物流公司需要对客户的货物进行储存保管，家庭需要对其生活用品和食品进行储存保管。

储存是物流的主要功能要素之一，是社会物质生产的必要条件之一，可以创造"时间效用"。储存在物流系统中起着缓冲、调节和平衡的作用，是物流的中心环节。

一、储存保管的概念

在国家标准《物流术语》（GB/T 18354—2021）中储存是指"贮藏、保护、管理物品"；保管是指"对物品进行储存，并对其进行保护和管理的活动"。储存保管是指在一定时期和场所，以适当的方式对一定数量和质量的物品进行贮藏、保护、管理和控制的活动。

储存保管包含库存和储备两层含义，是一种广泛存在的社会经济现象。不论是什么种类的物资，在没有进入生产加工、消费、运输等活动之前或活动结束之后，总是要存放起来，这就是储存保管。

> **小贴士 概念辨析**
>
> 仓储是指"利用仓库及相关设施设备进行物品的入库、储存、出库的活动"。

第三章 现代物流活动的功能要素及其运作管理

> 物资储备：为应对突发公共事件和国家宏观调控的需要，对备用物资进行较长时间的储存和保管的活动。
>
> 库存：储存作为今后按预定的目的使用而处于备用或非生产状态的物品。广义的库存还包括处于制造加工状态和运输状态的物品。

储存保管的基本作业包括入库、保管、出库三大步骤，其基本作业流程如图3-9所示。

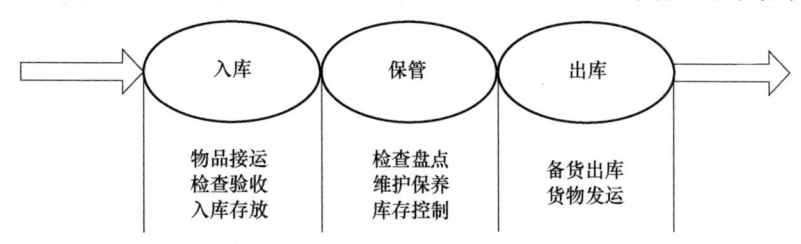

```
入库 → 保管 → 出库
物品接运    检查盘点    备货出库
检查验收    维护保养    货物发运
入库存放    库存控制
```

图3-9 储存保管基本作业流程

二、储存保管的作用

储存保管作为社会再生产各环节之间"物"的停滞，在国民经济中既有其积极作用也有其消极作用。

（一）储存保管的积极作用

1. 物流的主要功能要素之一

在物流中，运输承担改变"物"的空间状态的功能，储存承担改变"物"的时间状态的功能，运输和储存是并列的物流的两个主要功能要素。

2. 储存保管可以改变"物"的时间状态，调节供求，是社会再生产的必要条件

储存构成了物质生产和社会运行的必要条件。储存与生产活动不同，不增加社会产品的数量，不赋予新的使用价值，只改变了物的时间状态。

生产与消费不均衡、不同步的现象客观存在，它们之间存在着时间差。这种供给与需求的时差矛盾，需要通过储存保管予以解决。储存保管在社会生产中具有"调节阀""蓄水池"的作用。储存保管可以调节生产与消费的矛盾，使它们在时间上和空间上得到协调，保证社会再生产的顺利进行。

3. 储存保管可以创造"时间效用"

物品在不同的时间使用价值的实现程度可能不同，其效益也会不同，由改变了时间而提高物品的价值和使用价值的称为"时间效用"。储存保管可以使物品在效用最高的时间发挥作用，实现资源在时间上的优化配置，即通过储存保管提高使用价值，创造"时间效用"。储存保管也是创造"第三利润源泉"的重要领域之一。

（二）储存保管的消极作用

1. 储存保管会产生相应的成本费用

储存保管需要投入一定的资源，如仓库、货架、设施设备等，还需要储存保管人员以及装卸搬运工人，必然会产生相应的成本费用。另外，商品在储存保管期间也存在一定的安全风险，因此会引起保险费用的支出（近年来我国已经开始对储存商品采取投保措施）。

2. 储存保管会造成库存物品的有形损耗

储存保管的物品在装卸搬运过程中会造成一定的机械损伤，在储存保管期间也可能会

现代物流学

由于自身特性或外界因素的影响而发生物理、化学、生物等各种变化，严重时会导致物品失去全部价值和使用价值。

3. 储存保管会造成库存物品的无形损失

物品在储存保管期间经常发生陈旧损失和跌价损失，造成价值衰减。此外，储存保管还会占用资金，产生利息费用，并增加企业的机会成本。

总之，储存保管既有积极作用，也有消极作用。在物流管理中应充分发挥其积极作用，并尽量减轻其消极作用，化解其不利影响，以满足企业生产经营的需要。

三、储存保管合理化

（一）储存合理化的概念

储存保管合理化是指充分利用各种资源，采取科学的保管方法，以尽量低的储存保管成本去实现储存保管的最佳功能，即用最经济的办法实现储存保管功能。储存合理化的实质是，在保证储存功能实现的前提下尽量少地投入，也是一个投入产出的关系问题。

（二）不合理储存的表现形式

不合理储存是指在现有保管条件下可以实现的最佳保管功能未能实现，从而造成储存资源浪费。不合理储存主要有以下几种：

1. 储存保管时间过长

储存时间从两个方面影响储存的效果：一是被储物资获得"时间效用"；二是损耗加大，是"时间效用"的逆反。从"时间效用"的角度来考虑，物品储存一定时间，其效用可能会增大，但随着储存时间的增长，效用增加的幅度就会减缓甚至出现效用降低的现象。对绝大多数物品而言，过长的储存时间都会影响其总效益。

2. 储存保管数量过多或过少

储存数量过多从两个方面影响储存的效果：一是形成对供应、生产、消费的保证能力。这一能力遵从"边际效用递减规律"，每增加一单位储存数量，总能力虽会随着增加，但所增加的保证供应能力却逐渐降低。二是储存的损失随着储存数量的增加基本成比例增加，储存量越多，损失量也越大，甚至还可能出现储存量增加到一定程度而引发损失陡增的情况。

储存数量过少也从两个方面影响储存效果：一方面，储存数量过少会降低对需求的保障能力；另一方面，储存数量降低会减少储存损失。此消彼长的结果是：储存数量降低到一定程度，保证能力大幅度消减，引发的损失超过减少储存带来的收益。储存量过少也不合理。如果降低储存数量又不降低保证能力，当然是极为理想的，如"零库存"。所以，不合理储存的"数量过少"是指在保证能力是由储存数量决定的前提下。

3. 储存保管条件不足或过剩

储存条件不足，不能够提供良好的储存环境，易造成损失。储存条件过剩，大大超过需要，从而负担过高的储存成本，甚至导致亏损。

4. 储存结构失衡

储存结构是指被储物的种类、品种、规格、数量、储存期、储存地理位置等方面的结构关系。它的失衡表现在对用户的需求不能形成优化的储存结构。

（三）储存合理化的主要标志

（1）质量标志　保证被储存物的质量，是完成储存功能的根本要求。只有这样，物品

第三章　现代物流活动的功能要素及其运作管理

的使用价值才能通过物流得以最终实现。在储存中增加了时间价值或者获得利润，都是以保证质量为前提的。所以，在储存合理化的主要标志中，为首的应当是反映使用价值的质量。保证储存物品的使用价值是物品储存合理化的主要标志。

（2）数量标志　物品储存合理化的另一个标志在保证功能实现前提下对储存物品合理数量做出科学的决策。

（3）时间标志　在保证功能实现的前提下，寻求一个合理的储存时间，这是和数量有关的问题。储存量越多消耗速率越慢，则储存的时间越长，相反则越短。在具体衡量时，往往用周转速度指标来反映时间标志，如周转天数、周转次数等。

（4）结构标志　结构标志是从被储存不同品种、不同规格、不同花色的储存数量的比例关系对储存进行合理性判断。尤其是相关性很强的各种物资之间的比例关系更能反映储存合理与否。

（5）分布标志　分布标志是指不同地区储存的数量比例关系保障程度，也可以此判断对整个物流的影响。

（6）费用标志　仓积费、维护费、保管费、损失费、资金占用、利息支出等，都能从实际费用上判断储存的合理与否。

（四）储存合理化的措施

为了实现物品储存的合理化，可以采取以下十大实施要点：

（1）储存物品的 ABC 分析　ABC 分析是实施储存合理化的基础，在此基础上可以进一步解决各类结构关系、储存量、重点管理、技术措施等合理化问题。

（2）实施重点管理　储存物品种类很多、数量庞大，需要在管理上分清轻重缓急，确定重点。在 ABC 分析的基础上，分别决定各种物品的合理库存储备数量以及经济储备数量的办法，乃至实施零库存。

（3）适当集中储存　利用规模优势，以适当集中储存代替分散储存。在形成一定规模的前提下，追求规模经济、适当集中储存是合理化的重要内容。适当集中储存利用储存规模优势代替分散的小规模储存来实现合理化。适当集中储存还有其他好处：对客户保证能力提高，有利于采用机械化、自动化作业方式，有利于形成干线运输批量，是"零库存"的前提条件。

集中储存要面对两个制约因素：一是储存费；二是运输费。过于分散，每一处储存保证的对象有限，互相难以调度调剂，则需分别按其保证对象要求确定库存量。集中储存易于调度调剂，储存总量可大大低于分散储存量的总和；相反，过于集中储存使储存点与客户之间的距离拉长，储存总量虽然降低，但运输距离变长、运费支出加大、在途时间长，又迫使周转储备增加。所以，适当集中储存要在总储存费及运输费之间取得最优均衡。

> **小贴士　集中储存的好处**
>
> 集中储存除了降低总成本外，还有一系列其他好处：一是对单个客户的保证能力提高；二是有利于采用机械化、自动化作业方式；三是有利于形成一定批量的干线运输；四是有利于成为支线运输的始发站。适当集中储存也是"零库存"这种合理化形式的前提条件之一。

（4）"快进快出"，加速周转，提高单位产出　将静态储存变为动态储存，储存周转速度加快，会带来一系列的合理化好处，如资金周转快、资本效益高、货损少、仓库吞吐能

现代物流学

力增强、成本下降等。具体做法，例如采用单元集装储存、建立快速分拣系统等，都有利于实现快进快出，大进大出。

（5）采用有效的"先进先出"方式　"先进先出"是保证物品储存期不至过长的合理化措施，也成为储存管理的准则之一。有效的"先进先出"方式主要有：贯通式货架系统、"双仓法"储存、计算机存取系统。

（6）增加储存密度，提高仓库利用率　采用管理的办法和密集仓储设备，提高储存密度，提高仓库利用率。目的是减少储存设施的投资，提高单位储存面积的利用率，以降低成本、减少土地占用。具体有增加储存的高度、缩小库内通道宽度、减少库内通道数量三种方法。

（7）采用有效的储存定位系统　如果定位系统有效，就不仅能大大减少寻找、存放、取出的时间，而且还能防止差错，便于清点及实行订货点等管理方式。储存定位方法有"四号定位"和电子计算机定位等。

（8）采用有效的监测清点方式　对储存物品数量和质量的监测，既是掌握基本情况之必需，也是科学库存控制之必需。在实际工作中稍有差错，就会使账物不符，因而必须及时、准确地掌握实际储存情况，经常与账、卡、物进行核对。这无论是人工管理还是计算机管理，都是必不可少的。此外，经常监测也是掌握被储存物品质量状况的重要工作。储存管理中常用的监测清点方式有："五五化"堆码、光电识别系统和电子计算机监控系统。

小案例

香港机场货运中心

我国的香港机场货运中心是现代化的综合性货运中心。在其1号货站，货运管理部对需要入库的货物按标准打包，之后，一般规格的包装通过货架车推到一列摆开的进出口；在计算机中输入指令后，货架车就会自动进入轨道，运送到六层楼高的除了货架车通道就是布满货架的库房，自动进入指定仓位。当需要从库房提取货物时，也是通过计算机的指令，货物就自动从进出口输送出来。对于巨型货架，则用高3m、宽7m的升降机运送到仓库的货架上。

（9）采用现代储存保养技术　这是储存合理化的重要方面，主要有气幕隔潮、气调储存和塑料薄膜封闭几种。

（10）采用集装箱、集装袋、托盘等运储装备一体化方式　集装箱等集装设施的出现，给储存带来了新观念。采用集装箱后，本身便能起到物品储存的作用。在物流过程中，也就省去了入库、验收、清点、堆垛、保管、出库等一系列储存作业，因而对改变传统储存作业有很重要的意义，是储存合理化的一种有效方式。

案例

马士基在中国的首个全自动化仓储项目正式运营

马士基梅山国际物流中心一期项目拥有两栋仓库，仓库堆存位共2.2万个，可同时储存5万m^3货物。

2020年7月15日，马士基梅山国际物流中心一期项目正式投入运营。该物流中心于2018年6月开工，共分两期建设，占地350亩（1亩=666.7m^2），总投资近6亿元人民币。其中，一期项目占地150亩，投资约2亿元人民币。

据了解，马士基梅山国际物流中心一期项目拥有两栋仓库，包括一栋高标准仓库和一

第三章 现代物流活动的功能要素及其运作管理

栋全自动仓库。这也是马士基梅山国际物流中心和宁波梅山保税港区泉合投资有限公司在中国合资的第一个全自动化仓储项目。

全自动无人仓库采用 AS/RS 先进自动化技术，共配备 10 台高货架全自动堆垛机、40 台潜伏式 AGV、10 扇全自动仓库卸货门，配备进仓流水线及全自动缠膜机，5G 网络全覆盖。马士基梅山国际物流中心表示，未来将利用更先进的自动化技术优化物流运营，提高物流效率，为客户提供更优质的可视化服务。

四、库存控制

储存管理的关键是库存控制问题。库存控制是指在保障供应的前提下，使库存物品的数量最合理时所采取的有效措施。库存控制是库存管理的核心，它可以提高对客户的服务水平，回避风险，其目标就是在库存成本的合理范围内达到客户满意的服务水平，防止超储和缺货。库存量不是越多越好，也不是越少越好。多了会造成积压，少了又会出现不能满足正常所需的情况，因此保持合理的库存是为了在分销过程中保证物品销售能够连续进行。库存控制是希望将物品的库存量保持在适当的标准之内，以免造成资金过多积压，增加保管难度，导致浪费仓容、供不应求的情况出现。

库存控制的内容包括确定物品的储存数量与储存结构、进货批量与进货周期等。把库存量控制到最佳，尽量用最少的人力、物力、财力把库存管理好，获取最大的供给保障，是很多企业、很多经济学家追求的目标，甚至是企业之间竞争的重要环节。

第三节 装卸搬运管理

在整个物流过程中，装卸搬运是伴随着运输和储存不断出现和反复进行的活动，它出现的频率高于其他各种物流活动，同时每次装卸搬运都要占用很多时间和消耗很多劳动。因此，装卸搬运不仅成为决定物流速度的关键，而且是影响物流费用高低的重要因素。开展装卸搬运的研究，实现装卸搬运合理化，对物流系统整体功能的发挥，降低物流费用，提高物流速度，都具有极其重要的意义。

一、装卸和搬运的概念

装卸和搬运是两个不同的概念，我国国家标准《物流术语》（GB/T 18354—2021）是这样界定装卸的："在运输工具间或运输工具与存放场地（仓库）间，以人力或机械方式对物品进行载上载入或卸下卸出的作业过程"；搬运是"在同一场所内，以人力或机械方式对物品进行空间移动的作业过程"。在实际操作中，装卸和搬运活动是密不可分的，常常相伴而生。

综上所述，装卸是改变物品存放、支撑状态的活动，搬运是改变物品空间位置的活动，两者合称装卸搬运。

具体而言，装卸搬运作业主要包括装货卸货作业、搬运移送作业、堆垛拆垛作业和分拣配货作业。

二、装卸搬运的特点和作用

（一）装卸搬运的特点

装卸搬运既是生产领域不可或缺的环节，又是流通领域物流活动的重要组成部分。与

现代物流学

其他物流环节的活动相比，装卸搬运具有以下特点：

（1）装卸搬运是附属性、伴生性的活动　装卸搬运是物流每一项活动开始及结束时必然发生的活动，是其他操作不可缺少的组成部分。例如，运输活动包含了必要的装车、卸载与搬运活动，仓储活动也包含了入库、出库及相应的装卸搬运活动。

（2）装卸搬运是支持、保障性的活动　装卸搬运的附属性不能理解成被动的。实际上，装卸搬运对其他物流活动有一定的决定性。装卸搬运会影响其他物流活动的质量和速度。例如，装车不当，会引起运输过程中的损失；卸放不当，会引起货物转进入下一步活动的困难。许多物流活动在有效的装卸搬运支持下，才能实现高效运行。

（3）装卸搬运是衔接性的活动　在任何其他物流活动互相过渡时，都是以装卸搬运来衔接的，因而装卸搬运往往成为整个物流的"瓶颈"，是物流各功能之间能否形成有机联系和紧密衔接的关键。建立一个有效的物流系统，关键看这一衔接是否有效。比较先进的物流方式——联合运输方式就是着力解决这种衔接而实现的。

（二）装卸搬运的作用

（1）装卸搬运是随运输和储存等活动而产生的必要物流活动　装卸搬运是连接物流各环节的纽带，即运输、储存、包装等物流活动得以顺利实现的保证，起衔接作用。加强装卸搬运作业的组织，不断提高装卸搬运的合理化程度，对提高物流系统整体功能有极其重要的作用。

（2）装卸搬运是决定物流速度的关键　装卸搬运在物流中反复进行，所消耗的时间长，是物流的主要环节。物流活动其他各个阶段的转换要通过装卸搬运来连接，因此装卸搬运是物流合理化的重要影响因素。

（3）装卸搬运在物流成本中所占比重较高　装卸搬运所耗人力多，次数频繁，而且作业内容复杂，它所消耗的费用在物流费用中占有相当大的比重。

（4）装卸搬运是物流过程中可能造成损失的主要环节　装卸搬运活动在物流过程中发生频繁，包含多项作业，容易造成物品损坏。

> **小贴士**　装卸搬运所花时间和费用
>
> 据有关资料统计，每生产 1t 产品，往往需要 252 次装卸搬运，其成本为加工成本的 15.5%。当铁路运输距离低于 500km 时，装卸搬运的时间则超过实际运输的时间。美国和日本之间的远洋船运，一个往返周期为 25 天，在途时间为 13 天，而装卸搬运则需要 12 天。美国工业产品生产过程中装卸搬运费用占成本的 20%～30%，德国企业物料装卸搬运费用占营业额的 1/3，日本物料装卸搬运费用占国民生产总值的 10.73%。降低物流费用，装卸搬运是重要环节。

三、装卸搬运的合理化

装卸搬运效率的高低直接影响物流活动的整体效率。科学组织装卸搬运作业，实现装卸搬运合理化，对物流系统的整体优化有非常重要的意义。

（一）不合理装卸搬运的表现形式

（1）过多的装卸搬运次数　在物流活动中，装卸搬运环节是可能发生货损的主要环节。在整个物流过程中，装卸搬运作业又是重复进行的，其发生的频数超过其他任何活动，过多的装卸搬运必然导致货损的可能性增加。同时，每增加一次装卸，就会较大比例

第三章　现代物流活动的功能要素及其运作管理

地增加物流费用，也会减缓整个物流的速度。

（2）过大过重包装的装卸搬运　如果包装过大过重，就会反复在包装上消耗较多的劳动，会形成无效劳动。

（3）无效物资的装卸搬运　货物中有时混杂着没有使用价值的各种掺杂物，如煤炭中的矸石、矿石中的水分、石灰中未烧熟的石灰以及过烧石灰等。这些无效物资在反复装卸搬运的过程中必然消耗能量，形成无效劳动。

由此可见，不合理的装卸搬运增加了物流成本与货物的损耗，降低了物流速度，若能有效防止，就会实现装卸搬运作业乃至物流活动的合理化。

（二）装卸搬运合理化的目标

装卸搬运合理化的主要目标是节省时间、劳动力和装卸搬运费用。

（1）装卸搬运距离短　搬运距离越长，费用就越高；搬运距离越短，费用就越低。所以，装卸搬运合理化的目标之一，就是要尽可能使装卸搬运距离短。

（2）装卸搬运时间少　压缩装卸搬运时间，就能提高物流速度，及时满足客户的需求。为此，装卸搬运作业人员应根据实际情况，尽可能实现装卸搬运的机械化、自动化和省力化。这样，不仅大大缩短了物流时间，提高了物流效率，降低了物流费用，而且通过装卸搬运的合理衔接，还能优化整体物流过程。

（3）装卸搬运质量高　装卸搬运质量高是装卸搬运合理化目标的核心。高质量的装卸搬运作业，是为客户提供优质服务的主要内容之一，也是保证生产顺利进行的重要前提。按照要求的数量、品种安全、及时地将物品装卸搬运到指定的位置，这是装卸搬运合理化的主体和实质。

（4）装卸搬运费用低　如果能真正实现装卸搬运的机械化、自动化和省力化，就可以大幅度减少作业人员，降低人工费用，装卸搬运费用也能得到大幅度降低。为此，应合理规划装卸搬运工艺，设法提高装卸作业的机械化程度，尽可能实现装卸搬运作业的连续化，从而提高效率，降低成本。

> **小知识**　创建"复合终端"，实现装卸搬运合理化
>
> 　　近年来，工业发达国家为了对运输线路的终端进行装卸搬运合理化的改造，创建了所谓的"复合终端"，即对不同运输方式的终端装卸场所，集中建设不同的装卸设施。例如，在复合终端集中设置水运港、铁路站场、汽车站场等。这样就可以合理配置装卸、搬运机械，使各种运输方式有机地连接起来。"复合终端"的优点在于：第一，取消了各种运输工具之间的中转搬运，因而有利于物流速度的加快，减少装卸搬运活动所造成的物品损失；第二，由于各种装卸设施集中到"复合终端"，这样就可以共同利用各种装卸搬运设备，提高设备的利用率；第三，在"复合终端"可以利用大生产的优势进行技术改造，大大提高转运效率；第四，减少了装卸搬运的次数，有利于物流系统功能的提高。
>
> 　　装卸搬运在某种意义上是运输、保管活动的辅助活动。因此，特别要重视从物流全过程来考虑装卸搬运的最优效果。如果单独从装卸搬运角度考虑问题，不但限制了装卸搬运活动的改善，而且还容易与其他物流环节发生矛盾，影响物流系统功能的提高。

（三）装卸搬运作业合理化的原则

装卸搬运的基本原则是装卸搬运作业合理化经验的总结，也是合理化的基本要求。因

此，装卸搬运作业合理化，首先必须坚持装卸搬运的基本原则，其次按照合理化的要求进行装卸搬运作业。它的合理化原则包括以下几个方面：

（1）省力化原则　所谓省力，就是节省动力和人力。应巧妙利用物品本身的重量和落差原理，设法利用重力移动物品，如使物品在倾斜的辊道运输机上，或利用滑槽、滑板，在重力作用下移动；减少从下往上的装卸搬运，以减轻负重；不能利用重量和落差时，尽量水平装卸搬运，如仓库的作业月台与卡车车厢处于同一高度，手推车可以直接进出，卡车后面带尾板升降机，仓库作业月台设装卸货升降装置等。总之，省力化装卸搬运的原则是：能往下则不往上，能直行则不拐弯，能用机械则不用人力，能水平则不上坡，能连续则不间断，能集装则不分散。在不得已采用人工作业时，要注意重力的影响作用，应减少人体的上下运动，避免反复从地面搬起重物，也要避免人力抬或搬送过重的物品。

（2）消除无效搬运　所谓无效搬运，是指在装卸作业活动中超出必要的装卸量、搬运量的搬运作业。显然，防止和消除无效搬运对装卸作业的经济效益有重要作用。要提高搬运纯度，只搬运必要的物资，有些物资要去除杂质之后再搬运比较合理。例如，煤炭在搬运前应该清除其中的煤矸石；避免过度包装，减少无效负荷，因为包装材料最终是废弃物，多余包装不起作用，反而增加了作业量；提高装载效率，充分发挥搬运机器的能力和装载空间，发货时的配车作业应该特别注意，中空的物件可以填装其他小物品再进行搬运；在物流系统作业规划与管理中，要减少倒搬次数。作业次数增多不仅浪费了人力、物力，还增加物品损坏的可能性。因为货物装卸搬运不产生价值，作业的次数越多，物品破损和发生事故的频率越大，费用越高，因此首先要考虑尽量减少装卸搬运次数。

（3）提高搬运活性　物品在放置时要考虑有利于下次搬运，如装于容器内并垫放的物品较散放于地面的物品易于搬运，在装上时要考虑便于卸下，在入库时要考虑便于出库，还要创造易于搬运的环境和使用易于搬运的包装活性化原则。

> **小贴士　搬运活性**
>
> 装卸搬运活性中的"活性"是指"从物的静止状态转变为装卸状态的难易程度"。对于不同放置状态做不同的活性规定，即为活性指数，活性指数分为 0~4 共 5 个等级，见表3-4。
>
> 表3-4　活性指数表
>
> | 放置状态 | 需要进行的作业 |||| 活性指数 |
> |---|---|---|---|---|---|
> | | 集中（装箱） | 搬起（支垫） | 升起（装车） | 运走（移动） | |
> | 散放在地 | 需要 | 需要 | 需要 | 需要 | 0 |
> | 置于容器中（装箱） | — | 需要 | 需要 | 需要 | 1 |
> | 集装化（如托盘上） | — | — | 需要 | 需要 | 2 |
> | 无动力车上 | — | — | — | 需要 | 3 |
> | 处于动态（动力车/传送带） | — | — | — | — | 4 |

（4）合理利用机械　所谓利用机械，是指在装卸搬运作业中用机械作业代替人工作业。实现装卸搬运作业的机械化是实现省力化和效率化的重要途径。初期阶段，搬运机械大多在以下情况使用：超重物品的搬运；搬运量大，耗费人力多，人力难以操作时物品的搬运；粉体或液体物料的搬运；速度太快或距离太长，人力不能胜任时物品的搬运；装卸

第三章　现代物流活动的功能要素及其运作管理

作业高度差太大，人力无法操作时物品的搬运。今后的发展方向是，即使在人可以操作的场合，为了提高生产率、安全性、服务性和作业的适应性等，也应将人力操作转由机械来实现，而人可以在更高级的工作中发挥作用，但应该考虑机械使用的经济性问题。

（5）连续化原则　连续化装卸搬运的例子有很多，如输油管道、输气管道、气力输送设备、传送带、辊道输送机、旋转货架等。

（6）保持物流的均衡顺畅　当物品的处理量波动大时会使搬运作业变得困难，在人力和相关机械设备的使用和调配方面非常困难。搬运作业受运输等其他环节的制约，其节奏不能完全自主决定，必须综合各方面的因素妥善安排，使物流量尽量均衡，避免忙闲不均的现象。

（7）集装单元化原则　集装箱运输、托盘一贯化物流等都是集装单元化有效的做法。单元化装卸搬运是提高装卸搬运效率的有效方法，这对搬运作业的改善是至关重要的，可以达到以下目的：由于搬运单位变大，可以发挥机械的效能，提高作业效率，搬运方便，灵活性好；负载的大小均匀，有利于实行作业标准化；在作业过程中避免物品损伤，对保护被搬运的物品有利。

（8）人格化原则　装卸搬运是重体力劳动，很容易超过人的承受限度。如果不考虑人的因素或不够尊重人格，容易发生野蛮装卸和乱扔乱摔现象。搬运的东西在包装和捆包时应考虑人的正常能力和抓取的方便性，也要注重安全性和防污染性等。一些国家已重视了这一点，在设计包装尺寸和重量时，以妇女搬运能力为标准。

确保作业安全和作业人员的人身安全也是重要的。要有严格的机械设备检修制度，作业环境应留有安全作业空间、作业通道畅通、作业场所无障碍、地面要防滑等。

（9）提高综合效果　在整个物流过程中，要从运输、储存、保管、包装和装卸的关系来考虑。装卸要适合运输、储存、保管的规模，即装卸要起着支持并提高运输、储存、保管能力和效率的作用，而不是起阻碍作用。对物品的包装来说也是一样的，过去是以装卸为前提进行包装，要运进许多不必要的包装材料，现在采用集合包装、简化包装，减少搬运劳力的浪费。

第四节　现代包装及集装箱化

在社会再生产过程中，包装处于生产过程的末尾和物流过程的开端。它既是生产的终点，又是物流的起点。

一、包装的概念

在我国国家标准《物流术语》（GB/T 18354—2021）中包装的定义是："为在流通过程中保护产品，方便储运，促进销售，按一定技术方法而采用的容器、材料及辅助物等的总体名称。"包装也是指为了达到上述目的，在采用容器、材料和辅助物的过程中施加一定技术方法等的操作活动。

二、包装的特征和功能

包装具有三大特征，即对商品的保护性、单位集中性和方便性。基于包装的这三个特征，使包装具有以下四种功能，即保护商品、方便物流、促进销售及方便消费。

（一）保护商品

包装的一个重要功能就是要保护包装内的商品不受损伤。在运输途中，由于运输工具

现代物流学

或运输道路的原因,商品难免会受到一定的冲击或者压力,这样就容易使商品受到损害。在商品的储存过程中,因为商品要层叠堆积码放,所以商品会受到放在它上面的其他商品的压力,这样也可能会损害商品。另外,在商品的储存过程中,可能还会受到外部自然因素的侵袭,例如,可能会被雨水淋湿,被虫子、老鼠咬坏等。因此,要求商品有一个好的包装,能够抵挡这些侵袭因素。

在设计商品的包装时,要做到有的放矢。首先要仔细分析商品可能会受到哪些方面的侵扰,然后针对这些方面来设计包装。例如,如果商品在运输途中会受到外力的侵袭,容易受到碰撞,那么就需要对商品进行防振包装或缓冲包装,可以在商品的内包装和外包装之间塞满防振材料,以减缓外界的冲击;如果商品比较容易生锈,可以采用特制的防锈包装方法,如防锈油方法或真空方法;如果商品比较容易受到害虫的侵蚀,那么可以在商品中加入一定的防虫剂,以防止商品受到损害。

小案例

美国强生公司产品包装的改变

美国强生公司生产的卫生产品占有很大的市场份额。该公司利用尿布生产中开发出的技术,生产出一种船形杯子状的产品,名叫"Serenity"。每个包装盒装有 12 个或 24 个产品。当销售人员审查这种产品时,有人担心该产品太过轻薄,会影响销量。因为零售店内的货架空间有限,产品不得不就此展开争夺,所以可能会导致经常缺货,也限制了产品在消费者面前展示的机会。物流管理人员提出了解决问题的办法:改变产品的密度。他们将产品对半折叠,再压成袋状,包装盒的尺寸比原来的一半还小。这样做不仅满足了市场营销的要求,还节约了仓储、运输和包装费用。

(二) 方便物流

包装的另一个重要作用是提供商品自身的信息,如商品的名称、生产厂家和商品规格等,以帮助工作人员区分不同的商品。在商品的储存过程中,仓库工作人员也是通过包装上的商品标志来区分商品,进行存放和搬运的。此外,适当的包装也能够提高搬运商品的效率。商品从生产到销售可能会经历很多次搬运,如果产品包装设计过大,那么可能非常不利于搬运;相反,如果包装设计过小,又可能会使搬运的效率大大降低。所以,应该根据搬运工具的不同来设计合理的包装,而且在设计包装的时候还要考虑如何使各种搬运工具能够更好地对商品进行操作。商品包装方便物流主要体现在方便装卸搬运、运输、方便储存保管等。

(三) 促进销售

一般来说,商品的外包装必须适合运输的种种要求,因此在设计外包装的时候可能会更加注重包装的实用性。对商品的内包装而言,因为它要直接面对消费者,所以必须注意其外表美观大方,要有一定的吸引力,以便促进商品的销售。

小贴士 杜邦定律

杜邦定律(由美国杜邦化学公司提出)认为:63%的消费者是根据商品的包装来进行购买的,而国际市场和消费者是通过商品来认识企业的,因此商品的包装就是企业的面孔,优秀的、精美的包装能够在一定程度上促进商品的销售,提高企业的市场形象。

第三章 现代物流活动的功能要素及其运作管理

> **小知识** 创意包装等于 5s 广告
>
> 创意包装对吸引视觉能起到关键作用。有资料显示,在美国一家经营 15000 个产品项目的普通超级市场里,一般购物者大约每分钟可浏览 300 件商品,假设 53%的购买活动属于冲动购买,那么此时的包装效果就相当于 5s 的电视广告。因此,企业应重视创意包装,在色彩搭配、字体选用上加大视觉刺激的力度,使商品通过货架展示,吸引顾客的视觉,促进销售。

(四) 方便消费

企业对包装的设计工作应该适合顾客的应用,要与顾客使用时的搬运、存储设施相适应。这样成本可能会高一些。但是,拥有了长久的顾客关系,企业才有可能生存和发展。这也是包装的一大功能。

三、包装的种类

现代商品的品种繁多、形态各异,相应的商品包装也多种多样。为了充分发挥包装的功能,必须对包装进行科学的分类。包装的分类就是把包装作为一定范围的集合总体,按照一定的分类标准或者特征,将其划分为不同的类别。本书将按包装在流通中的作用、包装层次、包装方法、包装材料及包装使用次数进行分类。

(一) 按包装在流通中的作用分类

按照在流通中的作用,包装可分为运输包装和销售包装两大类。

(1) 运输包装　运输包装又称工业包装、外包装,目的是保证商品在运输、储存、保管、装卸搬运过程中不发生散包、破损、受潮、污染、变质、变色等问题,即在数量和质量上给予保证。它以保护功能为主,也具有便利功能。运输包装不像销售包装那样注重外表的美观,更强调包装的实用性和费用的低廉性。

(2) 销售包装　销售包装又称内包装或小包装,目的是吸引消费者、促进销售。销售包装是直接接触商品并随商品进入零售网点和消费者或用户直接见面的包装,具有保护、美化、宣传商品的作用,对商品起促销作用。因此销售包装的特点是美观大方,有必要的装饰,能够吸引顾客。近年来,随着市场竞争加剧和满足多层次消费需求,销售包装被要求不断地改进与创新。顾客个性化需求出现,在购买商品的时候,可能会要求商家按照自己的需要为商品定制包装。

> **小贴士** 销售包装
>
> 在 B2C 这种电子商务模式中,销售包装应该是最重要的,因为顾客在购买商品之前,在网上最先看到的就是这种商品的包装。只有当包装吸引人的时候,才可能引发顾客的购买欲望。而且,随着顾客个性化需求的出现,顾客在购买商品的时候,可能会要求商家按照自己的需要为商品进行包装,以满足自己特定的需要。这也是企业必须注重销售包装的一个原因。

小案例

改进商品包装,人参价值倍增

俗话说:"货卖一张皮。"商品的包装要与其价值和质量一致,货价相当。我国东北地区出口的优质人参,开始采用木箱或纸盒包装,每箱 20~25kg,低劣的包装使外商怀疑不是真正的人参。后来改用小包装,不同等级的人参包装不同,商品内用木盒,外套印花铁盒,每盒 1~5 支,精致美观;一般的人参则采用透明塑料盒包装。由于人参采用分等级包装,东北其身价倍增。

除此之外,你还能想到哪种商品在改进包装后价值倍增呢?

(二)按包装层次分类

按照层次不同,包装可分为自(个)包装、中包装、外包装三大类。

(三)按包装方法分类

按照方法不同,包装可分为缓冲包装、防锈包装、真空包装、充气包装、灭菌包装、贴体包装、组合包装等几大类。

(四)按包装材料分类

按照材料不同,包装可分为纸类包装、塑料类包装、金属类包装、玻璃和陶瓷类包装、木材和复合材料类包装五大类。

(五)按包装使用次数分类

按照使用次数不同,包装可分为一次性包装(如纸盒、塑料袋)、复用性包装(如能直接消毒、灭菌再使用的玻璃瓶,或回收再复制的,如金属、玻璃容器等)两大类。

此外,还有托盘包装和集装箱包装等。

四、包装合理化及管理

包装合理化是指在包装过程中使用恰当的材料和技术,制成与物品相适应的容器,节约包装费用,降低包装成本,既满足包装保护商品、方便储运、有利销售的要求,又提高包装的经济效益的包装综合管理活动。

(一)包装合理化的要求

1)防止包装不足。包装不足包括包装物强度不足、包装材料水平不足、包装容量层次与容积不足。

2)包装成本过低,不能保证有效地包装。

3)防止包装过剩,包括包装物强度设计过高、包装材料档次选择过高、包装技术过高、体积过大、包装成本过高。

4)用科学方法确定最优包装,包括确定包装形式、选择包装方法,都应与物流诸因素的变化相适应:必须考虑装卸、保管、输送的要求,确定最优包装。

(二)包装合理化的途径

(1)包装尺寸标准　包装尺寸与托盘、集装箱、车辆、搬运机械、货架等物流设备、机具关系密切。只有它们之间相互匹配,才能实现物流全过程的合理化、高效化。因此,要从系统的观点制定包装的尺寸标准,实现包装尺寸标准化。

(2)包装作业机械化　实现包装作业的机械化是提高包装作业效率,降低人工包装作业强度,实现省力的基础。包装机械化应从逐个包装机械化开始,直到装箱、封口、挂提手等外包装作业完成。

(3)包装轻薄化　由于包装只是起保护作用,对商品使用价值没有任何意义,因此在

第三章　现代物流活动的功能要素及其运作管理

强度、寿命、成本相同的条件下，更轻、更薄、更短、更小的包装可以提高装卸搬运的效率，而且轻薄短小的包装一般价格比较便宜。如果是一次性包装，还应该减少使用数量。

（4）包装单位大型化　随着交易单位的大量化和物流过程中的装卸机械化，包装的大型化趋势也在增强，托盘包装、集合包装得到越来越多的应用。大型化包装有利于机械的使用，提高装卸搬运效率。

（5）包装成本低廉化　首先，在包装设计上要防止过剩包装；其次，要选择合适的包装材料，节约材料费开支；最后，要提高包装作业效率。通过机械与人工的合理组合，提高包装作业效率，节约包装费开支。

（6）包装的绿色化　绿色包装是指无害、少污染、符合环保要求的各类包装物品，主要包括纸包装、可降解塑料包装、生物包装和可食性包装等，它们是包装的发展主流。

小案例

京东物流绿色供应链行动——青流计划

京东的青流计划是京东物流携手供应链上下游伙伴，推动供应链端到端的绿色化、环保化。青流计划（绿色供应链）包括绿色制造、绿色储存、绿色运配、绿色包装。青流计划的绿色包装目标是供应链端到端减少一次性包装使用量。

京东青流箱是取消 BOPP 封箱胶带，采用一次性可降解封签、食品级环保材料，箱体轻便可折叠，承重性能强，破损后可回收再造的箱体，已经在北京、上海、广州、杭州、成都、武汉等近 50 个一二线城市进行常态化使用。为了培养消费者的绿色环保意识，京东增加循环包装可选功能，消费者可自行选择支持绿色环保。

每年废弃物排放量巨大，回收再利用问题亟待解决。因此京东拍拍二手发布"万物新生"计划，组建循环经济"朋友圈"；搭建废弃物回收—再生—交易平台，不断推进循环经济。

第五节　流通加工

流通加工是流通中的一种特殊形式，也是现代物流的主要环节和重要功能之一。流通加工是在物品从生产领域向消费领域流动的过程中，为了满足消费者多样化的需求、促进销售、维护物品质量和提高物流效率，对物品进行加工，使物品发生物理、化学或形状的变化。流通加工通常不需要采用先进技术，但能以少量的投入获得很高的经济效益。

小案例

阿迪达斯的鞋店

阿迪达斯公司在美国有一家超级市场，设立了组合式鞋店。店里摆放的不是成品鞋，而是做鞋用的半成品，款式花色多样，有 6 种鞋跟、8 种鞋底，均为塑料制造的，鞋面的颜色以黑、白为主，搭带的颜色有 80 种，款式有百余种。顾客进来可任意挑选自己喜欢的各种部件，再交给职员当场组合。职员技术娴熟，只要 10min，一双崭新的鞋子便呈现在顾客面前。这家鞋店昼夜营业，鞋的售价与成批制造的价格差不多，有的还稍便宜些。所以，顾客络绎不绝，销售金额比邻近的鞋店多十倍。

一、流通加工的定义

我国国家标准《物流术语》(GB/T 18354—2021)对流通加工的定义为:"根据顾客的需要,在流通过程中对产品实施的简单加工作业活动的总称。"简单加工作业活动包括包装、分割、计量、分拣、刷标志、拴标签、组装、组配等。

流通加工使物品发生物理、化学或形状的变化,通过改变物品的形态或性质而创造价值。流通加工是为了提高物流速度和物品的利用率,在物品进入流通流域后,按顾客的要求进行的加工活动,即在物品从生产者向消费者流动的过程中,为了促进销售、维护产品质量和提高物流效率,在流通领域对产品进行的简单再加工。

流通加工是在流通领域从事的简单生产活动,具有生产制造活动的性质。流通加工和一般的生产型加工在加工方法、加工组织、生产管理方面并无显著的区别,但在加工对象、加工程度方面差别较大,其主要差别表现在六个方面,见表3-5。

表3-5 流通加工和生产加工的区别

比较项目	生产加工	流通加工
加工对象	原材料、零部件、半成品	进入流通过程的商品
所处环节	生产过程	流通过程
加工程度	复杂的、完成大部分加工	简单的、辅助性、补充加工
附加价值	创造价值和使用价值	完善其使用价值并提高价值
加工单位	生产企业	流通企业
加工目的	为交换、消费	为消费、流通

二、流通加工的作用

随着市场竞争的加剧以及日益显现的多样化、个性化的顾客需求,流通加工的作用表现得越来越重要。具体而言,流通加工具有以下作用:

(1) 提高原材料利用率　利用流通加工,将生产厂直接运来的简单规格的产品按照使用部门的要求进行集中下料。例如,将钢板进行剪板、切裁,将钢筋或圆钢裁制成毛坯,将木材加工成各种长度及大小的板等。集中下料可以优材优用、小材大用、合理套裁,有很好的技术经济效果。

(2) 进行初级加工,方便用户　用量小或临时产生需要的单位,因缺乏进行高效率初级加工的能力,依靠流通加工便可使这些使用单位省去进行初级加工的投资、设备及人力,从而保证供应,方便用户。

(3) 提高加工效率及设备利用率　由于建立集中加工点,可以采用效率高、技术先进、加工量大的专门工具和设备。这样做的好处:一是提高了加工质量;二是提高了设备利用率;三是提高了加工效率,使加工费用及原材料成本降低。

(4) 充分发挥各种输送手段的最高效率　流通加工环节将实物的流通分成两个阶段。一般说来,由于流通加工环节设置在消费地,因此从生产厂到流通加工的第一阶段输送距离长,而从流通加工到消费环节的第二阶段输送距离短。第一阶段是在数量有限的生产厂与流通加工点之间进行定点、直达、大批量的远距离输送,可以采用船舶、火车等大量输送的手段。第二阶段则是利用汽车和其他小型车辆来输送经过流通加工后的多规格、小批量的产品。这样可以充分发挥各种输送手段的最高效率,加快输送速度,节省运力、运费。

第三章 现代物流活动的功能要素及其运作管理

（5）弥补生产加工的不足　由于工业企业数量多、分布广，生产资料及产品种类繁多，规格型号复杂，要完全实现产品的标准化非常困难。同时，社会需求复杂多样，导致工业企业无法完全满足客户在品种、规格、型号等方面的需求。流通企业了解市场供需双方的情况，在商品流通的过程中开展加工活动，能弥补生产加工的不足，能更好地满足客户的需求。

（6）强化产品保存　流通加工使产品的使用价值得到妥善保存。例如，对消费品进行的冷冻、防腐、保鲜、防虫及防霉加工，对生产资料进行的防潮、防锈加工，以及对木材进行的防干裂加工等，均属此类。

（7）提高产品的附加价值　流通加工可以提高物流对象的附加价值，使物流系统成为新的"利润中心"。例如，许多制成品：时装、轻工纺织品、工艺美术品等，经过简单的加工，改变了产品的外观功能，可使产品的售价提高20%左右。

三、流通加工合理化

（一）不合理的流通加工

流通加工是在流通领域对生产的辅助性加工，从某种意义来说，它不仅是生产过程的延续，更是生产本身或生产工艺在流通领域的延续。这个延续可能有正、反两个方面的作用，即一方面可能有效地起到补充完善的作用，另一方面可能对整个过程产生负效应，各种不合理的流通加工都会产生抵消效益的负效应。不合理的流通加工形式如下：

1. 流通加工地点设置不合理

流通加工地点设置是关系到整个流通加工是否有效的重要因素。一般而言，为衔接单品种大批量生产与多样化需求的流通加工，加工地设置在需求地区，才能实现大批量的干线运输与多品种末端配送的物流优势。

如果将流通加工地设置在生产地区，其不合理之处在于：第一，多样化需求要求的产品，多品种、小批量由产地向需求地的长距离运输会出现不合理；第二，在生产地增加了一个加工环节，同时增加了近距离运输、装卸、储存等一系列物流活动。所以，在这种情况下，不如由原生产单位完成这种加工而无须设置专门的流通加工环节。

一般而言，为方便物流，流通加工环节应设在产出地，设置在进入社会物流之前。如果将其设置在进入社会物流之后，即设置在消费地，则不但不能解决物流问题，又在流通中增加了一个中转环节，因而也是不合理的。

即使在产地或需求地设置流通加工的选择是正确的，还有流通加工在小地域范围的正确选址问题，如果处理不当，仍然会出现不合理的情况。这种不合理主要表现在交通不便，流通加工与生产企业或客户之间的距离较远，流通加工点的投资过高（如受选址的地价影响），加工点周围社会、环境条件不良等。

2. 流通加工方式选择不当

流通加工方式包括流通加工对象、流通加工工艺、流通加工技术、流通加工程度等。流通加工方式的确定实际上是与生产加工的合理分工密不可分的。生产加工分工不合理，本来应由生产加工完成的，却错误地由流通加工完成；本来应由流通加工完成的，却错误地由生产过程完成。这些都会造成不合理。

流通加工不是对生产加工的替代，而是一种补充和完善。所以，一般而言，如果工艺复杂、技术装备要求较高，加工可以由生产过程延续或轻易解决的都不宜再设置流通加工，尤其不宜与生产过程争夺技术要求较高、效益较高的最终生产环节，更不宜利用一个时期市场的压迫使生产者变成初级加工或前期加工，而流通企业完成装配或最终形成产品

现代物流学

的加工。如果流通加工方式选择不当,就会出现与生产夺利的不良后果。

3. 流通加工作用不大,形成多余环节

有的流通加工过于简单,或对生产者和消费者作用都不大,甚至有时盲目地流通加工,同样未能解决品种、规格、质量、包装等问题,相反却增加了环节,这也是流通加工不合理的重要形式。

4. 流通加工成本过高,效益不好

流通加工之所以能够有生命力,重要优势之一是有较大的产出投入比,因而起着有效的补充、完善作用。如果流通加工成本过高,则不能达到以较低投入实现较高使用价值的目的。

(二)流通加工合理化

流通加工合理化的含义是实现流通加工的最优配置,不仅做到避免各种不合理加工,使流通加工有存在的价值,而且综合考虑流通加工与配送、合理运输、合理商流等的有机结合,做到最优的选择。实现流通加工合理化主要考虑以下几个方面:

(1)加工和配送相结合 将流通加工设置在配送点,一方面按配送的需要进行加工,另一方面加工又是配送业务流程中分货、拣货、配货的一环,加工后的产品直接投入配货作业。

这就无须单独设置一个加工的中间环节,使流通加工有别于独立的生产,而使流通加工与中转流通巧妙地结合在一起。同时,由于配送之前有加工,可使配送服务水平大大提高。这是当前对流通加工做合理选择的重要形式,在煤炭、水泥等产品的流通中表现出较大的优势。

(2)加工和配套相结合 在对配套要求较高的流通中,配套的主体来自各个生产单位,但是完全配套时无法全部依靠现有的生产单位。进行适当的流通加工,可以有效促成更广泛领域的社会资源的配套,大大提高流通加工的桥梁与纽带作用。

(3)加工和合理运输相结合 流通加工能有效衔接干线运输与支线运输,促进两种运输形式的合理化。利用流通加工,在支线运输转干线运输或干线运输转支线运输这种本来就必须停顿的环节,不进行一般的支线转干线或干线转支线,而是按干线或支线运输合理的要求进行适当加工,从而大大提高运输及运输转载水平。

(4)加工和合理商流相结合 通过加工有效促进销售,使商流合理化,也是流通加工合理化的考虑方向之一。加工和配送的结合,通过加工提高了配送水平,强化了销售,是加工与合理商流相结合的一个成功的例证。此外,通过简单地改变包装加工,形成方便的购买量,通过组装加工解决用户使用前进行组装、调试的困难,都是有效促进商流的例子。

(5)加工和节约相结合 节约能源、节约设备、节约人力、节约耗费是流通加工合理化重要的考虑因素,也是目前我国设置流通加工,考虑其合理化的较普遍形式。

对于流通加工合理化的最终判断,要看其是否能实现社会的和企业本身的效益,而且是否取得了最优效益。与一般生产企业的重要不同之处是,流通加工企业更应树立"社会效益第一"的观念,只有在"以补充完善为己任"的前提下才有生存的价值。如果只是追求企业的微观效益,不适当地进行加工,甚至与生产企业争利,就有违流通加工的初衷,或者其本身已不属于流通加工范畴了。

第六节 物流配送管理

配送一般处于物流末端,是直接面对客户提供服务的环节,具有提高物流经济效益,优化、完善物流系统,改善物流服务,降低成本等功能,在物流系统中占有重要的地位。

第三章　现代物流活动的功能要素及其运作管理

配送中心则是专门从事配送工作的物流据点，它集信息流、商流、物流于一体，具有物流的全部职能，是现代物流的一种先进的货物配送组织形式。

一、配送的概念

（一）配送的定义及内涵

配送是物流中一种特殊的、综合的活动形式，是商流与物流的紧密结合，几乎包括了所有的物流功能要素，是物流的一个缩影。一般的配送集装卸、包装、保管、运输于一身，通过一系列物流活动将货物送达目的地。它的目标方向是：安全、准确、优质服务和较低的物流费用。

我国国家标准《物流术语》（GB/T 18354—2021）对配送的定义是："根据客户要求，对物品进行分类、拣选、集货、包装、组配等作业，并按时送达指定地点的物流活动。"

（二）配送的特点

（1）配送是从物流据点至客户的一种特殊送货形式　从"送"的功能来看，其特殊性表现为：从事送货的是专职流通企业，而不是生产企业；配送是中转型送货，而一般送货尤其是从工厂到客户的送货往往是直达型；一般送货是生产什么送什么，有什么送什么，配送则是企业需要什么送什么。

（2）配送是一种末端运输　配送不是单纯的运输或输送，而是与其他活动共同构成的组合体。配送中所包含的那一部分运输活动在整个输送过程中处于"二次输送""支线输送""终端输送"的位置，其起止点是从物流节点到客户。

（3）配送是一种"门到门"服务　配送不是广义概念的组织物资订货、签约、进货及对物资处理分配的供应，而是以供给者送货到户式的服务性供应。从服务方式来说，是一种"门到门"服务，可以将货物从物流节点一直送到客户的仓库、营业场所、车间乃至生产线的起点。

（4）配送是一种综合服务　配送是在全面配货的基础上，完全按照客户对商品种类、品种搭配、数量、时间等方面的要求所进行的运送。因此，除了各种"运""送"活动外，配送还要从事大量的分货、配货、配装等工作，是"配"和"送"的有机结合。

> **小贴士**　运输、配送、送货的区别
>
> 运输、配送、送货在主要业务和一般特点上均有差别，具体见表3-6。
>
> 表3-6　运输、配送、送货的差别
>
> | 项　目 | 主　要　业　务 | 一　般　特　点 |
> | --- | --- | --- |
> | 运输 | 集货、送货、运输方式和载运工具选择、运输路线和行程确定、车辆调度 | 干线、中长距离、少品种、大批量、少批次、长周期的货物移动 |
> | 配送 | 进货、储存、分拣、配货、送货、运输方式和运载工具选择、运输线路规划、行程确定、车辆调度 | 支线、接近客户的那一段流通领域、短距离、多品种、小批量、多批次、短周期的货物移动 |
> | 送货 | 一般意义上的货物递送，通常由供应商承担 | 技术装备简单、有什么送什么、是被动的 |

二、配送的作用

配送实际上是一个物品集散过程，它具有备货、储存、分拣及配货、配装、送达服

现代物流学

务、配送加工等功能,主要作用体现在以下几个方面:

(1)提高物流的经济效益　采取配送方式,增大订货经济批量,可以降低进货成本;通过将客户所需的各种商品配备好,集中起来向客户发货,以及将多个客户的批量商品集中在一起进行一次发货等方式,可以提高物流的经济效益。配送环节的建立实现了规模经济,使单位存货和管理的总成本下降,同时加强了调节能力,提高了经济效益。

> **小贴士**
>
> 据有关资料介绍,在库存、运输结构分散的状态下,就汽车运输而言,汽车的货物实载率一般都比较低,有的只有25%。在结构合理、运力集中的状态下,汽车的货物实载率可提高到70%~80%。可见配送大大提高了资源配置的合理性。

(2)通过集中库存使企业降低库存量　实现了高水平的配送之后,尤其是采取定时定量配送方法之后,生产企业可以依靠配送中心的准时配送使自己实现"零库存"或低库存,减少大量储备资金的占用,改善企业的财务状况。

(3)简化手续、方便客户　采用配送方式,客户只需要向一个企业订购,就可以订购到以往需要向许多企业订购才能订到的货物,接货手续得以简化,大大降低了客户的工作量,节省了开支,方便了客户,从而提高了物流服务质量。

(4)提高了供应保证程度　由生产企业自己保持库存、维持生产,由于受到库存费用的制约,供应保证程度很难提高。采取配送方式,配送中心比任何单独企业的储备量都大得多,对每个企业而言,由于缺货而影响生产的风险便相对缩小。

(5)完善了输送及整个物流系统　第二次世界大战之后,由于大吨位、高效率运输工具的出现,使干线运输在铁路、海运或公路方面都达到了较高水平。长距离、大批量的运输实现了低成本化,但在干线运输之后,往往还要支线转运或小搬运。这种支线运输或小搬运成了物流过程中的一个薄弱环节。这个环节与干线运输相比有其特殊要求:灵活性、适应性和服务性。采用配送方式,将支线运输、小搬运统一起来,使输送过程得以优化和完善。

三、配送合理化

(一)不合理配送的表现形式

不合理配送是指在现有条件下可以达到的配送水平而未达到,从而造成资源浪费、成本上升、服务水平降低的现象。但需要注意,配送合理与否,不能简单论之,也很难有绝对的标准。配送决策是全面、综合决策,应避免不合理配送造成损失,但有时某些不合理是伴生的,要追求大的合理,就可能派生小的不合理。本书只单独论述不合理配送的表现形式,要防止绝对化:

(1)资源筹措不合理　配送通过筹措资源的规模效益降低成本,使成本低于客户自己筹措资源的成本,从而获得优势。如果仅为少数几家客户代购代筹,不能形成规模效应。

(2)库存决策不合理　库存决策不合理主要表现在配送中心的集中库存总量高于或等于实施配送前各客户分散的库存总量,导致资源浪费,或者储存量不足,缺乏足够的供应保证能力。

(3)配送费率不合理　配送费率不合理主要表现在配送企业提供货物配送服务的费率普遍高于客户自行提货或送货的单位成本,从而损害了客户利益。有时候,由于配送有较

第三章 现代物流活动的功能要素及其运作管理

高的服务水平，费率稍高客户也是可以接受的，但这不是普遍原则。费率过低，配送企业在无利或亏损状态下运行，也是不合理的。

（4）配送或直达的决策不合理　在客户需求量较大的情况下，原本可以批量进货直接运送，却选择了配送，增加了环节，增加了成本，或者需求量较小，本该采取配送方式，却选择了直达，导致成本增加。

（5）送货中不合理运输　不合理运输中的若干表现形式在配送中都有可能出现，从而使配送变得不合理。

（6）经营理念不合理　经营理念不合理，不但使配送优势无从发挥，而且损坏了配送的形象。例如，在配送企业的库存量过大时，强迫客户接货，将库存资金及风险转嫁给客户；在资金紧张时，长期占用客户的资金；在货源紧张时，将客户委托的物品挪作他用以获取利润等。

（二）实现配送合理化的有效措施

（1）推行一定综合程度的专业配送　通过采用专业化设施、设备及标准操作程序，取得较好的配送效果并降低配送过分综合化所带来的组织工作的复杂程度及难度，从而追求配送合理化。

（2）推行加工配送　加工和配送相结合，充分利用本来应有的这次中转进行流通加工。同时，加工借助于配送，使其目的更加明确，增进了和客户的关系，避免了盲目性。两者的有机结合，在投入增加不多的情况下可以获得两个方面的效益，取得了两个方面的优势，这是实现商品配送合理化的重要途径。

（3）推行共同配送　实施共同配送，可以共用资源，从而发挥资源的最大能力，以最小的资源消耗、最低的配送成本完成配送，从而实现配送合理化。

小案例

7-11便利店配送合理化的措施

日本7-11是全球最大的连锁便利店，其实施共同配送取得了极大成功。对于盒饭、牛奶等每日配送的商品，供应商向7-11各店铺的配送费用很高。为了降低配送费用，在7-11的主导下，由批发商建立了共同配送系统，即按照不同的地区和商品群划分市场，组建共同配送中心，由该中心统一集货，再向各店铺配送。配送中心的辐射范围，一般是中心城市商圈附近35km，非中心城市60km。其目的是实现高频次、多品种、小单位的配送。实施共同配送后，7-11店铺每日接待的运输车辆从70多辆下降为12辆。此外，共同配送中心还充分反映了商品销售、在途和库存的信息。由此，7-11逐渐掌握了整个供应链的主导权。在连锁业价格竞争日渐激烈的情况下，7-11通过实施共同配送降低了物流成本，为利润的提升创造了巨大的空间。

（4）实行送取相结合　配送企业与客户建立稳定、密切的协作关系。配送企业不仅成了客户的供应代理人，而且承担客户储存据点的功能，甚至成为产品代销人。在配送时，将客户所需的物资送到，再将该客户生产的产品用同一车运回，这种送取相结合的方式，使运能、运力得到充分利用，也使配送企业的功能得到充分发挥，从而实现合理化。

小案例

沃尔玛配送合理化的措施

沃尔玛在配送运作时，大宗商品通常经由铁路送达自己的配送中心，再由公司卡车送达商店。每店一周收到 1~3 卡车货物。60%的卡车在返回配送中心的途中又捎回从沿途供应商处采购的商品。这种集中配送与送取相结合的方式，为公司节约了大量成本。同时，集中配送还为各分店提供了更快捷、更可靠的送货服务，并使公司能更好地控制库存。

（5）推行准时制配送　配送做到准时，客户才能准确、高效地配置资源（如设置库存量，安排接货的人力、物力等），才能放心地降低库存量实现低库存甚至零库存，也可以有效地安排接货的人力、物力，以追求最高效率的工作。客户企业的供应保证能力取决于配送企业的准时供应能力，因而建立高效的准时供应配送系统是实现配送合理化的重要途径。

（6）推行即时配送　即时配送是一种应急手段，可以解决客户企业担心断供之忧，也是大幅度提高供应保证能力的重要手段。即时配送是配送企业快速反应能力的具体化，是配送企业能力的体现。即时配送成本较高，但它是商品配送合理化的重要保障。

第七节　物流信息及信息系统

发展物流业的关键是实现物流信息化。只有实现物流信息化，才能在真正意义上以客户为中心，实现物流、信息流、资金流的高度统一，完成物流资源的整合和一体化供应链管理，快速响应物流客户的需求，提供适应经济全球化的现代物流服务。物流信息是物流系统的神经中枢，它对物流活动各环节能起到衔接、协调与控制作用。物流信息能将各种物流活动连接成有机的整体。只有加强物流信息管理，才能提高物流活动的效率和效果。

一、物流信息的概念及特点

（一）物流信息的概念

我国国家标准《物流术语》（GB/T 18354—2021）对物流信息的定义是："反映物流各种活动内容的知识、资料、图像、数据的总称。"

物流信息是反映物流领域各种活动状态、特征的信息，是对物流活动的运动变化、相互作用、相互联系的真实反映。狭义的物流信息是指与物流活动有关的信息，它是伴随从生产到消费的物流活动而产生的信息流，是物流活动顺利进行不可缺少的条件。广义的物流信息除了包括狭义的物流信息的内容外，还包括与其他流通活动有关的信息，如商品交易信息和市场信息。

（二）物流信息的特点

物流信息除了具有时效性、传递性、共享性等信息的一般特点外，还具有以下特征：

（1）信息量大、分布广　由于物流是一个大范围内的活动，物流信息伴随着货物的位移而分布在不同的时间和地点，信息源点多、信息量大，而且分布广，涉及从生产到消费、从国民经济到财政信贷各个方面。特别是随着全球供应链时代的来临，企业的经营活动越来越需要国际物流作为支撑。相应地，企业需要在全球范围内对物流信息进行收集、加工处理、传递和共享。

（2）动态性强、价值衰减快　物流活动的复杂性及客户需求的多样性，决定了物流信息系统伴随着物流活动在不同的时空范围内动态地变化。相应地，物流信息的价值衰减速度加快。这就要求物流从业者具备较强的对动态信息的实时捕捉和利用的能力。物流信息的及时收集、快速响应、动态处理已成为现代物流经营活动成功的关键。

第三章 现代物流活动的功能要素及其运作管理

（3）种类多，来源多样　物流信息种类繁多，从其作用的范围来看，物流系统内部各个环节有不同种类的信息，如流转信息、作业信息、控制信息、管理信息等。物流系统外也存在各种不同种类的信息，如市场信息、政策信息、区域信息等。从其稳定程度来看，又有固定信息、流动信息与偶然信息等。从其加工程度看，又有原始信息与加工信息等。从其发生时间来看，又有滞后信息、实时信息和预测信息等。这使物流信息的收集、分类、筛选、统计、研究等工作的难度加大。

（4）复杂性，标准化　物流信息的广泛性、多样性和动态性带来了物流信息的复杂性。在物流活动中，必须对不同来源、不同种类、不同时间和相互联系的物流信息进行反复研究和处理，才能得到有实际应用价值的信息，去指导物流活动，这是一个非常复杂的过程。同时，企业竞争优势的获得需要供应链各参与主体的协作与配合，而协作配合的前提便是信息的实时交换与共享，为此需要实现物流信息的标准化。

二、物流信息的作用

物流系统是由多个子系统组成的复杂系统。它们通过物资实体的运动联系在一起，一个子系统的输出是另一个子系统的输入。合理组织物流活动，就是使各个环节相互协调，根据总目标的需要，适时、适量地调度系统内的基本资源。物流系统中的相互衔接是通过信息予以沟通的，而且基本资源的调度也是通过信息的传递来实现的。例如，物流系统和各个物流环节的优化所采取的方法、措施，以及选用合适的设备、设计合理的路线、决定最佳库存量都要切合系统实际，即依靠能够准确反映物流活动的信息。总而言之，物流信息与物流活动相伴而生，贯穿物流活动的整个过程。它不仅对物流活动具有支持保障功能，而且具有连接整合整个供应链和提高整个供应链活动效率的功能。物流信息的作用具体表现在以下几个方面：

（1）沟通联系的作用　物流系统是由许多行业、部门及众多企业群体构成的经济大系统。系统内部正是通过各种指令、计划、文件、数据、报表、凭证、广告、商情等物流信息，建立起各种纵向和横向的联系，沟通生产商、分销商、零售商、物流服务商和消费者，满足各方的需要。因此，物流信息是沟通物流活动各环节的桥梁。

（2）引导和协调的作用　物流信息随着物资、货币及物流当事人的行为等信息载体进入物流供应链中，同时信息的反馈也随着信息载体反馈给供应链上的各个环节，依靠物流信息及其反馈可以引导供应链结构的变动和物流布局的优化；协调物资结构，使供需之间平衡；协调人、财、物等物流资源的配置，促进物流资源的整合和合理使用等。

（3）管理控制的作用　通过移动通信、计算机信息网、电子数据交换（EDI）、全球定位系统（GPS）等技术实现物流活动的电子化，如货物实时跟踪、车辆实时跟踪、库存自动补货等。用信息化代替传统的手工作业，实现对物流运行、服务质量和成本等的管理控制。

（4）缩短物流管道的作用　为了应对需求波动，在物流供应链的不同节点上通常设置库存，包括中间库存和最终库存，如零部件、在制品、制成品的库存等。这些库存增加了供应链的长度，提高了供应链的成本。但是，如果能够实时地掌握供应链上不同节点的信息，知道在供应链管道中，什么时候、什么地方、多少数量的货物可以到达目的地，那么就可以发现供应链上的过多库存并进行缩减，从而缩短物流链，提高物流服务水平。

（5）辅助决策分析的作用　物流信息是制订决策方案的重要基础和关键依据。物流管理决策过程本身就是对物流信息进行深加工的过程，是对物流活动的发展变化规律性认识的过程。物流信息可以协助物流管理者鉴别、评估及比较物流战略和战略的可选方案，如

现代物流学

车辆调度、库存管理、设施选址、资源选择、流程设计及有关作业比较和安排的成本-收益分析等，均是在物流信息的帮助下才能做出科学决策的。

（6）支持战略计划的作用　作为决策分析的延伸，物流战略计划涉及物流活动的长期发展方向和经营方针的制定，如企业战略联盟的形成、以利润为基础的客户服务分析、能力与机会的开发和提炼。作为一种更加抽象、松散的决策，它是对物流信息进一步提炼和开发的结果。

（7）价值增值的作用　物流信息本身是有价值的，而在物流领域中，流通信息在实现其使用价值的同时，其自身的价值又呈现增长趋势，即物流信息本身具有增值特征。另外，物流信息是影响物流的重要因素，它把物流的各个要素及有关因素有机地组合并连接起来，以形成现实的生产力和创造出更高的社会生产力。同时，在社会化大生产条件下，生产过程日益复杂，物流诸要素都渗透着知识形态的信息，信息真正起着影响生产力的现实作用。企业只有有效地利用物流信息，投入生产和经营活动后，才能使生产力中的劳动者、劳动手段和劳动对象进行最佳结合，产生放大效应，使经济效益出现增值。物流信息对提高经济效益起着非常重要的作用。

三、物流信息系统

在物流范畴内，建立的信息收集、整理、加工、储存、服务工作系统，称为物流信息系统。它是一个从采购到配送全过程进行控制的信息管理系统，同时也是物流管理人员及其他企业管理人员提供战略及运作决策支持的人机系统，还是企业管理信息系统的一个重要子系统。建立物流信息系统，提供迅速、准确、及时、全面的物流信息是现代企业获得竞争优势的必要条件。

物流信息系统是一个由人、计算机等组成的能进行物流信息的收集、传送、储存、加工、维护和使用的系统。物流信息系统能监测物流的各种运行情况，利用过去的数据预测未来，从全局出发辅助决策，利用信息控制企业的物流行为，帮助企业实现物流规划目标。物流信息系统是物流和物流信息的统一，它的内容贯穿于物流企业信息活动的全过程——信息的产生、收集、整理、编码、传递、处理、储存、分发和使用。物流信息系统具有物流数据处理、物流事务处理和辅助决策等功能，其应用范围广泛，实用价值很高。物流信息系统的概念模型如图 3-10 所示。

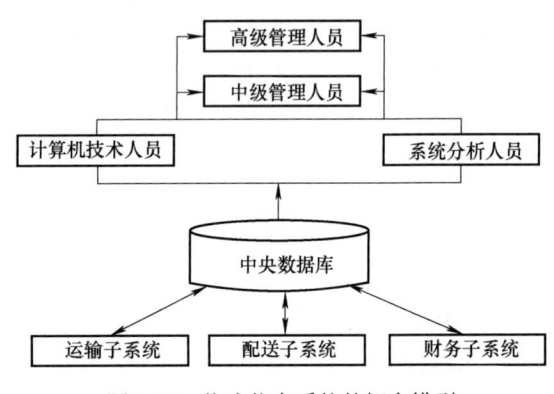

图 3-10　物流信息系统的概念模型

四、物流信息系统的作用和功能

（一）物流信息系统的作用

物流信息系统的应用可以缩短从接受订货到发货的时间，实现库存适量化，缩减库存开支，提高搬运作业效率，实现合理运输，降低运输成本，提高运输效率，使接受订货和发出订货更为省力，提高订单处理的精度，防止发货与配送出差错，实时反映物流市场变化并做出即时反应等。最重要的是通过物流信息系统的应用，能够实现物流各个环节、各

第三章 现代物流活动的功能要素及其运作管理

个部门与各企业的完美衔接和合作,实现物流资源的合理调配和使用,保证一体化物流供应链管理的完成,达到以客户为中心、以市场为基础的物流服务目标。国内外在物流领域中应用信息系统的结果证实,物流的各个领域都可以通过采用以计算机为基础的信息系统而得到改善。统计证实:应用物流信息系统,常常可使生产率提高 10%～15%。

小案例

海尔的信息系统

海尔以现代物流技术和信息管理技术为依托,通过海尔电子商务平台在网上接受客户订货。客户根据网上提供的模块,设计自己需要的产品。海尔采取 JIT 采购、JIT 配送、JIT 分拨来与生产流程同步。海尔的采购周期只有 3 天。产品下线后,中心城市在 8h 以内,辐射区域在 24h 内,全国在 4 天内即可送达;完成客户订单的全过程仅为 10 天时间。

(二)物流信息系统的功能

物流系统的不同阶段和不同层次之间通过信息流紧密地联系在一起。物流信息系统的基本功能可以归纳为以下几个方面,如图 3-11 所示。

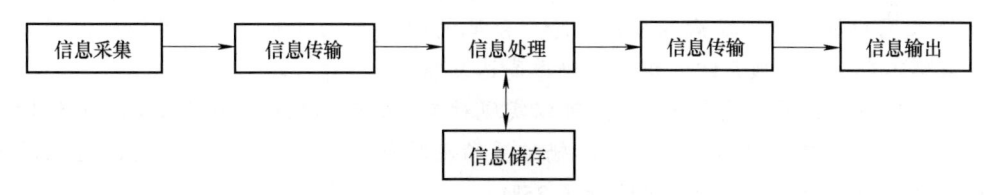

图 3-11 物流信息系统的基本功能

(1)信息采集 物流信息系统首先要用它的某种方式记录下物流系统内外的有关数据,集中起来并转化为物流信息系统能够接收的形式并输入系统中。

(2)信息储存 数据进入系统之后,经过整理和加工,成为支持物流系统运行的物流信息,这些信息需要暂时储存或永久保存,以供使用。

(3)信息处理 物流信息系统的最基本目标,就是将输入数据加工处理成物流信息。信息处理可以是简单的查询、排序,也可以是复杂的模型求解和预测。信息处理能力的强弱是衡量物流信息系统能力的一个重要方面。

(4)信息传输 物流信息来自物流系统内外的有关单元,又被不同的物流职能所用,因而克服空间障碍的信息传输是物流信息系统的基本功能之一。

(5)信息输出 物流信息系统的目的是为各级物流人员提供信息。为了便于人们理解,系统输出的形式应力求易读易懂、直观醒目。这是评价物流信息系统的主要标准之一。

物流信息系统应向信息采集的在线化、信息储存的大型化、信息传输的网络化、信息处理的智能化以及信息输出的图形化方向发展。

案 例 分 析

顺丰公司打造核心竞争力的秘密武器

多年来,顺丰公司一直保持着行业龙头的地位。顺丰公司现拥有飞机近 30 架、基层营

现代物流学

业网点 4000 余个，员工超过 15 万人，其服务网络全面覆盖中国版图，并已拓展至海外市场，俨然成为物流快递行业的航母公司。人们普遍认为，正是对信息化建设的高度重视和科学推进，才成就了今天的顺丰公司。这是顺丰公司打造核心竞争力的秘密武器。

顺丰公司根据物流快递行业的特性，将快件全生命周期划分为客服、收派、仓储、运输、报关五大环节，开发出各个环节的信息技术手段并加以应用，开创了全新的信息化建设模式，提出了快件全生命周期的概念。

在客服环节，呼叫中心能够做到每一次呼叫都可以记录对应的通话原因，每个客户投诉都有完整的处理流程，从而提高了客户服务质量，降低了呼叫中心员工的工作压力，提高了员工的工作绩效。

在收派环节，手持终端程序发挥其优势，减少了人工操作中的差错，提高了操作人员的工作效率。目前，顺丰公司使用第四代手持终端系统，收派员的工作效率提高了 20%以上。

在仓储环节，顺丰公司的全自动分拣系统能够连续、大批量地分拣货物，而且不受气候、时间、人的体力等因素的限制。人工每小时只能分拣 150 件左右的货物，而自动分拣系统每小时可以分拣 7000 件包装物，大大提高了分拣效率。此外，自动分拣系统的分拣误差率极低。该系统的分拣误差主要取决于所输入分拣信息的准确性，而顺丰公司的全自动分拣系统采用的是条码扫描输入方式，除非条码的印刷出现质量问题或者条码被损坏，否则信息采集不会出错。该系统的识别准确率高达 99%。

在运输环节，公司通过车载 GPS 可以实现对车辆的动态控制，从而实现了对运输过程的可视化管理，这包括对运输方案及车辆配置的及时更新与优化。通过对运输过程的可视化管理，顺丰公司的综合运输成本降低了 25%。

在报关环节，数据交换采用加密机制，从根本上保证了数据与信息的安全。同时，公司将报关单的录入、审核与清关流程集成、整合，增强了报关业务的时效性，提高了报关流程的效率，降低了物流通关的风险。

顺丰公司主要定位于中高端市场。尽管近几年快递服务成本在不断增加，但顺丰公司的服务定价自公司成立以来近 20 年鲜有变化，客户满意度在逐年提高。顺丰公司先进的信息技术保证了快递时效的稳定性；信息技术手段的应用极大地提高了快递过程各个环节的效率，降低了各个环节的成本；同时，随着信息化水平的提高，公司的运营成本在显著降低，人均效能在显著提高。

在快递业务量呈几何级数快速增长的情况下，顺丰公司的信息系统不仅降低了公司的运营成本，还保证了每一票件在每一环节的安全，使客户对公司的服务和快件的安全充满信心；同时也为上下游企业的转型、升级提供了强有力的物流支持与技术支撑。先进的信息技术与高效的信息系统真正成为顺丰公司打造核心竞争力的秘密武器。

问题：
1. 顺丰公司的核心竞争力是什么？为什么？
2. 顺丰公司打造核心竞争力的关键是什么？为什么？
3. 顺丰公司使用了哪些先进的信息技术手段？
4. 客户投诉处理包括哪些基本流程？
5. 影响顺丰公司客户满意度的因素有哪些？
6. 如何对顺丰公司的客户服务水平进行评价？
7. 顺丰公司怎样才能进一步提高客户服务水平，以便更好地参与全球竞争？

第三章　现代物流活动的功能要素及其运作管理

8．顺丰公司在拓展海外市场、构筑全球物流网络时应考虑哪些因素？
9．请结合案例材料谈一谈物流信息化对现代物流发展的重要意义。

◇复习思考题

1．论述运输生产的特点。什么是合理运输？不合理运输的表现形式有哪些？
2．储存保管的任务是什么？如何实现储存保管的合理化？
3．装卸搬运合理化的原则包括哪些？
4．简述包装的功能以及实现包装合理化的途径。
5．简述配送的定义和内容。
6．对生产加工和流通加工进行比较分析，并阐述流通加工的作用及实现流通加工合理化的措施。
7．物流信息的特点是什么？物流信息系统的功能有哪些？

◇参考文献

[1] 崔介何. 物流学概论[M]. 5版. 北京：北京大学出版社，2015.
[2] 胡建波. 物流概论[M]. 成都：西南财经大学出版社，2019.
[3] 陈言国. 国际物流实务[M]. 北京：清华大学出版社，2016.
[4] 高音，何娜，常青. 物流概论[M]. 南京：南京大学出版社，2019.
[5] 张翼，顾超，孔晔. 国际物流学[M]. 南京：南京大学出版社，2019.
[6] 王之泰. 新编现代物流学[M]. 北京：首都经济贸易大学出版社，2018.
[7] 国家市场监督管理总局，国家标准化管理委员会. 物流术语：GB/T 18354—2021[S]. 北京：中国标准出版社，2021.
[8] 交通运输部：2021年交通运输行业发展统计公报. [EB/OL](2022-05-25)[2023-02-12]. https://xxgk.mot.gov.cn/2020/jigou/zhghs/202205/t20220524_3656659.html.

第四章

现代物流管理

本章学习目标

掌握物流成本管理的概念、内容及降低物流成本的途径和物流成本管理的方法；理解物流质量管理的含义和影响因素，掌握物流服务管理的特点和评价指标；理解物流标准化的含义、特点及种类，掌握物流标准化的方法；了解物流战略的概念，掌握物流战略的内容和制定，了解物流战略的实施；具备运用理论知识进行物流成本、物流服务及物流质量管理的基本技能。

引例

顺丰的"秘密武器"——数据灯塔

物流大数据是指在运输、仓储、装卸搬运、包装、配送及流通加工等物流环节中涉及的数据和信息。虽然大数据技术在各领域都存在广泛的使用价值，但是物流领域是大数据的主要应用领域之一。这是因为条码等技术的发展，使物流部门可以利用前端PC系统收集、储存大量的数据，以及进出历史记录、货物进出状况和服务记录等。物流业同其他数据密集型企业一样积累了大量的数据，这些数据正是大数据的基础。大数据技术有助于识别运输行为，发现配送新模式和趋势，改进运输效率，取得更高的核心竞争力，降低物流成本。

一、数据灯塔的概念

数据灯塔是顺丰服务于电商客户的一款数据产品，基于顺丰快递数据，融合外部数据，通过合理披露供应链、市场、品牌、产品、用户和快递服务等信息，为电商客户提供市场开发、供应链解决方案等方面的决策支持，使客户了解所处行业状况，明确自身行业定位，从而及时响应市场，调整市场策略，发现潜在商机，优化仓储物流。顺丰数据灯塔与数据能力如图4-1所示。

二、产生的背景

近年来，多种来源的数据、不同的数据分析模型及快速发展的分布式计算使海量数据处理成为可能。随着互联网的不断普及与物联网技术的不断发展，未来大数据的

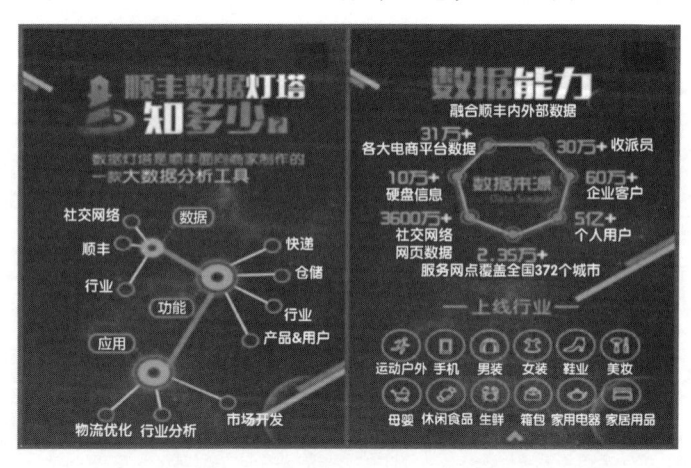

图4-1 顺丰数据灯塔与数据能力

第四章　现代物流管理

应用场景将不断丰富，应用价值将不断提高，在数据服务中的比重也将越来越大。尤其进入 DT 时代，大数据应用和智能化已成为企业掘金的新方向，基于解决企业客户日益增长的智能多维分析需求，数据灯塔应运而生。

三、数据灯塔的产品亮点

顺丰数据灯塔凭借自身海量物流数据和商业数据，通过实时监控快件状态、个性化预警、智能工具：智慧云仓，洞察各行业动态，将智慧物流和智慧商业有力地执行下去。

（一）智慧物流

（1）实时监控快件状态　提供快件揽收、在途、派送、签收全流程状态，对快件实时跟踪、监控，及时发现问题快件并处理。

（2）个性化预警　支持不同地域通过自定义设置的快递服务质量、件量下滑预警，用户关注的问题系统提前预警，方便客户基于自身情况定制。

（3）智能工具：智慧云仓。

1）件量预测：结合内外部影响因素，利用数据挖掘方法，批量化精准预测商品 SKU 的未来订单走势，助力商家提前备货。

2）分仓模拟：模拟分仓运作场景，提供基于时效和成本的最优解决方案，指导商家合理分仓，提升时效，降低成本，实现"单未下，货先行"。

3）库存健康：帮助商家即时了解当前库存状况，缺货、呆滞 SKU 各个击破，进行有效的库存管理，节约成本。

（二）智慧商业

（1）洞察同行　第一时间掌握市场行情，关注同行动态，轻松应对件量高峰和低谷；了解哪些属性的商品畅销，关注竞争对手品牌销售动态及用户口碑情况，助力商家优化产品运营，调整营销策略。

（2）洞察消费者　融合顺丰精准、全面的运单数据和外部地址信息，通过挖掘顺丰海量的"最后一公里"地址数据，利用大数据技术基于地理位置的商业环境进行分析，结合小区的属性特征，让商家更清楚地掌握消费者的购买偏好及人群画像信息，提供完整的商业落地方案，协助商家更好地进行 O2O 运营、精准营销，定位目标客户。

（3）洞察供应链　供应链分析立足于揭开行业"黑匣子"，揭露行业内部交流密度，洞悉供应链上游（分销商、代理商、生产企业、原料供应商）活跃程度与下游市场动态（流行趋势、购物偏好、商品热点），帮助商家在生产、采购、销售活动中及时把握市场潮流，及早调整，有效应对，规避供应链风险。

四、总结

可以说，数据灯塔在门户上，已实现 PC+微信端两端联动；在数据内容上，拥有顺丰基础快递、仓储类数据，用户收寄件行为数据，用户属性数据，外部公共数据等；在产品形态上，以数据分析为主，为客户提供优化物流、拓展生意的数据服务，已经完成了智能供应链的相关布局。

如今，数据灯塔的企业用户可以直接登录数据灯塔门户，轻松获取相关的数据分析在线服务，也可方便了解其数据灯塔的功能架构：

"首页"，基于物流实时数据，提供物流看板及常见功能的聚合入口。

"我的分析"，对用户自身的物流情况进行实时和汇总分析。

"我与行业"，通过对同行、消费者、供应链等维度的分析，帮助用户优化物流、拓展生意。

"定制工具",包括自助取数、智慧云仓、作战大屏等定制化数据应用及展现工具。

"帮助中心",包括产品的功能引导、数据答疑解惑等内容。

由于能够为企业提供强有力的数据服务,实现智慧物流、智慧商业,数据灯塔如今在行业具有广泛的影响力。物流行业主流媒体物流沙龙就曾说过,"作为一款大数据服务产品,顺丰以稳定物流品质服务,成功捕获了绝大多数注重服务品质、品牌的中等收入群体。在其5亿用户中,中等收入者占据很大的比例,这恰恰又是最具有消费能力的群体。数据灯塔依托用户的生活习惯和消费行为等信息对用户进行画像,再结合丰富的物流数据,进一步描绘出了小区画像,这对于最后一公里的营销而言,岂不是最佳拍档"。

(资料来源:顺丰的"秘密武器"——数据灯塔. http://www.doc88.com/p-37439027236545.html.)

物流管理贯穿于物流活动的始终,内容十分广泛,是对物流全过程、各环节和各方面进行的管理。物流管理通过物流管理组织对整个物流活动进行计划、组织和控制工作,以达到降低物流成本,提高物流效率及物流质量等目的,在物流活动中占有重要地位。

第一节 物流管理的内容

一、物流管理的定义与内容

(一)物流管理的定义

物流管理是指为了以最低的物流成本提供客户满意的物流服务,在社会再生产过程中,根据物质资料实体流动的规律,应用管理的基本原理和科学方法对物流活动进行计划、组织、指挥、协调、控制和监督,实现各项物流活动之间的最优化协调与配合,以降低物流成本,提高物流效率和经济效益。

我国国家标准《物流术语》中给物流管理下的定义是:"为达到既定的目标,从物流全过程出发,对相关物流活动进行计划、组织、协调与控制。"

(二)物流管理的内容

从物流活动的全过程看,物流管理包括对物流过程的管理、对物流要素的管理、对物流活动中具体职能的管理等三个方面。

1. 对物流过程的管理

(1)运输管理 运输管理包括运输方式及服务方式的选择、运输路线的选择、车辆的调度与组织等。

(2)储存管理 储存管理包括原料、半成品和产成品的储存策略、储存统计、库存控制、商品养护等。

(3)装卸搬运管理 装卸搬运管理包括装卸搬运系统的设计、设备的规划与配量及作业组织等。

(4)包装管理 包装管理包括包装容器和包装材料的选择与设计、包装技术和方法的改进、包装系列化、标准化、自动化等。

(5)流通加工管理 流通加工管理包括加工场所的选定、加工机械的配置、加工技术与方法的研究和改进、加工作业流程的制定与优化。

(6)配送管理 配送管理包括配送中心选址及优化布局、配送机械的合理配置与调

第四章　现代物流管理

度、配送作业流程的制定与优化。

（7）物流信息管理　物流信息管理包括对反映物流活动内容的信息、物流要求的信息、物流作用的信息和物流特点的信息所进行的搜集、加工、处理、储存和传输等。

（8）客户服务管理　客户服务管理包括对物流活动相关服务的组织和监督，如调查和分析顾客财流、对物流活动的反映，决定顾客所需要的服务水平、服务项目等。

2. 对物流要素的管理

（1）人的管理　人的管理包括物流从业人员的选拔和录用、物流专业人才的培训与提高、物流教育和物流人才培养规划与措施的制定等。

（2）物的管理　"物"是指物流活动的客体，即物质资料实体，它涉及物流活动的诸要素，即物的运输、储存、包装、流通加工等。

（3）财的管理　财的管理主要是指物流管理中有关降低物流成本、提高经济效益等方面的内容，包括物流成本的计算与控制、物流经济效益指标体系的建立、资金的筹措与运用、提高经济效益的方法等。

（4）设备管理　设备管理就是对物流设备进行管理，包括对各种物流设备的选型与优化配置，对各种设备的合理使用和更新改造，对各种设备的研制、开发与引进等。

（5）方法管理　方法管理包括各种物流技术的研究、推广与普及，物流科学研究工作的组织与开展，现代管理方法的应用等。

（6）信息管理　信息管理是指掌握充分、准确、及时的物流信息，把物流信息传递到适当的部门和人员手中，使之能够根据物流信息做出物流决策。

3. 对物流活动中具体职能的管理

对物流活动中具体职能的管理包括物流成本、物流服务、物流质量、物流标准化、物流战略、物流组织管理等几个方面的内容，由于在本章其他地方会有详细叙述，此处不一一进行说明。

二、物流管理的总原则、基本思想和面临的新挑战

（1）物流管理的总原则——物流合理化　物流管理的具体原则很多，但最根本的指导原则是保证物流合理化的实现。所谓物流合理化，就是对物流设备配置和物流活动组织进行调整改进，实现物流系统整体优化的过程。它具体表现在兼顾成本与服务上，即以尽可能低的物流成本，获得可以接受的物流服务，或以可接受的物流成本达到尽可能高的服务水平。

（2）物流合理化的基本思想　物流活动各种成本之间经常存在着此消彼长的关系，物流合理化的一个基本思想就是"均衡"，从物流总成本的角度权衡得失。不求极限，但求均衡，均衡造就合理。

（3）物流管理面临的新挑战　近年来，很多先进的信息技术的出现推动了物流行业的巨变。我们不能再以传统的观念来认识信息时代的物流，物流也不再是物流功能的简单组合运作，它现在已是一个网的概念。提高连通物流节点的效率，提高系统的管理效率，已成为整个物流产业面临的关键问题。

三、物流管理的目标

物流管理是对一系列活动的管理，因此物流管理的目标也是多方面的，主要包括以下几个方面：

现代物流学

（1）快速反应　快速反应是关系到一个企业能否及时满足顾客的服务需求的能力。信息技术的提高为企业创造了在最短的时间内完成物流作业并尽快交付的条件。快速反应的能力把作业的重点从预测转移到以装运和装运方式对顾客的要求做出反应上来。

（2）最小变异　变异是指破坏物流系统的任何想象不到的事件，它可以产生于任何一个领域的物流作业上。在充分发挥信息作用的前提下，采取积极的物流控制手段可以把这些风险降到最低，作为经济上的结果可以提高物流的生产率。

（3）最低库存　保持最低库存的目标是把库存减少到与顾客服务目标相一致的最低水平，以实现物流总成本最低。"零库存"是企业物流的理想目标，物流设计必须把资金占用和库存周转速度当成重点来控制和管理。

（4）物流质量　物流的目标是持续不断地提高物流质量。全面质量管理要求企业物流无论是对产品质量还是对物流服务质量，都要做得更好。随着物流全球化、信息技术化、物流自动化水平的提高，物流管理所面临的是"零缺陷"的物流质量的高要求。物流在质量上的挑战，强化了物流的作业目标。

（5）产品所处的不同生命周期的不同物流管理目标　产品生命周期由导入期、成长期、成熟期和衰退期四个阶段组成，物流应做出不同的对策。

> **小贴士　产品的生命周期**
>
> 产品生命周期理论是美国哈佛大学教授雷蒙德·弗农（Raymond Vernon）1966年在其《产品周期中的国际投资与国际贸易》一文中首次提出的。产品生命周期（Product Life Cycle，PLC）是产品的市场寿命，即一种新产品从开始进入市场到被市场淘汰的整个过程。弗农认为：产品生命是指市场上的营销生命，产品和人的生命一样，要经历形成、成长、成熟、衰退这样的周期。就产品而言，生命周期一般可以分成四个阶段，即导入期、成长期、成熟期和衰退期。
>
> 产品生命周期的意义在于：①产品生命周期理论揭示了任何产品都和生物有机体一样，有一个从诞生、成长、成熟到衰亡的过程，需要不断创新，开发新产品。②借助产品生命周期理论，可以分析判断产品处于生命周期的哪一个阶段，推测产品今后发展的趋势，正确把握产品的市场寿命，并根据不同阶段的特点采取相应的市场营销组合策略，增强企业的竞争力，提高企业的经济效益。

四、物流管理的三个阶段

物流管理按管理进行的顺序可以划分为三个阶段，即计划阶段、实施阶段和评价阶段，如图4-2所示。

（一）物流计划阶段的管理

物流计划是为了实现物流预想达到的目标所做的准备性工作。物流计划首先要确定物流所要达到的目标，以及为实现这个目标所进行的各项工作的先后次序；其次要分析研究在物流目标实现的过程中可能发生的任何外界影响，尤其是不利因素，并确定对这些不利因素的对策；最后提出贯彻和指导实现物流目标的人力、物力、财力的具体措施。

（二）物流实施阶段的管理

物流实施阶段的管理就是对正在进行的各项物流活动进行管理。它在物流各阶段的管

第四章　现代物流管理

理中具有最突出的地位，这是因为在这个阶段中各项计划将通过具体的执行而受到检验。同时，它也把物流管理与物流各项具体活动紧密地结合在一起。

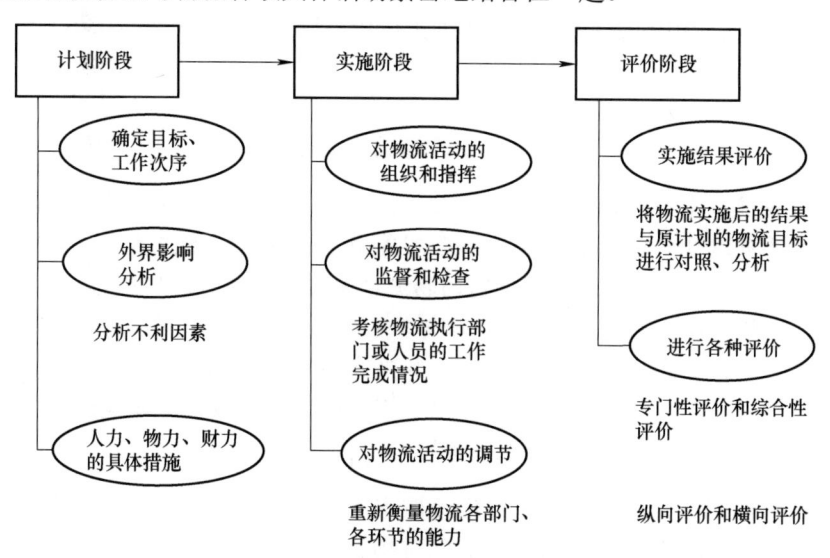

图 4-2　物流管理的三个阶段

（1）对物流活动的组织和指挥　物流的组织是指在物流活动中把各个相互关联的环节合理地结合起来，从而形成一个有机的整体，以便充分发挥物流中每个部门、每个物流工作者的作用。物流的指挥是指在物流过程中对各个物流环节、部门、机构进行的统一调度。

（2）对物流活动的监督和检查　通过监督和检查可以了解物流的实施情况，揭露物流活动中的矛盾，找出存在的问题，分析问题发生的原因，提出解决方法。

（3）对物流活动的调节　在执行物流计划的过程中，物流各部门、各环节总会出现不平衡的情况。遇到上述问题，就需要根据物流的影响因素，对物流各部门、各环节的能力做出新的综合平衡，重新布置实现物流目标的力量，这就是对物流活动的调节。

（三）物流评价阶段的管理

在一定时期内，人们对物流实施后的结果与原计划的物流目标进行对照、分析，这便是物流评价。通过对物流活动的全面剖析，人们可以确定物流计划是否科学、合理，确认物流实施阶段的成果与不足，从而为今后制订新的计划、组织新的物流活动提供宝贵的经验和资料。

第二节　物流成本管理

物流成本作为物流过程的必要耗费，是必然存在的，但这种耗费不创造任何新的使用价值。长期以来人们对物流活动不够重视，使物流成为一块"黑暗大陆"，对物流成本的认识也停留在"冰山"一角，大部分物流成本得不到揭示，物流方面的浪费严重。物流成本管理的目的就是寻求降低物流总成本和增强企业竞争优势的有效途径。因此，加强物流成本管理，将会提高社会的整体经济效益。

一、物流成本管理的概念及实质

我国国家标准《物流术语》（GB/T 18354—2021）中对物流成本的定义为："物流活动

现代物流学

中所消耗的物化劳动和活劳动的货币表现。"

物流成本管理是指有关物流成本方面的一切管理工作的总称，就是从物流设计到物流运行的全过程中，对所有费用的发生和物流成本的形成所进行的计划、组织、指挥、监督和调节。

小案例

汽车行业的物流冰山现象

近年来，我国汽车行业的竞争越来越激烈，汽车制造商降低成本已迫在眉睫。汽车制造商的成本主要包括生产、销售、物流和管理等成本及费用，物流主要包括整车物流和零部件物流。有数据显示，欧美汽车制造商的物流成本占销售额的比例约为 8%，日本汽车制造商的这一比例甚至可以达到 5%，而我国汽车生产企业的这一数字普遍在 15%以上。我国汽车制造商的"物流冰山"现象已经显现。如果我国汽车制造商能达到欧美企业的物流配送水平，仅零售件售后物流服务一项就可以节省近千万元。我国汽车制造商必须加强物流管理，降低物流成本，获取"第三利润源泉"。

物流成本管理的意义在于，通过对物流成本的有效把握，利用物流要素之间的效益背反关系，科学、合理地组织物流活动，加强对物流活动过程中费用支出的有效控制，降低物流活动中的物化劳动和活劳动的消耗，从而达到降低物流总成本，提高企业和社会经济效益的目的。也就是说，物流成本管理不应该理解为管理物流成本，而是通过对物流成本的把握和分析去发现物流系统中需要重点改进的环节，达到改善物流系统的目的。

二、物流成本管理的内容

物流成本管理的具体内容包括物流成本预测、物流成本决策、物流成本计划、物流成本控制、物流成本核算、物流成本分析等。

（1）物流成本预测　物流成本预测是根据有关成本数据和企业具体的发展情况，运用一定的技术方法对未来的成本水平及其变动趋势做出科学的估计。成本预测是成本决策、成本计划和成本控制的基础工作，可以提高物流成本管理的科学性和预见性。在物流成本管理的许多环节存在成本预测问题，如储存环节的库存预测、流通环节的加工预测、运输环节的货物周转量预测等。

（2）物流成本决策　物流成本决策是在成本预测的基础上，结合其他有关资料，运用一定的科学方法，从若干个方案中选择一个满意的方案的过程。从物流整个流程来说，有配送中心新建、改建、扩建的决策，装卸搬运设备、设施决策，流通加工合理下料的决策等。进行成本决策、确定目标成本是编制成本计划的前提，也是实现成本的事前控制、提高经济效益的重要途径。

（3）物流成本计划　物流成本计划是根据成本决策所确定的方案、计划期的生产任务、降低成本的要求以及有关资料，通过一定的程序，运用一定的方法，以货币形式规定计划期物流各环节耗费水平和成本水平，并提出保证成本计划顺利实现所采取的措施。成本计划管理可以在物流各环节降低成本方面给企业提出明确的目标，推动企业加强成本管理责任制，增强企业的成本意识，控制物流环节的费用，挖掘降低成本的潜力，保证企业降低物流成本目标的实现。

（4）物流成本控制　物流成本控制是根据计划目标，对成本发生和形成过程以及影响成本的各种因素和条件施加主动的影响，以保证实现物流成本计划的一种行为。从企业生

第四章　现代物流管理

产经营过程来看,成本控制包括成本的事前控制、事中控制和事后控制。成本事前控制是整个成本控制活动中最重要的环节,它直接影响以后各作业流程成本的高低。物流事前成本控制活动主要有物流配送中心的建设控制,物流设施、设备的配备控制,物流作业过程改进控制等。物流成本的事中控制是对物流作业过程实际劳动耗费的控制,包括设备耗费的控制、人工耗费的控制、劳动工具耗费和其他费用支出的控制等。成本的事后控制是通过定期对过去某一段时间成本控制的总结、反馈来控制成本。成本控制可以及时发现存在的问题,采取纠偏措施,保证成本目标的实现。

(5) 物流成本核算　物流成本核算是根据企业确定的成本计算对象,采用相适应的成本计算方法,按规定的成本项目,通过一系列的物流费用汇集与分配,从而计算出各物流活动成本计算对象的实际总成本和单位成本。物流成本计算可以如实地反映生产经营过程中的实际耗费,同时也是对各种活动费用实际支出的控制过程。

(6) 物流成本分析　物流成本分析是在成本核算及其他有关资料的基础上,运用一定的方法,揭示物流成本水平的变动,进一步查明影响物流成本变动的各种因素。通过物流成本分析可以提出积极的建议,采取有效的措施,合理地控制物流成本。

上述各项成本管理活动的内容是互相配合、相互依存的一个有机整体。成本预测是成本决策的前提,成本计划是成本决策所确定目标的具体化,成本控制是对成本计划的实施进行监督,以保证目标的实现,成本核算与成本分析是对目标是否实现的检验。

> **小知识　物流成本的特征**
>
> 1. 物流成本的隐含性
>
> 物流成本冰山理论是指企业公布的财务统计数据中的物流费用只能反映物流成本的一部分,有很大一部分物流费用是不可见的。
>
> 2. 物流成本消减的乘数效应
>
> 乘数效应就是投资的增加使产出若干倍于投资的增加。物流成本消减具有乘数效应。例如,当销售额为 1000 万元时,物流成本占销售额的 10%,也就是 100 万元。这就意味着,只要降低 10% 的物流成本,就增加 10 万元的利润。假如这个企业的销售利润率是 2%,则创造 10 万元的利润,需要增加 500 万元的销售额。即降低 10% 的物流成本所起的作用,相当于销售额增加 50% 的作用。这个理论类似于物理学中的杠杆原理,物流成本的下降通过一定的支点,可以使销售额获得成倍的增长。
>
> 3. 物流成本的部分不可控性
>
> 物流成本中有不少是物流部门不能控制的。例如,保管费中包括由于过多进货或过多生产而造成积压的库存费用,以及紧急运输等例外发货的费用。
>
> 4. 物流成本计算方法、范围的不一致性
>
> 物流成本的计算范围、计算方法,各企业均不相同,因此无法与其他企业进行比较,也很难计算行业的平均物流成本。目前,还不存在行业的标准物流成本计算方法和范围。

三、降低物流成本的途径

物流长期以来一直被称为企业的第三大利润源泉。在不少企业中,物流成本在销售成本中占了很大的比例,因而,如何在不降低服务水平的前提下降低物流成本是企业的一项重要经营目标。企业应该如何降低物流成本呢?

现代物流学

(一) 建立企业物流成本构成模式与物流管理会计制度

降低物流成本,首先要明确物流成本的构成,全面、正确地把握包括企业内外发生的所有物流成本的企业整体物流成本;以企业整体成本为对象削减物流成本,建立企业物流成本的构成模式;分析和比较物流成本与制造成本、物流费用与其他费用之间的关系;建立科学的物流管理会计制度,使物流成本管理与财务会计在系统上连接起来,切实掌握物流系统的成本。分领域全面厘清物流系统的资源配置,建立物流成本数据库,建立物流成本科学的比较依据。

(二) 企业要构筑一体化物流战略

任何一个企业只有与别的企业结成供应链才可能取得竞争的主动权。在激烈的市场竞争中,企业必须将物流活动纳入系统化的统一管理。一体化物流既提高了顾客服务水平,又降低了物流总成本。企业应当对商品流通的全过程实现供应链管理,实现由生产企业、销售企业、消费者组成的供应链的整体化和系统化,构筑一体化物流战略,使整个供应链利益最大化,从而有效降低企业物流成本和供应链成本,提高市场竞争力。

(三) 第三方物流公司降低企业物流成本

物流对任何企业而言都是十分重要的。企业的整个价值链从采购到销售都依赖于物流的支持,也是企业费用的主要产生环节。物流通过降低流通费用,缩短流通时间,可以整合企业价值链,延伸企业的控制能力,加快企业资金周转,为企业创造新的利润。然而,单个企业独立解决物流环节的全过程是不可能的,首先是投资太高,其次也由于缺乏专业的经验而导致低服务水平和低服务效率,可能还会导致低利用率,并降低企业经营的灵活性,增加经营风险。因此,分工专业化也是现代物流体系的关键特征。

第三方物流服务提供者可以使一个公司从规模经济、更多的门到门运输等方面实现运输费用的节约,并体现出利用物流专业人员与技术的优势。另外,一些突发事件、额外费用,如空运和租车等问题的减少,也增加了工作的有序性和供应链的可预测性。实际上,物流业务外包不仅可以降低企业的物流成本,还可以提高企业的服务水平和作业效率,如增强战略行动的一致性,提高顾客反应能力,降低投资需求,带来创新的物流管理技术和有效的渠道管理信息系统等。

(四) 现代化的信息管理系统控制和降低物流成本

在传统的手工管理模式下,企业的成本控制受诸多因素的影响,往往不易也不可能实现各个环节的最优控制。企业采用信息系统一方面可使各种物流作业或业务处理能准确、迅速地进行;另一方面通过信息系统的数据汇总,进行预测分析,可控制物流成本发生的可能性。

(五) 企业职工的成本管理意识

降低物流成本,要把这项工作从物流管理部门扩展到企业的各个部门,在产品开发、生产、销售全生命周期中进行物流成本管理,使企业员工具有长期发展的"战略性成本意识"。只有企业的全体员工都树立起成本管理意识,把降低物流成本作为自己的责任,才能确保物流成本管理目标的真正实现。

小案例

安利降低物流成本的秘诀

安利降低物流成本的秘诀是:全方位物流战略的成功运用。具体物流战略有:非核心

第四章　现代物流管理

环节通过外包完成、仓库半租半建、核心环节大手笔投入。

一、非核心环节通过外包完成

安利采用了适应我国国情的"安利团队+第三方物流供应商"的全方位运作模式。核心业务如库存控制等由安利统筹管理，实施信息资源最大范围的共享，使企业价值链发挥最大的效益。而非核心环节，则通过外包形式完成。例如以广州为中心的珠三角地区主要由安利的车队运输，其他大部分货物运输都是由第三方物流公司来承担的。另外，全国几乎所有的仓库均为外租第三方物流公司的仓库，而核心业务，如库存设计、调配指令及储运中心的主体设施与运作则主要由安利的团队统筹管理。目前，已有多家大型第三方物流公司承担安利大部分的配送业务。安利会派员定期监督和进行市场调查，以评估服务供货商是否提供有竞争力的价格，并符合公司要求的服务标准。这样既能整合第三方物流的资源优势，与其建立坚固的合作伙伴关系，同时又通过对企业供应链的核心环节——管理系统、设施和团队的掌控，保持安利的自身优势。

二、仓库半租半建

安利的物流运作采用的是投资决策的实用主义。刚刚启用的安利新的物流中心，也很好地反映出安利的"实用"哲学。新物流中心占地面积达 40000m^2，是原来仓库的 4 倍，而建筑面积达 16000m^2。这么大的物流中心如果全部自建，仅土地和库房等基础设施方面的投资就需要数千万元。安利采取和另一发展商合作的模式，合作方提供土地和库房，安利租用仓库并负责内部的设施投入。只用了 1 年时间，投入 1500 万元，安利就拥有了一个面积充足、设备先进的新物流中心。

三、核心环节大手笔投入

安利在信息管理系统上投资了 9000 多万元，其中主要的部分之一，就是用于物流、库存管理的 AS400 系统，它使公司的物流配送运作效率得到了很大的提升，同时大大降低了各种成本。安利先进的计算机系统将全球各个分公司的存货数据联系在一起，各分公司与美国总部直接联机，详细储存每项产品的生产日期、销售数量、库存状态、有效日期、存放位置、销售价值、成本等数据。有关数据通过数据专线与各批发中心直接联机，使总部和仓库能及时了解各地区、各地店铺的销售和存货状况，并按各店铺的实际情况及时安排补货。在仓库库存不足时，公司的库存及生产系统也会实时安排生产，并预定补给计划，以避免个别产品出现断货情况。

第三节　物流服务管理

一、物流服务

（一）物流服务的本质

我国国家标准《物流术语》（GB/T 18354—2021）中对物流服务的定义为："为满足客户物流需求所实施的一系列物流活动过程及其产生的效果"。

由于流通业与一般制造业和销售业不同，它具有运输、储存等公共职能，是为生产、销售提供物流服务的产业，所以物流服务就是流通业为客户的物流需要提供的一切物流活动。它是以客户的委托为基础，按照客户的要求，为克服货物在空间和时间上的间隔而进行的物流业务活动。物流服务的内容是满足客户需求，保障供给，即在适量性、多批次、广泛性上，安全、准确、迅速、经济地满足客户的需求。

现代物流学

物流服务的本质是达到客户满意，服务作为物流的核心功能，直接使物流与营销相联系，为客户提供物流的时空效用，因而其衡量标准只能看客户是否满意。

小案例

美国物流企业的服务范围

美国物流企业的服务范围有时会扩大到售后退货管理、货物回收销毁、因特网订单执行和计算机装配等其他的增值服务领域。美国雷兹集团公司（APC）就是一个以运输和配送为主的大公司。优质和系统的服务使物流企业与生产企业结成战略伙伴关系，一方面有助于生产企业的产品迅速进入市场，提高竞争力；另一方面则使物流企业有稳定的资源。雷兹集团公司与战略伙伴的物流服务，包括了售后退货管理、货物回收销毁等逆向物流的增值服务等。

（二）物流服务的特性

（1）从属性　物流服务必须从属于生产企业的物流系统，表现在流通货物的种类、流通时间、流通方式、提货配送方式都是由生产企业选择、决定，物流业只是按照生产企业的需求提供相应的物流服务。

（2）即时性　物流服务是属于非物质形态的劳动，它生产的不是有形的产品，而是一种伴随销售和消费同时发生的即时服务，无法储存。

（3）移动性和分散性　物流服务是以分布广泛、大多数不固定的客户为对象，所以具有移动性以及面广、分散的特性。它的移动性和分散性会使产业局部的供需不平衡，也会给经营管理带来一定的难度。

（4）需求波动性　物流服务是以数量多而又不固定的顾客为对象，它们的需求在方式上和数量上是多变的，有较强的波动性。

（5）可替代性　一般企业都可能具有自营运输、保管等自营物流的能力，使物流服务从供给方面来看有可替代性。

（三）物流服务的内容

物流服务的内容主要包括以下两个方面：

1. 作为企业客户服务一部分的物流服务

如果站在从事有形产品（或服务）制造或销售的制造企业或商业企业（货主企业）的角度看，物流服务属于企业客户服务的范畴。

客户服务是指为支持企业的核心产品（或服务）而提供的服务。制造企业和商业企业的物流服务，就是用来支持其产品营销活动而向客户提供的一种服务，是客户对商品利用可能性的物流保障，这种物流服务也称为物流客户服务。

物流客户服务的最终目标是保证客户对商品的利用可能性。因此，可以从三个方面来反映物流客户服务的内容以及衡量物流客户服务的水平。

1）保有客户所期望的商品存货保障。
2）在客户所期望的时间内传递商品的输送保障。
3）符合客户所期望的商品质量保障。

2. 作为物流企业产品销售的物流服务

站在物流活动委托方的角度看，物流企业提供的是一种服务，这种服务同时也构成了制造企业或商业企业物流服务的一部分。例如，当某个运输企业受制造企业委托，将保管在工厂成

第四章　现代物流管理

品库的产品运送到零售商店铺的时候，运输企业就代替制造企业完成了对零售商这个客户的产品送达服务，运输企业的运输服务因此也就成为制造企业物流服务的一部分。从这个意义上说，运输企业的运输服务也就具有物流服务的性质（这里只从广义上去理解物流服务）。

由此可见，物流企业是以货主企业的物流需求为市场开展其经营活动的。物流业的出现是社会分工的结果，也是物流活动效率化的要求。物流企业受货主企业的委托完成物流业务，物流企业的服务对象既是货主企业，同时也是货主企业小心谨慎对待的客户。因此，物流企业的经营必须紧紧围绕着货主企业的营销战略和物流服务承诺开展经营活动，以货主和客户满意为目标。同时，物流企业必须把握货主企业物流需求的特点，将物流服务融入货主企业的物流系统中去，根据需求分析开发新的服务产品，做好物流服务产品的市场营销和客户服务。

二、物流服务管理的含义

物流服务管理不只是指物流活动中某个具体的服务结构和服务内容，而是指各种具体服务的综合。任何企业都需要客户，任何客户都需要服务，这种不分产品、不分行业的客户服务经营理念就是物流服务管理。

物流服务管理的核心理念就是：企业（包括服务行业）全部的经营活动都要从满足客户的需要出发，以提供满足客户需要的产品或服务作为企业的责任和义务，以客户满意作为企业经营的目标。

三、物流服务管理的目的

物流服务管理的目的是以适当的成本实现高质量的客户服务。一般来说，物流成本由两部分组成：

第一部分是因物流服务过程中出现的事故和不能满足客户需求而导致的损失所构成的物流成本——物流缺陷成本，如因缺货频率较高或订货完成率较低而导致客户的流失；在物流作业过程中，因信息不流畅或是作业程序安排等问题出现事故造成的损失。

第二部分是物流运行及改善成本，主要包括物流正常运行所发生的费用、物流服务检查成本和为提高物流服务水平所发生的费用等，如图 4-3 所示。

图 4-3 中，y 表示物流成本；x 表示客户满意度；$F(x)$ 表示物流总成本；$f_1(x)$ 表示物流缺陷成本；$f_2(x)$ 表示物流运行及改善成本；$F(x) = f_1(x) + f_2(x)$。

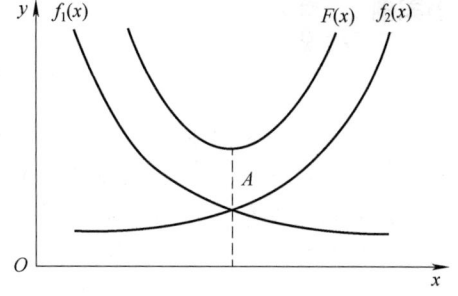

图 4-3　物流服务与成本的关系

物流服务管理的实质就是寻找物流成本与服务成本的最低点，即图 4-3 中的 A 点。但是，由于物流服务受环境影响，尤其是受消费者需求变化和社会经济环境的影响，导致了相同的物流服务水平，在不同的条件下，得到的客户满意度是不同的。作为企业经营战略的重要组成部分，为了保证对企业正常经营的支持，物流管理者必须做到，在成本控制范围之内保持较高的客户满意度。其具体做法主要有以下几种：

1）在物流服务水平一定的情况下降低物流成本，即在实现服务水平的条件下，通过不断地降低物流成本来追求物流系统的改善，如图 4-4a 所示。

2）物流成本和物流服务水平同时提升，这是大多数企业承认的物流服务成本与服务水

现代物流学

平之间的关系。当企业实施积极的经营战略时，或是面临竞争对手等外来威胁时，经常使用这种做法，如图 4-4b 所示。

3）在物流成本一定的情况下，实现物流服务水平的提高。这种是灵活、有效的利用物流成本来追求物流绩效的做法，如图 4-4c 所示。

4）物流成本降低的同时，物流服务水平提高。这是一种较为理想的状态，也是所有企业共同追求的目标。这种状态的实现必须加强成本管理，同时明确相应的服务水平，如图 4-4d 所示。

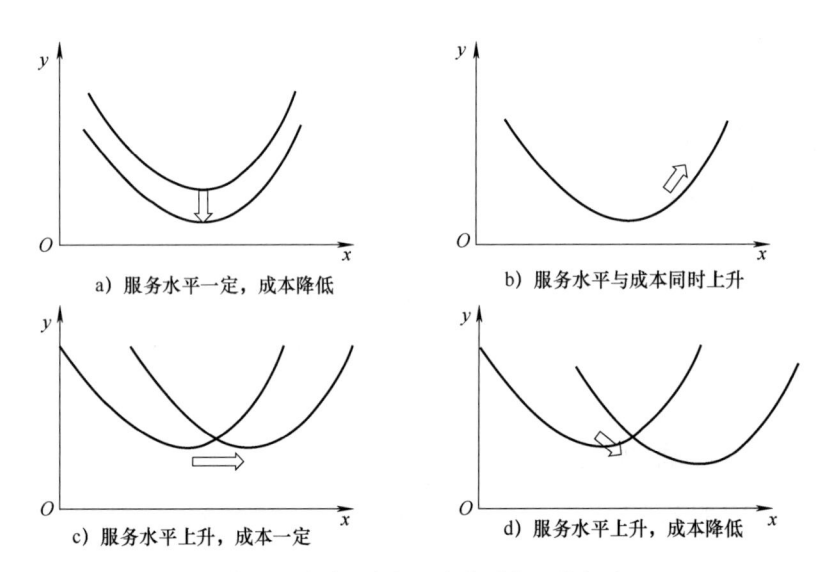

图 4-4 物流服务与成本关系的几种类型

小案例

物流服务水平的效益背反规律

某百货连锁集团希望将零售供货率提高到 98%，需要获取每个商店及每种商品的实时销售数据（POS）。为此，需在各分店配置条码扫描器及其他软件、硬件设施；同时，为尽可能地利用这些数据，该集团还希望投资建设电子数据交换系统，以便与供应商进行快速双向的信息交流。估计平均每年分店需要投入 20 万元。于是，管理层面临着成本与效益的权衡，对信息技术的投入能提高物流服务水平，但同时也会增加成本。假设该公司的销售毛利率是 20%，每家分店为收回 20 万元的新增投资，至少要增加 100 万元的销售额。如果实际销售增长超过了 100 万元，则企业在提高物流服务水平的同时也增加了净收益。对这一决策的评估还需要考虑各分店当前的销售额水平。若各分店当前的年销售额是 1000 万元，则收回这笔投资比年销售额只有 400 万元要快得多。

四、物流服务管理的原则

（一）与外部环境相适应原则

物流服务是一种企业经营行为，必然会涉及社会政治、道德风尚、经济利益、法律规范等，所以企业在进行物流服务过程中，应积极适应来自社会各方面的各种要求。物流服务除了要考虑调运物流、企业内物流、销售物流外，还要认真研究旨在保护环境、节省能

第四章 现代物流管理

源资源的废弃物物流、回收物流,所以其内容十分广泛。企业的各个方面都必须符合社会伦理和环境的要求。除此以外,为了缓和交通混乱、道路建设不足等问题,如何实施有效的物流服务也是物流在与社会系统相结合的过程中必须考虑的重要问题。

(二)成本–效益原则

物流是企业经营战略的职能战略,它的提出主要是为了企业适应市场环境的重大变化。在物流开始成为企业经营战略的重要一环的过程中,物流服务越来越具有经营特征,即物流服务有随着市场机制和价格机制变化而变化的倾向。或者说,市场机制和价格机制的变动通过供求关系既决定了物流服务的价值,又决定了一定服务水平下的成本,所以物流服务的供给不是无限制的,否则,过高的物流服务费用势必影响企业的经营绩效,不利于企业收益的稳定。

> **小贴士** 如何确定物流服务水平
>
> 有多种方法可用于物流服务水平的确定。相对而言,有四种方法比较实用:依据客户对缺货的反应来确定物流服务水平;通过权衡成本与收益来确定物流服务水平;借助 ABC 分析与帕累托定律来确定物流服务水平;通过物流服务审计来确定或评估物流服务水平。其中,通过权衡成本与收益来确定物流服务水平最为常用。不同服务水平下收入与成本之差就决定了利润,利润最大化所对应的物流服务水平就是要寻找的理想服务水平。
>
> $$C(x) = C_1(x) - C_2(x)$$
>
> 式中 x——服务水平;
> $C(x)$——x 服务水平下对应的利润;
> $C_1(x)$——x 服务水平下对应的收入;
> $C_2(x)$——x 服务水平下对应的成本。
>
> 求利润最大化,即对 $C(x)$ 求极值:
>
> $$\frac{\partial C(x)}{\partial x} = \frac{\partial C_1(x)}{\partial x} - \frac{\partial C_2(x)}{\partial x} = 0 \Rightarrow x^*$$
>
> x^* 即为理想的服务水平。

(三)可靠性与灵活性相结合原则

物流服务的灵活性是指处理异常顾客服务的能力,这种能力直接关系到在始料不及的情况下如何妥善处理问题。企业需要灵活作业的事件有:①修改基本服务安排,例如一次性改变装运交付的地点;②支持独特的销售方案;③新产品的引入;④产品逐步停产;⑤供给中断;⑥产品回收;⑦特殊市场的定制或客户服务层次,例如定价组合或包装等。在许多情况下,物流的优势就在于灵活应变之中。一般来说,企业的整体物流能力取决于在适当满足关键客户的需求时所拥有的"随机应变"的能力,但这种能力必须有一定的可靠性。没有可靠性的物流灵活性是没有生命力的,因为客户通常讨厌意外事件,如果他们能够在事前收到有关信息,就能够对缺货或延迟递送等意外情况进行调整。

(四)多样化物流服务提供原则

随着客户业务种类和业态的多样化发展,客户的需求不可能是千篇一律的。因此,制定多样化的物流服务组合是十分必要的。如今,对客户提供统一物流服务的企业有很多,这不利于物流服务的效率化。物流服务对企业来说也要考虑有限企业资源的合理配置。也

现代物流学

程质量，最终对成本及交货期起到管理作用，具有很强的全面性。

（2）管理的范围全面　物流质量管理对流通对象的包装、装卸搬运、储存、运输、配送、流通加工等若干过程进行全过程的质量管理，同时又是对产品在社会再生产全过程中进行全面质量管理的重要一环。在这个过程中，必须一环不漏地进行全过程管理，才能保证最终的物流质量，达到目标质量。

（3）全员参加与管理　要保证物流质量，就涉及有关环节的所有部门和所有人员，绝不是依靠哪个部门和少数人能做好的，必须依靠各个环节的所有部门和广大员工的共同努力。物流管理的全员性，正是由物流的综合条件、物流质量问题的重要性和复杂性所决定的，它反映了质量管理的客观要求。

由于物流质量管理存在"三全"的特点，因此全面质量管理的一些原则和方法（如"PDCA"循环、5S 活动）同样适用于物流质量管理。但应当注意，物流是一个系统，在系统中各个环节之间的联系和配合是非常重要的。物流质量管理必须强调"预防为主"，明确"事前管理"的重要性，即在上一道物流过程就要为下一道物流过程着想，估计下一道物流过程可能出现的问题，预先防止。

物流质量管理必须满足两个方面的要求：一方面是满足生产者的要求，因为物流的结果，必须保证生产者的产品能保质保量地转移给用户；另一方面是满足用户的要求，即按用户的要求将其所需的商品送达。这两个方面的要求基本上是一致的，但有时也有矛盾。例如，过分强调满足生产者的要求，使商品以非常高的保证程度送交用户，有时会出现用户难以承担的过高的成本。物流质量管理的目的，就是在"向用户提供满足要求的质量服务"和"以最经济的手段来提供"两者之间找一条优化的途径，同时满足双方的要求。为此，必须全面了解生产者、消费者、流通者等各方面所提出的要求，从中分析出真正合理的、各方面都能接受的要求，作为管理的具体目标。

小知识　PDCA 循环

PDCA 循环的概念最早是由美国质量管理专家戴明博士提出来的，所以又称"戴明循环"，简称"戴明环"。它是全面质量管理应遵循的科学程序。全面质量管理活动的全部过程，就是质量计划的制订和组织实现的过程。该过程是按照 PDCA 循环，不停顿地、周而复始地运转。

PDCA 循环包括计划（Plan）阶段、执行（Do）阶段、检查（Check）阶段和处理（Act）阶段四个阶段，如图 4-6 所示，这四个阶段又可进一步细分为八个步骤：

1）分析现状，找出存在的主要问题。
2）分析主要问题产生的原因。
3）找出主要原因。
4）拟定计划，制定措施。
5）执行计划，落实措施。
6）检查工作，调查效果。
7）总结经验，巩固成绩，将工作成果标准化。
8）将遗留问题放到下一个 PDCA 循环来解决。

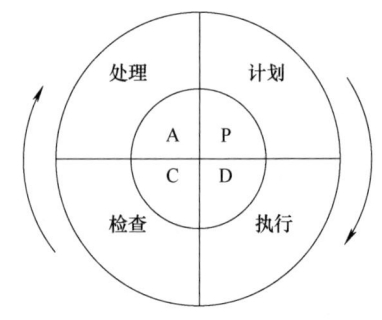

图 4-6　PDCA 循环的四个阶段

第四章 现代物流管理

三、评价物流质量的主要指标

由于物流质量是衡量物流系统的重要方面,所以发展物流质量的指标体系对于控制和管理物流系统来说至关重要。物流质量指标体系的建立必须以最终目标为中心,是围绕最终目标发展出来的一定的衡量物流质量的指标。

(1)服务水平指标 满足客户的要求需要一定的成本,并且随着客户服务达到一定的水平时,再想提高服务水平,企业往往要付出更大的代价,所以企业由于利润最大化的考虑,往往只满足一定的订单,由此便产生了服务水平指标。可见,服务水平越高,企业满足订单的次数与总服务次数之比就越高。

(2)满足程度指标 服务水平指标衡量的是企业满足订单的次数的频率。但由于每次订货数量的不同,所以仅以此来衡量是不完全的,于是就产生了满足程度指标,即企业能够满足的订货数量与总的订单的订货数量之比。

(3)交货水平指标 时间的准确性对物流来说,是衡量其质量的重要水平指标。它是指按期交货次数与总交货次数的比率。

(4)交货期质量指标 交货期质量指标衡量的是满足交货的时间因素的程度,即实际交货期与规定交货期差的日数(天)或时数(时)。

(5)商品完好率指标 保持商品的完好对于客户来说是很重要的,即交货时完好商品量或缺损商品量与总交货商品量的比率(%)。

(6)物流吨费用指标 物流吨费用指标即单位物流量的费用(元/t),这一指标比同行业的平均水平低,说明运送相同吨位货物费用较低,则此企业拥有更高的物流效率,其物流质量较高。

第五节 物流的标准化管理

随着经济全球化的日益发展,国际化大生产、大流通、大贸易、大循环的经济格局逐步形成,与世界经济接轨、与国际惯例接轨是不可逆转的趋势。物流也是同样的。物流涉及不同国家、地区和不同行业的很多企业,如果每个企业都用自己的基准进行物流活动,则必然导致各个企业之间难以沟通。为此,要实现国际化和通用化,必然要实现物流标准化并与国际标准接轨。

小案例

亟须出台统一规范的赔付标准

母亲节前夕,北京的金先生想送一套从英国带回来的水晶玻璃杯给住在绍兴的妈妈。发货前,金先生反复确认运输过程中水晶杯是否有破损风险。收快递的小伙拍着胸脯保证:"您放心!我们贴上易碎标志,然后给您好好包装一下,塞上报纸和泡沫塑料,保证没问题。"为此,金先生多付了10元钱的包装费。

可杯子到了绍兴,还是破了两个。两个杯子合计人民币1000元左右,金妈妈心疼杯子,找快递公司索赔。快递公司说,按照发货单背面的规定,只能赔偿30元。金妈妈带上老花镜,在发货单背面的小字里找啊找,果然有这样的说法,金妈妈无奈吃了哑巴亏。

物流标准化是实现物流现代化的基础。近年来,随着我国物流产业的快速发展,物流标准化建设滞后的问题越来越突出。加强物流标准化建设已成为加快推进我国物流产业发展的迫切需要。

一、物流标准化的定义

标准是对重复性事物和概念所做的统一规定，它以科学、技术和实践经验的综合成果为基础，经有关方面协商一致，由主管机构批准，以特定的形式发布，作为共同遵守的准则和依据。

物流标准化是指以物流系统为对象，围绕运输、储存、装卸、包装以及物流信息处理等物流活动制定、发布和实施有关技术和工作方面的标准，并按照技术标准和工作标准的配合性要求，统一整个物流系统的标准的过程。

物流标准化工作是实现物流系统化的一项重要内容，它不仅是实现物流各环节衔接的一致性、降低物流成本的有效途径，而且也是进行科学化物流管理的重要手段。物流标准化包括以下三个方面的含义：

1) 从物流系统的整体出发，制定其各子系统的设施、设备、专用工具等的技术标准以及业务工作标准。

2) 研究各子系统技术标准和业务工作标准的配合性，按配合性要求，统一整个物流系统的标准。

3) 研究物流系统与相关其他系统的配合性，谋求物流大系统的标准统一。

以上三个方面分别从不同的物流层次上考虑将物流实现标准化。要实现物流系统与其他相关系统的沟通与交流，就必须在物流系统和其他系统之间建立通用的标准，首先要在物流系统内部建立物流系统自身的标准，而整个物流系统标准的建立又必然包括物流各个子系统的标准。因此，物流要实现最终的标准化必然要实现以上三个方面的标准化。

二、物流标准化的特点

物流标准化对物流业的发展具有划时代的意义。其具有以下主要特点：

（1）物流标准化具有广泛性　物流标准化和一般标准化不同，物流标准化涉及面更为广泛，包括机电、建筑、工具、工作方法等。这些种类的标准虽然处于一个大系统中，但缺乏共性，从而造成标准种类繁多，标准内容复杂，给标准的统一和配合带来很大困难。

（2）物流标准化系统属于二次系统　物流标准化系统又称为后标准化系统。这是因为组成物流大系统的各个分系统在物流及物流管理思想诞生之前、在归入物流大系统之前，早已实现本系统的标准化。因此，在推行物流标准化时，必须在各个分系统标准化基础上建立物流标准化系统，这就必然要从适应及协调角度来建立新的物流标准化系统，而不可能全部创新。

（3）物流标准化更要求体现科学性、民主性和经济性　科学性是指物流标准化要与物流现代化（包括现代化技术和管理）相适应，既要运用现代科技成就，又要与系统协调相适应。民主性是指由于物流标准化涉及面广，要想使各个分系统都能采纳接受标准，从而使标准更具有权威，更便于贯彻执行，就要求物流标准化必须具有民主性。经济性是标准化的主要目的之一，也是标准化生命力如何的决定因素。由于物流过程必须大量投入消耗，如果不注重标准的经济性，片面强调反映现代科学水平，片面强调顺从物流习惯和现状，就会引起物流成本的增加，自然会使标准失去生命力。

（4）物流标准化具有较强的国际性　由于经济全球化和国际贸易在加速发展，而国际

第四章 现代物流管理

物流又是实现经济全球化和国际贸易的必要手段，所以各国都很重视本国物流和国际物流的衔接，否则将会加大国际交往的技术难度，加大外贸的成本。

三、物流系统标准化的方法

目前，物流系统的标准化工作还处于初始阶段，在这个阶段标准化工作的重点是通过制定标准规格尺寸来实现全物流系统的贯通，从而提高物流效率。所以，物流标准化方法主要是指制定标准规格尺寸的方法及做法，主要有以下几种：

（一）确定物流的基础模数尺寸

物流标准化的基础是物流基础模数尺寸。确定物流基础模数尺寸考虑的基点主要是简单化。基础模数尺寸一旦确定，设备的制造、设施的建设、物流系统中各个环节的配合协调、物流系统与其他系统的配合就有了依据。目前国际标准化组织（ISO）制定的物流基础尺寸的标准为：

1）物流基础模数尺寸：600mm×400mm。

2）物流集装基础模数尺寸：以 1200mm×1000mm 为主，也允许 1200mm×800mm 和 1000mm×1000mm 的规格。

3）物流基础模数尺寸与集装基础模数尺寸的配合关系如图 4-7 所示。

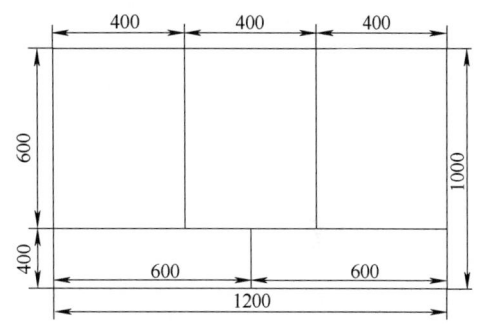

图 4-7 模数尺寸的配合关系
（以 1200mm×1000mm 为例）

小案例

如何确定基础模数尺寸

相对其他标准系统，物流标准化系统建立较晚，所以确定物流基础模数尺寸主要考虑的是当前对物流系统影响最大而又最难改变的输送设备。采取"逆推法"，由输送设备的尺寸推算最佳的基础模数。当然，在确定基础模数尺寸时也考虑到了现在已通行的包装模数和已使用的集装设备，并要考虑适合人体操作的最高限尺寸。目前，ISO 中央秘书处及欧洲各国已基本认定 600mm×400mm 为基础模数尺寸。

（二）确定物流模数

物流模数即集装基础模数尺寸，前面已讲到物流标准化的基点应建立在集装的基础之上，所以在基础模数尺寸之上，还要确定集装基础模数尺寸（最小的集装尺寸）。集装基础模数尺寸可以从 600mm×400mm 按倍数系列推导出来，也可以在满足 600mm×400mm 的基础模数的前提下，从卡车或大型集装箱的分割系列推导出来。

小贴士

日本在确定物流模数尺寸时，采用的是以卡车（早已大量生产并实现了标准化）的车厢宽度为物流模数确定的起点，推导出集装基础模数尺寸。

（三）以分割及组合的方法确定系列尺寸

物流模数作为物流系统各环节标准化的核心，是形成物流系列化尺寸的基础。具体做

现代物流学

法是依据物流模数进一步确定有关系列的大小及尺寸，再从中选择全部或部分，作为定型的生产制造尺寸，这就完全成了某一环节标准系列的确定。由物流模数体系可以确定包装容器、运输装卸设备、保管器具等系列尺寸。物流模数体系的构成如图4-8所示。例如，日本工业标准（JIS）规定的"输送包装系列尺寸"就是按照 1200mm×1000mm 推算的最小尺寸 200mm×200mm 的整数分割系列尺寸。

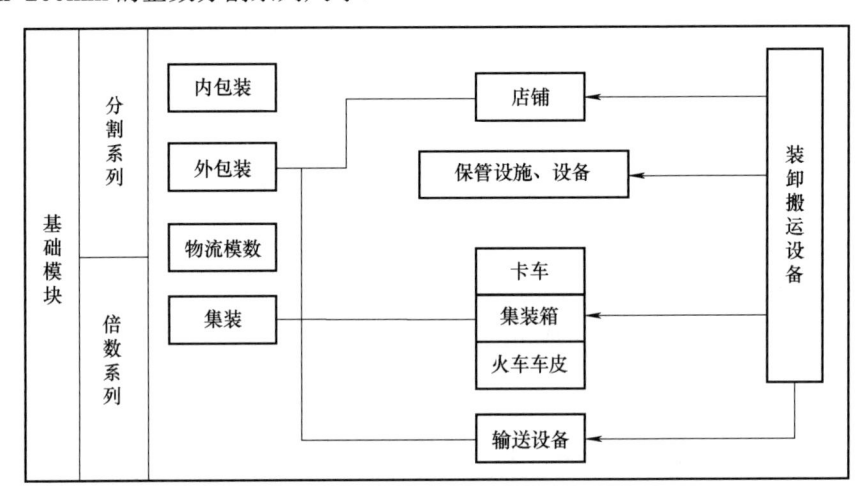

图 4-8 物流模数体系的构成

第六节 物流战略管理

20 世纪 90 年代以后，越来越多的企业开始认识到物流在战略管理中的重要地位，这是经营环境的变化促使企业的经营视角发生了变化，企业不但要善于创造需求，还必须积极、主动地适应市场的变化。脱离现代物流，企业的生产、销售就无法在市场上取得竞争优势。物流以其对生产、销售的推动作用，成为继生产、销售之后企业发展的第三利润源泉。制定合理的物流发展战略，对于经济的可持续发展意义深远。

一、物流战略

（一）战略的概念和特征

"战略"一词源于希腊语 Strategos，原意是"将军"，当时引申为指挥乐队的艺术和科学。在现代社会和经济生活中，这一术语主要用来描述一个组织打算如何生存和发展的全局性、长远性的策略与艺术。例如，企业为了长远发展，立足于前沿科技，立足于人才建设，这就是科技兴企、人才兴企的战略；企业为了战胜对手，采用兼并、重组的方式扩大企业，这是一种竞争战略；同样，企业为了发展物流业务，把物流做强做大，也需要有一个物流战略。

战略具备以下几个方面的特征：

（1）前瞻性　战略一般是未来的发展方向和行动步骤，所以要制定一个合适的发展战略，必须要具有前瞻性，要掌握未来市场的发展变化趋势，以及企业的发展变化趋势和发展能力。

（2）长远性　企业战略既是企业谋取长远发展要求的反映，又是企业对未来较长时期内生存和发展的通盘考虑，谋求的是长远利益，而不是眼前利益。有时，为了谋求企业的长远利益甚至需要牺牲眼前利益。

第四章　现代物流管理

（3）总体性　战略基本上都是站在事物整体的立场上研究事物的总体性。战略基本上都是站在事物整体的立场上研究事物总体的行动方向、方法和策略。

（4）纲领性　战略所规定的是事物整体的长远目标、发展方向和重点，这些都是原则性、概括性的规定，只是一个行动纲领。在具体执行的时候，另外还要根据这个战略制订具体的行动方案、实施细则，才能够变成人们的具体行动。

（5）艺术性　战略是行动的方向、方法和策略，带有艺术性。因为市场经济的竞争很激烈，只有运用一些巧妙的方法策略，才能够回避对手，或者竞争取胜。因此，战略又是一种战斗艺术、一种行动策略。

（二）物流战略的概念和内容

企业的物流战略就是企业发展其物流业务的方法策略。有的企业自己的物流自己经营，有的企业把自己的物流业务外包，有的企业依靠把自己的物流业务做强做大来发展企业，这些都是各个企业的物流战略。物流战略的具体内容一般包括：

（1）物流发展的方向　例如，是走专业化发展方向还是走综合化发展方向。如果走专业化发展方向，那么选择什么专业（运输、储存，还是管理咨询）？是单一专业还是多个专业？

（2）物流发展的方法、途径　例如，是自我经营、只为企业生产服务，还是跳出企业、面向社会市场提供物流服务？如果面向社会市场，那么是依靠单一的大客户，还是开辟大市场？如果依靠大客户，那么应选择谁？如果开辟大市场，那么选择什么样的目标市场？

（3）物流发展的进度　物流发展分成几个阶段，每个阶段发展进度如何？既包括总体的发展进度，又包括个体的发展进度。

（4）物流发展的目标　物流发展的目标包括长远目标和阶段目标。例如，一年达到什么目标，三年达到什么目标，五年达到什么目标，十年达到什么目标。不仅包括经济效益目标，而且包括社会效益目标，要有一个目标体系。

（5）物流发展的策略　例如，是快速发展，还是稳步发展？是低成本发展，还是高投资迅速发展？是自己建立独立资产，还是租用社会资产、走无资产型发展道路？是走独立发展的路子，还是走联合发展的路子，或者走"借鸡生蛋"发展的路子？面对竞争对手，是采用正面进攻取胜的策略，还是避强凌弱的策略？

> **小贴士**　"借鸡生蛋"
>
> "借鸡生蛋"，顾名思义就是借别人的母鸡来下蛋，就可以孵出属于自己的母鸡，以后还别人母鸡的时候再还人家一些蛋，对方不用喂养，既可以收回母鸡，还能顺带些额外的鸡蛋收入。何乐而不为呢？同样的道理，创业时，在自己资金不足而有好项目的时候，就可以"借鸡生蛋"，也就是"举债投资"。抑或寻求一个经验丰富、品牌成熟的特许经营企业做加盟代理，这是很多初次创业者的首选。

物流战略的具体内容也随企业的性质类别以及物流业务的具体内容不同而不同。

二、物流战略管理的内容

物流战略管理就是基于物流战略的管理，包括物流战略的制定和根据制定的物流战略对企业物流业务进行的管理活动。

首先要制定一个好的物流战略。由于物流战略特别重要，所以制定物流战略是一个很慎重、复杂的过程，需要采用科学的方法，做很多的调查和分析研究工作。

现代物流学

物流战略制定以后，就要实施物流战略，要根据物流战略对企业整个物流业务活动进行管理，对物流战略的实施进行计划、组织、指挥、协调和控制。可以说，这样的工作几乎贯穿企业的整个生命周期的所有日常工作。企业的一切工作都是为了实施企业战略。物流战略管理同样也贯穿于整个企业管理过程中。

三、物流战略的制定

物流战略的制定是企业组织各方面的力量，依据一定的方法和程序，为企业选择、确定合适的物流战略的过程。

（一）自身分析——SWOT 分析法的原理

在 SWOT 分析法中，S（Superiority，优势）是指企业的优势分析，W（Weakness，劣势）是指企业的劣势分析，O（Opportunities，机遇）是指市场机遇分析，T（Threat，威胁）是指市场威胁分析。SWOT 分析就是市场的机遇风险和企业的优劣势分析。

通过 SWOT 分析法制定物流战略的基本思路是，发展战略的制定需要掌握两个方面的信息：

一是外部环境信息，即掌握市场的发展状况信息，特别是掌握市场发展的机遇和威胁；二是企业内部实力信息，即掌握企业的资源状况，特别是掌握企业的优势和劣势。

然后以企业优势和劣势分别面对市场的机遇和风险，用企业优势资源寻找发展机遇，避开企业劣势和环境威胁，寻找战略思路，就可以得出企业的多个市场切入战略方案，将这些方案进行分析对比，就可以选择、制定企业物流发展的战略，如图 4-9 所示。

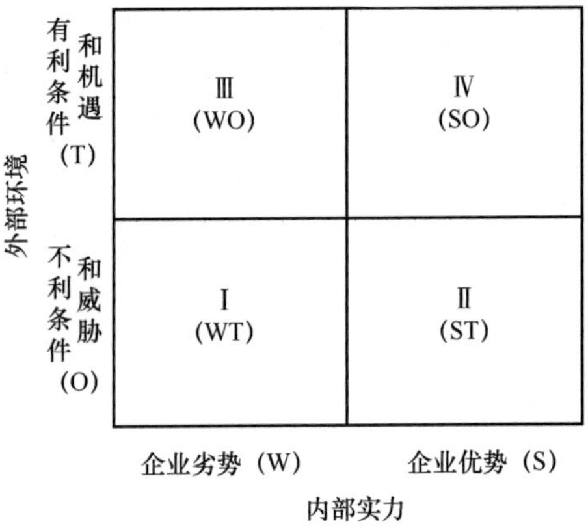

（二）SWOT 分析的步骤

企业通过 SWOT 分析，就可以制定企业的物流发展战略。SWOT 分析一般要经过以下几个步骤：

（1）分析企业的外部环境，找出市场机遇与威胁因素　外部环境就是市场环境条件，主要是指市场容量、市场规模、市场的经济与政治条件、交通、通信、能源、文化风俗、地理条件等。特别要注意寻找发展机遇和潜在的威胁因素。

（2）分析企业的内部实力，找出企业的资源优势和劣势　企业内部条件分析，就是分析企业内部所具有的实力，主要是指企业资源状况，特别是企业的优势条件和劣势条件，要实事求是地列出企业所有的优势和劣势条件，然后进行分析。

图 4-9　SWOT 分析法

小示例：某物流公司对自己内部实力的分析见表 4-2。

表 4-2　某物流公司的内部实力分析

内部实力	具体内容	内部实力	具体内容
S（优势）	有良好的财务状况 有良好的商务能力 拥有地理优势 总经理的影响力很大 已拥有好几个大客户	W（劣势）	技术能力薄弱，需要引进人才或培养人才 服务范围有限，物流配送领域还需要开发 信息系统急需建立 员工物流行业经验不足

（3）列出备选战略方案　根据前面的外部环境分析和内部条件分析的结果，可以列出一些备选的 SO、WT、WO、ST 战略，得到 SWOT 矩阵图。把以上备选方案进行归纳，进一步浓缩成四个备选方案：①市场扩张战略：以本市为中心，尤其是以本市经济技术开发区为中心，向省内其他城市、省外城市扩张。②进一步开拓本地市场战略：以本市经济技术开发区内的制造企业为对象，进一步挖掘近距离的物流服务需求量。这个方案的目的是发挥公司现有的财务优势和商务优势，同时回避过于激烈的恶性竞争和较高的交易成本，稳步地占领市场。③服务品种延伸战略：引进和培养人才，探索开展小范围、短距离物流配送服务。④市场维持战略：除了进行极少数潜在客户的培养之外，基本上不开辟新的市场，主要集中培养现有客户的忠诚度。

（4）评价和比较战略方案　采用定性或定量的方法对备选方案进行评价，例如可以采用专家评分法。按评价指标体系给各个方案评分，最后求出方案的总分，哪个方案的总分高，哪个方案就是最优方案。

（5）选择和确定战略方案　根据上述评价结果，结合实际情况，选择并确定最佳方案。

第七节　物流组织管理

合理的组织是管理发挥作用的基础。组织的目的是使人们在共同的协作中能够为实现共同的目标而有效地工作，这种有效的工作是通过组织内部有意识地形成职务或职位结构，使组织内的活动有序进行。根据现代管理学理论，组织是管理的一个重要职能，是实现管理目标的重要手段。

一、物流管理组织的内涵

所谓组织，是指为实现既定目标，通过人与人、人与物以及信息的有机结合，所形成的社会系统。组织存在于社会生活的许多方面，比如党组织、工会组织、社会慈善机构以及各种经济组织等。

物流管理组织是指企业或整个社会为了进行物流管理，把责任和权限体系化了的组织。物流管理组织作用的发挥，是通过一定的物流管理机构，确定与其相应的职位、职责和权利，合理传递信息等一系列活动，将物流各个要素整合成一个有机整体，最终实现物流管理，乃至企业管理的总体目标。

二、建立物流管理组织的原则

确定物流企业组织机构的基本原则是：精简、统一、自主和高效率。

（1）精简原则　精简是指物流企业经营管理的各类机构的组建应同企业的经营规模和经营任务相适应，它要求精简机构设置管理层次，压缩管理人员的编制。因此，企业要在服从经营需要的前提下，因事设机构、设职位，因职用人，尽量减少不必要的机构和人员，力求精兵简政，以达到组织机构设置的合理化，提高工作效率。

同时，还要求企业各级组织机构具有明确的职责范围、权限以及相互之间的协作关系；具有健全和完善的信息沟通渠道；制定合理的奖惩制度，有利于发挥员工的主动性和积极性，使他们专心工作。

（2）统一原则　统一是指物流企业各部门、各环节的组织机构必须是一个有机结合

现代物流学

的统一的组织体系。在这个组织体系中，各层次的机构形成一条职责、权限分明的等级链，不得越级指挥与管理。实行这种指挥的优点是：谁下命令、谁执行都很清楚，执行者负执行的责任，指挥者负指挥的责任，自上而下地逐级负责，层层负责，保证经营任务的顺利进行。

（3）自主原则　自主是指物流企业等级链上的各部门、各环节的机构都在各自的职责和权限范围内，独立自主地履行职能，充分发挥各级组织机构的主动性和积极性，提高管理工作的效率，并且上级对下级在其职权范围内做出的决定不能随意否定。可见，自主原则是统一领导与分级管理、原则性与灵活性相结合的需求。

（4）高效率原则　高效率是物流企业建立组织机构必须遵循的根本原则，它是验证组织机构合理与否的准绳。组织机构必须以完成经营目标和任务为准绳，必须具有管理工作的高效率和经营的高效益。因此，组织机构必须讲求科学分工，明确职责，实行责、权、利的统一，以提高管理效率和全员劳动效率。

以上各项原则，是现代物流企业建立和健全管理组织机构时应当遵循的基本原则。但是每个物流企业在具体实践中，要根据本企业的具体情况和特点有所侧重；同时，还要正确处理好相互之间的一些关系，如统一指挥与分组管理、集权与分权、综合管理与专业管理、领导者与被领导者之间的关系等。

三、物流管理组织的内容

（1）物流组织机构的设计　这是指确定整个企业物流组织的框架和结构，确定企业中各职能部门、各层次及各个环节的联系和协调方式。这要求从企业的生产技术、经济特点及外部环境条件出发来具体考虑。它包括五个方面的内容：物流决策组织系统的设计、物流指挥系统的设计、职能参谋系统的设计、组织内部各个局部开展工作的一般要求的确定、组织信息沟通方式的选择。

（2）物流组织规章制度的建立　从总体和局部两个方面着手，具体明确各层次、各环节管理部门的行为准则、工作要求以及协调、检查和反馈制度。从制度上保证管理工作的整体性、系统性和有效性。

（3）物流组织人力资源管理　这是指管理组织中干部和工作人员的配备。这要按照组织中层次不同，职务、岗位和职责的不同，从工作要求出发，选拔适当人才。它是管理组织能够发挥功效的根本性保证。

物流管理组织机构的设置、组织制度的建设以及组织的人力资源管理，这三个方面的紧密结合，是管理组织总体运营正常、开展组织行为的前提。

四、企业物流组织的发展方向

随着经济环境的变化，企业越来越关注简化组织达到目标的过程。在物流组织建设中，出现了以下几种新的趋势：

（1）结构扁平化　由于现代信息技术的飞速发展，使彼此沟通变得越来越容易。现代企业强调有效控制，组织结构的多层次必然影响效率，对于物流部门也是一样的。因此，组织结构逐渐向扁平化发展。

（2）任务小组结构　企业物流的组织结构多是基于功能而形成的。物流活动的归类集合与直线领导的权利和责任相关，很难满足独特客户跨功能的灵活要求。任务小组结构就

第四章 现代物流管理

是以任务小组的形式完成某种特定的明确规定的复杂任务,使企业在保持有效的功能结构的同时,获得一种基于任务的灵活性。

(3) 成立企业物流总部 在现代企业组织机构中,物流不仅在横向上集中了各事业部的物流管理,还在纵向上统括了购买、生产、销售等伴随企业经营行为而发生的物流活动。所以在企业组织机构中,出现了全企业层次的物流组织,称为物流总部。

物流总部的职能是建立基本的物流体系,进行统一决策,进行物流战略管理,决定物流发展战略,不断完善物流管理系统并推进其发展,而现场作业仍然由各事业部独自进行。

(4) 成立单独的物流分公司 从最新企业组织的发展来看,有不少先进企业不仅成立了物流总部,而且成立了物流分公司,将物流作业从事业部中分离出来。一种做法是将属于本企业的物流中心从各事业部中独立出来,承担企业物流的所有活动。另一种做法是企业与专业物流公司共同成立物流分公司。

物流分公司与企业内的物流管理组织相比具有以下优点:

1) 有利于促进物流水平的改善。在企业内部管理中,由于企业内部各部门之间容易发生利益冲突,物流部门常常会受到生产、销售等部门的限制,影响物流部门职能的发挥,而成立分公司容易实现物流合理化。

2) 有利于扩大物流活动领域。作为独立的物流部门,便于与其他企业进行物流合作,如与供应商的合作,从而扩大其活动领域。

3) 有利于物流费用的计算。通常情况下,由于物流活动较广,物流成本计算一直是一个难题,成立独立的物流部门使物流成本核算变得简单。

小案例

上海某民营物流企业的区域性物流公司点式经营组织结构设计

对区域性物流公司来说,物流的运营一般集中在某一个区域内进行。在物流网络化、全球化运作的今天,这种区域性点式经营的物流公司大量存在。在我国,由于第三方物流的发展尚处于初级阶段,很多企业尚未形成网络化经营的能力。因此,这些企业目前都在致力于区域范围内的物流服务业务,先积累经验,然后再逐渐扩展自己的业务覆盖范围。

上海某民营物流企业的区域性物流公司点式经营组织机构如图4-10所示。

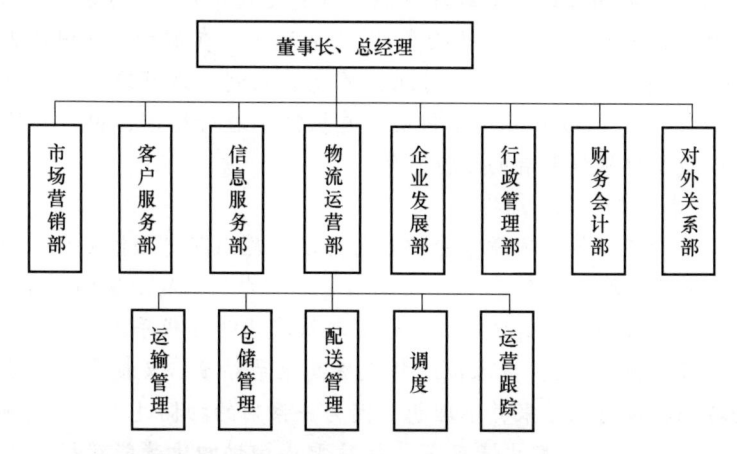

图4-10 区域性物流公司点式经营组织机构

案例分析

JC 公司的物流质量管理

一、配送中心的基本情况

JC 公司位于俄亥俄州哥伦布的配送中心,每年要处理 900 万种订货,每天处理 25000 笔订货。该中心为 264 家地区零售店装运货物,无论是零售商还是消费者的家,该配送中心都能做到 48h 之内把货物送到所需的地点。哥伦布的配送中心约 200 万 m^2,雇用了 1300 名全日制员工,旺季有 500 名兼职雇员。JC 公司接着在其位于密苏里州的堪萨斯城、内华达州的雷诺以及康涅狄格州的曼彻斯特的其他三个配送中心成功地实施了质量创新活动,能够连续 24h 为该国 90%的地区提供服务。

二、质量管理创新

JC 公司感到真正的竞争优势在于优质的服务。管理部门认为,这种服务的优势应归功于 20 世纪 80 年代中期该公司所采取的三项创新活动:质量循环、精确至上和激光扫描技术。

1. 质量循环

1982 年,JC 公司首先启动了质量循环活动,以期维持和改善服务水平。管理部门担心,质量服务的想法会导致管理人员企图简单地花点钱来"解决问题"。然而,取代这些担心的是经慎重考虑后提出的一些小改革,解决了工作场所中存在的一些主要问题,其中包括工人们建议创建的中央工具库,用以提高工作效率和工具的可获得性。

2. 精确至上

不断消除物流过程的浪费。精确至上的创新活动旨在通过排除收取、提取和装运活动中存在的缺陷,以提高服务的精确性。因此,提供精确的客户信息和完成订货承诺被视为头等大事。显然,在该层次上讲求服务的精确性,意味着该公司随时可以说出来某个产品项目是否有现货,并且当有电话订货时,便可以告知对方何时送货上门。该公司需要提高的另一个精确性与在卖主处提取产品有关。为了确保产品在质量和数量上的正确,JC 公司针对每次装运中的某个项目进行质量控制和实际点数检查。如果存在差异,将对订货进行 100%的检查。与此同时将对 2.5%的装运进行审计。订货承诺的完成需要把主要精力放在提高精确性上,为此该公司的配送中心经理罗杰·库克曼说道:"我们曾一直在犯错误,想在商品预付给客户之前就能够进行精确的检查。"但问题是,在质量循环中是否已找到了解决办法,或者能够对该过程进行自动化。对此,库克曼感到:只有依赖计算机系统,人们才有能力精确地检查。于是,该公司开始利用计算机系统进行协调,把订购商品转移到"转送提取"区域,以减少订货提取者的步行时间。

3. 激光扫描技术

用科技改进质量管理。第三项质量管理创新活动是应用激光扫描技术,以 99.9%的精确性来跟踪 230000 个存货单位的存货。JC 公司最初的密尔沃基的配送中心是用手工来处理各种产品项目的储存和跟踪的,接着便开始用计算机键盘操作替代手工操作,这一举动使产品项目的精确性接近了 80%。扫描技术被看作既提高记录精度,又提高记录速度的手段。但是,刚开始启动扫描技术时的结果并不理想,因为一系列的扫描过程需要精确地读取每一个包装盒子上的信息。然而,在某些情况下,往往需要扫描四次才能获得一次读取信息。看来,JC 公司需要一种系统,能够按每秒三次的速度,从任何角度读取各种包装尺寸的产品信

第四章　现代物流管理

息。于是，公司内部的系统支持小组优化了硬件和软件来满足这一目的。其结果是，该配送中心的四个扫描站耗资 12000 美元，削减了每个扫描站所需的 16 个键盘操作人员。

三、质量管理创新需要协调员工与技术的关系

看来，"加重工作"的质量循环与"减轻工作"的技术应用之间，会产生一种有趣的尴尬境地。JC 公司需要在引进扫描技术的同时，还要保持既得利益和改进成果。然而，该公司在时间上的选择却是完美的。因为公司在大举扩展的同时将需要增加雇员。于是，该公司便告诉其雇员，技术进步将不会导致裁员。

问题：

1．企业物流质量管理应如何处理好人员与技术的关系？
2．对质量的认识在不断发展，物流在不断发展，企业怎样才能确定有效的质量管理战略？
3．在供应链体系中，如何统一多个企业质量标准和管理制度？
4．从质量管理的角度分析，应如何协调和统一柔性化物流服务与精益化物流服务？
5．贯彻质量标准体系与企业文化建设如何协调？
6．怎么样推动企业质量管理创新？

◇复习思考题

1．什么是物流管理？其主要内容是什么？
2．物流成本管理的内容和方法是什么？
3．请论述如何制定企业的物流战略。
4．简述物流质量管理的特点及内容。
5．如何对物流质量管理进行评价？物流质量管理的评价指标有哪些？
6．为什么要实行物流标准化管理？物流标准化管理包括哪些方面？
7．简述物流战略的概念和内容。

◇参考文献

[1] 崔介何. 物流学概论[M]. 5 版. 北京：北京大学出版社，2015.
[2] 胡建波. 物流概论[M]. 成都：西南财经大学出版社，2019.
[3] 高音，何娜，常青. 物流概论[M]. 南京：南京大学出版社，2019.
[4] 王之泰. 新编现代物流学[M]. 北京：首都经济贸易大学出版社，2018.
[5] 国家市场监督管理总局，国家标准化管理委员会. 物流术语：GB/T 18354—2021[S]. 北京：中国标准出版社，2021.

第五章 企业物流

本章学习目标

了解企业物流的概念，掌握企业物流管理发展的阶段；了解企业物流合理化的意义并掌握物流合理化的措施；理解生产企业内生产物流的空间组织方式和时间组织方式；理解生产企业物流的水平结构和垂直结构；了解流通企业的种类；了解和熟悉各种流通企业包含的物流系统功能要素。

引例

一汽大众的"零库存"生产

一汽大众在实现"零库存"生产的过程中，主要采用两种方法：零部件进货"零库存"和在制品的"零库存"。

1. 零部件进货"零库存"的三种方式

第一种是电子看板，即公司每月把生产信息用扫描的方式，通过计算机网络传递到各供货厂，对方根据这一信息安排自己的生产，然后一汽大众公司按照生产情况发出供货信息，对方则马上用自备车辆将零部件送到公司各车间的入口处，再由入口处分配到车间的工位上。

第二种是"准时生产"，即公司按整车顺序把配货单传送到供货厂，对方也按顺序装货，直接把零部件送到工位上，从而取消了中间仓库环节。

第三种是批量进货，供货厂每月对于那些不影响大局又没有变化的小零部件分批量地送一到两次。

2. 在制品的"零库存"管理

公司很注重在制品的"零库存"管理。在该公司流行着这样一句话：在制品是万恶之源，用以形容大量库存带来的种种弊端。在生产初期，捷达车的品种比较单一，颜色也只有蓝、白、红三种，公司的生产全靠大量的库存来保证。随着市场需求的日益多样化，传统的生产组织方式面临着严峻的挑战。

在整车车间，生产线上每一辆车的车身上都贴着一张生产指令表，零部件的种类及装配顺序一目了然。计划部门按装车顺序通过计算机网络向各供货厂下计划，供货厂按照顺序生产、装货，生产线上的工人按顺序组装，一伸手拿到的零部件保证就是他正在操作的车上的。物流管理就这样使原本复杂的生产变成了简单而高效的"傻子工程"。令人称奇的是，整车车间的一条生产线过去仅生产一种车型，其生产现场尚且拥挤不堪，如今在一条生产线同时组装两到三种车型的混流生产线，不仅做到了及时、准确，而且生产现场比原先节约了近10%。

第五章　企业物流

我国国家标准《物流术语》（GB/T 18354—2021）中对企业物流的定义是："生产和流通企业围绕其经营活动所发生的物流活动。"在市场竞争日益激烈的今天，企业要在国内外市场竞争中取胜，必须增强现代物流意识，积极采用先进的组织和管理技术，搞好企业物流，这已成为广大企业经营者的共识。企业物流是企业生产与经营的组成部分，也是社会大物流的基础。

第一节　企业物流概述

物流最主要的问题直接来自工商企业的经营，企业物流是物流研究和实践最重要的领域之一。企业物流从企业的角度研究与之有关的物流活动，是具体的、微观物流活动的典型领域。全面认识企业物流的内涵对企业物流合理化、提高企业的市场竞争力具有重要意义。

一、企业物流的概念

企业物流（Internal Logistics）是指企业在生产经营过程中，物品从原材料供应，经过生产加工到产成品销售，以及伴随生产消费过程所产生的废旧物资的回收再利用整个循环活动。企业物流是企业一体化管理的重要组成部分，是系统整合的协同物流，必须满足客户与企业战略目标的需要。从企业内部来说，它是对运输、储存、包装、配送等分散作业领域的综合协调，其最终目的是满足客户价值与企业战略目标的需要；从供应链战略管理出发，它要考虑与上下游伙伴的协调，共同致力于降低整个供应链的成本。企业物流管理就是企业为合理配置物流资源、有效提供物流服务、不断创造物流价值、谋求良好的经济效益而理顺各种关系的活动过程。

从系统论角度分析，企业物流是一个承受外界干扰作用，具有投入、转换、产出功能的自适应系统，如图 5-1 所示。系统的投入部分是指企业外供应物流或企业外输入物流，系统的转换部分是指企业内生产物流或企业内转换物流，系统的产出部分是指企业外销售物流或企业外服务物流。由此可见，物流贯穿于企业各项经营活动中。

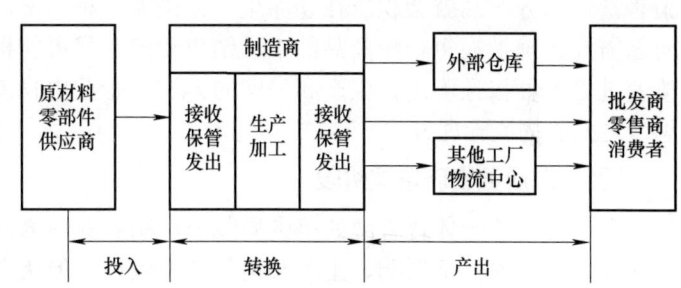

图 5-1　企业物流系统

按企业性质不同，企业物流可以分为生产企业物流和流通企业物流。

二、企业物流管理的发展

从发达国家企业物流管理发展的历史来看，物流管理经历了以下五个阶段：

（一）物流功能个别管理阶段

在这个阶段，真正意义上的物流管理意识还没有出现，降低成本不是以降低物流总成本为目标，而是分别停留在降低运输成本和保管成本等个别环节上。降低运输成本也是仅限于要求降低运价或寻找价格低的运输业者。

（二）物流功能系统化管理阶段

物流功能系统化管理阶段的主要特征表现为：通过设立物流管理部门，管理对象已不是现场的作业活动，而是站在企业整体的立场上整合。在此以前，只存在"做物流"的部门，而不存在"思考物流"的部门。人们不是追求运输、保管等个别功能的最优化，而是在考虑这些功能之间联系的同时，寻找最佳的组合。在物流系统功能系统化管理阶段，各种物流合理化对策开始出现并付诸实施，如作业的机械化、运输路线的科学选择、物流功能之间的经济联系、整体物流方案的优化等。

（三）物流管理领域扩大阶段

在物流功能系统化管理阶段，物流合理化仅局限于物流管理部门内部，不涉及生产和销售部门。进入物流管理领域扩大阶段，物流管理部门可以出于物流合理化的目的向生产和销售部门提出自己的建议。这个阶段的重要特征是，对于众多会影响物流合理化的外部因素，物流管理部门终于可以站在物流的角度上，以物流合理化的理论为依据提出自己认为合适的看法。但是，物流管理部门对于生产和销售部门提出的建议在具体实现上有一定限度，特别是在销售竞争非常激烈的情况下，物流服务一旦被当作竞争手段的时候，仅仅以物流合理化的观点来要求销售部门提供协助，往往不被对方接受。因为这时候考虑问题的先后顺序首先是销售，然后才是物流。

（四）企业内物流一体化管理阶段

企业内物流一体化管理是根据商品的市场销售动向决定商品的生产和采购，从而保证采购、生产和销售的一致性。企业内物流一体化管理受到关注的原因来自市场的不透明化，随着消费者需求的多样化和个性化，市场的需求动向越来越难以把握：如果企业生产的产品比预想的销售状况要好，马上会缺货；反之，如果企业生产的产品数量超过预测的销售量，部分产品就会积压在仓库里。无论哪一种情况，都会使企业遭受损失。解决这个问题需要正确把握每一种商品的市场销售动向，尽可能根据销售动向来安排生产和采购，改变过去那种按预测进行生产和采购的方法。企业内物流一体化管理正是建立在这样一种思考之上的物流管理方式。

（五）供应链物流管理阶段

企业内物流一体化管理的范围局限在个别企业内部，根据商品的市场销售动向决定生产和采购，从而保证采购、生产和销售的一致性。但是企业仅仅根据批发商的订货变化来掌握市场动向，而批发商下面的零售商、消费者的动向就无法看到了。供应链物流管理是一个将交易关联的企业整合进来的系统，即将供应商、制造商、批发商、零售商和客户等所有供应链上的关联企业和消费者作为一个整体来看待的系统。物流管理到了这个阶段，已经进入了更为高级的阶段。

三、企业物流合理化的意义

所谓物流合理化，就是通过优化管理，推动物流构成要素及其经营活动和谐一致、快速便捷，从而实现"低成本、高效益"的物流过程。企业物流合理化包括企业物流作业合理化、企业物流结构合理化和企业物流体制合理化。企业物流合理化的意义表现在以下几个方面：

（一）降低物流费用，减少产品成本

物流费用在产品成本中占有很大的比重，企业物流合理化可以减少浪费，提高物流作业的效率，从而使物流成本得以降低，进而降低产品和服务的总成本，为企业开拓更大的利润空间。全球最大零售商沃尔玛，在物流的各环节上都做到了比对手更好地控制成本，

第五章　企业物流

保证了在"天天低价"的承诺下也能保持可观的利润。

（二）缩短生产周期，加快资金周转

通过合理制订生产计划使物流均衡化，同时减少库存和物流中间环节，可以有效地缩短生产周期。一些机械厂统计，原材料从进厂到形成产品后出厂，只有5%的时间用在加工活动上，其他95%的时间用在了仓储、搬运或在加工线上等待上，也就是属于物流活动所占用的时间。由此可见，物流系统的改善对缩短原材料流转周期是起决定作用的。现在很多企业通过连续补货方法、敏捷物流、定制物流、精益物流等方式来尽快处理客户订单，快速交货，缩短生产周期，从而加快资金周转，更好地适应市场的变化。

> **小贴士　精益物流**
>
> 我国国家标准《物流术语》（GB/T 18354—2021）中对精益物流（Lean logistics）的定义是："消除物流过程中的无效和非增值作业，用尽量少的投入满足客户需求，并获得高效率、高效益的物流活动。"精益物流的出发点是价值，它将浪费定义为"如果不增加价值就是浪费"，并且将浪费归结为七种：过剩生产浪费、过度库存浪费、不必要的材料运输浪费、不必要的动作浪费（寻找零件等）、下一道工序前的等待浪费、由于工装或产品设计问题使零件多次加工处理的浪费和产品缺陷浪费。精益物流是一个把客户需求作为价值流的动力，不断改进、追求完善的过程。

（三）压缩库存，减少流动资金的占用

库存控制又称库存管理，是指对制造业或服务业生产、经营全过程的各种物品、产成品以及其他资源进行管理和控制，使其储备保持在经济合理的水平上。合理化库存控制，在保证及时交货的前提下，尽可能降低库存水平，甚至实现"零库存"，可以降低库存积压与报废、贬值的风险，最小限度地占用流动资金，是企业物流合理化的重要内容。

> **小贴士　零库存技术**
>
> 零库存技术（Zero-inventory Technology）是指在生产与流通领域按照准时生产组织物资供应，使整个过程库存最小化的技术总称。准时生产则是在精确测定生产各工艺环节作业效率的前提下按订单准确地计划，以消除一切无效作业与浪费为目标的一种管理模式。

（四）提高企业管理水平

企业物流贯穿企业生产和经营的全过程，对企业物流环节的任何改善都会对企业管理水平的提高起促进作用。特别是企业库存控制的合理化程度，能体现企业管理水平的高低。库存过多不仅占用流动资金，而且掩盖了企业管理中的许多问题，如交货期不确定、质量不稳定、部门工作效率低、物流设施配置与使用不合理、预测不准等。一位企业家认为"只要看物流状况，就能判断企业的管理水平"，这是很有道理的。

（五）增强企业的核心竞争能力

在以需求多样化、分散化、多变化的买方市场为特征的环境下，企业经营形势异常艰巨，只有通过差别化营销战略，才能满足市场的多层次需求，使企业在激烈的竞争与市场变化中求得生存和发展，而企业物流合理化是差别化营销的重要方式和途径，从而具有关乎企业存亡的战略地位。同时，通过对企业物流活动的科学合理安排，降低缺货率，缩短

现代物流学

订单完成周期，可以为客户提供更加贴心周到的个性化服务，树立企业的良好形象。可见，能否提供高效、敏捷的物流服务，已成为衡量一个企业市场竞争力的重要指标。国际上许多著名的企业如戴尔、联邦快递，以及国内的海尔集团等，都把物流定位在提升企业核心竞争力的战略高度上。

（六）企业物流合理化是供应链的基础

随着现代社会经济全球化、网络化的发展，现代企业的竞争已经不是单个企业之间的竞争，而是供应链与供应链的竞争。企业通过物流合理化，用良好的物流管理和运作辐射上游和下游的企业，实现信息、知识、设施设备等的共享，提高供应链对市场的反应能力。同时，增加整条供应链的价值和竞争力，减少供应链库存。这也需要供应链中每个企业的信息管理系统和物流运作体系具有相应的水平和良好的运作能力。

四、企业物流合理化的措施

企业物流合理化围绕着在保持一定服务水平的前提下，以尽可能低的成本满足顾客需求的目标，贯穿于企业生产经营全过程，通过各种措施降低物流费用。企业物流合理化的主要措施如下：

（一）生产设施的合理布局

企业生产系统和服务系统的各种设施的空间布置规划和设计是物流合理化的前提。企业内生产设施的相对位置是确定企业物流（尤其是生产物流）路线的基础，而且一旦确定，物流路线就很难修正。生产设施合理布局的目的是避免物料搬运过程中的混乱、路线过长等现象，减少物料流的迂回、交叉以及无效的往复运输，使企业物流遵循连续、直接、迅速的原则，追求物流"时间、空间"的最优化。

（二）推广先进的物流技术

物流技术是指人们在物流活动中所使用的各种工具、设备、设施和其他物质手段，以及由科学知识和劳动经验发展而形成的各种方法、技能和作业程序等。物流技术是与实现物流活动全过程紧密相关的。物流技术的高低直接关系到物流活动各项功能的完善和有效实现。提高和推广先进的物流技术，包括围绕物流服务的物流硬技术和物流软技术。物流硬技术是在物流发展初期起主导作用的技术。它是指组织实物运动所涉及的各种机械设备、运输工具、仓库建筑、站场设施，以及服务于物流的电子计算机、通信网络设备等。物流软技术是指为组成高效率的物流系统而使用的应用技术，具体来说，是指合理地调配和使用各种物流设备、设施、人才等的技术。

（三）提高物流效率

在物流活动中提高物流效率的手段，除了采用先进的物流设备和物流技术外，还可运用许多方法和手段。例如，提高物资装卸与搬运的灵活性，可在衔接物流其他环节作业时，使装卸与搬运作业更方便、更容易，并且时间短、效率高。减少和排除流通过程中不合理的多次装卸作业、重复运输等无效作业会减少浪费，提高物流作业的有效性。集装化是指将一定数量的散装或零星成件物资组合在一起，在装卸、搬运、保管、运输等物流环节中作为一个整体进行技术上和业务上的包装处理，可以加快物资装卸、搬运、运输等活动，使各项物流作业环节更加连续、紧凑，被人们认为是提高物流效率的最有效手段之一。

第五章 企业物流

（四）加强物流管理

物流管理是为了以最低的物流成本达到客户所满意的服务水平，对物流活动进行的计划、组织、协调与控制。管理和生产是企业的两个车轮，积极而有效的物流管理是降低物流成本、提高物流经济效益的关键。搞好物流管理可以协调物流活动各个部门、各个环节及劳动者之间的关系，实现合理的运输，减少装卸、搬运、储存费用，提高物流的安全可靠性，是改善和提高物流质量的手段之一。

（五）健全物流信息系统

为了有效地对物流系统进行管理和控制，必须建立完善的物流信息系统。物流信息系统的水平是物流现代化的标志。物流信息几乎覆盖企业的全部生产过程，合理控制生产计划、控制生产物流节奏、压缩库存、降低成本、合理调度运输和搬运设备、使企业内部物流顺畅等，这些活动都依赖于及时、准确的物流信息。在企业外部，原材料供应市场和产品销售市场的信息，也是组织工厂物流活动的依据。因此，必须从基本数据的收集、整理、加工做起，健全物流信息系统，以利于管理层进行分析，使企业领导者的决策具有科学的依据。

第二节 生产企业物流

一、生产企业物流的概念

生产企业物流是以购进生产所需要的原材料、设备为始点，经过劳动加工，形成新的产品，然后供应给社会上的需要部门为止的全过程。

二、生产企业物流系统的结构

（一）生产企业物流系统的水平结构

生产企业物流的水平结构如图 5-2 所示。根据物流活动发生的先后顺序，企业物流可以分为：供应物流、生产物流、销售物流以及在此过程中发生的回收物流、废弃物物流。

1. 供应物流

我国国家标准《物流术语》（GB/T 18354—2021）中对供应物流（Supply Logistics）的定义是："为生产企业提供原材料、零部件或其他物料时所发生的物流活动。"它包括组织物料送达本企业的企业外部物流和由本企业仓库将物料送达生产线的企业内部物流。从传统角度看，企业采购物流和供应物流是两个不同的概念，如图 5-3 所示。随着采购供应一体化，采购物流直接扩展到生产车间，从而将两者合一，习惯上把生产物流之前的这段物流活动统称为供应物流。该过程是企业为保证本身生产的节奏，不断组织原材料、零部件、燃料、辅助材料供应的物流活动。因而，供应物流活动对企业生产的正常、高效进行起

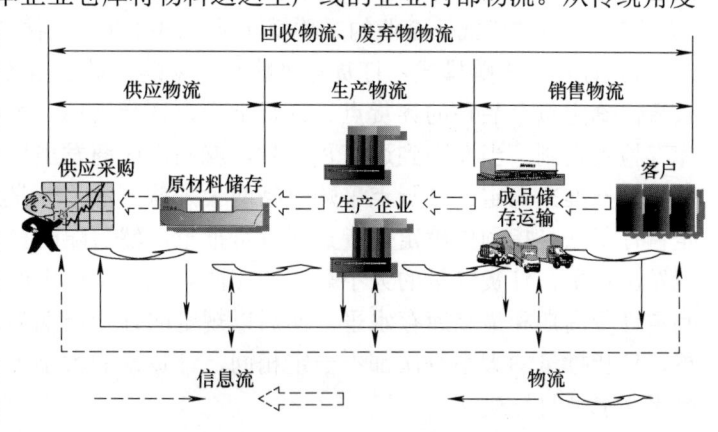

图 5-2 生产企业物流的水平结构

现代物流学

着重要作用,是生产得以正常进行的首要条件。供应商供货的数量、质量、时间对生产的连续性和稳定性有直接的影响,同时供应成本也是产成品生产成本的重要组成部分,占用了企业大部分流动资金。所以,供应物流管理的目标是在保证供应的同时,以最低成本、最少消耗、最快速度来保证生产物流活动的有效进行。

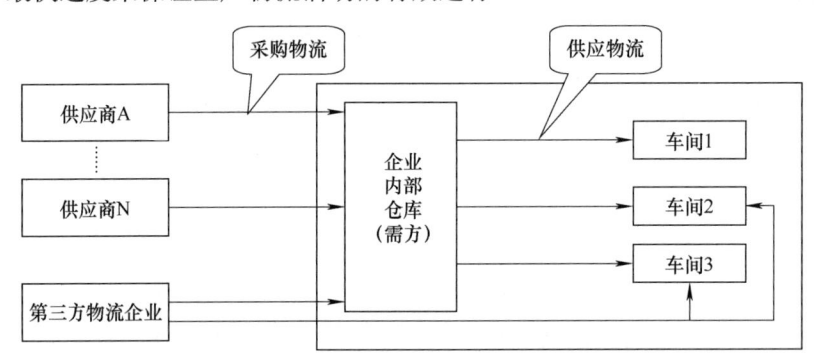

图 5-3　企业采购物流与供应物流范畴划分

围绕供应物流的基本任务,供应物流的主要业务活动包括采购活动、进货运输、库存管理、用料管理、供应商管理与评估等。采购是其中的重要环节,由于供应和销售物流系统包括运输、仓储、物料搬运、库存管理和控制、包装等有关的决策,因此下面主要介绍采购管理活动。

(1) 采购管理的意义　采购为企业提供生产活动所需的物资,包括原材料、零部件、机器和设备,以及企业经营所需的办公用品和设施等。采购在供应物流活动中具有重要地位,它是保证企业供应物流顺畅进行的前提条件。有效的产品和服务采购有利于产生竞争优势。采购连接着供应链的各个成员,并且保证了供应链中供应商的质量。所投入的物料和服务的质量会影响产品的质量,进而影响客户的满意度和企业的效益。因此作为收益、成本和供应链关系决定因素的采购具有重要意义。

企业通常根据现实订单的需求或者预测来确定所需的原材料、零部件等,并依此制订采购需求计划,然后去寻找相应的供货商,调查其产品在数量、质量、价格、信誉等方面是否满足购买需求。在选定供应商之后,要以订单方式传递详细的购买计划和需求信息给供应商,并商定结款方式,以便供应商能够准确地按照客户的性能指标进行生产和供货。企业要定期对采购物料的管理工作进行评价,不断改进完善企业的采购流程。

(2) 采购的模式　企业的采购模式常见的有以下几种:

1) 订货点采购模式。订货点采购是由采购人员根据各个品种的需求量和订货提前期的长短,确定每个品种的订货点、订货批量、订货周期、最高库存水平等,然后建立起一种库存检查机制,当发现到达订货点时,就向供应商发出订单,批量的大小由企业采购部门规定的标准来确定。订货点采购包括两大采购方法:一是定量订货法,二是定期订货法。定量订货法是指预先确定订货点和订货批量,然后随时检查库存,当库存下降到订货点时就发出订单,订货批量的大小每次都相同,都等于规定的订货批量。定期订货法是指预先制定订货周期和最高库存水平,然后以规定的订货周期为周期,周期性检查库存,发出订单,订货批量的大小每次都不一定相同,订货量的大小等于当时的实际库存量与规定的最高库存水平的差额。

这两种采购模式都是以需求分析为依据,以补充库存为目的,采用一些科学方法,兼

第五章 企业物流

顾满足需求和库存成本控制,原理比较科学,操作比较简单。但是由于市场的随机因素较多,该方法同样存在库存量大、市场反应不灵敏等不足之处。

2)物料需求计划(Material Requirement Planning,MRP)采购模式。MRP 采购主要应用于生产制造类企业,它是由企业采购人员利用 MRP 应用软件,制订采购计划而进行采购的。MRP 采购的原理是根据主产品的生产计划(MPS)、主产品的结构(BOM),以及主产品及其零部件的库存量,逐步计算求出主产品的各个零部件、原材料所应投产的时间、数量,或者外购件的订货时间、数量,也就是制订出所有零部件、原材料的生产计划和采购计划,然后按照这个采购计划进行采购。

MRP 采购也是以需求分析为依据,以补充库存为目的的。由于计划比较精细、严格,所以它的市场反应灵敏度以及库存水平控制都比订货点采购模式有所改进。

3)准时生产(Just In Time,JIT)采购模式。JIT 采购是一种完全以满足需求为依据的采购方法,需求方根据自己的需要对供应商下达订货指令,要求供应商在指定的时间,将指定的品种按指定的数量送到指定的地点。

JIT 采购做到了灵敏地响应客户的需求,又使客户的库存量最小甚至为"零"。这是一种比较科学和理想的采购模式。

4)供应商管理库存(Vendor-Managed Inventory,VMI)采购模式。VMI 采购的基本思想是在供应链机制下,采购过程不再由采购者操作,而是由供应商操作。VMI 采购是客户只需要把自己的需求信息向供应商连续及时传递,由供应商根据客户的需求信息,预测客户未来的需求量,并根据这个预测需求量来制订供应商的生产计划和送货计划,客户的库存量的大小由供应商自主决策的采购模式。

VMI 采购最大的受益者是客户,使客户摆脱烦琐的采购事务,甚至连库存负担、运输进货等负担都已经由供应商承担。供应商能够及时掌握市场需求信息,灵敏地响应市场需求变化,降低库存风险,提高经济效益。VMI 采购对企业信息系统、供应商的业务运作要求较高。

5)电子商务采购模式。电子采购是指在电子商务环境下的采购模式,通常是指企业或政府通过互联网平台对其业务范围内的产品和服务进行购买的采购模式。它改变了用人工进行的采购处理方式,取而代之的是一套高效、规范化的解决方案。电子采购的基本原理是由采购人员通过在网上寻找供应商、寻找所需采购的对象、在网上洽谈贸易、网上订货,甚至在网上支付货款,最终实现送货或进货作业,完成全部采购活动。

电子商务采购模式通常能帮助企业达到降低运营费用、提高采购效率、降低采购价格等目的。

2. 生产物流

《物流术语》中对生产物流(Production Logistics)的定义是:"生产企业内部进行的涉及原材料、在制品、半成品、产成品等的物流活动。"在企业内部的实体流动,即按照工厂布局、产品生产过程和工艺流程的要求,实现原材料、配件、半成品等物料在工厂内部供应库与车间、车间与车间、工序与工序、车间与成品库之间流转的物流活动。它贯穿于企业基本生产、辅助生产、附属生产等生产工艺流程的全过程,是保证生产正常进行的必要条件。这种物流活动是制造产品的工厂企业所特有的,与整个生产工艺过程同步,实际上已经构成了生产工艺过程的一部分。在这个过程中,需保证物流过程的连续性、平行性、节奏性、比例性、适应性,如何设计合理的生产工艺流程,消除生产物流中的瓶颈现象,引入需求拉动生产计划，减少生产过程中的浪费是生产物流系统管理的关键。

物流对产品价值的贡献主要表现在空间效用和时间效用上。企业生产物流的运作同样是为增加产品在空间和时间上的价值。企业生产过程的空间组织和时间组织对生产物流的运作效果起到决定性的作用，只有生产物流与生产过程的组织相互协调、相互促进，才能实现生产物流的高效运转。

（1）生产物流的空间组织　生产物流的空间组织是相对于企业生产区域而言的，目标是如何缩短物料在工艺流程中的移动距离。一般有三种专业化组织形式：工艺专业化、对象专业化、成组工艺。

1）工艺专业化形式。按工艺专业化形式组织生产物流，就是按照生产工艺的特点来设置生产单位。在工艺专业化的生产单位内，集中同种类型的生产设备和同工种的工人，每一个生产单位只完成同种工艺方法或者同种功能的加工。例如，机械制造企业中的机械加工车间、热处理车间、装配车间等；机械加工车间中又按照同工种、同设备划分为车床组、铣床组、钻床组、磨床组等。

工艺专业化的优点是：由于将同类的工艺设备和相同的工艺加工方法集中在一起，产品的制造路线有一定的弹性、比较灵活、能较好地适应产品品种变化的要求；有利于提高设备的利用率，个别设备一旦出现故障或需要维修，对整个生产进程的影响较小；工人固定操作某一种设备，有利于提高专业技能。

工艺专业化的缺点是：由于在一个生产单位内不能独立完成产品或零部件的全部加工任务，一件产品或零部件必须通过多个生产单位才能完成，这就使产品在加工过程中的搬运路线较长，而且路线迂回复杂，导致运送原材料、半成品的运输工作量较大；产品在加工过程中停放等待的时间增多，延长了生产周期，增加了在制品，占用的资金较多；各生产单位之间的协作来往频繁，使生产作业的计划管理、在制品管理以及成品的成套性工作比较复杂。

2）对象专业化形式。按对象专业化形式组织生产物流，就是以产品（或零件、部件）为对象来设置生产单位。在对象专业化的生产单位内，集中了为制造某种产品所需要的不同类型的生产设备和不同工种的工人，对其负责的产品采用不同的工艺方法进行加工。每一个生产单位基本上能独立完成该种产品的全部或大部分工艺过程。由于工艺过程是封闭的，所以也叫封闭式生产单位。

对象专业化的优点是：可以大大缩短产品在加工过程中的搬运距离，节省运输的人力、设备和费用，减少仓库和生产面积的占用；可以减少产品在加工过程中的停放、等待时间，缩短生产周期，减少加工过程中的在制品库存，节约资金；有利于按期、按量、成套地生产产品；便于采用先进的生产组织形式，如流水生产线、成组加工单元等；由于减少了生产单位之间的协作关系，可以简化生产作业计划工作和生产控制工作。

对象专业化的缺点是：为了使生产设备的工艺或功能相对封闭，需要增加一些设备，故这些设备的利用率较低，有时一台设备出了故障，会影响整个生产单位的工作。

总体来说，对象专业化是一种优点较多、经济效益较好的生产组织形式，它代表了现代生产过程组织的大趋势。

3）成组工艺形式。为了弥补单件小批生产按工艺原则配置加工设备的缺点，可以采用成组工艺形式，按照零部件的加工方法和加工工艺上的相似性，对零部件进行分类编组，在此基础上设立成组加工单元。所谓成组加工单元，就是在一个生产单元内配备多种不同类型的加工设备，完成对一组或几组零件的全部加工任务，并且加工顺序在组内可以

第五章　企业物流

灵活安排。显然，成组加工单元符合对象专业化的原则，也可以说是对象专业化原则的进一步发展。

（2）生产物流的时间组织　合理组织生产过程不仅要求各生产单位在空间上密切配合，而且要求在时间上能协调衔接。生产过程的时间组织就是研究劳动对象在生产过程中的各大工序之间的结合、移动与衔接的方式。通常物料有三种典型的移动组织方式：顺序移动、平行移动、平行顺序移动。

1）顺序移动方式。顺序移动方式是指一批产品在各道工序之间是整批移动的。也就是说，在产品上一道工序的加工工作全部完成后，才能整批地转移到下一道工序进行加工。已完成加工工序的产品不可以单独向下一道工序转移，必须等到全部产品加工完成后再进行转移。因此，产品在各工序之间都存在或多或少的等待时间和搬运时间。产品生产周期相对较长，生产之间的周转速度较慢，产品在各道工序之间实行集中加工、集中搬运。这样可以减少生产设备、搬运设备的开关次数，保证每次作业都能够连续进行，提高生产、物流的运作效率，而且产品的运动方式简单，便于生产物流的管理部门安排运行。

顺序移动方式的优点是：一批物料连续加工，设备不停顿；物料整批转工序，便于组织生产。

顺序移动方式的缺点是：不同的物料之间有等待加工、搬运的时间，因而生产周期较长。

2）平行移动方式。平行移动方式是指一批物料在前道工序加工一个物料之后，立即送到后道工序去加工，执行前后交叉作业。这种方式的优点是不会出现物料成批等待的现象，因而整批物料的生产周期最短；缺点是当物料在各道工序加工时间不相等时，会出现人力和设备的停工现象，只有当各道工序加工时间相等，各个工作地才可以连续充分负荷地进行生产。另外，搬运频繁会加大工作量。

3）平行顺序移动方式。平行顺序移动方式是指每批物料在每道工序上连续加工，没有停顿，并且物料在各道工序的加工应该尽可能做到平行。这种方式既考虑了相邻工序加工时间尽量重合，又保持了该批物料在工序上的顺序加工。平行顺序移动方式结合了上述两者的优点，穿插进行物流移动，消除了间歇停顿现象，能使工作地达到充分利用，工序周期较短，但安排加工生产进度时比较复杂。

小案例

丰田生产方式

20 世纪 50 年代初，日本丰田汽车公司的丰田英二和大野耐一先生在观察和分析美国福特大量流水生产方式利弊的基础上，结合本国实际，用了 20 多年的时间，创造出独特的"丰田生产方式"。靠这种方式，日本迅速发展了本国的汽车工业，并从 20 世纪 70 年代起，以质量高、耗能少、价格低、污染少的优势产品，大量进入美国市场。其采取的措施主要包括以下两点：

1）采用全面质量管理，不使次品流入下一个流程的系统，各个流程均保证产品质量，从而保证得到高品质的产品。在每道工序进行时，均注意质量的检测与控制，保证及时发现质量问题，培养每位员工的质量意识。如果发现问题，立即停止生产，直到解决问题，从而保证不出现对不合格产品的失效加工和有问题产品流入下一个流程。

2）通过不断改善，消除一切浪费。丰田采用以看板作为传递作业指示工具的拉式生产模式，最大限度地削减过剩设备和中间库存，极力节省劳动力。这种生产方式是在最后一道工序中，把"必要的东西，必要的数量"确定下来，以此为生产的起点，对"总装配工序"下"生产计划指令"。这个工序再向前一道工序按"必要的东西，必要的数量以及必要的时间"进行订货，从而防止过量生产而造成的浪费。

3. 销售物流

《物流术语》（GB/T 18354—2021）中对销售物流（Distribution Logistics）的定义是："企业在销售商品过程中所发生的物流活动。"对于双方互需产品的企业，一方的销售物流便是另一方的外部供应物流。产品生产的目的在于销售，能否顺利实现销售，物流是关系到企业经营成败的大问题，因此销售物流应当成为企业物流研究和改进的重点。在现代社会买方市场环境下，销售物流活动带有极强的服务性，往往以送达客户并经过售后服务才算终止，因此销售物流的空间范围很大，具有一定的管理难度。要实现销售物流合理化，就要研究送货方式、包装水平、运输路线等并采取各种诸如少批量、多批次、定时、定量配送等特殊的物流方式以达到目的。

一般企业的销售物流是由客户订单驱动的，物流的终点是客户。因此，在销售物流进行之前，企业要开展售前的各种市场活动，包括确定客户、联系客户、展示产品、客户询价、报价、报价跟踪等。从企业来看，销售物流的第一个环节是订单管理，在客户接受报价后，开始处理销售订单，订单记录了客户的需求、订货价格，接下来检查客户的信用度和可用物料。然后根据销售订单实施其他物流业务，若有库存，则生成产品提货通知单，物流配送部门根据提货通知单生成物流配送单，进行销售运输、组织销售配送等。若没有库存，生成产品需求单，包括采购单，再把信息传递给生产物流管理系统或供应物流管理系统。

（1）销售订单管理　销售订单管理作业始于接单，经由接单所取得的订货信息，经过订单录入、订单确认，并按此订单进行库存分配和订单数据处理输出，由此开启出货物流活动。在这一连串的物流作业中，订单是否有异动、订单进度是否如期进行，也是订单管理的范围。即使是配送出货，订单管理并未结束，其配送时还会出现订单异动，如客户拒收、配送错误等。将这些异动状况处理完毕，确定实际的配送内容以及此后对订单执行情况的分析，全部完成后，订单管理才算结束。

（2）销售库存管理　销售库存管理是销售物流非常重要的一个环节。库存管理的目的是支持生产和满足客户需求，有效的库存管理能够加快资金的周转速度、增加投资收益，还可以提高物流系统的效率、增强企业的竞争力。库存管理的目标主要有两个：一是保证供应，二是降低成本。企业要通过科学的管理方法和手段，把这两个看似矛盾的目标统一起来。销售库存管理的业务流程主要包括货品的入库管理、储位管理、拣货搬运管理、出库管理、库存盘点和核查。保持合理的库存水平、及时满足客户的需求是产品储存中的一项重要内容。客户对企业产品的可得性非常敏感，缺货不仅不能满足客户的需求，而且还会提高企业销售服务的物流成本。企业产品的可得性是衡量企业销售物流服务水平的一个重要参数。

（3）销售运输管理　运输活动及其载体所构成的运输系统是销售物流管理系统中最重要的组成部分。运输活动把销售物流系统的各环节有机联系起来，使销售物流系统的目标得以实现。稳定可靠、灵活快捷的销售运输系统是企业整个物流系统成功运转的关键。销售运输管理主要包括三部分内容：选择销售运输方式、制定销售运输管理流程和选择销售运输策略。销售运输方式主要有铁路运输、公路运输、水路运输、航空运输、管道运输五种。此外，还有一些新型的运输方式。各种运输方式有其自身的特点，并且分别适用于不同距离、不同形式、不同运费负担能力和不同时间需求的物品的运输。销售运输管理流程

第五章 企业物流

主要包括选择承运人、确定运输方式和运输路线、确定运费、准备运输的相关表单、监督承运人和投保运输保险。企业在选择运输策略时，要综合考虑销售运输系统所要求的运输服务和运输成本，从而选择最合适的运输策略。

（4）销售配送管理　　随着市场竞争越来越向终端延伸，企业的产品、服务不断贴近消费者，决战渠道、决胜终端已成为商业竞争的基本理念。企业要想在渠道战中取得长久的竞争力，物流配送是一个重要的武器。在整个物流体系中，配送发挥了不可替代的作用。销售配送管理主要在配送中心使用合适的配送作业设备，对需要进行配送的物品进行配送，然后选择合适的配送方法和运输设备，完成物品的配送。配送中心的配送作业流程主要包括进货作业、搬运作业、储存作业、流通加工、拣货作业、出货作业和配送信息处理。配送方法和配送设备都需要根据所要配送物品的特性、数量和距离进行合理选择。

4. 回收物流

回收物流（Returned Logistics）是指不合格物品的返修、退货以及周转使用的包装容器从需方返回到供方所形成的物品实体流动。在回收物流中，生产、供应和销售、消费过程中产生的各种边角余料、废料、残损品、包装物、生命周期末端产品等废旧物中有再利用价值的部分得以分拣、加工、分解，使其成为有用物资重新进入生产和消费领域。例如，废纸、废钢、废水的再循环利用。回收物流是发展循环经济的重要手段，是提高资源利用率、减少环境污染、保持生态平衡的重要功能环节。

生产制造企业需要处理的回收物流中有很大一部分是返品的回收。引起返品的原因主要有产品存在瑕疵或质量问题，产品接近或超过保质期等其他理由引起的消费者退货；零售商手中出现了积压、滞销、过期的产品，断码产品或不配套的产品；厂家或零售商在配送过程中产生的损坏产品；生产厂家主动召回的有质量问题的批量产品等。近年来，由于激烈的商业竞争以及消费者权益保护法规的日益完善，促使商家和厂家竞相推出各种优惠的退货条件。在这种浓厚的买方市场的商业氛围下，商家先行赔付、无理由退货、异地退货，甚至无凭证退货等各种便利的退货措施不断出现。这些优惠措施在便利消费者购物的同时，也造成了大量返品需要回收。

对返品的处理通常有以下几种方式：

（1）反馈至制造商　　反馈至制造商是指销售企业因产品缺陷、产品过时、过量库存及营销回流等原因把产品退回给制造商。零售商通过与制造商签订的协议，把不能销售的产品退回给制造商。

（2）降价出售　　零售商和制造商可以通过批发商店、打折促销等形式将产品降价出售。

（3）作为新产品出售　　如果返回的产品没有使用过，零售商通过重新包装等手段将其作为新产品再次出售。

（4）卖给二级市场　　当销售企业不能把产品销售完或无法退给制造商时，可以将产品低价转卖给专门购买清仓产品的企业。

（5）捐赠给慈善机构　　如果产品的使用价值还在，零售商或制造商可以把产品捐赠给慈善机构。

（6）对返品重造　　对于有缺陷或过时的产品进行重修或升级换代，重新投入市场。

（7）对物料进行回收　　如果不能进行上述处理，可拆解返品，回收其中还有利用价值的物料，其余部分当作废弃物妥善处理。

5. 废弃物物流

《物流术语》中对废弃物物流（Waste Material Logistics）的定义是："将经济活动或人

现代物流学

民生活中失去原有使用价值的物品,根据实际需要进行收集、分类、加工、包装、搬运、储存等,并分送到专门处理场所的物流活动。"它仅从环境保护的角度出发,不管对象物有没有价值或利用价值,而将其妥善处理,以免造成环境污染。随着人们对环境的关注,政府将制定更严格的废弃物处理法规,废弃物物流问题也将越来越受到关注。

总之,企业应从系统的角度,应用系统科学研究整个物流过程及其各种影响因素,对实物活动过程进行整体规划和控制,实现物流系统的最优化。然而,生产不同产品的企业对各部分的侧重点不同。例如,采取外协方式生产的机械、汽车制造等生产企业,应加强对供应物流的管理;生产冶金产品的生产企业,供应物料是大宗矿石,销售的是大宗冶金产品,从原材料转化为产品的生产过程及伴随的物流过程都很复杂,所以生产物流是管理的重点;生产小商品、小五金等产品的企业,大宗原材料进货,加工过程也不复杂,销售却遍及全国,更注重销售物流;在产品回收价值比较高的电子、金属制造等行业,回收物流也很受重视;制糖、选煤、造纸、印染等易造成污染的工业企业应加强对废弃物物流的管理。

(二)生产企业物流系统的垂直结构

生产企业物流系统的垂直结构如图 5-4 所示,通过管理层、控制层和作业层三个层次的协调配合实现总体功能。

(1) 管理层　管理层的任务是对整个物流系统进行统一的计划、实施和控制,主要内容有物流系统战略规划、系统控制和绩效考核,以形成有效的反馈约束和激励机制。

(2) 控制层　控制层的任务是控制物料流动的过程,主要包括订货处理与客户服务、库存计划与控制、生产计划与控制、用料管理、采购等。

(3) 作业层　作业层的任务是完成物料的时间转移和空间转移,主要包括发货与进货运输、厂内装卸搬运、包装、保管、流通加工等。

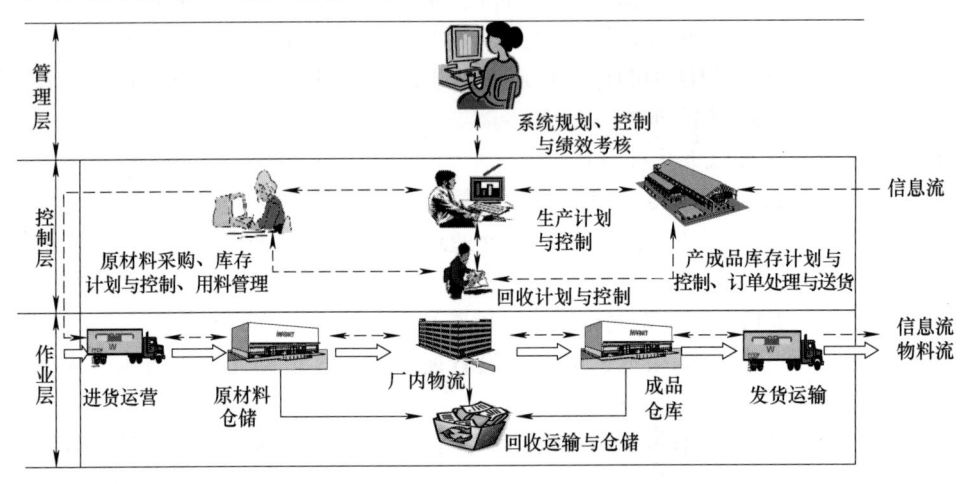

图 5-4　生产企业物流系统的垂直结构

第三节　流通企业物流

流通企业是指在社会经济活动中,以从事商品购销为主营业务的经济组织。商品流通活动一般可以分为生产资料流通和生活资料流通两部分,这两种流通都属于商品交换的范畴,有共同的规律性,也有各自不同的特点。一般来说,生产资料的生产规模大、

第五章　企业物流

消费规模也大，除经物流中心采用中转运输外，一些大宗物资主要采用直达运输，由流通企业直接运送到需求企业。生活资料则不同，要经过很多物流环节才能到达销售网点的仓库，最终流转到消费者手中。不管经营生产资料还是生活资料，流通企业的物流都可分为采购物流、企业内部物流和销售物流三种形式。采购物流是指企业组织货源，将物资从制造企业集中到流通部门的物流。企业内部物流包括流通企业内部的储存、保管、装卸、配送、流通加工等各项物流活动。销售物流是指流通企业将商品转移到消费者手中的物流活动。

根据我国流通企业的类型，可以把流通企业的物流分为以下几种：

一、批发企业的物流

批发企业的物流是指以批发据点为核心，由批发经营活动所派生的物流活动。这一物流活动对批发的投入是组织大量物流活动的运行，产出是组织总量相同物流对象的运出。在批发点中是包装形态及批量的转换。

批发企业的物流系统就像一个调节阀，一方面通过从制造类企业订购大批量的商品，另一方面是化大为小，将小批量商品送到零售商的商店，以满足零售商的需求。由于现在零售商普遍存在储存空间不足的问题，更希望减少商品的流通加工，因而往往要求批发商把商品贴好标签，分类进行商品的商业包装，并配送到指定的地点。有时候甚至直接上货架的工作，也要由批发商来完成。

由于批发商的存在，交易次数减少是非常明显的。批发企业可以起到连接生产企业和零售企业的连接纽带作用，如图 5-5 所示。

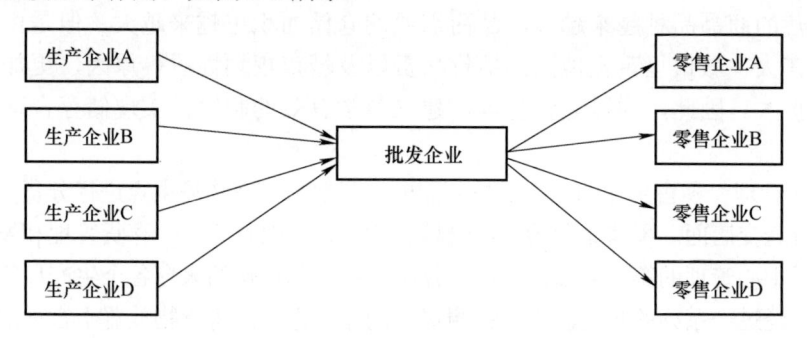

图 5-5　有批发企业的物流路线

很多商品，如果没有批发商的参与，物流量和路线会极大地增加，如图 5-6 所示。

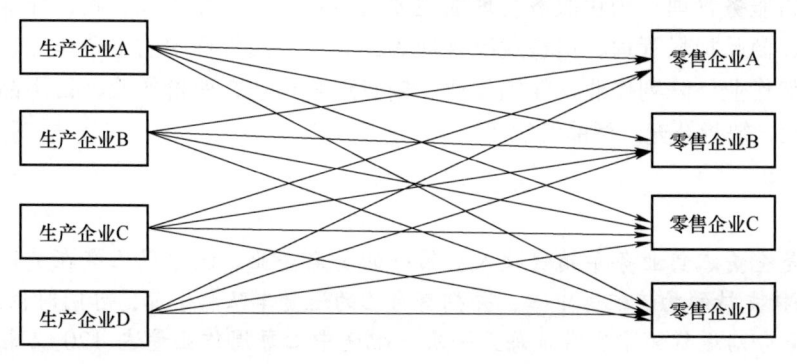

图 5-6　无批发商参与的物流路线

二、零售企业的物流

零售企业的物流是以零售据点为核心，以实现零售销售为主体的物流活动。零售企业的类型有：一般多品种零售企业、连锁型零售企业、直销企业等。对一般多品种零售企业，如百货商店，大件物品多采用送货和售后服务，小件物品则是消费者自己完成销售物流活动。连锁型零售企业，如物美、永辉等，多是通过集中采购组织供货物流，并且大多数由本企业的配送中心完成。直销企业，如安利、如新等，企业物流重点在销售物流，内部物流比较简单。

一般来说，零售企业的物流管理系统功能要素主要包括采购管理、运输管理、储存管理、配送管理、销售服务管理等。

（1）采购管理　采购是商业物流系统的输入部分，零售企业要盈利，需要采购适销对路的商品，才能使商品在商业物流系统内加速流转，从而获得经济效益。如果商品订货的批发量太小，采购又不及时，那么就不能尽快满足零售店的要求。采购管理就是对采购活动各个环节及步骤的计划、组织、协调和控制。

（2）运输管理　一些零售企业自己购买车辆，完成运输活动，较少依靠社会物流服务。但其对运输业务了解不多，使企业分散的运输资源利用率不高，车辆实载率低，整体物流环节效率低下，造成企业总体物流成本居高不下；在车辆、劳动力等方面直接投入较大，设备的运营保养费用较高。因此，零售企业应根据自身的实际情况，看是否采取物流业务外包的管理方式。

（3）储存管理　由于消费的个性化与多样化以及商品的极大丰富，为满足客户需要，零售企业经营的商品品种越来越多，从而需要的仓储面积也越来越大。但是由于土地资源稀缺，尤其在大中城市里黄金地段的地价昂贵以及城市规划性质等原因，更加制约了仓库及其空间的扩大。因此，通过完善管理，建立科学有效的制度，实现储存合理化的重要性越来越突出。

（4）配送管理　零售企业的配送是按店面的订货要求，在物流据点进行分货、配货工作，并将配好的货送交店面。零售企业的配送管理一般包含：收货管理、存货管理和发货管理。收货管理是配送中心管理的第一环节，其核心任务是将总部订购的来自各个生产厂家的货物汇集到配送中心，经过一系列的收货流程，按照规定的储存方法，将货物放置于合适的地点。存货管理是指对收到的货物采取的储存管理，其工作核心是减少储存费用，方便配送。发货管理则要求把商品准确而及时地运送到店铺，这便要求采用科学的配送方法和配货流程。

（5）销售服务管理　销售服务管理的主要内容包括：商品管理、收银作业管理、服务台作业管理、商品损耗管理、销售业绩管理等。其中商品管理中的主要作业包括：标价作业、补货上架作业、陈列作业、促销作业、销货退货作业、变价作业、日用品管理作业、赠品处理作业、缺货补充、商品淘汰等。

小案例

沃尔玛是全美零售业务年销售收入居第一的著名企业。沃尔玛已经在美国本土建立了70个由高科技支持的物流配送中心，并拥有自己的送货车队和仓库，可同时供应700多家商店，向每家分店送货频率通常是每天一次。配送中心每周作业量达120万箱，每个月自理的货物金额在5000万美元左右。在配送运作时，大宗商品通常经由铁路送达自己的配送

第五章　企业物流

中心，再由公司卡车送达商店。每店一周约收到 1~3 卡车货物。60%的卡车在返回自己的配送中心途中又捎回从沿途供应商处购买的商品。全部配送作业实现自动化，是当今公认最先进的配送中心，达到了高效率、低成本的目的。

三、仓储企业的物流

仓储企业是以储存业务为主要盈利手段的企业。仓储企业的物流是以接运、入库、在库保管养护、发运或运输为流动过程的物流活动。储存保管是其主要的物流功能。

四、配送中心的物流

《物流术语》中对配送中心的定义是："具有完善的配送基础设施和信息网络，可便捷地连接对外交通运输网络，并向末端客户提供短距离、小批量、多批次配送服务的专业化配送场所。"配送中心是从事货物配置（集货、加工、分货、拣选、配货）和组织对客户的送货，以高水平实现销售和供应服务的现代流通设施。配送中心的物流是集采购、进货、储存、流通加工、分货、拣选、发运、信息处理等为一体的综合性过程。

五、第三方物流企业的物流

《物流术语》中对第三方物流的定义是："由独立于物流服务供需双方之外且以物流服务为主营业务的组织提供物流服务的模式。"第三方物流企业本身不拥有商品，而是通过签订合作协定或结成合作联盟，在合适的时间段内按照合适的价格向客户提供个性化的物流代理服务。

课外阅读

海尔的物流革命

海尔集团是在 1984 年引进德国利勃海尔电冰箱生产技术成立青岛电冰箱总厂的基础上发展起来的特大型企业。海尔坚持品牌出口，实现了国际市场的拓展。虽然海尔集团在创立世界名牌的过程中，紧紧抓住产品开发和客户服务，取得了令国内外同行瞩目的成绩，但正如集团总裁张瑞敏先生所说，海尔集团不仅是在考虑如何做"大"，而且考虑如何做"强"，使海尔集团与世界著名大型跨国公司一样，让企业具备良好的素质，拥有自己的核心竞争能力。海尔集团在总结世界制造业的先进企业物流管理系统的基础上，将物流重组提到日程上，突破了单纯降低成本的概念，将物流重组定位在增强企业竞争优势的战略高度上，希望通过物流重组推动海尔的发展。对物流的认识，大多数企业惊异于物流成本在总成本中的比例之高，但真正激动人心的并不是成本的内容或如何降低成本，关键是如何对其自身的物流能力进行定位，以获得竞争优势。放眼世界 500 强企业，它们大多是拥有世界一流物流能力的厂商，通过向客户提供优质服务而获得竞争优势。海尔集团正是希望通过物流重组，实现物流管理的总目标，即以最低的物流成本向客户提供最优质的服务。

在竞争对手看来，海尔集团最可畏惧的是思维创新的速度和实现创新的能力。当海尔集团仅一只脚踏进物流时，同行就已经隐约感受到逼人的压力，而海尔国际物流中心的设立，则把这种压力变成了现实。海尔国际物流中心坐落在海尔开发区工业园，由国家 863 计划项目海尔机器人有限公司整合国内外资源建设而成。宏伟的中心立体库高 22m，拥有 18056 个标准托盘位，其中原材料 9768 个盘位，成品 8288 个盘位，包括原材料和产成品两个自动化物流系统。采用世界上最先进的激光导引技术开发的激光导引无人运输车系统、巷道堆垛机、机器人、穿梭车等，全部实现物流的自动化和智能化。除了硬件的高度专业化外，海尔特色物流管理中的"一流三网"和"同步模式"概念的提出，则形成了中国物流最强劲的冲击波。

事实上，庞大的立体库工程仅仅是冰山一角，海尔集团针对企业的改革则包含了物流进化中更博大深邃的思维。

海尔集团对物流的理解，首先是企业的管理革命。企业发展现代物流不能回避的是流程再造，而流程再造将把原有的"直线职能式"的金字塔结构改革为"扁平化"的组织结构。这种企业内部的管理再造对企业来说是一场非常痛苦的革命。企业要在国际化的竞争中立足，除了这种革命之外别无出路。海尔集团的流程再造是用"一流三网"来体现现代物流的信息化和网络化。其中"一流"是订单信息流。企业内部信息系统的构造，全面围绕订单流动进行设计。作为物流的基础和支撑的"三网"，则是指海尔集团的全球供应网络、全球配送网络和计算机管理网络，"一流三网"是实现物流革命的必然选择。

对海尔集团来说，物流还意味着速度。依据海尔集团的理解，信息化时代企业用以制胜的武器就是速度。对企业来说，20世纪80年代制胜的武器是品质管理；90年代制胜的武器是企业流程再造；而21世纪头10年，对于新经济时代的企业来说，制胜的武器就是速度。这个速度，就是能够最快地满足消费者个性化的需求。对个性化需求的考虑，在很多企业"纸上谈兵"时，海尔集团就已经把产品的定位实现了革命性的调整。对于如何实现这个速度，海尔集团提出了"同步模式"。在接到订单的那一刻，所有与这个订单有关的部门和个人，都能够在物流流程明确分工的环节同步行动起来，从而实现同步流程、同步送达。

物流帮助海尔集团实现了革命性的"零库存、零距离、零运营资本"的运作目标，这三个"零理念"，成为海尔集团在物流时代创造财富的源泉。JIT采购、JIT送料、JIT配送是海尔集团实现零库存的武器。海尔集团目前的仓库，完成的只是一个配送中心的职能，它是为JIT配送而暂存的一个地方。零库存不仅可以避免物资积压形成呆滞物资，更重要的是它为产品生产的零缺陷铺平了道路。由于物资的采购保证了品质和新鲜度，从而使质量保证有了非常牢靠的基础。

"零距离"指的是海尔集团在拿到客户的订单需求后，以最快的速度满足客户的需求。海尔集团目前基于物流的生产过程是"柔性"的生产线，都是为订单来进行生产的，然后再通过全国42个配送中心，及时地配送到客户手中，通过这种做法尽可能地实现"零距离"。海尔集团对"零距离"的理解还有更深的含义，即对企业来说，不仅意味着产品不需要积压便送达客户手中，而且意味着企业可以在市场当中不断地获取新的市场，创造新的市场。所谓"零运营资本"，就是零流动资金占用。海尔集团因为有了零库存和零距离，因此已经有能力做到"零运营资本"。简单地说，企业在给供应商付款期到来之前，可以先把客户应该给企业的货款收回来。达成收回货款的前提是企业做到现款现货，而做到现款现货的最有效途径，就是企业根据客户的订单来制造产品。这也是企业进入良性运作的过程。

"物流带给海尔最关键的是核心竞争力"，在海尔集团的理念中，核心竞争力就是在市场上可以获得客户忠诚度的能力。它并非意味着企业一定要生产一个核心部件。拥有这种竞争力的代表企业是戴尔（DELL）公司，它不生产软件也不生产硬件，而是通过互联网采购，因为它获取了客户的忠诚度，因此就有了核心竞争力。物流也使海尔集团能够一只手抓住客户的需求，一只手抓住可以满足客户需求的全球供应链，把这两种能力结合在一起，形成的就是海尔集团所期望达到的核心竞争力。海尔集团运作现代物流,目的就是要获得在全世界通行无阻的核心竞争力,成为国际化的世界名牌企业。

下面的一组数字可以从侧面说明物流"革命"给海尔带来的变化:整个集团呆滞物资降低 73.8%,仓库面积减少 50%,库存资金减少 67%;7200m^2 的物流中心吞吐能力相当于 30 万 m^2 的普通平面仓库;供应商由原来的 2336 家优化到 978 家,同时国际化供应商的比例上升了 20%;在中心城市实现了 8h 配送到位,区域内实现 24h 配送到位,全国 4 天以内配送到位;100%的采购订单由网上下达,采购周期由平均 10 天降低到 3 天,网上支付已经达到总资金额的 20%……这些惊人变化的数字背后,正是给海尔集团带来惊人变化的物流"革命"。

在专业物流人员看来,与其说海尔集团创新有方,不如说海尔集团的胆识让人叹为观止。从这个意义上看,海尔集团带来的不仅是企业自身的发展,其革命性的思维方式将更深远地影响摸索中的中国物流产业。

◇复习思考题

1. 什么是企业物流?
2. 企业物流管理的发展经历了哪几个阶段?
3. 简述企业物流合理化的意义,并阐述企业物流合理化的措施。
4. 常见的企业采购模式有哪几种?
5. 生产物流的空间组织方式和时间组织方式各有哪几种?
6. 生产企业物流水平结构包含哪几部分?生产企业物流垂直结构包含哪几部分?
7. 简述流通企业的类型。批发企业和零售企业的物流各有何特征?
8. 在进行课外阅读后,请谈谈生产企业的供应链管理应该重点关注哪些环节?

◇参考文献

[1] 崔介何. 物流学概论[M]. 5 版. 北京:北京大学出版社,2015.
[2] 赵启兰. 企业物流管理[M]. 2 版. 北京:机械工业出版社,2011.
[3] 范学谦,邓迪夫. 现代物流管理概论[M]. 南京:南京大学出版社,2013.

第六章

城市物流

本章学习目标

了解城市物流与城市问题之间的关系，理解城市物流的内涵、功能和特点，掌握城市物流节点体系的构成，熟悉城市物流的发展趋势；理解和掌握城市物流系统的含义和构成；理解城市物流系统规划的含义、城市物流系统规划与城市规划之间的关系、城市物流系统规划的作用以及城市物流系统规划应遵循的原则，掌握城市物流系统规划的层次、内容以及规划流程；了解和熟悉城市物流系统规划的发展历程，以及国内外城市物流系统规划的情况。

引例

武汉打造"五型"国家物流枢纽，加快推进现代物流体系建设

"十四五"期间，武汉市将着力打造港口型、陆港型、空港型、生产服务型和商贸服务型"五型"国家物流枢纽，加快建设辐射区域更广、集聚效应更强、服务功能更优、运行效率更高的现代物流体系。

一是强化港口型国家物流枢纽功能的地位。加快建设阳逻港口型国家物流枢纽，同步推动其他港口物流枢纽特色化发展，同时开拓发展国际航运通道，巩固完善国内转运网络，优化提升港航服务体系。

二是建设陆港型国家物流枢纽。建设内陆国际铁路物流枢纽港，增强场站设施支撑能力，突破发展武汉北部地区、南部地区"两廊"支撑多式联运网，建设中欧班列中部集结中心，提升发展"一环八向"铁路货运网。

三是共建空港型国家物流枢纽。优化提升天河机场枢纽服务能级；协调推进武汉-鄂州机场"双枢纽"设施功能建设；加快形成轴辐式航空网络体系，构建"35+15+30"国际航空大通道（35条商务航线、15条货运航线、30条文旅航线），发展50条国内全货机航线；加快扩展"双枢纽"货运航线；加快陆空联运创新发展。

四是打造生产服务型国家物流枢纽。汽车产业物流，服务"中国车谷"建设；电子信息产业物流，重点依托东湖综合保税区、东西湖空港保税物流中心，推动形成东湖-东西湖电子信息产业物流组合枢纽布局；大宗商品物流，重点依托武汉工业港建设大宗商品物流枢纽，为铁矿石等大宗商品提供运输、仓储、加工、信息处理等物流服务；农副产品物流，依托冷链物流基地、农副产品大市场等，建设农副产品冷链物流枢纽；危化物流，形成化工产业和与化工产业配套的物流业集群，建设我国中部地区化工产品及危险品物流区域分拨中心。

五是培育商贸服务型国家物流枢纽。做强汉口北国际贸易城，完善汉口北高新物流示范

第六章 城市物流

园等区域分拨设施建设，增强汉口北铁路货运中心功能；完善以城际转运分拨中心、城区公共配送站、社区末端配送设施为支撑的城市三级配送网络；提升电商快递物流服务，集中打造适合电商平台企业和网商企业运作的基础设施；持续推进供应链创新与应用，鼓励批发、零售、物流企业整合供应链资源，构建采购、分销、仓储、配送供应链协同平台。

（资料来源：长江商报.http://www.changjiangtimes.com/2021/01/612533.html）

城市物流是保障城市运行，满足人们生产、生活需要的物流服务保障系统，是保证城市基本运转的重要支柱。随着城市经济的迅速发展，城市物流量急剧上升，加之城市人口的密集化和居民需求的多样化，导致城市商品配送频率不断提高，从而使城市物流的组织与管理越来越重要。因此，加强城市物流系统的规划研究已刻不容缓，着力打造一个"集约、高效、绿色、智能"的城市物流体系，将物流活动同社会再生产过程中的生产、分配、消费各环节有机结合在一起，通过物流资源的合理配置、物流资源的最佳集成和物流技术的积极创新，提升城市物流组织与管理水平，将有效地降低社会总成本，减轻城市交通压力，降低碳排放，改善城市生态环境，增强城市竞争力，实现城市经济的可持续发展。

第一节　城市物流概述

一、城市物流与城市问题

随着城市化进程的加快，城市规模不断扩大、产业密度和人口密度快速提高，以及居民需求的多样化，城市物流规模与密度也越来越大，城市配送区域不断扩大。配送需求量的不断增加，引发了一系列的城市问题，如交通拥挤、环境污染等。这已严重制约了城市经济的发展以及人们的生产、生活，引起社会各界的广泛关注。

（一）城市物流发展与城市交通问题

随着城市物流的发展，城市交通问题已成为城市发展的头号问题：主城区交通负担日益加重、货物装卸对人行道甚至交通主干道的占用加剧、交通出行困难、交通违章频发等交通问题，已引起了城区居民的不满……这是所有国家在城市化进程中都要面临的普遍问题，尤其在一些经济发达城市，车辆运行速度在城市中心区域几乎到了与步行一样的程度，如果不能很好地解决，这种现象会日趋严峻，阻碍城市的可持续发展。为提高城市交通的效率，几乎所有的大城市均采取了相应的对策：改建、扩建、新建道路，限制程度不同的禁止货运车辆在交通流量较大的城区通行，发展轨道交通、建立快速巴士、城市公交优先等。不难发现，这些对策更多集中在对主城区客流的疏散上，虽然对城市交通问题的解决具有一定的作用，但对为满足城市内工业生产、商贸流通、城市居民日常生活所产生的货物配送以及由此带来的交通和其他城市问题并没有得到有效解决。

这些问题目前表现为：①货运车辆频繁进出主城区，运输组织化程度低，车辆空驶率较高，增加了城市交通压力；②等待装卸和正在装卸的货运车辆挤占人行道甚至交通干道，造成交通拥挤和居民出行困难，也影响了物资的快速流通，在一些主要交易市场附近尤为明显；③城市配送车辆进城难、通行难、停靠难等问题，进而引发了诸如"客改货"、违章停车卸货等交通问题；④电动车、三轮车等末端配送车辆乱停、乱放等行为，不但影响市容、市貌，还常常引发交通事故；⑤快递、外卖配送从业人员普遍存在超速行驶、逆向行驶、驾车接打电话、随意并线、闯红灯、乱调头、乱停放等交通违法行为，已成为交通事故的高发群体。

（二）城市物流发展与环境问题

近年来，随着我国城市化进程的加快，城市人口、功能和规模不断扩大，发展方式、产业结构和区域布局发生了深刻变化。城市物流需求迅猛增长，促进城市物流的快速发展，导致城市内部货运车辆迅猛增长。由于城市道路资源有限，随着城市货运车辆通行需求的大幅增加，导致城市交通拥挤日趋严重，货运车辆噪声污染和尾气排放污染也日趋严重，城市空气质量令人担忧。与此同时，随着城市消费转型升级，城市电商和多渠道零售发展迅猛。城市居民多样化、个性化的消费需求不断增长，导致快递、外卖等物流包装需求海量增加。物流包装浪费现象十分普遍，导致城市生态环境不断恶化。因此，城市物流不仅要求按指定的数量、地点准时送货，而且必须噪声小、废气少、无公害。城市的废旧家电、废弃物品的回收，垃圾处理，污水处理等也是城市物流中十分重要的组成部分。

因此，如果我们能关注这些问题，加强城市物流系统的研究，引入城市物流的理念并形成切实可行的解决措施，势必会进一步带动城市的进步与发展。

二、城市物流的内涵

马克思和恩格斯在《德意志意识形态》中说："城市本身表明了人口、生产工具、资本、享乐和需求的集中。"这表明了城市是工业、商业、信贷的集中地，体现了居住、生产、消费和资金的集中。这种集中体现在物流服务上，就要求在相对的空间里，需要大量的生活物资、生产物资、办公用品流入和大量产品、废旧品流出，这就从实践中指出了城市是物流活动的重要载体。城市物流的发展水平与质量不仅关乎城市自身生产、生活的运行效率，而且对城市所在区域的经济发展、产业布局等也具有重要影响。

20 世纪 70 年代以来，国内外有关专家、学者开始聚焦于城市发展现代物流产业的研究，并从不同的实践角度提出了城市物流的概念。

1999 年 7 月，在澳大利亚召开的第一次城市物流国际会议上，日本物流专家、日本京都大学的谷口荣一提出并定义了城市物流管理的概念："在市场经济下，从交通、环境与能源消耗的角度，对城市内企业的物流活动进行整体优化的过程。"2000 年，谷口荣一等人把城市物流定义为："在市场经济的框架下，由政府引导、以企业为主体，全面优化城市区域物流和交通行为的过程。"

1995 年，王之泰教授指出："城市物流要研究城市生产、生活所需物资如何流入，如何以更有效的形式供应给每个工厂、每个机关、每个学校和每个家庭，城市巨大的耗费所形成的废物又如何组织回收等。"2003 年，何明珂教授指出："城市物流是一种比较特殊的物流，比平常提到的物流多了一个边界，需要在物流涉及的诸多方面加上地域的限制和城市的属性。"2011 年，唐秀丽给出城市物流的定义："物品在城市内的实体流动、城市和外部区域的货物集散，以及城市废弃物的清理等活动。"

本书结合我国的国情将城市物流定义为：在一定的城市行政规划条件下，以满足城市经济发展的需要为切入点，以城市为物流业发展与服务运作为载体，以整合、聚集城市物流资源为手段，全面优化物品在城市内部的实体流动、城市与外部区域的货物集散以及城市废弃物清理的过程。

三、城市物流的功能

城市物流是以城市为物流业发展与服务运作的载体，并确立城市承载一定区域范围内的物

第六章 城市物流

流服务功能,以及在适应城市内生产、生活物流服务需求的战略基础上,以整合、聚集城市物流资源为手段,通过建设对内、对外两大物流服务系统而形成的物流产业体系。因此,城市物流主要具备区域物流服务功能、城市内物流服务功能以及城市物流资源整合与聚集功能。

(一)区域物流服务功能

对于不同城市,物流服务的区域范围存在很大差异。区域物流服务功能与范围直接相关,范围决定物流产业的规模和内容。由于交通运输环境条件的不断改善,以城市为中心的运输服务能力和效率发生了较大改变,不仅运输服务的选择性增强,而且物流企业的区域分拨、配送服务半径在运输服务的支持下往往能达到 200km 左右,从而决定了城市在建设区域物流服务系统时竞争比较激烈。

城市的区域物流功能具有竞争性,在发展城市物流时,区域辐射范围成为重要的战略性决策问题。这种范围通常又不是城市自己决定的,需要考虑城市的制造业、商贸服务业的产业能力及资源聚集能力等,是与特定的产业物流服务紧密相关的,城市需要审视自己的区域辐射资源。城市在战略上确定辐射范围时,其发展目标就是获得更大的物流增加值,以及延伸产业链和提高产业竞争力。

(二)城市内物流服务功能

城市内物流服务功能是城市最为直接和重要的功能,是保障城市生产、生活质量与效率的基本环境条件,也是形成城市区域物流功能的基本保障。城市内物流服务的基本功能是覆盖城市区域内的配送服务,是各种产品、各种特性的配送系统的集合体。

(三)城市物流资源整合与聚集功能

由于城市的生产、生活往往与区域具有较为紧密的联系,特别是城市的生产布局、生产规模、商贸服务等往往以区域辐射作为其发展目标,从而决定了城市内的物流服务必须与区域物流服务功能建立有机的联系,以便保持整个经济活动的物流服务效率和效能。因此,城市的区域、内部物流系统的建设并不是分别进行的,需要进行整体、系统的规划。

按照城市的区域、城市内物流系统建设的要求,为实现两大系统之间的紧密联系,以及降低城市物流综合成本,提高物流运作效率,承载物流企业的网络化运作等,需要对城市既有及新增的物流基础设施等资源进行整合,以便使物流资源在空间布局上与城市发展相匹配,并提高资源的利用效率,为物流企业的发展创造环境条件。

城市为获得增量物流发展效应,必须在网络化企业的聚集、物流服务需求资源的聚集,尤其是区域物流服务的要素聚集等方面取得发展,实质上是引导资源聚集,并通过区域物流组织与服务创新,加快物流产业的聚集发展进程。

四、城市物流的特点

城市物流是以城市为依托的物流,是在一定城市规划约束下,为实现城市商品流通最优化而形成的物流活动体系。其特点是由城市经济的特征决定的,归纳起来主要包括以下几点:

(1)城市物流属于中观物流范畴 城市物流介于宏观物流和微观物流之间,可以看作众多企业的微观物流向城市之间宏观物流的一种过渡。一方面,城市中大多数企业拥有大量的物流基础设施,这些也是城市物流基础设施体系的一部分;另一方面,输入城市的宏观物流通过城市物流分解成成千上万的微观物流,而企业输出的微观物流必须通过城市物流系统,才能汇集成城市的宏观物流。

现代物流学

（2）城市物流涉及面广　城市物流包括许多城市经济社会发展总体规划的内容，涉及软件与硬件、宏观与微观、企业和社会等，如物流基础设施和重点物流项目建设包括公路、铁路、机场、港口等物流通道的建设和物流园区、物流中心、配送中心的空间布局建设；物流政策体系包括法律法规、行业标准以及其他扶持政策等；城市物流的行业管理涉及多个相关职能部门。城市物流的多领域、多行业、交叉性特性，给城市物流的组织工作带来了繁杂性，导致城市物流组织管理复杂，运作难度大。

（3）城市物流节点多、分布广、流量大　城市物流除了存在大量的货物运输外，每个工厂、配送中心、货运场站、批发市场、商业网点、学校、机关、社区都形成了物流节点，尤其是城市配送末端服务网点数量最多，并且分布最广。不同层次的物流节点分布在城市的四面八方，这些大大小小的物流节点与节点之间的联系，构成了城市的物流网络。

从物流的规模和流量来看，城市物流的规模和流量要比企业物流大得多。城市物流的规模和流量不仅取决于城市自身经济社会的发展水平，而且受到其他城市或周围农村乃至其他国家经济发展的影响。

（4）城市物流密度高　物流密度是指单位面积内所拥有的物流业务、物流设施（场站设施、物流网点等）、物流设备（运输车辆）、物流组织等的数量。与广大农村地区相比，城市物流作业量、物流设施、物流设备、物流组织相对比较集中，物流密度也相对比较高，尤其是区域中心城市，其物流组织密度更高。

（5）以短途公路物流为主　从理论上说，城市物流包括城市输入物流、城市输出物流与城市内部物流。城市输入物流是指由城市外部进入城市的物流，城市输出物流是指以城市内部为出发点向城市外部流出的物流。显然，城市输入物流与城市输出物流的具体形式主要有车站物流、港口物流、机场物流及其他物流网点物流。城市内部物流是指发生在城市内部各物流网点之间、物流网点与用户之间，以及用户与用户之间的同城物流。不论是哪种形式的城市物流，其主要载体或手段都是公路与卡车。因此，城市物流的最大特点是以公路物流为主。

（6）城市物流以配送为主要运作形式　城市配送可直接将物资送达最终用户，已成为城市物流活动中最重要的一个环节，是保障城市经济社会正常运行的重要支撑，是发展现代物流的重要环节。在线上与线下全渠道时代，城市物流有很大一部分是为社区服务中心、便利店、药店、菜市场、超市、百货、餐饮等业态终端门店和最终消费者服务的，具有"多品种、小批量、多批次、短周期、多用户"配送特点，这使统一配送、集中配送、共同配送等先进配送组织模式迅速发展，城市配送已成为城市物流的主要运作形式。

> **小贴士　城市共同配送**
>
> 城市共同配送是指引导城市内主要的商业流通企业、生产加工企业和物流配送企业的运输配送系统进行一定的整合和规划，通过企业之间的合作，综合某一区域内多个用户的要求，统筹调度配送资源、配送时间、次数、路线、配送网点和货物，提供多功能增值服务，进行优化组合后的配送体系。

（7）为经济可持续发展服务　城市物流要着重解决交通拥挤、环境恶化、能源高消耗等公路物流的外部成本过高问题，这些都是城市经济可持续发展的障碍。城市物流系统通过合理化规划和组织，消除迂回运输等不合理现象，提高车辆的利用率，推广使用清洁能源技术，从而在货畅其流的同时保护环境、节约资源。

（8）与企业物流关系密切　一方面，城市物流与企业物流客观上存在密切的集散关系，企业输出的产成品必须通过城市物流才能汇集并输出城市，而外部物流也只有通过城市这个节点的再分配，才能到达各个企业。企业是城市物流系统存在的条件，城市物流系统是连接企业与外部的纽带，是企业通向外界的通道，是促进企业发展和城市区域经济快速发展的有效手段。另一方面，企业本身存在城市中，两者的物流功能存在交互。例如，城市中企业的储存，既可以看作城市的储存，也可以看作企业的储存。

五、城市物流节点体系的构成

（一）物流节点的概念

《物流术语》（GB/T 18354—2021）将物流节点定义为："具有与所承担物流功能相配套的基础设施和所要求的物流运营能力相适应的运营体系的物流场所和组织。"

作为城市整个物流系统中线路之间的中转点和交通运输中的枢纽点，物流节点主要承担了在物流空间中"点"的功能，即通过各种运输方式和技术，完成及实现城市物流网络中的运输线路衔接。

（二）城市物流节点体系的层次结构

城市物流节点是城市物流线路和物流通道的连接处，在整个城市物流系统中起着重要的衔接作用，影响着城市的经济发展、城市土地的合理利用以及城市交通运输功能的发挥。城市物流节点体系建设主要是打造由"物流枢纽或物流园区—物流中心—配送中心"为核心的三级物流节点体系，形成多层次物流体系，实现物流资源优化配置和物流活动系统化组织，进一步提升物流服务质量，降低物流和交易成本，为优化经济空间布局和构建现代化经济体系提供有力支撑。

1. 物流枢纽

《物流术语》（GB/T 18354—2021）将物流枢纽定义为："具备较大规模配套的专业物流基础设施和完善的信息网络，通过多种运输方式便捷地连接外部交通运输网络，物流功能和服务体系完善并集中实现货物集散、存储、分拨、转运等多种功能，辐射较大范围物流网络的公共物流节点。"物流枢纽是集中实现货物集散、存储、分拨、转运等多种功能的物流设施群和物流活动组织中心。国家物流枢纽是物流体系的核心基础设施，是辐射区域更广、集聚效应更强、服务功能更优、运行效率更高的综合性物流枢纽，在全国物流网络中发挥关键节点、重要平台和骨干枢纽的作用。

国家物流枢纽分为陆港型、港口型、空港型、生产服务型、商贸服务型、陆上边境口岸型等六种类型。

（1）陆港型　陆港型国家物流枢纽依托铁路、公路等陆路交通运输大通道和场站（物流基地）等，衔接内陆地区干支线运输，主要为保障区域生产生活、优化产业布局、提升区域经济竞争力，提供畅通国内、联通国际的物流组织和区域分拨服务。

（2）港口型　港口型国家物流枢纽依托沿海、内河港口，对接国内国际航线和港口集疏运网络，实现水陆联运、水水中转有机衔接，主要为港口腹地及其辐射区域提供货物集散、国际中转、转口贸易、保税监管等物流服务和其他增值服务。

（3）空港型　空港型国家物流枢纽依托航空枢纽机场，主要为空港及其辐射区域提供快捷高效的国内国际航空直运、中转、集散等物流服务和铁空、公空等联运服务。

现代物流学

（4）生产服务型　生产服务型国家物流枢纽依托大型厂矿、制造业基地、产业集聚区、农业主产区等，主要为工业、农业生产提供原材料供应，中间产品和产成品储运、分销等一体化的现代供应链服务。

（5）商贸服务型　商贸服务型国家物流枢纽依托商贸集聚区、大型专业市场、大城市消费市场等，主要为国际国内和区域性商贸活动、城市大规模消费需求提供商品仓储、干支联运、分拨配送等物流服务，以及金融、结算、供应链管理等增值服务。

（6）陆上边境口岸型　陆上边境口岸型国家物流枢纽依托沿边陆路口岸，对接国内国际物流通道，主要为国际贸易活动提供一体化通关、便捷化过境运输、保税等综合性物流服务，为口岸区域的产业、跨境电商等的发展提供有力的支撑。

> **小贴士**　我国物流枢纽的布局规划
>
> 我国依据区域经济总量、产业空间布局、基础设施联通度和人口分布等，统筹考虑国家重大战略实施、区域经济发展、产业结构优化升级等需要，结合"十纵十横"交通运输通道和国内物流大通道基本格局，选择 127 个具备一定基础条件的城市作为国家物流枢纽承载城市，规划建设 212 个国家物流枢纽，包括 41 个陆港型、30 个港口型、23 个空港型、47 个生产服务型、55 个商贸服务型和 16 个陆上边境口岸型国家物流枢纽。

2. 物流园区

《物流术语》（GB/T 18354—2021）将物流园区定义为："由政府规划并统一主体管理，为众多企业在此设立配送中心或区域配送中心等，提供专业化物流基础设施和公共服务的物流产业集聚区。"物流园区是物流业规模化和集约化发展的客观要求和必然产物，是为了实现物流运作的共同化，按照城市空间合理布局的要求，集中建设并由统一主体管理，为众多企业提供物流基础设施和公共服务的物流产业集聚区。物流园区作为重要的物流基础设施，具有功能集成、设施共享、用地节约的优势，促进物流园区健康有序发展，对提高社会物流服务效率、促进产业结构调整、转变经济发展方式、提高国民经济竞争力具有重要意义。

《物流园区分类与规划基本要求》（GB/T 21334—2017）将物流园区分为货运服务型、生产服务型、商贸服务型、口岸服务型、综合服务型等五种类型。

（1）货运服务型　货运服务型园区应符合以下要求：①依托空运、水运或陆运节点（枢纽）规划建设；②为大批量货物分拨、转运提供配套服务；③主要服务于区域性物流转运及运输方式的转换。

（2）生产服务型　生产服务型园区应符合以下要求：①依托经济开发区、高新技术园区、工业园区等制造业集聚园区规划建设；②为生产型企业提供一体化物流服务；③主要服务于生产企业物料供应、产品生产、销售和回收等。

（3）商贸服务型　商贸服务型园区应符合以下要求：①依托各类批发市场、专业市场等商品集散地规划建设；②为商贸流通企业提供一体化物流服务及配套商务服务；③主要服务于商贸流通业的商品集散。

（4）口岸服务型　口岸服务型园区应符合以下要求：①依托对外开放的海港、空港、陆港及海铁特殊监管区域及场所规划建设；②为国际贸易企业提供国际物流综合服务；③主要服务于进出口货物的报关、报检、仓储、国际采购、分销和配送、国际中转、

第六章　城市物流

国际转口贸易、商品展示等。

（5）综合服务型　综合服务型是指具备上述两种及两种以上服务功能的物流园区。

3. 物流中心

《物流术语》（GB/T 18354—2021）将物流中心定义为："具有完善的物流设施及信息网络，可便捷地连接外部交通运输网络，物流功能健全，集聚辐射范围大，存储、吞吐能力强，为客户提供专业化公共物流服务的场所。"物流中心一般是功能较为单一的运作规模较大的城市物流基础设施，其在功能上接受并处理下游客户的订货信息，对上游供应方（包括物流枢纽和物流园区）的大批量货物进行集中储存、加工等作业，并向下游进行批量转运或直接小批量配送，是能力较强的物流组织设施和运作执行机构。

根据《物流中心分类与规划基本要求》（GB/T 24358—2019），物流中心是从事物流活动且具有完善信息网络的场所或组织，应符合以下要求：①主要面向社会提供公共物流服务；②物流功能健全；③集聚辐射范围大；④存储、吞吐能力强；⑤对下游配送中心客户提供物流服务。

物流中心按服务对象可分为自用型和公共型，按货属性可分为专业型和通用型，按服务功能可分为仓储型和集散型。

4. 配送中心

《物流术语》（GB/T 18354—2021）将配送中心定义为："具有完善的配送基础设施和信息网络，可便捷地连接对外交通运输网络，并向末端客户提供短距离、小批量、多批次配送服务的专业化配送场所。"配送中心处于物流基础设施体系的基层，主要对上游供应方（供应链各环节企业、物流基地、物流中心）的大批量货物进行集中储存、转运、简单加工等作业，并根据下游客户的订货信息或上游供应方的发货信息，向下游客户（商家、最终用户）按要求的批量、批次、品种、时间进行配送服务。

配送中心是从事配送业务且具有完善的信息网络的场所或组织，应符合以下要求：①主要为特定客户或末端客户提供服务；②配送功能健全；③辐射范围小；④提供高频率、小批量、多批次配送服务。

配送中心有自用型和社会化服务两种主要类型。自用型配送中心是由制造商、零售商经营的，主要服务于自己的产品销售或自有商店的供货。社会化配送中心是由独立于生产者和零售商之外的其他经营者经营的。在现代化信息技术手段的支撑下，配送中心要适应现代物流业专业化、标准化、智能化、绿色化和集约化发展的要求。

六、城市物流的发展趋势

随着经济全球化的发展和数字经济的迅猛发展，城市物流的功能也不再是单纯地为了降低成本，而是把提升服务水平、做好节能减排、推进城市经济可持续发展作为终极目标。城市物流正朝着系统化、区域化、标准化、智慧化、绿色化和产业化的趋势发展。

（一）系统化

城市物流业的发展已经从过去局部领域、个别部门、少数环节的摸索阶段，转向战略性、系统性发展，从单纯注重物流基础设施建设向越来越重视企业主体培育、信息系统建设、政策体系等综合与全面发展转变，从强调物流业的独立发展向适应城市经济社会发展、产业布局和融合发展转变。

（二）区域化

城市物流是连接区域物流和企业物流的桥梁。当代城市物流在组织和管理方面比较先进，不但承担着城市的商品集散，而且还是不同地区进行经济往来的重要方式，也是一个国家经济发展的重中之重。随着城市化进程步伐的加快，城市物流业在满足自身城市物流需求的同时，自然要发挥城市物流供需匹配的重要载体功能，提高城市在区域物流、城市群物流和都市圈物流发展中的网络化组织作用，打造城市为战略支点的现代物流运行网络体系；必然要对城市物流发展进行适应区域经济发展和产业组织创新的重新定位，按照城市物流服务于自身生产生活和为区域物流组织提供服务进行战略选择，将重要的区域节点城市打造成为国内国际物流组织中心，为区域经济发展和产业布局效率提升提供城市物流节点组织服务。

（三）标准化

城市物流的主要活动是商贸物流，重点是健全体系，共享资源，共同配送。由于物流标准不统一、上下游标准不匹配、物流服务标准不规范，导致在城市物流配送中物流资源难以共享、共同配送发展缓慢、配送效率难以提高等诸多问题，推进城市物流标准化已是大势所趋。当前，国内外很多城市以推进城市商贸物流标准为抓手，以物流配送最基础的托盘单元为切入点，通过推进标准化托盘循环共用，带动上下游的物流包装、存储货架、配送车辆、搬运设备的标准统一与协同，带动商贸物流的生产、包装、装卸、运输的全过程标准化发展，实现商贸物流系统互联互通，逐步形成了相互配套、有机结合、互为支撑的商贸物流标准体系，城市物流效率大幅度提升。

> **小贴士　中国现代物流标准化工程**
>
> 落实《物流业发展中长期规划（2014—2020 年）》，系统推进物流标准研制、实施、监督、国际化等各项任务，满足物流业转型升级发展的需要。通过完善物流标准体系，加大物流安全、物流诚信、绿色物流、物流信息、先进设施设备和甩挂运输、城市共同配送、多式联运等物流业发展急需的重要标准研制力度，制定 100 项基础类、通用类及专业类物流标准。加强重要物流标准宣传贯彻和培训，促进物流标准的实施。实施商贸物流标准化专项行动计划，推广标准托盘及循环共用。选择大型物流企业、配送中心、售后服务平台、物流园区、物流信息平台等，开展 100 个物流标准化试点。针对危险货物仓储运输、物流装备安全要求等强制性标准，推进物流设备和服务认证，推动行业协会、媒体和社会公众共同监督物流标准实施，加大政府监管力度。积极采用适合我国物流业发展的国际先进标准，在电子商务物流、快递物流等优势领域争取国际标准突破，支撑物流业国际化发展。

（四）智慧化

智慧物流是以物联网、云计算、大数据为技术支撑，以物流产业自动化为基础设施，以智能化业务运营、信息系统辅助决策和相关核心配套资源为基础，通过各流通环节，企业的各信息系统交互集成，实现物流全过程可自动感知识别、追踪溯源、实时应对、智能化决策的物流业务形态。近年来，随着云计算、大数据、物联网和人工智能等新一代信息技术的快速发展，城市物流加快推进智慧物流发展，运用先进的信息、智能技术，提高物流的网络水平和组织效能，加快物流产业数字化和服务其他产业数字化，为数字产业提供宏大的发展场景，从而达到降低社会成本、提高生产效率、整合社会资源的目的。

（五）绿色化

绿色发展是以低碳、高效、持续发展为目标的经济增长和社会发展方式。我国经济几十年的快速发展举世瞩目，但同时也带来了严重的环境污染问题，转变经济发展模式，节约资源和保护环境，实现绿色可持续发展刻不容缓。城市是物流运作最复杂、道路最拥挤、人群居住最集中的区域；城市物流末端需求碎片化，物流配送到末端的包裹最零散，面对小、散、乱的物流需求，难以实现集约化的物流配送，让城市中配送车辆难以满载，车辆空驶非常严重，节能减排问题突出。此外，电商物流配送绝大部分订单也集中在城市区域，电子商务物流包裹的包装垃圾也大部分产生在城市区域，因此，推动城市物流绿色转型升级发展已迫在眉睫。当前，国内外很多城市已纷纷采取行动，大力发展集约配送、共同配送、统一配送等先进配送模式，推广使用新清洁能源汽车，推进快递包装绿色化等工作，从而实现城市物流朝着绿色化的方向发展。

（六）产业化

现代物流业是现代服务业的重要组成部分，作为促进经济发展的"加速器"，具有很强的产业关联度和带动效应。物流产业的发展将成为 21 世纪我国经济发展的一个重要的产业部门和核心经济增长点。物流产业发展的历史和国际经验表明，物流产业作为新兴的服务部门，已经进入全面快速发展阶段。

第二节 城市物流系统

一、城市物流系统的概念

城市物流系统是指在一定的时间和城市行政区域范围内，由某城市的物流企业、物流基础设施、物流服务对象、物流信息系统、物流政策体系等要素所构成的具有组织城市物流功能的有机整体。

城市物流系统是一个涉及领域非常广泛的综合系统。它涉及交通运输、货代、仓储管理、流通加工、配送、信息服务、营销策划等领域。城市物流系统建设应以城市总体规划、城市综合交通体系规划、城市土地利用规划为基础，综合考虑城市物流对社会、环境、经济、金融和能源的影响，使城市物流资源最大限度地集成和优化配置。由于城市中不同角色的目标不同，城市物流系统建设不仅要考虑个别企业、部门，还要考虑公共成本与收益，把各方尽量统一起来，达到整体最优，助力城市经济可持续发展。

二、城市物流系统的构成要素

现代城市物流系统是一个涉及多领域、多部门、多行业的复杂系统，主要包括基础设施平台、物流信息平台、物流市场和政策体系等四大要素。这四大要素共同支持城市物流系统中制造、商贸、物流、信息服务等企业运作，完成存储、保管、运输、配送等功能，实现提高整个城市效益和竞争力的目标。

（一）物流基础设施平台

城市物流基础设施平台的要素主要包括物流节点、物流通道和交通枢纽三类。

现代物流学

1. 物流节点

随着城市经济规模的不断扩大、贸易流通的不断增长以及物流市场化、专业化、集成化、精细化等发展趋势更加凸显，出现了一些不同规模、不同形态和不同功能的物流节点。根据其规模和作用不同，物流节点可分为物流枢纽、物流园区、物流中心、配送中心、仓库等。

2. 物流通道

物流通道是连接主要物流节点的货运线路，其类别有干线和支线之分。按物流通道的空间层次及交流范围看，可划分为国家之间的物流通道、区域之间的物流通道、行业之间的物流通道和企业物流之间的物流通道四类；按物流通道的运输方式，可划分为航空、陆路、水路、过境、多式联运通道。目前的物流通道主要是由不同运输方式组合而成的跨地域的物流通道，以及国家之间实现贸易流通形成的物流通道。

> **小贴士　西部陆海新通道**
>
> 西部陆海新通道是在中新（重庆）战略性互联互通示范项目框架下，由中国西部省份与新加坡合作打造的陆海贸易新通道，以重庆为运营中心，以广西、贵州、甘肃等西部省份为关键节点，利用铁路、海运、公路等运输方式，向南经广西北部湾通达世界各地，运行时间比经东部地区出海大幅缩短。

3. 交通枢纽

交通枢纽是一个城市内部物流通道之间以及城市物流与外部物流之间相联系的连接点，例如港口、机场、铁路货运站等。交通枢纽一般由两种以上的交通运输方式连接，是物流的汇聚点。

（二）物流信息平台

城市物流信息平台的主要任务是为城市内物流企业、物流行业管理相关职能部门、物流服务对象等提供物流信息收集、整理、统计、查询、交易等综合服务，包括为企业的内部物流信息系统提供基础信息服务，承担供应链管理部门过程中不同企业之间的信息交换枢纽支持、政府物流以及相关行业管理决策支持、物流交易电子商务服务等。城市物流信息平台建设主要包括物流信息公共平台、物流信息交换、物流电子交易和物流信息标准化四个方面。

（三）物流市场

在城市物流系统中，不论是物流交易的形成、物流业务的开展，还是资金的流转、信息的传递，都离不开物流市场这个大环境。物流市场主要包括市场主体、市场客体、市场运行规则和市场运行环境等。

（四）政策体系

城市物流政策体系主要包括物流产业发展的体制机制、物流产业的扶持政策、物流人才的引进与培养，以及物流行业的相关法律法规与技术标准等四个方面，涉及的内容涵盖创造良好的市场环境、简化手续、实施积极的财政扶持政策、推动物流准备技术改造与升级、降低企业的物流用地开发成本、推进城市物流绿色化转型、人才引进与培养、健全物流标准体系、加强物流安全体系建设等方面。

城市物流系统的结构如图 6-1 所示。

第六章 城市物流

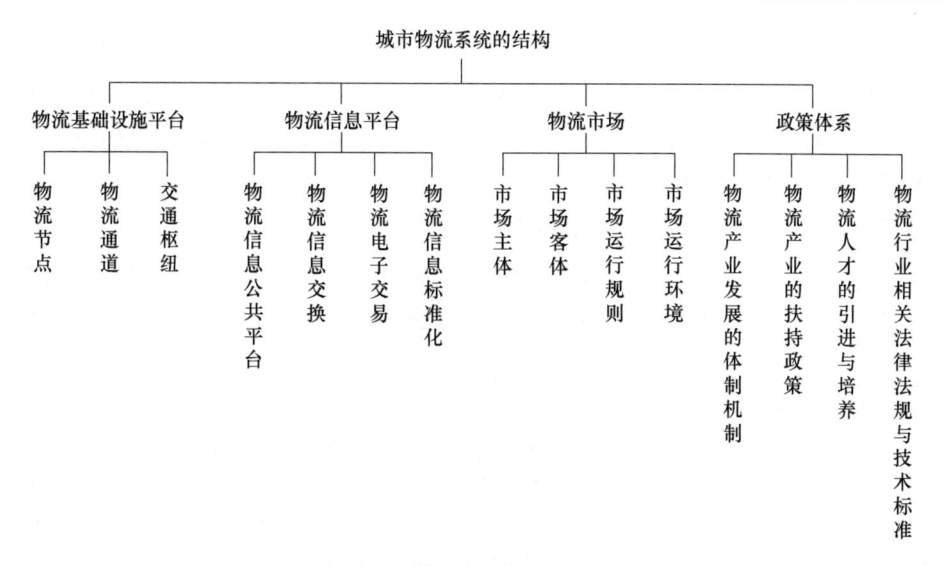

图 6-1 城市物流系统的结构

第三节 城市物流系统规划

一、城市物流系统规划的概念

城市物流系统规划是指在一个城市及其周边地区，根据城市的外部环境、经济发展情况、城市功能定位以及城市物流业发展情况和未来物流发展需求，从社会整体利益的角度出发，综合考虑城市经济、交通、环境等各个方面，合理配置城市物流资源，建立起一个符合城市发展需要的现代物流服务体系的过程，以实现以最小的社会消耗完成城市物流，促进城市经济社会健康可持续发展。城市物流系统规划是一项庞杂的系统工程，涉及众多部门，与社会经济的方方面面都有着密不可分的关系，规划过程中要运用多个领域的知识和技术。城市物流系统一旦形成，将对城市经济社会产生深远的影响。

城市物流在加速地区经济和国际贸易发展的同时，也带来了更加复杂的城市社会与经济发展问题，给城市环境带来了很大的压力。因此，合理的城市物流系统规划既可以提高社会经济效益和运输效率，又注重物流和环境之间的权衡。

二、城市物流系统规划与城市规划的关系

（一）城市物流系统规划是城市规划的重要组成部分

城市规划是确定城市的性质、规模、发展方向和空间布局，统筹安排城市各项建设用地，合理配置城市各项基础设施，处理好远期发展与近期建设的关系，指导城市合理发展的整体规划。每个城市从现有的资源出发，都应有自己的一个整体规划，其中必然要包括城市物流系统规划这一重要部分，城市物流系统是城市系统的重要子系统之一。

（二）城市物流系统规划必须符合城市规划的总体要求

城市规划是城市人民政府依据国民经济和社会发展规划以及当地的自然环境、资源条件、历史情况、现状特点，统筹兼顾、综合部署，为确定城市的规模和发展方向，实现城市的经济和社会发展目标，合理利用城市土地，协调城市空间布局等所做的一定期限内的

综合部署和具体安排。城市物流系统规划作为城市规划的一部分，是城市规划的一项重要内容。城市物流系统规划受城市建设规划用地等的限制，同时，城市物流系统规划影响其所在区域内城市道路的网络平衡。因此，城市物流系统规划要与城市规划相协调，符合城市用地规划、环境规划等的要求。

（三）在城市规划时要充分考虑城市物流系统规划

城市物流系统规划必然涉及物流节点和物流通道的重新布局和建设，涉及城市的土地利用规划和生态环境，对整个城市规划具有重要的影响。因此，在做城市规划的时候就要充分考虑物流系统规划。

1. 城市物流节点应该布置在城市边缘地区

由于我国城市化发展的速度加快，使得用地日益紧张，传统的仓储用地过于分散，造成用地资源的浪费。同时，随着市区不断扩展，原来的城市边缘地区成为城市中心区，商贸、金融、饮食服务等第三产业在此集中，大型物流服务用地因不断上涨的地价成本、对城市交通和环境影响较大等，而需要迁往城市边缘地区。这类地区土地资源开发较好，用地充足，成本较低，便于物流枢纽、物流园区、物流中心等物流节点的投资和未来发展。

2. 城市物流场站设施应该布置在交通枢纽地带

城市物流场站设施作为货物集散中转作业场所，其衔接不同地区和城市内外，是货物交流的枢纽。因此，物流场站设施应该尽量位于高速公路、铁路、港口、机场快速干道出入口的交汇处，以利于货物快速分拨集散，实现货畅其流，提高物流运作效率，降低对城市交通的干扰。

三、城市物流系统规划的作用

由于城市物流系统是一个开放的复杂系统，影响其发展的内外部因素多并且变化大，其依托外部环境的变化也有很大的不确定性。因此，无论是改进现有物流系统，还是开发新的物流系统，进行物流系统规划都显得尤为重要。总体来说，城市物流系统规划应有利于城市经济社会的健康发展，有利于物流业的健康持续发展，有利于城市物流用地资源的合理利用。做好城市物流系统规划，对于解决城市日益严峻的交通、环境污染等问题有巨大的作用。

（一）有利于城市经济社会的健康发展

物流业贯穿一、二、三产业，衔接生产与消费，涉及领域广、发展潜力大、带动作用强。科学规划城市物流系统，建立一个与城市经济社会相匹配的高质量现代物流服务体系，推动物流降本增效，促进物流业与制造业、商贸流通业、金融业等相关行业融合发展，实现畅通循环、助力生产、促进消费和便利生活，从而有利于促进城市产业结构调整和区域协调发展，培育经济发展新动能，提升城市国民经济整体运行效率，助力城市经济社会高质量发展。

（二）有利于物流业的健康持续发展

城市物流涉及军事领域、生产领域、流通领域、消费及后消费等领域。城市物流系统规划是指导城市物流业发展的纲领性、总体性、方向性文件，可实现相关各领域协调发展。由于城市物流的涉及面非常广泛，仅就物流基础设施而言，就有交通、铁道、航空、仓储、外贸、内贸等领域，更涉及这些领域的众多行业。实际上，这些领域和行业在各自的发展规划中都有自己的物流规划。在各自领域行业资源的限制下，从自身的利益出发，由于缺乏沟通

第六章　城市物流

和协调，不可避免地破坏了物流大系统的有效性。因此，必须有一个更高层次的、全面综合的物流规划，才能够把现代物流发展纳入有序的轨道，实现城市现代物流业高质量发展。

（三）有利于城市物流用地资源的合理利用

土地资源紧张是物流业发展在城市空间上的主要约束条件之一，如何在有限的土地空间上构建一个能满足物流需求的物流基础设施系统是物流系统规划的重要内容。只有通过科学合理的物流系统规划，才能科学规划设计城市物流枢纽、物流园区、物流中心、配送中心、末端共同配送网点等各类型物流节点的总体空间布局，从而把握城市物流用地总体规模、整体结构，实现物流用地资源利用最大化、高效化。

（四）有利于解决城市日益严峻的交通、环境污染等问题

当前，每个大中城市或多或少都存在着用地紧张、交通拥挤、环境污染等问题。做好城市物流系统规划，对于解决城市用地功能紊乱、日益严峻的交通、环境污染等问题有重要的作用。城市基础设施的规划布局会使城市的土地资源得到更合理的利用。合理有序的城市物流配送，不但可以保证城市的物资供应，还可以减少货运交通量，把更多的交通资源让位给客运，解决城市交通问题，同时也会降低城市的交通环境污染。

四、城市物流系统规划的发展历程

城市物流系统规划是要通过对城市物流的初步调查和客观分析，审查系统的目标与需求，选择一组标准来分析城市物流系统建设的可行性，估计系统实现后的效果，从而排除开发中的主观随意性。城市物流系统规划是实现城市物流跨越式发展的必要，是实现相关各领域协调发展的必要。从20世纪80年代开始，发达国家便着手研究城市物流规划和管理问题，现已达到较高水平，出现了像德国不莱梅、日本东京等城市物流规划和管理的典范。《1998年英国政府运输白皮书》表明了政府对认识和解决分拨活动中的问题的决心，特别是城市货物运送中的问题。德国早在1990年就在几个大城市规划了30个不同形式的物流基地，这些物流基地在一定程度上产生了社会和环境效益，同时也促进了地区经济和国际贸易的发展。

当前我国正处在加快城市化进程中，我国城市物流产业必将成为城市经济主导产业之一，所以不管是工业城市还是商贸城市或者旅游城市，都必须形成一个点线面结合的城市综合物流服务体系。近年来，我国不少省市意识到城市物流发展的重要性，试图通过对城市物流的系统化布局、专业化运作和社会化经营，来达到满足物流需求、优化经济结构、改善民生、促进城市经济和社会可持续发展的目的。

五、城市物流系统规划应遵循的原则

不同的城市发展水平各不相同，客观情况千差万别，但是城市物流的发展毕竟有其内在规律，应该结合城市经济发展的总体要求，以市场为导向，以企业为主体，以城市物流服务为依托，最大限度地降低城市物流成本，以提高城市物流效率。

（一）应与城市总体规划相互协调，功能互补，整合发展

这几年我国的城市正在进入快速发展的轨道，每个城市都在着手制定自己的整体规划。城市物流系统规划是城市总体规划的有机组成部分，在规划时应该从城市的总体规划出发，与城市的整体规划互相协调，实现功能互补，整合发展。当然，在进行城市规划的时候也要充分考虑城市物流系统的规划，这样才能使城市物流系统规划与城市总体规划在

功能和生产布局等方面保持一致，建立起多渠道、多层次的协调机制。

（二）要按照市场规律来运作

城市物流系统规划必须遵循市场化规律，使物流系统总体的经济运行取得最佳效益的分工与合作，同时还要强调城市物流系统规划的产业化支持。没有产业化支持，仅仅停留在城市物流系统的规模扩张上，是不能实现城市物流系统规划的宗旨的。只有根据市场需求，把比较优势转化为经济优势，根据不同条件发挥城市各物流子系统的最大潜能，进行科学合理的产业分工布局，使整体城市物流系统走向合理化，才能达到优化资源配置、提高效益和全局经济增长的目的。

（三）既要考虑将来的发展需求，又要立足于现实市场的需求环境

城市物流系统是为城市经济发展服务的，但它同时又受城市经济发展水平的制约。城市管理者和经营者在制定城市物流系统规划时，不能盲目追求规模大、技术新、功能全，搞形象工程和政绩工程，而要立足于城市目前的经济发展状况和将来的发展趋势，以满足本边界范围区域内未来 5~10 年物质实体快速、高效、低廉流动为出发点，避免盲目超前或过于保守的规划，使资源最大限度地发挥作用。

（四）整合各种城市物流资源，实现城市物流方式优势互补

城市物流系统规划通过各种城市物流要素的优化组合和合理配置，实现城市物流活动效率的提高和城市物流总体成本的降低。当城市物流资源分散在不同行业或不同部门时，各种城市物流要素很难充分发挥其应有的作用。随着物流活动从生产和流通领域中分化出来，各种城市物流要素也逐渐成为市场资源。专业化物流企业可以根据各种城市物流活动的要求，对各种城市物流要素进行整体的优化组合和合理配置，从而最大限度地发挥其作用，提高城市的物流效率。

六、城市物流系统规划的层次和内容

城市物流系统规划一般可以分为四个层次，即城市物流战略规划、城市物流网络体系规划、城市行业物流系统规划和物流枢纽（园区或中心）规划。

（一）城市物流战略规划

城市物流战略规划是指确定城市物流发展方向、发展模式等方面的目标和措施的过程。它的重点在于研究与制定城市物流发展的战略，描绘物流未来发展的蓝图，以及应采取的战略性措施。它的内容主要包括城市物流的功能定位、发展目标、发展重点、主要任务和政策保障体系等。其他规划则是战略规划的细化。

（二）城市物流网络体系规划

物流网络结构是指执行物流运动使命的线路和执行物流停顿使命的节点两种基本元素所组成的网络结构。城市物流网络体系规划主要由两部分构成：一是城市物流基础设施空间布局规划，主要是确定城市物流枢纽、物流园区、物流中心、配送中心等不同层次类型的物流节点和货运交通枢纽在城市的空间总体布局，包括各类型节点的布局数量、建设规模以及各节点的功能定位；二是城市物流通道规划，主要包括城市对外货运通道规划和城市内部货运通道规划。具体规划包括铁路、高速公路、国道等城市对外综合货运通道规划，由快速路、主干路所构成的城市内部快速货运通道规划，以及主要由支路所构成的城市配送通道等。

（三）城市行业物流系统规划

城市行业物流系统规划是在城市物流战略规划的引领下，对口岸物流、电商物流、冷链物流、快递、共同配送等城市物流细分领域进行详细规划，具体规划内容包括行业物流发展定位、设施体系布局建设规划、市场培育和政策措施等。

（四）物流枢纽（园区或中心）规划

物流枢纽（园区或中心）规划的主要内容包括物流节点的建设规模和功能定位，节点内的交通规划和仓库、堆场、商务办公设施、加油（气）站、停车场等不同类型设施的空间布局。除此之外，还要考虑土地征用、延展可能性、给排水条件、电力供应、通信设施、周边环境等因素，以保证物流枢纽（园区或中心）选址的科学性，同时还要对其进行运作模式规划、运营方案策划、招商引资、财务分析等。

七、城市物流系统规划的流程

（一）规划前的准备工作

（1）提出规划需求　政府、物流协会、企业或其他团体根据当地的城市特点及物流现状，向有关部门提出规划需要。经有关部门初步研究，认为有必要对城市物流进行规划，则提出初步的规划设想。

（2）成立规划小组　政府委托相应的职能部门组织召集物流专家、其他相关政府部门、企业代表、物流协会等人员组成城市物流规划小组。小组成员应具有广泛的代表性。

（二）规划工作流程

（1）现状调查和资料收集　主要对城市的经济水平、区位条件、物流运行现状等因素进行实地调查，并对未来的物流需求和供给情况进行预测。

（2）确定发展目标　在调查研究的基础上确定适合城市自身特点的物流规划目标。

（3）制定方案　根据城市物流系统规划目标，充分考虑影响城市物流系统规划的政策因素、区位因素、物流现状、未来需求、经济水平等，明确城市物流系统规划的主要内容，并按照规划内容进行方案的制定。

（4）方案评估与修订　根据一定的评价方法对方案进行评估，看其是否可行、是否能达到预定的目标。若方案不能达到预定的目标，则对方案进行重新修订。若认为原目标不科学，则应重新确定目标，重新制订规划方案，直到得到满意的规划方案为止。

（5）方案确定与实施　对方案进行评估和修订后，若认为可行，则最终确定方案，并按照此方案实施。在实施规划方案的过程中，要经常检查规划的可行性和实际效益，根据新发现的情况和问题，对原规划方案做出必要的调整、补充或修改，使之适应新形势和环境的变化。

第四节　国内外城市物流系统规划情况

一、国外城市物流系统规划实践情况

国外发达国家从 20 世纪 60 年代便开始着手开展城市物流系统规划和建设。其中，日本、德国等国家处在世界先进行列。

现代物流学

（一）日本

日本是最早开始发展城市物流的国家。早在 1964 年，日本政府就开始对城市物流业发展进行管理调控，到 1969 年形成了全国范围的城市物流体系的宏观规划。从 1965 年至今，日本已建成 20 多个以城市为依托的大规模物流园区，平均占地约为 $0.74km^2$，并以修建"物流园区"为切入点，一方面通过市内交通干线与其他物流点相结合，为城市内部提供服务；另一方面各物流园区通过市外的交通运输干线连为一体，共同构建了覆盖全国的密集型网络体系，从而建立起高效的城市物流体系，助力城市经济社会的高质量发展。同时，随着城市配送车辆的增多，同世界其他大城市一样，日本的城市管理者也面临着交通拥堵、环境压力增大等现实问题。为了有效地解决此问题，日本政府通过并出台了《变暖对策税》《综合物流施政大纲》《综合物流施政推进计划（2017—2020 年）》等一系列配套扶持政策和法律措施，引导和支持企业在仓储和配送车辆方面采用新能源技术，着力推进物流标准化和城市共同配送、统一配送等先进城市配送模式的大发展，实现城市物流转型升级。

（二）德国

德国也是较早实施城市物流系统规划的国家之一。德国政府非常注重经济、生态和社会的平衡发展，在进行城市物流系统规划的过程中，加强规划引导，合理布局物流节点和交通枢纽，并由政府负责统筹建设；优先发展水路运输和铁路运输，降低运输成本；鼓励企业采用先进技术和组织措施，减少物流各环节的碳排放；加强政策引导和扶持，运用经济杠杆推动货运车辆更新等，从而推动城市物流朝着集约化、高效化、绿色化发展。尤其是在城市物流基础设施建设方面，德国是以大力发展物流园区为突破点的。经过多年的发展，已规划建设的物流园区形成了规模化的物流园区网络，推动城市物流业的快速发展，并和物流企业有效联合起来达到规模效益，进而拉动德国的经济发展。德国物流园区的发展不仅提高了德国物流业的发展水平，而且有效地发展了当地的经济，从而对发展国家经济起到了不可估量的作用。

（三）英国

在英国的城市物流发展实践中，研究者调查分析了相关国家实施物流规划存在的两个主要问题：一是低效率，表现在实载率低和高峰期的平均行驶速度低；二是不可持续发展，投入产出比不高，有的甚至亏损经营。因此，英国政府的政策制定者们认识到了科学规划城市物流系统的重要性，在运输部内专门成立了货运分拨与物流组织，组建高层次课题组进行城市物流系统规划方面的研究，并把研究成果推广应用到伦敦、利物浦、诺丁汉等相关中心城市的实践中。

二、国内城市物流系统规划实践情况

"十三五"以来，围绕物流业降本增效、促进经济高质量发展，国务院和相关部委密集出台了一系列政策措施，着力推动供应链创新与应用、城乡高效配送、城市绿色货运、电子商务与快递物流协同发展、国家物流枢纽建设发展、物流高质量发展促进形成强大的国内市场、综合保税区高水平开放高质量发展，推动城市现代物流业的快速发展。上海、深圳、成都等许多城市纷纷提出要把物流业打造成支柱产业，城市物流战略规划、城市物流节点空间布局规划、物流园区和物流中心等规划建设如雨后春笋般出现，加快打造"通道+枢纽+网络"的物流运行体系，实现物流资源优化配置和物流活动系统化组织，进一步提升物流服务

第六章 城市物流

质量，降低全社会物流和交易成本，为优化城市经济空间布局和构建现代化经济体系提供有力支撑。据不完全统计，除商务部确立的全国 46 个现代物流示范城市全部编制完成城市物流发展规划外，全国大约 65%的县级以上城市也已完成或正在编制城市物流系统规划。

进入"十四五"，我国物流业总体处在一个发展上升期，城市物流的发展前景更加广阔。北京、成都、宁波、青岛、厦门等许多城市立足于满足国内需求作为发展的出发点和落脚点，纷纷制定现代物流产业发展规划，以有序推进城市物流现代化进程，逐步形成以国内大循环为主体、国内国际双循环相互促进的新发展格局。

北京市制定了《北京物流专项规划》，提出到 2035 年，北京将构建安全、高效、绿色、共享、智慧的物流体系，支撑建设"国际一流的和谐宜居之都"。围绕这一功能定位，北京市将着力打造"大型综合物流园区（物流基地）+物流中心+配送中心+末端网点"的"3+1"城市物流节点网络体系，到 2035 年，北京市要进一步降低物流成本，社会物流总费用占 GDP 比率要小于 10%；城市流通领域标准化托盘使用率及规模以上连锁超市主要商品统一配送率要超过 90%和 95%，以满足北京市末端配送需求；第三方（包括第四方）物流服务比重超过 60%；北京市冷链流通率争取超过 80%，达到一般发达国家水平。

成都市制定了《成都市物流业发展"十四五"规划》，提出了成都市在"十四五"期间建设"一枢纽+一中心+一示范区"的总体目标，即通过协同构建同城物流、干支物流、双城圈物流、国内物流与国际物流"五个循环一体"的区域物流一体化发展新格局，着力打造国内国际双循环物流门户枢纽、"一带一路"供应链要素配置运筹中心和具有成都特质的现代物流与供应链高质量发展示范区，到 2025 年基本建设成为国际区域物流中心城市。

宁波市制定了《宁波市物流业"十四五"发展规划》，提出了以畅通国内国际双循环为主线，以物流业高质量发展为重点，以建设世界一流强港为引领，以物流数字化改革为动力，打造东西互济、陆海联动的国际互联互通大通道，深化港口型国家物流枢纽建设，优化物流园区空间布局，着力构建"通道+枢纽+网络"的现代物流运行体系，着力提升国际供应链发展水平，着力推进产业物流降本增效，着力提升城乡配送服务品质，建设功能完善、衔接通畅、运行高效、安全可靠的现代物流服务体系，到 2025 年社会物流总额达到 3.2 万亿元，物流业增加值突破 2000 亿元，基本建成以世界一流强港为引领的现代物流体系，全市物流产业规模、组织效率和供应链管理水平明显提升，物流提质降本增效取得明显成效，有力支撑以国内大循环为主体、国内国际双循环相互促进的新发展格局。

青岛市制定了《青岛市"十四五"物流业发展规划》，提出了"一轴、一带、三核"的总体格局和"6 区 11 园"（6 个综合性枢纽经济区和 11 个专业化物流产业园）的物流枢纽节点布局。物流网络层次体系包括多向畅达的全球物流网络、"四位一体"的区域联运网络、双向流通的城乡配送网络。物流统筹融合发展包括动态协同的生产物流体系、创新智慧的商贸物流体系、丰富便捷的冷链物流体系和保障有力的应急物流体系。物流产业跨界创新包括"物流+新基建""物流+品类供应链""物流+工业互联网""物流+跨境电商""物流+普惠金融"。到 2025 年，青岛市将成为全国主要的国际物流中心，枢纽地位有效巩固，物流网络立体衔接，物流服务链式协同，产业融合纵深发展，营商环境活力包容，物流业现代化进程不断加速，基本形成畅达、泛在、优质、绿色、领先的现代物流运行体系，初步建成国家物流枢纽经济示范区和综合型国家物流枢纽城市，引领山东半岛城市群成功构建"衔接一体、内外畅达"的物流网络，带动北部海洋经济圈打造成为"协同联动、要素集聚"的物流枢纽，服务黄河流域全面形成"集约高效、智能绿色"的物流通道，成为国内大循环的关键战略支点和国内国际双循环的重要战略连接点。

厦门市制定了《厦门市"十四五"现代物流产业发展规划》，提出了主动服务以国内大循环为主体、国内国际双循环的新发展格局，围绕"国际性物流枢纽城市"定位，加快构建国内国际互联互通、高效便捷的海陆空运输网络；以供应链模式创新和现代信息技术应用推动物流产业转型升级为重点，加快转变物流产业发展方式，推进物流产业与商贸业、制造业、农业等深度融合发展，进一步延伸产业链和拓宽发展空间，塑造高端物流集聚功能，培育壮大五大物流产业集聚区，打造具有区域集聚和辐射能力的产业集群，培育区域新经济增长极，全力构筑"一带一路"国际物流重要节点、陆海联运国家物流枢纽、供应链物流创新示范基地、海峡两岸融合发展战略支点；到2025年，社会物流总收入达到1835亿元；物流业增加值达到1114亿元；物流对经济贡献率稳步提高，物流业增加值占GDP比重达到11%，物流产业成为厦门市先导性、战略性、支柱性产业；区块链、信息技术、物联网、大数据和云计算等实现全面应用，物流业不断创新发展。

课 外 阅 读

广州市交通物流"十四五"期间深度融入粤港澳大湾区发展

2020年，广州市完成社会货运量9.25亿t、快递业务量76.16亿件，货邮发展保持全国前列。白云国际机场货邮吞吐量175.95万t，位居全国第二。作为国家中心城市、国际性综合交通枢纽，广州市在交通运输、物流产业发展等方面的优势越来越突出，厚实的基础之下，一个新的交通物流融合发展目标呼之欲出。

2020年8月25日，广州市新闻办举行《广州市交通物流融合发展第十四个五年规划》（以下简称《规划》）新闻发布会。《规划》提出，"十四五"期间，广州市将深度融入粤港澳大湾区发展，打造大枢纽、拓展大通道、搭建大平台、营造大环境，构建"5+10+N"物流枢纽布局体系，奋力建设全球效率最高、成本最低、最具竞争力的国际物流中心。

一、建成效率最高、成本最低、最具竞争力的国际物流中心

广州市发展和改革委有关负责人介绍，《规划》是全国首个城市级现代流通体系高质量发展战略规划，也是广州市落实国家战略、统筹推动国际性综合交通枢纽和现代物流体系建设的重大举措，对未来一定时期广州市加快建设国际物流中心具有重要意义。

《规划》中明确，到2025年，广州市要构建形成"枢纽+通道+网络"的交通物流网络，推动形成陆海空联动、区域协调互济的国际物流大通道，建设具有全球影响力的国际物流中心和亚太地区供应链组织中心，引领大湾区区域内外物流和供应链组织化、网络化、一体化运行，实现交通物流枢纽更加集约高效、交通物流通道网络更加完善通畅、物流服务效能显著增强的阶段目标。

到2035年，广州市要建成效率最高、成本最低、最具竞争力的国际物流中心，成为联通国内国际双循环的重要战略连接地。

二、打造大枢纽，构建"5+10+N"物流枢纽布局体系

广州市交通物流融合发展的关键在"融"。《规划》提出，要深度融入"一带一路"建设和粤港澳大湾区发展，聚焦建设国际物流中心，海陆空同向发力，从四大方面提出了主要任务，其中，排在首位的就是打造大枢纽。

第六章　城市物流

《规划》遵循交通物流融合发展原则，重点依托白云国际机场、南沙港区、铁路枢纽等布局 5 个特大型物流枢纽，围绕重点产业区、珠江航道、铁路货站、高速公路建设 10 个大型物流枢纽，基于制造业、商贸业等价值园区规划 N 个物流骨干节点，优化形成以特大型物流枢纽为核心、大型物流枢纽为骨架、物流骨干节点为补充的"5+10+N"空间布局。

围绕枢纽圈层化布局主导产业，建设承载国际物流中心核心功能的国家物流枢纽，探索"交通+物流+产业"融合发展的枢纽经济新模式，培育增强经济发展活力的新动能。

三、拓展大通道，完善畅通现代产业供应链

为打造"陆海空互济、四面八方、四通八达"的物流大通道网络，有机融入国家综合立体交通网络，《规划》明确，在航空方面，广州市要织密"国际空中丝路"，加快白云机场综合保税区建设，打造服务大湾区的航空保税物流中心；积极拓展国际货运航线，提升亚太航空货运枢纽和快件转运功能；与其他国际机场协同开展国际业务，做强广州市国际航空物流品牌。

在航运方面，拓宽海上丝绸之路航运通道，加强与国际航运联盟和班轮公司合作，巩固广州港至非洲、东南亚、地中海的国际集装箱运输枢纽地位，拓展欧美远洋集装箱班轮航线。

在陆运方面，完善陆路出境物流通道，加密区域性支线运输网，完善广州都市圈物流和供应链体系，构建通达京津冀、长三角、成渝等城市群的物流通道。畅通通达西欧、中亚、西亚、南亚的五条国际铁路通道，大力促进中欧/中亚班列扩量增效，依托广州铁路集装箱中心站、增城西站、大朗站等，建设大湾区国际班列集结中心，赋能建设"穗新欧""穗亚欧"战略性经济走廊。

四、搭建大平台，推进多式联运示范工程建设

《规划》明确，广州要建立多部门资源共享的物流公共平台，打通机场、港口、铁路物流及信用信息节点，推动交通、海关、边检、商务等公共部门信息开放共享，提升物流供需匹配效率。

同时，广州要优化提升国际贸易"单一窗口"功能，协同推进"智慧海关"建设；创新水陆联运货物监管模式，推动口岸通关全程无纸化、智能化，推进多式联运示范工程建设，完善多式联运服务网络。

五、营造大环境，引导交通物流融合创新发展

《规划》提出，要加快发展冷链物流、电商物流、应急物流等现代物流新业态，探索发展网络货运、高铁物流、通航物流等现代物流新模式；围绕战略性新兴产业、现代商贸服务业、大湾区"米袋子""菜篮子""果盘子"产销保障等，做强现代制造业供应链、创新商贸流通供应链、健全现代农业供应链；打造一批在现代物流和供应链领域具有较强自主创新能力和集成服务能力的"广州服务"供应商，推动物流行业联盟化发展，支持龙头企业拓展全球布局。

（资料来源：深圳特区报. http://sztqb.sznews.com/MB/content/202108/26/ content _1084 788. html. 有删减）

◇复习思考题

1. 什么是城市物流？什么是城市物流系统？什么是城市物流系统规划？
2. 简述城市物流的功能、特点以及发展趋势。
3. 简述城市物流节点体系的构成。
4. 简述城市物流系统的构成要素。

5. 简述城市物流系统规划应遵循的原则。
6. 请举例说明城市物流系统规划的层次和内容。
7. 请结合实例说明城市物流系统规划的流程。
8. 在进行课外阅读后,请谈谈城市物流系统规划应包括哪些内容。

◇ 参考文献

[1] 唐秀丽. 城市物流[M]. 北京:中国物资出版社,2011.
[2] 童明荣. 城市物流系统规划理论、实践与案例[M]. 杭州:浙江大学出版社,2014.
[3] 彭欣,陈思源. 现代城市物流规划的理论与实践研究[M]. 北京:科学出版社,2012.
[4] 张汉鹏,钟鑫. 城市物流碳排放与低碳发展政策研究[M]. 成都:西南财经大学出版社,2021.
[5] 张潜,吴汉波. 城市物流[M]. 北京:北京大学出版社,2011.
[6] 汪鸣. 城市物流的发展方向 [J]. 物流技术与应用,2013(1):30-31.
[7] 汪鸣. "十四五"物流发展新方向新格局 [J]. 北京交通大学学报(社会科学版),2022(1):11-17.
[8] 国家发展改革委. 国家物流枢纽布局和建设规划[EB/OL].(2018-12-24)[2022-12-12]. https://zfxxgk.ndrc.gov.cn/web/iteminfo.jsp?id=15953.
[9] 国家发展改革委. 全国物流园区发展规划(2013—2020 年)[EB/OL].(2013-10-18)[2022-12-12]. http://www.gov.cn/gzdt/2013-10/18/content_2509728.htm.
[10] 中华人民共和国国家质量监督检验检疫总局,中国国家标准化管理委员会. 物流园区分类与规划基本要求:GB/T 21334—2017 [S]. 北京:中国标准出版社,2017.
[11] 中华人民共和国国家质量监督检验检疫总局,中国国家标准化管理委员会. 物流中心分类与规划基本要求:GB/T 24358—2017[S]. 北京:中国标准出版社,2019.

第七章

区域物流

本章学习目标

了解区域物流与区域经济之间的关系，理解区域物流的内涵，掌握区域物流的特征，熟悉区域物流的分类和作用，掌握区域物流系统的概念，了解区域物流系统规划的原则和内容，熟悉区域物流系统规划的程序，掌握区域物流网络的构成，熟悉区域物流网络布局的基本原则和一般流程；理解和掌握区域交通一体化的含义和构成；理解区域物流运作模式。

引例

粤港澳大湾区打造全球物流枢纽，区域物流升级发展迎来重大利好

2019年2月18日，中共中央、国务院对外发布了《粤港澳大湾区发展规划纲要》（以下简称《规划纲要》），内容涉及粤港澳大湾区规划战略定位、发展目标、建设国际科技创新中心等。这一重大规划的出炉，无疑是粤港澳区域物流升级发展的重大利好。《规划纲要》中明确提出：促进国际国内两个市场、两种资源有效对接，在更高层次参与国际经济合作和竞争，建设具有重要影响力的国际交通物流枢纽和国际文化交往中心。

在《规划纲要》中，着重强调了交通物流基础设施建设的重要性，并为其建设提供指导性方向。纲要指出，要加强粤港澳大湾区内基础设施建设，畅通对外联系通道，提升内部联通水平，推动形成布局合理、功能完善、衔接顺畅、运作高效的基础设施网络，为粤港澳大湾区经济社会发展提供有力支撑。纲要指出，要构建现代化的综合交通运输体系，在港口、空港和公路铁路等交通基础设施上加强互联互通，打造"1小时生活圈"。

港口：提升珠三角港口群的国际竞争力。巩固提升香港国际航运中心的地位，支持香港发展船舶管理及租赁、船舶融资、海事保险、海事法律及争议解决等高端航运服务业，并为内地和澳门企业提供服务。增强广州、深圳国际航运的综合服务功能，进一步提升港口、航道等基础设施的服务能力，与香港形成优势互补、互惠共赢的港口、航运、物流和配套服务体系，增强港口群的整体国际竞争力。

空港：建设世界级机场群。巩固提升香港国际航空的枢纽地位，强化航空管理培训中心的功能，提升广州和深圳机场国际枢纽的竞争力，增强澳门、珠海等机场的功能，推进大湾区机场错位发展和良性互动。支持香港机场第三跑道建设和澳门机场改扩建，实施广州、深圳等机场改扩建。

公路铁路——"1小时生活圈"：构筑大湾区快速交通网络。以连通内地与港澳以及珠江口东西两岸为重点，构建以高速铁路、城际铁路和高等级公路为主体的城际快速交通网络，力争实现大湾区主要城市之间1小时通达。编制粤港澳大湾区城际（铁路）建设规划，完善大湾

现代物流学

区铁路骨干网络,加快城际铁路建设,有序规划"珠三角"主要城市的城市轨道交通项目。

交通基础设施的全面升级无疑给物流行业的发展和整合打下了良好的基础,大湾区物流行业发展前景不可估量。

城市生活将更美好,物流服务升级不可少。粤港澳大湾区的发展,不仅促进了区域经济的发展,而且是我们党带领人民走向更美好生活的具体实践。大湾区的城市生活将更美好,其中城市物流服务升级势成必然。在粤港澳的土地上,有华润、招商局这样的重量级国企,它们在消费、物流领域有战略性的布局;这片土地还孕育了腾讯、网易、顺丰这样的知名互联网和物流企业,在新零售和新物流的发展方面呈现出勃勃生机。这里的物流服务的升级发展值得期待。

1979 年,改革大业从这里起航。2019 年,区域发展再次扬帆。在新一轮的发展中,物流的创新和发展将为国家发展大业增添一分力量。

(资料来源:https://www.sohu.com/a/296127252_100085523.)

党的二十大报告提出,要深入实施区域协调发展战略、区域重大战略、主体功能区战略、新型城镇化战略,优化重大生产力布局,构建优势互补、高质量发展的区域经济布局和国土空间体系。这离不开区域物流的高质量发展。区域物流属于中观物流的范畴。作为区域经济活动的重要组成部分,区域物流是区域功能得以发挥的有力支柱,体现区域资源的合理配置和有效利用,满足区域经济和社会可持续发展的战略需要。为实现区域经济和社会的可持续发展,要对区域物流进行统筹协调、合理规划、整体控制,从而实现区域物流各要素的系统最优目标。

第一节　区域物流概述

一、区域物流的内涵

(一)区域物流的概念

1997 年,美国《物流手册》把区域物流(Regional Logistics)定义为:"区域范围内的一切物流活动,包括运输、保管、包装、装卸、流通加工和信息传递等功能实体的流动,以及物流过程中各环节的物品运动。"它根据本区域的基础设施条件,将多种运输方式与物流节点有机衔接,并将物流基本活动有机集成,以服务本区域的经济发展,提高本区域物流活动的水平和效率,促进本区域的综合经济实力提升。

我国专家、学者也从不同角度对区域物流展开了研究。崔介何教授指出:"区域物流是指全面支撑区域可持续发展总体目标而建立的,以大中型城市为依托,适应区域环境特征、提供区域物流功能、服务于区域经济发展需要,具有合理空间结构和服务规模,实现有效组织与管理的物流形式。"董千里教授指出:"区域物流是在一定区域规划和构筑促进社会经济最佳战略实现的物流系统,及其与物流运营和监控等相关的活动体系。"崭伟教授认为:"区域物流是指一个地区范围或一个区域范围的货物运输、保管、包装、装卸、流通加工、配送和相关的信息传递活动。区域物流的主体是区域货物运输。"

> **小贴士　区域与区域经济**
>
> 区域物流中的"区域"是具有特定经济意义的区域范围,也可称为经济区域。经济区域不同于行政区域——一定等级的政府相应的政治、经济社会综合体,它没有明显具

第七章 区域物流

体的界限,是一定等级的经济中心相对应的自然、地理和经济综合体,是社会经济活动专业化分工与协作在空间上的反映,它自身存在着特有的经济规律。从这个意义上说,区域物流则包括省域物流、城市物流、县区物流、乡村物流或农村物流等。区域经济是特定地区国民经济整体的总称,它的内容包括经济地带和经济区划分、区域可扩大利用自然资源的可能性、国民经济发展的地域比例、新区经济开发战略、科技进步对生产布局和劳动地域分工体系的影响等。

(二)区域物流的分类

按照辐射的主要区域范围不同,区域物流可以分为国际区域物流和国内区域物流。前者物流产业及物流活动主要覆盖跨国经济区域,如欧盟(EU)、北美自由贸易区(NAFTA)、亚太经济合作组织(APEC)等;后者物流产业及物流活动主要辐射范围为国内特定经济区域,如日本的东京圈、阪神圈、京都圈、北海道圈等。我国在传统上就有东北、华北、华东、华南、西南、西北等六大区域联合体。近年来,又出现了如珠江三角洲、长江三角洲、环渤海经济圈、大西北经济区、东部沿海经济带、长江经济带、黄河经济带等若干新的区域联合体。与此相对应,就自然产生了珠江三角洲物流、长江三角洲物流、东部沿海物流以及大西北物流等区域物流的概念。

(三)区域物流的主要特征

1. 复杂性

区域物流中的"区域",首先是一个地理区域。在这个地理区域内,往往有数量庞大的微观物流组织,包括专业化与非专业化的物流经营单位和企业或其他事业单位,它们都是该区域的物流经营主体。它们之间存在着竞争与协作关系,从而形成复杂的物流市场竞争结构。此外,当区域物流中的"区域"是两个以上行政联合体时,区域物流的行政管理主体也是多元的,从而存在着物流行政管理主体之间的竞争与协作关系,如围绕区域物流行政管理权的竞争等。这说明,区域物流不仅存在着物流经营主体之间的竞争与协作关系,还存在着物流行政管理主体之间的竞争与协作关系。

2. 中心性

区域的中心城市对区域物流的形成和发展具有主要的影响。大中型城市是区域经济的核心,往往是区域物流发展的中心,如华中的武汉、华南的广州和深圳、华东的上海。区域物流的发展必须以中心城市为核心,向区域内的周边地区辐射和蔓延。中心城市的物流发展政策会对区域物流发展的内容、模式和趋势产生重要影响。

3. 距离经济性

不同运输方式通常有最佳的距离范围,公路运输的最佳距离一般在 500km 以内。长三角和珠三角的区域经济,基本上分布在以上海和广州为核心的 200km 以内。这也要求物流企业在最佳距离范围内实施有效的物流组织活动,既为客户提供高水平的物流服务,又获得最佳的企业经济效益。实际上,最佳运输距离就确定了区域物流的辐射范围。

4. 动态性

区域物流中的区域成员及区域边界会随着经济资源、产业结构、物流技术、信息技术等的变化发生相应的改变。上述环境的变化,将导致该区域的经济规模与结构发生变化,从而导致该区域的物流规模与结构发生变化,进而导致该区域的成员或区域边界发生变化。对一个具有多个行政区域的区域物流而言,上述物流环境的变化将会大大改变原有区

现代物流学

域的成员构成，或是新成员的加入或是原有成员的退出，从而导致区域边界的扩大、重组、缩小甚至消失。这就是说，区域物流的区域边界是动态的，缺乏稳定性。

二、区域物流的地位和作用

区域物流是区域经济的重要组成部分，是促进区域经济与社会协调发展的重要力量，具有重要的地位与作用。

（一）区域物流与区域经济相互促进

区域物流与区域经济是相互依存的统一体。区域物流是区域经济的主要构成要素，是区域经济系统形成和发展的重要力量。区域物流在区域经济中具有双重功能，即从属功能和引导功能。从属功能表现为由多环节、多功能构成的物流系统必须为区域经济服务。一方面，区域物流体系是保证区域开发的先行条件；另一方面，随着经济的发展和生产的积累，区域经济的发展速度加快，既有生产规模不断扩大，系统输入输出量不断增长，对区域物流的地域范围和能力规模提出了新的要求。此外，经济格局在地域上迅速扩展，经济联系日趋复杂，要求区域物流体系不断完善以适应区域经济发展的要求，具体表现为物流的空间格局由点线状向网络状发展，以及区域物流系统内部各功能子系统效率的提高。引导功能是指物流对区域经济结构、规模和空间布局的引导和反馈作用。实质上也是将区域物流体系优势转化为生产优势和经济优势的过程。区域物流体系的完善程度往往是吸引对该区域进行投资的重要因素。区域经济越发达，对建立区域物流体系的需求就越大，区域物流体系就越完善，反之亦然。具体而言，在区域经济的发展进程中，合理的区域物流系统主要的基础作用表现在三个方面：①降低运行成本，改变区域经济增长方式。合理的区域物流系统能够显著降低交易成本。区域物流系统是由诸多节点和线路组成的网络体系，合理的区域物流系统把原来各要素之间偶然的、随机的关系随之变成网络成员之间稳定的、紧密的联系，减少了组成要素之间的磨损和交易成本，提高了要素和整个网络的收益。②形成新的产业形态，优化区域产业结构。合理的区域物流系统可以发挥整体优势和规模效益。区域物流系统的合理化将对第三产业的发展起到积极的促进作用，推动区域经济发展，解决就业问题，增加税收，促进其他行业的发展。同时，还将进一步带来商流、资金流、信息流、技术流的集聚并促进交通运输业、商贸业、金融业、信息业和旅游业等多种产业的发展。这些产业都是第三产业发展的新的增长点，是第三产业重要的组成部分。合理的区域物流系统要求利用现代化的物流设施、先进的信息网络进行协调和管理。现代物流属于技术密集型和高附加值的高科技产业，具有资产结构高度化、技术结构高度化、劳动力高度化等特征。建立区域物流系统有利于区域产业结构向高度化方向发展。③促进以城市为中心的区域市场形成和发展。城市的建设与发展离不开物流的支撑。区域物流的发展，完善了区域物流网络的布局，提高了城市与城市之间的紧密连接程度，从而促进了区域市场的形成和发展。

（二）区域物流发展有助于实现区域交通的合理化

运输是物流的两大支柱之一。因此，区域物流与区域交通具有十分密切的关系。区域交通运输能力与管理水平是区域物流能力与区域物流效率的决定性因素，区域物流的发展需要完善、合理的区域交通网络。区域物流的协调发展又实现了区域交通节点布局的优化，将有助于解决交通拥挤等区域交通问题，促进区域交通的合理化。

（三）区域物流发展有助于促进区域就业

物流产业是资本与技术密集型行业，也是劳动密集型行业。物流产业不仅是第三产业中吸纳就业人口较多的行业，也是所有产业中吸纳就业人口较多的行业。目前，我国物流专业化、市场化与产业化的程度还不高，发展区域物流可以促进区域物流的专业化分工，丰富区域物流服务与物流事业内容，提高区域物流的专业化与市场化水平，加快区域物流的产业化进程，从而充分发挥物流领域的就业潜力，扩大物流领域的就业量，促进区域就业。

（四）区域物流发展有助于提高居民的生活质量

居民的生活质量体现在许多方面，如收入、居住空间、生态环境、文化教育、健康休闲等。上述这些方面都与物流有直接或间接的关系。例如，物流产量化的程度越高，提供的就业机会也就越多，从而为物流从业者提供的收入也就越多。同时，由于物流产业的发展及物流效率的提高，也会导致其他产业效率的提高，进而导致其他产业的效益与收入水平的提高。再如，物流网络（物流路线、物流设施与物流网点）的合理布局、物流作业效率的提高，不仅可以节约人类的居住空间，改善人们的居住环境，而且可以减少交通拥挤、交通事故、污染与噪声等环境问题。更为重要的是，物流的发展可以大大提高人们的生活便利程度。例如，及时、准确、安全、快速、高效的配送系统极大地方便了人们购物，特别是在信息技术的支持下，人们足不出户就可以及时购买所需要的商品。因此，物流业的发展有效地提高了人们的生活质量。发展区域物流不仅是发展区域经济的重要手段，也是提高区域居民生活质量的重要途径。

第二节 区域物流系统规划

一、区域物流系统概述

（一）区域物流系统的概念

区域物流系统是具有区域物流服务功能的，由相互作用和相互依赖的物流实体要素组成的有机整体。区域物流系统是区域经济大系统中的一个子系统。区域物流系统管理的目的在于实现区域经济系统的目标，提高区域经济系统的综合能力。所以，区域物流系统的能力与水平是区域经济实力的体现，也是衡量一个区域现代化程度的重要标志之一。

（二）区域物流系统的结构

从宏观层面上，区域物流系统可以看作区域物流系统的主体要素、客体要素、载体要素、物流信息环境和地方政府之间，在长期正式或非正式合作与交流关系的基础上所形成的相对稳定的系统形态。区域物流系统结构如图7-1所示，其中区域物流系统的主体决定了区域物流系统的组织结构，区域物流系统的客体决定了区域物流系统的物品类型和规模，区域物流系统的载体决定了区域物流系统的空间结构。因此，一个区域物流系统的总体结构决定了该区域物流业的发展水平和规模。

1. 区域物流系统的主体要素

区域物流系统的主体要素是指专门为物流市场提供物流服务的物流组织，包括第三方物流企业、运输企业、仓储企业等。这些企业可为本区域、中心城市、跨区域或国际物流市场提供综合物流服务、专业化物流服务或功能性物流服务，从而形成多层次、多功能、

现代物流学

不同主体性质的物流产业群体。在整个区域物流主体空间结构中，物流园区、物流中心、配送中心共同构成区域物流系统三个层面上的物流节点网络。作为区域物流系统基础的主体要素，其集中程度及运作能力是划分区域物流结构层次的主要依据。

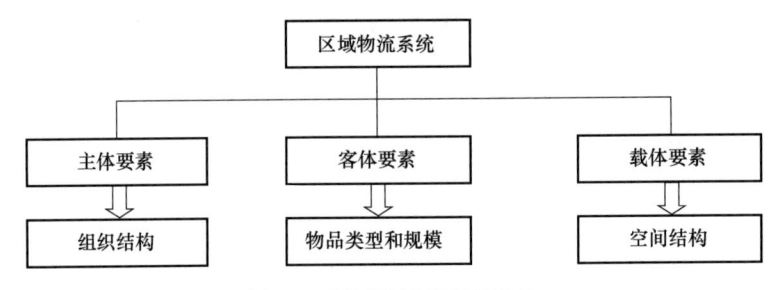

图 7-1 区域物流系统的结构

2. 区域物流系统的客体要素

区域物流系统的客体要素即物流对象，是一切在物流主体之间进行定向循环运动的物质实体。物流客体种类繁多、数量庞大，每种物流客体都有不同的形态、结构、功能、用途、物理特征和度量单位，并且由不同的生产者生产和不同的消费者使用。物流客体一般具备可移动性，通过物流主体的活动安排，物流客体不断地从供给主体向需求主体、从生产领域向消费领域运动，从而实现物流主体的物流功能。然而，客体的运动必须借助适当的物流载体才能实现。

3. 区域物流系统的载体要素

区域物流系统的载体要素主要是指区域的交通基础设施条件和物流信息系统，这是区域物流活动必须依赖的必要条件和平台。公路、铁路、机场、港口、航道的布局与网络的合理化对区域物流体系的运作效率和区域物流节点的空间布局有着直接影响。物流信息系统主要是指与区域物流系统运行高度相关的各种信息系统，如道路交通信息系统、自动收费系统等。区域物流载体系统的完善程度和先进程度是一个区域物流发展水平的重要标志。要构建一个协调发展、物畅其流的区域物流载体系统，仅依靠市场的自发行为是不够的，还需要各级政府的统筹规划。

二、区域物流系统规划

（一）区域物流系统规划的概念

区域物流系统规划是指以国家、地区的经济和社会发展计划为指导，以区域物流系统内的政治、经济、文化、自然资源、交通条件等为依据，考虑区域物流系统发展的潜力和优势，在掌握交通运输、仓储等物质要素的基础上，研究确定区域物流系统的发展方向、规模和结构，合理配置资源，统一安排交通运输、仓储等设施，使之各得其所，协调发展。区域物流系统规划是区域物流发展的蓝图，也是区域物流发展的行动指南。它不仅有利于避免区域物流发展的盲目性、节约学习成本，而且有利于预防和解决区域物流与交通、城市建设、环境保护、居民生活等的各种矛盾。

（二）区域物流系统规划的原则

1. 系统性原则

系统性原则是指在进行规划时，必须对其中的各种因素进行系统思考、系统设计。首

第七章 区域物流

先，区域物流系统本身"二律背反"的特点，就要求在进行区域物流系统规划时，必须对其中的各种构成要素进行系统思考、系统设计。其次，区域物流系统还是一个区域经济、社会系统的构成要素，是区域经济、社会系统的子系统。这就要求在进行区域物流系统规划时，必须将其置于区域经济与社会发展规划之中。同时，必须系统思考区域物流系统规划与其他区域经济、社会发展规划的相互关系。

2. 战略性原则

战略性原则是指在进行规划时，必须对其中的各种要素进行长期的、战略性的思考与设计。战略性原则也叫长期性原则或前瞻性原则。在进行区域物流系统规划时之所以要坚持战略性原则，是由规划的性质决定的。同样，区域物流系统规划也不是短期的、具体的区域物流工作计划，而是长期的、全局性的区域物流发展计划，即区域物流系统规划不是解决短期的局部问题，而是解决长期的全局性问题。

3. 科学性原则

科学性原则是指在进行规划时，必须对各种规划要素进行科学的调查、分析、定位，并利用科学的方法与程序进行规划。首先，对区域物流系统规划要素的现状与问题进行科学的调查，包括对规划要素的现状、比较优势、现存问题、竞争对手的现状与战略等要进行科学的调查。其次，对区域物流系统规划要素的现状与问题要进行科学的分析。最后，要有科学的规划方法与程序。

4. 可行性原则

可行性原则是指在进行区域物流系统规划时，必须使各种规划要素的定位、目标、措施适合本地区的实际情况，具有可操作性。区域物流系统规划虽然是着眼于中长期的，但是不能脱离国情或区情，规划要素的定位与目标必须具有可实现性，即经过一定的努力可以达到或实现这些定位或目标。

5. 协调性原则

区域物流发展与区域内其他的经济建设既相互管理、相互促进，又相互制约。区域物流的发展规划应与区域内的其他各项经济建设和社会、文化、政治、教育等建设和发展相互协调，千万不可孤立进行。此外，还应强调组织物流的各部门及物流各环节的相互协调，加强信息交流，在时空上互相衔接。

6. 规范性原则

区域经济的主体应依据现代物流的要求，在规划时对区域物流具体运作和物流流程进行规范，并确立科学合理的评价标准体系，依此进行区域物流组织和管理。在区域物流的发展过程中，要有效降低区域物流资源整合的成本和损失，提高区域物流发展的质量。对区域物流的规范化运作无论从物流服务的提供方，还是从物流服务的需求方而言，都是十分必要的。

（三）区域物流系统规划的层次和内容

1. 区域物流系统规划的层次

区域物流系统规划工作是一项复杂的系统工程，规划内容多，可分为区域物流总体规划、重点城市物流规划和重点物流园区规划等三个层次。

（1）**区域物流总体规划** 区域物流总体规划是指对一个行政区域或若干行政区域联合体的物流发展进行总体规划。它是最基本、最高层次的区域规划，是其他区域物流规划的基础。

（2）**重点城市物流规划** 重点城市物流规划是指在区域内的重点城市及其周边地区范

现代物流学

围内，根据现有的物流状况以及未来的物流发展需求，从社会整体角度出发，综合考虑城市经济、交通、环境等各个方面，合理配置城市物流资源。它是从属于区域物流总体规划的第二层次的区域物流规划。

（3）重点物流园区规划　重点物流园区规划是指在区域物流总体规划和重点城市物流规划的基础上，对重点物流园区的物流发展所进行的规划。大城市往往存在若干个各具特色的着重发展的重点物流园区。

2. 区域物流系统规划的内容

区域物流系统规划的内容主要包括区域物流发展的战略定位、区域物流发展的目标、区域物流发展的措施。

（1）区域物流发展的战略定位　区域物流发展的战略定位主要包括两个层次：一是区域物流在区域、全国、跨国区域乃至全球物流中的战略定位；二是区域物流在该区域经济与社会发展中的战略定位。

区域物流战略的制定主要涉及区域物流发展理论、区域区位条件、区域产业结构、区域物流业发展状况、区域物流基础设施建设、区域物流信息平台规划，以及区域内物流相关标准、法规和配套政策、物流专业人才培养等方面的内容。

（2）区域物流发展的目标　区域物流发展的目标是区域物流发展战略定位的体现，也是区域物流发展的具体方向。因此，区域物流发展目标的制定必须全面、系统和符合区域物流发展的战略定位。此外，区域物流发展的目标不仅体现在一系列的数量指标上，而且体现在质量指标上。

（3）区域物流发展的措施　区域物流发展的措施大体可分为三类：一是强制性措施，即各微观物流主体必须执行的措施，如物流基础设施建设法、大型物流网点布局法、物流标准化法及物流环境法等各种法律；二是引导性措施，也叫激励性措施，主要是指促进或激励微观物流主体为实现区域物流发展目标而进行积极努力的各种经济政策；三是服务性措施，即区域物流管理当局为实现区域物流发展目标向区域内微观物流主体提供的各种服务与支持，如区域政府直接投资建设的关键性的物流基础设施、物流信息平台等。由于区域物流发展目标的性质与特点不同，各种措施的适用目标及其有效性也不同，这就要求针对不同的发展目标采取不同的措施。

（四）区域物流系统规划的程序和方法

1. 区域物流系统规划的程序

区域物流系统规划的程序可以分为以下几个步骤：

（1）组建区域物流规划小组或委员会　区域物流规划小组既可以由区域自己组织形成，又可以由委托的外部专业机构组成。这两种组成形式的规划小组的成员都必须包括各个方面的专家及实际工作者，在规划人员中至少要有交通、城市规划、物流、金融（财务）等方面的专家与实际经验者。

（2）收集基础资料，并进行必要的实地调查　基础资料包括区域及其相关区域经济与社会发展的统计资料、城市规划资料以及物流等相关方面的统计资料。同时，要对区域内大型物流基础设施、物流网点、典型企业（生产企业、流通企业与专业化物流企业）进行实地调查，以获得第一手资料。

（3）数据处理与分析　使用必要的统计分析方法与数据处理方法，对各种数据进行分类、统计与分析，从而得出初步的数据结论。

第七章 区域物流

(4) 进行区域物流发展的战略定位　通过对数据的动态分析，可以发现各种规划要素的变动趋势，据此预测未来的走向。根据动态分析与趋势预测的结果确定区域物流发展的战略定位。

(5) 制定各种发展目标　根据战略定位及前述的数据分析结果，制定具体的区域物流发展目标，包括目标实现的阶段或时间期限。

(6) 制定具体措施　根据区域发展目标，提出实现目标的各种措施，措施与目标应该一一对应。

(7) 形成规划草案，征求各方意见　规划草案必须广泛听取各方的意见，特别是较大区域物流发展规划，更要反复征求意见，以使规划更加完善和科学。因此，需要召开各种形式的研讨会，在充分听取并借鉴各方意见的基础上，对规划草案进行最终调整与修改，完成规划方案或报告。

(8) 规划方案的评估　这一步可分为两个不连续的阶段。第一个阶段是在规划方案未决定之前，对若干个可供选择的方案进行评估。评估要有共同的标准和方法，以客观地判断各方案的优劣。在评估的基础上，选出较为合适的方案。第二个阶段是在规划初步选定后，邀请政府部门和行业主管部门及各方面的专家，对规划方案进行评价、论证和评审。规划制定者根据评审的意见，认真研究并做出必要的修改，最后形成规划文件或规划报告。

需要注意的是，区域物流规划工作是一个循环的过程。静态规划经常会出现不适应当前或以后的需要的情况。因此，物流规划应该采取动态规划的方法，把规划当作不断循环的动态过程。

2. 区域物流系统规划的方法

(1) 系统分析法　系统分析法通常由三个基本环节构成：系统形成、系统分析和系统评价。

系统形成即确定被研究系统的性质和边界，设计好价值系统并将其进行综合。在区域物流系统规划中相当于确定规划的类型、目的要求、发展的总体目标与具体任务。

系统分析是指对系统组成要素的性质、功能、相互关系进行分析，对系统的各种不确定因素、系统的组织结构、系统状态和可能的变化，通过综合处理，建立模型，反复验证，做出判断，并提出决策方案。系统分析要回答为谁、为什么、何时、何地、做什么、怎样做等问题。在区域物流系统规划中，系统分析是指区域物流发展条件评价和规划方案的设计。

系统评价是指在规划方案提出后或实施过程中，根据收益、成本等基本指标对规划方案做出综合评价。评价时要特别注意方案的可靠性、先进性、规范性、经济性、可操作性、可扩展性和灵活性等。在综合评价时，常采用演绎法和归纳法。

运用系统分析法进行区域物流系统规划，首先必须把规划的对象看成一个整体。一方面，这个整体是许多要素、部门、方面相互联系的整体；另一方面，这个整体又与外界存在密切联系，是更高级的国民经济系统中的一个子系统。其次要通过物流的各要素、各部门、各方面联系的性质、结构等来判断规划对象的复杂程度。最后要明确目前的状态是过去和当前各要素相互作用与外界因素影响的结果，从而寻找使系统优化的要素关系和外界条件。

(2) 传统综合法　传统综合法是指在系统分析的基础上，不断地将系统分析的结果加以综合，从而形成整体认识的一种科学方法。它是按照系统整体化的要求，把各个要素综合成相应的子系统，再将各个子系统综合成一个大系统。这种方法的另一个特点是创造性。它是根据系统分析的结果，把各个要素按照新的联系形成整体优化的新结构，创造出更符合总体目标要求的新系统。

区域物流系统规划中的综合平衡要处理好三个方面的关系：①供给与需求的关系。规划应尽可能使需求和供给相互适应、相互协调。②物流活动各环节的关系。要使物流活动各环节的设施、设备和技术相互协调、密切配合，在空间上合理布局。③区域之间的关系。要在效益与公平的基础上，安排好各种社会物流基础设施。

（3）比较法　比较法在区域物流规划工作中被广泛运用。例如，影响物流发展的因素很多，这些因素中哪些是关键因素，只有通过对比才能确定。此外，物流发展具有一定的规律性，条件类似的区域会具有一些共同特征和发展趋势。因此，区域物流规划的目标和具体指标可以对不同地区同类指标进行对比分析后加以确定。重点地区和重点项目与设施的布局地点的选定通常也是根据设施、市场、经济水平与结构等因素，选择多个方案进行比较的结果。

（4）数学模拟法　在区域物流规划中采用数学模拟法是非常必要的。因为如果规划研究停留在定性描述、定性分析的层面，得出的结论往往不确切。在规划研究中引入数学模拟法，可以使规划建立在更加理性、科学的基础上，提高规划成果的质量和实用价值。此外，采用数学模拟法，能比较有效地掌握多方面的大量信息，并进行有效的整理，解决多目标、多方案、多种结构所提出的复杂要求。

数学模拟法的关键是建立模型。区域物流系统规划模型分为以下几种：

一是结构功能分析模型。这种模型着重对物流要素的作用、功能进行结构分析，以分析区域物流发展变化的内因，并组建未来合理的结构。投入产出模型、网络模型等都属于此类模型。

二是发展预测模型。根据发展的历史轨迹预测未来，或者根据发展过程中各要素变化的相互关系预测总体的变化，如时间序列模型、回归分析模型等。

三是决策分析模型。决策过程是拟订方案和对方案可能产生的效果进行评价的过程。决策分析模型又可分为单目标决策分析模型（如线性规划与非线性规划模型等）和多目标决策分析模型（如线性加权模型、成本效益分析模型、模糊数学分析模型等）。

第三节　区域物流网络布局规划

一、区域物流网络概述

区域物流节点和联系节点的物流通道共同构成区域物流网络系统。

（一）区域物流节点

区域物流节点是指具有较强的辐射能力和库存准备，向省（市）际、全国乃至国际范围的客户提供物流服务的物流节点。一般而言，这种物流节点规模较大、客户较多、批量也较大，往往是为下一级城市物流中心提供服务的。

区域物流节点具有层次性，不同层次的节点对物流网络的贡献度和重要性不同。区域物流节点一般分为核心节点、重要节点和辅助节点三个层次。

（1）核心节点　核心节点具有经济实力雄厚、交通便利、信息通畅、辐射半径大等优势，能够完成各种类别的、复杂的物流服务。核心节点通过配套完善各项基础设施、服务设施、提供各种优惠政策，吸引大量物流（配送）中心在此集聚，使其获得规模效益，降

第七章　区域物流

低物流成本。

（2）重要节点　重要节点是核心节点和辅助节点之间必要的缓冲和连接，可有效地缓解由于距离核心节点过长而引起的物流反应速度下降的问题，其本身的经济水平可以带动一定范围的物流活动，完成一定范围的物流综合服务。

（3）辅助节点　辅助节点位于物流供应链的末端，完成个别的、部分物流业务的综合服务，通常是满足城镇居民的生活消费，或者承担周边短距离农村腹地的生产服务。

三种物流节点既相互联系又相互区别。核心节点具有多式联运、综合运输、干线终端运输等大规模物流功能，所需用地规模大，并且应有适当的备用地。重要节点功能健全，具有较强的分销能力，并能提供综合的物流服务功能，所需用地规模也较大。核心节点和重要节点多数是由政府统一规划和运营的。辅助节点一般提供具体的专项物流服务，面向特定市场和客户。例如，对城市内部及周边地区进行末端配送服务。此类型的物流节点通常规模不大。

（二）区域物流通道

区域物流通道是指物流节点之间的联系形式。从承担辅助交通运输功能的角度，可以将区域物流通道分为区域间干线、城市间干线、节点间干线和一般城市道路四种。

（1）区域间干线　区域间干线是指在区域间进行大规模货物运输的交通干线，包括各种铁路干线、公路干线、海运干线、空运干线等。

（2）城市间干线　城市间干线是指在区域内的各个城市之间进行货物运输的交通干线，虽然也可以包括海运干线、空运干线等，但区域内的各城市之间最主要的干线是公路干线，尤其是高速公路干线。

（3）节点间干线　节点间干线是指在区域物流中心内各种物流节点之间的主要交通线路，包括铁路支线、城市快速通道（高速路）、城市交通干道等。

（4）一般城市道路　一般城市道路是指在区域物流中心内各种物流节点和城市内客户之间的主要交通线路，包括城市的交通干道和各种支路。

二、区域物流网络布局

（一）物流节点与物流通道的布局原则

物流网络规划主要考虑区域物流中心的各种物流节点和物流通道的合理配置，通常需要考虑以下基本原则：

1. 核心节点布局的基本原则

核心节点一般建在远离城市中心的地区，布设在城市外围或郊区。由于需要组织大规模干线运输，核心节点应设置在区域间干线、城市间干线进入城市的地方附近，或者在几种交通干线交汇点，用地比较充足的地方。在海港、空港、铁路货站附近一般可以建设物流园区，承担区域之间的物流服务。

2. 重点节点和辅助节点布局的基本原则

重点节点和辅助节点虽然物流量不如核心节点物流量大，但是通常进出的车辆也会对局部交通造成显著影响。因此，重点节点和辅助节点应设置在城市快速通道、城市交通干线附近。随着重点节点地位的加强，重点节点有向核心节点集聚的趋势。辅助节点要服务于城市不同地点的客户，一般分散在城市中。

3. 城市间干线建设原则

城市间干线布局应积极推动区域物流中心城市与其他城市间的交通干线建设，修建高

现代物流学

速公路,进一步降低区域物流成本,提高区域物流的响应能力和效率。

4. 节点间干线建设原则

物流园区之间,物流园区和海港、铁路货站、空港之间应建设铁路支线、城市快速通道(高速路),以方便多式联运及节点间的联系。

(二)区域物流网络布局的一般流程

区域物流网络布局需要通过详细的调查,结合相关资料形成多个方案,然后对多个方案进行比选,获得最适合的布局方案。具体步骤如下:

(1)对区域物流现状做充分的调查,对区域物流的总量、特征、趋势做出系统分析,在此基础上形成对区域物流的发展预测。

(2)在对区域物流发展总体把握的前提下,分析区域物流节点在整个区域中的地位,对区域物流节点的物流总量需求、分类构成等进行预测,包括区域间的物流、区域内的物流以及本城市的物流需求预测。

(3)在预测的基础上,结合区域与城市规划、区域交通网络规划,以及各种货物品种流动路线的详细资料,综合考虑物流节点的类型和数量,确定备选的物流节点的选址位置,然后采用一定的规划技术提出物流节点规划的多个初步方案,每个初步方案还需要有相应的物流通道设置方案。

(4)根据物流节点周边的用地条件、物流节点的服务对象、物流节点的交通条件等资料,会同地方相关部门对初步方案进行比选,确定最合适的布局方案。

(5)估计物流节点的规模,提出物流网络建设与物流发展的政策建议,形成最终的物流网络布局方案。

第四节 区域物流运作管理

一、构建一体化的区域交通运输体系

运输对于完善区域物流的运作,推动区域经济的发展具有举足轻重的作用。随着全面建设小康社会战略的实施,我国长江三角洲、珠江三角洲、环渤海经济区、东北老工业基地、成渝经济区、粤港澳大湾区等为代表的区域经济发展得如火如荼。按照中共中央提出的实施全面、协调、可持续的科学发展观,统筹城乡发展、区域发展、经济社会发展、人与自然和谐发展的要求,交通运输业也将进入一个新的发展阶段。但作为区域经济发展的物质生产部门和重要基础设施条件,区域交通运输存在的制约性影响日益明显,需要从经济区域的更高层次、更宽角度予以重新认识、考虑。

区域交通运输一体化主要是指按照区域经济发展的总体目标,在全区域内优化配置交通运输资源,通过不同运输方式的合理分工,充分发挥各种交通运输方式的优势,打破行政界线、部门界线、地域界线,推动区域综合运输系统的协调发展,提高区域交通运输总体效益和服务水平的动态过程。区域交通运输一体化应该包括交通运输规划建设一体化、交通运输市场一体化和交通运输管理一体化三个方面。

当前,在区域交通运输一体化发展中,主要存在以下问题:一是缺乏有效协调和统筹规划;二是仍然不同程度地存在区域运输市场分割现象;三是区域交通运输管理脱节,缺乏整体协调分工等。这在客观上阻碍了区域交通运输能力的发挥及运输效率的提高,影响

第七章　区域物流

了区域经济的进一步发展，削弱了经济的整体竞争力。

推动区域交通一体化，可以从以下几个方面入手：

1. 打破行政和行业界限，构建区域内的一体化运输网络

现代物流要求不同运输方式在运输网络方面相互衔接、合理配合。这就需要打破行政区域和行业界限，统筹规划，合理分工，积极发展各种运输方式，实现优势互补，形成具有规模效益的综合运输能力。因此，加快区域交通运输的一体化发展，首先应打破行政和行业界限，统筹规划建设综合交通运输体系。

2. 有计划、有重点地发展各种运输方式

《交通强国建设纲要》中指出：牢牢把握交通"先行官"定位。《"十四五"现代综合交通运输体系发展规划》中提出：交通运输是国民经济中具有基础性、先导性、战略性的产业。但在不同的经济发展时期和经济区域，发展运输需要有所侧重。我国各经济区域应在充分认识自身特点的基础上，重点发展适合本区域经济发展的某种或某几种运输方式，并以此为中心建立完善的综合运输系统。政府可采取多种经济措施直接或间接地鼓励或制约某种运输方式的发展。这些措施包括投资、运价、税收、金融、征地、燃料和原材料供应政策等。

3. 以科技进步为动力促进综合运输体系结构优化升级

科技进步对交通运输业的发展最直接的推动作用体现在扩大运输能力、提高运输效率和效益、推进运输装备和管理手段现代化。除此之外，科技进步还将促使各种运输方式的整合，向综合运输体系方向发展。

> **小贴士　国务院办公厅印发《推进多式联运发展优化调整运输结构工作方案（2021—2025 年)》**
>
> 新华社北京 1 月 7 日电　国务院办公厅日前印发《推进多式联运发展优化调整运输结构工作方案（2021—2025 年)》(以下简称《方案》)。
>
> 《方案》指出，以习近平新时代中国特色社会主义思想为指导，深入贯彻党的十九大和十九届历次全会精神，以加快建设交通强国为目标，以发展多式联运为抓手，加快构建安全、便捷、高效、绿色、经济的现代化综合交通体系，更好地服务构建新发展格局，为实现碳达峰、碳中和目标做出交通贡献。《方案》提出，到 2025 年，多式联运发展水平明显提升，基本形成大宗货物及集装箱中长距离运输以铁路和水路为主的发展格局，全国铁路和水路货运量比 2020 年分别增长 10%和 12%左右，集装箱铁水联运量年均增长 15%以上。
>
> 《方案》提出六个方面的政策措施。一是提升多式联运承载能力和衔接水平。加快建设综合立体交通网；加快港口物流枢纽建设，完善铁路物流基地布局，有序推进专业性货运枢纽机场建设；健全港区、园区等集疏运体系，新建或迁建煤炭、矿石、焦炭等大宗货物年运量 150 万 t 以上的物流园区、工矿企业及粮食储备库等，原则上要接入铁路专用线或管道。二是创新多式联运组织模式。丰富多式联运服务产品，大力发展铁路快运，推动冷链、危化品、国内邮件快件等专业化联运发展；培育多式联运市场主体，鼓励港口航运、铁路货运、航空寄递、货代企业及平台型企业等加快向多式联运经营人转型；推进运输服务规则衔接，以铁路与海运衔接为重点，推动建立与多式联运相适应的规则协调和互认机制，深入推进多式联运"一单制"，探索推进国际铁路联运运单、多式联运单证物权化；加大信息资源共享力度。三是促进重点区域运输结构调整。推动

现代物流学

大宗物资"公转铁、公转水";推进京津冀及周边地区、晋陕蒙煤炭主产区运输绿色低碳转型;加快长三角地区、粤港澳大湾区铁水联运、江海联运发展。四是加快技术装备升级。推广应用标准化运载单元,积极推动标准化托盘(1200mm×1000mm)在集装箱运输和多式联运中的应用;加强技术装备研发应用;提高技术装备绿色化水平。五是营造统一开放市场环境。深化重点领域改革,建立统一开放、竞争有序的运输服务市场;规范重点领域和环节收费;加快完善法律法规和标准体系。六是完善政策保障体系。加大资金支持力度;加强对重点项目的资源保障;制定推动多式联运发展和运输结构调整的碳减排政策,鼓励各地出台支持多种运输方式协同、提高综合运输效率、便利新能源和清洁能源车船通行等方面政策。

《方案》要求,各地各有关部门和单位要将发展多式联运和调整运输结构作为"十四五"交通运输领域的重点事项,督促港口、工矿企业、铁路企业等落实责任,有力有序推进各项工作。

(资料来源:http://www.gov.cn/xinwen/2022-01/07/content_5666976.htm。)

4. 推进信息技术发展,推动区域运输发展

信息技术在交通运输业中的应用,使交通运输的管理、生产等发生了深刻变化。信息技术的广泛应用对交通运输业的发展起到了巨大的推动作用。首先,信息的畅通、通信技术的发展可有力地保障运输的安全,提高运输安全保障系统的可靠性。其次,采用现代信息技术进行运输生产的数据处理和信息传输,可缩短信息的流动时间,加速运输生产。采用信息技术极大地提高了运输信息处理和传递的及时性、准确性和经济性,避免了由于信息的无规律和重复带来的浪费。建立区域内运输信息平台,可以促进资源共享和运输的合理化,从而有效地避免浪费、节约资源。

二、因地制宜,确定区域物流运作模式

区域物流最重要的功能就是为区域经济发展服务。由于不同的经济区域的地理环境、物流基础设施条件、产业结构、产业组织及其关联强度、产业布局、区际产业之间的联系及原材料输入地和产品输出地(消费地)等方面存在差异,对区域物流的要求也各不相同。因此,应该在充分了解区域经济发展状况和物流现状的基础上,以促进区域经济快速可持续发展为目标,因地制宜,确定区域物流运作模式。

(一)产业集群下的物流运作模式

产业集群是由一定数量的企业和机构相互作用形成的。它的显著特点是相关企业在地域上集聚。这些企业和机构对物流服务的需求不言而喻。物流需求是在生产和交换活动中形成的一致性需求,它与制造和销售活动密切相关。制造企业和销售企业对运输、仓储、配送等物流服务功能及服务档次的要求各不相同,物流服务本身也表现出多层次、多样化、分散化的特性。

1. 产业集群物流的特点

产业集群物流与一般物流有不同之处。产业集群物流具有如下特点:

(1)服务对象的明确性 产业集群集中了众多企业,其物流服务的对象就是产业集群中的企业。

(2)服务的专业性 产业集群内的企业属于相同或相近的产业。由于生产的产品有相

似性，对运输、储存、配送等有相似的要求，这就使产业集群物流更具专业性，符合本产业集群产品的特点。产业集群的发展使产业集群物流经营更具规模化和经营物流品类的单一化，在客观上促使产业集群物流服务具有更高的效率。

（3）服务的短距离性　产业集群被认为是一组在地理上靠近的相互联系的公司和关联的机构。产业集群物流以集群内产品的流转为主，决定了产业集群内物流作业的短距离性，保证了企业物流的运作速度。

2. 产业集群物流的运作模式

产业集群下的物流运作模式有以下几种：

（1）企业自营运作模式　从交易费用理论的角度看，集群企业选择自营物流模式可以在一定程度上降低交易费用。如果产业集群物流协作需要的关系专用性投资程度很高，协作中的人力和实物资产越来越专用于一个特殊的用途，则转移到其他用途上能够实现的价值越来越小，投机行为的动机和预期将随之增加。如果购买物流服务，双方需要制定严密的契约条款，修订契约和监督契约执行的费用也随之增加，从而维持物流协作关系的双边交易成本随之攀升。在这种情况下，单边模式（集群企业自营物流）成为必然的选择。

（2）物流外包模式　从分工角度来看，分工在产业集群的形成和发展过程中发挥着重要的作用。尽管不同类型的产业集群形成的缘由、发展路径及特征不同，但都是基于发达分工促进产业集聚。产业集聚促使企业获得分工经济与外部规模经济。第三方物流具有网点优势，能够突破界限；具有技能优势，能整合社会物流资源；具有信息技术优势，能够降低交易成本。所有这些优势都有利于集群企业扩大市场半径和开拓新市场，同时降低产业集群因分工而带来的交易费用上升，进而促进分工深化。在此背景下，很多第三方物流企业在产业集群中应运而生。

（3）物流联盟模式　物流联盟是企业双方在物流领域的战略性合作中进行的有组织的市场交易，能节约纯粹市场交易中的各种相关费用。例如，避免交易中的盲目性，减少搜寻信息的成本。联盟企业通过建立一定的程序和惯例，能更顺利地达成交易，降低交易中讨价还价的成本。同时，联盟企业之间的组织协调可有效节约交易中的监督执行成本，交易双方也将自觉地抑制各自的机会主义行为；联盟组织的建立还有利于提高双方对不确定性环境的应变能力，降低由此带来的交易风险。可见，物流联盟可以利用组织化的优势，降低市场交易中的各类费用。

集群企业（尤其是中小企业）通过与物流服务提供商结成联盟，能有效地降低物流成本，提高企业的竞争能力。企业进行联盟能够在物流设备、技术、信息、管理、资金等各方面互通有无、优势互补，减少重复劳动，降低成本，达到共同提高、逐步完善的目的，从而使物流业朝着专业化、集约化方向发展，提高整个行业的竞争能力。

（二）基于交易市场的区域物流运作模式

区域交易市场是区域经济的一个重要组成部分。区域交易市场的物流量较大，是区域物流的重要组成部分。只有正确把握交易市场的物流运作模式，才能提高物流服务效率，降低物流成本，使交易市场正常运转，提升交易市场的整体竞争力，最终促进区域经济的发展。

区域产业、地理位置及政策等因素使区域之间的交易市场种类和规模各异。区域经济实力在很大程度上制约着交易市场的物流能力。区域交易市场的物流系统，必然是在区域交易市场发展战略的总体目标和模式框架下，根据区域交易市场的现状、区位优势、产业活动、流通活动等特点,开展独特、有效的物流服务。

区域交易市场的物流运作模式是动态和多样的。它的动态性体现在:为使物流高效率、低成本运作,更好地服务于交易市场的商品流通,物流运作模式不断完善和发展。同时,由于区域内各交易市场的商品具有不同属性,相应的物流运作模式差异也较大。下面以市场规模较大、物流运作较成熟的汽车、钢材、服装、农产品、建材、医药、生鲜产品等交易市场为例,分析不同类型的区域的交易市场物流运作模式。

1. 汽车、钢材类市场的物流运作模式

在汽车、钢材类等交易市场中,商品体积较大,仓储费用较高,搬运、装卸比较困难且耗时,因此商品多集中在区域配送中心或分别位于销售商各自的仓库。这些仓库与区域交易市场一般距离不太远,货物可以按照实际情况选择最近的运输路线,从区域配送中心发货或从销售商的仓库直接运往目的地。

2. 服装、农产品类等市场的物流运作模式

在服装、农产品类等交易市场中,商品种类繁多,商品体积较小,易于搬运存放。一般而言,为降低运费,多采取"前店后库"的经营模式。经销商通常会将货物直接运至区域交易市场。由于产品种类多,但批量小、批次多,为整车运输或形成规模,一般由几家经销商合作,采取共同配送的方式。然后,由客户自提或通过共同配送的方式将商品运到客户指定的地点。有些农产品还需要在区域物流中心进行流通加工。农产品的运输、储存、加工和装卸要求都比较高,要充分考虑其形态、腐变性、串味性、抗震耐压性、通风透气性和吸潮吸湿性等特点,保证在物流过程中不变质、不被污染。

3. 建材类市场的物流运作模式

建材类产品的特点是"量大、体重"。因此,建材类交易市场一般只有少许的样品,货物储存在交易市场周边集中的仓库区里。由于大量的建材类产品对物流需求量很大,一般通过专线火车进行运输,铁路沿边设有仓库区。

4. 医药、生鲜产品市场的物流运作模式

医药、生鲜产品一般统一存放在交易市场附近的具有温控功能的区域物流中心。许多医药、生鲜产品对物流作业要求较高,区域物流中心必须具有配套的高效分拣系统,并用相应的冷藏车运送。

(三)基于货运枢纽的区域物流运作模式

货运枢纽是指在两条或两条以上运输线路的交汇、衔接处形成的,具有运输组织与管理、中转及换装、装卸搬运、储存、多式联运、信息流通和辅助服务等功能的综合性设施。我国有计划地在全国建设了许多货运枢纽,包括公路货运枢纽、铁路货运枢纽、航空货运枢纽、水路货运枢纽以及综合货运枢纽。

基于区域货运枢纽的物流运作模式一般选择多功能服务型物流运作模式。该运作模式是以区域的特殊地理位置为基础(如港口、区域转运中心等),以大批量货运集散为物流活动的主要特征,同时提供各种如海关、检验检疫、货代和船代、保险、保税等与物流活动相关服务的物流模式。基于区域货运枢纽的多功能服务型物流运作模式的组成比较复杂,是集中多种运输方式和物流服务功能的设施群。它一般包括两类物理实体:一类是相互有紧密的作业联系、合理的业务分工协作、便捷的运输联系的物流节点设施,主要是指物流园和某些专业的物流中心;另一类是货运枢纽,包括铁路货运站和编组站、航空货运枢纽、公路货运站场等。除了提供传统的货物运输和仓储等基本的服务功能以及区域经济社

第七章 区域物流

会发展需要的物流服务功能外,该模式还应该具备以下服务功能:结算功能、需求预测功能、物流系统设计咨询功能、专业教育与培训功能、共同配送功能及其他附加增值功能。

大批量仓储、装卸、搬运及大规模运输工具、多种运输方式的衔接是该模式物流活动的主要特征,而服务性的增值活动则是提高该模式物流活动效率与效益的关键。完善的物流基础设施将成为该物流运作模式的核心。

(四) 综合物流服务模式

随着区域经济的发展,现代物流加快向物流集聚区集中。长三角、珠三角、环渤海、泛北部湾等大型综合经济区域发展迅速,需要与此类区域经济发展相匹配的综合物流服务运作模式。此类模式分为以下几种:

1. 经济开发区模式

经济开发区模式是将物流园区作为一个类似于工业开发区、经济开发区或高新技术开发区项目,进行有组织的开发和建设。经济开发区模式下的物流园区项目实际上是在新的经济发展背景下的全新的经济开发区项目,物流园区无疑是构筑高效率的新经济发展体系的重要组成部分。

2. 主体企业引导模式

物流园区的主体企业引导模式是指从市场经济发展的角度,以及利用市场进行物流资源和产业资源合理有效配置的角度,由利用物流技术进行企业经营和在企业供应链管理中具有优势的企业率先在园区进行开发,并在宏观政策的合理引导下,逐步实现物流产业聚集和引进依托物流环境进行发展的工业、商业企业,达到物流园区开发和建设的目的。

主体企业引导模式要求在城市经济管理体制、管理机制等制度方面具有很大的改革创新,要求能从中心城市发展和区域经济发展的高度,培育物流园区发展所需要的企业和良好的市场环境。

3. 工业地产商模式

工业地产商模式是指将物流园区作为工业地产项目,通过给予开发者适合工业项目开发的土地政策、税收政策和优惠的市政配套等相关政策,由工业地产商主持进行物流园区的道路、仓库和其他物流基础设施及基础性装备的建设和投资,然后以租赁、转让或合资、合作经营的方式进行物流园区相关设施的经营和管理。

工业地产商模式的理论基础是,物流园区的开发和建设的目的在于建立良好的物流运作与管理环境,为工业、商业以及物流经营企业创造提高物流效率和降低物流成本的条件。园区建设自身不是为了盈利,而是一种社会效益的体现,城市及政府的收益来自整体经济规模的扩大和经济效益的提高。

澳大利亚、美国、德国等均采用此种物流服务模式。此外,也有一些类似于工业地产商模式,如日本的东京、神户等经济中心城市,德国的不莱梅等城市,政府进行物流园的物流相关基础设施的投资建设,然后委托给一个或多个物流设施管理能力较强的企业,由其在政府制定的较为优惠的使用政策的框架下进行经营管理。

4. 综合运作模式

综合运作模式是指对经济开发区模式、主体企业引导模式和工业地产商模式进行综合运用的物流园区开发模式。

由于物流园区项目一般具有较大的建设规模和涉及的经营范围较广的特点,既要求土地、税收等政策的有力支持,也要求投资方面能跟上开发建设的步伐,还要求具备物流园区的经营运作能力。因此，单纯采用一种开发模式往往很难达到使物流园区建设顺利推进的目的，必须对经济开发区模式、主体企业引导模式和工业地产商模式进行综合运用。

课外阅读

多地敲定新一轮物流发展规划 物流枢纽集群和物流园区等将批量开建

现代物流业是支撑国民经济发展的基础性、战略性、先导性产业。四川、海南、湖南、江苏等多地发布了"十四五"现代物流发展规划，在敲定发展目标、主要任务的同时，细化实施路径、重大项目，配套建立重大项目库。根据相关规划，未来数年，大批物流重大工程将相继落地，大规模物流枢纽集群、物流园区有望加速形成。

多地敲定物流发展规划

多地发布了"十四五"现代物流发展规划，明确了发展目标。

《四川省"十四五"现代物流发展规划》提出，到2025年，四川省将基本形成内外联通、安全高效、智慧绿色、经济便捷、融合联动的现代物流服务体系，力争将四川省建设成为连接"一带一路"、长江经济带的西部物流供应链中心和全国物流高质量发展示范区。

江苏省提出，到2025年，基本形成枢纽引领、内联外通、集约高效、智慧共享、绿色安全的现代物流体系，努力把江苏省打造成为全国物流高质量发展示范区、物流数字化建设先行区、物流降本增效综合改革试验区。

海南省提出，到2025年，将基本建成国际化物流设施体系，基本完成数字化物流服务体系框架搭建，基本形成通达全球、服务全国的海洋物流和航空物流服务网络体系，多式联运能力明显加强，基本建成国际航运航空枢纽和面向国内国际两个市场的"国家大仓库"。

浙江省提出，到2025年，浙江省要成为物流成本最低、效率最高的省份之一，物流综合实力位居全国前列。规划建设快递专业类物流园区12个，快递集散中心11个；建成智能化、便利化的同城即时配送网络，实现城市建成区智能快递末端收投设施和行政村快递服务全覆盖，加快形成全国领先的邮政快递服务体系；全省快递业务量突破300亿件，形成日峰值超2亿件处理能力，快递、邮政业务收入超2000亿元。

北京物资学院教授王晓平对《经济参考报》记者表示，各地结合自身区位特点展开布局，亮点之一是提出物流业网络化发展思路。例如，江苏省提出，构建"通道+枢纽+网络"现代物流运行体系；湖南省提出，构建"通道+枢纽+网络+平台"现代物流体系；四川省提出，构建"通道+枢纽+网络"现代物流运作体系。

王晓平认为，只有加强物流网络化规划和布局，才能保证各地物流业既突出重点，又均衡发展。对于物流业而言，建设完善的物流网络体系，才能真正实现"货畅其流"。

"根据各地的资源禀赋和发展定位，地方'十四五'物流规划不一而论，但也有不少共性。一是重大局观，在大局中定位区域物流发展；二是立体布局，强调通道、枢纽、网络、平台的协同性；三是数智发展，普遍强调数字科技等推进物流提质增效；四是融合发展，普遍提到物流业与制造业融合，以及物流与电商等融合发展；五是普遍重视低碳发展、绿色发展。"物流行业专家杨达卿对《经济参考报》记者表示。

重大项目工程有望加速落地

在提出总体目标的同时，各地"十四五"现代物流发展规划注重落地，明确了主要任

第七章 区域物流

务、实施路径等,不少地方还配套建立了重大项目库。

湖南省提出,促进物流业与制造业深度融合、提升冷链物流发展水平、优化城乡物流配送网络、推动商贸物流提质升级、推进物流智慧化发展、提高绿色物流发展水平等十大主要任务。在提升冷链物流发展水平方面,将加快怀化国家骨干冷链物流基地建设,建设20个左右农产品冷链物流特色基地,建设2至3个中药材冷链物流集散基地,打造1至2个全国高端进口水产品基地等。

江苏省提出,形成以国家物流枢纽为骨干、省级物流枢纽和省级示范物流园区为支撑的物流枢纽体系,新增5个国家物流枢纽、5个国家骨干冷链物流基地、40个省级示范物流园区,建设28个省级物流枢纽。在重大工程上,将实施物流枢纽经济示范工程、物流园区织网工程、两业融合创新工程、物流企业上云工程、智力引擎升级工程、县域物流提升工程、物流领军企业培育工程、绿色快递示范工程、骨干冷链物流基地工程。

四川省将通过建设国家物流枢纽、打造区域物流枢纽、布局物流园区来打造物流枢纽网络。此外,四川省围绕做大航空物流、发展高铁物流,敲定具体的物流建设项目。其中,国际航空货运枢纽建设项目涵盖空港新城现代物流产业园、天府空铁公多式联运物流港、资阳临空经济区国际航空物流分拨中心、双流区顺丰四川分拨中心产业园等。

海南省将布局海口物流枢纽集群、洋浦物流枢纽集群、三亚物流枢纽集群、东方物流枢纽集群等四大物流枢纽集群,以及新海陆岛物流园区、澄迈金马物流中心、三亚综合物流园、琼海综合物流园、儋州综合物流园、海南湾岭农产品加工物流园、万宁乌场港冷链物流园等七个物流园区。

浙江省计划在全省各地市打造一批重点快递基础设施项目。在杭州,建设国际快递云仓、跨境供应链项目;在温州,建设韵达浙南(温州)快递电商总部基地项目;在嘉兴,建设总投资122亿元的圆通嘉兴全球性航空物流枢纽项目;在绍兴,建设圆通速递浙东总部;在金华,分两期建设总投资12亿元的顺丰浙中供应链基地项目;在台州,建设规划面积660亩(1亩=666.7m^2)的韵达快递关联产业园项目;在义乌,建设韵达小镇韵达浙江总部项目。

因地制宜精准定位

受访专家表示,各地在发展现代物流业时应因地制宜、精准定位。

王晓平认为,各地应借鉴物流发达地区的经验,以更高起点发展物流业,并与当地的地理位置、经济状况、人文特点相结合。例如,东部沿海地区可以充分利用沿海优势,建设发展与"外循环"相关的物流能力,形成"向海"发展的国际物流中心;西部地区可以充分挖掘"一带一路"的潜力,发展与之相对应的物流实力,在增强"内循环"能力的同时,适度提升在"外循环"中的能力,有序推进物流基础设施建设;中部地区则应更好地挖掘在"内循环"中的潜力,实现现代物流业的转型升级,连接东部和西部,发挥好桥梁和纽带作用,从而在未来向"外循环"要效益。

杨达卿认为,物流产业集群建设应贴近需求,围绕需求构建物流枢纽集群等。对于建设大规模物流枢纽集群和物流园区,王晓平建议,一是要充分论证,突出规划设计的前瞻性,结合实际需求搞建设;二是在充分发挥存量作用的基础上发展增量,充分发挥原有物流基础设施的作用,结合新的需求打造高水平的物流基础设施网络;三是要注重质量而非数量,力争让每一个物流枢纽、物流园区充分发挥作用;四是要与当地其他产业协同发展,在做好物流规划的同时,做好当地产业布局的规划设计;五是要提升物流枢纽和物流园区的应急能力,满足应急物流的需要。

(资料来源:经济参考报,新华网,https://baijiahao.baidu.com/s?id=1714818108753295194& wfr=spider&for=pc.)

◇ 复习思考题

1. 什么是区域物流？什么是区域物流系统？什么是区域物流系统规划？
2. 简述区域物流的特征和作用。
3. 简述区域物流系统规划的程序。
4. 简述区域物流网络的构成。
5. 简述城市物流的运作模式。

◇ 参考文献

[1] 孙莹. 区域物流规划：理论、方法及应用[M]. 北京：冶金工业出版社，2012.
[2] 张良卫，黄建明，曾亮兵. 区域物流学：发展与管理[M]. 武汉：武汉大学出版社，2012.
[3] 杨晓雁. 区域物流系统效应分析[M]. 上海：上海财经大学出版社，2012.
[4] 袁长伟，芮晓丽. 区域物流网络节点等级确定方法[J]. 物流技术，2015，6（34）：145-148.

第八章

国民经济物流

本章学习目标

掌握国民经济物流的定义,理解物流在国民经济中的地位,理解国民经济物流的主要任务;理解工业生产布局与国民经济物流的关系,了解矿产资源分布与国民经济物流的关系;理解国民经济物流的发展现状,理解国民经济物流存在的不足,了解国民经济物流发展面临的形势,掌握国民经济物流合理化的措施;了解我国关于国民经济物流的重大政策,了解《"十四五"规划和 2035 年远景目标纲要》与物流相关的主要内容,了解《"十四五"现代流通体系建设规划》与物流相关的主要内容。

引例

物流已成为支撑国民经济发展的重要组成部分

2020 年,深化供给侧结构性改革,物流规模再上新台阶,物流业总收入保持增长,社会物流总额超 300 万亿元,物流业总收入 10.5 万亿元。物流运行实现提质增效,单位成本缓中趋稳,为保障民生、促进经济发展提供了有力支撑,物流业已成为支撑国民经济发展的重要组成部分。

首先,物流业的活力进一步增强。物流企业与汽车、家电、电子、医药、冷链、烟草、化工、冶金、电商、零售等制造业、商贸流通业深度融合,形成一批专业能力强、服务质量高的品牌标杆。农村物流、双向流通的渠道进一步打通,服务密度大幅度提升,邮政快递物流服务网点覆盖 3 万多个农村乡镇,支撑消费品下乡和农产品进城产值近万亿元。

其次,物流业提供了更多的就业机会。物流业的迅速发展,也为更多的人提供了就业机会,物流业吸纳就业的能力不断增强,从业人员快速增长,在保居民就业方面发挥了重要作用。我国物流岗位从业人员为 5191 万人,主要分布在三个方面:一是物流专业人才保持较快增长,我国物流相关行业从业人员超过 1200 万人;二是运输物流仍是吸纳就业的主体,其中道路运输较快增长,铁路和水路有所放缓;三是电商快递、多式联运等新型行业成为新增就业的主要动力,"十三五"时期快递物流行业新增吸纳就业超过 100 万人,年均增长 10%,多式联运及运输代理行业新增吸纳就业人员超过 15 万人,五年年均增长 8%,增速均快于行业平均水平,为一大批人员提供了就业的机会。

最后,物流发展质量稳步提升。物流需求结构继续调整,新动能带动引领作用凸显。工业领域的高新技术物流需求、国际物流需求、网上零售物流需求快速发展,新产业、新业态、新产品的拉动作用持续增强。工业物流企稳回升,新动能引领带动作用显著。装备制造和医药制造物流需求向好。新动能相关物流需求持续增强,高技术制造业维持领先地位。全年高技术制造业物流需求增长 7.1%，增速快于工业品物流总额 4.3 个百分点，新旧动能转换进一步加快。国际物流总体稳中向好，进出口物流全面回升。在疫情影响下，世界经济增长和全球贸易遭受严重冲击，但我国经济展现出强大的市场活力和综合竞争力，进出口物流量快速回稳，物流业已成为支撑国民经济发展的重要组成部分。

（资料来源：田治江. 物流已成为支撑国民经济发展的重要组成部分[N]. 现代物流报，2021-03-03(A02).）

第一节 国民经济物流概述

现代国民经济物流作为一种先进的组织方式和管理技术，在国民经济和社会发展中发挥着重要作用，其发展水平成为衡量一个国家现代化程度和综合国力的重要标志之一，被喻为促进经济发展的"加速器"。

一、国民经济物流的定义

国民经济物流（Domestic Logistics）又称为国内物流，"是指在一国范围内由国家统一计划、组织或指导下的物流"。国民经济物流属于宏观物流范畴，强调的是从国家的角度，高屋建瓴地规划、组织关系国计民生的重大物流活动。它包括在全国范围内，跨区域和区域之间的多种物流形式。就物资而言，由于任何一个区域既可以是输出中心，又可以是输入中心，各区域之间相互制约、相互作用，使国民经济物流在具有广泛性的同时，又日趋复杂。

单个企业在物流活动中经常缺乏整体观念、全局观念，也没有能力组织公用基础设施的投资建设，制定和贯彻基础性的技术政策和行业标准。因此，国家整体物流系统化的推进，必须发挥政府的宏观调控作用。

二、物流在国民经济中的地位

物流在国民经济中的宏观地位是服务，明确定位是"生产性服务业"，即服务于生产，服务于流通，服务于消费。生产、流通、消费，国民经济的这三个组成部分，物流都贯穿其中，所以物流服务的地位影响国民经济的全局。但又不能过度强调这一作用，毕竟生产、流通和消费是主体，而物流只处于支持、保障、完善它们的辅助地位。当然，这是从宏观、总体而言，是普遍性的。如果国民经济有独特的情况，物流也会表现出独特的地位。"特定条件下，物流是国民经济的支柱"，随着"生产型社会"向"服务型社会"转型，这个服务地位越来越重要，具有战略前景。

（一）物流是国民经济的基础之一

物流是国民经济的基础之一是就物流对国民经济的"动脉"作用这一点而言的：物流输送各种物质产品，使生产者获得原材料、燃料，以保证生产的正常进行；同时，物流又不断将产品运送给不同的需要者，使生产、生活正常进行。这种互相依赖的存在是靠物流来维系的，国民经济因此成为一个有内在联系的整体。说物流是"动脉"而不说它是"器官"，这是因为，假如人体一个器官坏了，也许还会生存下去，而如果动脉停止运送血液，人就会死亡。当然，动脉的作用不仅是维持生存，而且还有生得健康、促进发展的问题。此外，物流还以宏观作用支持国民经济运行，改善国民经济的运行方式和结构，使之优化。

第八章 国民经济物流

> **小贴士** 夯实物流业为国民经济发展筑牢基础
>
> 2021年是我国在"十四五"期间开启全面建设社会主义现代化国家新征程的第一年，也是加快构建以国内大循环为主体、国内国际双循环相互促进的新发展格局的关键时期。在新发展格局下，加快构建支撑高质量发展的现代产业体系，必须把建设现代流通体系作为一项重要战略任务来抓。
>
> 我国是全球第一货物贸易大国，需要有一个高效的现代流通体系作为支撑，而物流业作为现代流通体系的重要组成部分，其作用极其重要。只有物畅其流，才能货通天下。物流业在国民经济发展中发挥重要的基础性、战略性、先导性作用，一头连着生产，一头连着消费，在产业链供应链中具有桥梁作用。从国内大循环看，生产端要进一步营造低成本、高效率的物流环境，促进物流业与制造业深度融合、创新发展，为优化产业组织模式，增强区域优势和产业竞争力提供有力的支撑。从国际循环看，预计未来十年，我国累积商品进口额有望超过22万亿美元，新发展格局要求不断调整优化国际物流格局，以更好地适应对外贸易的方向、货物出口结构、贸易方式等的变化。
>
> 据测算，社会物流总费用占GDP比重降低1个百分点，就可以节约7500亿元。因此，夯实物流业，也是为我国国民经济发展筑牢了基础。为此，我国在"十四五"期间全面推进现代物流发展，重点推进八大体系建设：一是构建"通道+枢纽+网络"的物流运行体系；二是建立安全可靠的现代供应链体系；三是发展集约高效的物流服务体系；四是完善创新赋能的物流经济体系；五是健全保障有力的应急物流体系；六是打造内联外通的国际物流体系；七是培育分工协调的物流市场主体体系；八是夯实科学完备的物流基础体系。
>
> 经过改革开放40多年的发展，我国在物流领域取得了巨大成就。以港口建设为例，全球吞吐量前十的港口我国占有七席。以公路建设为例，2020年全国高速公路通车里程达16.9万km。然而，即使我国物流基础建设成绩斐然，但社会物流总费用占GDP比率仍然偏高。自2018年到2020年上半年，我国物流总费用与GDP比率分别为14.8%、14.7%、14.2%，而美国、日本等发达国家该比值稳定在8%～9%。对此，《国家物流枢纽布局和建设规划》提出，到2025年，要"推动全社会物流总费用与GDP比率下降至12%左右"。
>
> 夯实物流业，为国民经济发展筑牢基础，我们物流人需要做的工作还有很多。接下来，唯有善于运用改革思维和改革办法，才能建立一个高效的现代流通体系，让中国经济行稳致远。
>
> （资料来源：楚耘.夯实物流业 为国民经济发展筑牢基础[J].中国储运，2021（3）：12.）

（二）物流是企业生产的前提保证

这表现在三个方面：首先，物流是企业的外部环境，是企业正常运转的外部条件的保证者；其次，物流是生产运行的保证，企业生产过程的连续性和衔接性靠的是物流，有时生产过程本身便和物流结合在一起；最后，物流是企业发展的支撑力量，通过降低成本间接增加企业利润，通过改进物流直接取得效益，这些都会有效地促进企业的发展。

（三）特定条件下，物流是国民经济的支柱

物流对国民经济起支柱作用的国家和地区已有很多，它们处于特定的地理位置或有特定的产业结构。例如，欧洲的荷兰、亚洲的新加坡、美洲的巴拿马等。日本以流通立国，

物流的支柱作用明显可见。我国的深圳市，明确物流为国民经济的三大重要支柱产业之一。这种支柱作用在许多地区都有体现。

三、国民经济物流的主要任务

国民经济物流是不同于企业物流和区域物流的宏观物流。当前形势下，国民经济物流的主要任务有以下几点：

（一）完善物流法律法规，为发展物流业提供有力的法律保证

适合现代物流发展的法规建设是社会化生产的客观要求。近些年，关于物流方面的法律、法规建设取得了令人振奋的进展，不过也要看到我国关于物流业的法律、法规还是不完善的。政府要根据物流产业发展的具体阶段，不断修订与物流运作相冲突的相关法律、法规，并通过完善法律体系，维护公平的市场秩序。

（二）制定与世界接轨的物流标准，消除物流业发展的标准瓶颈

针对当前物流标准化进程中存在的问题和国际物流标准化的发展方向，政府要高度重视物流标准化工作。一方面要在物流术语、计量标准、技术标准、数据传输标准、物流作业和服务标准等方面做好基础工作；另一方面要加强标准化工作的协调和组织工作，对国家已经颁布的各种与物流活动相关的国家标准和行业标准进行深入研究，对已经落后的技术标准要尽快淘汰，并代之以新标准；对托盘、集装箱、装卸搬运设备、物流中心、条码等通用性较强的物流设施和装备的标准进行全面梳理，并进行适当的修订和完善，以使各种相关的技术标准协调一致，提高物流产业中货物和相关信息的流转效率。

（三）大力宣传现代物流管理理念，培育国际知名的物流企业

物流业的发展需要政府、企业及社会各界的广泛关注和重视。针对当前社会上对物流的错误认识，要进行有针对性的宣传，让人们正确认识物流。大力宣传现代物流管理理念，积极培育具有优势的国有、民营物流企业。大力建设信息网络，改造、建设物流设施，大力拓展物流业务，加快向现代化综合性第三方物流转轨。学习国际上著名物流企业的先进经验，加强合作和交流，努力提高自身的核心竞争力，争取培育出一批国际知名的物流企业。

（四）建立完善的教育体系，满足社会对物流人才的多样化需求

我国物流业要想得到持续、快速、健康发展，物流人才是关键。目前，物流人才匮乏，加强各个层次的物流人才培养是当务之急。国家应当加大物流教育方面的投入，并积极引导民间资本投入其中，开展多层次、多形式、多渠道的物流教育。建立多层次的教育体系，一是加强学历教育，政府应当鼓励各高校按照市场需求进行专业和课程的设置；二是重视继续教育，充分利用科研院所和民办教育机构，对物流从业人员进行继续教育，使其掌握先进的物流知识；三是发展物流职业教育，借鉴国外经验，在物流业中确立物流从业人员资格管理制度，引进先进的物流培训体系。

（五）充分认识物流业的重要性，制定明确的物流业发展战略

21世纪，物流业将发展成为我国经济的一个重要产业部门，成为新的经济增长点。在经济全球化的大背景下，一国的物流业是否具有国际竞争力，不仅决定其他产业的国际竞争力水平，而且决定一国对国际经济资源的吸引能力。从这个意义上说，现代物流业的战略地位不容忽视。为此，需要政府组织企业、院校及其他科研机构对物流产业的战略地位

第八章　国民经济物流

进行充分的研究，制定出明确、具体、可行的战略目标。

（六）合理进行物流基础设施建设，为发展物流业提供硬件保证

当前，物流设施系统建设开始逐步纳入各经济区域、各地区、各市物流发展规划的轨道。虽然各级物流规划还有不完备的地方，各地区、各市物流规划还有待互相协调和衔接，但规划的制定和实施将有利于克服物流设施建设的无序状态。目前国内已建、在建和拟建的物流基地、物流园区、物流中心等铺摊很多，为了避免将来有大批量物流设施浪费，必须明确这些基础设施是否具有针对性和目的性。各级物流规划主要是规划运输节点、商品集散基地、物流流向等。具体的物流中心、配送中心必须落实到客户。应当研究在物流规划及其实施过程当中，如何把政府的宏观指导与物流企业的运作同客户的需求有机结合起来，避免主观随意性。

（七）建立政府部门之间的协调机制，使物流业的管理由分权转为相对集权

由于对运输、包装、仓储、配送、货代等的管理涉及发改委、交通运输部、商务部、海关等十几个部门，而且目前上述部门在促进物流业发展方面都十分积极。因此，为避免政出多门和确保政府部门之间政策的协调一致，有必要建立起政府部门之间的协调机制。可供选择的方案有：一是由政府综合管理部门牵头，负责协调相关部门的政策；二是组织由相关政府部门为成员的部门联席会议或部门之间的促进物流发展政策委员会，专门负责研究、制定和协调物流发展的相关政策，其具体办事机构可由政府综合管理部门来承担。

（八）促进物流行业协会的联合，为物流业发展做出更大的贡献

目前，在国内物流领域影响较大、有一定规模的物流行业协会有 10 余家，如中国物流与采购联合会、中国运输协会、中国仓储协会等。政府可根据我国物流业发展的进程及市场的需求，逐步引导物流行业协会联合起来，形成合力；充分发挥它们的作用，促进各行业物流管理水平的提高，促进专业化、社会化物流服务的发展，使之成为企业与政府之间的重要桥梁和纽带。各行业协会应该积极进行物流理念推广、人才培养、经验交流及物流理论研究，加强与世界各国的交流与合作，学习发达国家和地区在物流管理发展过程中积累的先进经验，追踪先进国家物流管理理念和物流技术的最新动态，为我国物流管理水平的提高做出更大的贡献。

第二节　国民经济物流与生产布局

工业是国民经济的主导，是衡量一个国家和地区经济发展水平最重要的标志。任何生产总是在一个特定的区域进行，因此研究国民经济物流问题是离不开工业生产布局的，物流水平和质量对工业的地理分布与组合具有巨大影响。反过来，工业生产布局对物资生产和流通起着决定作用，要求物流发展与之相适应。

> **小贴士　生产布局**
>
> 生产布局是指物质资料生产在一个国家或地区的地理分布，包括生产的具体地点（地区）、规模、相互联系和地域结构。生产布局又称生产配置、生产分布，它既反映了生产的空间形式，又反映了生产的发展方面，是生产力的一种表现形式，故也称为生产

> 力布局（配置）。从发展角度看，在一定地区进行生产，需要相应的劳动、设备和投资。布局一旦形成，就难以改变，故生产布局的变化往往落后于生产力的发展进程，具有相对稳定性。生产布局的变化是逐渐的，又有一定的连续性。生产布局受到生产，首先是生产力的发展制约，它对生产发展又起到促进或限制作用。生产布局包括部门布局和地区布局两个方面，两者之间存在不可分割的有机联系。部门布局是按生产部门，如工业、农业、交通运输业等进行的布局，大至整个行业、小至个别企业或某项生产的布局。地区布局是以地区为单位，包括各个生产部门在同一地区的综合布局，形成一定的部门结构和相互联系，大至一个国家，小至一省、一个城市、一县乃至一个乡镇的生产布局，都属于地区布局范畴。

一、工业生产布局与国民经济物流的关系

（1）工业生产布局的比例平衡性　国民经济需要各地区、各门类工业按比例平衡协调发展，这要求物流水平与之相配合，即配套的物流设施和相适应的物流组织。

（2）工业生产布局的产品开放性　在市场经济下，商品流通是开放性的，经济全球化促使资源在全球范围内优化配置。任何一个国家和地区都不可能将所有生产都布局齐全。因此，工业布局既要考虑本国、本地区的产品平衡，又要考虑如何通过开放性的措施和方法，有效集成外部资源，提高工业生产的经济效益。工业布局只有通过物流这个载体，才能实现开放性。

（3）工业生产布局的门类完整性　门类的完整性是指工业门类要齐全、完整。虽然一个国家或地区不可能包括所有的工业门类，但为免于受他国限制，对外做到自力更生，全面协调国民经济发展，大类、大部门应该布局完整。这些大类之间或部门之间生产的联系性要求一个完整的物流体系做保证。

（4）工业布局的最佳效益性　工业布局的合理化不仅要提高社会经济效益，还应最大限度地减少原材料和产品不必要的流动，降低资源的消耗，实现最佳效益性。

二、矿产资源分布与国民经济物流的关系

矿产资源是指经过地质成矿作用，埋藏于地下或露出于地表，具有开发利用价值的矿物或有用元素的含量达到具有工业利用价值的集合体。矿产资源是重要的自然资源，是社会生产发展的重要物质基础。全世界80%左右的工业产品都直接或间接地来源于矿产资源。矿产资源的分布在很大程度上决定了国民经济的生产布局，也就决定了国内物流的基本走向。我国矿产资源的分布与国内物流的关系具体表现在以下几个方面：

（1）我国煤炭资源的分布与物流　2020年，我国原煤产量达到38.4亿t，增长0.9%。我国煤炭资源的总体分布呈北富南贫、西多东少的特征，煤炭资源赋存与区域经济发展极其不平衡。内蒙古、山西、陕西、新疆等区域，煤炭产量占全国产量的一半以上，而煤炭消耗区域分布于全国各地。电力、钢铁、建材和化工四个传统耗煤产业的煤炭消耗量占国内煤炭消费总量80%以上。特别是东部沿海发达区域，煤炭使用和消耗量占了很大的比例。主要消费区域与煤炭生产区域逆向分布明显，形成了北煤南运、西煤东调的格局。

我国煤炭物流运输方式根据其各自合适的运输半径，主要有铁路直达、铁水联运和公路三种运输方式，将煤炭从生产地、中转地或集散地（港口）输送到消费地。铁路运输是我国煤炭的主要运输方式。目前，"三西"地区主要外运通路中，煤炭运输量占货运量的90%左右，而大秦线、朔黄线作为煤炭运输专用线，全部运力都用于煤炭运输；而京沪线、

第八章 国民经济物流

京广线煤炭运输约 60%，一般线路煤炭运输则在 30%以上。

（2）我国石油资源的分布与物流 2020 年，我国生产原油 1.95 亿 t，增长 1.6%。我国石油产区主要集中在东部，仅黑龙江、河北、山东、新疆、辽宁等五省区就占了已探明的 81%，而东北的开采量已经达到全国的半数以上。

我国石油的基本物流方向是"北油南运"，并存在少量的"西油东运"。96%以上的原油使用管道运输的方式，其次是通过铁路和水路运输。成品油的物流以"北油南运"为主，"东油西运"为辅。东北地区炼油能力较强，成品油外运物流量较大，一部分经大连南运至华东，另一部分则经京沈铁路运至山海关以西地区。75%左右的成品油采用铁路运输，20%靠水运，管道和公路运输占比例较小。

除了煤炭和石油物流外，钢铁物流、化工产品物流、机械产品物流、建筑材料物流以及农产品物流等对国民经济也有着重要影响。随着我国生产规模的不断扩大和生产门类的不断齐全，各种生产要素在空间和时间上的组合会日趋复杂，我国国民经济物流研究的必要性和紧迫性肯定会进一步增强。

第三节 我国国民经济物流的发展情况

一、国民经济物流的发展现状

我国物流业保持较快增长，服务能力显著提升，基础设施条件和政策环境明显改善，现代产业体系初步形成，物流业已成为国民经济的重要组成部分。

（1）产业规模快速增长 我国社会物流总额呈逐年增长的趋势，至 2020 年全国社会物流总额 300.1 万亿元，如图 8-1 所示。按可比价格计算，2020 年全国社会物流总额同比增长 3.5%。从构成看，工业品物流总额 269.9 万亿元，按可比价格计算，同比增长 2.8%；农产品物流总额 4.6 万亿元，同比增长 3.0%；单位与居民物品物流总额 9.8 万亿元，同比增长 13.2%；进口货物物流总额 14.2 万亿元，同比增长 8.9%；再生资源物流总额 1.6 万亿元，同比增长 16.9%。物流业总收入保持增长，2020 年物流业总收入 10.5 万亿元，同比增长 2.2%。

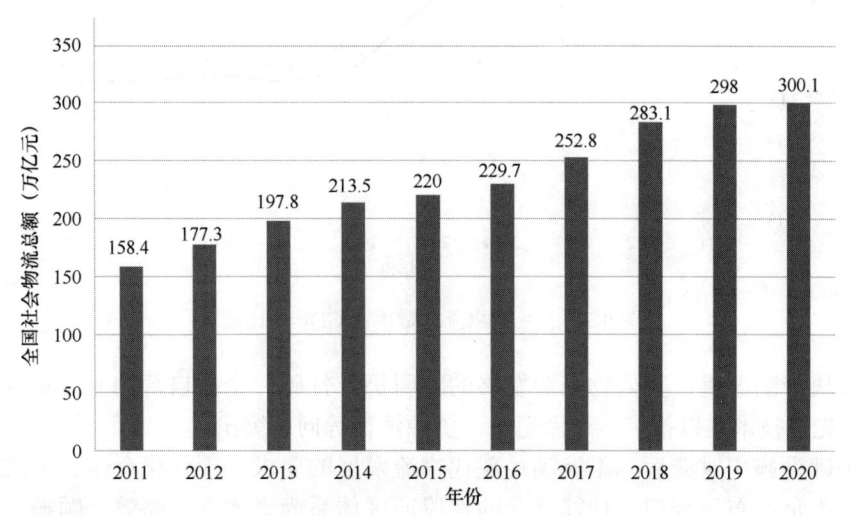

图 8-1 全国社会物流总额变化图

现代物流学

（2）服务能力显著提升　物流企业资产重组和资源整合步伐进一步加快，形成了一批所有制多元化、服务网络化和管理现代化的物流企业。传统运输业、仓储业加速向现代物流业转型，制造业物流、商贸物流、电子商务物流和国际物流等领域专业化、社会化服务能力显著增强，服务水平不断提升，现代物流服务体系初步建立。

（3）技术装备条件明显改善　信息技术广泛应用，大多数物流企业建立了管理信息系统，物流信息平台建设快速推进。物联网、云计算等现代信息技术开始应用，装卸搬运、分拣包装、加工配送等专用物流装备和智能标签、跟踪追溯、路径优化等技术迅速推广。

（4）基础设施网络日趋完善　截至 2020 年年底，全国铁路营业里程 14.63 万 km，其中电气化里程 10.63 万 km；全国公路里程 519.81 万 km，其中高速公路 16.10 万 km；内河航道里程 12.77 万 km；定期航班航线里程 942.63 万 km，其中国际航线里程 382.87 万 km；管道输油（气）里程 13.41 万 km；拥有沿海港口码头泊位 6447 个，其中万吨级泊位 2138 个；内河港口码头泊位 17297 个，其中万吨级泊位 454 个。

（5）发展环境不断优化　我国近些年来制定出台了促进物流业健康发展的一系列方针、政策措施，有关部门和地方政府也出台了一些专项规划和配套措施。社会物流统计制度日趋完善，标准化工作有序推进，人才培养工作进一步加强，物流科技、学术理论研究及产学研合作不断深入。

二、国民经济物流存在的不足

（1）物流成本高、效率低　2020 年，全社会物流总费用 14.9 万亿元，全社会物流总费用与国内生产总值的比率为 14.7%。近些年，全社会物流总费用与国内生产总值的比率呈下降趋势，如图 8-2 所示。美国、日本等发达国家该比值稳定在 8%～9%。

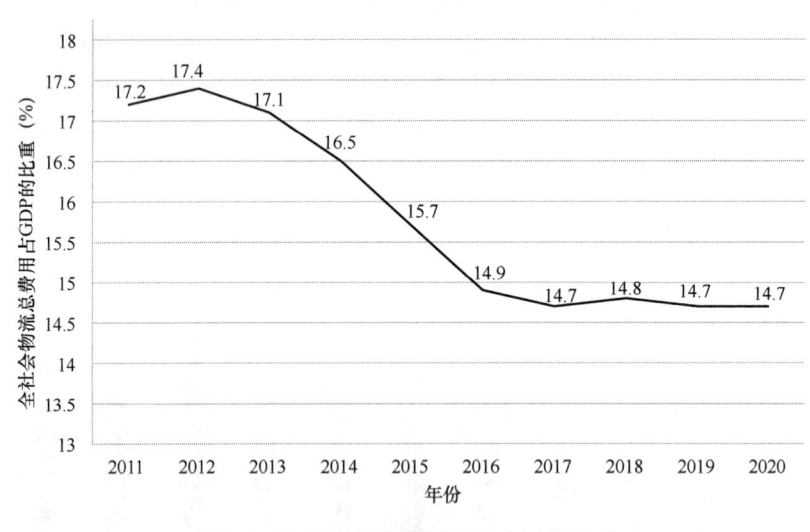

图 8-2　全社会物流总费用占 GDP 的比重

（2）条块分割严重，阻碍物流业发展的障碍仍未打破　企业自营物流比重高，物流企业规模小，先进技术难以推广，迂回运输、资源浪费等问题突出。

（3）基础设施相对滞后，不能满足现代物流发展的要求　现代化仓储、多式联运转运等设施仍显不足，布局合理、功能完善的物流园区体系尚未建立，高效、顺畅、便捷的综合交通运输网络尚不健全，物流基础设施之间不衔接、不配套问题比较突出。

第八章　国民经济物流

三、国民经济物流发展面临的形势

当前，经济全球化趋势深入发展，网络信息技术革命带动新技术、新业态不断涌现，物流业发展面临的机遇与挑战并存。伴随全面深化改革，工业化、信息化、新型城镇化和农业现代化进程持续推进，产业结构调整和居民消费升级步伐不断加快，我国物流业发展空间越来越广阔。

（1）物流需求快速增长　农业现代化对大宗农产品物流和鲜活农产品冷链物流的需求不断增长。新型工业化要求加快建立规模化、现代化的制造业物流服务体系。居民消费升级及新型城镇化步伐加快，迫切需要建立更加完善、便捷、高效、安全的消费品物流配送体系。此外，电子商务网络消费等新兴业态快速发展，快递物流等需求也将继续快速增长。

（2）新技术、新管理不断出现　信息技术和供应链管理不断发展并在物流业得到广泛应用，为广大生产流通企业提供了越来越低成本、高效率、多样化、精益化的物流服务，推动制造业专注核心业务和商贸业优化内部分工。以新技术、新管理为核心的现代物流体系日益形成。随着城乡居民消费能力的增强和消费方式的逐步转变，全社会物流服务能力和效率持续提升，物流成本进一步降低，流通效率明显提高，物流业市场竞争加剧。

（3）资源环境约束日益加强　随着社会物流规模的快速扩大、能源消耗和环境污染形势的加重、城市交通压力的加大，传统的物流运作模式已难以为继。按照建设生态文明的要求，必须加快运用先进运营管理理念，不断提高信息化、标准化和自动化水平，促进一体化运作和网络化经营，大力发展绿色物流，推动节能减排，切实降低能耗，减少排放，缓解交通压力。

（4）国际竞争日趋激烈　随着国际产业转移的步伐不断加快和服务贸易快速发展，全球采购、全球生产和全球销售的物流发展模式正日益形成，这迫切要求我国形成一批深入参与国际分工、具有国际竞争力的跨国物流企业，疏通与主要贸易伙伴、周边国家便捷高效的国际物流大通道，形成具有全球影响力的国际物流中心，以应对日益激烈的全球物流企业竞争。

四、国民经济物流合理化的措施

早在 20 世纪 50 年代，我国就开展了合理组织物资运输的研究，并取得了很好的效果，尤其在合理运输调配方面的研究，有力地指导了现实的物流工作。尽管影响国民经济物流的因素十分复杂，但应从以下几个方面入手：

（1）加强生产力布局合理化，改善和调整不合理的工业布局　由于生产力布局具有涉及面广、影响深远的特点，因此在进行生产力布局时，应加强综合论证，使布局尽可能地合理。在坚持"正确处理局部利益与全局利益""当前利益与长远利益"的同时，应对重大工业建设项目进行经济论证。衡量不同布局方案的综合经济效果，从中比较出优势方案。在确定部门生产布局效果时，不仅要注重基建投资、成本和经营费用，还应特别注重物流费用的分析。

（2）按经济区域组织物流　按经济区域发展物流则适应了生产力的发展，体现了自然资源的禀赋状况、经济发展和布局条件、经济结构和地域结构、劳动力素质和技能、市场化程度等方面的发展。

（3）仓库的合理布局　仓库是物资的集散地。仓库的合理布局是指在全国或某一地区范围内仓库的合理分布与组合。仓库布局合理与否对国民经济物流的速度和费用水平有着直接影响。

现代物流学

（4）开展多种形式的运输 运输是提高国民经济物流经济效益的主要方面。新中国成立 70 多年来，我国在空运、陆运、水运、航运、管道运输等诸方面得到了空前的发展。每一种运输方式都有其特定的运输工具，并形成了各自的技术运营特点、经济性能和合理的使用范围。要搞好各种运输方式的综合发展和协作，必须结合我国的实际，在全国范围内建设综合运输网，因地制宜地发展相适应的运输方式。

（5）提高和推广先进的物流技术 在国民经济物流活动中重视研究、发展、提高和推广先进的物流技术是非常重要的。近些年来，在国外围绕着物流技术出现了一系列先进合理的物流设备，如自动化仓库、先进的搬运机械、大型的集装箱车船，适应电子商务发展的条码技术、电子数据交换技术、射频技术、地理信息系统等。物流基础设施体系是支持全部物流活动高效、稳定运行乃至进一步支持经济运行的一个平台，其发展建设相对经济的发展要有一定的超前性。

（6）加强物流管理，积极推进物流标准化，减少物流损失 物流是由运输、储存、包装、装卸等多环节构成的大系统。加强物流管理既要从物流整体出发，又要从物流的每一个环节入手。否则由于包装不善、运输不当、野蛮装卸等，会造成极其巨大的物流损失。物流标准化是指对物流设施和工程、物流机械和器具、物流工作和服务等物流活动规定统一的标准，并实施该标准的过程。物流标准化是物流管理的重要手段，同时也是物流合理化的重要内容。

（7）创造现代物流发展的宏观环境，加强对国民经济物流的统一组织 国家在政策规划、立法和财政等方面要给物流产业一定的支持，大力发展电子商务，促进物流的电子化。国民经济物流是国家范围内最高层次的物流，它涉及的范围广、部门多、问题复杂，因而必须从整个系统上加强研究和组织。加强对物流整体的统一组织，建立国民经济物流系统是我国物流发展的必然趋势。

（8）推进物流的社会化和共同化，加大物流服务市场的培育力度 物流社会化是社会分工进一步发展的结果，并以物流专业化为前提。从狭义上说，物流社会化主要是指物流服务的社会化，物流共同化是在物流社会化基础上的一种延伸，是解决物流领域的外部不经济现象（如交通阻塞、噪声污染等）的重要手段。从某种意义上说，物流产业化也是物流合理化的重要内容。加快物流产业化发展的重点是培育物流服务市场。为此，必须促进专业化的物流服务企业的成长。

第四节 我国国民经济物流的发展政策

处在迅速发展中的我国国民经济物流，需要处理好与各方面的关系。因而，政府需要制定相应的方针和政策，促进其协调发展，使物流真正成为我国经济发展新的增长点。

一、我国关于国民经济物流的重大政策

现代物流的发展水平已逐渐成为一个国家综合国力的重要标志。随着世界经济一体化趋势的不断加强，大力提高国家现代物流发展水平，越来越引起社会各界的高度重视。

我国党和国家领导人及各级政府，非常重视现代物流事业的发展。

1999 年 11 月，"现代物流展国际研讨会"上明确提出，要把现代物流作为国民经济的重要产业和国民经济新的增长点，努力实现我国现代物流业的跨越式发展。

第八章　国民经济物流

2001 年，国家经贸委、铁道部、交通部、信息产业部、外经贸部、民航总局联合发布了《关于加快我国现代物流发展的若干意见》。

2003 年 12 月，时任国务院总理的温家宝在全国政协《关于我国物流发展的情况和建议》中做了重要批示。时任国务院副总理的曾培炎要求，国家发改委、商务部"要从体制、政策、人才等方面加强研究，提出促进现代物流发展的有效措施"。

2003 年以来，国家发改委和财政部运用积极的财政政策共安排国债贴息 13 亿元，扶持了一批物流基础设施和物流信息化建设项目。有关部门采取积极措施，加快交通运输网络建设，一大批铁路、公路、民航和水运建设项目竣工投产。原铁道部根据铁路中长期发展规划，优化铁路集装箱运输，规划建设 18 个大型集装箱中心站。国家财政还对物流基础设施、流通检验检测体系、公共信息服务体系和物流行业基础研究与管理等方面给予了支持，并实施优惠的财税政策，支持和鼓励现代物流业的发展。

2004 年，国家发改委等 9 个部门经国务院批准发布了《关于促进我国现代物流业发展的意见》。

2005 年 2 月，经国务院同意，由国家发改委牵头，商务部等 13 个部门和 2 个行业协会参加的全国现代物流工作部际联席会议制度正式建立，并于 2005 年 5 月召开了第一次会议。部际联席会议的主要任务是研究制定物流发展规划和政策，协调解决物流发展中涉及跨行业、跨部门的重大问题，推进物流业的健康快速发展。在这个部际联席会议制度中，还明确规定了联席会议的职责、联席会议成员单位、联席会议工作规则及联席会议工作要求等四个方面的内容。

2005 年 9 月，国家发改委召集全部 15 家联席会议成员单位，召开了第一次全国现代物流发展工作会议，共商中国物流业发展大计。会议确定了"认真落实科学发展观，总结交流近年来我国现代物流发展的基本情况和经验，明确下一步发展的基本思路和工作重点，提出贯彻落实国家发改委等 9 个部门《关于促进我国现代物流业发展的意见》的具体政策措施，努力营造良好的政策环境，推进我国现代物流业持续、快速、健康发展"的主题。

2006 年，《中华人民共和国国民经济和社会经济发展第十一个五年规划纲要》中单列了一节："大力发展现代物流业"，明确了物流业是支撑国民经济发展的"基础性、战略性"产业，明确了"十一五"乃至今后更长时期物流产业发展的主要任务。

2007 年 3 月，国务院发布了《国务院关于加快发展服务业的若干意见》；9 月，国务院召开全国服务业工作会议，把推进现代物流业作为服务业发展的一项重要内容。

2009 年 3 月 10 日，国务院发布了《物流业调整和振兴规划》，把物流业列入十大产业，空前地提升了物流产业的地位。该文件指出："制定实施物流业调整和振兴规划，不仅是促进物流业自身平稳较快发展和产业调整升级的需要，也是服务和支撑其他产业的调整与发展、扩大消费和吸收就业的需要，对于促进产业结构调整、转变经济发展方式和增强国民经济竞争力具有重要意义。"

2011 年 8 月 2 日，国务院办公厅发布了《国务院办公厅关于促进物流业健康发展政策措施的意见》（以下简称《意见》）。《意见》指出，根据物流业的产业特点和物流企业一体化、社会化、网络化、规模化的发展要求，统筹完善有关税收支持政策。要加快推进物流管理体制改革，打破物流管理的条块分割。支持大型优势物流企业通过兼并重组等方式，对分散的物流设施资源进行整合；鼓励中小物流企业加强联盟合作，创新合作方式和服务模式，优化资源配置，提高服务水平，积极推进物流业发展方式的转变。《意见》还强调，

现代物流学

要加强物流新技术的自主研发。各级人民政府要加大对物流基础设施投资的扶持力度，对符合条件的重点物流企业的运输、仓储、配送、信息设施和物流园区的基础设施建设给予必要的资金扶持。另外，要把农产品物流业发展放在优先位置，加大政策扶持力度。

2014年9月12日，国务院印发《物流业发展中长期规划（2014—2020年）》（以下简称《规划》）。《规划》指出："加快发展现代物流业，对于促进产业结构调整、转变发展方式、提高国民经济竞争力和建设生态文明具有重要意义。为促进物流业健康发展，根据党的十八大、十八届三中全会精神和《中华人民共和国国民经济和社会发展第十二个五年规划纲要》《服务业发展'十二五'规划》等，制定本规划。"

2015年，国务院印发《关于促进快递业发展的若干意见》，极大地促进了我国快递业的规范化发展。

2016年，是我国"十三五"规划实施元年，在规划中进一步提高现代物流业的发展要求，在"十三五"规划时期着重聚焦物流行业六大发展方向："互联网+物流"、构建贯通物流网络、打造智慧物流新业态、创建物流运营新模式、统筹国内物流协同发展、持续深化物流体制机制改革。

2017年，国务院办公厅印发《关于进一步推进物流降本增效促进实体经济发展的意见》。这一政策出台，推动物流行业与实体经济融合发展，促进物流行业与各行业相结合，运用物流企业拥有的信息流和商流优势，加强我国各产业链及供应链网状发展，加快物流行业新旧动能的转换。

2017年，党的十九大报告提出，加强"物流等基础设施网络建设"，在"现代供应链等领域培育新增长点、形成新动能"。2020年，党的十九届五中全会明确了"构建现代物流体系"的目标任务。

2018年12月，国家发改委、交通运输部印发《国家物流枢纽布局和建设规划》，加强物流等基础设施网络建设的决策部署，科学推进国家物流枢纽布局和建设。

2019年3月，国家发改委等联合印发《关于推动物流高质量发展促进形成强大国内市场的意见》，巩固物流降本增效成果，增强物流企业活力，提升行业效率效益水平，畅通物流全链条运行。

2020年5月，国家发改委、交通运输部发布《关于进一步降低物流成本的实施意见》，保持我国社会物流成本水平稳步下降，有效激发微观主体的活力，为促进实体经济发展创造了良好条件。

2020年，国家发改委等14个部门印发了《推动物流业制造业深度融合创新发展实施方案》，开启了"两业融合"的新阶段。现代物流正在进入与制造业、流通业、农业、交通运输业、金融业及相关产业深度融合、创新发展的新阶段。

2021年3月，全国人大审议通过的《中华人民共和国国民经济和社会发展第十四个五年规划和2035年远景目标纲要》，全面描绘了现代物流发展蓝图。

2021年8月，国家市场监督管理总局、中国国家标准化管理委员会发布了中华人民共和国国家标准《物流术语》（GB/T 18354—2021），界定了物流活动中的物流基础术语、物流作业服务术语、物流技术与设施设备术语、物流信息术语、物流管理术语、国际物流术语及其定义。

2022年1月，国家发改委印发《"十四五"现代流通体系建设规划》。该规划中提出，到2025年，现代流通体系加快建设，商品和资源要素流动更加顺畅，商贸、物流设施更加

第八章　国民经济物流

完善，国内外流通网络和服务体系更加健全，流通业态模式更加丰富多元，流通市场主体更具活力，交通承载能力和金融信用支撑能力明显增强，应急保障能力和绿色发展水平显著提升，流通成本持续下降、效率明显提高，对畅通国民经济循环的基础性、先导性、战略性作用显著提升。

党的二十大报告提出，加快发展物联网，建设高效顺畅的流通体系，降低物流成本。

2022年12月15日，国务院办公厅关于印发《"十四五"现代物流发展规划》，明确了"十四五"时期现代物流发展的总体思路、空间布局、重点任务和重大工程，既有效接续国务院2014年印发的《物流业发展中长期规划（2014—2020年）》，又根据国内国际经济社会发展形势，对现代物流发展提出一系列新思路、新要求。

经过40多年的发展，我国现代物流实现了历史性变革，取得了举世瞩目的成就，为增强综合国力和增进民生福祉，全面建成小康社会做出了重要贡献。

二、《中华人民共和国国民经济和社会发展第十四个五年规划和2035年远景目标纲要》

《中华人民共和国国民经济和社会发展第十四个五年规划和2035年远景目标纲要》（以下简称《规划纲要》）综合考虑了未来一个时期国内外的发展趋势和我国的发展条件，紧紧抓住我国社会的主要矛盾，深入贯彻新发展理念，对今后5年及15年国民经济和社会发展做出了系统谋划和战略部署。

《规划纲要》提出了"建设现代物流体系"的目标任务，提出了明确的、更高的要求。《规划纲要》通篇21处直接提到"物流"，还多次提到了"配送""流通""交通""运输""储运""存储""产业链"等与物流密切相关的词汇。分布在制造强国战略、服务业繁荣发展、现代化基础设施体系、流通体系支撑作用、数字经济新优势、乡村经济业态、乡村建设行动、城镇化发展、发展方式绿色转型、基层社会治理新格局、促进国防实力和经济实力同步提升等多个章节，全方位、多角度、系统全面地勾画出现代物流体系建设的蓝图。

（1）物流基础设施建设　在物流基础设施建设方面，要求"加快发展冷链物流，统筹物流枢纽设施、骨干线路、区域分拨中心和末端配送节点建设，完善国家物流枢纽、骨干冷链物流基地设施条件，健全县乡村三级物流配送体系，发展高铁快运等铁路快捷货运产品"，并将"推进120个左右国家物流枢纽建设"列入交通强国建设工程。

（2）产业物流　在产业物流方面，特别强调"融合发展"，指出要"聚焦增强全产业链优势，提高现代物流、采购分销、生产控制、运营管理、售后服务等发展水平"。

（3）农业　在农业方面，要求"加强农产品仓储保鲜和冷链物流设施建设，健全农村产权交易、商贸流通、检验检测认证等平台和智能标准厂房等设施，引导农村二三产业集聚发展"。要求农村物流"完善乡村水、电、路、气、邮政通信、广播电视、物流等基础设施，提升农房建设质量"。

（4）民生物流　在民生物流方面，提出"推动就业社保、养老托育、扶残助残、医疗卫生、家政服务、物流商超、治安执法、纠纷调处、心理援助等便民服务场景有机集成和精准对接"。

（5）城市物流　在城市物流方面，提出"有序疏解中心城区一般性制造业、区域性物流基地、专业市场等功能和设施""因地制宜建设先进制造业基地、商贸物流中心和区域专业服务中心"。

现代物流学

（6）智慧物流　在智慧物流方面，要求"构建基于 5G 的应用场景和产业生态，在智能交通、智慧物流、智慧能源、智慧医疗等重点领域开展试点示范"。"深入推进服务业数字化转型，培育众包设计、智慧物流、新零售等新增长点"。

（7）物流降本增效　在物流降本增效方面，要求"规范和降低港口航运、公路铁路运输等物流收费，全面清理规范涉企收费"。

（8）国际物流　在国际物流方面，要求"加强国际航空货运能力建设，提升国际海运竞争力。优化国际物流通道，加快形成内外联通、安全高效的物流网络"。

（9）军事物流　在军事物流方面，提出"加快建设现代军事物流体系和资产管理体系"。

（10）绿色物流　在绿色物流方面，提出"推动城市公交和物流配送车辆电动化"。

（11）应急物流　在应急物流方面，要求"加快建立储备充足、反应迅速、抗冲击能力强的应急物流体系"。

三、《"十四五"现代流通体系建设规划》与物流相关的主要内容

为贯彻落实党中央、国务院决策部署，加快建设系统完备、创新引领、协同高效的现代流通体系，着力优化流通网络、完善流通市场、做强流通企业，推动商贸、物流、交通、金融、信用等有机衔接，根据《规划纲要》，制定《"十四五"现代流通体系建设规划》（以下简称《规划》），规划期为 2021—2025 年，展望至 2035 年。《规划》全文共九章，分别是第一章发展环境、第二章总体要求、第三章深化现代流通市场化改革、第四章完善现代商贸流通体系、第五章加快发展现代物流体系、第六章增强交通运输流通承载能力、第七章加强现代金融服务流通功能、第八章推进流通领域信用体系建设、第九章实施保障。摘要第二章总体要求和第五章加快发展现代物流体系的主要内容如下：

第二章　总体要求

"十四五"时期现代流通体系建设，必须把握以下指导思想和基本原则，全力实现发展目标。

第一节　指导思想

以习近平新时代中国特色社会主义思想为指导，全面贯彻落实党的十九大和十九届历次全会精神，坚持稳中求进工作总基调，完整、准确、全面贯彻新发展理念，加快构建新发展格局，全面深化改革开放，坚持创新驱动发展，推动高质量发展，坚持以供给侧结构性改革为主线，坚持以人民为中心的发展思想，统筹推进现代流通体系硬件和软件建设，培育壮大现代流通企业，提升现代流通治理水平，全面形成现代流通发展新优势，提高流通效率，降低流通成本，为构建以国内大循环为主体、国内国际双循环相互促进的新发展格局提供有力支撑。

第二节　基本原则

——有效市场、有为政府　充分发挥市场在资源配置中的决定性作用，以成本、效率、质量为导向进一步健全市场机制，激发市场主体活力。更好发挥政府作用，坚定不移深化流通领域市场化改革，加快构建完善流通规则和标准体系，营造良好营商环境，引导现代流通规范有序发展。

——创新驱动、绿色低碳　加强数字赋能现代流通，加快流通领域数字化转型升级，大力发展流通新技术新业态新模式，推动关联领域协同创新、跨界融合，延伸现代流通价

第八章 国民经济物流

值链。落实碳达峰碳中和目标要求，加大流通全链条节能减排力度，加快低碳绿色转型，推进资源集约利用，增强流通可持续发展能力。

——系统观念、保障安全　加强现代流通体系建设全局性谋划、战略性布局、整体性推进，促进商贸、物流、交通、金融、信用等融合联动，统筹推进流通国内外顺畅衔接、跨区域高效运转、城乡融合发展。贯彻总体国家安全观，加强现代流通应急保供能力建设，增强流通体系安全风险管控和抗冲击能力，充分发挥对保障基本民生和产业链供应链全稳定的作用。

第三节　主要目标

到 2025 年，现代流通体系加快建设，商品和资源要素流动更加顺畅，商贸、物流设施更加完善，国内外流通网络和服务体系更加健全，流通业态模式更加丰富多元，流通市场主体更具活力，交通承载能力和金融信用支撑能力明显增强，应急保障能力和绿色发展水平显著提升，流通成本持续下降、效率明显提高，对畅通国民经济循环的基础性、先导性、战略性作用显著提升。

展望 2035 年，现代流通体系全面建成，形成覆盖全球、安全可靠、高效畅通的流通网络，流通运行效率和质量达到世界先进水平，参与国际合作和竞争新优势显著增强，对现代化经济体系形成高效支撑，为满足人民美好生活需要提供坚实保障。

第四节　发展方向

提高流通现代化水平。把握新一轮科技革命和产业变革历史机遇，加速流通体系现代化建设步伐，提升流通数字化、组织化、绿色化、国际化发展水平。强化流通各环节各领域数字赋能，拓展流通领域数字化应用深度广度，加快流通设施智能化建设和升级改造，促进流通业态模式创新发展。强化流通对商品和资源要素配置的组织作用，推动流通企业和平台资源整合，促进产业链供应链高效运行、供需精准适配。贯彻绿色发展理念，坚持走绿色低碳发展新路，加大绿色技术装备推广应用，加快流通设施节能改造，降低流通全过程资源消耗和污染排放。立足高水平对外开放，加强流通领域国际合作，深度融入全球产业链供应链，提升全球资源要素配置能力，助力我国产业迈向全球价值链中高端。

构建内畅外联现代流通网络。服务商品和资源要素跨区域、大规模流通，优化商贸、物流、交通等设施空间布局，构建东西互济、南北协作、内外联通的现代流通骨干网络。依托全国优势资源地、产业和消费集聚地，布局建设一批流通要素集中、流通设施完善、新技术新业态新模式应用场景丰富的现代流通战略支点城市。服务区域重大战略、区域协调发展战略、主体功能区战略实施，打造若干设施高效联通、产销深度衔接、分工密切协作的骨干流通走廊，串接现代流通战略支点城市，进一步发挥现代流通体系的市场链接和产业组织作用。

发展有序高效现代流通市场。着眼商品和资源低成本、高效率自由流动，健全统一的市场规则和制度体系，构建类型丰富、统一开放、公平有序、配套完善的高水平现代流通市场。推进商贸市场、物流市场和交通运输市场融合联动、有机协同，充分释放各类市场活力。深化金融供给侧结构性改革，完善流通领域信用治理，强化流通领域金融有效供给和信用支撑保障。

培育优质创新现代流通企业。支持流通企业做大做强做优，增强创新创造力和核心竞争力，更好发挥在现代流通体系建设中的主体地位。支持现代流通企业网络化发展，对内优化升级商贸和物流网络，对外整合利用全球资源，构筑成本低、效率高、韧性强的全球流通运营渠道，培育国际合作和竞争新优势。推动现代流通企业一体化发展，促进商贸物流融合，深度嵌入工农业生产各环节，打造跨界融合发展新业态。鼓励现代流通企业生态化发展，引导大中小企业基于流通供应链、数据链、价值链开展深度对接，构建资源共享、协同发展的流通新生态。

第五章 加快发展现代物流体系

顺应物流运行网络化发展趋势，推进物流基础设施和服务能力建设，加快构建经济高效、绿色智能、安全稳定的现代物流体系。

第一节 构建现代物流基础设施网络

建设国家物流枢纽网络。加快国家物流枢纽布局建设，重点补齐中西部地区短板，构建全国骨干物流设施网络。畅通干线物流通道，加强枢纽互联，推动枢纽干支仓配一体建设，打造"通道+枢纽+网络"物流运行体系。完善枢纽国际物流服务功能，衔接国际物流通道，实现国内国际物流网络融合。

完善区域物流服务网络。强化物流基础设施互联互通和信息共享，构建支撑现代流通的多层级物流服务体系。围绕产业集聚区和消费集中地，加快推动物流园区、物流中心、配送中心等基础设施建设，对接国家物流枢纽，提高一体化、集约化物流组织服务能力。完善城市配送设施，大力发展共同配送，提高配送效率。依托商贸、供销、交通、邮政快递等城乡网点资源，完善县乡村快递物流配送体系，提升末端网络服务能力。推动建设绿色物流枢纽、园区，引导企业创新开展绿色低碳物流服务。

健全冷链物流设施体系。推进国家骨干冷链物流基地布局建设，加强与国家物流枢纽运行衔接，构建冷链物流骨干网络。加强农产品产地预冷、分拣包装、移动冷库等设施建设，补齐生鲜农产品流通"最先一公里"短板，提高商品化处理水平；加强销地高标准冷库和冷链分拨配送设施建设，推动农产品批发市场以及商超等零售网点冷链物流设施改造升级，推广新能源配送冷藏车，提高"最后一公里"冷链物流服务效率。加大冷链物流全流程监管力度，消除"断链"隐患，减少生鲜农产品流通领域损耗，保障食品安全。严格落实疫情防控要求，健全进口冷链食品检验检疫制度。

第二节 拓展物流服务新领域新模式

加快发展多种形式铁路快运。加快铁路（高铁）快运基础设施网络建设，加强与存储、分拨、配送等设施衔接，统筹高铁与普铁快运设施协调利用。开展高铁多样式、大批量快件运输试点，逐步构建多点覆盖、灵活组织的铁路（高铁）快运服务网络。推进高铁快运与电商快递等衔接融合，加强铁路干线对接公路集疏运、国际航空运输网络，提高铁路（高铁）快运组织化水平。

推进物流与相关产业融合创新发展。加强物流基础设施与工业园区、商品交易市场等统筹布局、联动发展，推进国家物流枢纽经济示范区建设，培育壮大枢纽经济。支持物流企业与生产制造、商贸流通企业深度协作，创新供应链协同运营模式，拓展冷链物流、线边物流、电商快递等物流业态。推进物流与生产、制造、采购、分销、结算等服务有机融合，营造物流与产业互促发展生态。

推广集约智慧绿色物流发展新模式。拓展物流信息平台功能，优化车、船、仓等分散物流资源供需对接，提升物流规模化组织水平。打造国家物流枢纽运营平台，集成储、运、仓、配等物流服务，创新一体化物流组织模式。搭建供应链服务平台，提供信息、物流等综合服务。加快发展智慧物流，积极应用现代信息技术和智能装备，提升物流自动化、无人化、智能化水

第八章　国民经济物流

平。扩大新能源运输工具应用范围，推广绿色包装技术和物流标准化器具循环共用。鼓励构建线上线下融合的废旧物资逆向物流体系，促进废旧物品、包装等回收再利用。

第三节　培育充满活力现代物流企业

提升物流企业网络化经营能力。支持骨干物流企业通过兼并重组、联盟合作等方式加强资源整合，优化网络布局，引导企业集约化、规模化经营。引导水运、航空货运、铁路货运、邮政快递等领域龙头企业，对接国内国际物流通道，加快境内外节点设施布局，构建网络化运营体系。强化各类企业协同合作和互补衔接，优化物流组织模式，完善全球物流服务网络。鼓励物流企业深度参与国际贸易网络，延伸物流大数据等服务，提升全链条物流服务效能。

提高物流企业专业化服务水平。支持物流企业做专做优，提高普货运输、通用仓储等基础业务专业化水准，提升对接多元化物流需求的专业物流服务能力。引导物流企业与能源、粮食、矿石等大宗商品贸易企业紧密协作，提供国内国际采购、运输、仓储等规模化协同化服务。支持大件物流企业优化跨区域运输线路，构建多种运输方式协调衔接的大件物流网络，提供规范化个性化服务。培育壮大医药物流企业，创新医药流通模式，提升医药流通效率和全过程品质管控能力。推动危化品物流企业加强设施设备投入和技术改造，完善物流作业规范，发展罐箱多式联运，提高危化品运输安全水平。支持网络化、专业化龙头物流企业与中小微企业紧密对接，畅通物流末端微循环，共同打造优势互补、高效协作的物流企业生态。

第四节　提升多元化国际物流竞争力

加强国际航空物流能力建设。面向产业发展和消费升级等需要，完善提升综合性机场货运设施能力和服务品质，稳妥有序推进专业性货运枢纽机场建设，鼓励航空物流企业与机场共同打造航空物流枢纽，发展轴辐式航空货运组织模式，构建畅通周边国家、辐射全球的航空物流网络。支持优势企业强强联合，建设强大国际货运机队，打造一体运作的国际航空物流运营平台，增强国际航空物流组织能力。实施快递"出海"工程，加快构建多点支撑的寄递网络。

拓展内陆国际联运通道。巩固提升中欧班列良好发展态势，进一步优化班列开行方案，打造班列信息平台，加快集结中心示范工程建设，提升境内外节点对接水平，促进进出口均衡和稳定安全开行。加强内陆地区对接沿海港口国际联运通道建设，优化西部陆海新通道等通道运输组织，积极构建中国-东盟多式联运联盟等国际化平台，提升国际多式联运组织水平，促进中西部地区双向开放。完善双多边国际道路运输协定体系，拓展国际道路运输网络，加快培育共同运输市场。

提升国际海运服务水平。拓展沿海港口国际航线网络，加强上海港、大连港、天津港、青岛港、连云港港、宁波舟山港、厦门港、深圳港、广州港、北部湾港、洋浦港等国际枢纽海港建设，提升中转辐射组织能力，完善航运交易、国际贸易、金融保险等综合服务功能。加快宁波舟山国家大宗商品储运基地建设，建设具有国际影响力的大宗商品交易中心。提高航运企业供应链组织、箱货匹配能力，深化与外贸企业物流信息对接，整合国内外物流网络资源，组建世界一流船队，培育海运国际竞争优势。推动区块链在国际航运领域应用，探索签发区块链电子提单。

增强口岸物流服务能力。优化国家口岸空间布局，增强港口、机场、陆路边境口岸等国际物流服务能力。强化口岸通关、转运、换装、查验、信息等基础设施配套，重点提升中亚、中蒙俄等方向铁路口岸换装能力。合理布局建设进出境邮件快件处理中心，完善综合保税区、保税物流中心、保税仓库等配套设施和服务平台，提升保税物流发展水平。强化海南自由贸易港、自由贸易试验区、边境经济合作区、跨境经济合作区、重点开发开放试验区国际物流设施建设。

第五节　加强高效应急物流体系建设

建立健全应急物流快速响应机制。优化应急物资储备布局，打造层次分明、类型合理、协同高效的应急物资储备节点网络。根据突发事件性质、严重程度、可控性和影响范围等，分级、分类建立应急物流预案及响应机制，细化物流资源投入结构、运行组织方式等，明确分工与协作职责，适时开展应急演练，确保预案科学实用。增强应急物流社会动员能力，建立以企业为主体的应急物流队伍，完善物流企业平急转换机制，强化跨区域、跨领域应急物流协调组织，提升应急物流资源统筹调用能力，加强应急时期运输绿色通道和物资中转调运站建设，确保应急物资及时调配到位。健全应急物流运转保障机制，引导建立应急物流大数据平台，推动与应急管理信息平台数据共享，完善信息采集、动态监测、数据分析、风险预警、信息发布等功能，重点加强对物流大面积中断风险的研究评估，提高应急物流组织能力。

提高物流体系韧性。依托重要物流枢纽设施，布局建设应急物流核心枢纽。加快交通物流设施应急功能改造，完善骨干物流通道多向调运功能，提高设施修复和通道抢通、保通、复通能力。推动铁路快运、公路转运、货运包机等多元替代，确保异常情况下应急物流正常运行。强化干线、支线、末端应急物流组织衔接，提高应急物资接取送达效率。开拓多元化国际物流通道，做好应对物流中断的预案，有效防范能源、粮食和产业链供应链重点产品断供风险。加强城乡末端通行管理，保障粮食、蔬菜等农产品以及饲料、农资等稳定供应。强化应急物流体系对产业备份系统的支撑保障，提升产能储备投产转化、快速转运能力。

专栏 2　现代物流体系提升工程

国家物流枢纽建设工程。 推进 120 个左右国家物流枢纽布局建设，发挥国家物流枢纽联盟作用，促进枢纽业务协同、政策协调、运行协作。建设 20 个左右国家物流枢纽经济示范区。

铁路（高铁）快运能力建设工程。 推进铁路（高铁）快运物流基地建设，实施铁路场站物流设施改造工程。

航空货运能力提升工程。 建成投用鄂州专业性货运枢纽机场，打造一批国际一流的空港型国家物流枢纽，推动航空联运转运设施、场站合理布局建设。

现代物流企业培育工程。 推动物流枢纽、龙头物流企业、供应链服务企业搭建物流信息和供应链服务平台，实施物流企业协同发展生态构建行动，培育一批具有国际竞争力的现代物流企业。

邮政快递设施建设工程。 打造智能高效邮政快递网络，支持推广智能信报箱、智能快件箱。实施快递进村、进厂、出海工程。

课外阅读

新阶段构建物流发展的新格局

我们通过对《中华人民共和国国民经济和社会发展第十四个五年规划和 2035 年远景目

第八章　国民经济物流

标纲要》(以下简称《规划纲要》)的解读可以发现，国家经济社会发展对物流发展的要求，不再是物流业自身规模、技术、企业等的发展问题，而是需要物流更好地服务于国家战略的实施。

(一) 要服务国家现代化建设战略

在国家经济社会《规划纲要》中，"物流"出现在"制造强国战略、服务业繁荣发展、畅通国内循环、建设数字中国、实施乡村振兴、新型城镇化"等诸多战略中，尤其是在国家高度强调的产业和空间融合发展中，物流作为重要的服务者和组织者的角色，不再是以单独的产业发展内容提出来，而是突出了支撑和引领产业组织创新、区域协调发展、城乡共同繁荣。

1) 加快"十四五"物流高质量发展。要更好地聚焦于五个方面的发展，为国家战略的实施提供高品质服务。一是加快物流网络建设，重点推进国家物流枢纽为核心的运行网络建设；二是推动物流系统建设，构建满足生产、消费，衔接生产、消费的各种发展场景，建设现代化的物流系统；三是重视冷链物流发展，要按照服务于中国现代化和中国人过上现代化日子的要求，加快食品、药品等需冷物流的现代化水平；四是系统推进农村物流发展，将冷链物流与农产品生产、消费有机统一起来，提高系统运行能力和效率，既巩固脱贫攻坚的成果，又开启现代化的新农村建设，加快农业农村现代化；五是鼓励智慧物流发展，运用先进的信息、智能技术，提高物流的网络水平和组织效能，加快物流产业数字化和服务其他产业数字化，为数字产业提供宏大发展场景。

2) 推动城市物流转型升级。在满足城市物流需求的同时，发挥城市物流供需匹配的重要载体功能，提高城市在区域物流、城市群物流和都市圈物流发展中的网络化组织作用，打造以城市为战略支点的现代物流运行网络体系。要对城市物流发展进行适应区域经济发展和产业组织创新的重新定位，按照城市物流服务于自身生产生活和为区域物流组织提供服务进行战略选择，将重要的区域节点城市打造成为国内国际物流组织中心，为区域经济发展和产业布局效率提升提供城市物流节点组织服务。

3) 加快国家物流枢纽建设。要按照国内国际经济发展需求，打造国家顶层物流运行网络系统，提高物流服务产业链供应链协同能力，为跨区域要素流动、产业合作和流通体系建设提供服务支撑和网络运行环境条件。要以服务我国14亿人口的强大国内市场和消费需求为牵引，打造具有国内畅通运行和国际经济大循环运行功能的国家物流枢纽系统，为我国经济总量上台阶、经济运行上质量和产业链供应链组织上品质提供物流组织支撑。

(二) 要高效融入构建新发展格局

构建以国内大循环为主体、国内国际双循环相互促进的新发展格局，对物流发展提出了与以往发展具有较大不同的发展要求。

1) "大循环""双循环"将促进形成新的区域物流流量和流向的平衡。由于发展外向型经济在较长时期内是我国经济发展的重要驱动力和产业布局发展的决定性因素，我国物流在很大程度上是向海物流。构建新发展格局和发挥强大的国内市场的优势，14亿人的现代建设新征程，必将很大程度上改变这种局面，逐步形成内外需的相对平衡，物流的流量流向将发生由过去以向海物流为主转向沿海物流和内陆物流之间的双向平衡。由于物流降本增效的本质源于物流的双向平衡，"大循环""双循环"的海陆双向物流，将对物流枢纽、物流通道的走向和结构产生重大影响，要求在物流空间布局和组织上实现创新。

2) 现代化经济体系建设发展将加快经济循环和产业链、供应链融合。物流在实现内外、陆海双向平衡中需改变传统组织方式，以物流支撑产业链供应链衔接的同时，将物流网络化规模经济运行作为提高产业运行效能的重要支撑，加快经济产业运行模式创新进

现代物流学

程,实现产业链基于物流供应链的不断延伸,提高产业价值的创造能力,提升生产消费的流通组织效能,推动区域经济循环运行和高质量发展。

3)现代流通体系具有大循环、双循环的重要特征和重构物流体系的方向。流通体系在国民经济中发挥着基础性作用,构建新发展格局必须把建设现代流通体系作为一项重要战略任务来抓,必须提高现代流通对生产消费的组织作用,并依托网络布局调整、业态更新、服务创新和服务组织,构建"通道+枢纽+网络"的物流运行系统,提高物流服务现代流通体系建设的功能和作用,实现基于现代经济循环的物流供给和服务的大变革。

(三)要把握现代物流发展新趋势

服务国家现代化战略和融入构建新发展格局在成为现代物流发展新历史方位的同时,物流业发展也呈现出一些新的发展趋势,需要在"十四五"期间推进现代物流发展进程中很好地把握。

1)物流依托枢纽、枢纽城市聚集发展特点明显。一是电商快递的节点聚集,聚集方式是依托中心城市建设区域分拨中心并围绕分拨中心建设区域物流网络,实现物流网络化运行和服务。随着分拨中心的建设发展,物流园区、运输枢纽、多式联运中心等物流资源集聚场所和平台也逐渐进行网络赋能,加快了物流业转型升级和网络化、规模化发展的步伐。在物流依托节点网络化发展加快的背景下,城市物流发展战略思路也随之进行调整。许多城市物流朝着打造区域性的物流中心发展,为有效提升城市的区域物流地位和依托物流辐射条件发展其他产业创造了条件。许多城市,尤其是内陆地区城市在这个过程中,伴随强大的国内市场建设和内需扩张而崛起。二是物流产业组织模式创新和网络化布局发展加快。"通道+枢纽+网络"正在成为物流组织创新形态和构建强大的物流辐射网络的重要模式,为物流产业的聚集发展提供了新途径和新生态。三是物流服务和网络运作呈现智慧化、多元化、生态化,促进了物流企业通过技术、业态、模式创新发展,在企业运行层面加快了物流资源的整合步伐和聚集发展的新动能。

2)物流组织模式创新和市场格局出现新变化。一是物流与运输市场细分不断深化和不可逆转,细分领域深度融合成为发展的新方向。物流服务市场的不断细分,既是物流信息化、智能化的结果,又为更深度的信息、智能技术应用创造了企业环境条件。同时,物流服务的细分,使过去一直无法解决的物流同质化竞争,向着良性的分工与合作关系密切的方向发展,"干支仓配"一体化服务体系建设正在加快。当前,基于产业链、供应链、价值链的物流服务合作不断"发育",必将催生新的物流生态和新物流组织模式,市场格局将进一步演变。二是物流与运输一体化服务的融合型业态"发育成长"成为基本方向,尤其是大数据、云计算和人工智能技术在物流领域的深入和广泛应用,进行融合性市场细分和合作成为可能。一体化的服务将成为分工合作的产物,而非必须通过政策驱动,推动市场真正发挥配置资源的决定性作用。三是国内与国际物流一体化融合和供需紧密对接的多式联运,将成为物流"通道+枢纽"运行和规模扩张的主流方式和发展方向。多式联运必将成为一种物流组织创新发展环境下的运输新生态,是智慧物流的生态,是产业链、供应链和价值链驱动下的紧密合作。

3)物流产业重点发展方向越来越清晰。物流依托枢纽、枢纽城市聚集发展,以及物流组织模式创新和市场格局出现新变化,正在改变物流发展的产业生态,物流发展的重点方向也逐渐清晰,需要物流领域很好地把握、顺势而为。一是网络化、智能化物流基础设施体系建设必然成为基础设施的建设重点,尤其是城市物流发展的战略重点。智能化高端仓、区域分拨中心、城市配送中心组网发展和网络化运行,将成为物流基础新设施系统的基本发展

第八章　国民经济物流

特征。国家物流枢纽将成为构建国家顶层骨干物流网络的重要基础设施，应当引起国家物流枢纽承载城市的高度重视。二是战略性物流枢纽设施将成为提升城市区域经济和产业发展地位的重要基础设施。国家物流枢纽的类型选择和组网运行，为许多重要的经济中心城市提供了提升区域物流组织地位和要素聚集功能的可能性，国家物流枢纽建设和依托国家物流枢纽发展枢纽经济、打造枢纽经济示范区，将成为未来物流布局发展和区域物流竞争的重要手段和形态。三是对区域物流要素聚集和城市物流地位提升具有引领性和控制性的物流产业生态系统建设，必将成为物流创新和区域竞争的焦点。发挥物流网络运行环境和辐射功能对城市产业布局发展的引领性和控制性作用，加快对城市发展具有增量价值的制造业、商贸流通业的发展，实现物流与相关产业的深度嵌入、深度融合，必将成为城市融入构建新发展格局，实现经济扩张规模、扩大辐射范围、占领未来产业发展制高点的重要方向。四是由 14 亿人口现代化带来的消费扩张与升级的特色农产品上行物流系统建设，将加快农产品有效嵌入区域物流辐射网络系统，在构建具有强大增值能力的农产品消费物流系统的同时，将有效提升农业农村的产业发展能力，在彻底改变农产品流通方式的同时，农产品物流服务系统不再是仅仅付出成本的领域，而是具有巨大创造价值能力的物流服务新领域。

（资料来源：汪鸣，陆成云，刘文华."十四五"物流发展新要求新格局[J]. 北京交通大学学报（社会科学版），2022，21（1）：11-17. 有删改）

◇ 复习思考题

1. 什么是国民经济物流？
2. 简述物流在国民经济中的地位。
3. 简述国民经济物流的主要任务。
4. 简述工业生产布局与国民经济物流的关系。
5. 简述国民经济物流的发展现状。
6. 简述国民经济物流存在的不足。
7. 简述国民经济物流发展面临的形势。
8. 国民经济物流合理化的措施有哪些？

◇ 参考文献

[1] 王之泰. 新编现代物流学[M]. 北京：首都经济贸易大学出版社，2018.
[2] 汪鸣，陆成云，刘文华."十四五"物流发展新要求新格局[J]. 北京交通大学学报（社会科学版），2022，21（1）：11-17.
[3] 贺登才. 现代物流发展的新方式及其路径：基于《"十四五"规划和 2035 年远景目标纲要》[J]. 北京交通大学学报（社会科学版），2022，21（1）：18-23.
[4] 田治江. 物流已成为支撑国民经济发展的重要组成部分[N]. 现代物流报，2021-03-03（A02）.
[5] 楚耘. 夯实物流业 为国民经济发展筑牢基础[J]. 中国储运，2021（3）：12.
[6] 屈凌. 构建现代化煤炭大物流体系：浩吉铁路开通助力陕煤集团高质量发展的探索与研究[J]. 中国煤炭，2020，46（6）：16-21.

第九章

国际物流

本章学习目标

掌握国际物流的定义，理解国际物流的产生、发展阶段及特点，了解国际物流的分类，了解国际物流的发展趋势；理解国际物流系统的概念，掌握国际物流系统的基本要素，了解国际物流网络系统的概念；掌握国际货物运输的方式，了解国际货物通关、进出境检验检疫、国际货运保险、理货的内容，掌握国际物流系统合理化的措施。

引例

国际物流大通道保障供应链稳定通畅

2021年8月18日，一列满载冠捷公司彩色液晶显示板的"安智贸"专列从厦门海沧铁路车站开出，驶向波兰城市波兹南。这是中欧班列（厦门）累计开行的第1040列班列。

自2015年8月16日首列中欧班列（厦门）从厦门自贸片区出发，6年来，厦门以独特的国际海铁联运优势，打造跨越海峡、横贯亚欧的国家物流新通道，发展成"海丝"和"陆丝"无缝对接的运输口岸，助力"一带一路"建设，推动国内国际双循环。

数据显示，6年来，中欧班列（厦门）累计完成超8万标箱、货值超33亿美元（含城际合作班列），货物种类覆盖电子、机械、轻工日用品、食品、木制品、生物医药制品等品类，成为促进供应链和产业链协调发展的有力见证。目前，班列已开通中欧、中亚、中俄班列线路，可达波兰波兹南、匈牙利布达佩斯、德国汉堡、杜伊斯堡、俄罗斯莫斯科及中亚地区的阿拉木图、塔什干等12个国家的30多个城市。

中欧（厦门）班列开行以来，厦门自贸片区、厦门海关等部门通力合作，不断改革创新，一项项改革创新举措落地见效，持续跑出发展"加速度"：2017年3月，"安智贸"全国首条铁路专线启动，中欧（厦门）班列在"一带一路"国际合作实践中迈出新的一步；同年8月，首批通过海铁联运方式运抵厦门的进口货物搭乘中欧（厦门）班列运往欧洲；2018年12月，首票过境集装箱货物搭乘班列出口，中欧（厦门）班列货运范围辐射至东南亚；2019年11月，海沧多式联运监管中心启用。

厦门将继续服务"一带一路"倡议，使中欧（厦门）班列进一步发挥重要国际货物运输通道的作用，助力企业打通物流通道，保障国际供应链、产业链畅通，推进厦门市经济社会高质量发展。

（资料来源：崔昊，郑伯坚，张进. 国际物流大通道保障供应链稳定通畅[N]. 厦门日报，2021-08-19（A01）. 略有删改）

第九章 国际物流

第一节 国际物流概述

国际物流是现代物流系统的一个重要领域。东西方冷战结束以后，贸易国际化的趋势越来越明显，随着国际贸易壁垒的拆除，新的国际贸易组织的建立，若干地区已突破国界的限制，形成了统一市场，这又使国际物流出现了新的情况，国际物流形式也随之变化。所以，近年来，各国学者及业界都非常关注国际物流问题，物流的观念及方法也随着物流国际化进程的加快而不断扩展。

从企业角度来看，近几十年来跨国公司发展得很快。越来越多的企业在推行全球战略，在全世界范围内寻找贸易机会，寻找最理想的市场和最好的生产基地，这就必然使企业的经营活动领域从一个地区、一个国家扩展到国际。这样一来，企业的国际物流也被提到议事日程上来，企业为支持这种国际贸易战略，必须更新自己的物流观念，扩展物流设施，按国际物流要求对原来的物流系统进行改造。对跨国公司来说，国际物流不仅是由商贸活动决定的，也是自身生产活动的必然产物。企业国际化战略的实施，要求分别在不同国家生产零部件、配件，在另一些国家组装或装配成整机，企业这种生产环节之间的衔接也需要依靠国际物流来支撑。

一、国际物流的定义

《物流术语》（GB/T 18354—2021）对国际物流（International Logistics）的定义为："跨越不同国家（地区）之间的物流。"国际物流即供应和需求分别处在不同的国家（地区）时，为了克服供需时间上和空间上的矛盾而发生的商品物质实体在国家与国家之间跨越国境的流动。广义的国际物流是指各种形式的物资在国与国之间的流入或流出，如进出口商品、转运物资、过境物资、捐赠物资、援助物资、加工装配所需物料及部件等在国与国之间的流动。狭义的国际物流是指一国（地区）与另一国（地区）之间与进出口贸易相关的物流活动，如货物集运、分拨配送、货物包装、货物运输、仓储、装卸与搬运、流通加工、报关、国际货运保险等。

国际物流的目标是为国际贸易和跨国经营提供物流服务，即选择最适合客户的服务水平、最理想的物流方式、最佳的路径、最少的费用和最小的风险，保质保量、适时地将货物从某国（地区）的供应方送达另一国（地区）的需求方。

国际物流的实质是按照国际分工的原则，依照国际惯例，利用国际化的物流网络、物流设施和物流技术，实现货物在国际上的流动与交换，以促进区域经济的发展和全球资源的优化配置。

国际物流是国内物流的跨国延伸，是伴随着国际贸易和跨国经营而发展起来的。国际物流不仅是国际贸易最终实现的基础，也是以国际市场作为企业经济运行的价值链的基本环节。从另一个侧面还可以看到，国际物流不仅使各国之间的国际商务活动得以顺利实现，为跨国经营企业带来新的价值增值，而且成为企业全球化背景中的"第三利润源泉"。

二、国际物流的产生与发展阶段

第二次世界大战以后，国际经济交往越来越频繁。尤其是 20 世纪 70 年代爆发了石油危机以后，国际贸易总量空前增长，对交易水平和交货质量的要求也越来越高。在这种情况下，原来为满足运送必要商品的运输观念已不能适应新的要求，系统物流观念进入国际领域，国际物流的概念正式提出，并越来越受到人们的重视。随着全球资本市场的成长和整合，信息和通信技术的进步创造出一个正在成长的全球市场，即原来分割型的国家或区域市场正在逐渐演变成一个统一的全球市场。

随着市场的全球化和竞争的全球化，企业之间的竞争也在全球范围内展开，企业在世界市场上的竞争地位决定它在国内市场上的竞争地位，这已成为一种普遍现象。全球跨国企业为了获得竞争优势和增加盈利，必须在全球范围内分配和利用资源，协调其生产和流通活动。全球跨国企业最基本的战略是通过采购、制造、流通等方面的规模经济效益降低成本，同时通过开拓新市场和开发现有市场来扩大销售，实现企业的销售额增长和效益的增加。对跨国企业全球物流活动的有效管理必定成为企业全球经营成功的关键因素之一。产品增加和服务范围扩大、产品生命周期越来越短、全球市场的成长和全球供销渠道大量增加，都将导致全球物流活动更加复杂，从而要求企业对全球供应链的物流活动进行管理、协调和控制。国际贸易的模式和复杂性也发生了巨大的变化，越来越多的出口商采取外包的方式生产产品，从而能够获得高科技和低成本的优势。全球的出口商都在搜寻新市场和更低成本的过程中采用了全球性的战略，而这种全球性战略中包含了对传统国际物流的整合和改造。

总体来说，国际物流的发展主要经历了以下几个阶段：

1. 第一阶段：20 世纪 50 年代至 70 年代

在 20 世纪五六十年代，国际物流业务量激增，出现了大型物流工具，如 20 万 t 的油轮、10 万 t 的矿石船等。进入 20 世纪 70 年代，国际物流的业务量进一步扩大，船舶大型化趋势越来越明显，货主对国际物流服务水平的要求也越来越高。业务量大、服务水准高的物流活动从石油、矿石等物流领域向难度较大的中、小件杂货物流领域延伸，其标志是国际集装箱（船）得到了迅速发展。国际各主要航线的定期班轮都投入了集装箱船，散杂货国际运输的水平迅速提高，国际物流服务水平显著提升。在这一阶段，还出现了国际航空物流国际联运，而且增长得都比较快。

2. 第二阶段：20 世纪 70 年代末至 80 年代中期

这一阶段，国际物流的突出特点是出现了"精益物流"，物流的机械化、自动化水平提高，物流设施和物流技术得到了快速发展。很多企业建立了配送中心，并广泛运用电子计算机进行管理。出现了无人立体仓库，一些国家还建立了本国的物流标准化体系。同时，伴随着新时代人们需求观念的转变，国际物流着力解决"小批量、高频度、多品种"的物流问题，出现了不少新技术和新方法，这就使现代物流不仅覆盖了少品种、大批量商品和集装杂货，而且覆盖了多品种、小批量商品，几乎涉及所有的物流活动对象，基本解决了所有货物的现代物流问题。

3. 第三阶段：20 世纪 80 年代中期至 90 年代初

这一阶段，随着经济、技术的发展和国际贸易的日益扩大，物流国际化趋势开始成为世界性的共同问题。各国企业越来越强调改善国际物流管理，以此来降低产品成本，提高服务水平，扩大产品销量，期望在日益激烈的国际竞争中取得成功。随着因特网、条码、电子数据交换技术、卫星定位通信技术的发展及在国际物流中的应用，物流信息化水平和服务水平提高，使国际物流进入一个高度发展的信息化时代。信息的共享，使国际物流向成本更低、服务更好、业务量更大及精细化方向发展。

4. 第四阶段：20 世纪 90 年代初至今

这一阶段，国际物流的概念及其重要性已被各国政府和外贸部门所普遍接受。国际物

第九章　国际物流

流已经逐渐成为世界各国经济建设普遍关注的问题之一，也成为当今经济竞争中的一个焦点。贸易伙伴遍布全球，必然要求物流国际化，具体表现为物流设施国际化、物流技术国际化、物流服务国际化、货物运输国际化、包装国际化和流通加工国际化等。世界各国广泛开展国际物流理论和实践的大胆探索。人们已经达成共识，只有广泛开展国际物流合作，才能促进世界经济繁荣。"物流无国界"的理念被人们广泛接受。

三、国际物流的特点

国际物流主要是为跨国经营和对外贸易服务的，它要求各国（地区）之间的物流系统相互衔接。国际物流具有以下特点：

（1）物流作业环节多、范围广、周期长　国际物流是跨越国界的物流活动，与一般物流相比，国际物流作业不仅需要运输、仓储、装卸、流通加工等环节，还需要报关、检验等特殊环节，物流流程的完成周期更长。

（2）物流作业复杂　国际物流跨越海洋和陆地，业务流程涉及多个国家和地区，其本身就是一个庞大的复杂系统。国际物流运作的复杂性主要包括国际物流通信系统设置的复杂性、法律法规环境的差异性和区域商业现状的差异性等。

（3）物流过程具有高风险性　国际物流在空间拓展的同时，所涉及的内外因素更多，所需时间更长，带来的直接后果是运营的风险增大。国际物流的风险主要包括政治风险、经济风险和自然风险。

（4）国际物流以远洋运输为主，多种运输方式相结合　由于国际物流中的运输距离远、运量大，考虑到运输成本，运费较低的海运成为最主要的方式。同时，为缩短货运时间，满足客户在时间上的要求，在运输方式上还采用空运、陆运和海运相结合的方式。目前，在国际物流活动中，"门到门"的运输方式越来越受到货主的欢迎，使能满足这种需求的国际多式联运得到快速发展，逐渐成为国际物流运输中的主流。

（5）国际化信息系统建立的困难性　国际化信息系统是国际物流非常重要的支持手段。但由于世界上有些地区物流信息水平较高，而有些地区较低，信息发展水平不均衡，因而大大增加了国际物流信息系统建立的难度。

（6）国际物流的标准化要求高　要使国际物流畅通，统一标准是非常重要的。如果没有统一的标准，国际物流水平是无法提高的。国际物流管理的最终目标要求整个流程的一体化协作，从而最大限度地节约时间，缩短物流流程的完成周期，这需要有功能强大、信息传输和信息处理快的标准化信息系统技术支撑。

四、国际物流的分类

1）根据货物在国与国之间的流向分类，国际物流可分为进口物流和出口物流。凡存在于进口业务中的国际物流行为被称为进口物流，而存在于出口业务中的国际物流行为被称为出口物流。鉴于各国的经济政策、管理制度、外贸体制不同，进口物流和出口物流既存在交叉的业务环节，又存在不同的业务环节，需要物流经营管理人员区别对待。

2）根据货物流动的关税区域分类，国际物流可分为国家之间的物流与经济区域之间的物流。这两种类型的物流在形式和具体环节上存在着较大差异。例如，欧盟成员国之间由于属于同一关税区，成员国之间的物流运作与欧盟成员国和其他国家或者经济区域之间的物流运作在方式和环节上存在着较大的差异。

3) 根据跨国运送的货物特性分类，国际物流可分为贸易型国际物流和非贸易型国际物流。贸易型国际物流是指由国际贸易活动引起的商品在国际上的移动。除此之外的国际物流活动都属于非贸易型国际物流，如国际展品物流、国际邮政物流、国际军火物流和国际逆向物流等。

五、国际物流的发展趋势

全球物流运作的环境远比国内物流复杂，在不同的国家和地区，物流活动的距离更长、单证更复杂、在产品和服务上顾客需求变幻莫测，并要满足各种文化差异。随着跨国公司的发展、全球经济和贸易的增长以及人类环保意识的觉醒，全球物流呈现以下变化新趋势：

1. 物流企业向信息化、网络化、集约化方向发展

物流企业的信息化已经成为物流业更新改造的根本方向之一。国际物流企业作为国际物流的供应商，正逐渐形成在全球范围内能够提供国际物流服务的网络平台。现代国际物流服务，要求的不仅是传统的国际物流服务的粗放式延伸，更重要的是要有现代国际物流服务的集约式扩张，国际物流的过程也是国际物流供求合同各方不断协同共进的结果。

2. 第三方物流快速发展，逐渐占据主导地位

第三方物流服务的提供者就是一个为外部客户管理、控制和提供物流服务的公司，它们并不参与客户企业的经营业务，仅是第三方，但作为供应链的合作伙伴、战略联盟，通过提供一整套物流服务来提高供应链的竞争优势。国际上大多数第三方物流公司是由传统的"类物流"业为起点而发展起来的，如仓储业、运输业、空运、海运、货运代理和企业内部的物流部门等。在国际物流不断发展的环境下，它们根据客户的不同需要，在传统业务服务的基础上，通过增加服务内容，提高服务质量，为客户提供各具特色的物流服务，扩展物流服务的业务链，进而向第三方物流服务提供商转化。目前，全球的第三方物流市场具有潜力大、渐进性和增长率高的特征，这种状况使第三方物流企业拥有大量的服务客户，并使第三方物流在国际物流服务中占据主导地位。

3. 业务不断多元化，增值服务不断增加

在经济发达国家，随着电子商务、网络技术及物流全球化的迅速发展，物流服务向上下游延伸与拓展，呈现相互融合的趋势。这一趋势促使物流企业的业务模式向多元化的方向发展。

此外，现在的物流服务已经远远超出了传统意义上的货物运送、仓储或者寄存等基本的物流服务内容。对于现代物流企业来说，传统的业务形式已无法满足客户的需求和适应企业竞争的需要。所以一方面要增加新的业务内容，扩大业务范围；另一方面也要不断地推陈出新，为客户提供增值性服务，以提高自身的竞争能力。

不论是海运、空运还是陆运，几乎所有和物流有关的企业都在想方设法地提供增值服务：全球性的大运输公司和快递公司选择为客户提供一站式服务，它们的服务涵盖了每件产品从采购到制造、仓储入库、外包装、配给、发送和管理返修以及再循环的全过程。例如，传统的物流企业——船运公司，现在不仅负责运输货物，而且还提供诸如打制商业发票、为货物投买保险和管理运输全程的服务，即提供完整的供应链物流管理服务，使客户可以在第一时间追踪到自己的货物方位、准确进程和实际费用。

4. 绿色物流、低碳物流成为国际物流发展的要求

物流虽然促进了经济的发展，但同时也给自然环境带来了许多不利的影响，如运输工具的噪声、污染排放等。在绿色经济、低碳经济时代，任何产业的发展必须优先考虑环境问题，国际物流的发展也不例外，需要从环境角度对国际物流体系重新进行改造，在抑制物流对环境造成危害的同时，形成一种适应时代进步，促进经济与消费健康、持续发展的国际物流系统。这种物流系统是建立在维护环境和可持续发展基础之上的，能够改变以往发展与物流、消费生活与物流的单向作用关系，即向绿色物流、低碳物流转变，顺应时代对国际物流发展的要求。

5. 跨国公司成为发展国际物流的主要力量

跨国公司是当今推动国际物流发展的主要力量。在经济全球化的今天，任何一种经济潮流都离不开跨国公司的推动。跨国公司在规模和地域上的强大优势使其成为国际物流服务最重要的需求者和供应者，如美国沃尔玛、日本丰田、美国通用、德国大众等诸多大型跨国集团都是国际物流服务的需求者。同时，一大批物流跨国巨头又是国际物流重要的供应者，如 UPS、FedEx、TNT、马士基等。

第二节　国际物流系统

一、国际物流系统的概念

国际物流系统是由商品的包装系统、运输系统、仓储系统、检验系统、流通加工系统及其前后的整理与再包装系统、国际配送系统等组成。运输系统和仓储系统是国际物流系统的主要组成部分。国际物流系统通过运输系统和仓储系统实现自身的时间和空间效益，满足国际贸易活动和跨国公司经营的要求。

二、国际物流系统的基本要素

国际物流是一个复杂而巨大的系统工程，国际物流系统的基本要素包括一般要素、支撑要素、物质基础要素和功能要素。

（一）国际物流系统的一般要素

国际物流系统的一般要素主要由劳动者、资金和物三个方面构成。

（1）劳动者要素　它是现代物流系统的核心要素和第一要素。提高劳动者的素质，是建立一个合理的国际物流系统并使其有效运转的根本。

（2）资金要素　交换是以货币为媒介的。实现交换的国际物流过程，实际上也是资金的运动过程。同时，国际物流服务本身也需要以货币为媒介，国际物流系统建设是资本投入的一大领域，离开资金这一要素，国际物流就不可能实现。

（3）物的要素　物的要素首先包括国际物流系统的劳动对象，即各种实物。此外，国际物流物的要素还包括劳动工具、劳动手段，如各种物流设施、工具，各种消耗材料（燃烧、保护材料）等。

（二）国际物流系统的支撑要素

国际物流系统的运行需要有许多支撑手段，尤其是处于复杂的社会经济系统中，要确立国际物流系统的地位，要协调与其他系统的关系，这些要素就必不可少。它们主要包括以下内容：

现代物流学

（1）体制、制度　物流系统的体制、制度决定了物流系统的结构、组织、领导和管理的方式。

（2）法律、规章　国际物流系统的运行，不可避免地涉及企业或人的权益问题，法律、规章一方面限制和规范物流系统的活动，使之与更大的系统相协调，另一方面则是给予保障。合同的执行、权益的划分、责任的确定都要靠法律、规章来维系。各个国家和国际组织有关贸易、物流方面的安排、法规、公约、协定、协议等也是国际物流系统正常运行的保障。

（3）行政、命令　国际物流系统和一般系统的不同之处在于，国际物流系统关系到国家的军事、经济命脉，所以行政、命令等手段也常常是国际物流系统正常运转的重要支持要素。

（4）标准化系统　标准化系统是保证国际物流各环节协调运行、保证国际物流系统与其他系统在技术上实现连接的重要支撑条件。

（三）国际物流系统的物质基础要素

国际物流系统的建立和运行，需要有大量的技术装备手段，这些手段的有机联系对国际物流系统的运行具有决定意义。这些手段对实现国际物流某一方面的功能也是必不可少的。具体而言，物质基础要素主要有以下几点：

（1）物流设施　它是组织国际物流系统运行的基础物质条件，包括物流站、场，物流中心，仓库，国际物流线路，建筑物，公路，铁路，口岸（如机场、港口、车站、通道）等。

（2）物流设备　它是保证国际物流系统运行的物质条件，包括仓库货架、进出库设备、加工设备、运输设备、装卸机械等。

（3）物流工具　它是国际物流系统运行的物质条件，包括包装工具、维修保养工具、办公设备等。

（4）信息技术及网络　它是掌握和传递国际物流信息的手段，根据所需要的信息水平不同，包括通信设备及线路、传真设备、计算机及网络设备等。

（5）组织及管理　它是国际物流网络的"软件"，起着连接、调运、运筹、协调、指挥其他各要素以保证达到国际物流系统目的等作用。

（四）国际物流系统的功能要素

国际物流系统的功能要素是指国际物流系统所具有的基本功能。这些基本功能有效地组合、连接在一起，形成了国际物流系统的总功能。由此，便能合理、有效地达到国际物流系统的总目的，实现其时间效益和空间效益，满足国际贸易活动和跨国公司经营的要求。

国际物流系统的功能要素有运输、储存、检验、通关、包装、流通加工、装卸搬运和信息处理等。其中，运输和储存子系统是物流系统的两大支柱。如果从国际物流活动的实际工作环节来考察，国际物流也主要由上述几项具体工作完成。这几项工作也相应地形成各自的子系统。

（1）运输子系统　国际货物运输子系统是国际物流系统的核心。国际货物运输具有路线长、环节多、涉及面广、手续繁杂、风险性大、时间性强、内外运两段性和联合运输等特点。国际运输管理包括运输方式的选择、运输路线的选择、承运人的选择、运输费用的节约、运输单据的处理、货物保险等。

（2）储存子系统　国际货物储存子系统不仅承担进出口货物的保管工作，而且承担进出口货物的加工、挑选、整理、包装、刷唛、备货、组装和发运等工作。从现代物流角

第九章 国际物流

度，国际储存管理要把仓储与运输紧密联系起来，尽量减少储存时间，以确保国际物流货物早出口、多出口、早结汇、多创汇，加速货物和资金的周转。同时，还可以根据储存货物的变化、保管时间的长短、周转速度的快慢等方面的数据资料，及时向有关方面提供国际物流信息，实现国际物流的高效率运转。

（3）检验子系统　由于国际贸易和跨国经营具有投资大、风险高、周期长等特点，为了避免交货以后双方因货物品质、数量、重量等方面的问题发生争执，商品检验成为国际物流系统中重要的子系统。我国进出境检验检疫按其业务内容不同，包括进出口商品检验、进出境动植物检疫和国境卫生检疫。通过商品检验，确定交货品质、数量和包装条件是否符合合同规定。如发现问题，分清责任，向有关方提出索赔。

（4）通关子系统　国际物流的一个重要特点就是跨越关境。由于各国海关的规定不完全相同，因此对于国际货物的流通而言，各国的海关可能成为国际物流中的瓶颈。要消除这一瓶颈，就要求国际物流经营人员熟悉各国通关制度及其变更，建立安全有效的快速通关系统，保证货畅其流。

> **小贴士　大通关**
>
> 所谓大通关，是指口岸各部门、单位、企业等采取有效的手段，使口岸物流、单证流、资金流和信息流高效、顺畅地运转，同时实现口岸管理部门的有效监管和高效服务相结合。它是涉及海关、外经贸主管部门、运输、仓储、海事、银行、保险等各个国家执法机关和商业机构的系统。实施大通关，最直接的目的就是提高效率、减少审批程序和办事环节，口岸各方建立快捷有效的协调机制，实现资源共享，通过实施科学、高效的监管，使口岸通关效率大幅度提高，真正实现"快进快出"。

（5）包装子系统　国际物流运输距离长、运量大、运输过程中货物堆积存放期长、装卸次数多，因此需要相应的特殊包装业务。企业在考虑出口商品包装设计和具体作业过程时，应把包装、储存、搬运和运输有机联系起来统筹考虑，全面规划，实现现代国际物流系统所要求的"包、储、运一体化"。

（6）流通加工子系统　出口商品流通加工可以使商品更好地满足消费者多元化的需要，实现商品的增值，不断地扩大出口。进出口商品流通加工的具体内容包括：装袋、贴标签、配装、挑选、混装、刷唛（刷标记）等出口贸易商品服务。还有生产性外延加工，如剪断、平整、套裁、打孔、折弯、拉拔、组装、改装、服装的检验和烫熨等。此外，还可开展更高级的增值服务——对外贸易方面的加工，即从境外保税进口全部或部分原辅材料、零部件、元器件、包装物料，经境内企业加工或装配后，制成品再出口。

（7）装卸搬运子系统　装卸搬运子系统主要包括国际货物的运输、保管、包装、流通加工等物流活动，以及在保管等活动中为进行检验、维护、保养所进行的装卸活动。在国际物流活动中，装卸活动频繁发生，因而是产品损坏的重要原因。对装卸活动的管理，主要是确定最恰当的装卸方式，力求减少装卸次数，合理配置及使用装卸机具，以做到节能、省力、减少损失、加快速度，最终获得较好的经济效果。

（8）信息处理子系统　国际物流信息系统的主要功能是采集、处理和传递国际物流和商流的信息情报。没有功能完善的信息系统，国际贸易和跨国经营将寸步难行。国际物流信息的主要内容包括进出口单证的作业过程、支付方式信息、客户资料信息、市场行情信息和供求信息等。国际物流信息系统的特点是信息量大、交换频繁、传递量大、时间性

现代物流学

强,环节多、点多、线长,所以要建立技术先进的国际物流信息系统。

在国际物流活动中,应利用产品流和信息流将这些子系统有机地联系起来,统筹考虑,全面规划,从而促进国际物流管理系统的完善与发展。国际物流系统功能要素构成如图 9-1 所示。

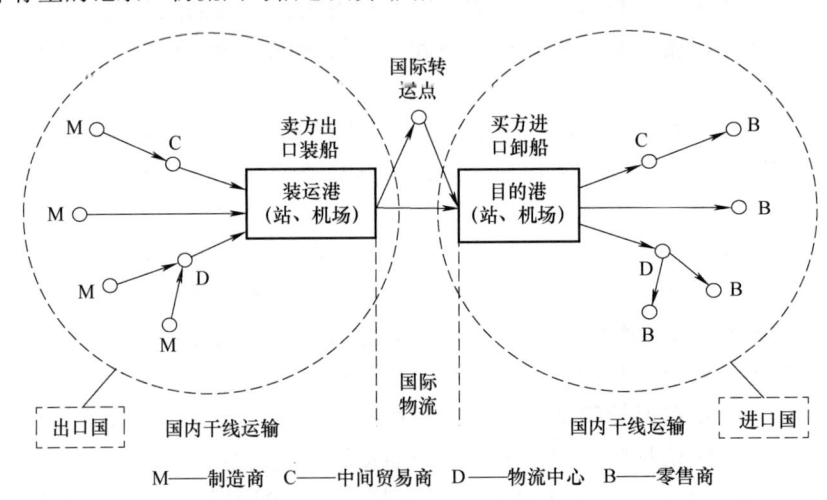

三、国际物流网络系统

国际物流网络系统是指由多个收发货的节点和它们之间的连线所构成的物流抽象网络,以及与之相伴随的信息流网络的集合,如图 9-2 所示。收发货节点是指那些从事与国际物流相关的活动的物流节点,如制造厂仓库、口岸、港口、国内外中转点仓库以及流通加工配送中心和保税仓库等。连线是指连接上述国内外众多收发货节点之间的运输连线,如各种海运航线、铁路线、飞机航线,以及海、陆、空联运航线。这些网络连线是库存货物的移动(运输)轨迹的物化形式。每一对节点有许多连线,以表示不同的运输路线、不同产品的各种运输服务。各节点表示存货流动暂时停滞,是为了更有效地移动(收货或发货)。信息流动网的连线通常包括国内外的邮件,或某些电子媒介(如电话、电传、电报以及目前的 EDI 等)。信息网络的节点则是各种物流信息汇集及处理之点,如员工处理国际订货单据、编制大量出口单证或准备提单或计算机对最新库存量的记录。物流网与信息网并非相互独立的,而是密切相连的。

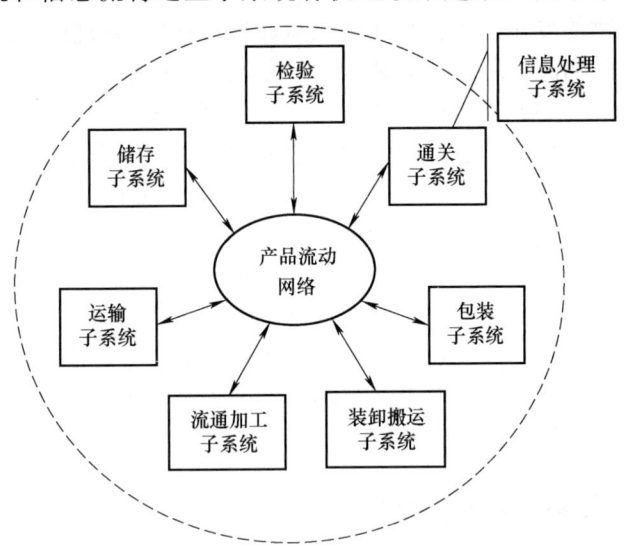

图 9-1 国际物流系统功能要素构成

M——制造商 C——中间贸易商 D——物流中心 B——零售商

图 9-2 国际物流网络系统

与国内物流相比,国际物流网络系统节点和连线较多,节点之间的连线组合选择较多,连线中还有丰富多样的路径组合选择,这就需要根据实际情况进行整体规划。同时,各通道之间还必须在相关的节点进行转换,这就导致信息量多而复杂。因此,信息的传递、反馈必须及时、准确。只有这样,企业才能根据实际情况做出决策,并在决策执行过

第九章 国际物流

程中不断调整物流运作策略，对物流运作过程进行及时的调节和控制，避免国际物流活动出现混乱局面，保证整个物流系统高效有序地运转。

第三节 国际物流运作管理

国际物流运作就是物流运作的国际化。例如，美国公司在本国设计、在亚洲制造、再销往欧洲市场，这种全球化经营已经司空见惯。因此，有效地组织全球范围内的国际物流，实施国际物流运作，已经成为企业在国际市场上增强竞争优势的有力武器。除了一些与国内物流相同的业务之外，国际物流特有的主要业务有进出口业务、国际货物运输等。

进出口业务是国际物流特有的业务之一，也是国际贸易的重要组成部分。一个典型的进出口流程参与方包括发货人、货运代理人、承运人代理、承运人、收货人以及海关检验检疫等部门，如图9-3所示。

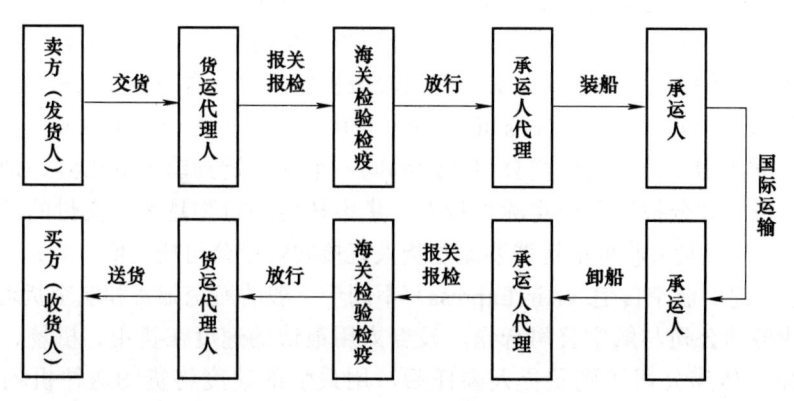

图9-3 进出口流程

一、国际货物运输

国际物流的主体活动是国际货物运输，也称为对外贸易运输，主要包括以下几个方面：

（一）海洋运输

国际海洋运输（International Ocean Transport）是国际物流中最主要的运输方式。目前，国际贸易总运量中的2/3以上、我国进出口货运总量的约90%都是利用海洋运输完成的。从经营方式上划分，海洋运输又可分为班轮运输和租船运输两种。

（1）班轮运输　班轮运输（Liner Transport）又称定期船运输，《物流术语》（GB/T 18354—2021）对其定义为："在固定的航线上，以既定的港口顺序，按照事先公布的船期表航行的水上运输经营方式。"班轮运输的特点是："四固定"，即航线固定、港口固定、船期固定和费率相对固定。所运货物主要为杂货和集装箱。

（2）租船运输　租船运输（Shipping By Chartering）又称不定期船运输，《物流术语》（GB/T 18354—2021）对其定义为："船舶出租人把船舶租给承租人，根据租船合同的规定或承租人的安排来运输货物的运输方式。"与班轮运输不同，船舶没有预定的船期表、航线和港口，船期、航线及港口均按租船人和船东双方签订的租船合同规定的条款行事。租船运输的特点是：船租双方以签订的租船合同确定双方的权利与义务和有关费用的负担；所

现代物流学

运货物多为大宗散装货物,如矿物、粮食、煤炭等;多数通过船舶经纪人出租船舶;运价受国际航运市场船货供求情况影响而波动。

(二)国际航空货物运输

《物流术语》(GB/T 18354—2021)对国际航空货物运输(International Air Cargo Transport)的定义为:"货物的出发地、约定的经停地和目的地之一不在同一国境内的航空运输。"它主要包括以下几种运营方式:

(1)班机运输 班机运输(Scheduled Airline)是指具有固定开航时间、航线和停靠航站的航班运输。一般使用客货混合型飞机,虽然货舱容量较小,运价较贵,但由于航期固定,有利于客户安排鲜活商品或急需商品的运送。

(2)包机运输 包机运输(Chartered Carrier)分为整包机与部分包机两种。前者由航空公司或包租代理公司按照事先约定的条件和费用将整机租给租机人,从一个或几个站将货物运至指定目的地。它适合运送大批量的货物,运费不固定,一次一议,通常较班机运费低。后者由几家货运代理公司或发货人联合包租一架飞机,或者由包机公司把一架飞机的舱位分别租给几家空运代理公司,其运费虽较班机低,但运送的时间比班机长。

(3)集中托运 集中托运(Consolidation)是由空运代理将若干单独发货人的货物集中起来组成一整批货物,由其向航空公司托运到同一个站,货到国外后由到站地的空运代理人办理收货、报关并分拨给各个实际收货人。集中托运的货物越多,支付的运费越低。因此,空运代理人向发货人收取的运费要比发货人直接向航空公司托运低。

(4)航空传递 航空传递(Air Express)不同于一般的航空邮寄和航空货运,它是由专门经营这项业务的公司与航空公司合作,设专人用最快的速度在货主、机场、客户之间进行传递。例如,传递公司接到发货人委托后,用最快的速度将货物送往机场赶装最快航班,随即用电传将航班号、货名、收货人及地址通知国外代理人接货,航班抵达后,国外代理人提取货物后急送收货人。这种方式又称为"桌至桌"(Desk to Desk)运输。

(5)陆空陆联运 TAT 陆空陆联运(Combined Transport)分为三种:TAT(Train-Air-Truck)联运、TA(Truck-Air)联运、TA(Train-Air)联运。

(6)送交业务 送交业务(Delivery Business)通常用于样品、目录、宣传资料、书籍、报刊之类的空运业务,由国内空运代理人委托国外代理人办理报关、提取、转送并送交收货人。它的有关费用均先由国内空运代理人垫付,然后向委托人收取。

(三)国际铁路运输

(1)国际铁路联运 国际铁路联运(International Through Railway Transport)简称国际联运,《物流术语》(GB/T 18354—2021)对其定义为:"使用一份统一的国际铁路联运票据,由跨国铁路承运人办理两国或两国以上铁路的全程运输,并承担运输责任的一种连贯运输方式。"对于参加国际货协的国家之间的货物运送,发货人只需在发货站办理铁路托运,使用一张运单,即可办理货物的全程运输。未参加国际货协的国家铁路之间的顺向或反向货物运输,在转换的最后一个或第一个参加国的国境站要改换适当的联运票据。

(2)中欧班列 《物流术语》(GB/T 18354—2021)对中欧班列(China-Europe Freight Express)的定义为:"按照固定车次、线路、班期和全程运行时刻开行,运行于中国与欧洲以及'一带一路'沿线国家间的集装箱等铁路国际联运列车。"中欧班列有力地支撑和推进了"一带一路"建设，是实现国际交流合作的桥梁，是促进国际循环的重要力量。

> **小贴士** 中欧班列简介
>
> 中欧班列是由中国铁路总公司组织，按照固定车次、线路、班期和全程运行时刻开行，运行于中国与欧洲以及"一带一路"沿线国家间的集装箱铁路国际联运列车，是深化我国与沿线国家经贸合作的重要载体和推进"一带一路"建设的重要抓手。目前，中欧班列铺划有西、中、东三条通道：西部通道由我国中西部经阿拉山口（霍尔果斯）出境，中部通道由我国华北地区经二连浩特出境，东部通道由我国东南部沿海地区经满洲里（绥芬河）出境。

（四）国际多式联运

《物流术语》（GB/T 18354—2021）对国际多式联运（International Multinational Transport）的定义为："按照多式联运合同，以至少两种不同的运输方式，由多式联运经营人将货物从一国境内接管地点运至另一国境内指定交付地点的货物运输方式。"国际多式联运大多以集装箱为媒介，把海洋运输、铁路运输、公路运输、航空运输等单一运输方式有机地结合起来，构成一种连贯的运输。国际多式联运具有手续简便、安全准确、运送迅速、节省包装、提早收汇、合理运输等优点，是实现门到门运输的有效方式，因而成为国际物流的主要运营方式。

（五）国际邮政运输

国际邮政运输（International Postal Transport）是采用邮包进行跨国运输手段的运输方式，又称为国际邮包运输，具有国际多式联运和"门到门"运输的性质。国际上各国邮政订有协议和公约，使邮件和包裹的传递畅通无阻，形成全球性的邮政运输网络，从而使国际邮政运输成为国际贸易中通常采用的运输方式之一。

二、国际货物通关

国际货物通关是指进出境运输工具的负责人、货物的收发货人及其代理人、货物的所有人，向海关申请办理进出境手续，海关对其呈交的单证和申请进出境的运输工具、货物和物品等，依法进行审核、查验、征缴税费、批准进口或出口的全过程。对海关而言，国际货物通关包括审单、查验、征税和放行四个环节。国际货物的收发货人或代理人必须在向海关办理了进出境申报、接受查验、缴纳税费、提取或装运货物等手续后，国际货物才能进出关境。

三、进出境检验检疫

进出境商品检验检疫是国际贸易中的一个重要环节，也是一个国家为保障国家安全、维护国民健康、保护动植物和环境而采取的技术法规和行政措施。除双方另有约定外，对商品进行检验是买方的一项基本权利。我国进出境商品检验检疫一般包括报检、抽样、检验、签发证书、放行五个环节。

四、国际货运保险

国际物流运输货物保险的种类按照其保险标的所用运输工具的种类相应分为四类：海

现代物流学

洋运输货物保险、陆上运输货物保险、航空运输货物保险和邮包保险。有时，一批货物的运输全过程使用两种或两种以上的运输工具，这时，往往以货运全过程中最主要的运输工具来确定投保何种保险。在国际货物买卖过程中，由哪一方负责投保，应根据买卖双方商订的价格条件来确定。例如，按 FOB 和 CFR 条件成交，保险即应由买方办理；如按 CIF 条件成交，保险就应由卖方办理。

> **小贴士　国际贸易术语介绍**
>
> 国际贸易术语又叫"价格术语""交货条件"，是在国际贸易实践中逐渐形成的用以确定买卖标的物的价格，买卖双方各自承担的费用、风险、责任范围以英文缩写表示的专门术语。贸易术语是国际惯例的一种，具有任意性，即只有当事人选择应用，才对当事人具有约束力。贸易术语的主要作用在于简化当事人的贸易谈判缔约过程，确定买卖双方当事人的权利和义务。
>
> 《国际贸易术语解释通则 2020》共有 11 个贸易术语，依次分为 E、F、C、D 四组，主要涉及货物的运输、风险划分、投保义务、交货地点、出口进口结关手续及费用负担、装卸货义务及适用的运输方式等内容。
>
> 1. E 组
>
> 采用这组术语的合同是发货合同，即卖方在自己工厂所在地把货物交给买方。卖方不负担主要运输费用。EXW（Ex Works）工厂交货。
>
> 2. F 组
>
> 采用这组术语的合同是装运合同，包括 FCA（Free Carrier，货交承运人）、FAS（Free Alongside Ship，装运港船边交货）和 FOB（Free On Board，装运港船上交货）。按此组术语，卖方应在出口地或装运港将货物交至买方指定的承运人或船上，但不负担主要的运输费用。
>
> 3. C 组
>
> 采用这组术语的合同也是装运合同，包括 CFR（Cost and Freight，成本加运费）、CIF（Cost Insurance and Freight，成本保险加运费）、CPT（Carriage Paid To，运费付至）和 CIP（Carriage and Insurance Paid to，运费保险付至）。按此组术语，卖方应在装运港或装运地将货物装在船上或交给承运人，还需要签订运输合同，支付正常的运输费用，但不承担货物装船或交承运人后的风险和额外费用。
>
> 4. D 组
>
> 采用这组术语的合同是到货合同，包括 DAP（Delivered At Place，目的地交货）、DPU（Delivered At Place Unloaded，目的地卸货后交货）、DDP（Delivered Duty Paid，完税后交货）。按此类术语，卖方需将货物运到进口国指定的目的港或目的地交货，并承担货物运抵目的港和目的地的全部费用和风险。

五、理货

理货是随着水上运输的出现而产生的，是指船方或货主根据运输合同在装运港和卸货港收受和交付货物时，委托港口的理货机构代理完成的在港口对货物进行计数、检查货物残损、指导装舱积载、制作有关单证等工作。理货业务是国际物流中不可缺少的一项业务，它履行判断货物交接数量和状态的职能，是托运与承运双方履行运输契约、分清货物短缺和毁损责任的重要过程。

六、国际物流系统合理化的措施

要使国际物流系统运作良好、价值得到充分发掘和利用,就必须按照一般物流系统规律,结合国际贸易和国际生产的特殊性,科学构造国际物流系统,实现国际物流合理化。具体措施主要包括以下几个方面:

1) 合理选择和布局国内外物流网点,扩大贸易的范围、规模。
2) 采用先进的运输方式、工具和设施,加速进出口货物的流转。
3) 缩短商品在途积压(包括进货在途、销售在途、结算在途),以节省时间,加速商品资金的周转。
4) 加快进出境通关工作,实现信息电子化。
5) 改进运输路线,减少相向、迂回运输。
6) 改进包装,增大技术装载量,多装载货物,减少损耗。
7) 改进港口装卸作业,有条件时要扩建港口设施,合理利用泊位与船舶的停靠时间,尽量减少港口杂费,吸引更多的买卖双方入港;改进海运配载,避免出现空仓或船货不相适应的状况。
8) 综合考虑国内物流运输,在出口时,要尽量采用就地就近收购、就地加工、就地包装、就地检验、直接出口的物流策略。

课外阅读

中欧陆海快线助力中欧"一带一路"建设

中欧陆海快线南起希腊比雷埃夫斯港,北至匈牙利布达佩斯,由南往北途经北马其顿斯科普里和塞尔维亚贝尔格莱德,是匈塞铁路的延长线和升级版,全长约 1500km,辐射人口 3000 万。2019 年 4 月,希腊正式加入中国-中东欧领导人会晤机制,将"16+1 合作"扩展为"17+1 合作",为中欧陆海快线释放运输潜力提供了新的机遇。

一、中欧陆海快线实现海铁联运优势最大化

目前,连接中欧贸易的运输大通道主要有三条:

第一条是传统的从中国和日本等东亚地区的港口出发,经过南海,进入马六甲海峡,再经印度洋、阿拉伯海、红海,出苏伊士运河,横贯地中海后,出直布罗陀海峡,再北上到比利时的安特卫普港、荷兰的鹿特丹港和德国的汉堡港,最后通过铁路、水路和陆路辐射几乎整个欧洲大陆。这是世界海上运输最主要的一条通道。

第二条是中国近几年在"一带一路"建设中开发的,从中国内地出发的中欧货运班列,经俄罗斯、中亚、东欧,然后到达奥地利、德国等欧洲核心地区。

第三条是中欧陆海快线,从远东地区的港口出发,到达希腊比雷埃夫斯港,主要通过铁路到达马其顿、塞尔维亚、匈牙利、罗马尼亚、保加利亚、捷克、斯洛伐克、奥地利等中东欧国家,未来将辐射整个欧洲。

中欧陆海快线充分结合了海洋运输成本最低和铁路运输时间较短的优势,为中国与欧盟之间货物运输增加了一条通道选择。中远海运的数据显示,与传统的西北欧海港通道相比，中欧陆海快线从中国东部沿海出发，至比雷埃夫斯港的海上运输时间最短为 20 天，较传统海运路线缩短 7~11 天。与从中国内地出发的中欧班列比较，中欧陆海快线耗时虽多出 1/3，但成本不到班列的 1/4。中欧陆海快线 2016 年下半年正式运营，箱量快速提升，每年增幅均达 100%。

二、中欧陆海快线基础设施建设不断加快

中欧陆海快线建设得到了中国、希腊以及沿线其他国家的高度重视，而作为中欧陆海快线门户的比雷埃夫斯港更受到格外关注。习近平主席 2016 年 7 月访问希腊、2017 年 5 月和 2019 年 4 月在两届"一带一路"国际合作高峰论坛期间会见希腊时任总理齐普拉斯时均强调，比雷埃夫斯港项目是中希合作的典范，要将比雷埃夫斯港打造成为"一带一路"合作的重要支点。齐普拉斯则多次表示，希方愿同中方共同努力，将比雷埃夫斯港项目发展好，愿意参与"一带一路"建设，推动中国-中东欧国家和中欧合作。

2016 年 8 月，中远海运完成比雷埃夫斯港港务局 51%股权的收购后，未来 5 年将继续投资 3.5 亿欧元，完善比雷埃夫斯港基础设施。

作为中欧陆海快线的建设重点，匈塞铁路贝尔格莱德中心站至泽蒙站段（塞尔维亚段）已于 2018 年 9 月开工建设，匈牙利段 2018 年下半年也开始了招投标程序，预计 2023 年可完成线路改造。对从事进出口业务的贸易商来说，从希腊比雷埃夫斯港出发的货物，以铁路转运进入塞尔维亚后，再通过新的"匈塞铁路"抵达匈牙利首都布达佩斯，运输时间会在现有基础上再度压缩。这将大大降低中国货物进入欧洲和欧洲货物出口中国的成本。因此，不少当地物流企业都对"匈塞铁路"改造项目充满期待。线路改造完成后，当地交通、物流状况将极大改善，并可增加当地就业，实现互利共赢。

三、中欧陆海快线经济效益和社会效益显现

比雷埃夫斯港是希腊最大、欧洲前十、世界排名第 32 位的港口。陆地面积 272.5 万 km^2，岸线总长近 50km，年吞吐能力达 720 万标准箱，港口条件和地理位置优越，距贸易干线、集散目的地及热门旅游景点雅典较近，适于中转、门户贸易及客运，是中国东部沿海货物前往中欧、中东欧海铁联运的枢纽，可以说是中欧陆海快线的门户。

在中远海运比雷埃夫斯港项目建设之初，时值希腊深陷金融危机低谷时期，比雷埃夫斯港项目的建设为当地经济注入了一针强心剂，极大地带动了当地经济的复苏，深得当地政府和社会的认可，塑造了中国企业投资海外的良好形象和声誉，成为中国企业走出去的范例。自 2010 年中远海运完成比雷埃夫斯港 2、3 号码头的交割，尤其是 2016 年 8 月完成对整个比雷埃夫斯港收购以来，比雷埃夫斯港实现了跨越式发展，在全球集装箱港口的排名从 2010 年的第 93 位跃升至 2018 年的第 32 位，集装箱吞吐量则从 88 万标准箱提升至 491 万标准箱，直接创造工作岗位 2600 个、间接创造工作岗位 10000 多个。2018 年，比雷埃夫斯港成为地中海的第二大集装箱码头，与鹿特丹港、勒哈弗尔港一起获得了欧洲海港组织 ESPO 颁发的高端质量认证标志——PERS。这表明比雷埃夫斯港加强与当地社区的关系，以及在供应链中的市场声誉得到业界的高度肯定。

以比雷埃夫斯港为依托的中欧陆海快线业务量也呈现跨越式增长。2018 年，比雷埃夫斯港铁路集装箱吞吐量、客户数量、火车发班率都呈几何级数增长；覆盖区域也从希腊辐射至北马其顿、塞尔维亚、匈牙利、罗马尼亚、保加利亚、捷克、斯洛伐克和奥地利等国家。

四、中欧陆海快线将助力中欧"一带一路"合作

中欧陆海快线建设使比雷埃夫斯港发展如虎添翼。希腊知名智库"经济与工业研究

第九章　国际物流

所"发表报告指出,到 2025 年,比雷埃夫斯港项目将为希腊财政增收 4.747 亿欧元,创造 3.1 万个就业岗位,提高希腊 GDP 0.8 个百分点,希腊国债收益率将减少 2.3 个百分点。报告援引希腊国民银行的相关研究成果认为,得益于比港项目发挥的重要作用,希腊物流的产值有望从 2015 年的 4 亿欧元增加到 2025 年的 25 亿欧元。

中欧陆海快线也将给中欧"一带一路"合作注入更多动力。中国与欧洲,共同拥有亚欧大陆,同为世界舞台"大块头",命运相牵,亲缘长远。就地理位置而言,中欧陆海快线门户——比雷埃夫斯港位于"丝绸之路经济带"和"21 世纪海上丝绸之路"两条陆海大通道的交汇处。在海路上,比雷埃夫斯港是欧洲距离远东最近的深水大港,是欧洲、地中海沿岸地区距"苏伊士运河至直布罗陀"主航线最近的港口,是船舶通过地中海前往大西洋、通过红海前往印度洋、通过土耳其马尔马拉海前往黑海的最佳中转港,是连接巴尔干半岛、南欧地区、黑海地区与西欧地区、中东欧地区、中东及非洲的最重要的交通枢纽之一。在陆路上,比雷埃夫斯港是巴尔干地区的南大门,通过铁路和陆路连接中东欧腹地,是中东欧的门户。发展中欧陆海快线,将有助于形成一个新的、包括诸多欧亚大陆新兴市场国家在内的经济增长圈,使东地中海、里海、波罗的海沿岸资源进一步整合优化,形成东南欧、中欧、中东和北非区域协同发展新格局。

中欧陆海快线是一条有别于传统海运路线和货运班列的新型大通道,它不仅是希腊和欧洲内陆之间最快的运输路线,也是远东至中东欧更为便捷、更为经济的货运大通道。发展中欧陆海快线,既能带动沿线国家各项产业的发展,拉动区域经济,又为中国与中东欧各国产业深入合作提供了互联互通的基础保障。

2018 年 9 月,欧盟推出"欧亚互联互通"战略,首次系统地阐述了其对于欧亚大陆互联互通的构想及实施路径,表示愿同包括中国在内的亚洲国家加强合作。在 2019 年 4 月第 21 次中欧领导人会晤上,中欧领导人一致同意推进"一带一路"倡议同欧盟互联互通战略、泛欧交通运输网络加强对接,提高欧亚互联互通的经济、社会、财政、金融、环境的可持续性和兼容性。中欧陆海快线作为具有上述合作基础的互联互通项目,在吸纳更广泛的欧盟国家参与的情况下,将极大地促进中国同希腊、中东欧国家及欧盟共建"一带一路"合作。

(资料来源:曲胜斌.中欧陆海快线助力中欧"一带一路"建设[J]. 中国远洋海运,2019 (9):54-55.)

◇复习思考题

1. 什么是国际物流?什么是班轮运输?什么是租船运输?什么是国际航空货物运输?什么是国际铁路联运?什么是中欧班列?什么是国际多式联运?
2. 国际物流发展经历了哪几个阶段?
3. 国际物流有什么特点?
4. 简述国际物流的发展趋势。
5. 国际物流系统的一般要素有哪些?
6. 国际物流系统的支撑要素有哪些?
7. 国际物流系统的物质基础要素有哪些?
8. 国际物流系统的功能要素有哪些?
9. 国际货物的运输方式主要有哪些?
10. 国际物流系统合理化有哪些措施?

◇参考文献

[1] 崔介何. 物流学概论[M]. 5版. 北京：北京大学出版社，2015.
[2] 胡建波. 物流概论[M]. 成都：西南财经大学出版社，2019.
[3] 陈言国. 国际物流实务[M]. 北京：清华大学出版社，2016.
[4] 王雅芝. "一带一路"背景下我国物流管理发展研究[M]. 北京：中国水利水电出版社，2018.
[5] 高音，何娜，常青. 物流概论[M]. 南京：南京大学出版社，2019.
[6] 张翼，顾超，孔晔. 国际物流学[M]. 南京：南京大学出版社，2019.
[7] 曲胜斌. 中欧陆海快线助力中欧"一带一路"建设[J]. 中国远洋海运，2019（9）：54-55.
[8] 崔昊，郑伯坚，张进. 国际物流大通道保障供应链稳定通畅[N]. 厦门日报，2021-08-19（A01）.

第十章

第三方物流与第四方物流

本章学习目标

掌握第三方物流的概念、特点、优势,了解其产生及发展过程;掌握第三方物流的运作内容与模式,理解影响第三方物流决策的因素,了解第三方物流企业的分类;掌握第四方物流的概念、特征,了解第三方物流与第四方物流的区别;掌握第四方物流的服务内容和运作模式,理解第四方物流的运作评估内容。具备运用理论知识完成第三方物流实际运作流程的基本技能;能够结合实际企业特点提出第三方物流运作的初步方案。

引例

DFDS 运输公司

DFDS 运输公司是丹麦的一家公司,经过多年的发展已经从传统的航运公司发展成为一个综合物流公司。它提供"门到门"的服务,向欧洲的主要客户提供第三方物流解决方案。该公司现在集中精力致力于两个主要市场:计算机市场和汽车零部件市场。它们的主要客户包括:Digital Equipment、ICL、Olivetti、Apple Computers、Ford Motor Co.、General Motors 和 Toyota 等。

DFDS 运输公司为计算机行业的客户开发了一种针对北欧的物流解决方案,运用哥本哈根的配送中心为在丹麦、芬兰、挪威和瑞典的客户直接配送。这种方式使有相同服务要求的客户能分享配送中心设施、信息系统和运输能力。与单个客户依靠自己所提供的物流解决方法相比,DFDS 运输公司有较高的服务成效和较低的总成本。DFDS 运输公司还为计算机行业提供了其他增值服务,如按客户的要求装配计算机、检查装备和在客户所在地安装计算机等。

20 世纪 80 年代,第三方物流业悄然兴起,并在物流业中起到越来越重要的作用,它已成为西方国家物流业发展的有效运作模式。在美国和欧洲,第三方物流服务被使用的比例分别为 58% 和 76%,并且需求还在不断增长——33% 和 24% 的非第三方物流客户正在积极考虑使用第三方物流。在第三方物流逐渐成熟的基础上,物流专业企业与信息服务业、管理咨询业相结合,利用日益完善的信息网络和技术提供一体化的物流服务和综合供应链解决方案,即第四方物流。

第一节 第三方物流概述

进入 21 世纪以来，利用现代技术、经济关系和管理手段，提供专业化、集成化、个性化服务的第三方物流正在迅速形成和发展，成为物流市场中专业化经营的主体力量。作为社会分工和物流专业化的产物，随着社会信息技术与管理学前沿理论的发展和应用，第三方物流具有广阔的发展前景。

一、第三方物流的产生

第三方物流是在企业物流外包趋势出现和物流业充分发展的基础上产生和发展起来的，是物流专业化的重要形式，也是现代物流的重要标志。

企业将自己的物流业务外包或外购，形成了物流专业化的运作，这是第三方物流形成与发展的前提。随着计算机技术和管理理论方法在企业管理中的深入应用，企业物流逐步形成专业化、一体化的运作方式，出现了企业集中于核心业务，而将物流等非核心业务交给外部专业化企业完成的实例。经济全球化和市场竞争的加剧，使企业为了增强市场竞争力，纷纷实行"归核化"战略，将企业的资金、人力、物力投入其核心业务上去，最大限度地运用企业的内部资源和外部资源，建立战略伙伴关系和企业联盟，培育和发展企业的核心能力。"归核化"战略使许多非核心业务从企业的生产经营活动中分离出来，企业逐渐将非核心的物流业务外包给专业物流服务商。由此产生了专业化物流服务的需求，第三方物流正是为了满足这种需求而产生的。

物流外包首先在制造业出现，企业将资源集中用于产品研发、制造等核心业务，而将其他活动交给第三方物流公司。这种外包倾向很大程度上是由于汽车运输业放松管制、大量的仓库及运输供应者业务的不断熟练，以及客户和提供者之间重要的物流与市场信息通信体系的建立，个人计算机的增长与数据交换技术的推广，方便了外包协议的执行。但企业在经营管理上出现的新特点，既增加了物流活动的复杂性，又对物流活动提出了零库存、准时制、快速反应、有效的客户反应等更高的要求，使一般企业很难自己承担此类业务，由此产生了专业化物流服务的需求。它的出现一方面迎合了个性需求时代企业之间专业合作（资源配置）不断变化的要求；另一方面实现了进出物流的整合，提高了物流服务质量，加强了对供应链的全面控制和协调，促进供应链达到整体最佳性。此外，物流领域的竞争激化导致综合物流业务的发展，物流服务标准和作业效率大大提高。随着物流领域的政策不断放宽，物流企业自身竞争的激化，物流企业不断地拓展服务内涵和外延，促进了第三方物流的快速发展。

可见，第三方物流的发展是激烈的市场竞争的产物，同时也是第三方服务的提供者和需求方共同推动的结果。

二、第三方物流的概念

第三方物流（Third Party Logistics，TPL 或 3PL）是 20 世纪 80 年代中期由欧美国家提出的。在 1988 年美国物流管理协会的一项客户服务调查中，首次提出"第三方服务提供者"的说法。在 1989 年发表的后续研究成果中，对客户服务活动进行了新的探讨，第三方客户服务活动得到了重视和普遍的应用。但是直至现在，国际上关于"第三方物流"和

第十章 第三方物流与第四方物流

"第三方服务提供者"也没有一个明确统一的定义。

邦尼（Bonney）在1993年提出，第三方物流是指"利用外部企业为另一企业提供全部或部分的物料管理或产品配送服务"。美国物流管理协会对第三方物流的解释是："将企业的全部或部分物流运作任务外包给专业公司管理经营，而这些能为顾客提供多元化物流服务的专业公司称为第三方物流提供商。"我国2001年公布的《物流术语》将第三方物流定义为"由供方与需方以外的物流企业提供物流服务的业务模式"。在2021年版《物流术语》中，将定义修订为"由独立于物流服务供需双方之外且以物流服务为主营业务的组织提供物流服务的模式"。第三方物流企业是为其外部客户的物流作业提供管理、控制和专业化服务的企业。由上述定义可见，第三方物流有广义和狭义之分，在不同的领域涵盖的范围不同。

广义的第三方物流是相对于自营物流而言的，凡是由社会化的专业物流企业按照客户要求所从事的物流活动，都可以包含在第三方物流范围之内。这里的"第三方"是相对于"第一方"（发货人或托运人）和"第二方"（收货人）而言的，它既不属于第一方，也不属于第二方，本身不拥有商品，不参与商品的买卖，但与第一方和第二方有关系——通过与第一方或第二方或与这两方合作为他们提供专业化物流服务，这与汉语中的"第三者"或"第三人"的含义类似。

狭义的第三方物流是指作为外部组织利用现代技术、管理理论和经济关系为客户提供专项或全面的物流系统设计以及系统运营的服务模式。所谓利用现代技术，主要体现为基于电子信息技术的技术体系应用。管理理论主要是指战略管理、集成管理等前沿理论和方法。现代经济关系主要是指第三方物流经营主体与客户的关系是基于合同的长期合作、战略联盟、虚拟经营等关系。因此，狭义的第三方物流体现了以下几个要点：

1）有提供现代化的、系统物流服务的企业素质。

2）可以向货主提供包括供应链物流在内的全程物流服务和特定的、定制化服务的物流活动。

3）不是货主向物流服务商偶然的、一次性的物流服务购销活动，而是采取委托——承包形式的业务外包的长期物流活动。

4）不是向货主提供的一般性物流服务，而是提供增值物流服务的现代化物流活动。

对于第三方物流的认识，更应当从狭义的角度去理解，把它看作一种高水平、专业化、现代化的物流服务方式。在我国，小规模、低水平的物流服务活动还很多，并且短时间难以消除。如果将这些物流活动都包括在第三方物流中，就会模糊人们对第三方物流的认识。在这个意义上，第三方物流也可以是"第三方供应链管理"，为客户提供整个或部分供应链物流服务，它最大的附加值是基于信息和知识，而不是提供低价的一般性服务。

此外，还有一些别的术语也基本上能表达与第三方物流相同或相近的概念。第三方物流的概念源自管理学中的外包或外协（Outsourcing），是指企业动态地配置自身和其他企业的功能和服务，利用外部资源为企业内部生产经营服务。将"外包"思想引入物流管理领域，就产生了"物流外包"（Logistics Outsourcing）的概念，即生产或销售等企业为集中精力增强核心竞争能力，而将其物流业务以合同的方式委托于专业的物流服务公司（第三方）运作，同时通过信息系统与物流服务公司保持密切联系，以达到对物流全程的管理和控制的一种物流运作与管理方式。由于生产销售企业与第三方物流公司之间的关系是以合同的方式确定的，第三方物流也常被称为合同物流或契约物流（Contract Logistics）。除此之外，外部物流（Outsourcing Logistics）、物流伙伴（Logistics Partner）、物流联盟（Logistics Alliance）及全方位物流服务公司（Full-services Distribution Company，FS-DC）、整合服务提供商（Integrated Services Providers）等术语也常被用来表示第三方物流或第三方物流公司。

> **小贴士** 第一方物流与第二方物流
>
> 第一方物流（First Party Logistics，FPL 或 1PL）是指卖方（生产者或供应方）自己承担向物资需求者送货，以实现物资的空间位移。这些组织的主要业务是生产和供应商品，但为了满足自身生产和销售的需要，从而进行物流网络及设施设备的投资、经营与管理。供应方或厂商一般都需要购买运输车辆，投资建设一些仓库、站台甚至铁路专用线等物流基础设施。
>
> 第二方物流（Second Party Logistics，SPL 或 2PL）是指买方（销售者或流通企业）自己解决物资的物流问题，以实现物资的空间位移。这些组织的核心业务是采购并销售商品，为了销售业务需要而投资建设物流网络、物流设施和设备，并进行具体的物流业务运作组织和管理。

三、第三方物流的特点

与传统的物流运作相比，第三方物流整合了多个物流功能，形成了自身的鲜明特色。

1. 以现代信息技术为基础

第三方物流的服务是建立在现代技术基础之上的物流活动，基于电子计算机和移动通信的电子信息技术，是支持集成化物流、个性化物流管理的技术依托，如基于互联网（Internet）、内联网（Intranet）、外联网（Extranet）技术平台的移动通信（Mobile Communication）、卫星导航系统、数据交换技术（EDI）、电子商务（EC）、条码（Barcode）技术等。它们能够充分满足客户的全部或部分物流需求的集成运作、可视化监控、个性化服务等过程的技术需要。同时，物流管理软件的飞速发展也使混杂在其他业务中的物流活动的成本能被精确地计算出来，还能有效管理物流渠道中的商流，这就使企业有可能把原来在内部完成的作业交由物流公司运作。

2. 以合同为导向

第三方物流提供者与客户方是体现个性化服务、合作双方或多方建立企业之间战略联盟、业务联系等形式的现代经济关系，并以合同这一调整和约束现代经济活动行为和关系的法律形式为基础。首先，第三方物流是通过合同的形式来规范物流经营者和物流需求者之间的关系的。物流经营者根据合同的要求，提供多功能直至全方位一体化的物流服务，并以合同来管理所有提供的物流服务活动及其过程。其次，第三方发展物流联盟也是通过合同的形式来明确各物流联盟参与者之间的关系。

3. 提供个性化、专业化的服务

第三方物流中的合作目的不是标准化的服务，而是针对性强的个性化服务方案。因为需求方的业务流程各不相同，而物流、信息流随价值流流动，所以第三方物流服务是按照客户的业务流程来定的，这也表明物流服务从"产品推销"阶段发展到了"市场营销"阶段。同时，第三方物流企业所提供的服务是专业化的服务，对专门从事物流服务的企业，它的物流设计、操作过程、管理都应该是专业化的，物流设备和设施都应该是标准化的。专业化运作可以降低成本，提高物流水平，而且随着业务规模的扩大，企业的物流设施、人力、物力、财力等资源能得到充分利用，发挥综合作用。

第十章　第三方物流与第四方物流

4. 企业之间是动态联盟关系

第三方物流企业依靠现代信息技术的支撑与委托方之间充分共享信息，这就要求双方相互信任合作，以达到单独从事物流活动所不能取得的"双赢"效果。客户通过信息系统对物流全过程进行管理和控制，物流服务提供商则对客户的长期物流活动负责。而且从物流服务提供者的收费源来看，第三方物流企业与委托方之间是共担风险、共享收益的关系，与客户形成的是相互依赖的市场共生关系。再者，企业在行为上，各自既非采用追求自身利益最大化行为，又非完全采用追求共同利益最大化行为，而是通过契约结成优势互补、风险共担、要素双向或多向流动的中间组织。

> **小贴士　第三方物流与传统物流的区别**
>
> 传统的对外委托形态只是将企业物流活动的一部分，主要是物流作业活动，如货物运输、货物保管交由外部的物流企业去做，而库存管理、物流系统设计等物流管理活动以及一部分企业内物流活动仍然保留在本企业。物流企业是站在自己物流业务经营的角度，接受货主企业的业务委托，以费用加利润的方式定价，收取服务费。第三方物流企业则是站在货主的立场上，以货主企业的物流合理化为设计物流系统运营的目标。第三方物流企业的经营效益直接同货主企业的物流效率、物流服务水平以及物流效果紧密联系在一起。

四、第三方物流的优势

除了有助于缓解交通压力、保护环境等优点外，因其所具有的专业化、规模化等优势在分担企业风险、降低经营成本、提高企业竞争力、加快物流产业的形成和再造等方面发挥的巨大作用，第三方物流已成为 21 世纪物流业发展的主流。荷兰国际配送协会（HIDC）的调查表明，2/3 的美国、日本、韩国企业的欧洲配送中心采用第三方物流的方式。美国田纳西州大学的一份研究报告称，大多数企业使用专业化物流企业服务，可以获得以下好处：核心业务可集中 56%，资产投资可减少 48%，作业成本可降低 62%，服务水平可提高 62%，雇员可减少 50%。

1. 集中精力发展核心业务

企业能够实现资源优化配置，将有限的人力、财力集中于核心业务，如产品研发、市场开拓、技术改进等。有些企业甚至只从事产品研发和市场拓展两项业务，通过外包的形式获得物流和其他资源，如著名的耐克（Nike）公司。目前，生产企业享受物流企业提供的服务已成为不可逆转的趋势，如国际上各大汽车厂商为集中精力发展核心业务，都把物流业务外包给专业的物流公司。

2. 减少投资，降低风险

现代物流领域的设施、设备及信息系统等的投入是相当大的，通过将物流外包，企业可以减少对此类项目的建设与投资，从而变固定成本为可变成本。而且由于物流需求的不确定性和复杂性，导致投资具有巨大的财务风险。通过外包，企业也可以将这种财务风险转移给第三方。当需求不确定或者有波动的时候，如果采取第三方物流，货主就可以很容易地把成本调整到物流活动所需要的水平，这也克服了需求高峰期企业自身物流能力不足的问题。

3. 节省费用，降低成本

通常情况下，物流成本在总成本中占有较高的比例。专业的第三方物流提供商利用规模生产的专业优势和成本优势，通过提高各环节能力的利用率，最大限度地取得整体最佳

现代物流学

效果，可节省费用，使企业从中获益。对工业用车的调查结果显示，企业解散自有车队而代之以公共运输服务的主要原因就是为了减少固定费用，这不仅包括购买车辆的投资，还包括和车间仓库、发货设施、包装器械以及与员工有关的开支。

4. 减少库存

企业不能承担多种原料和产品库存的无限增长，尤其是高价值的部件要及时送往装配点才能保证库存的最小量，进而实现零库存。然而，由于自身配送能力、管理水平有限，企业往往要采取高水平的库存策略来防止缺货和快速交货。第三方物流提供者借助精心制订的物流计划和适时运送手段及强大的信息系统，既可以实现以信息换库存，即通过上下游各环节信息的及时、准确交换，实现精益生产，最大限度地减少库存，缩短库存时间，又能加快库存流转速度，从而最大限度地盘活库存，改善企业的现金流量，实现成本优势。

5. 提高物流水平

由于第三方物流的提供商都是专业的以物流为核心业务的企业，所以提供的服务具有更高的效率和更高的水平，具体表现在以下几个方面：

（1）运用新技术　随着现代物流管理和技术水平的提高，物流领域的新技术、新设备层出不穷。第三方物流提供商为了提高自己的竞争能力和专业化水平，经常会采用最新的技术和手段。所以，采用第三方物流可以使企业在不增加投入的情况下，不断地获得最好的技术服务。

（2）熟悉法规与政策　目前，在物流领域存在一些法规、政策的约束，一般的工商企业对此可能不太熟悉，而利用第三方物流公司的专业优势，就可以熟悉相关的法规与政策。同时，在物流还处于管制状态的某些区域，利用第三方物流服务，可以开展企业自身无法从事的物流业务。

（3）更好的信息处理能力　信息化是当前经济发展的重要趋势，信息的获得以及处理和分析技术已经成为企业提高竞争能力的重要手段。第三方物流企业也将信息的挖掘和处理作为重要的新型增值服务项目。将物流外包给第三方，可以利用第三方物流企业的信息技术和处理能力，将原始数据转化为可指导工作的有效信息。

6. 提升企业形象

第三方物流提供商与客户是战略伙伴或联盟的关系，其从客户的角度出发管理物流业务，通过全球信息网络使客户的供应链管理完全透明化；利用完备的设施和训练有素的员工对整个供应链实施控制，减少物流的复杂性；通过遍布全球的运送网络大大缩短了客户的交货期，帮助客户改进服务，树立品牌形象；为客户定制低成本、高效率的物流方案，使其在同行业中脱颖而出，为企业在竞争中取胜创造了有利的条件。

7. 加速产品和服务投放市场的进程

产品和服务为了在时间上获得竞争力，必须快速推向市场。企业可以根据市场需求的变动与第三方物流服务商进行合作，减少投资，有助于更快地对市场需求变化做出反应，适应产品生命周期越来越短的挑战。第三方物流通过加强信息交流，提高如仓储、运送等物流活动的速度，加快交货、发送和响应时间，缩短产品生产和交货的日期，迅速将产品送到各个生产基地或市场需求地，从而获得时间竞争优势。对季节性生产而言，灵活性显得更为重要。因为需求的季节性，生产往往提前于消费季节，并要求根据市场的反馈及时进行生产调整，使生产计划具有很大的灵活性，这样对仓储等物流活动的需求也是季节性的。所以，使用第三方物流可以及时调整企业的生产和销售，具有季节方面的灵活性。

但是，物流业务外包在具有许多优点的同时，也存在着风险和弊端。企业必须充分识别自

第十章 第三方物流与第四方物流

己的核心能力，考虑自己在供应链中的位置和所处的竞争环境，考虑企业成本和投资的商业损失等经济因素，对自己的境况做一个综合分析，权衡利弊，来确定是否需要第三方物流服务。同时，在选择第三方物流服务商时，要从其物流网络结构和设施、价格、质量、声誉、管理水平（特别是信息化管理水平）、从业人员素质、业务范围及过去的经验等方面进行衡量和考察。此外，企业的物流外包决策是一个复杂的过程，企业与第三方物流服务商的合作也是一个长期磨合的过程，需要与之形成一种伙伴关系，整合资源，共同参与市场的竞争。

第二节 第三方物流的运作模式

第三方物流运作系统是一个由不同利益主体组织、调度各种软件资源（如规章条例、合同、制度、知识技能等）和硬件资源（如运输设备、搬运装卸机械、仓库、机场、车站、道路、网络设施等），在一定的外部环境中进行物流活动的人-机系统。系统整体运作的效果是由内外各种因素相互作用决定的。企业的物流运作主要包括产品流动、信息流动，对这些流动的速度、成本的控制，以及企业内部功能的整合和企业外部协作体系的一体化。第三方物流运作没有统一的标准和固定的运作模式，不同的企业可以根据其特点优化组合，最大限度地发挥自身的资源优势，设计出自己的第三方物流服务产品。

一、第三方物流的运作内容

1. 第三方物流服务的内容

从服务模式来看，第三方物流所提供的服务内容范围很广泛，包括执行活动、控制活动、计划活动三个层次，如图 10-1 所示。它可以简单到只是完成一项执行活动，如帮助客户安排一批货物的运输，也可以复杂到设计、实施和运作一个公司的整个分销和物流系统。

（1）开发物流系统及提供物流策略 开发物流系统及提供物流策略包括提供物资管理信息系统的设置，配送方案、配装方法、运输方式的选择等。对第三方物流企业来说，为了增强竞争优势，已不能满足于提供港到港、门到门的服务。一些客户甚至要求提供货架到货架的服务，完全达到零库存销售的要求。随着全球经济一体化进程的加快，国际市场竞争将更加激烈，企业是否能立于不败之地将更大程度上取决于物流费用的高低以及对市场的反应速度。这一切与国内和国际运输方式的选择、货物的集运及配装方式、中转及通关的快慢等有着密切的关系。这些物流活动对一般企业来说，无论是从精力、时间、财力和能力上都是很难达到的。

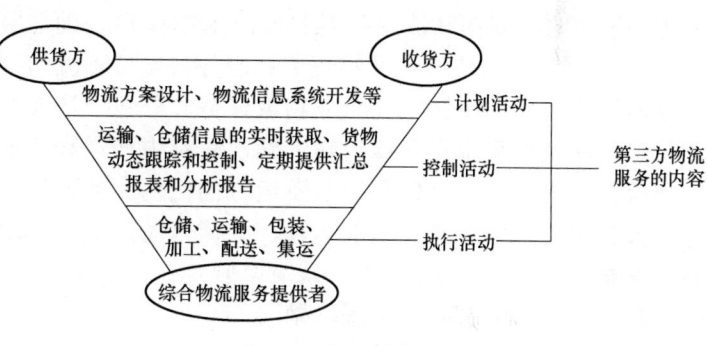

图 10-1 第三方物流服务的内容

（2）信息处理 信息系统是指为了推进企业的交易活动，控制从订货、库存到发货的一系列物流活动，以达到降低物流费用、提高经济效益的信息管理系统。它的目标是提高物流的服务水平，降低物流的总成本，即杜绝与物流活动有关的浪费。

现代物流学

对第三方物流企业来说，这两个服务目标看似互相矛盾，即高质量的服务水平和全方位的服务内容必然会引起物流成本的上升。其实质是通过信息管理系统来控制物流的各个环节，使服务和成本两个目标之间达到最佳的平衡。因此，第三方物流企业的信息处理能力是提供高质量物流服务的关键。这一点从广东宝供储运有限公司的成长经历可以看出，"宝供"最初只是一个个体铁路转运站，在短短四年的时间内一跃成为为宝洁、雀巢、格力、麦当劳等大型企业提供物流服务的物流企业，其成功的关键在于能为客户提供完善的信息反馈和数据处理服务。

（3）货物的集运　货物的集运能力包括仓储、铁路运输、公路运输及海运方面的能力。集运能力的高低还与配送中心的选址、布局、设计、功能设置是否合理密切相关。因此，对第三方物流企业来说，合理规划、设计配送中心对该项服务水平的提高尤为重要。

（4）选择运输商及货运代理　在社会化大生产的环境下，第三方物流企业很难依靠自身的力量来为客户提供全方位的服务，这就需要与其他战略伙伴协作完成。因此，选择一个优秀的合作伙伴对保证高质量的物流服务水平也是非常重要的。

（5）仓储　仓储是第三方物流企业提供的一个基本服务功能。

（6）咨询　随着与客户的合作伙伴关系逐步建立，第三方物流企业所提供的服务还应包括物流咨询。例如，利用第三方物流企业在消费者和货主之间的桥梁作用，为货主提供前期的市场调研及预测；根据不同国家的贸易等级要求，建议货主使用不同的包装材料及包装方法等。这些服务拉近了企业与货主的关系，符合双方的经济利益。

（7）运费支付　运费支付也称为代垫运费，主要是指支付给提供协作的其他方运费。这符合社会化分工和分工细化的经济规律。

综上所述，第三方物流不仅要提供货物购、运、调、存、管以及加工和配送全过程服务，而且要提供网络设计和商品在整个物流过程中最优化的解决方案。从物流企业的服务功能上看，我国物流服务商的收益 85%来自基础性服务，其中运输管理占 53%，仓储管理占 32%，增值服务及物流信息服务与支持物流的财务的收益只占 15%。此外，中国仓储协会组织的中国工商企业物流任务"外包"情况的调查表明，当前国内生产企业的外包物流主要集中在干线运输，其次是市内配送和仓储，再次是包装；商业企业的外包物流在市内配送、仓储和干线发运方面比例大致均等。这可以看出，中国物流的服务内容大都集中于传统意义上的运输、仓储范畴，加工、配送、定制服务等增值服务处在完善发展阶段。

2. 第三方物流服务的发展趋势

（1）第三方物流服务的全球化　就物流区域化以及全球化发展趋势而言，21 世纪必将是物流服务全球化的时代。物流服务地理范围的扩大，源自企业生产经营方式的改变和生产效率、效益提高的要求。2003 年 10 月，在美国东北大学和埃森哲咨询公司共同合作所进行的调查中，被调查的第三方物流企业的物流业务范围几乎遍布全球，第三方物流产业的全球化趋势非常明显。

（2）第三方物流服务的综合化　面对日益激烈的市场竞争和迅速变化的市场需求，为客户提供全部物流业务服务，即一站式的综合物流服务，成了第三方物流企业生存发展的关键。综合物流服务（Integrated Logistics Service）是指为客户制定整体性的物流方案，并对物流活动要素进行规划、组织、实施和系统化运作。其中，物流企业参与设计、咨询、提供集成物流管理方案，参与供应链采购、产品开发、制造、销售等策略制定、实施等活动,形成双方一定范围、一定程度的信息共享制度。这是物流企业整合内外部资源,提供商流、物流、信息流和资金流一体化运作的集成供应链管理形式。

(3) 物流提供商和分销商之间的协作增加　随着全球第三方物流服务的增长,物流服务提供商发现客户变得越来越挑剔。过去一套标准的服务就能满足需求,而如今复杂的供应链却常常要求能提供个性化解决方案。为客户提供个性化服务、承诺 IT 投资和与其客户协同合作成为物流服务提供商赢得市场的关键。客户越来越高的要求使两个曾是竞争对手的角色,如物流提供商和电子分销商结为合作伙伴。

(4) 服务内容日趋复杂　客户对供应链和物流服务的要求越来越高。例如,在电子行业,他们不仅希望第三方物流服务提供商能开发出先进的软件,部署全球的 ERP 和 EDI 系统,还希望其能创建简单标准的 IT 接口,自动提交海关和出口申报单证,并能对全球各地的仓库实行 JIT 交货。因而,为获得更大的市场,顶级物流公司不断出台新的物流和供应链服务。联邦快递供应链服务公司(FedEx SCS)是联邦快递的子公司。该公司与德勤公司搭建了一个全新的按需付费技术平台,支持订单和仓库管理、运输优化、可见性和事件管理,使 FedEx SCS 的客户能够实时查看订单状态和来自多家公司的运输日程安排。此外,不同地区的制造商对物流服务的需求也不同。例如,北美大部分制造商偏向能够提供整体供应链管理服务的元器件分销商,而不是那些专业从事运输和仓储服务的物流公司。如今对供应链服务的许多咨询来自元器件供应商,它们希望整体供应链管理服务商能预测物料需求,平衡库存和保持合理的安全库存,并为世界各地的生产线提供准时的物料运送。这些服务是分销业务模式中的核心内容。

(5) 物流服务的绿色化　日益严峻的环境问题和日趋严厉的环保法规,要求物流企业从环保角度对物流体系进行改造,形成环境共生型的物流管理系统,为客户提供一种能促进经济和消费生活健康发展、有效利用资源和维护地球环境的现代物流方式——绿色物流。目前,世界各国政府和物流企业都非常重视物流服务的绿色化,尽力将绿色物流的推广作为物流发展的重点,积极开展绿色环保物流的专项技术研究和出台相应的绿色物流政策和法规。通过倡导采用替代燃料及排放量小的货车车型、共同配送、夜间运货等方式,各国正积极解决物流活动中的环境问题,努力建立绿色物流体系。

二、第三方物流企业的运作流程

面对个性化的客户需求,不同类型的第三方物流企业应根据企业特点合理设计运作流程,综合应用现代信息技术,注重资源集成管理,在物流服务项目、组织结构、运行机制、服务规范质量等方面进行技术创新。

(一) 第三方物流企业的运作模型

《物流术语》对物流企业的定义是:"从事物流基本功能范围内的物流业务设计及系统运作,具有与自身业务相适应的信息管理系统,实行独立核算、独立承担民事责任的经济组织。"信息化是物流服务的重要内容,物流企业要有相对完善的物流信息系统作为信息服务的支持,能够具备货物信息不同程度网络化管理、实时监控、信息查询等功能。物流企业的主要业务部门有业务接收部门、信息中心部门、仓储部门、运输和配送部门。其中,仓储、运输和配送部门可以虚拟经营,即采用租赁或协作的方式,将传统的运输和仓储通过系统工程和信息技术整合到自己的品牌之下,但控制和管理功能不变。鉴于第三方物流企业有多种类

现代物理学

型，作为第三方物流企业可以利用外部资源提升第三方物流的运作能力，其运作的基本模型如图10-2所示。

（二）第三方物流企业的分类

1. 一般分类

从全球范围看，第三方物流企业可以根据其核心能力和历史背景大致分为资产型和非资产型。

（1）资产型　资产型包括：以提供运输服务为主的物流公司，如 UPS、FedEx、中远物流等，由海运、陆运和空运公司建立起物流能力，充分利用广大的运输终端网络提供仓储、转运和增值服务；以提供仓储服务为主的物流公司，如 EXEL、TIBBET、中储物流等，提供公用或共享的仓储服务，通过与承运商或独立船队的关系提供配送服务，擅长为食品杂货、零售和消费类产品提供增值服务；以提供港口或铁路终端服务为主的物流公司，如 PSA、中铁快运等，基于终端运作服务，并将业务延伸至运输和配送，通常为散货、消费类和工业类产品提供仓储、转运、分运以及终端配送服务。

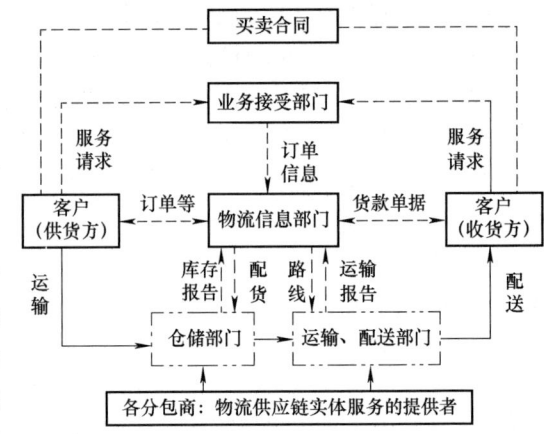

图10-2　第三方物流企业运作的基本模型

（2）非资产型　非资产型包括：以提供货物代理服务为主的物流公司，如 BAS、KUEHNE&NAGEL 等，基于信息服务，侧重货运过程的协调，寻求通过管理实物提供"综合物流服务"的机会；以提供信息和系统集成为主的物流公司，如 IBM、GE Information Services、Accenture 等，以信息技术等作为第三方作业的优势来源，从系统集成角度提供有关电子商务、物流和供应链管理的服务；以提供物流增值服务为主的物流公司，进行系统配置、数据交换、货物跟踪、信息系统集成、库存管理等增值服务。

2. 中华人民共和国国家标准《物流企业分类与评估指标》对物流企业的分类

根据以物流服务某项功能为主要特征，并向物流服务其他功能延伸的不同状况，物流企业可划分为三类。具备一定综合水平的三种类型的物流企业，根据经营状况、资产、设备设施、管理及服务、人员素质、信息化水平六个方面的评价，可分为五个等级。

（1）运输型物流企业　运输型物流企业应同时符合以下要求：以从事运输业务为主，具备一定规模；可为客户提供运输服务和其他增值服务；自有一定数量的运输工具和设备；具备信息服务功能，应用信息系统可对运输货物进行状态查询、监控。

（2）仓储型物流企业　仓储型物流企业应同时符合以下要求：以从事仓储业务为主，具备一定规模；能为客户提供分拨、配送、流通加工等服务以及其他增值服务；自有一定规模的仓储设施、设备，自有或租用必要的货运工具；具备信息服务功能，应用信息系统可对仓储货物进行状态查询、监控。

（3）综合型物流企业　综合型物流企业应同时符合以下要求：从事多种物流服务业务，可以为客户提供运输、仓储、货运代理、配送、流通加工、信息服务等多种物流服务，具备一定规模；可为客户制定系统化的物流解决方案，为客户提供综合物流服务及其他增值服务；自有或租用必要的运输工具、仓储设施及相关设备；具有一定市场覆盖面的货物集散、分拨、配送网络；具备信息服务功能，应用信息系统可对物流服务全过程进行状态查询、监控。

第十章 第三方物流与第四方物流

> **小贴士** 我国参与第三方物流市场竞争的物流企业类型
>
> （1）由传统运输公司或仓储公司演变的区域性物流企业 这类企业一般依托原来的仓储系统和自己拥有的车队，在本地区提供外包性的基本物流业务和部分增值服务，如上海的商业储运公司。
>
> （2）由某一传统领域全国性的国有企业演变成的物流企业 例如，中外运、中国邮政、中远、中储等，这些企业规模都比较大，资金实力较雄厚，物流设施相对先进，在各自的行业、领域处于垄断或领先地位。
>
> （3）大型外资跨区域物流企业 例如，宝隆洋行、英之杰、海陆、马士基等，这些企业在新设备投资、资金实力、人才、观念、经验和管理方法上都有着较大的优势，往往能够提供较为全面的、跨地区的服务。这类企业主要集中在东部沿海的大城市，个别企业已渗透到内地。
>
> （4）新兴内资跨区域物流企业 作为后进入市场者，这类物流企业多是顺应市场需求和物流发展的趋势而建立的，并且很多新兴的物流企业采取了非资产型的第三方物流代理模式。这类服务商的典型代表是宝供，其服务能力和水平与大型的外资物流服务商相近，但服务地域要广一些，不限于大城市和沿海地区。
>
> 除了上述物流企业外，还有一些在某些方面具有特色的、专业化很强的物流企业，如专业配送企业、快件递送企业、集装箱服务企业及提供综合物流服务的企业。

（三）第三方物流企业的运作特征

与传统物流企业相比，第三方物流企业的运作具有独特性，供应链管理下物流环境的改变又使其产生了新的特点。

1. 第三方物流企业运作的基本特征

（1）能够为客户提供全程物流服务 第三方物流企业应当提供客户企业所需健全的物流信息功能支持。无论构成信息的物质基础是否属于物流商所有，但是有效利用与控制却是集成物流提供商的核心能力，是经营成功的关键因素。

（2）以最低的成本实现一体化物流价值增值 第三方物流企业在管理模式方面一定要优化，尽可能地使用一些新的技术，设计和选择恰当的物流管理模式，采用更有效的管理方法来满足客户这方面的要求。

（3）建立强大的物流网络体系 第三方物流企业具有强大的网络化经营及实时资源和状态控制能力，因此能做到准时、快捷、低成本地提供物流服务，得到客户的长期青睐。

2. 供应链管理下的第三方物流企业运作的新特点

强有力的核心能力与规模经济效益将成为第三方物流企业生存的一个必需特点。在供应链中，第三方物流企业至少拥有一个关键环节展示出其强大的核心能力，它表明这家企业有超越其他企业为客户增加价值的能力。强大的核心能力可以给物流企业提供一个获利的战略平台，它可以在此之上开发或者收购相关的物流服务能力。供应链管理下的第三方物流出现一些新的特点，这也反映了供应链管理思想的要求和企业竞争的新策略。

（1）信息传递纵横交错，共享信息增加 在传统的纵向一体化的物流系统中，需求信息与反馈信息都是逐级传递的。因此上级供应商不能及时掌握市场信息，因而对市场信息的反馈速度比较慢，从而导致需求信息扭曲。在供应链管理下的物流系统模型中，需求信息与反馈信息不是逐级传递而是网络式传递的，信息流量大大增加，企业通过数据交换技术或者互联网可以

现代物流学

很快掌握供应链上不同环节的供求信息和市场信息。由于可以做到共享信息，供应链上的任何节点企业都能及时地掌握市场的需求信息和整个供应链的运行情况，每个环节的物流信息都能与其他环节进行交流和共享，从而较好地避免需求信息的失真。

（2）物流网络规划能力增强，物流系统的敏捷性提高　供应链管理下的第三方物流系统、代理运输、联合库存管理等多种形式的管理手段，降低了库存压力和安全库存水平。同时，供应链管理下作业流程的快速重组能力，极大地提高了供应链物流系统的敏捷性。企业可通过消除不增加价值的过程和时间，使供应链的物流系统进一步降低作业成本，为实现供应链的敏捷性、精细化运作提供了基础。

（3）物流过程的实时控制　供应链管理下信息跟踪能力的提高，使供应链物流过程更加透明化，为实时控制物流过程提供了条件。在传统的物流系统中，许多企业有能力跟踪企业内部的物流过程，但没有能力跟踪企业之外的物流过程，这是因为没有共享的信息系统和信息反馈机制。

（4）物流系统的无缝连接　合作性与协调性是供应链管理的一个重要特点，但没有物流系统的无缝连接，运输的货物逾期未到，客户的需要得不到及时满足，采购的物资常常在途受阻，就会使供应链的合作性大打折扣。因此，无缝连接的供应链物流系统是使供应链获得协调运作的前提条件。

（5）客户的满意度提高　在供应链管理下，通过供应链节点之间的实时信息交换，及时把客户关于包装、运输、装饰等方面的要求反映给相关部门，提高了供应链物流系统对客户个性化需求的响应能力，提高了客户的满意度。

三、第三方物流的主要运作模式

第三方物流企业想要取得成功，最重要的因素在于整合物流过程以实现对客户的增值服务。物流服务中的运输服务、仓储服务和其他功能的综合程度决定了产品的增值程度。因此，第三方物流企业要想实现优质、高效的物流服务并取得丰厚的利润，必须具备物流目标系统化、物流组织信息化、物流信息电子化、物流作业规范化、物流业务市场化等基本条件。从产业分析的角度看，我国第三方物流还处于发展初期，主要运作模式有与制造业相结合、与商业零售业相结合的物流服务运作模式和物流一体化运作模式。

1. 与制造业相结合的物流服务运作模式

以往我国大多数企业是自己解决产品的运输问题，包括原材料和产成品的运输，而这些企业恰好是第三方物流企业最大的潜在客户。同制造业相结合的第三方物流服务的最大用户群通常是那些在零售店销售的日常洗涤用品、纸制品、化妆品和食品等产品的制造商。首先，这些企业力图通过物流的力量获得并保持竞争优势；其次，优秀的企业寻求其产品或服务的增加价值，并通过有效的物流体系来达到此目标；最后，企业通过与服务提供者结成战略联盟来改善它们的资产，这些联盟使企业与其重要客户的关系更为密切。第三方物流企业可以依托生产企业，特别是中小企业，成为它们的物流代理商。

2. 与商业零售业相结合的物流服务运作模式

现代物流具有巨大的市场潜力，与零售业相结合的第三方物流末端配送服务为第三方物流企业的发展提供了良好的机遇。同零售业相结合的第三方物流运作的基本思路体现在以下五个方面：

1）第三方物流企业、零售商、供应商利用先进的信息系统连接起来，实现信息共享，保证在要求的时间内完成 5R：适时（Right Time）、适质（Right Quality）、适量（Right

第十章 第三方物流与第四方物流

Quantity)、适价（Right Price）和适地（Right Place）。

2）建立快速反应的运输系统，保证配送系统顺利运转。建立配送网络，形成完整的信息平台、业务流程和管理流程。

3）以独特的信息交换处理中心为技术支持，通过现代通信和计算机技术组成网络。

4）组织具有实战经验的专家队伍进行市场策划和研发。

5）在业务请求提出时，由调度中心调度，配送点送货上门。当物流量较小时，实行共同配送。第三方物流末端配送业务为生产厂商和最终消费者提供了信息平台和物流沟通渠道。它可以将大型配送中心及量贩店的货物送到百姓家中，也可以直接为品牌商提供现成的市场营销网络。

3. 物流一体化运作模式

20 世纪 80 年代，西方发达国家，如美国、法国和德国等提出了物流一体化的现代理论，应用和指导其物流发展取得了明显的效果。物流一体化就是利用物流管理使产品在有效的供应链上迅速移动，使生产商、供应商和销售商均获得显著的经济效益。物流一体化是物流运作的更高级阶段，它的根本目的是使不同职能部门之间、不同企业之间在物流上的合作达到提高物流效率、降低物流成本的效果。这种运作形式分为垂直一体化运作、水平一体化运作和网络化运作。

（1）垂直一体化运作 垂直一体化运作是以战略管理为导向，要求企业物流管理人员从面向企业内部发展转而面向企业同供货商及用户的业务关系上，这正是第三方物流特征的体现。企业超越了现有的组织机构界限，将提供产品或运输服务等的供货商和客户纳入管理范围，作为物流管理的一项中心内容。这种运作的关键是力求从原材料到客户的每个过程都实现对物流的管理，利用企业的条件建立和发展与供货商和客户的合作关系，形成一种联合力量，以赢得竞争优势。垂直一体化运作的设想为解决复杂的物流问题提供了方便，而正是第三方物流雄厚的物质技术基础、先进的管理方法和通信技术使这一设想成为现实，并在此基础上继续深化和发展。

随着垂直一体化运作的深入发展，对物流研究的范围不断扩大，第三方物流在企业经营集团化和国际化的背景下，形成了比较完整的供应链理论。供应链是指涉及将产品或服务提供给最终消费者的所有环节的企业所构成的上、下游企业的一体化体系。供应链管理强调核心企业与相关企业的协作关系，通过信息共享、技术扩散（交流与合作）、资源优化配置和有效的价值链激励机制等方法实现经营一体化。供应链是对垂直一体化物流运作的延伸，是从系统化的观点出发，通过对从原材料、半成品和成品的生产、供应、销售直到最终消费者的整个过程中物流、商流与资金流、信息流的协调，来满足客户的需要。

社会再生产过程是一个生产、流通和消费相互依存、相互渗透的过程。商品生产者与分销商之间在价值的产生和实现上是相互依存的，而在利益分配上又是相互矛盾的。在买方市场中，最终的竞争并不是表现为企业与企业之间的竞争，而是表现在供应链之间的竞争，于是便出现了跨组织的全面物流合作。垂直一体化运作不只是协调好制造商和上游供应商、制造商和下游分销商之间的关系，更重要的是将整个供应链上的所有环节的市场、分销网络、制造过程和采购活动联系起来，以实现较低成本下的高水平客户服务，赢得竞争优势。所以这种第三方物流运作扩大了原有的物流系统，延长了传统垂直一体化运作的长度，而且超越了物流本身，充分考虑了整个物流过程及影响此过程的各种环境因素，向着物流、信息流、商流等各个方向同时发展，形成了一套相对独立而完整的体系。

现代物流学

（2）水平一体化运作　水平一体化运作是通过同一行业中各企业之间物流方面的合作以获得整体上的规模经济，从而提高物流效率。这是第三方物流的第二种运作方式。实行第三方物流运作从企业经济效益上看，降低了企业的物流成本；从社会效益上看，减少了社会物流过程的重复劳动。例如，不同的企业可以用同样的装运方式进行不同类型商品的共同运输，于是就有了一个企业根据需要装运本企业的商品的同时，也装运其他企业的商品，而所产生的经济收益则通过其他方式来结算。因为不同商品的物流过程不仅在空间上是矛盾的，而且在时间上也是有差异的。这些矛盾和差异的解决就要靠掌握大量有关物流需求和物流供应能力的信息来完成。另外，现在开展的协同配送也是这种运作的例证。很明显，这种运作的重要条件就是要有大量的企业参与，并且有大量的商品存在，这时第三方物流与客户企业之间的合作才能提高物流效益。这种运作需要的是产品配送方式的集成化和标准化。

（3）网络化运作　网络化运作模式是第三方物流运作的第三种形式，是垂直一体化与水平一体化运作的综合体。物流活动是一个社会化的活动，涉及的行业面广，涉及的地域范围更广，所以它必须形成一个网络才可能更好地发挥其效用。当一体化运作的某个环节同时又是其他一体化物流系统的组成部分时，以物流为联系的企业关系就会形成物流网络。这是一个开放的系统，企业可自由加入或退出，尤其在业务最忙的季节最有可能用到这个系统。物流网络能发挥规模经济作用的条件就是一体化、标准化和模块化。

实现物流网络化首先就要有一批第三方物流企业率先与生产企业结成共享市场的同盟。把过去那种直接分享利润的联合发展成优势联盟，共享市场，进而分享更大份额的利润。同时，第三方物流企业要结成市场开拓的同盟，利用相对稳定和完整的营销体系帮助生产企业开拓销售市场。这样，竞争对手成了同盟军，网络化运作就可能成为一个生产企业和第三方物流企业多方位、纵横交叉、互相渗透的协作有机体。而且由于现代信息技术和网络技术的应用，当加入物流网络的企业增多时，物流网络的规模效益就会显现出来，这也促使社会分工的深化。这样第三方物流的发展也就有了动因，从而使整个社会的物流成本大幅度下降。

四、第三方物流决策

第三方物流决策是指企业在决定物流自营还是外包时做出的是否使用第三方物流服务，以及在多大程度上使用第三方物流服务的决定。现实中企业的物流运作有很多形式，不一定都需要进行物流外包。如果物流活动不是很复杂、波动大，或者物流是其核心能力，企业可以选择自营物流。如果物流不构成企业核心能力，但又非常重要，就可以实施物流外包，根据硬件设施、价格、业务范围、服务水平、发展潜力及信誉状况等多项指标评价、优选物流服务商，与之结盟，并通过确立合理的运行机制保障这种委托代理关系长期、高效地进行。在具体决策时，企业可以参照企业规模、企业物流活动的性质和地位、企业对供应链的管理能力等因素。

1. 企业规模

一般而言，大中型企业在资金、实力、规模上都具有优势，有能力自建物流体系，可以根据自己的实际需要制订适合公司发展的物流计划，保证物流服务质量。小企业受人员、资金和管理资源的限制，采用第三方物流服务应该是比较合理的选择。

2. 企业物流活动的性质和地位

如果企业的物流活动规模较小、频率低、数量少，而且操作简便，那么可以考虑外

第十章　第三方物流与第四方物流

包。如果物流活动复杂多样，范围较广，环节众多，网络严密，而且具有相当大的特殊性，则需要慎重考虑。如果要外包给第三方，那么要在提供商考察、合同洽谈、执行监控、业绩考核等方面十分仔细，尽量避免管理漏洞。在某些情况下，物流是企业的核心价值环节，对企业的生存有重大意义。例如，沃尔玛一直坚持自营物流，因为物流对这家全球最大的零售商有着非同寻常的意义。沃尔玛在物流方面的投资巨大，同时它的物流系统在全球非常先进。一方面是因为沃尔玛物流系统复杂，物流时效要求极为严格；另一方面是因为考虑到物流的重要地位，如果把物流业务委托给第三方，那么需要避免由于第三方掌握巨大的客户信息而对沃尔玛造成威胁的情况。

3. 企业对供应链的管理能力

企业对供应链的管理能力是指企业的内部是否有专门的人才和管理经验，能够对供应链有全局的把握。从企业的外部环境来说，需要考虑以下问题：市场是否成熟，是否有足够合适的服务商可供选择，交易成本和交易风险有多高第三方提供的服务是否处于企业可以控制的范围，等等。

> **小贴士　二维物流决策模型**
>
> 美国物流专家巴托（Ballow）认为自营还是外购物流服务主要取决于两个基本因素——物流对企业成功的影响程度和企业对物流的管理能力，相应地建立了如图 10-3 所示的模型。围绕企业战略目标，寻求物流子系统自身的战略平衡是这个决策模型的最大特点，但没有考虑对成本的影响，这成为该模型的致命缺陷。
>
> 图 10-3　二维物流决策模型

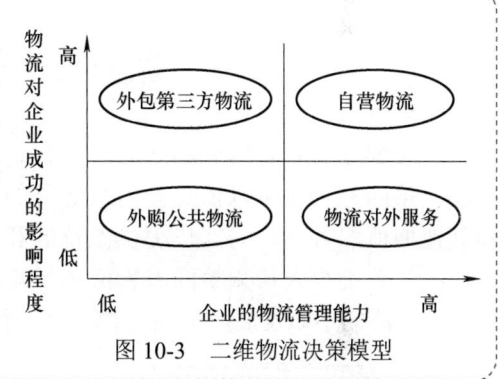

4. 成本与服务水平的衡量

随着市场竞争的激烈，同类企业之间在产品、制造、营销甚至广告方面都出现了同质化的趋势。仅仅依靠产品质量已经不足以构成领先优势。越来越多的企业认识到客户服务的重要性，因此许多企业将提高服务质量作为长期战略目标之一。但是，在通常情况下服务质量的提高与成本的降低之间存在着效益背反。在把物流委托给第三方的情况下，成本通常都会降低。但是，如果一味地压低物流提供商的报价，挤压其利润空间，必然导致服务质量下降。从长期来看，这会对企业造成非常不利的影响。因此，企业需要考虑短期成本和长期成本，以达到综合平衡。

5. 物流职能与企业内部其他业务部门的关系

这种关系其实也是物流职能由内部向外部剥离的难易程度问题。如果物流职能相对独立，而且形成了一定的可量化的衡量参数，那么外包的过程相对容易。如果物流职能与其他业务密不可分，接口多而复杂，业务流程互相交叉，并且有很多无法量化的职能夹杂在里面，这样的物流活动就不好剥离出去。

6. 企业的长期发展目标

企业的业务范围、业务量和业务重点不是一成不变的，需要随着内外部因素的变化而不断调整，以适应瞬息万变的市场。这样，企业的灵活性变得非常重要。物流模式也需要随着企业目标的调整而变化，它不仅要满足当前的服务要求，而且需要和企业的长期目标保持一致。一般来说，企业自营物流的灵活性相对差一些，一旦业务调整，已经成形的物流模式就会不能适应，需要进行较大的改革。如果采用外包，那么灵活性相对较大，可以随时根据企业的业务重点和业务量的变化进行不同的外包组合。所以，企业在选择物流模式时，一定要有长远目光，对企业的长期目标心中有数，并预留调整和发展的余地。

以上是一些基本的决策依据，根据这些因素，企业可以大致清楚自己的物流模式处于什么阶段，是否具有外包的可能性，然后再结合具体的数据，进行周密分析和慎重决定。

当企业决定物流外包后，还要决定其形式：物流业务完全外包、物流业务部分外包、物流系统接管、战略联盟、物流系统剥离和物流业务管理外包。企业可以将物流外包给一家或多家第三方物流企业。要想选择好第三方物流企业，就要对其进行合理的评价和选择。服务能力、信誉、合作关系稳定度、成本、信息共享、经济实力、利益与风险共享，是企业选择第三方物流合作者时的主要评价因素。

第三节 第四方物流概述

随着制造商和零售商趋向向外分解、剥离物流业务，第四方物流服务理念引起人们的重视。第四方物流可以依靠业内最优秀的第三方物流供应商、技术供应商、管理咨询顾问和其他增值服务商，为客户提供独特的和广泛的供应链解决方案，从而实现持续的低成本运作。尽管不少人认为第四方物流由于难以获得委托者的信任，因而只是一个设想，但随着社会经济的不断发展，第四方物流将会得到广泛的运用。

一、第四方物流的产生

虽然许多企业利用第三方物流提供商，协助管理其物流运作取得了满意的效果，但仍有企业对第三方物流提供商在改进物流与供应链功效上是否会有所突破心存疑虑。在供应链竞争时代，技术的进步使企业对服务期望值不断提高，也使企业重新评估自己的供应链战略。过去，供应链中很多供应商和大企业试图通过优化库存与运输，利用地区服务代理商以及第三方物流供应商，以降低存货的成本，提高配送的效率和准确率，满足自身服务需求的增长。今天，客户需要得到更好的服务，如电子采购、订单处理能力、虚拟库存管理等服务。但由于第三方物流缺乏较综合的、系统性的技能，以及整合应用技术的局限性与全球化网络和供应链战略的局部化，使企业在外包业务时不得不将业务外包给多个单独的第三方物流服务商，增加了供应链的复杂性和管理难度。市场的这些变化给物流和供应链管理提出了更高的期望，这在客观上要求将现代网络技术、电子商务和传统商业运营模式结合起来，以在供应链中构造一个将供应链的外包行为进行链接的统一主体，而不是像以前那样分散无序。从管理的效率和效益来看，对于将物流业务外包的企业来说，为获得整体效益的最大化，更愿意与一家企业合作，将业务统一交给能提供综合物流服务和供应链解决方案的企业。而且由于在供应链中信息管理变得越来越重要，也有必要将物流管理活动统一起来，以充分提高信息的利用率和共享机

第十章　第三方物流与第四方物流

制，提高外包的效率。供应链管理中的这些外包行为的变化，促使很多第三方物流服务商与咨询机构、技术开发商协作，以增强竞争能力。随着联盟与团队关系不断发展壮大，一种新的外包选择开始出现，这正是第四方物流（Fourth Party Logistics，4PL），其发展历程如图 10-4 所示。企业可以向第四方物流外包整个供应链流程，由它们评价、设计、制定及运作全面的供应链集成方案。

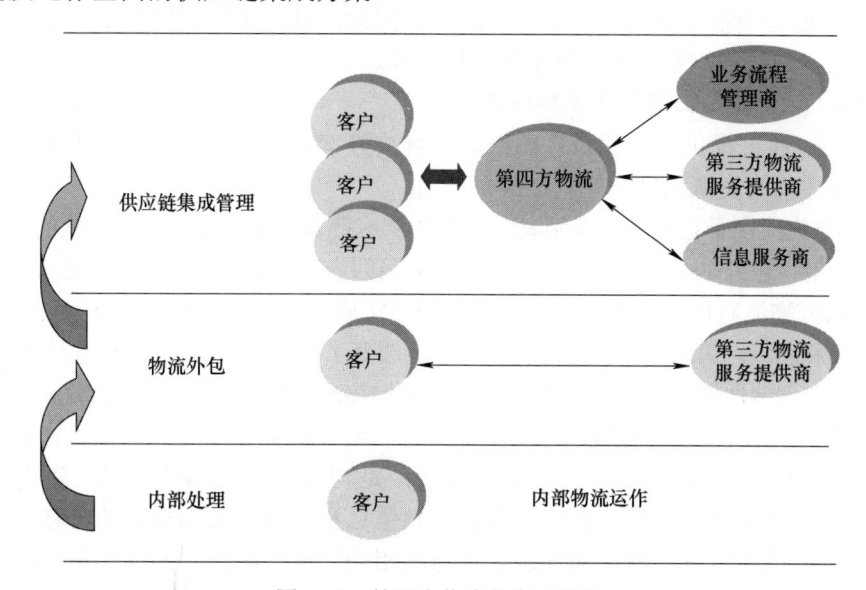

图 10-4　第四方物流的发展历程

二、第四方物流的概念

美国埃森哲（Accenture）公司于 1998 年提出了第四方物流的概念，并依据其业务对其进行了定义："第四方物流供应商是一个对公司内部和具有互补性的服务供应商所拥有的不同资源、能力和技术进行整合和管理，提供一整套供应链解决方案的供应链集成商（Supply Chain Integrated Provider）。"其中，供应链集成商可以通过其影响整个供应链的能力来为客户提供更为复杂的供应链解决方案和价值，可以使迅速、高质量、低成本的产品运送服务得以实现。它的主要作用是对制造企业或分销企业的供应链进行监控，在客户和它的物流及信息供应商之间充当唯一"联系人"的角色。因此，有人把第四方物流称为"总承包商"或"领衔物流服务商"。从定义可以看出，第四方物流可以通过对整个供应链的影响力，提供综合的供应链解决方案，为客户带来更大的价值。

> **小贴士　第四方物流的基本功能**
>
> 1）供应链管理功能，即管理从供应商、运输承运人到最终消费者的供应全过程。
> 2）运输一体化功能，即负责管理运输公司、物流公司之间在业务操作上的衔接与协调问题。
> 3）供应链再造功能，即根据货主或托运人在供应链战略上的要求，及时改变或者调整战略战术，使其经常处于高效率的运作状态。可见，第四方物流成功的关键在于为客户提供最佳的增值服务，即迅速、高效、低成本和个性化的服务。

近几年，国外已兴起了第四方物流的研究与试验。事实表明，第四方物流的发展可以

现代物流学

满足整个物流系统的要求，很大程度上整合了社会资源，减少了货物的物流时间，节约了资源，提高了物流效率，也减少了环境污染。

三、第四方物流的特征

第四方物流是一个供应链集成商，它并不需要从事具体的物流活动，更不用建设物流基础设施，只是对于整个供应链提供整合方案。因此，其基本特点是提供一个综合性的供应链解决方案，通过影响整个供应链来获得价值等。

1. 提供了一个综合性的供应链解决方案

第四方物流通过提供一个综合性的供应链解决方案，以有效地满足需求方多样化和复杂的需求，集中所有资源为客户完美地解决问题。

1）第三方物流由于自身的许多限制，提供的供应链多数是间断的、不完整的，即使能提供完整的供应链，也只是小范围的、局部的。只有第四方物流，才能提供真正意义上的完整的供应链。第四方物流对供应链进行全局性的规划与实施，利用独立的供应链参与者之间的合作，提高规模和总量。第四方物流通过再造供应链改变了传统管理模式，将商贸战略与供应链战略达成一致，创造性地重新设计了参与者之间的供应链，使之达到一体综合化标准。

2）第四方物流从传统的保证服务链完成功能已经发展到了引导、监控、优化和重塑服务链的功能上来。这一转化是经营理念的发展，是物流行业成熟的表现。随着功能的转化，物流的重点也从单一的实体货物运输扩展到信息和人力资源的有目的转移上来。这一变化趋势无疑将推动第三方物流的发展以及与其相关产业的融合。例如，华北高速公路股份有限公司利用中国交通网这一网络平台，借助现代物流管理信息系统软件来整合企业物流的供方、干线物流、配送和送达需方等物流环节，统一各方的物流软件接口标准，推动第三方物流的标准化进程。

2. 通过影响整个供应链来获得价值

第四方物流与类似的物流外包的区别之一在于：第四方物流能够为整条供应链的客户带来利益。

（1）利润增长　第四方物流的利润增长将取决于服务质量的提高、实用性的增加和物流成本的降低。由于第四方物流关注的是整条供应链，而非仓储或运输单方面的效益，因此其为客户及自身带来的综合效益是惊人的。

（2）运营成本降低　运营成本降低可以通过运作效率提高、流程减少和采购成本降低来实现，即通过整条供应链功能外包以达到节约的目的。流程一体化、供应链规划的改善和实施可使运营成本和产品销售成本降低。采用现代信息技术、科学的管理流程和标准化管理，使存货和现金流转次数减少，可望降低工作成本。例如，南京第一家第四方物流企业中电科技电子信息有限公司通过建立的信息和资源平台，整合电子行业供应链，帮助客户节省采购成本。扬州一家制造公司在与中电科技合作之后，不仅物流成本直接下降，还将原有十几个人的物资科的人员裁减到两个人。一个人负责将采购清单交给物流公司，另一个人负责验收零部件。

（3）提高资产利用率和服务水平　客户通过第四方物流减少了固定资产占用率，提高了资产利用率，使客户通过投资研究设计、产品开发、销售与市场拓展等获得经济效益的提高。第四方物流成功地影响着大批服务者（第三方物流、网络工程、电子商务、运输企业等）以及客户和供应链中的伙伴，作为客户之间的连接点，通过合作或联盟提供多样化

第十章 第三方物流与第四方物流

服务。例如，箭牌公司通过实施第四方物流项目实现全国总仓历史性零差异，即进出 2 亿元货物，批号、数量、品种、储存位置的实际情况跟计算机系统中没有任何差异，其他仓库差异也很小。每天的 IDOC（电子数据包）错误不超过 5 个并能在 10min 内处理完。

小案例

国外第四方物流的发展

通用汽车公司和美国大型物流商 CNF 进行运输合作，经营 Vector SCM 物流公司。该公司以第四方物流企业的形式经营，即以管理及联络第三方物流供应商为主。该公司全面负责美国通用汽车的物流服务，但那两家公司的物流队伍仍会留意新公司的运作。CNF 人员通过 Vector 提交运输方案给美国通用汽车公司，而不论航运、空运、货车运输、仓库管理、空运成本审计或其他有关供应链的部分，都以节省成本为大前提。同时 CNF 会与空运速递公司 Emergency World Wide 联系，美国通用汽车公司会比较两者的运输方案。Vector 公司在 3 年内逐步取代美国通用汽车公司的物流队伍，首先由南美洲开始，继而亚洲和欧洲，最后控制全部地区运作，而所有美国通用汽车公司的物流合约都会转到 Vector，两家公司会以共同分享利润的形式合作。美国通用汽车公司希望最终可削减一半价值的库存。

3. 第四方物流利用分包商来控制与管理客户公司的点到点式供应链运作流程

客户可以把所有的物流活动外包给第四方物流，但是通常的第四方物流只是从事一体化物流功能和流程的一些关键部分，其他部分仍转包给其他物流资源提供商。第四方物流外包的主要是无形的技术，而第三方物流外包的主要是物流业务。

四、第四方物流和第三方物流比较分析

提出第四方物流者认为，第四方物流是比第三方物流更进一步的物流服务业态，它是从整个供应链的角度出发，为整个供应链提供物流解决方案。发展第四方物流需要平衡第三方物流的能力、技术、贸易流通管理以及为客户提供功能性一体化服务等。

1. 第四方物流更能为客户提供"最接近要求的最完美的服务"

第三方物流要么独自，要么通过与自己有密切关系的转包商来为客户提供服务，它不太可能提供技术、仓储与运输服务的最佳结合。第四方物流的发展方案连接了第三方物流、技术服务和业务管理等，它可以不受约束地去寻找每个领域的"行业最佳"提供商，把这些不同的物流服务整合，以形成最优方案。例如，中国第一家网络物流服务商——亚洲物流（天津）有限公司在充分分析中国物流现状的基础上，创造性地以网上信息联网和网下业务联网的结合为核心，通过全国 87 个城市的分公司和加盟用户的联网运作，提供客户所需的整套物流服务，从而创立了一套卓有成效的现代网络物流方案。

2. 第四方物流经营者扮演协调人的角色

第四方物流经营者一方面与客户协调，与客户共同管理资源，计划和控制生产，设计全程物流方案；另一方面与各分包商协调，组织完成实际物流活动。因此，第四方物流提供的是一种全面的物流解决方案，与客户建立的是长期、稳固的伙伴关系。与传统的供应链外协相比较，第四方物流为客户提供了"跨功能的作业一体化和广阔的运作自治空间"。供应链管理大师约翰·加托纳（John Gattorna）在 1998 年出版的《供应链战略联盟》一书中提到："随着组织从内协向以第四方物流为基础的外协发展，供应链发生了重大变革。当第三方物流被业界普遍实行后，第四方物流已作为解决现代供应链挑

战,提供最大利益的突破点,日益显现出来。"作为供应链外协发展的新阶段,相较第三方物流,第四方物流克服了第三方物流在服务能力以及利益共享等方面的不足,可以对供应链中的各种需求做出更有效的反应,并通过充分利用内协与外协各自的优势为客户提供利益最大化的服务。

3. 利用自身的资本规模、管理经验和资源优势

第四方物流为打造一个规范、统一、整合了不同物流企业资源的信息应用平台提供了可能性。充分利用这个平台,企业就能够实现创新的配送路径优化、卫星导航系统和全球供应链管理。应用这一平台,第四方物流还能为各方企业改善物流管理流程及提供主动的事件管理,并且该平台能无缝链接所有地方不同运输模式的运作,令客户能通过信息应用平台管理所有事宜。该平台的建立,无疑需要较大的资本、资源、技术和管理投入,而第三方物流无论从哪一方面来说,都不足以成为该平台"领导者"的角色。

4. 第四方物流充分重视物流信息系统的建设

第四方物流加强条码技术、卫星导航系统、物料需求管理(MRP)和企业资源管理(ERP)等物流管理软件的建设,并对其实施无缝链接和有效整合,以充分满足客户日益增长的信息化需求。成立于 2007 年的诺基亚西门子网络公司(Nokia Siemens Networks),是诺基亚的网络业务集团和西门子移动网络合二为一的产物,其核心任务是向固定网络及移动网络的运营商提供端对端解决方案、设备和服务。当企业面临产品组合及其相关流程越来越复杂造成了高昂的订单管理成本,由于商品化程度加大引起的硬件价格下跌和利润下降,移动网络软硬件产品组合的分类不明确阻碍了公司目标精准和渗透关键市场等问题时,在埃森哲(Accenture)公司的帮助下,移动网络开发出产品数据配置和管理所需要的工具、技能和端对端流程,从而使许多产品和服务在其生命周期内提高了效率。埃森哲公司重新设计产品数据结构和相应流程,也提高了工厂和供应商与客户协作的水平和质量。

如今,越来越多的客户需要得到包括电子采购、订单处理能力、充分的供应链可见性、虚拟库存管理等高级物流服务,这需要技术专家和管理咨询专家的共同推动。第三方物流恰恰缺乏高技术、高素质的人才队伍做支持,因此也就缺乏对整个供应链进行运作的战略专长和真正整合供应链流程的相关技术。

5. 第四方物流同第三方物流相比,其服务的内容更多,覆盖的地区更广

第四方物流最大的优越性是它能保证产品可以"更快、更好、更廉"地送到需求者手中。在当今经济形势下,货主或托运人越来越追求供应链的全球一体化,以适应跨国经营的需要,而它们要集中精力于其核心业务,就必须更多地依赖物流外包。因此,这些公司不只是在操作层面上进行外协,而且在战略层面上也需要借助外界的力量,以便 24 小时都能得到"更快、更好、更廉"的物流服务。这其中就包括运输一体化及供应链再造功能,以使它们能够依据客户的要求,及时改变或调整战略战术,保持各个环节的计划和运作协调、高效。

总而言之,第四方物流通过提供一个全方位的供应链解决方案来满足企业所面临的广泛而又复杂的需求。它关注供应链管理的各个方面,既提供持续更新和优化的技术方案,又能满足不同客户的独特需求,突破了单纯发展第三方物流的局限性,能做到真正的低成本、高效率、实时运作,实现最大范围的资源整合。它与第三方物流之间的关系:第四方物流领导第三方物流,是第三方物流的管理者和集成者。此外,第四方物流

第十章　第三方物流与第四方物流

提出的供应链解决方案和整合社会物流资源的效果直接受第三方物流所进行的实际物流操作效果的影响；同时，第三方物流的运作效率又受到第四方物流提出的供应链解决方案水平高低的影响。可以说，两者相互制约、相互促进。第四方物流与第三方物流的比较如图 10-5 所示。

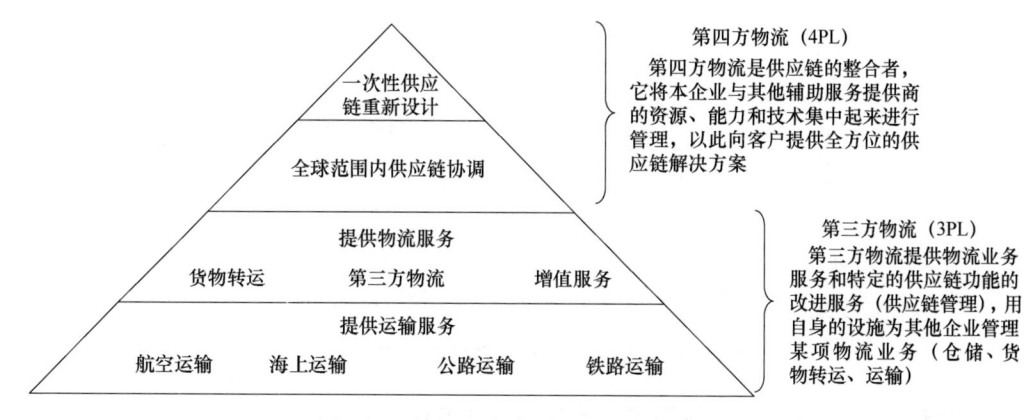

图 10-5　第四方物流与第三方物流的比较

然而，有些专家认为，第四方物流是由埃森哲公司提出并注册成为独有知识产权的物流理念，是一个人为制造的概念。他们认为埃森哲公司在提出第四方物流概念的同时，退化了第三方物流的定义，把第三方物流的概念变异为只具备单一操作功能的公司。第四方物流只是做了个概念转换，在通过概念引导物流企业的发展趋势上并没有对企业的运作造成实质性影响。例如，GATX 物流公司的总裁就对第三方物流提供商无法成为客户的战略伙伴的说法感到不满，认为他们的工作不仅仅是成为其客户的一个合格的营运伙伴，为了战略目标，也和客户密切协作。

尽管关于第四方物流的概念、作用及其发展方向还存在诸多争论，但第四方物流所倡导的物流运作新思路、新理念是正确的，是物流企业特别是大型综合型物流企业今后的发展方向。

第四节　第四方物流的运作模式

作为整个供应链的管理者，第四方物流的运作模式不同于第三方物流，就服务内容而言，提供的是供应链物流整体解决方案，组织模式上也更加注重企业的外部组织能力和创新能力，充分整合企业外部的物流资源和客户资源，谋求供应链乃至更大范围的物流体系最优化。

一、第四方物流的服务内容

第四方物流服务商不仅集成了管理咨询和第三方物流服务商的能力，而且一个前所未有的、使客户价值最大化的统一的技术方案的设计、实施和运作，只有通过咨询公司、技术公司和物流公司的齐心协力才能够实现。第四方物流的供应链解决方案共有四个层次，即执行、实施、变革和再造，如图 10-6 所示。传统上，管理咨询公司集中于供应链解决方案的战略目标、系统规划与变革。这些供应链解决方案通过技术的运用、调整来支持战略的需要，而第三方物流供应商着重于运作问题、方案实施与运行。

现代物流学

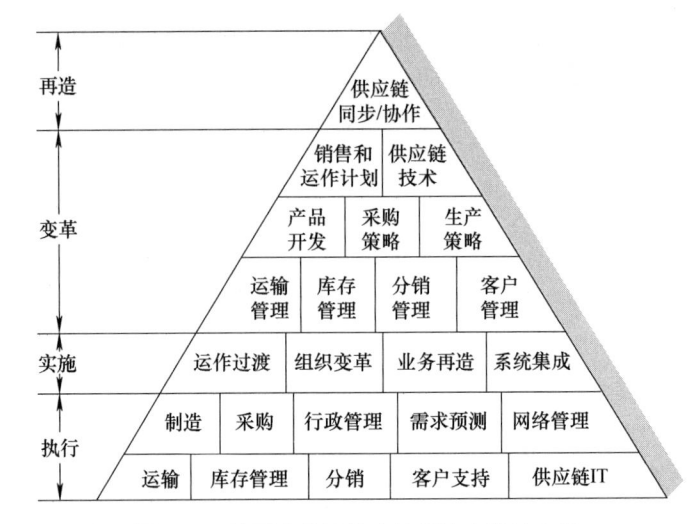

图 10-6　第四方物流供应链解决方案的内容

1. 执行——承担多个供应链职能和流程的运作责任

第四方物流承担多个供应链职能和流程的运作责任，工作范围远远超越了传统的第三方物流的运输管理和存储管理的运作，包括制造采购、分销、运输、库存管理、供应链IT、需求预测、网络管理、客户支持和行政管理。企业可以把整条供应链全权交给第四方物流运作，第四方物流可为供应链局部或流程的全部提供完整的服务。

2. 实施——流程一体化、系统集成和运作交接

一个第四方物流服务商帮助客户实施新的业务方案，包括业务再造、组织变革、客户和服务供应商之间的系统集成，以及把业务运作转交给第四方物流的项目运作过渡。业务流程再造将客户与供货商的信息和技术系统一体化，把人的因素和业务规范有机结合起来，使整个供应链规划和业务流程能够有效地贯彻实施。实现业务流程再造是第四方物流的核心内容，如何调整服务链，最大程度上实现对客户的全方位服务是决定第四方物流业务流程再造的关键内容。在项目实施过程中，企业应该对组织变革多加小心，因为"人"的因素往往是把业务转给第四方物流管理的成败关键。第四方物流的最大的目标是避免把一个设计得好的策略和流程实施得无效，因而影响了项目预期效果与目标的实现。

3. 变革——通过新技术实现各个供应链职能的加强

变革的努力集中在改善特定的供应链职能，包括销售和运作计划、分销管理、采购策略、产品开发、生产策略、客户管理以及供应链技术等。第四方物流通过战略调整、流程再造、整体性改变管理和技术，使客户之间的供应链运作一体化。在这一层次上，供应链管理技术对方案的成败变得至关重要。领先和高明的技术，加上战略思维、流程再造和卓越的组织变革管理，共同组成最佳方案，对供应链活动和流程进行整合和改善。

4. 再造——供应链过程协作和供应链过程的再设计

第四方物流最高层次的方案就是再造。在供应链过程中，真正的显著改善要么通过各个环节的计划和运作的协调一致来实现，要么通过各个参与方的通力协作来实现。再造过程就是基于传统的供应链管理咨询技巧，使公司的业务策略和供应链策略协调一致。同时，技术在这一过程中起到了催化剂的作用，整合和优化了供应链内部和与之交叉的供应链的运作。

第十章　第三方物流与第四方物流

为客户提供第四方物流服务是一个相当复杂的过程，因为它涉及企业的整体运作战略的贯彻实施，涉及对客户企业的管理模式、业务流程、组织结构等多方面进行调整。因此，为了提供个性化的服务，第四方物流服务提供商的首要工作就是弄清客户企业长期的整体战略布局以及现在的业务流程状况，然后在此基础上进行物流服务的总体需求分析。企业在仔细分析客户的总体物流需求后，应确定物流服务的目标，在目标的指导下形成实现目标的战略步骤，确定物流业务重组的内容与策略、如何优化物流资源、搭建物流信息系统内容与策略、如何选择合作伙伴以及业务外包的内容和合作机制，并形成实现战略的长期计划，包括总体的实施方案、实施进度和风险控制。

二、第四方物流的主要运作模式

第四方物流的运作模式主要有四种：协同运作型、方案集成型、行业创新型和动态联盟型。

1. 协同运作型

协同运作型是第四方物流和第三方物流共同开发市场的一种方式，第四方物流向第三方物流提供一系列服务，包括技术、供应链整合策略、进入市场的能力和项目管理的能力等，如图 10-7 所示。第四方物流在第三方物流公司内部工作，第三方物流成为第四方物流思想与策略的具体实施者，以达到为客户服务的目的。例如，中海物流和 IBM 强强联合，共同开发出了一套适用于国内物流企业的大型综合物流供应链管理软件——中海 2000。第四方物流和第三方物流一般会采用商业合同的方式或者战略联盟的方式进行合作。

2. 方案集成型

在方案集成型运作模式中，第四方物流为客户提供整个供应链的运作解决方案。第四方物流对自身以及第三方物流的资源、能力和技术进行综合管理，借助第三方物流为客户提供全面的、集成的供应链解决方案。第三方物流通过第四方物流的方案为客户提供服务，第四方物流作为一个枢纽，可以集成多个服务供应商的能力和客户的能力，如图 10-8 所示。

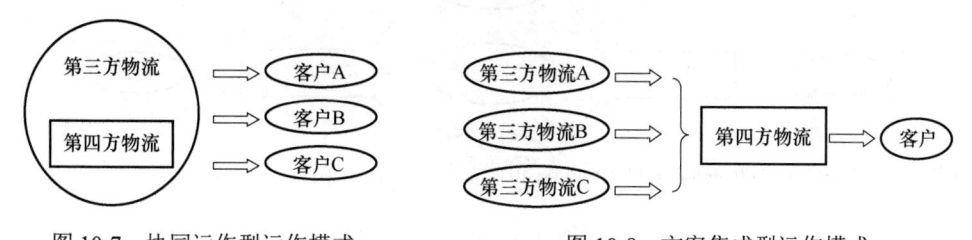

图 10-7　协同运作型运作模式　　　图 10-8　方案集成型运作模式

小案例

美国莱德（Ryder）公司借助外部支持提高竞争力

2000 年 11 月 14 日，莱德公司和 From2 Global Solutions 公司（全球各大公司国际物流技术和贸易智能的主要供应商之一）宣布达成战略性联盟关系。莱德公司将利用 From2 Global Solutions 公司的解决方案，通过互联网向其客户提供具体的国际贸易服务。此外，莱德公司还通过与 Accenture 和 IBM 两家公司合作，获取了多项关键技术，从而强化了其核心竞争力，公司的经营业绩有明显的改善，准时交货率上升 100%，经营成本下降 15%。

3. 行业创新型

在行业创新型运作模式中,第四方物流为多个行业的客户开发和提供供应链解决方案,以整合整个供应链的职能为重点,将第三方物流加以集成整合,向下游客户提供解决方案,如图 10-9 所示。在这里,第四方物流是上游第三方物流集群和下游客户集群的纽带,其责任十分重要。行业解决方案会给整个行业带来最大的利益,如美国卡特彼勤物流公司从起初的只负责总公司的货物运输,发展到后来为其他多个行业的客户如戴姆勒-克莱斯勒公司、标致公司、爱立信公司等大企业提供供应链解决方案。第四方物流会通过卓越的运作策略、技术和供应链运作的具体实施来提高整个行业的效率。

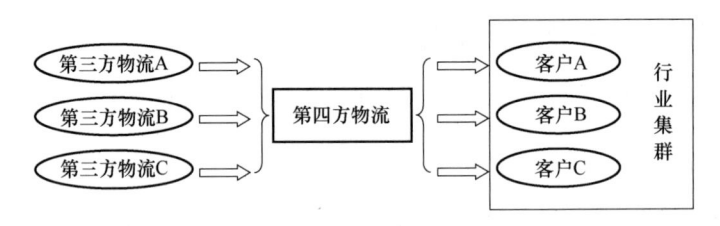

图 10-9　行业创新型运作模式

4. 动态联盟型

动态联盟型运作模式是指一些相对独立的服务商由市场机会所驱动,通过信息技术相连接的、在某个时期内结成的供应链管理联盟,如图 10-10 所示。从它的组成到解散主要取决于市场的机会存在与消失、原企业可利用的价值。这些企业在设计、供应、制造、分销等领域分别为该联盟贡献出自己的核心能力,以实现利润共享和风险分担。它们除了具有一般企业的特征外,还具有基于公共网络环境的全球化伙伴关系及企业合作特征,面向经营过程优化的组织特征,可再构、重组与可变的敏捷特征等,能以最快的速度完成联盟的组织与建立,优势集成,抓住机遇,响应市场,赢得竞争。

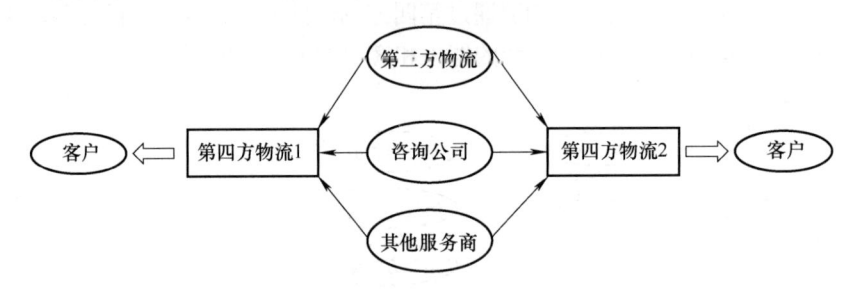

图 10-10　动态联盟型运作模式

动态联盟的核心企业发挥倡导和协调的作用,核心企业一般由咨询机构或第三方物流企业担任。参加动态联盟的各成员企业的组织、资源等内部特征都可由自己来决定,而其外部特征需要达到动态联盟的要求。由于企业业务的拓展和市场竞争的加剧,企业对收益的渴望和对资源的需求日趋多元化。一个企业可以同时以不同的角色加入多个第四方物流联盟,在贡献资源的同时,得到更多自己所需要的资源、库存管理和分销管理等供应链管理服务。一旦市场机会消失,或成员企业发现参与的某个第四方物流联盟的价值枯竭时,就可根据合约有序退出。这是比较高级的运作模式,它所服务的行业和客户众多,其兼容性、灵活性、适应性更强。

第十章　第三方物流与第四方物流

以上是第四方物流企业的几种主要运作模式，由于供应链管理理论和实践活动是非常丰富和不断发展的，因此应不断地研究、创新和推广新的第四方物流企业运作模式，以适应物流业和社会经济发展的需要。

三、第四方物流运作评估

由于第四方物流提供的解决方案是针对供应链的一个整体性方案，所以需要从各个方面对第四方物流进行评估，以提高它们的管理技能和管理水平。根据第四方物流的实际操作情况，可从以下几个方面初步评估第四方物流：

1. 企业拥有或能够获得的资源的情况

第四方物流服务商通过整合和管理自身的以及其他服务提供商补充的资源、能力和技术，提供全面的供应链解决方案，远远超出第三方物流服务商的服务领域，给客户提供更大的跨功能整合和更广泛的运行自主性。在第四方物流所拥有的资源中，重要的资源是人力资源和全球性市场开发资源。发展物流，尤其是第四方物流，离不开大批专业人才。衡量第四方物流管理水平的一个重要标志，是看它的供应链管理人员的素质和数量。只有优秀的专业人士，才能够充分地开发、研究与利用市场资源。市场资源的发展应该从全球性供应链网络的角度出发。

2. 企业对资本和资产的高效率运用

能否对供应链所拥有或所能掌握的资产进行高效率的运作，最直接地反映了物流企业的经营业绩，也决定了供应链在发展第四方物流时其资产和业务在供应链内顺利流动的能力。随着社会的发展，特别是进入 21 世纪以来，社会化大生产已逐渐由劳动密集型向资金及技术密集型转变，众多企业已从传统的依靠不断地生产、营销和逐步积累扩充企业的实力和规模转向运用资本运营手段，以资产重组、投资参股、资产并购、产权置换、发起或借壳上市等多种方式迅速扩大自身的规模，快速增强实力和扩展产业范围。因而，资本运营对第四方物流企业迅速成长的有力催化作用也逐渐显现。第四方物流企业业务的扩张、市场占有率的提升和核心竞争力的构建均需要通过资本运营筹集所需的大量资金。核心竞争力的形成和业务的迅速增长又会反过来推动企业的资本运营工作，从而加速企业规模扩大、实力增长和业务扩张。因此，资本运营是第四方物流企业战略发展目标实现和尽快做大做强的重要保证。

3. 企业对应用技术管理方法和供应链流程管理的整合能力

现代物流和供应链的发展需要应用大量的先进技术来支撑。为发展和提高供应链的协作关系，加强供应链的外包管理，必须统一供应链企业应用的技术标准，以增强供应链的信息共享和透明度，提高第四方物流工作的准确率和效率。标准化是工业生产的基础，也是物流发展的基础，集装箱运输标准化的成功就是例子。技术标准是第四方物流整合能力的保证。第四方物流企业技术标准化的进程包括采取积极的措施，推进物流标准化；协调行业主管部门、行业协会加快物流用语、计量标准、技术标准、数据传输标准、物流作业和服务标准等制定工作；规范已有的与物流活动相关的各种国家标准、行业标准，淘汰已经落后于经济技术发展水平的标准，制定能够与国际同行业接轨的标准。

根据以上分析，作为第四方物流提供商的企业需要具备较强的综合实力，以有效地为客户提供第四方物流方案，而自身技术和知识的强弱是成功实施第四方物流方案的关键所在。美国和欧洲的经验表明，要想进入第四方物流领域，企业必须在某一个或几个方面已

现代物流学

经具备很强的核心能力,并且有能力通过战略合作伙伴关系很容易地进入其他领域。因此,成为第四方物流的前提条件是:

1)具有世界级水平的供应链策略制度和业务流程再造、技术集成和人力资源管理能力。
2)在集成供应链技术和外包能力方面处于领先地位。
3)在业务流程管理和外包的实施方面有一大批富有经验的供应链管理专业人员。
4)能够同时管理多个不同的供应商,具有良好的关系管理和组织能力。
5)具有全球化的地域覆盖能力和支持能力。
6)具有对组织变革问题的深刻理解和管理能力。
7)注重关系管理,重视企业内部价值观的树立,尊重业务所在单位、地区的文化,与政府保持良好的关系。
8)在该领域具有前瞻性战略思想,知晓自身对潜在客户能够提供什么样的服务,对客户需求的多样性、复杂性有深刻的了解,能够提供可行性解决方案,以获取客户满意和忠诚。

案 例 分 析

比利时、德国现代物流企业的经营方式

通过对比利时的安特卫普港、德国杜伊斯堡市的几个第三方物流企业实地考察,发现欧洲第三方物流企业的经营模式有以下几点成功之处:

1. 专心致志做物流

比利时的第三方物流企业不搞"一业为主、多种经营",它们只做物流,不从事其他业务,努力在物流领域做好、做专、做强、做大。

2. 追求规模效益

比利时的第三方物流企业不追求货物品种数量,但追求每种货物的绝对数量,通过规模化的物流服务产生效益。这体现在以下两个方面:一是只做少数几个品种的物流。但是,品种少并不意味着物流业务简单,相反,这种情况是因为生产企业对物流服务的要求很高而造成的。它们要求第三方物流企业对存放货物具有非常专业的知识,要有透彻的了解,例如物流特性以及堆放、搬运、温湿度控制要求等。如果第三方物流企业管理的产品过多、过杂,就很难满足客户的要求。二是每一品种货物的物流量都相当大。例如,HNN公司的码头面积达 $1.18km^2$,但只存放、中转汽车。在这个码头停放的 5 万辆汽车中,不但有进出口的轿车、货车、专用车,还有欧美国家的二手车、北约的军用车等。HNN 公司通过这个码头,每年将 50 万辆左右的汽车运往世界各地。再如 Katong 公司的体育用品仓库,面积达 5 万 m^2,虽然只为法国 Canton 公司提供仓储、运输服务,其产品只有体育服装、运动自行车、健身器材,但每天进口货物达 50 个集装箱,运出货物 50~70 卡车。这些体育用品从 Katong 公司的仓库运往非洲、澳大利亚、亚洲以及欧洲的其他国家。

3. 注重作业场地的选址

安特卫普港的第三方物流企业非常注重选址,它们尽量把仓库建在海港或内河的码头,与铁路、公路紧密衔接。例如,杜伊斯堡市的一个第三方物流公司的仓库就建在河岸码头上,码头沿岸的半坡上铺设一条铁轨,货车正停在铁道上等待卸货;铁道下方的河道上有一艘货船;而仓库里的塔吊正把火车上的货物抓起来,堆放到仓库里,仓库的另外两

个大门处,几辆集装箱车正进进出出,把库房里的货物运出去。再如,HNN 公司将汽车停放场地选在三面环水的码头上,铁路线从码头中间穿过,汽车的海运转铁路运输或铁路运输转公路运输直接装卸,方便快捷。

4. 延伸物流服务

目前,欧洲的生产企业与第三方物流企业合作的方式是:生产企业只管两头,即生产与销售,其他业务全部交给物流企业;物流企业负责生产与销售之外的全部业务。这一点,在比利时安特卫普港表现得很明显。

5. 聘用高素质员工

为了与欧洲物流中心的地位相匹配,并且能为来自世界各地的客户提供高质量的服务,比利时的第三方物流企业面向全世界招募高素质的员工。它们要求员工不但熟悉现代物流流程、掌握现代物流管理知识或专业技能,而且至少掌握英语、法语、德语,能用这三种语言与不同语系的客户进行业务交流。

问题:

1. 比利时、德国的第三方物流企业在经营模式方面有哪些成功之处?结合实际,说明哪些是值得我国第三方物流企业借鉴的?
2. 举例说明我国第三方物流企业的经营模式的成功之处和失败之处。

◇复习思考题

1. 请你谈谈对广义和狭义的第三方物流的理解。
2. 第三方物流有哪些优势?
3. 我国第三方物流的发展存在哪些问题?
4. 第三方物流的运作模式有哪些?
5. 简述第四方物流与第三方物流的区别。
6. 我国第四方物流运营应采取什么样的模式?

◇参考文献

[1] 李松庆. 第三方物流论:理论、比较与实证分析[M]. 北京:中国物资出版社,2005.
[2] 骆温平. 第三方物流[M]. 3 版. 北京:高等教育出版社,2019.
[3] 陆道生. 第四方物流:理论探索与实践运作[M]. 上海:上海社会科学院出版社,2003.
[4] 陈雅萍,朱国俊,刘娜. 第三方物流教程[M]. 北京:清华大学出版社,2013.
[5] 闫国庆. 第四方物流[M]. 北京:清华大学出版社,2011.

第十一章

逆向物流

本章学习目标

掌握逆向物流的概念，了解逆向物流的分类，理解逆向物流的特点，熟悉逆向物流的驱动因素，了解和理解逆向物流的理论基础，了解逆向物流的发展历程，掌握逆向物流的运作流程和运作模式，了解逆向物流运作模式选择的影响因素，掌握逆向物流的运作网络结构类型。了解和熟悉电子业、汽车业和零售业等典型行业的逆向物流运作模式和流程。

引例

每年近 2 亿套报废电子产品如何处理？美的试水逆向物流绿色回收

我国作为全球家电生产及消费大国，目前国内废旧家电数量巨大。中国家用电器服务维修协会理事会负责人对外表示，每年主要电器电子产品报废量近 2 亿套。

面对废旧家电产品处理难的问题，2022 年 3 月 28 日，由美的发起，中国物资再生协会、中国再生资源回收利用协会、中国循环经济协会、中国家用电器服务维修协会指导的"化作青绿——2022 美的绿色回收行动"正式启动。美的针对空调、冰箱、洗衣机、电视机四类大家电产品，不限品牌，提供"绿色回收+换新补贴"双重优惠让利用户，同时推出拆、送、装一体便捷性服务，保障用户换新无忧。

废旧家电数量如此庞大，回收处理情况如何？中国再生资源回收利用协会相关负责人介绍，大多数废旧家电被小商贩收走，很难得到正规环保的处理。它们或是通过翻新后进入二手市场，或是被不规范拆解，不仅会为消费者带来不小的安全隐患，也会造成资源的浪费。家电中所含有的铅、汞、镉等有毒有害物质，更可能对环境和人体健康带来巨大的威胁。

事实上，我国一直在推进废旧家电回收体系的建成和完善。中国循环经济协会负责人介绍，2020 年，国家发改委等 7 部门联合印发了《关于完善废旧家电回收处理体系推动家电更新消费的实施方案》，推动废旧家电回收处理体系进一步完善，促进废旧家电规范回收数量大幅提升，废旧家电交售渠道更加便利顺畅，家电更新消费支撑能力明显增强。

美的介绍，当用户需要换新家电时，可在线上提出旧机回收需求，由数字中台对旧机进行评估后给予相应抵扣，帮助用户降低购买新机的成本。用户选购好新产品后，工作人员会上门为用户送新拉旧。拉走的旧机经过分拣，再被送至国家授权的绿色拆解企业，经过规范的拆解处理实现资源的再生再利用，促进节能减排和绿色循环经济发展。

值得一提的是，每台被回收的旧机都会生成唯一条码，从工程师上门、物流运输、仓储，到拆解、报废等各环节，绿色回收全程可追溯，同时基于区块链技术，实现用户数据、产品数据的不可篡改。

第十一章 逆向物流

2021年10月，美的首次对外发布绿色战略，以"推动'3060'战略，即2030年前实现碳达峰，2060年前实现碳中和"为目标，围绕"绿色设计、绿色采购、绿色制造、绿色物流、绿色回收、绿色服务"六大支柱打造全流程绿色产业链。

此次启动的绿色回收行动，正是美的绿色战略中不可或缺的一环。美的通过全链路数字化回收体系和优质的节能产品，为绿色战略落地提供支撑，同时推动家电消费升级，为绿色发展和经济循环注入新动力。

（资料来源：https://m.sohu.com/a/533661842_120046696/.）

党的二十大报告提出，推动经济社会发展绿色化、低碳化是实现高质量发展的关键环节。当前，绿色低碳循环发展成为全球共识，世界主要经济体普遍把发展循环经济作为破解资源环境约束、应对气候变化、培育经济新增长点的基本路径，加速循环经济发展布局。要实行循环经济发展模式，既要建立从原材料供应到产品生产、分销、消费的正向物流，又要建立以废弃物回收、再利用为目的的逆向物流。合理规划和管理逆向物流，不仅具有明显的环境效益，而且还能给企业带来巨大的经济利益。著名品牌雅诗兰黛由于成功实施逆向物流系统已经成功将其产品的销毁率由27%降至15%。IBM、HP和GE等许多国际知名企业已将逆向物流战略作为强化自身竞争优势的主要手段。

第一节 逆向物流概述

随着人类社会的不断发展，消费者需求的影响在不断增大，顾客对于商品和服务的要求也越来越高。在销售过程中，顾客要求立即退换有缺陷或者有质量问题的产品的事例越来越多。为了提高顾客的满意度，一些生产厂商在各地设立地区技术服务中心，及时开展回收、修理或退货换新等业务。同时，出于环保要求和政府法规约束，许多企业开始对超过使用期的所售商品进行回收处理，逆向物流应运而生。随着资源供求之间矛盾的突出，产品废弃后的回收、再加工、再利用引发的逆向物流活动越来越受重视，成为企业降低成本的重要手段。

一、逆向物流的概念

逆向物流（Reverse Logistics）最早是由斯托克（Stock）在1992年给美国物流管理协会（CLM）的一份研究报告中正式提出的。在报告中，斯托克指出，逆向物流是用来指代物流在循环利用、废物处理和管理危险物质中的作用；广泛地包括在进行原料缩减、循环利用、替代、材料再利用和处理等过程中所有与物流相关的活动。此时，人们对逆向物流的认识仍处于初级阶段，逆向物流的定义仍侧重对废弃物的管理，要素相对单一。这也说明逆向物流产生的最初原因是考虑对资源环境的影响。

20世纪90年代末，逆向物流的理念得到企业界和学术界更广泛的重视，逆向物流的实践也得到进一步发展，逆向物流的定义也相应地发生了新的变化。1998年，美国学者罗杰斯（Rogers）等根据美国物流管理协会对传统正向物流定义的界定，提出了一个逆向物流定义，即逆向物流是"对高效且低成本、经济地从消费点到起源点的物料、再制品库存、成品和相关信息的流动进行设计、实施和控制的过程，以达到重新获取利润或恰当处理的目的"。从这个定义出发，从使用过的包装到处理过的电器设备，从未售商品的退货

现代物流学

到机械旧部件的回收等，都可以归入逆向物流的范畴。美国物流管理协会（CLM）在其公布的《供应链全景：物流词条术语 2003 年 9 月升级版》中，对逆向物流进行了重新解释：由于修理和信誉问题，对售出及发送到顾客手中的产品和资源的回流运动实施专业化的物流管理。

随着对逆向物流实践和认识的发展，逆向物流的定义还将继续发展。但总体来说，逆向物流可以看作物资从产品消费点（包括最终用户和供应链上的客户）到产品的来源点的物理性流动。同时，由以上定义可以看出，逆向物流有广义和狭义之分。狭义的逆向物流是指对由于环节环境问题、产品质量有缺陷或产品已过时等原因，引起的产品、零部件或物料的回收过程。它是将回收物资中有再利用价值的部分加以分拣、加工、分解，使其成为有用的资源重新进入生产和消费领域。广义的逆向物流除了包含狭义的逆向物流的定义外，还包含废弃物物流的内容，其最终目的是减少资源的使用，并通过减少资源的使用达到减少废弃物的目的，同时使正向和逆向物流更有效率。

《物流术语》（GB/T 18354—2021）对逆向物流的定义为："为恢复物品价值、循环利用或合理处置，对原材料、零部件、在制品及产成品从供应链下游节点向上游节点反向流动，或按特定的渠道或方式归集到指定地点所进行的物流活动。"

二、逆向物流的分类

为了对逆向物流进行细致而有效的分析，有必要将逆向物流进行分类。当然，不同的分析角度会出现不同的分类方法。

（一）按照回收物品的特点分类

按照回收物品的特点，可以将逆向物流分为退货逆向物流和回收逆向物流两类。退货逆向物流是指下游顾客将不符合订单要求的产品退给上游供应商，其流程与常规产品流向正好相反。回收逆向物流是指将最终顾客所持有的废旧物品回收到供应链上各节点企业，它包括五种物资流：直接再售产品流、再加工产品流、再加工零部件流、报废产品流和报废零部件流。

（二）按照逆向物流材料的物理属性分类

按照逆向物流材料的物理属性不同，可以将逆向物流分为钢铁和有色金属制品逆向物流、橡胶制品逆向物流、木制品逆向物流、玻璃制品逆向物流等。

（三）按照成因、途径和处置方式分类

按照逆向物流的成因、途径和处置方式的不同，可以将逆向物流分为投诉退货、终端使用退回、商业退回、维修退回、生产报废与副品以及包装物等六大类别。

（四）按照逆向物流回流的物品特征和回流流程分类

按照逆向物流回流的物品特征和回流流程，可以将逆向物流分为低价值产品的物料，如金属边角料或者副品；高价值产品的零部件，如电子电路板、手机等；可以直接再利用的产品，如玻璃瓶、托盘、塑料包装等。

（五）按照成因、途径和处置方式及其产业形态分类

按照逆向物流中产品回流的成因、途径和处置方式及产业形态不同，可以将逆向物流分为以下几种：

第十一章　逆向物流

1. 商业退货逆向物流

供应链的下游成员，如分销商、代理商、零售商、最终客户等，由于产品质量问题或产品库存积压等原因，将质量有瑕疵的商品或未经使用的商品退回到供应链的上一个节点，由此产生的逆向物流就属于商业退货逆向物流。

商业退货发生的主要原因有：①库存积压。库存积压产品包括家电、时装、化妆品、食品等季节性或有时效性的产品，由于时效原因需要退货到上游的中间商或生产商。这些商品通过快速回收和正确处理，有的可以直接再销售、再使用，从而恢复商品价值。②物流造成的破损。此类退货是因为产品在流转过程中破损。由于物流作业系统的不完善、操作的不规范等，在物流过程中可能造成产品缺件、功能受损或包装受损，从而导致客户不满意。出于对客户服务理念的重视，企业往往会对这类产品优先进行处理。③产品召回。此类逆向物流主要是由于产品缺陷导致的。虽然产品创新是许多企业在发展过程中不断追求的，也是企业持续发展的有效手段，但创新产品生产体系和生产工艺的不成熟性增加了产品缺陷的风险。由于产品设计或制造过程形成的产品固有的质量缺陷会对使用者造成不良影响，因此产品生产商或进口销售商需要对已经进入流通市场的缺陷产品实行召回，如汽车召回制。④客户退货。零售业的产品因为滞销、有瑕疵、生产过剩、过期等，退货问题越来越普遍。随着客户服务意识的增强，越来越多的零售商将允许退货，产品由市场流回企业的现象越来越普遍，企业同时面临降低退货处理成本和提高客户退货满意度的双重压力。随着退货处理复杂性的增加和重要性的加强，很多企业构筑起自己的逆向物流系统。

2. 产品寿命终结退回的逆向物流

产品使用后，其使用价值被消费者消费掉，然而一些丢弃或处理的物品还具有一定的残余价值，可以通过回收、再处理后重新被使用，这就形成了产品寿命终结退回的逆向物流。

产品寿命终结退回从经济层面来看，回收这些有残余价值的物品，可以通过适当的处理，尽可能地进行资源价值的重复利用；从法律法规的限制来看，随着全球资源环境问题的日益严峻，越来越多的国家通过立法，强制规定生产厂家对包装容器、家电产品、汽车零部件的回收处理负有责任和义务。这些变化直接促使了逆向物流的产生和发展。不同行业的不同产品具有不同的物流模式，这些产品废弃后的再利用方式及逆向物流过程也差别很大。按照产品特点或行业特点不同，寿命终结的逆向物流又可以分为机械产品逆向物流、电子产品逆向物流、家电产品逆向物流、建筑废弃物逆向物流等。

3. 包装物回收的逆向物流

包装在保护产品、提高物流效率、促进销售等方面起着十分重要的作用，是商品流通不可缺少的部分。不管是商业包装还是物流包装都消耗大量的自然资源，并且大量的包装物废弃后对环境的污染也十分严重。为缓解包装对资源的消耗和对环境的污染，包装物的回收再利用就成为一种重要选择。与包装物回收再利用相关的物流活动就形成了包装物的回收逆向物流。许多国家在 20 世纪就制定了包装容器回收的相关法规，规定了包装物生产者和使用者对包装物的回收应负法律责任。对饮料瓶、罐、条板箱、包装袋、托盘等包装物，一些国家还制定了回收再利用的目标值。

根据是否能够直接多次重复利用，包装容器可以分为一次性使用的包装容器和可多次使用的包装容器。两种不同形式的包装容器回收再利用的方式、逆向物流渠道与处理流程都存在差异。一次性使用包装容器的逆向物流主要是回收后进行材料的再循环，形成再生

现代物流学

资源；可多次使用的包装容器（如啤酒瓶）回收后经过检验和清洗、修复等流程可以直接进行重复使用。

4. 维修再制造逆向物流

产品在销售出去并经过一段时间使用后发生故障，根据售后服务承诺条款的要求，允许退回给制造商或其委托服务商进行产品维修。这类逆向物流通常发生在生产周期的中期。逆向物流的物资可能包括有缺陷的零部件、手机和家电等。产品维修可以由客户将故障产品送到维修服务商那里，形成产品的逆向物流；也可以由维修服务人员携带备件上门维修，引发备件物流和人员流动。不论何种形式的逆向物流，故障产品经过维修服务商维修处理后，一般通过原来的销售渠道返还给客户。若产品损害严重，经修理不能恢复产品的正常功能，企业将对回流产品实施再制造，包括产品拆卸、更新有故障的部件、替换性能完好的部件等，从整体上恢复产品功能，使其重新进入使用环节。由产品制造引发的逆向物流参与者多，网络结构及管理过程非常复杂。

5. 企业内部的逆向物流

生产过程中出现的废品和副产品，由于经济原因和环保法规的限制，一般应该在生产企业内部进行逆向流动，通过再循环、再生产，使生产过程中出现的废次品和副产品重新进入生产制造环节，得到再利用。生产过程中的报废品和副产品在药品行业、钢铁业、汽车制造业等许多行业都存在，通过生产组织内部的逆向物流可以做到节约原料、降低生产成本，减少对自然环境的污染。

三、逆向物流的特点

作为企业价值链中特殊的一环，逆向物流与正向物流相比，既有共同点，也有各自不同的特点。两者的共同点在于都具有包装、装卸、运输、储存、加工等物流功能。但是，逆向物流与正向物流相比又具有鲜明的特殊性。

（1）分散性　逆向物流产生的地点、时间、质量和数量是难以预见的。废旧物资流可能产生于生产、流通或消费领域，涉及所有领域、所有部门和个人，在社会的每个角落都在日夜不停地发生。正是这种多元性使其具有分散性。正向物流则不然，按量、准时和指定发货点是其基本要求。这是由于逆向物流发生的原因通常与产品的质量或数量的异常有关。

（2）缓慢性　一般来说，开始的时候逆向物流数量少、种类多，只有在不断汇集的情况下才能形成较大的流动规模。废旧物资的产生也往往不能立即满足人们的某些需要，它需要经过加工、改制等环节，甚至只能作为原料回收使用，这一系列过程的时间是较长的。同时，废旧物资的收集和整理也是一个较复杂的过程。这一切都决定了废旧物资物流缓慢性这一特点。

（3）混杂性　回收的产品在进入逆向物流系统时往往难以划分产品，因为不同种类、不同状况的废旧物资常常混杂在一起。当回收产品经过检查、分类后，逆向物流的混杂性才能改变。

（4）多变性　由于逆向物流的分散性及某些人对退货、产品召回等回收政策的滥用，有的企业很难控制产品的回收时间与空间，这就导致了其多变性。逆向物流的多变性主要表现在以下四个方面：逆向物流具有极大的不确定性；逆向物流的处理系统与方式复杂多样；逆向物流技术具有一定的特殊性；具有相对高昂的成本。

第十一章　逆向物流

逆向物流的这些特性决定了在实际运行操作过程中有许多不同之处，见表 11-1。

表 11-1　正向物流与逆向物流比较

项　目	正向物流	逆向物流
产品质量	统一	不统一，质量差异较大
产品包装	统一	不统一，并且多已损坏
产品处理方式	明确	不明确，依产品而定
产品生命周期	可控	比较复杂
产品价格	相对一致	不一致，由多种因素决定
产品销售方式	现成模式	比较复杂，受多种因素影响
产品分销成本	相对透明，可由会计系统监控	多为隐性的
运输目的地、路线	比较明确	不明确
库存管理	统一	不统一
预测	相对直接	较困难
操作流程	比较透明，便于实时控制	透明度较低，不便控制
服务速度的重要性	广泛重视	经常不重视
供应链各方的协调和磋商	比较直接和容易	比较困难

四、逆向物流的驱动因素

随着逆向物流这一概念被更多的人所认识和重视，许多企业把逆向物流战略作为强化其竞争优势、增加顾客价值、提高供应链整体绩效的重要手段，并将逆向物流的管理纳入企业发展的战略规划中，使之成为压缩成本、提高利润的增长点。

任何事物的产生和发展都有其外在和内在的推动因素，即事物产生和发展的必然性。逆向物流的产生和发展自然也有其内外驱动因素和必然性。逆向物流的产生有来自法律、法规驱动的，也有企业由于市场竞争的需要或经济利益的驱动而主动实施的。

（一）法律法规的驱动

随着资源枯竭威胁的加剧，垃圾处理能力日见衰退，在众多工业化国家中，废品控制已经成为一个焦点问题。一些国家在环境保护法中强调生产企业在产品整个生命周期的责任，开始运用税收政策控制容易造成环境污染的产品，以促使企业用"循环使用"理念取代"一次使用"的观念。德国是首先引入产品生命周期责任（Product Life-Cycle Responsibility）的国家之一。此后，很多国家制定了更为具体的有关旧产品回收的法规。

在美国，短短的几年里议会通过了超过 2000 个固体废品的处理法案。在日本，2001 年国会通过了一项法案，要求零售商和制造商负担部分电器的回收和循环利用的成本。在欧洲，为了统一垃圾掩埋法的废品处理方式，欧盟制定了《包装和包装废品的指令》，并在欧盟成员中形成法律。意见中规定了减少、再利用和回收包装材料的方法，并根据供应链环节中不同成员的地位和相应的年营业额，提出了企业每年进行垃圾回收和产品再生的数量要求。法规的目的是使生产者共同承担产品责任。对年产包装材料 50t，每年营业额 500 万英镑的企业，政府强制要求它们登记并证实在 1998 年以前完成了物资的再生和回收工作。需要进行再生的物资有铝、玻璃、纸张、木料、塑料和钢铁。对责任的承担：原材料制造商为 6%，包装商为 11%，包装食品生产厂如罐头食品制造厂和备件生产厂为 36%，销售给最终使用者的组织为 47%。1998 年，再生物资比例为 38%，2001 年上升到 52%。为了让垃圾制造者为污染付费，英国政府开征了垃圾掩埋税，迫使企业改变处理废品的方法。我国出台了《环境保护法》《固体废物污染环境防治法》等法律，今后还将不断完善相关法律体系，明确各行业对环境保护和再生资源回收与利用的法律责任，规范经营，逐步将逆向物流的发展工作纳入法制化轨道。

除了一系列的环保立法迫使企业不得不重视生产销售过程中废弃品的回收和处理外，缺陷产品召回制度的出台也迫使企业关注缺陷产品的召回。产品召回制度源于 20 世纪 60 年代的美国汽车行业。据统计，美国实行汽车召回制度以来，已经召回了 1.6 亿辆汽车。经过多年实践，美国、日本、欧洲、澳大利亚等对缺陷汽车召回都已经形成了比较成熟的管理制度。在欧洲，许多欧盟成员实施了专门的法律，要求制造商在知晓其产品存在缺陷后采取措施进行召回。2000 年是世界汽车业界的"汽车召回年"。福特汽车中国有限公司、三菱汽车公司、瑞典沃尔沃、日本马自达、韩国现代下属的起亚公司、标致公司、戴姆勒-克莱斯勒公司以及通用汽车公司都相继宣布，因各种原因其各自生产的汽车或多或少都存在安全隐患，在全球召回汽车。随着消费者地位的上升，消费者权益增加，产品召回现象从最初的汽车、计算机行业迅速蔓延到手机、家电、日用品等行业。为了保持企业的核心竞争力，企业需要通过有效的逆向物流管理来降低召回损失。此外，澳大利亚政府还在互联网上公布了《供应商产品召回参考文件》（*Product Recall —A Guide for Suppliers*），方便供应商查询。2002 年 10 月，中国国家质量监督检验检疫总局通过报纸和互联网站全文公布了《缺陷汽车产品管理规定（草案）》，向全社会广泛征求意见。我国的缺陷产品召回制度从汽车行业开始成为消费者的法宝。

> **小贴士** 生产者责任延伸制的提出
>
> 生产者责任延伸制（EPR）的概念在 20 世纪 90 年代源于欧洲，是由瑞典环境经济学家托马斯（Thomas）在 1990 年给瑞典环境署提交的一份报告中首次提出的。之后，该制度被大多数经济合作与发展组织（OECD）国家所接受，并在这些国家得到实施，代表了发达国家废物管理模式的重要发展趋势。例如德国、意大利、瑞典、西班牙、奥地利、美国、荷兰、日本及韩国等都对不同的产品实施了 EPR 制度，取得了良好的效果。EPR 作为一项环境政策，旨在降低产品对环境的总体影响。它要求产品的生产者对产品的整个生命周期负责，特别是产品使用寿命终结后的回收、循环利用和最终处理承担责任。EPR 制度的实施，在消除和减少环境等压力的同时，还可以提高废物管理的效率，扩大二手产品和循环再利用材料的需求。而且让生产者对其生产的产品的整个生命周期负责，可以促使其改进产品的设计，以利于产品的回收处理。我国也提出了建立"废旧家电及电子产品回收处理体系初步方案"，并在青岛和杭州两个城市进行了试点。可见，EPR 制度是融合了循环经济思想的政策理念，正在逐渐成为各国废物管理模式的重要手段。

（二）市场竞争的驱动

随着竞争的日益加剧，市场格局已经由卖方市场转变为买方市场，在买方市场如何保持并提高客户的满意度和忠诚度成为企业制胜的关键问题。为了赢得消费者，企业不仅要考虑如何高效地向客户提供产品，而且要为各种原因引起的产品回流建立畅通的渠道。建立逆向物流系统可以有效缩短产品回收处理的时间，从而提高客户服务水平。同时，也会塑造企业对消费者负责的良好形象，进而提升客户的满意度和忠诚度，保持较高的市场份额，使企业在竞争中立于不败之地。因此，许多知名企业将实施逆向物流看作提升企业竞

第十一章 逆向物流

争力的重要法宝。

在买方市场，消费者群体日渐强大，客户价值导向成为企业的经营法宝，企业不得不时刻关注消费者的需求和价值取向。客户对全球气候变暖、温室效应和环境污染的关注增强了这种趋势。各大厂商纷纷贴上环保标签，不仅保证降低产品在使用期间对环境的危害，而且承诺对产品及其零部件的回收责任。

另外，某些企业为了始终保持自己的核心竞争力，常常会出于技术、专利保护的目的而从事产品回收。

（三）经济利益的驱动

实施逆向物流，企业可以同时获得直接经济利益和间接经济利益。

实施逆向物流，尤其是对废旧回收产品进行再制造，可以充分利用资源，极大地降低企业的生产成本，从而直接增加企业的经济利益。美国汽车零部件再制造协会估计，全世界每年通过再制造而节约的原材料可以装满155000节车皮，可以排列成1100英里[⊖]长的火车。逆向物流已经成为企业经济利润新的增值点，所以世界知名的跨国企业都相继引入了逆向物流业务。

当沃尔沃预测瑞典将会立法，规定汽车生产商对汽车零部件的法律责任时，它引入了先进的汽车拆卸和处理设备，并通过对汽车零部件回收和处理获得了巨大的收益：金属、塑料可以当作废品出售，而一些部件可以重新进入装配线，组装成汽车后在二级市场上出售。这些都成为沃尔沃重要的利润来源。同样获得逆向物流收益的公司还包括西尔斯、佳能、施乐等。

实际上，在取得直接经济利益的同时，企业实施逆向物流也树立了绿色环保和对消费者负责的良好形象，可以增加企业的市场份额，从而间接提高了企业的经济效益。

总之，在内外因素的共同作用下，最终催生了逆向物流并促进了它的发展。

第二节 逆向物流的理论基础和发展历程

逆向物流的发展是建立在一定理论基础之上的。逆向物流的发展经历了几个不同的阶段：

一、逆向物流的理论基础

逆向物流的发展与市场竞争格局的变化以及循环经济理论、可持续发展理论、生态经济学、生态伦理学等理论的发展息息相关。

（一）循环经济理论

1. 循环经济的内涵

循环经济是指在资源投入、企业生产、产品消费及其废弃的全过程中，把传统依赖资源消耗的线性增长经济，转变为依靠生态型资源循环发展的经济。循环经济即物质闭环流动型经济，是指在可持续发展的思想指导下，按照清洁生产的方式，对能源及其废弃物实行综合利用的生产活动过程。循环经济观是指在全球人口剧增、资源短缺、环境污染和生态蜕变的严峻形势下，人类重新认识自然界、尊重客观规律、探索经济规律的产物。

⊖ 1英里（mile）=1609.344m。

现代物流学

循环经济是以"减量化、再使用、再循环"为经济活动的行为准则。减量原则：减少进入生产和消费过程的资源、减少污染物的产生和排放；再使用原则：提高产品、物流装备和服务的利用效率；再循环原则：生产出来的物品在完成其使用功能后能重新变成可以利用的资源以减轻末端处理负担。

循环经济的根本动因是保护日益稀缺的环境资源，提高环境资源的配置效率。它是按照生态规律利用自然资源和环境容量，实现经济活动的生态化转向，实施可持续战略的必然选择和重要保证。

2. 循环经济与逆向物流

首先，逆向物流是循环经济的支撑。循环经济的流程是一个封闭的系统，流程中包括回收、回收物的处理、可再利用资源再投入生产的逆向物流，使在正向物流中产生的残次品、包装物等经过逆向物流获得回收利用，变废为宝，形成可再利用的能源，部分完全失去使用价值的废物经过焚烧和填埋回到自然生态系统中。可见，逆向物流是实现循环经济的必要手段，只有构建起顺畅的逆向物流，才能形成封闭的循环流程，物质才能高效、低成本循环，否则循环链将断裂，循环经济将不能实现。

其次，逆向物流是循环经济发展的重要手段。降低资源消耗、提高物资的利用率是企业降低成本、提高经济效益的重要手段，也是降低社会资源消耗、促进循环经济发展的重要手段。逆向物流的开展为废旧物品的回收和利用架设了桥梁，节省了大量的社会资源，同时也使企业降低经营成本，提高客户满意度，获得竞争上的优势。这又促使企业更重视逆向物流，进一步促进了循环经济的发展。

最后，逆向物流的发展是循环经济发展的保障。在目前逆向物流管理组织和技术水平上，大量的物资没有得到很好的循环利用或根本无法循环利用。随着现代社会逆向物流的技术和组织手段的不断进步，以前不能够回收利用的废旧物资也逐步变成了可以回收利用的对象。这就进一步提高了资源利用率，提高了再利用的程度，促进了循环经济的发展。

（二）可持续发展理论

1. 可持续发展理论的内涵

可持续发展理论的形成经历了相当长的历史过程。20 世纪 50～60 年代，人们在经济增长、城市化、人口、资源等所形成的环境压力下，对"增长=发展"的模式产生怀疑。1980 年，国际自然及自然资源保护联合会（IUCN）、联合国环境规划署（UNEP）和世界自然基金会（WWF）联合发表了《世界自然资源保护战略：为了可持续发展，保护生存的资源》，被认为是可持续发展的直接发端。

从全球普遍认可的概念中，可以梳理出可持续发展有以下几个方面的丰富内涵：

（1）共同发展　地球是一个复杂的系统，每个国家或地区都是这个系统中不可分割的子系统。系统的最根本特征是其整体性，每个子系统都和其他子系统相互联系并发生作用，只要一个系统发生问题，就会直接或间接影响到其他系统，甚至会诱发系统的整体突变，这在地球生态系统中表现得最为突出。因此，可持续发展追求的是整体发展和协调发展，即共同发展。

（2）协调发展　协调发展包括经济、社会、环境三大系统的整体协调，也包括世界、国家和地区三个空间层面的协调，还包括一个国家或地区经济与人口、资源、环境、社会以及内部各个阶层的协调。持续发展源于协调发展。

第十一章　逆向物流

（3）公平发展　世界经济的发展呈现出因水平差异而表现出来的层次性，这是发展过程中始终存在的问题。但是这种发展水平的层次性若因不公平、不平等而引发或加剧，就会影响整个世界的可持续发展。可持续发展思想的公平发展包含两个维度：一是时间维度上的公平，当代人的发展不能以损害后代人的发展能力为代价；二是空间维度上的公平，一个国家或地区的发展不能以损害其他国家或地区的发展能力为代价。

（4）高效发展　公平和效率是可持续发展的两个轮子。可持续发展的效率不同于经济学的效率，可持续发展的效率既包括经济意义上的效率，又包含自然资源和环境的损益成分。因此，可持续发展思想的高效发展是指经济、社会、资源、环境、人口等协调下的高效率发展。

（5）多维发展　人类社会的发展表现出全球化的趋势，但是不同国家与地区的发展水平是不同的，而且不同国家与地区又有异质性的文化、体制、地理环境、国际环境等发展背景。此外，因为可持续发展又是一个综合性、全球性的概念，要考虑到不同地域实体的可接受性。因此，可持续发展本身包含了多样性、多模式的多维度选择的内涵。在可持续发展这个全球性目标的约束和制导下，各国与各地区在实施可持续发展战略时，应该从国情或区情出发，走符合本国或本地区实际的、多样性的、多模式的可持续发展道路。

2. 可持续发展理论的主要内容

在具体内容方面，可持续发展涉及可持续经济、可持续生态和可持续社会三个方面的协调统一，要求人类在发展中讲究经济效益、关注生态和谐和追求社会公平，最终达到全面发展。它将环境问题与发展问题有机地结合起来，已经成为一个有关社会经济发展的全面性战略。具体来说，可持续发展包括以下几个方面的内容：

（1）在经济可持续发展方面　可持续发展鼓励经济增长而不是以环境保护为名义取消经济增长，因为经济发展是国家实力和社会财富的基础。但可持续发展不仅重视经济增长的数量，而且追求经济发展的质量。可持续发展要求改变传统的以"高投入、高消耗、高污染"为特征的生产模式和消费模式，实施清洁生产和文明消费，以提高经济活动的效益，节约资源和减少废物。从某种角度上说，集约型的经济增长方式就是可持续发展在经济方面的体现。

（2）在生态可持续发展方面　可持续发展要求经济建设和社会发展要与大自然的承载能力相协调。发展的同时必须保护和改善地球生态环境，保证以可持续的方式使用自然资源和环境成本，使人类的发展控制在地球承载能力之内。因此，可持续发展强调了发展是有限制的，没有限制就没有发展的持续。生态可持续发展同样强调环境保护，但不同于以往将环境保护与社会发展对立的做法，可持续发展要求通过转变发展模式，从人类发展的源头、从根本上解决环境问题。

（3）在社会可持续发展方面　可持续发展强调社会公平是环境保护得以实现的机制和目标。可持续发展指出，世界各国的发展阶段可以不同，发展的具体目标也各不相同，但发展的本质应包括改善人类生活质量，提高人类健康水平，创造一个保障人们平等、自由、教育、人权和免受暴力的社会环境。这就是说，在人类可持续发展系统中，经济可持续是基础，生态可持续是条件，社会可持续才是目的。人类共同追求的应该是以人为本位的自然–经济–社会复合系统的持续、稳定、健康发展。

3. 可持续发展与逆向物流

逆向物流促进可持续发展。可持续发展成为一种新的社会发展观，强调的是经济、社

现代物流学

会和环境的协调发展,被各国所重视并达成共识,而逆向物流的发展是实现社会可持续发展的重要手段之一。

首先,逆向物流可降低资源消耗,进而促进可持续发展。减少资源消耗、提高物资利用率是降低社会资源消耗、促进可持续发展的重要环节。传统的物资管理仅限于企业内部,不重视企业外部废旧产品及其物料的回收、利用,造成大量可再用社会资源的闲置和浪费。同时,整个地球可利用的资源有限,加上以往人们对社会可持续发展的认识不足,造成了大量的森林过度砍伐、石油过度开采、水土流失、土地贫瘠等问题。逆向物流的开展为废旧物资的回收和利用架设了桥梁,通过废旧物资的回收和利用,节省了大量的社会资源,促进了可持续发展。另外,由于废旧物资的回购价格较低、来源充足,对这些物资回购加工还可大幅度降低企业的物料成本。在市场竞争日益激烈的今天,通过废旧物资的回收来进一步降低市场的原材料成本,已成为许多企业提高竞争力的措施之一。特别是随着经济的发展,资源短缺日益加重,资源的供求矛盾更加突出,逆向物流将越来越显示其优越性。

其次,逆向物流可改善环境,进而促进可持续发展。随着生活水平和文化素质的提高,环境意识日益增强,人们对环境的期望越来越高。环境破坏不像教育、医疗和卫生可能随着经济发展而改善,它有时会由于这种发展而遭到破坏。环境保护需要经济发展所能够提供的资金和技术,环境保护的好坏也是衡量发展质量的指标之一,发展的可持续性取决于环境和资源的可持续性。生产、消费及物流在一定程度上造成了环境的污染,废旧物资排放到空气中会对环境造成污染,城市的生活垃圾若带有各种重金属和有机物渗入地下或进入下水道,会严重污染水质和土壤等。有些企业由于从自身成本考虑,忽视废旧物资的处理,忽视环境保护,最终损害了社会的可持续发展。为此,逆向物流的开展将这些对环境有破坏的废旧物资进行回收、加工处理,为改善环境、促进可持续发展服务。

最后,逆向物流可发展循环经济,进而促进可持续发展。单向的正向物流由于没有构建逆向物流,其流程是开环的。经济活动从自然生态系统获取资源开始,经过生产、流通、消费,将废旧物资直接丢弃。未经处理的污水、废旧物资和生活垃圾直接丢弃不仅造成环境污染,还造成了资源消耗的浪费,降低了资源的利用率,增加了企业的生产成本和社会成本,加大了经济发展对资源的依赖,使经济发展严重背离可持续发展。所以,建立逆向物流可以保护环境,发展循环经济,进而促进可持续发展。

(三)生态经济学

1. 生态经济学的内涵

生态经济学旨在促使社会经济在生态平衡的基础上实现持续稳定发展,它作为一门独立的学科,是 20 世纪 60 年代后期正式创建的。生态经济学关心的问题是当前世界面临的一系列最紧迫的问题,如可持续性、酸雨、全球变暖、物种灭绝和财富的分配等问题。它的研究对象为生态经济系统。它研究生态经济系统和经济系统的相互作用、相互渗透的规律,以谋求人口、经济和环境的协调发展。

生态经济学是以生态学原理为基础,以经济学原理为主导,以人类经济活动为中心,运用系统工程的方法,从最广泛的范围研究生态和经济的结合,从整体上研究生态系统和生产力系统的相互影响、相互制约和相互作用,揭示自然和社会之间的本质联系与规律,改变生产和消费方式,高效、合理地利用一切可用资源。

简言之，生态经济学就是一种尊重生态原理和经济规律的经济学。它要求把人类经济社会发展与其依托的生态环境作为一个统一体。经济社会发展一定要遵循生态学理论。生态经济学强调的就是把经济系统与生态系统的多种组成要素联系起来进行综合考察与实施，要求经济社会与生态发展全面协调，达到生态经济的最优目标。

2. 生态经济学理论的主要内容

（1）生态经济学基本理论　生态经济学基本理论主要包括：社会经济发展同自然资源和生态环境的关系，人类的生存、发展条件与生态需求、生态价值理论、生态经济效益、生态经济协同发展等。

（2）生态经济规划与优化模型　用生态与经济协同发展的观点指导社会经济建设，首先要进行生态经济规划，以便根据不同地区的自然经济特点发挥其生态经济的总体功能，获取生态经济的最佳效益。城市是复杂的人工生态经济系统，人口集中，生产系统与消费系统强大，但还原系统薄弱，因此生态环境容易恶化。农村直接从事生物性生产，发展生态农业有利于农业稳定、保持生态平衡、改善农村生态环境。根据不同地区城市和农村的不同特点，研究其最佳生态经济模式和模型是一个重要的课题。

（3）生态经济管理　计划管理应包括对生态系统的管理，经济计划应是生态经济社会的发展计划。要制定国家生态经济标准和评价生态经济效益的指标体系；从事重大经济建设项目，要做出生态环境经济评价；要改革不利于生态与经济协同发展的管理体制与政策，加强生态经济立法与执法，建立生态经济的教育、科研和行政管理体系。生态经济学要为此提供理论依据。

（4）生态经济史　生态经济问题一方面有历史普遍性，同时随着社会生产力的发展，又有历史的阶段性。进行生态经济史研究，可以探究其发展的规律，指导现实生态经济建设。

3. 生态经济学与逆向物流

经济学家认为，在现代经济社会条件下，企业是一个由生态系统与经济系统复合组成的生态经济系统。因此，现在企业管理的对象、目标、任务、职能、原则等都具有经济与生态的两重性，必须通过有效的管理来实现其中经济与生态两个方面的有机统一和协调发展。物流是社会再生产过程中的重要一环，物流过程不仅有物资循环利用、能量转化，而且有价值的转移和价值的实现。逆向物流以经济学的一般原理为指导，以生态学等学科为基础，对物流中的经济行为、经济关系和规律、生态系统之间的相互关系进行研究，以谋求在生态平衡、经济合理、技术先进条件下的生态与经济的最佳组合以及协调发展。

（四）生态伦理学

1. 生态伦理学的内涵

人类所面临的生态危机，迫使人类不得不反思自己的行为，不得不承担对生态环境的道德责任，这就促进了生态伦理学的产生和发展。生态伦理学是随着环境科学的研究扩展而产生的，环境科学要求人们必须从人类生存和发展的高度，对开发自然和利用自然做出是否合乎人道主义的评价，这就涉及道德评价问题。生态伦理学把伦理道德的研究从人与人之间扩展到人与自然之间。只有维持生态平衡，才能使人与自然之间和谐一致。人类应该依据一定的道德标准对自身的活动进行评价，并选择正确的生态伦理行为。

从生态实施的内容看，生态伦理学是属于社会公德的一种新形式。生态道德的实质在于通过人们对生态平衡的关注和对大自然的保护，体现人们对自己及子孙后代切身利益的责任心与义务感，最终目的是人类更健康和更安全地生存和发展。

从伦理角度看，生态伦理学是关于人对地球上的动物、植物、微生物、生态系统和其他根据生态学提示的自然与人相互作用的规律性，以道德为手段，从整体上协调人与自然环境的关系。生态伦理学的主要特征是，把道德对象的范围从人与人、人与社会关系的领域，扩展到人与生命和自然界关系的领域，主张不仅对人讲道德，而且对生命和自然界讲道德。

2. 生态伦理学的主要内容

生态伦理学，简单地说就是研究人与自然之间的道德关系的科学。其研究的对象包括人与自然的道德关系及受人与自然关系影响的人与人之间的道德关系两个方面。生态伦理学吸收了生态科学、环境科学、道德哲学、人类学的研究成果，并把这些成果充实到这门学科中来。它的主要研究内容包括：

1）人对自然界的作用中所体现的人与人的利益关系，生态与人类整体利益和长远利益的关系，制定保护生态环境的道德规范，以通过社会伦理功能调节人与人之间的关系，调节人与环境的关系，达到保护环境、保护人的利益的目的。

2）人对自然界的作用所引起的动物和植物生存权利的问题，制定生态伦理规范，以调节人与生物的关系，保护生态平衡，维护生物的生存权利。

3）生态领域中道德伦理规范的意义，如研究生态学中的善、恶、道德与否等。

3. 生态伦理与逆向物流

生态环境的伦理道德与其他领域的道德比起来，更具有全民性与普遍性。生态环境治理的好坏，总是使全社会而不是哪一部分人受益或受害。这就使环境治理中的许多道德准则在不同国家和阶层都可共用，具有社会公德的性质。

人的行为准则如果能成为人人普遍可遵守的原则，则这些准则就可能成为道德准则。环境伦理道德如果仅仅限于小团体，那么对全球生态环境的恶化于事无补。因此，生态伦理道德必然是一种全球道德。它要求生态环境理念成为自然法则，要求每个人关心环境。这种情感有助于冲淡人们对自我利益的过分关怀，道德上的协调为社会上的所有相互作用提供了方便。然而，现阶段有些人或是尚未认识到环境问题是一个道德问题，或是被眼前的经济利益迷惑。因此，培养和普及环境道德是至关重要的，关系到人类社会和平共处与可持续发展。

生态伦理迫使人们对物流中的环境问题进行深刻反思，从而产生一种强烈的责任心和义务感。逆向物流是为了实现顾客满意和保障可持续发展的经济活动过程。在全球及我国物流产业、物流管理蓬勃发展的情形下，物流活动所产生的环境污染问题日益受到普遍关注。人们应负起相关责任，在发展物流的过程中，将经济发展与生态保护有机地结合起来，以谋求经济效益与环境效益的统一，实现可持续发展。逆向物流建设正是在维护生态环境和可持续发展的基础上对传统的物流体系加以改进，以形成一个与环境共生型的可持续发展的现代物流体系，它必将成为物流发展的新趋势。

二、逆向物流的发展历程

逆向物流的发展经历了四个阶段，分别是退货逆向物流阶段、经济逆向物流阶段、环保逆向物流阶段和循环逆向物流阶段。

（一）退货逆向物流阶段

最先引起产品逆向流动的应该是退货的发生。那么退货又是怎样产生的呢？这要从市

第十一章 逆向物流

场竞争格局的变化说起。当市场由卖方市场向买方市场转变时，市场上供消费者可挑选的产品较多，消费者的话语权逐渐变大，当买到不满意或有缺陷的产品时，便有退换货或维修的要求，而商家为了让消费者放心购买便开始实施退换货和保修政策，退货逆向物流自然而然就产生了。退货逆向物流完全是市场经济的产物，它的产生和发展完全由市场驱动，它的诞生可以追溯到市场由卖方向买方发生转移时期，是最早的逆向物流。因此，将逆向物流发展的第一阶段称为退货逆向物流阶段。

（二）经济逆向物流阶段

随着经济的发展，人们渐渐发现有些物资通过回收利用可以产生较高的经济效益，如作为包装容器的纸箱、塑料筐、玻璃瓶等回收后可以直接利用，金属、塑料、纸张等可以作为原材料循环利用，于是大量的废品回收公司诞生了。这些废品回收公司主要是以盈利为目的，以产生的经济利益为导向回收物品。因此，把这一阶段称为经济逆向物流阶段。

（三）环保逆向物流阶段

自 20 世纪中叶以来，人类所面临的人口剧增、粮食短缺、能源紧张、资源破坏和环境污染等问题日益严重，导致"生态危机"逐步加剧，经济增长速度下降，局部地区社会动荡。历经 1972 年 6 月在瑞典斯德哥尔摩召开的"联合国人类环境会议"、1992 年 6 月在巴西召开的"联合国环境与发展会议"和 2002 年 8 月在南非召开的"可持续发展世界首脑会议"，国际社会已普遍认识到可持续发展对人类社会的生命延续和健康发展的重要性，并且着手在政治、经济、法律和环境保护等领域规划、实施这一重要战略。

20 世纪 70 年代，国际社会逐步开始了有组织的环境整治运动，并随着对环境问题的认识逐步出现了循环经济思想。这一时期，巴里·康芒纳（Barry Commoner）提出了"封闭的循环"的概念，加勒特·哈丁（Garrett Hardin）经过长期的研究，提出了传统线性经济中"公共食堂的悲剧"的命题，这些观点显示了对传统"单程经济"的猛烈抨击，并说明环境危机是社会对世界资源错误管理的结果，因而要想解决环境危机人类社会组织与生态圈必须取得"和谐一致"，将环境问题纳入经济活动加以充分考虑，途径则是发展循环经济。但当时世界各国关心的问题仅是污染物产生后如何治理以减少危害，尚未充分认识到：环境问题与经济增长是相互作用和影响的；地球资源和环境容量的有限性；单纯追求经济在数量上的增长并极力使这种增长的速度达到环境的最终极限或负载能力之前，因环境污染、不可再生资源的耗竭所产生的负反馈对其具有更强的影响。因此，这一阶段称为环保逆向物流阶段。

（四）循环逆向物流阶段

进入 20 世纪 80 年代，随着人口的增长、资源过度消耗、污染的不断加重、自然灾害频繁发生以及粮食供应短缺等问题接踵而来，并对人类社会造成日益严重的影响，人们开始意识到资源并非取之不尽的，并且认识到环境容量的有限性，于是逐步采用资源化的方式处理经济活动中产生的"废弃物"。但对污染物的产生是否合理、是否应从生产和消费的源头着手，减少资源的消耗、提高资源的利用率、减少污染物的产生等问题，大多数国家仍然缺乏深刻的思想认识和具体有效的政策举措。

直到 20 世纪 90 年代，尤其是 1992 年巴西"联合国环境与发展会议"以来，可持续发展战略理念被广泛接受，源头预防和全过程管理及控制从真正意义上取代末端治理而成为防止环境破坏、改善环境治理的现代途径，成为国家环境与发展政策的真正主流，零敲碎

现代物流学

打的废弃物回收利用和减量化的做法,才开始整合成为一套系统的、以避免废物产生为特征的循环经济战略。循环经济是一种"促进人与自然的协调与和谐"的经济发展模式,它要求以"减量化(Reduce)、再使用(Reuse)、再循环(Recycle)" 3R 为社会经济的活动准则,运用生态学规律把经济活动组织成一个"资源→产品→再生资源"的反馈性流程,实现"低开采、高利用、低排放",以最大限度地利用进入系统的物资和能量,减少污染排放,提升经济运行的质量和效益。

至此,逆向物流的实施也被打上了循环经济的烙印,更强调与正向物流的无缝衔接,强调原材料和零部件的循环利用性。因此,将目前阶段称为循环逆向物流阶段。逆向物流依托循环经济、可持续发展、生态经济学、生态伦理学、交易成本和网络组织等理论得到了进一步发展。

第三节 逆向物流的运作管理

一、逆向物流的运作流程

逆向物流过程起于废旧物资的退回,经过一系列的处理步骤后,实现最终目的——恢复资源价值并重复利用。对那些出于经济或技术上的原因无法再利用的废旧产品或零部件,一般经过运输、填埋或焚毁等环节进行销毁。

逆向物流的运作过程主要包括回收品的收集、分拣、再加工、再分销四个步骤,如图 11-1 所示。

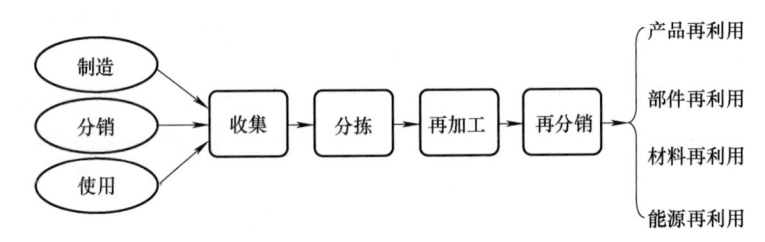

图 11-1 逆向物流的运作过程

1. 收集

收集(Collection)是通过有偿或无偿的方式,将分散在各地的废旧物品收集起来,运往处理的地点。该步骤可能包括收购、运输和仓储等环节。由于从分散的消费者处收集废旧物品涉及大量的小批量运输,因而导致收集费用很高,在逆向物流总成本中占据相当大的比重。此外,该过程的运输也是逆向物流中引起环境污染的关键因素之一。因此,废旧物品收集过程应该尽量采用合并运输策略,如利用正向物流中的回程运输,以减少不必要的运输。

2. 分拣

分拣(Sorting)是对回收产品的质量进行检测,以确定合适的处理方案,并据此进行分类。该步骤可能包括拆卸、破碎、检测、分类和仓储等环节。早期检测和分类可以及早识别没有回收价值的废品,节省对无用废弃物的运输成本,但检测和分类需要昂贵的设备,只能在有限的地方设置,因而必须在两者之间进行权衡。

第十一章 逆向物流

3. 再加工

再加工（Reprocessing）是对回收产品或其零部件进行处理，以重新获取价值。该步骤可能包括清洗、零部件替换和重新组装等环节。其中，再处理方式主要有再使用（Reuse）、再制造（Remanufacturing）和再循环（Recycling）。再使用针对只需要清洗或少量维修工作即可直接再使用的包装、产品或零部件，如玻璃瓶、塑料瓶、罐、箱、托盘等包装容器，复印机和打印机的墨盒，一次性相机，二手家具、服装和书等；再制造是指保留废旧零部件的结构和功能特性，通过必要的拆卸、检修和替换，使其恢复得同新的一样，如飞机和汽车的发动机、计算机、复印机和打印机部件等；再循环是指循环利用废旧物品中的原材料，如废旧金属、纸、玻璃、塑料等。专业的再处理设备需要高昂的投资，因而在很大程度上决定了整个逆向物流系统的经济可行性。因此，一般要求回收品数量较大且集中处理，以形成规模经济效应。不同活动的价值恢复能力如图 11-2 所示。

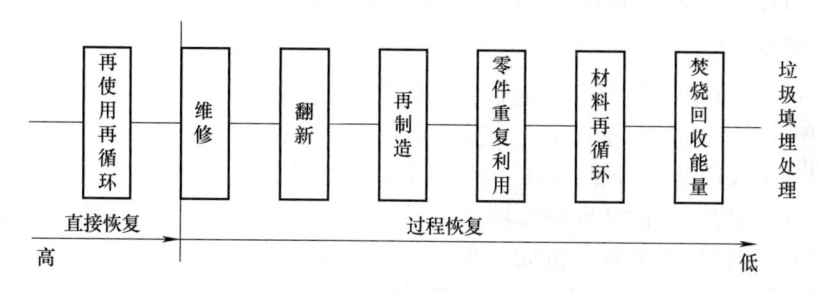

图 11-2 价值恢复能力的高低顺序

4. 再分销

再分销（Redistribution）是指将处理后的再生产品运往市场进行销售。该步骤可能包括销售、运输和仓储等环节。该过程与正向分销物流类似，需要在合并运输和快速反应之间进行权衡。根据产品价值恢复的不同途径，逆向物流的需求市场可以分为产品市场、零部件市场和原材料市场。

小案例

IBM 的逆向物流实践

IBM 在北美、欧洲和亚洲的 7 个国家都设有回收项目。1998 年，它还专门设立了一个业务部门（Global Asset Recovery Services，GARS）来管理遍布全球的 25 个分支机构，负责收集、监察和分配回收的 IT 硬件，包括 IBM 和非 IBM 的服务器、打印机以及监视器。IBM 在全球有 9 个再加工工厂，每个工厂负责一个系列产品的再生产。通过再生产之后的产品将会通过网上拍卖等形式进行销售，或者捐赠给学校和慈善机构以获得税收优惠。2003 年，IBM 用世界各地的回收设备每周加工了 22000 多台机器，并且售出了超过 15 亿美元的二手设备。但是由于产品生命周期的缩短使再生产的产品作为整体的有用性变得越来越差。因此，IBM 考虑重新利用零部件的方式来使回收产品的价值增加。GARS 将产品拆卸之后，提取一些寿命至少在 2～3 年的零部件用于产品维修。另外，可以将其他拆卸下来的一些普通零件通过市场进行销售，其他的剩余物进行分解，变成约 50 种不同的原材料，再销售给不同的资源循环企业。通过这种方式，IBM 使最后埋入地下的部分只占全部最初购入原材料的很小的比例。IBM 逆向物流示意图如图 11-3 所示。

现代物流学

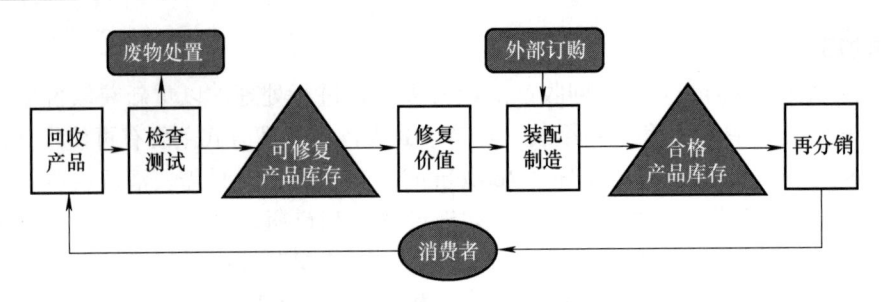

图 11-3　IBM 逆向物流示意图

二、逆向物流的运作模式

实施和管理逆向物流，要根据企业自身的情况选择适当的运作模式。这些模式主要有：逆向物流的自营模式、联合经营模式以及外包模式等。

（一）自营模式

逆向物流的自营模式是指生产企业建立独立的逆向物流体系，自己管理退货和废旧物品的回收处理业务。在自营模式下，企业不但重视产品的生产销售和售后服务（包括退货的管理），而且重视产品在消费之后的废旧物品以及包装材料的回收和处理。企业建立遍及所有本企业产品销售区域的逆向物流网络，以便回收各种回流物品，并将其送到企业的回流物品处理中心进行集中处理。例如，东芝公司在中国建立起一套由各地分公司承担区域废弃物回收任务，上海营业本部作为废弃物回收处理中心的体系。东芝公司生产的各种耗材、零配件、复印机等产品回收后，会根据国家环境保护法的规定进行分类分检，对可循环再利用物品进行处理后再进行综合循环利用；对不可循环再利用物品在指定废弃场进行焚烧或深埋处理。位于深圳的东芝泰格信息系统有限公司承担政府收取的废弃物处理费及东芝公司在处理时发生的仓储费、运费及其他费用。

（二）联合经营模式

逆向物流的联合经营模式是指生产相同产品或者相似产品的同行业企业进行合作，以合资等形式建立共同的逆向物流系统（包括回收网络和处理企业），为各合作企业甚至包括非合作企业提供逆向物流服务。例如，为了在销售重型设备产品以后的很长时间里，还能够给顾客提供备品备件服务。机车发动机再造行业的 Motormaster 公司与一家再制造商成立了一家合资企业，以管理其返品和再制造零部件及引擎。再制造元件相对于新获取的元件来说，公司的采购和存货成本削减了一大半。这种方法还可以通过多年的高水平顾客服务，来构筑坚实的顾客忠诚度。

（三）外包模式

逆向物流的外包模式是指生产企业通过协议形式将其回流产品的回收处理中部分或者全部业务，以支付费用等模式，交由专门从事逆向物流服务的企业负责实施。逆向物流的外包模式适合逆向物流的绝大多数情况，无论是产品退货、维修（召回），还是报废之后废旧物品的回收，都可以部分或全部采用外包模式。中小企业更趋向于逆向物流业务外包，以降低企业的经营成本。就大企业来说，逆向物流外包更是实施专业化运作、增强核心竞争力的重要手段。例如，为了建立一整套资源再生循环系统，富士施乐（中国）有限公司与三井物产（上海）贸易有限公司、上海三网国际货运有限公司和中邮物流有限责任公司进行合作，建立了物流网络，并于 2007 年 6 月开始在一些主要城市回收使用过的产品和硒鼓，然后送到位于江苏省苏州工业园区的资源循环再生工厂，对回收过来的复印机、打印机和硒鼓进行拆解，并将其分解出各种再生原料。

三、逆向物流的运作模式选择

企业在选择适合自己的逆向物流运作模式时，需要考虑许多因素，主要包括经济性因素、管理性因素和技术性因素。

1. 经济性因素

反映逆向物流经济性的指标主要包括：

（1）投资额　在不同的运作模式下，企业在逆向物流方面所需的投资额是不相同的。在自营模式下，逆向物流方面的投资主要由企业自身来承担；而在联合经营或者外包模式下，企业自身只需要承担建立逆向物流系统的部分投资，或者基本不需要投资而完全由合作企业投资。

（2）盈利性　盈利性是企业必然要考虑的因素。在自营模式下，盈利性主要表现为将废旧物品转变为再生资源，节约原材料成本以及改善企业形象等。在联合经营或者外包模式下，企业在上述几个方面所获得的收益可能较少，或者仅仅避免法律法规的惩罚。

（3）成本　成本是逆向物流管理中的一个不可忽视的因素。当企业采用自营模式时，需要为逆向物流业务支付较高的成本，这主要是因为这些商品通常缺少规范的包装，又具有不确定性，难以充分利用运输和仓储的规模效益。另一个重要因素在于许多商品需要人工分类、检测、判断和处理，不可避免地增加了人工费用。在采用外包模式和联合经营模式时，企业也需要向使用方支付一定的回收处理费用，此外还有企业之间合作的"交易成本"。

2. 管理性因素

管理性因素是指生产企业对逆向物流各种运作模式的运用和管理能力。反映逆向物流管理性的指标主要有：

（1）设备设施管理能力　在逆向物流的运作过程中，通常需要许多设施设备，包括回收处理设施、检验检测设备、修理设备以及运输车辆等，对这些设施设备的维护保养及管理能力是企业需要考虑的一个重要因素。

（2）人员管理与沟通能力　企业现有员工的业务知识技术能否满足逆向物流的要求，是否需要招聘新员工，是否需要对员工进行培训，以及如何加强企业内部与员工的交流与沟通，这是企业在采用自营模式时必须考虑的问题。在联合经营和外包模式下，企业还需要加强与外部合作企业的员工的交流和沟通，以保持良好的合作关系。

（3）信息管理能力　在采用自营模式时，企业可以通过加强企业内部的逆向物流信息的管理，实现信息共享，不断提高产品和服务质量；在采用联合经营与外包模式时，企业还需要加强与合作伙伴的信息交流与沟通。

3. 技术性因素

逆向物流的技术性是指逆向物流对技术水平的要求。在逆向物流的某些环节，尤其是废旧物品处理环节，通常需要专门的技术设备、技术工人，才能实现废旧物品的再生利用或者无害化处理。

四、逆向物流的运作网络结构类型

根据废旧物品种类及其回收处理方式不同，逆向物流的运作网络结构类型也有不同，如再使用逆向物流网络、再制造逆向物流网络、再循环逆向物流网络和商业退回逆向物流网络等。

（一）再使用逆向物流网络

可再使用物品中最常见的是各类包装，广泛应用于啤酒或软饮料、食品、化工和集装箱运输等行业。其中，玻璃瓶等商业包装的回收再使用逆向物流网络类似于再制造逆向物流网络，不同的是前者只需要简单的清洗和检测，而后者需要复杂的修复或再加工。集装箱等工业包装，闲置时一般存放在物流服务提供商的集装箱站场，一旦有用箱请求，则被送往发货方，用过的空集装箱从收货方收回，要考虑从发货方到收货方的外部运输过程，并进行简单的清洗和维修。

（二）再制造逆向物流网络

典型的可再制造物品包括飞机和汽车的发动机、机电设备、复印机和计算机部件等价值较高的产品，其主要驱动因素是对上述物品进行增值修复以获取经济效益。再制造需要产品生产的有关知识，因而通常由原始设备制造商（OEM）来完成。由于新产品加工和旧产品修复之间的密切关系，并且新产品和修复产品的销售市场可能重合，因而可以将再制造物流网络和传统生产分销物流网络进行集成，综合考虑两者的设施共用和运输合并。目前，再制造逆向物流网络大多是在已有正向物流网络的基础上进行扩展，形成多级闭环物流网络。

（三）再循环逆向物流网络

物料循环利用由来已久，如废旧金属、纸、玻璃、塑料等。收集的废旧物品价值一般较低，但需要先进的处理技术和专用设备，投资成本很高，因而要求回收处理设施比较集中，进行大批量处理，以形成规模经济效应。再循环逆向物流过程涉及的活动不多，网络结构较简单。

（四）商业退回逆向物流网络

商业退回主要源于商业回收或客户投诉退货，如错发或有缺陷的商品、零售商的积压存货等。为了减少成本、降低库存和增加灵活性，可以在较大区域范围内设置一个分销中心，集中处理来自不同地区的退回商品。对退回的商品有多种处理方法可以选择：质量好的商品可以送回原商品库，进行再次销售；质量不好的商品，可以作为处理品销售；如果退回商品无法直接销售，或通过修复、改制可以明显提升商品售价，可以在出售前先完成上述操作，然后作为修复品或再制造品进行销售；如果上述选择都无法进行，则对贵重的或可循环的材料进行回收，再以最低的成本对其进行废弃处置。

逆向物流运作的效率直接依赖和受限于逆向物流网络结构，因而必须考虑产品、市场和资源的特征，合理设计逆向物流网络，即确定废旧物品从消费地到起始地的整个流通渠道的结构，包括各种逆向物流设施的类型、回收点的数量和位置，以及废旧物品在设施之间的运输方式等。

第四节 行业逆向物流分析

一、电子业逆向物流

近年来，随着我国经济的发展和人民生活水平的不断提高，各种民用电子产品如计算机、手机、打印机、照相机、电视、冰箱、洗衣机等迅速普及。另外，快速家电消费品更新换代速度也在不断加快，由此产生了数量巨大的废旧电子产品。废旧电子产品大多含有

第十一章 逆向物流

有毒物质，对环境造成巨大威胁。随着各国对废旧电子产品指导政策法规的出台、人们对环境问题关注的提升和企业基于形象及长远利益的考虑，越来越多的国家和地区开始关注废旧电子产品的回收处理再利用问题。对废旧电子产品逆向物流系统的有效管理不仅可以给企业带来很大的经济效益，而且可以给社会带来很大的环保效益。

（一）废旧电子产品的特点

废旧电子产品是指废旧电视机、电冰箱、洗衣机、空调器、计算机、手机等，其包括废电子产品和旧电子产品。废电子产品是指丧失使用功能或在经济合理条件下经过维修仍达不到旧电子产品安全标准和性能标准的电子产品。旧电子产品是指经过测试达到旧电子产品安全标准和性能标准，可作为二手商品继续销售、使用的电子产品。

废旧电子产品具有如下特点：

1) 含有很多化学元素、重金属等有害物质。电子产品属于由金属、塑料和化工等多种材料组成的综合性工业产品，其报废后属于有毒、易爆和易泄露的危险物质范畴。例如，制造一台计算机需要 700 多种化工原料，其中 50% 以上对人体有害；电冰箱的制冷剂 CFC-12 以及空调器的制冷剂 CFC-11 都是破坏臭氧层的物质；电视机的显像管属于具有爆炸性的物质，荧光屏为含汞的物质……这些电子产品如果不妥善处理，直接作为城市垃圾烧掉或填埋，必将造成土壤、水源和空气的严重污染，威胁人们的正常生活和工作。

2) 回收价值大，零部件及相关制造材料的可用性强。在废旧电子产品中含有大量可回收的有色金属、黑色金属、塑料、玻璃以及一些仍有使用价值的零部件等。例如，从废旧空调热交换器中回收的高纯度铜和铝，可以重新用来制造热交换器的零件；构成家电产品的塑料绝大多数是具有耐高温性的塑料，这些塑料在粉碎后可以重新融化并用于新产品制造；废旧电视机上拆下的显像管经粉碎处理后得到的玻璃，可以重新用于制造显像管等。丹麦某研究机构的研究报告显示，从随意收集的 1t 废旧电子板卡中就可以回收分离出 286 磅[⊖]铜、1 磅黄金、44 磅锡、65 磅铝，仅其中回收的黄金价值就超过了 6000 美元。

3) 电子产品中包含很多敏感元件，制造工艺复杂，其废弃后的回收再生需要很强的专业知识，处理过程专业性要求高。

4) 回收的废旧家电普遍缺乏必要的包装，体积大，质量大，怕潮怕腐蚀，对运输和储存的环境要求高，造成了废旧家电回收费用的高昂。

（二）电子业逆向物流网络成本-收益分析

成本-收益问题一直是困扰企业逆向物流决策的一个重要因素，通过对废旧电子产品逆向物流网络中成本和收益的概括说明，了解网络中成本、收益的组成，是对加快废旧电子产品逆向物流网络构建的一个切入点。废旧电子产品逆向物流的成本主要包括运输成本、建设成本、经营成本和固定成本等；收入主要源于废旧电子产品回收网络中各种设施的政府补贴、零部件翻新再用及贵金属、玻璃、塑料等有价资源的销售带来的收入和开展废旧电子产品逆向物流活动带来的环境效益。

二、汽车业逆向物流

近年来，我国汽车行业的快速发展，对国民经济的发展起到了积极的促进作用，但同

⊖ 1 磅（lb）=0.4536kg。

现代物流学

时也引发了能源紧张和环境污染等问题。作为世界第二大汽车消费市场，我国汽车保有量近年来高速增长，报废汽车量也逐年增加。目前，全国每年约有 200 万辆汽车报废，随着排放标准升级和安全技术要求的提升，汽车报废还将迎来新的高潮，这使汽车业逆向物流有巨大的发展空间。从循环经济的理念出发，汽车业逆向物流的发展，也是解决报废汽车引发社会公害问题的途径。

（一）汽车逆向物流的概念

汽车物流是集现代运输、仓储、保管、搬运、包装、产品流通及物流信息于一体的综合性管理，是沟通原料供应商、生产厂商、经销商、零售商、物流公司及最终用户满意的桥梁。汽车逆向物流包含正向物流中的各种活动，但以相反的方向运作。它是以满足顾客和保护环境为出发点，根据实际需要，将汽车产品、资源和相关信息从供应链下游向上游回流的过程。逆向物流不是对正向物流的简单逆行，有时需要经过汽车制造供应链以外的其他节点，企业才可以实现对逆向物流的有效管理。

汽车逆向物流主要包括退货物流、包装回收物流和废弃物物流三大部分。汽车退货物流是指不合格品的返修、退货和召回等从需方返回到供方的物流活动。小规模的，如汽车整车制造商对从经销商处购买的不合格零部件的返修、退货；大规模的，如现在常见于报纸、网络媒体中的汽车召回都属于汽车退货物流。在汽车供应链中，由于运输周转、包装等势必产生木箱、托盘等包装物，这些物品可以再返还给供应商以重复利用，节省资源。这就属于包装回收物流。汽车废弃物物流是指对报废汽车进行处理发生的物流活动。

（二）汽车逆向物流流程

在汽车制造业供应链上，由零部件供应商到整车制造商这个过程中会产生大量的逆向物流，不合格的零部件会直接返还给供应商。由整车制造商到经销商这个过程中也会产生逆向物流，可能是由于汽车产品召回、库存存货等原因造成的。由消费者到经销商这个过程中会产生小量的逆向物流，这是由汽车产品的特殊性造成的。不合格的产品所形成的逆向物流会经由几个节点流到一个或几个回收机构，经过检测分类为可再销售物、可再加工物以及直接废弃物，分别流到二级市场、拆解加工中心以及垃圾填埋处。在拆解加工中心进行再加工、再制造，在这里又有一部分产品会当作废弃物品处理掉。

汽车逆向物流主要包括以下几个环节：

（1）回收　回收是指将消费者有问题的汽车通过有偿或无偿的方式返回销售方或回收机构。

（2）检验与处理决策　该环节是对回收汽车的功能进行测试分析，并根据产品和各零部件的性能确定可行的处理方案，包括直接再销售、再加工后销售、分拆后零部件再利用和产品或零部件报废处理等。然后对各方案进行成本-效益分析，确定最优处理方案。

（3）分解　分解是指按汽车的结构特点将产品分拆成零部件。

（4）再加工　再加工是指对回收产品或分拆后的零部件进行加工，恢复其价值。

（5）报废处理　报废处理是指对那些没有经济价值或严重危害环境的回收品或零部件，通过机械处理、地下掩埋或焚烧等方式进行销毁。

汽车逆向物流回收处理的流程如图 11-4 所示。

第十一章　逆向物流

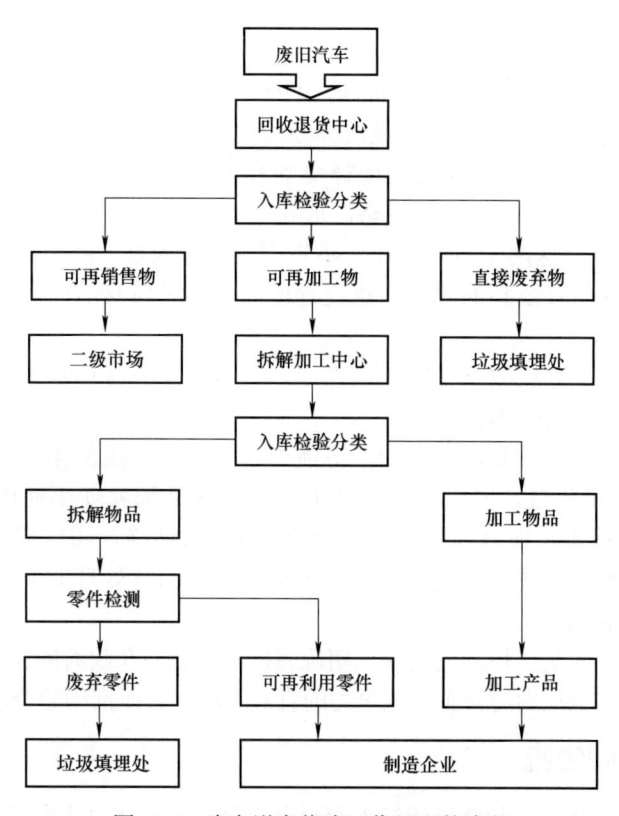

图 11-4　汽车逆向物流回收处理的流程

（三）汽车废弃物物流

汽车的使用寿命是有限的，在经过了一定时间的运行，汽车零部件的磨损达到极限，汽车的废气排放量极大，对环境造成严重污染，而且也容易造成汽车事故的发生。这时候，从环保和安全的角度出发，汽车必须进行报废，以降低它们对环境的破坏程度，消除安全隐患。从经济角度上看，报废汽车上的钢材、铝材等金属都能经过处理后重新利用，某些零部件拆解后也能重新使用，欧美一些国家回收一台汽车后零部件的再利用率达到85%以上。据美国汽车零部件再生协会提供的数据：美国汽车零部件再生市场的规模约为360 亿美元；在美国零售市场的起动器及交流电机中，90%～95%都是通过翻新制成的；仅美国就约有12000 家从事汽车拆卸及再制造的企业。

（四）废旧汽车回收运作模式选择

报废汽车的回收处理不仅关系到企业与消费者的利益，而且关系到整个生态环境。我国报废汽车回收运作模式如下：

1. 生产商负责回收

生产商负责回收（Manufacturer Take-back，MT）是由生产企业独自建立报废汽车的回收处理体系，对报废汽车进行回收、分拆检测、再加工、再检测，承担对报废汽车的回收处理责任。

2. 生产商联合体负责回收

生产商联合体负责回收（Pooled Take-back，PT）是由生产同类商品的生产商，成立一个联合责任组织，负责该组织内部生产商的回收处理业务。

3. 第三方负责回收

第三方负责回收（Third-Party Take-back，TPT）是指生产商在销售产品后，自己并不直接参与对报废汽车的回收处理工作，而是选择专门的回收处理企业负责回收业务。

生产商对报废汽车回收运作模式的选择受到各模式自身组织运作方式及特点的影响，其最关键的决策标准在于企业的发展战略，取决于报废处理业务的重要程度和生产商处理报废回收业务的能力。从这两个方面考虑，将生产商划分为以下四类：

1）企业对报废处理有很高的要求，重视程度高，同时自身的回收处理业务能力较强，适合采用生产商负责模式。

2）报废处理业务在企业战略中起关键作用，但自身业务管理水平较低，那么寻找强有力的合作伙伴将会给企业带来很多收益。

3）报废处理业务不很重要，但企业业务能力较强，可寻找伙伴共享企业资源，通过增加回收处理量获得规模效益，降低成本。例如，丰田在欧洲就使用通用的汽车逆向物流系统，不但丰田节约了成本，而且通用也能充分利用其回收网络，实现双赢。

4）报废处理业务在其战略中的地位并不重要，自身回收处理业务能力也比较欠缺，则适合采用第三方负责的模式。

汽车企业通过对回收运作模式的选择，明确目标与责任，在政府的积极推动和消费者的配合下，将逆向物流的实施视为提升企业竞争力的有效手段，进而推动整个汽车产业的发展。

三、零售业逆向物流

我国的连锁超市从 20 世纪 90 年代初兴起至今，已走过了从萌芽到成熟的过程，并逐渐成为中国零售业的主流业态。连锁门店越开越多，规模越来越大，而由此伴随的退货产品数量也与日俱增。站在企业供应链的角度来看，作为商品流通领域中重要组成部分的现代连锁零售业是与消费者直接联系的终端。随着产品生产技术水平的提高，产品生命周期的缩短，产品更新速度的加快，消费者需求趋向多样化，产品从消费者手中退回到企业的数量和品种也开始日益增多，并且随着物流行业的进一步发展，环保、产品召回法规的制定、完善以及退货、报废产品回收与再利用的加强，逆向物流这一概念正在被更多的连锁超市认识和重视。

（一）零售业逆向物流的常见类型

逆向物流根据不同的对象、不同的处理目的及不同的处理方法，会得出不同的分类结果。根据逆向物流中产品回流的原因、处置途径和处置方式的不同以及产业形态的不同，零售业逆向物流主要分为以下三种：

1. 零售业商业退货逆向物流

零售业供应链的下游成员，如批发商、零售商、最终客户等，由于产品质量问题或产品库存积压等原因，将使用时间不长的商品或未使用的商品退回到供应链的上一个节点，由此产生的零售业逆向物流属于商业退货逆向物流，如图 11-5 所示。

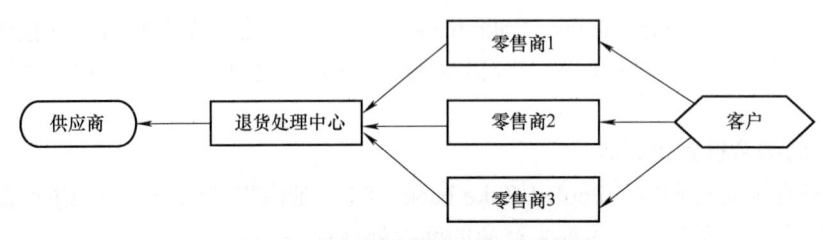

图 11-5 商业退货逆向物流示意图

第十一章　逆向物流

2. 零售业包装逆向物流

根据是否能直接多次重复使用，零售业包装容器可以分为一次性使用包装容器和多次重用性包装容器。一次性包装容器的逆向物流主要是回收后进行材料的再循环，形成再生资源；多次重用性包装容器回收后，经过检验和清洗、修复等流程，可以直接进行重复使用。

3. 零售业维修再制造逆向物流

零售业逆向物流通常发生在产品生命周期的中期。典型的例子包括有缺陷的家用电器、零部件和手机。零售业产品维修可以是客户将故障产品送回到维修服务商那里，或者是由维修服务人员携带备件上门维修，前者产生的是产品逆向物流，后者将引发备件物流和人员流动。不管哪种形式的逆向物流，故障产品经过维修服务商维修处理后，一般通过原来的销售渠道返还给客户。如果产品损坏严重，经过简单修理已不能恢复产品的正常功能，企业对回流产品实施再制造工程，包括产品拆卸、更新有故障的部件、替换性能完好的部件等，试图从整体上恢复产品功能，使其重新进入使用环节。

（二）零售业逆向物流流程及基本运作方式

1. 连锁零售企业逆向物流流程分析

连锁零售企业逆向物流流程从消费者开始，涉及各个门店、配送中心和供货商，如图11-6所示。

（1）消费者退货到门店　消费者返还门店退货、维修调换品，门店回收退货、维修调换品和消费废弃物。

（2）门店返回到配送（返品）中心　门店把消费退货、维修调换品和废弃物、滞销积压品和误配品返回至配送（返品）中心，配送（返品）中心把有价值的商品退回配货区进行再次配送或集中到特定门店进行折价销售，把无法再利用的废弃物或废弃物包装材料进行分解、焚烧、填埋。

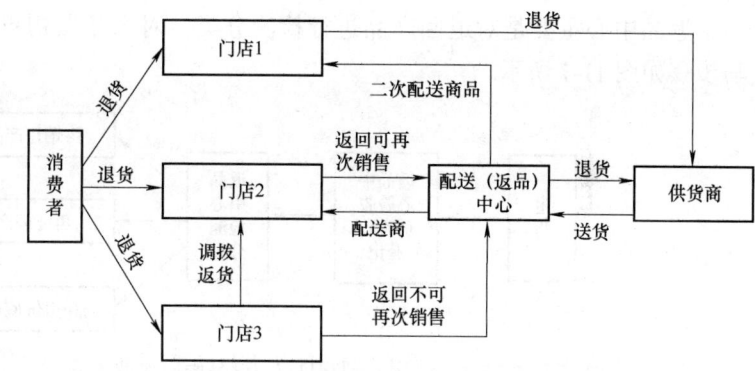

图11-6　连锁零售企业逆向物流流程

（3）配送（返品）中心退货到供应商　配送（返品）中心判断门店返回商品的可退换属性，对退货和维修调换品决定退货到供应商还是在配送（返品）中心就地销毁。

（4）门店直接退货到供应商　门店直接将供应商配送到门店的商品退货到供应商，主要是一些供应商直接配送到门店的商品，例如生鲜蔬菜、瓷器等。

（5）门店与门店之间调拨　由于某些门店紧缺某种商品，从而从其他门店调入。

在这个逆向物流流程中，每一个环节都涉及不同的逆向物流内容，不同的逆向物流内容必须依附于流程环节才能产生。所以，逆向物流流程和内容组成了连锁零售企业逆向物流的基本框架。

2. 连锁零售企业逆向物流模式选择

目前，国内外连锁零售企业逆向物流所采用的模式，每种都有利弊，企业应综合考虑退回商品的种类和数量及对退货的处理方式等因素后选择采用哪种模式。

（1）和正向物流共用一套系统　如果连锁零售企业在整个供应链上对退货不负主要责任或者退货量比较小，对企业的经营影响不大，这时企业可以采用已有的正向物流系统处理退货。但采用此种模式会使企业忽视退货的存在，不重视退货。如果退货量增加，就会使企业措手不及，造成物流渠道的混乱，从而影响企业的正向物流系统。采用此种模式的最大好处在于可以节省投资。

（2）采用返品中心模式　这是国外比较流行的退货处理模式。如果企业的退货量比较大，采用正向物流渠道处理退货，将会使大量退货集中在配送中心。由于退货通常不会被优先处理，从而造成大量退货积压。这种低效的处理将导致产品本身价值的消失，所以在这种情况下，为保证退货的及时处理，更大程度地挽回因退货造成的损失，通常可以采用返品中心模式处理退货。

采用这种模式，企业要设立一个或多个返品中心。为了便于退货商品中一部分可以继续销售，通常返品中心建在正向物流配送中心附近。退货集中送到返品中心，对退货进行检验后根据不同的处理决定把退货送往相应的处理部门，进一步进行价值回收。在返品中心有针对退货逆向物流设计的信息系统，通过这套信息系统可以有效地管理退货，充分利用退货信息，从而给企业的决策和发展提供重要的信息。因不同的退货处理决定直接关系到退货价值回收的程度，所以在返品中心配备经过专门培训的技术人员，能够高效处理退货。在企业退货量很大时，适合采用这种模式来处理退货。

返品中心主要是对退回产品进行检测分类，对产品做初步的处理，其实际的操作过程与步骤如图11-7所示。

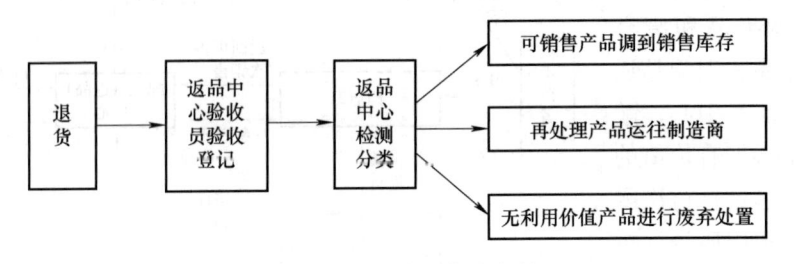

图 11-7　返品中心作业流程

1）返品验收人员验收返品，填写返品退货登记表或回收登记表，然后交工作人员检测分类。

2）检测人员应认真检测分类，并填写返品检测分类表，同时填写初步的处理意见。

3）工作人员确认的合格产品，放入可销售产品类，准备返回门店销售；具有再利用价值的产品，出具退货产品处理单，返回制造商或供应商，进行再制造、再循环；没有利用价值的产品，填写废弃处置单，并提交制造商或零售商，进行废弃处置。

（3）采用中间仓库的形式　如果退货是由于零售商没能准确预测市场形成过量进货，这些退货是能够继续在其他市场销售的。如果不分原因就将退货返回到制造商的库房或退货中心进行处理，或者再重新调运，那么将会造成损失。在这种情况下，如果采用中间库存的形式处理退货，通过供应链上各企业的协商形成合理的成本共担计划，不仅可以减少退货造成的损失，降低无效的成本，而且还可以促使退货的继续流通。

第十一章 逆向物流

采用中间仓库退货处理模式，制造商接到零售商的退货请求后，虽然接受了退货，但是仍旧把这些退货或者放在零售商的库房里，或者放在第三方的仓库里一段时间，即中间仓库。放在中间仓库的退货可以用来满足同一送货网络的其他零售商的紧急订单和同一地区的零售商的补货订单。当超过一定的时间后，如果退货没有被其他零售商订购，那么就要把退货送回到制造商处等待进一步的退货处理。

在这种退货处理模式下，通常制造商支付除了库存成本之外的所有成本，而库存成本由零售商和制造商分摊。如果零售商使用自己的仓库，那么就通过提供库存空间来分担库存成本。如果使用第三方物流企业的仓库，那么制造商和零售商共同分担支付给第三方物流企业的库存成本。正常的货物订购运输成本是由制造商和零售商共同承担的，但是当满足货物订单的产品是由中间仓库里的退货组成的时，那么运输成本由制造商来承担，这是制造商促使零售商使用退货的一种激励。采用这种退货模式，不仅可以促进退货的继续流通，而且可以有效地降低原来会产生的无效成本，使零售商和制造商共同分享这种模式带来的效益，达成共赢的局面。

课 外 阅 读

逆向物流的实践案例

密歇根州州立大学研究者调查了非竞争性组织的返品管理实践。它的目标是识别跨行业和跨公司的最佳实践方式。调研者进行了深度访谈，以研究公司逆向物流活动的以下五个方面：返品处理、再制造、再营销、再循环和垃圾处理。

在所选择的每个组织中，所有的优秀管理者都特别注意提升逆向物流活动。主管人员强调"做好逆向物流"对公司战略和财务上的重要性。尽管在很多情况下，他们更为关注短期现象。在这些情况下，执行者不得不长时间地努力工作以证明积极的逆向物流管理的重要性。 现在，被调查的每个组织都以公司的利润率和环境响应力等为目标，来积极地追求和衡量公司的逆向物流能力。基于保密考虑，以下公司的名字都不是真名。

一、计算机专家行业

Computer Atlantic 公司——一个做办公室计算机产品的公司，其许多产品都是供别人租赁的。由于专注于租赁终端资产，Computer Atlantic 公司参与了逆向物流的五项活动。因为它所租赁的资产都是要回收的，所以 Computer Atlantic 公司强调快速估计产品价值的重要性，并决定整个产品再出售的潜力，这和个人模块、元素及原材料的潜在价值有着极大的不同。

由于这个行业的产品生命周期都非常短，所以 Computer Atlantic 公司集中精力减少返品评估和重新配置的时间。那些能够重新利用和再制造的产品很快会被识别出来，并转化为可出售的产品。Computer Atlantic 公司已经识别和建立了一系列的二手市场，所以再加工的产品就不会和公司的新产品形成竞争。Computer Atlantic 公司意识到租赁产品所带来的巨大收入后，通过将再加工的产品尽快地投入二手市场，保持了较低的存货率并最大化了收入。简而言之，Computer Atlantic 公司已经充分认识到返品在收入、成本和资产利用上，在整个生命周期中对公司的价值。

对那些不能再利用的产品，Computer Atlantic 公司先将产品进行分解，然后回收可再利用的元件和贵重金属，最后将塑料等垃圾扔进指定的再循环垃圾桶里。通过回收旧元件，

Computer Atlantic 公司发现所需购买的元件数量极大地减少（在电子部门，许多用过的零部件的价值其实和新更换的零部件并无差别）。另外，客户公司的一些元件本来事前就被服务部门设计成可重用的，因为公司已为其产品服务多年了。原来的设备有了稳定的零部件供应后，Computer Atlantic 公司就可以以最小的新零部件存货投资来满足客户的需求。

最后，由于只有不到 2% 的返品被送往垃圾站，所以 Computer Atlantic 公司能够提高环境响应能力。Computer Atlantic 公司管理层相信，高效的返品管理极大地提高了公司的品牌价值。而且还通过增加未来的收入，产生了极大的远期利益。在这些日子里，Computer Atlantic 公司的返品部门甚至变成了盈利部门。

二、机车引擎再造行业

Motor Master 公司开发了一套很强的逆向物流系统，以重建机车引擎和设备的替代零部件。由于重型设备产品的生命周期可达数年甚至数十年，Motor Master 公司在销售了产品以后的很长时间里，还必须为客户提供备品备件服务。为了做到这一点，其与一家再制造商成立了一家合资企业，以管理返品和再制造零部件和引擎。再制造元件相对于新获取的元件来说，采购和存货成本削减了一大半。这种方法还可以通过多年的高水平服务来构筑坚实的客户忠诚度。这样，Motor Master 公司就以盈利的方式管理了其返品。虽然机车引擎和元件再造在汽车、农用机械或者重型机械部门不是一个新事物，但是还有很多经验教训可用于耐用消费品行业。例如，随着电子耐用品的模块化，有越来越多的再加工和再销售机会——对高效物流的需求也越来越大。

三、消费品商家

Household Supreme Corp.（HSC）公司生存在一个截然不同的环境里。它打包零售的消费品在价值上远远低于 Computer Atlantic 公司和 Motor Master 公司，因此其逆向物流的渠道也极为不同。HSC 公司的产品一般是消费品，因此在产品生命周期的尾部对产品回收的需求有限。然而，作为一家目录和订单邮购公司，当 HSC 公司的产品不能被客户接收时，它也面临着大量的返品回收问题。

HSC 公司开始意识到，并非所有的产品都需要回收。当客户致电抱怨一种特定产品时，客服代表就在详细的指导方针指导下，来决定哪些产品应该回收，哪些不应该回收。接收某种返品的决策是基于详细的成本分析，即比较产品回收、再处理的成本和重新制造的成本。满足预先确定的成本标准的产品是不会被回收的；消费者被告知可以保留这个产品，然后会得到公司的产品质量保证。这种前摄性的政策在劳动和运输处理方面，为 HSC 公司节省了大笔资金。为了这个计划的成功，HSC 公司必须为返品回收创造较高的可见度。它已经建立了一个回收机制认证（RMA）的流程，因此客户必须同公司联系才能拿到回收认证。客户利益是对返品的即时信用的收据。

HSC 公司的客户大部分是独立的生意人，他们发现这种方式极大地提高了自己的现金流量，因此很高兴地买进 RMA 流程。HSC 公司通过决定被回收的产品，来积极地影响公司的利润，这是因为处理的劳动成本和返品的运输费用得到了极大的削减。由于很少有产品被回收，以及 RMA 流程创造的高可见度，所以被回收的产品能够很快地得到处理。返品处理的循环时间的缩短，可以让公司以更快的速度将产品投入前向供应链。另外，如今 HSC 公司与客户的关系更加亲密，这同时也提升了客户关系的寿命和价值。

四、电器制造行业

一个家用电器商——Henderson 电器公司，最近开发了一套逆向物流系统，以管理其来自主要经销商的返品。尽管有一些产品是在客户那里损坏的，但主要的损坏还是来自运送途中。作为逆向物流领域的一个新成员，Henderson 电器公司为此从头开始设计了一个高效信息系统，这对公司来说多少有点奢侈。这个系统帮助 Henderson 电器公司将每个客户的每一个返品都同初始订单、初始制造商的数据联系起来。Henderson 电器公司的产品和质量工程师利用这些数据评定制造上的缺陷，提高流程速度，甚至重新设计包装以杜绝以后低劣产品的出现。Henderson 电器公司的最终目标是消除运送途中造成的返品，因为这类返品的比率极高。例如，当某种类型的产品损坏时常发生时，工程师就会重新设计产品包装以防止运输途中类似情况的再发生。这种改革极大地节约了成本，提高了过去两年的收入。

在新系统中最有趣的是，它允许 Henderson 电器公司根据客户所贡献的长期价值进行区别对待。管理层也意识到，一些客户的服务成本明显高于其他客户。Henderson 电器公司能根据返品历史来评估经销商，这也可以帮助其评估经销商对公司的贡献。滥用 Henderson 电器公司返品政策的经销商会发现，他们不得不另寻供应商了。通过有效的管理，每个经销商在返品上给 Henderson 电器公司造成的服务成本降低，Henderson 电器公司已经看到明显的成本改进了。

Henderson 电器公司还在其逆向物流系统里构筑了另外一个复杂元素：极大化其返品利润的能力。收到损坏的返品后，产品工程师立即定位损坏之处，计算零部件的成本和将产品修复到初始状态所需耗费的劳动。例如，当一个冰箱因为底板损坏而不能使用时，工程师马上计算要花费多少费用才能更换掉底板并使它能够重新使用。基于以上的修复成本，Henderson 电器公司制定了电器是需要修复，还是在二手市场销售或者拆成备品备件的一般原则。通过这种方式，Henderson 电器公司能够最小化存货成本，并保证返品能够带来最大收入。

总体来说，对于收入和成本管理能给公司带来的正面影响，Henderson 电器公司有着充分的认识，而在不久以前，这家电器制造商还是简单地将其返品销毁掉。现在，修复处理和再营销已经成为该公司有利可图的活动了。

（资料来源：http://info.jctrans.com/xueyuan/czal/2008123594250.shtml，有删减）

◇复习思考题

1. 什么是逆向物流？逆向物流有哪些特点？
2. 简述逆向物流的驱动因素。
3. 阐述逆向物流的发展历程。
4. 简述逆向物流的运作流程。
5. 简述逆向物流的运作模式。
6. 简述逆向物流的运作网络结构类型。
7. 简述汽车逆向物流流程。

◇参考文献

[1] 张卫星. 家电企业逆向物流管理[M]. 北京：北京工业大学出版社，2012.
[2] 许妮娅. 废旧家电逆向物流发展的国际比较研究：基于资源循环利用视角[M]. 武汉：中国地质大学出版社，2013.
[3] 赵忠. 逆向物流运作模式研究[M]. 上海：上海交通大学出版社，2013.

第十二章

电子商务物流

本章学习目标

了解和熟悉电子商务的定义、特点、功能、类型等基础知识；理解电子商务物流的内涵、特点以及物流模式；掌握电子商务物流的作业流程；理解电子商务与物流管理之间的关系；了解和熟悉新发展阶段我国电子商务物流发展的新特征和面临的新问题，以及发展对策。

引例

厦门跨境电商产业园：筑巢栽梧　自贸区产业转型引凤来栖

厦门是中国最早设立的四大经济特区之一，良好的经济与外贸基础以及独特的空港、海港优势为跨境电商发展营造了良好的环境。2014年12月20日，厦门首个跨境电子商务产业园正式揭牌。该产业园是厦门自贸片区特色产业平台之一，同时也是国家电子商务示范基地。自揭牌以来，产业园通过搭平台、引龙头、做服务和筑圈层，着力打造跨境电商进出口生态圈，吸引了包括亚马逊等优质电商平台企业落户，形成了完整的跨境电商产业链和生态链，辐射力和影响力不断增强。

1. 多措并举护航产业发展

产业园始终坚持围绕产业精准招商，强化龙头带动，促进产业集聚，从"腾笼换鸟"到实现"筑巢引凤"，生态圈层逐步成型，取得了生态、运营双重成效。与此同时，产业园的创新服务和政策服务也在为跨境电商产业的发展保驾护航。

目前，产业园已形成线上与线下高度融合的进口运营服务平台和专业化、服务型的出口运营服务平台，吸引了亚马逊全球开店项目在华南地区的首个跨境电商园、东南亚领航电商平台Shopee的首个Shopee跨境孵化中心、亚联商贸等龙头企业及项目纷纷入驻，并带动跨境电商产业链上下游企业落户，实现金融、物流、营销、孵化等跨境电商要素集聚。

在产业招商方面，产业园建立重点项目对接联动机制，政企联动，深入产业带、精准招商，引入跨境电商龙头企业，带动关联企业近180家入驻，出租率近90%，累计注册企业560家、注册资本金20亿元，带动电商创业就业2200人，累计培养中高端电子商务人才2000人以上。

在生态运营方面，产业园以"产业+生态圈+社群"的运营理念构筑平台圈层，汇集出口孵化、国际物流、知识产权、财税、法律、IT信息、支付等20余类近百家服务商资源，构建核心服务商梯队，形成共享合作机制，亚马逊生态圈及社群建设已成型，实现服务要素集聚。

在创新服务方面，产业园组建"大麦in象"亚马逊出口卖家社群，会员企业达50家；举

第十二章 电子商务物流

办公益性人力资源培训活动,并推动跨境电商人才孵化基地建设;加强海内外考察交流,举办电商产业活动,为园区中小企业带来各类外部资源,搭建行业资源对接与服务的桥梁。

在政策服务方面,平台持续发挥自贸区重点平台窗口功能,以打造公共服务品牌为目标,从公共服务中实现平台及客户的价值。特别是近年来,通过一系列政策服务,助力园区中小企业获得各级业务发展、运营补助等扶持资金,促进信息共享、降低企业成本,实现共同成长。

2. 升级迭代促进平台转型

作为厦门自贸区特色产业平台、区域产业创新及发展的试验基地之一,从 2015 年至今,产业园已实现由原 4 万 m^2 的老旧工业厂房转型成为厂房 10 万 m^2、具备通关监管功能的跨境电商全产业链公共服务平台,从单一物流通路到联动全球。

从 1.0 版本发展到 3.0 版本,跨境电商产业平台开发运营模式持续更新迭代,平台服务不断升级。

产业园 1.0 从海运快件试点园区起步,随着产业园运营单位象屿集团成立相关公司作为监管平台运营服务商,线上搭建申报数据服务平台、线下搭建监管运营平台,逐步实现了物流、模式、融合三大创新,业务规模从无到有,增长迅速。产业园 2.0 围绕厦门跨境电商"六体系、两平台"及公共服务平台建设,政企联动,引入电商龙头带动产业集聚。

随着 2018 年厦门获批国家跨境电商综合试验区,平台把握全新的发展机遇,完成了进出口生态圈雏形及运营服务体系的打造。产业园相关负责人表示,2021 年,产业园 3.0 以跨境电商"三年行动"方案为指引,补链强链,打造完整的跨境电商产业链和生态圈,以及完善的跨境电商公共服务平台体系。

目前,跨境电商产业平台已形成了独特的"搭平台、促共赢"的"象屿模式"。

据悉,平台整体定位为集通关监管、商务办公、运营支持、圈层构筑为一体的跨境电商产业公共服务平台及供应链运营基地。同时,与行业知名电商企业合作运营线上与线下进口运营平台:打造境外商品服务中心,延揽进口垂直电商平台、优质海外 B2B 渠道商及品牌商、厂家落户自贸区,建设自贸区境外商品服务中心,构建立体化电商商品服务体系。打造专业化、服务型出口运营服务平台:利用入驻的产业链配套企业多方合作的契机,结合"品牌100 出海计划""走进产业带",寻求厦门 F2C 市场机会。当前,涵盖代运营、人力资源、知识产权、软件开发、税务服务商等服务商资源的出口生态圈服务体系已成型。

(资料来源:新浪网.http://k.sina.com.cn/article_1916733321_723f0789020011hkj.html.)

第一节　电子商务概述

一、电子商务的定义

电子商务是一个不断发展的概念,电子商务的先驱 IBM 公司于 1996 年提出了 Electronic Commerce(E-Commerce,电子商务)的概念。1997 年,该公司又提出了 Electronic Business (E-Business,电子商务)的概念。但我国在引进这些概念的时候都翻译成电子商务,很多人对这两者产生了混淆。事实上这两个概念及其内容是有区别的:E-Commerce 是指实现整个贸易过程中各阶段贸易活动的电子化;E-Business 是指利用网络实现所有商务活动业务流程的电子化。E-Commerce 集中于电子交易,强调企业与外部的交易与合作;E-Business 则把覆盖范围扩大了很多,其广义上是指使用各种电子工具从事商务活动,狭义上是指利用因特网从事商务活动。

1997年11月，世界电子商务会议（The World Business Agenda for Electronic Commerce）聚集了全世界商业、信息技术、法律等领域的专家和政府部门的代表，共同探讨了电子商务的概念问题，指出电子商务是指实现整个贸易活动的电子化。从涵盖范围，可以将电子商务定义为交易各方以电子交易方式，而不是以当面交换或直接面谈方式进行的任何形式的商业交易。从技术方面，可以将电子商务定义为一种多技术的集合体，包括交换数据（如电子数据交换、电子邮件）、获得数据（如共享数据库、电子公告牌）以及自动捕获数据（如条码）等。

欧洲议会关于电子商务给出的定义是：电子商务是通过数字方式进行的商务活动的过程。它通过数字方式处理和传递数据，包括文本、声音和图像。它涉及许多方面的活动，包括货物数字贸易和服务、在线数据传递、数字资金划拨、数字证券交易、数字货运单证、商业拍卖、合作设计和工程、在线资料和公共产品获得。它包括产品（如消费品、专门设备）和服务（如信息服务、金融和法律服务）、传统活动（如健身、体育）和新型活动（如虚拟购物、虚拟训练）。

电子商务是指为了充分提高商务活动的效率，利用电子技术从事各种商业活动的一种全新的商务模式。电子商务的实质是利用现有的计算机硬件设备、软件和网络基础设施，涉及内部网（包括 Intranet 和 Internet）等领域，通过一定的协议连接起来的电子网络环境进行各种商务活动；将顾客、销售商、供应商和企业员工连在一起，将有价值的信息传递给需要的人们，最终实现整个交易过程的电子化。

二、电子商务的特点

（1）交易虚拟化　通过互联网进行的交易，交易双方无论是交易磋商、签订合同，还是支付款项等都不需要当面进行，都可以通过互联网完成，整个过程完全虚拟化。虚拟现实、网上聊天就可以让双方获取信息，通过互动，双方完成整个交易都是在网络这个虚拟的环境中进行的。

（2）交易成本低　买卖双方所处距离越远，使用网络进行信息传递的成本相对于书信、电话、传真等而言就越低，并且缩短了时间。此外，买卖双方通过网络进行商务活动，不需要中介的参与，减少了有关环节和费用。

（3）交易效率高　互联网将交易中的商务英语报文标准化，能在世界各地瞬间完成传递与计算机自动处理，原材料采购、产品生产、产品销售、银行汇兑、保险、货物托运以及申报等过程，在不需要人员干预的情况下，就能在最短时间内完成。不像传统方式每个环节都要花费人力物力，并且容易出错。电子商务克服了传统方式交易费用高、容易出错、处理速度慢等缺点，极大地缩短了交易时间，使交易更快捷方便。

（4）交易透明化　电子商务中的双方洽谈、签约，以及货款的支付、交货的通知等，整个交易过程都是在网上进行的。通畅快捷的信息传输可以保证各种信息之间可互相核对，可以防止伪造信息的流通，确保交易的透明化。

（5）交易全球化　凡是能够上网的人，无论是在亚洲上网还是在北美上网，都将被包含在一个全球市场中，有可能成为上网企业的客户，这为企业创造了更多的贸易机会。

三、电子商务的功能

电子商务与传统商务不同，它将传统商务的流程电子化、数字化，同时也突破了时空限制，

第十二章 电子商务物流

使交易活动可以随时随地进行，从而大大提高了效率。与传统商务相比，电子商务具有广告宣传、咨询洽谈、网上订购、网上支付、电子账户、服务传递、意见征询、交易管理等功能。

（1）广告宣传　电子商务可凭借企业的 Web 服务器和客户的浏览，在互联网上发布各类商业信息。客户可借助网上的检索工具迅速地找到所需要的商品信息，而商家可利用网上主页和电子邮件在全球范围内做广告宣传。与以往的各类广告相比，网上的广告成本较低，而给客户的信息量却最丰富。

（2）咨询洽谈　电子商务可借助非实时的电子邮件、新闻组和实时的讨论组来了解市场和商品信息，洽谈交易事务。如果有进一步的需求，还可以用网上会议来交流即时的图形信息。网上的咨询和洽谈能打破人们面对面洽谈的限制，提供多种方便的异地交谈形式。

（3）网上订购　电子商务可借助 Web 中的邮件交互传送实现网上订购。网上订购通常都是在产品介绍的页面上提供友好的订购提示信息和订购交互格式框。当客户填完订购单后，通常系统会回复确认信息单来保证订购信息的收悉。订购信息也可采用加密的方式使客户和商家的商业信息不会泄露。

（4）网上支付　电子商务要成为一个完整的过程，网上支付是重要的环节。客户和商家之间可采用信用卡账户进行支付。在网上直接采用电子支付手段，可节省交易中很多人员的开销。但网上支付需要更为可靠的信息传输安全性控制，以防止欺骗、窃听、冒用等非法行为的发生。

（5）电子账户　网上支付必须要有电子金融来支持，即银行、信用卡公司、保险公司以及第三方支付等金融单位要为金融服务提供网上操作服务。电子账户管理是网上操作服务基本的组成部分，其可信度需配以必要的技术措施来保证。例如，数字证书、数字签名、加密等手段的应用提供了电子账户操作的安全性。

（6）服务传递　对已付款的客户，应将其订购的货物尽快传递到他们手中，而有些货物在本地，有些货物在异地，电子邮件能在网络中进行物流的调配。最适合在网上直接传递的货物是信息产品，如软件、电子读物、信息服务等。它能直接从电子仓库中将货物发到用户端。

（7）意见征询　电子商务能十分方便地采用网页上的"选择""填空"等格式文件收集客户对销售服务的反馈意见。这样使企业的市场运营能形成一个封闭的回路。客户的反馈意见不仅能提高售后服务的水平，而且能使企业获得改进产品、发现市场的商业机会。

（8）交易管理　整个交易的管理涉及人、财、物多个方面，企业和企业、企业和客户及企业内部等各方面的协调和管理。因此，交易管理是涉及商务活动全过程的管理。

四、电子商务的类型

按照电子商务应用的领域，电子商务可分为企业内部电子商务和企业外部电子商务两大类。

（一）企业内部电子商务

企业内部通过企业内部网处理与交换商贸信息。它可以用来自动处理商务操作及工作流程，增强对关键数据的存取，共享经验，共同解决客户问题，并保持组织之间的联系。企业内部电子商务可以使企业快速地处理商务活动，更快地对市场做出反应，更好地为客户提供服务。

（二）企业外部电子商务

根据电子商务发展的对象划分，企业外部电子商务有 B2B、B2C、C2C、B2M、F2C、

C2M、B2G、C2G 等几种模式。

1. B2B

B2B（Business to Business，企业对企业电子商务）也称为商家对商家或商业机构对商业机构电子商务，是电子商务模式中最有发展潜力的。它包括企业与其供应商之间采购事务的协调，物料计划人员与仓储、运输公司之间的业务协调，销售机构与其产品批发商、零售商之间的协调，客户服务等。企业对企业的电子商务发展最快，已经有了很多年的历史，特别是通过增值网络（Value Added Network，VAN）上运行的电子数据交换，使企业对企业的电子商务得到了迅速扩大和推广。

小案例

上海亿通电子商务平台

上海亿通国际股份有限公司（简称亿通公司）是上海市政府为提高上海外贸进出口效率、增强上海口岸竞争能力，并通过"政府推动、市场化运作、企业经营"的模式，整合了原上海 EDI 中心、上海港航 EDI 中心和上海经贸网络科技有限公司等三家企业的业务、技术和市场资源设立的股份制企业。亿通公司通过专业开展上海口岸物流信息和电子商务统一平台及上海国际航运中心信息网络的建设和运营，为口岸物流和国际贸易两大行业内各个环节（包括政府端和企业端）提供信息应用和服务。现在亿通公司已基本建成连通包括海关、检验检疫在内的口岸监管单位的统一信息平台，网络覆盖海港、空港和各主要产业园区，功能贯穿交易、监管、物流、支付四大业务环节，为上海"大通关"及上海国际航运中心战略的实施提供了统一的信息化基础环境，如图 12-1 所示。

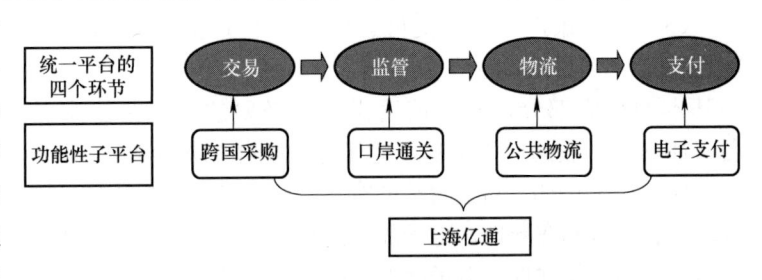

图 12-1 上海亿通电子商务平台的架构

2. B2C

B2C（Business to Consumer，企业对消费者电子商务）也称商家对个人客户或商业机构对消费者电子商务模式，又称直接市场销售，主要包括有形商品的电子订货和付款。这类业务需要利用传统的邮政服务或商业送货服务加以配套，所以称为间接电子商务；无形商品和服务产品的销售，如计算机软件、娱乐产品消费、订票、付款、信息服务等，供需双方可以在网上直接实现交易，又称为直接电子商务。这种交易过程没有商业谈判，交易双方不进行询盘、报盘、还盘等活动，节省了客户和企业的时间，缩短了空间距离，大大提高了交易效率，节省了开支。此外，一些网上商店在各国成立境外分公司和配送中心，消费者完成网上交易后，由客户所在国的配送中心将货物送到客户手里，以此降低流通费用，提高流通速度。

3. C2C

C2C（Consumer to Consumer，消费者对消费者电子商务），即买卖双方通过在线交易平台，使卖方可以主动提供商品上网拍卖，而买方可以自行选择商品进行竞价。淘宝网就是 C2C 的代表之一。

4. B2M

B2M 是指 Business to Manager（企业对经理人电子商务）。B2M 是相对于 B2B、B2C、C2C 而言的，是一种全新的电子商务模式。这种电子商务相对于以上三种有着本质的不同。根本区别在于目标客户群的性质不同，前三种的目标客户群都是作为一种消费者的身份出现，而 B2M 所针对的客户群是该企业或该产品的销售者或为其工作者，而不是最终消费者。企业通过网络平台发布该企业的产品或服务，职业经理人通过网络获取该企业的产品或服务信息，并且为该企业提供产品销售或提供企业服务，企业通过经理人的服务达到销售产品或获得服务的目的。职业经理人通过为企业提供服务而获取佣金。B2M 与传统电子商务相比有了巨大的改进，除了面对的客户群体有本质的区别外，B2M 具有一个更大的特点和优势：电子商务的线下发展。以上三种传统电子商务的特点是商品或服务的买家和卖家都只能是网民，而 B2M 能将网络上的商品和服务信息完全走到线下。企业发布信息，经理人获得商业信息，并且将商品或服务提供给所有人，不论是线上的人还是线下的人。

5. F2C

F2C（Factory to Consumer，厂商到消费者电子商务），是一种先进的商业模式。该模式是品牌公司把设计好的产品交由工厂代工后直接通过终端送达消费者，流通路径最短，这样可确保产品低价，同时质量服务也有保证。它们为消费者提供了最具性价比的产品，为消费者带来了价值最大化。采用这种模式的成功企业有魅族、北斗星手机网、宜家、迪卡侬、乐豪斯、ZARA、H&M 等。

6. C2M

C2M（Consumer to Manufacturer，消费者直连制造商电子商务），即消费者直达工厂，强调的是制造业与消费者的衔接。它是一种新型的工业互联网电子商务模式，又称"短路经济"。在 C2M 模式下，消费者直接通过平台下单，工厂接收消费者的个性化需求订单后，根据需求设计、采购、生产和发货。它主要包括纯柔性生产，小批量多批次的快速供应链反应。C2M 模式短路掉库存、物流、总销、分销等一切可以短路掉的中间环节，砍掉了包括库存在内的所有不必要的成本，让客户以超低价格购买到超高品质的产品，同时让中国高端制造业直接面对客户需求。

7. B2G

B2G（Business to Government，企业对政府机构电子商务）是指企业对政府机构的电子商务活动。在企业-政府机构方面的电子商务可以覆盖公司与政府组织之间的许多事务。例如，政府将采购的细节在国际互联网上公布，通过网上竞价的方式进行招标，企业也要通过电子的方式进行投标。目前，我国很多地方政府已经推行网上采购。除此之外，政府还可以通过这类电子商务活动实施对企业的行政事务管理，如政府采用电子商务的方式发放进出口许可证，开展统计工作，企业可以通过网络办理交税和退税等业务。中国国际贸易"单一窗口"自 2016 年开始建设以来，积极推动在全国外贸领域范围内跨部门、跨地区、跨行业信息共享和业务协同，不断研发上线通关业务申请一窗办理、监管验核结果一窗反馈、物流金融服务多元拓展等系统功能，截至 2021 年 5 月 20 日已汇集 17 个成员单位、71 类、3429 个数据项，累计交换数据超过 31 亿条；推进进出口环节监管证件联网核查，涉及商务部、国家市场监督管理总局、自然资源部等 17 家部委除安全保密需要外的 38 种进出口环节监管证件全部实现电子联网、在通关环节进行自动比对核查，企业不需要再向海关提交纸质监管证件。截至 2021 年 4 月 30 日，企业通过中国国际贸易"单一窗口"共办理国际结算 229.51 亿美元，国际融资 299.61 亿元，保险金额 95.8 亿元，出口信用保单 12.4 万份，惠及企业 20.8 万家。

8. C2G

C2G（Consumer to Government，消费者对政府机构电子商务）是指政府对消费者的电子商务活动，主要包括政府采购、网上报关、保税等。随着商业机构对消费者、商业机构对行政机构电子商务的发展，政府将会对个人实施更为全面的电子服务方式。例如，政府各部门向社会纳税人提供的各种服务、社会福利金的支付等，都会在网上进行。

第二节 电子商务物流概述

一、电子商务物流的基本内涵

进入 21 世纪，互联网渗透到商业活动的始终，网络购物不仅改变了人们的购物习惯，还方便了人们的生活，人们足不出户就可以买到自己需要的商品。但是，人们在购物过程中也遇到了诸多问题，如发货不及时、运费过高、物流服务不到位等。这说明传统物流业务活动已经滞后于电子商务的发展，电子商务物流（简称电商物流）尚不能完全满足人们对物流服务的要求。同时看到，电子商务的快速发展也为现代物流业的发展带来了机遇，但挑战也伴随其中。

电子商务物流的产生正是源于电子商务技术的不断渗透和推进，是基于互联网技术，旨在创造性地推动现代物流业发展的新的商业模式。2016 年 3 月 23 日，商务部等六部门发布了《全国电子商务物流发展专项规划（2016—2020 年）》明确指出："电子商务物流是主要服务于电子商务的各类物流活动，具有时效性强、服务空间广、供应链长等特点。"这是国内首次对电子商务物流概念进行权威界定。

因此，电子商务物流是融合了电子商务和物流，在传统物流概念的基础上，结合电子商务中商流、信息流、资金流的特点而提出的，是电子商务环境下物流新的表现方式。也就是说，电子商务物流的内涵可以表述为"基于商流、信息流、资金流网络化的物资或服务的物流配送活动，包括软体商品（或服务）的网络传送和实体商品（或服务）的物理传送"。

二、电子商务物流的特点

电子商务的迅猛发展，给全球物流业带来了前所未有的机遇和挑战，也使其物流具备了一系列新特点。

（1）信息化　在电子商务时代，物流信息化是电子商务的必然要求。物流信息化表现为物流信息的商品化、物流信息搜集的数据库化和代码化、物流信息处理的电子化和计算机化、物流信息传递的标准化和实时化、物流信息存储的数字化等。因此，条码技术、数据库技术、电子订货系统、电子数据交换、快速反应及有效的客户反应、企业资源计划等技术与理念在现代物流业得到普遍应用。信息化是电子商务物流的基础，没有物流的信息化，任何先进的技术设备都不可能应用于物流领域。以大数据、人工智能、云计算、物联网等为代表的新一代信息技术在物流领域的应用将会彻底改变世界物流的面貌。

（2）自动化　5G、云计算、大数据、物联网以及人工智能等新一代信息技术是电子商务物流发展的基础，也是物流进入智能化和智慧化的前提。由于视频、标签、编码等技术的广泛应用，使物流自动化成为现实，通过物流自动化能够扩大物流的作业能力，提高劳

第十二章 电子商务物流

动生产率，减少物流作业的差错等，从而更好地满足大规模电子商务物流的需求。物流自动化的设备十分多，如条码/语音/射频自动辨认系统、自动分拣系统、自动存取系统、自动导向车、货物自动跟踪系统等，目前这些技术和设备正逐步被运用到物流作业流程中。

（3）网络化　物流领域网络化的基础是信息化。网络化是电子商务物流活动的主要特征之一。这里的网络化有两层含义：一是物流配送系统的计算机通信网络，包括物流配送中心与供应商或制造商的联系都要通过计算机网络，另外与下游客户之间的联系也要通过计算机网络通信，如物流配送中心向供应商提供订单的过程，就可以使用计算机通信方式，借助增值网上的电子订货系统和电子数据交换来自动实现，物流配送中心通过计算机网络收集下游客户的订货过程也可以自动完成；二是组织的网络化，即企业内部网（Intranet）通常建立在一个企业或组织的内部并为其成员提供信息共享和交流等服务，如万维网、文件传输、电子邮件等。物流的网络化是物流信息化的必然，是电子商务下物流活动的主要特征之一。随着因特网等全球网络资源的可用性及网络技术的普及，物流网络化的发展态势不可阻挡。

（4）智能化　这是物流自动化、信息化的一种高层次应用，在物流作业过程大量的运筹和决策，如库存程度的确定、运输（搬运）途径的选择、自动导向车的运转轨迹和作业控制、自动分拣机的运转、物流配送中心运营管理的决策支持等问题都需要借助集成智能化技术才能解决。物流智能化贯穿于物流活动的全过程，随着人工智能技术、自动化技术、信息技术的发展，其智能化的程度将不断提高。它不限于库存水平的确定、运输道路的选择、自动跟踪的控制、自动分拣的运行、物流配送中心的管理等问题，随着时代的发展，也将不断地被赋予新的内容。

小案例

菜鸟"ACE"计划

国内最大的电商企业之一——阿里巴巴为了进一步扩大自己的投递领域，将物流的比拼押注在了新式工具上——智能车。在杭州举行的 2017 全球智慧物流峰会上，菜鸟网络发布了一项代号为"ACE"的未来绿色智慧物流汽车计划。

Asset（资产）：资产组织、运营方式的升级，重新定义物流车辆资产持有及其运营、管理方式。在此前，城市配送行业的车辆都是在司机个人手里，只有极小一部分由公司持有，车辆的利用率是极低的。目前，新能源物流车采用租赁模式，产生了新的商业模式，看到了效率提升的可能性。

Collaboration（协同）：全产业链生态合作。秉承生态协同、合作共享的理念，让所有参与方享受绿色红利和智能红利。通过全产业链生态的合作，引导或建议上游车企以及零配件供应商生产制造符合应用场景需要的车辆；同时，推进新能源物流车在城市配送中的发展。

End-to-End（端到端）：运输全链路大数据赋能。充分发挥菜鸟平台全链路大数据的能力，让绿色运输插上智慧的翅膀。

菜鸟网络总裁称，智能物流车将与上汽和东风汽车等合作商一起，利用菜鸟先进的大数据和算法优化快递线路。根据菜鸟的说法，作为试点项目的一部分，这款新型智能车已经在深圳和成都推出。该公司估计，在未来十年，该智能车的全面推广每年能够为整个物流行业节省 100 亿元。

（5）柔性化　柔性化本来是为实现"以顾客为中心"的理念而在生产领域提出的。早

现代物流学

在20世纪90年代,生产管理领域先后提出柔性制造系统、制作资源计划、企业资源计划以及供应链管理等柔性制造的概念和技术。这些概念和技术的实质是将生产、流通进行集成,根据需求组织生产,安排物流活动。在电子商务活动中,企业往往需要根据客户需求的变化来调整生产或配送过程,没有柔性化的电子商务物流系统是不可能达到目的的。因此,柔性化的物流正是适应生产、流通和消费的需求而发展起来的一种新型物流模式。这就要求物流配送中心要根据消费者需求"多品种、小批量、多批次、短周期"的特点,灵活组织和实施物流作业。

(6)物流透明化 随着5G、云计算、大数据、物联网、人工智能等新一代信息技术在物流领域的应用,物流可视化管理已成为现实,不同利益主体能够及时跟踪整个物流活动的全过程,这使整个物流过程更加透明化。物流客户可以通过电子商务信息平台随时了解对方物流服务的情况,保证全面掌控服务过程。

三、电子商务物流的模式

电子商务行业竞争的白热化,促使物流打破电子商务中的瓶颈环节,用科学合理的电子商务物流运作打造企业新的核心竞争力。为突出电子商务物流的特点,可按照电商物流服务的系统资源这条主线来划分,将电子商务物流模式分为以下四类:

(一)平台整合物流资源模式

利用智慧物流平台,搭建智慧物流骨干网,全面整合社会资源,建设服务于电子商务网购平台的智慧物流体系。这一模式是以轻资产模式为宗旨,以整合资源为手段,以数据驱动赋能为纽带,以智能仓储为网络节点,打造的社会化电子商务物流服务大系统。典型的案例就是菜鸟物流,如图12-2所示。

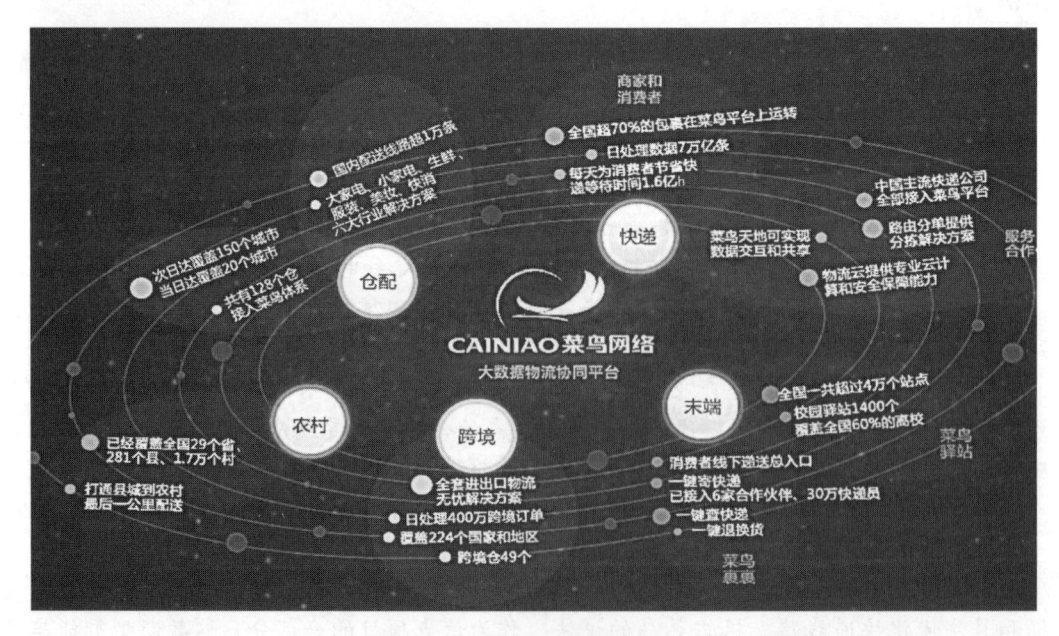

图12-2 菜鸟网络生态示意图

菜鸟物流基于阿里巴巴淘宝、天猫、新零售等电商平台的物流需求,联合多家快递企业、物流企业、物流技术服务企业,通过大数据驱动,以建设中国和世界智慧物流骨干网为目标,建立了基于数据驱动的社会化协同平台,力争实现全国任何地区电子商务物流配送 24h 达的目标。这一模式中,菜鸟重点把控的是:数据、技术和关键网络节点。在物流骨干网关键节点或物流枢纽,菜鸟也投资自建仓储物流中心,或租赁社会的仓储设施。在物流末端,菜鸟建设菜鸟驿站和社区自提柜,并投资了一些物流技术设备公司,推动物流自动化技术发展。

(二)平台自建物流体系模式

在全国各地以投资自建为主,搭建智慧物流服务体系。这是典型的重资产物流服务模式,虽然也有一些地区的物流仓储设施采用了租赁模式,但物流服务网络基本上是以投资自建为主。典型的案例是京东物流。

京东在全国建设了大量仓储设施作为智慧物流服务网络的节点,末端配送也以自营为主体,干线运输以社会资源为主体,也有部分自有车辆。在这种模式中,京东物流重点把控的是设施、技术和配送。以自建的物流基础设施为平台,结合自有的物流技术和装备,对接电子商务平台,提供高效快捷的物流配送服务。目前,这一系统也向社会开放共享,但运营主体不变,是典型的平台自建和运营的服务模式。

(三)电商物流服务外包模式

物流服务外包模式是指电商把物流配送服务外包给物流配送企业(主要是快递物流企业)的服务模式。中小商家一般都采用这种服务外包模式。淘宝最早采用的也是物流配送服务外包模式,与众多快递企业合作,接入淘宝平台,通过平台向商家推荐快递企业,企业选择将物流配送外包。

目前,很多专业的电商网购平台、中小规模的一般电商网购平台都采用这一服务外包模式。品牌商或生产制造企业的电子商务,在干线运输和仓库网点货物分拨的前端,一般外包给第三方物流公司或自营,在末端配送基本上都外包给快递企业。最近新崛起的拼多多电子商务平台也主要采用快递外包的模式。

(四)即时配送物流服务模式

即时配送物流服务模式是近几年外卖配送、新零售、电子商务物流等在配送末端推出的一种新的物流资源组织服务模式。即时配送物流服务模式主要是指不经过仓储网点周转,直接点对点配送的物流服务模式,其智能化的配送调度与管理平台是关键。目前,同城邻近区域的本地生活服务类电商一般都采用这种服务模式。

即时配送由本地餐饮电商服务兴起,随着新零售的快速发展,门店面向区域配送需求高速增长而快速发展,推动了物流配送末端服务的大变革。例如,即时配送与平台物流服务网络对接,推动了传统物流配送模式的变革;即时配送与门店之间的货物调拨对接,推动了末端供应链整合等。餐饮配送、个人和单位的区域小件配送、新零售的从门店向社区配送、区域内门店货物调拨均采用即时配送物流服务模式;部分快递企业和电子商务平台也发展即时配送与自身平台的智慧物流大系统对接,提高配送时效。

四、电子商务物流的作业流程

电子商务下的物流活动是一种电子物流(E-logistics),即利用电子化的手段,尤其是利用互联网技术来完成物流全过程的协调、控制和管理,实现从网络前端到最终客户端的所有中间过程服务,最显著的特点是各种软件技术与物流服务的融合应用。电子商务物流服务能够

现代物流学

为客户提供系统集成服务解决方案，使客户的客户订单管理、客户管理等前端服务与库存管理、运输管理等后端各项物流业务紧密结合起来。电子物流的后端业务包括六类主要的业务，其基础业务如图 12-3 所示。

（1）订单管理　此项业务包括接收订单、整理数据、订单确认、交易处理（包括信用卡结算及赊欠业务处理）等。在电子商务物流的订单管理业务活动中，需要通过复杂的软件应用来处理繁杂的业务环节。为了提高效率，订单管理业务包括：确认订单来源、支付处理、订单确认与处理。在这一切工作就绪之后，电子商务物流系统会对客户的订单进行格式化，并将订单发送到离客户最近的仓储中心。

（2）仓储与分拨　仓储与分拨中心主要有以下两个方面的业务：一是分拣。当仓储中心接收到订单后，就会根据订单内容承担起分拣、包装以及运输的任务。在这个阶段，有的电子商务物流服务提供商还会提供一些增值服务，如根据客户的特殊需求对物品进行包装等。二是存货清单管理。仓储与分拨中心同时负责存货清单管理以及存货的补给工作，并由电子商务物流服务系统进行监测。这种服务将会为制造商提供有效的库存管理信息，使制造商或经销商保持合理的库存。

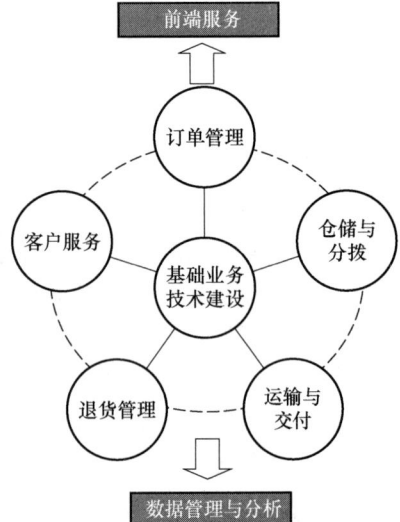

图 12-3　电子商务物流基础业务流程

（3）运输与交付　这一步骤包括对运输的全程管理，具体包括处理运输需求、设计运输路线、运输的实施等。这个过程同时还包括向客户提供通过互联网对货物运输状态进行实时跟踪的服务。电子物流服务提供商在提供运输与交付业务时，也会选择将该项业务向具有运输服务能力的第三方物流企业外包，如 DHL、FedEx、UPS、TNT 等。

（4）退货管理　退货管理业务承担货物的修复、重新包装等任务。这个过程需要进行处理退货授权认证、分拣可修复货物、处理受损货物等工作。

（5）客户服务　客户服务包括售前服务和售后服务，同时还包括对客户的电话、传真、电子邮件的回复等工作，处理的内容包括存货信息、货物到达时间、退货信息以及客户意见。

（6）数据管理与分析　对客户提交的订单，电子商务物流系统有能力对相关数据进行分析，产生一些深度分析报告；这些经过分析的信息可以帮助制造商以及经销商及时了解市场信息，以便随时调整目前的市场推广策略。这项服务同时也是电子商务物流服务提供商向客户提供的一项增值服务。

第三节　电子商务与物流管理的关系

物流是电子商务的重要组成部分，是电子商务得以顺利进行的关键。电子商务的发展为物流企业管理组织进行整合提供了技术支持。现代物流业如果把电子商务互联网思维作为未来主导的战略思想，就此形成虚拟或联合企业，就能实现优势互补，形成共享经济模式。上下游电子商务物流企业如果建立垂直一体化的网络组织，就会充分利用知识和信息共享来协调相互利益关系，实现业务流程再造及组织架构重建。

第十二章　电子商务物流

一、物流对电子商务的影响

（一）物流是电子商务概念模型的基本要素

电子商务概念模型是对现实世界中电子商务活动的一般抽象描述，它由交易主体、电子市场、交易事务和信息流、商流、资金流、物流等基本要素构成，如图12-4所示。

在电子商务概念模型中，交易主体是指能够从事电子商务的客观对象，它可以是企业、银行、商店、政府机构和个人等。电子市场是指交易主体从事商品和服务交换的场所，它由各种各样的商务活动参与者利用各种通信装置，通过网络连接成统一的整体。交易事务是指交易主体之间所从事的具体的商务活动内容，例如询价、报价、转账支付、广告宣传、商品运输等。电子商务中的任何一笔交易都包含着几种基本的"流"，即信息流、商流、资金流、物流。在电子商务下，信息流、商流、资金流的处理都可以通过计算机和网络通信设备实现，而物流作为四种"流"中最为特殊的一种，是指物质实体的流动过程，具体是指运输、储存、配送、装卸、保管、物流信息管理等各种活动。对少数商品和服务来说，可以直接通过网络传输的方式进行配送，如各种电子出版物、信息咨询服务、有价信息软件等。对大多数商品和服务来说，物流仍要经由物理方式传输。因此，物流是电子商务的基本组成要素之一，物流系统的效率高低是电子商务成功与否的关键。

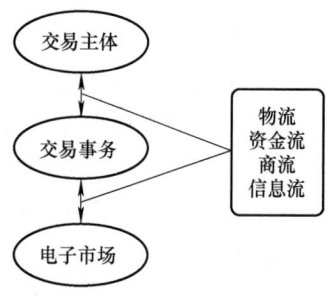

图12-4　电子商务概念模型

（二）物流是电子商务的强力支撑

物流在电子商务中的作用更为突出，网上交易对物流的依赖比传统商业活动对物流的依赖更强。

1. 电子商务物流是体现电子商务优势的重要条件

要达到电子商务增加贸易机会、降低贸易成本、提高企业效率的目的，必须在整个生产经营过程中保证物流的畅通、高效及低成本。否则，电子商务只能是高速公司与羊肠小道的对接，显示不出它的优势来。物流对电子商务优势的保障，是通过对生产的保障和商流的服务来实现的。

2. 物流效率是客户评价电子商务满意程度的重要指标

随着电子商务网站的增加，网上购物的选择余地变得越来越大。当不同的网站出售相同的商品时，在商品质量、款式、价格、支付方式完全相同的情况下，客户的选择取决于物流服务的承诺及其实现。这说明物流效率也是影响商流的因素。客户在某网站购物后，若迟迟不能收到自己所需的商品，除了抱怨之外，下次可能会换一家网站购物。这说明物流效率也是客户评价电子商务网站的重要指标。

二、电子商务对物流的影响

近几年来，随着电子商务环境的改善以及电子商务所具备的巨大优势，电子商务以惊人的速度发展。在这一发展过程中，人们发现作为支持有形商品网上商务活动的物流，已成为有形商品网上商务活动能否顺利进行和发展的一个关键因素。没有一个高效的、合理的、畅通的物流系统，电子商务所具有的优势就难以得到有效发挥；没有一个与电子商务相适应的物流体系，电子商务就难以得到有效的发展。电子商务活动对物流的影响主要表现在以下几个方面：

（一）电子商务将改变人们传统的物流观念

电子商务作为一个新兴的商务活动，为物流创造了一个虚拟性的运动空间。在电子商务状态下，人们在进行物流活动时，物流的各种职能及功能可以通过虚拟化的方式表现出来。在这种虚拟化的过程中，人们可以通过各种组合方式寻求物流的合理化，使商品实体在实际运动过程中实现效率最高、费用最省、距离最短、时间最少的功能。

（二）电子商务促进了物流需求的变化

1. 消费者的地区分布分散化

电子商务的客户可能在地理分布上是分散的，要求送货的地点不集中，物流网络并没有因特网那样广的覆盖范围，无法经济合理地组织送货。所以从节约配送成本出发，提供电子商务服务的公司也需要像有形店铺销售那样，对销售区域进行定位，对消费人群集中的区域提供物流承诺，或者对不同的销售区域采取不同的物流服务政策。在大城市，由于电子商务的普及，订货可能比较集中，适合按不低于有形店铺销售的送货标准组织送货，但对偏远地区的订单则要进行集货，送货期限肯定要比大城市长得多，那些地区的电子商务消费者享受的服务就会差一些。

2. 物流服务需求多功能化和社会化

电子商务物流要求企业提供全方位的服务，既包括仓储、运输服务，又包括配货、分发和各种客户需要的配套和增值性服务，使物流成为连接生产企业与客户的重要环节。电子商务物流要求把物流的各个环节作为一个完整的系统进行统筹协调、合理规划，使物流服务的功能多样化，更好地满足客户的需求。在电子商务条件下，特别是对小企业来说，在网上订购、网上支付实现后，关键的问题就是物流配送。如果它们完全依靠自己的力量来完成，肯定是力不从心的，特别是面对跨地区、跨国界的客户时，将显得束手无策。因此，物流的社会化也将是电子商务发展的一个重要趋势。

（三）电子商务将改变物流的运作方式

1. 电子商务可使物流实现网络的实时控制

传统的物流活动在其运作过程中，不管是以生产为中心，还是以成本或利润为中心，其实质都是以商流为中心，从属于商流活动，因而物流的运动方式是紧紧伴随着商流运动的。在电子商务下，物流的运作是以信息为中心，信息不仅决定了物流的运动方向，而且决定了物流的运作方式。在实际运作过程中，通过网络上的信息传递，可以有效地实现对物流的实时控制，实现物流的合理化。

2. 网络对物流的实时控制是以整体物流进行的

在传统的物流活动中，虽然也有依据计算机对物流进行实时控制的，但这种控制都是以单个的运作方式进行的。例如，在实施计算机管理的物流中心或仓储企业中，所实施的计算机管理信息系统，大都是以企业自身为中心管理物流的。在电子商务时代，网络全球化的特点可使物流在全球范围内实施整体的实时控制。

（四）电子商务将改变物流行业的经营形式

1. 电子商务将改变物流企业对物流的组织和管理

在传统经济条件下，物流往往是从某一企业来进行组织和管理的，而电子商务则要求物流从社会的角度来实行系统的组织与管理，以打破传统物流分散的状态。这就要求企业在组织物流过程中，不仅要考虑本企业的物流组织和管理，更重要的是要考虑全社会的整体系统。

2. 电子商务将改变物流企业的竞争状态

在传统经济活动中，物流企业之间存在激烈的竞争，这种竞争往往是依靠本企业提供优质服务、降低物流费用等来进行的。在电子商务时代，这种竞争内容虽然依然存在，但有效性大大降低了。原因在于，电子商务需要一个全球性的物流系统来保证商品实体的合理流动。对一个企业来说，即使它的规模再大，也是难以达到这一要求的。这就要求物流企业联合起来，在竞争中形成一种协同竞争状态，以实现物流高效化、合理化和系统化。

（五）电子商务将促进现代物流体系提质增效

1. 电子商务将促进物流基础设施的改善

电子商务高效率、全球性的特点，要求物流也必须达到这一目标。物流要达到这一目标，良好的交通运输网络、通信网络等基础设施是最基本的保证。

物流基础设施是组织物流系统运行的基础条件，包括公路、铁路、机场、港口、码头、货场、物流中心、仓库、物流线路、物流装备及物流网络等。物流要具备上述能力，必须以高效便捷、四通八达的交通运输网络、配送网络和信息网络为前提。

2. 电子商务将促进物流技术的提升

物流技术水平的高低是实现物流效率高低的一个重要因素，要建立一个适应电子商务运作的高效率的物流系统，加快提高物流的技术水平则有着重要的作用。

3. 电子商务将促进物流管理水平的提高

物流管理水平的高低直接决定和影响着物流效率的高低，也影响着电子商务高效率的实现问题。只有提高物流的管理水平，建立科学合理的管理制度，将科学的管理手段和方法应用于物流管理当中，才能确保物流的畅通进行，实现物流的合理化和高效化，促进电子商务的发展。

（六）电子商务对物流人才提出了更高的要求

电子商务不仅要求物流管理人员具有较高的物流管理水平，而且要求物流管理人员具有丰富的电子商务知识，并在实际的运作过程中能有效地将两者有机结合在一起。

第四节 电子商务环境下物流业发展的趋势

电子商务物流是实现商品交易必不可少的环节。随着电子商务平台之间竞争的加剧，只有持续进行模式创新和技术革新，电子商务平台及企业的物流运营水平才能得到不断提升，进而更好地服务市场、赢得市场。当前，电子商务物流发展主要呈现运营智能化、平台服务多元化、共享物流集约化、物流前置化以及跨境电商物流崛起等趋势。

一、运营智能化

未来，产品入库、出库、运输、搬运及交付等物流全过程，在人工智能技术的支持下，几乎均可实现无人化。例如，在城市人口集中度高的地方，将会广泛使用无人机、机器人等运输工具，以减少物流企业因交通堵塞带来的货物交付延迟的问题，也可缓解了大量人工驾驶的运输车辆对城市造成的交通压力。通过对住宅楼、写字楼等空间内的电梯进行智能化改造，通过电梯的控制系统与物流机器人的控制系统的数据接口对接，便于物流机器人畅通无阻地将货物快捷地送达收货人手中。还可以在一些大型商住区设立专用无人额，而头部快递企业为了巩固既有的市场优势地位，不得不采取跟随战略，这使原本白热化的电商快递价格战更加激烈。受此拖累，主要电子商务快递企业盈利均出现下降，基层网点与网络运行出现不稳定现象，行业陷入"增量不增质"的恶性循环。面对多年的价格战，行业主管部门开始加强监管力度，规范非理性竞争行为，客观上起到了市场趋稳的作用。但需要指出的是，行业正处在关键整合阶段，头部快递企业通过价格战实现市场出清，这一战略惯性仍在未来一段时间内发挥作用，这将对监管政策的实际影响效果发出挑战。

（六）绿色物流实践更加聚焦，成效明显

2020年，我国生态环境保护政策陆续出台，为我国电子商务物流绿色发展提供了基本路线。电子商务物流的绿色实践以绿色化、减量化、可循环为主要突破点，电子运单基本实现普及应用，有效控制电子商务包裹的二次包装率，可循环包装箱在部分电子商务物流企业得以探索推进，多场景、多品类、多路径逐步提升使用范围。

二、我国电子商务物流面临新的问题

"十四五"时期，我国物流业仍将处于重要战略机遇期，但机遇和挑战都有了新的变化，需要我们精准把握，提前谋划，做好准备。

（一）在新的监管环境下，全行业要对新时期、新环境所带来的挑战做好充分的思想和战略准备

近年来，国家层面和地方政府出台了一系列有关平台经济反垄断、禁止低价竞争、保障劳动者等方面的监管措施。这些监管措施会在未来相当长的一段时间内，对企业的经营活动和商业行为产生深远影响。当然，我们也注意到，行业正处于高位运行，市场需求依然旺盛，但市场竞争同质化现象比较普遍，为了适应新的监管环境而做出转型调整，企业将会面临合规趋势性压力和生存发展的双重挑战。越是在这个时候，全行业越要摒弃竞争思维、深入研究、提高政治站位、积极应对、调整节奏，尽快适应新发展阶段出现的新问题。中国物流与采购联合会将积极发挥行业社团组织协同共治的作用，和各位会员企业一道，加强行业自律，坚定信心，为营造良好的市场环境贡献力量。

（二）必须着力解决短板问题，更好地推动行业高质量发展

电子商务物流企业要在服务生产、服务国际、服务乡村振兴等关键领域提高供给能力，具备服务全领域的能力。同城即时配送企业要摆脱过度追求规模增长的惯性思维，苦练内功，提高精细化管理的能力，快速提升中小服务商的发展质量；充分发挥技术优势，优化从业者的作业环境；顺应消费升级，努力成为国家推动内循环、保障商品流通的主力军。

（三）碳达峰、碳中和目标的实现将对我国产业链、供应链带来一系列深刻调整

电子商务物流行业生态环保意识还较薄弱，主要表现为上游企业地位强势，部分物流企业生态环保压力不够，粗放发展方式尚未根本改变，全链条系统治理理念尚未统一，行业面临着成本制约与绿色环保的双重压力。依托技术创新，将双碳达标压力转化成为企业转型的动力，从而激发企业的创新，形成新的绿色竞争壁垒。

（四）坚守安全底线，统筹安全和发展两条线

2021年9月1日实施的《中华人民共和国安全生产法》提出，"管业务必须管安全、管生产经营必须管安全"，明确了企业经营管理者在安全生产中的职责。当前，电子商务物流企业的安全问题涉及面广，既有传统范畴中的消防安全、交通安全和经营安全，也有数据安全等问题。因此，全行业要牢固树立底线思维，完善风险预警机制，防范化解各类风险隐患。

第十二章 电子商务物流

三、我国电子商务物流的发展对策

（一）建设支撑电子商务发展的现代物流网络体系

围绕电子商务需求，构建统筹城乡、覆盖全国、连接世界的电子商务物流体系。依托全国物流枢纽承载城市、全国物流节点城市、全国流通节点城市和国家电子商务示范城市，完善优化全国和区域电子商务物流布局。根据城市规划，加强干支衔接型货运枢纽（物流园区）、公共配送中心、末端共同配送站建设；加快推进县、乡、村三级电子商务物流配送网络建设，打通农产品上行"最初一公里"和工业品下行"最后一公里"。探索"电商产业园+物流园"融合发展新模式，加强城际运输与城市配送的无缝对接，推动仓配一体化和共同配送，发展多式联运、甩挂运输、标准托盘循环共用等高效物流运作系统。加快国际重点市场海外仓的布局，补足货运航空等跨境物流短板，完善跨境电子商务物流服务网络，强化快速反应能力和应急保障能力。

（二）提高电子商务物流标准化水平

在快速消费品、农副产品、药品流通等领域，重点围绕托盘、商品包装和服务及交易流程，做好相关标准的制定、修订和应用推广工作，形成以托盘标准为核心，与货架、周转箱、托盘笼、自提货柜等仓储配送设施，以及公路、铁路、航空等交通运输载具的标准相互衔接贯通的电子商务物流标准体系。

（三）提高电子商务物流信息化水平

推动大数据、云计算、物联网、移动互联、二维码、RFID、智能分拣系统、物流优化和导航集成系统等新兴信息技术和装备在电子商务物流领域的应用。重点提升物流设施设备智能化水平、物流作业单元化水平、物流流程标准化水平、物流交易服务数据化水平和物流过程可视化水平。引导发展智慧化物流园区（基地），推动建立深度感知的仓储管理系统、高效便捷的末端配送网络、科学有序的物流分拨调配系统和互联互通的物流信息服务平台。鼓励和支持电子商务物流企业利用信息化、智能化手段，加强技术和商业模式创新，推动电子商务与物流的融合发展及良性互动。

（四）推动电子商务物流企业集约绿色发展

鼓励传统物流企业充分利用既有物流设施，通过升级改造，增强集成服务能力，加快向第三方电子商务物流企业转型；鼓励电子商务企业和生产企业将自营物流向外部开放，发展社会化第三方物流服务。支持具有较强资源整合能力的电子商务物流企业加快发展，鼓励整合利用社会分散的运输、仓储、配送等物流资源，强化信息技术的应用，注重技术创新，积极探讨新业态、新模式，做大做强，实现企业高质量发展，从而带动广大中小企业集约发展。支持电子商务物流企业推广使用新能源技术，减少排放和资源消耗，利用配送渠道回收包装物等，发展逆向物流体系。

（五）加快中小城市和农村电子商务物流发展

积极推进电子商务物流渠道下沉，支持电子商务物流企业向中小城市和农村延伸服务网络。结合农村产业的特点，推动物流企业深化与各类涉农机构和企业合作，培育新型农村电子商务物流主体。充分利用"万村千乡"、邮政等现有物流渠道资源，结合电子商务进农村、信息进村入户、快递"向西向下"服务拓展工程、农村扶贫等工作，构建质优价廉产品流入、特色农产品流出的快捷渠道，形成"布局合理、双向高效、种类丰富、服务便利"的农村电子商务物流服务体系。

（六）加快民生领域的电子商务物流发展

支持电子商务物流企业与连锁实体商店、餐饮企业、社区服务组织、机关院校等开展商品体验、一站式购物、末端配送整合等多种形式的合作。加快以鲜活农产品、食品为主的电子商务冷链物流发展，依托先进设备和信息化技术手段，构建电子商务全程冷链物流体系。支持医药生产和经销企业开展网上招标和统一采购，按照 GSP（《药品经营质量管理规范》）的要求，构建服务医药电子商务的网络化、规范化和定制化的全程冷链及可追溯物流体系，确保药品安全。

（七）构建开放共享的跨境电子商务物流体系

加快发展国际物流和保税物流，构筑立足周边、辐射"一带一路"、面向全球的跨境电子商务物流体系。鼓励有实力的电子商务物流企业实施国际化发展战略，通过自建、合作、并购等方式延伸服务网络，实现与发达国家重要城市的网络连接，并逐步开辟与主要发展中国家的快递专线。支持优势电子商务物流企业加强联合，在条件成熟的国家和地区部署海外物流基地和仓配中心。促进国内外企业在战略、技术、产品、数据、服务等方面的交流与合作，共同开发国际电子商务物流市场。

（八）加快对高端复合型人才的培养

一方面，政府要加快电子商务物流产学研场所的建设，以便研究活动顺利开展。另一方面，物流企业可采用企业培训、校企合作等形式加强人才培育。例如，可将内部培训外包给高校，优化培训质量；同时要通过多种渠道引进有应用经验的大数据人才，为现代物流的发展提供强大的智力支持。

总之，当今世界技术和产业都处于大发展的新时期，在国内大循环为主体、国内国际双循环相互促进的新发展格局下，全行业要努力推动物流业的高质量发展。服务以电子商务为代表的新经济，培育物流业的新优势，构建"新基建"，是一件光荣而艰巨的任务。在新消费、新趋势、新场景下，既要牢牢把握以新零售为代表的新消费、新场景带来的新机遇，也要发挥电子商务物流在服务构建新发展格局中的重要作用。

课 外 阅 读

菜鸟国际：构建领先的全球物流网络

"菜鸟已经成为全球新四大跨境包裹网络之一，日均处理跨境订单与全球三大快递巨头 FedEx、DHL、UPS 在同一梯队。"一位业内观察人士向《中国物流与采购》杂志如此点评菜鸟国际业务的迅猛发展。2020 年，菜鸟日均处理的跨境包裹已超过 400 万个。

一、为了"全球 72h 到达"的愿景

2020 年"双 11"，西班牙消费者在全球速卖通平台上购买的中国电视机，通过海外仓发货，下单后半天就送到了家中。这是如何做到的？"比起下单后从海外邮寄发货，动辄十天半个月的等待后才能收货，海外仓实现了在目的国提前备货、就近发货，很多覆盖区域能够实现 3 天送达。"菜鸟相关人士向《中国物流与采购》杂志介绍，近年来，菜鸟为"实现'全国 24h 到达，全球 72h 到达'的愿景，在底层和基础设施层面上大力投入（包括核心物流枢纽），大量布局海外仓，自建 eHub 物流枢纽，依托海外仓在全链路提供的服

第十二章 电子商务物流

务,继而提升了跨境物流效率。

在具体的建设方式上,除了全球范围内"广交朋友",菜鸟也在一些关键节点进行"自建"。比如,对整个网络运行效率和可持续非常关键的重要节点,如果单一快递或者物流公司无法完成,菜鸟就会重点投入。菜鸟需要在保障遍布全球大动脉的畅通和高效基础上,同时让网络上的毛细血管具备高度的灵活性,最终使整张网络更具稳定性。

显然,海外仓"单未下,货先行"的方式使其具备显著的时效优势。"接下来会和合作伙伴一起在全球建设海外仓,为消费者和商家提供普惠优质服务,搭建领先的全球化物流网络。"相关人士介绍。数据显示,从菜鸟海外仓发货的商品在春节前保持了本国配送3天、泛欧洲配送一周内的时效水平。

为应对春节期间迅速增长的跨境出口订单,提供更低成本与更高效率的跨境物流解决方案,菜鸟还推出了海外仓的前置仓——优选仓服务,为出口商家提供了一站式物流供应链的解决方案。例如,广州东莞的优选仓位于菜鸟出口物流华南最大枢纽之中,占地8000 m^2。自2020年10月底试运行以来,华南仓备货量已超百万,日发货单量增长逾100倍,服务近2000个出口商家。

二、"点线面,海陆空"全方位发力

从中国发往欧洲的包裹,是乘坐菜鸟从我国香港到比利时列日的包机,还是菜鸟从我国杭州到比利时列日的包机?落地比利时列日之后,是选择菜鸟航空转飞西班牙马德里,还是经菜鸟欧洲卡车网络去马德里?进入马德里之后是让西班牙邮政配送,还是让当地的商业快递公司配送?"包裹有多种不同的线路以及模式选择。"菜鸟基于人工智能技术的智能物流大脑,根据每条线路的包裹流速,海关、分拨中心等处理能力,以及处理成本等综合因素,进行智能决策,为每一件包裹选择兼具时效和成本的线路。

截至2020年年底,菜鸟在全世界已经布局6个特大核心物流枢纽,所运营的跨境仓库超过230个,包括保税仓和海外仓共计超过200万 m^2。同时,航空干线、铁路干线和海运的路线遍布全世界,其运营的跨境运输专线超过300条,月均使用航空货机超过200架次。此外,菜鸟在海关数字化清关能力上也做了重点投入,并在国内已实现整体秒级的通关基础上,将这项能力不断向外拓展和复制到其他国家。除中国外,菜鸟的物流核心系统(向全球卖家提供的数字化物流解决方案)已部署到全球15个国家。

由此可见,菜鸟国际已经具备了"点线面,海陆空"的多维度能力。对此,相关人士进一步解释,首先是"点",菜鸟已在全球布局了eHub、保税仓、中心仓、中转仓、海外仓、海外各国的自提点等跨境电子商务基础设施,并通过接入国外合作伙伴的自提资源,建立了覆盖欧洲、大洋洲等的末端自提网络,辐射西班牙、俄罗斯、波兰、澳大利亚等国家,为欧洲和大洋洲的消费者提供自提服务;其次是"线",菜鸟全球干线网络已经覆盖了全球200多个国家和地区,物流网络服务了全球速卖通75%以上的中小企业出口,并能提供"到港+运输+申报"的一条龙服务;最后是"面",菜鸟已经建立了欧洲卡车网络,覆盖德国、法国等欧洲国家,用于欧洲进出口业务。

在"海陆空"物流能力方面,菜鸟与合作伙伴共同运营海运、陆运和空运线路,在海外重点市场建立了具有区域影响力的本地化物流网络。公开资料显示,菜鸟物流全球合作伙伴包括新加坡、智利、西班牙等国的邮政,以及空桥、阿联酋、埃塞俄比亚等航空公司和中外运等物流公司。

三、为跨境物流降低成本

与国际快递给人"好用好贵"的印象不同,菜鸟跨境物流做到了"好用不贵"。目前,

现代物流学

为跨境包裹提供物流服务的产品主要有两种：一种是 UPS、FedEx、DHL 等提供的 50 美元 3~5 日达；另一种是邮政公司提供的 3~5 美元服务，但无法准确估计到货时间。

面对全球外贸环境，在我国构建新发展格局的背景下，一方面为了帮助中小企业以更低的成本参与国际贸易，另一方面也让国内消费者在全球购物中更快地收货和更好地体验，菜鸟全球物流网络立足中国的进口和出口，也在向其他国家提供 Global to Global 的服务。具体而言，根据不同的场景和细分市场提供的多样化跨境物流服务，包括全球包裹网络、全球供应链服务和全球货运网络。

一是跨境包裹服务，通过数字关务、干线包机、智能合单等创新，为全球速卖通等平台上的中小跨境卖家提供"5 美元 10 日达"等极致性价比的跨境包裹服务，帮助中小企业以低于市场 30%的物流成本参与国际贸易，配送范围覆盖 220 多个国家和地区。

二是全球供应链服务，可以为全球大型品牌提供海外头程、港到仓、保税仓和海外仓发货，以及清关和配送等全链路物流平台服务，并且全球 TOP20 城市可实现 5 日达。2019 年，菜鸟全球供应链通过提高效率、降低库存，帮助卖家节省 20%的整体供应链成本。当前，天猫国际、网易考拉等进口跨境电子商务平台超九成卖家使用菜鸟全球供应链服务。

三是全球货运服务，这是一项除了 B2C 的包裹投递和库存管理，菜鸟为客户提供的 B2B 服务，帮助卖家把库存从源头运到全世界。

（资料来源：原文详见 https://www.sohu.com/a/462283333_120868900，有删减）

◇ 复习思考题

1. 什么是电子商务？什么是电子商务物流？
2. 简述电子商务的特点和功能。
3. 按照电子商务应用的领域范围来划分，电子商务可分成哪几种类型？
4. 简述电子商务物流的特点。
5. 分析不同类型电子商务物流模式的区别与适用范围。
6. 简述电子商务与物流管理之间的关系。
7. 简述电子商务物流的发展趋势。
8. 在进行课外阅读后，请谈谈跨境电子商务与跨境电子商务物流之间的关系。

◇ 参考文献

[1] 刘长宝. 电子商务物流[M]. 北京：机械工业出版社，2018.
[2] 张泽，张秋霞，刘娟. 电子商务物流管理[M]. 北京：高等教育出版社，2019.
[3] 黎继子. 电子商务物流[M]. 北京：中国纺织出版社，2016.
[4] 杨萌柯，周晓光. 电子商务与快递物流[M]. 北京：北京大学出版社，2018.
[5] 董铁，张劲珊，赵立群. 物流电子商务[M]. 北京：清华大学出版社，2011.
[6] 商务部电子商务和信息化司. 中国电子商务报告（2020）[EB/OL].（2021-09-15）[2022-12-13]. http://dzsws.mofcom.gov.cn/article/ztxx/ndbg/202109/20210903199156.shtml.
[7] 物流指闻. 盘点一文读懂中国电商物流的 4 大商业模式[EB/OL].（2019-01-29）[2022-12-13]. https://www.headscm.com/Fingertip/detail/id/2768.html.
[8] 韩良晨. 电商物流发展趋势展望[J]. 中国国情国力，2020（3）：9-11.
[9] 崔中付. 新发展阶段下，我国电商物流的新特征和面临的新问题[J]. 物流技术与应用，2021（11）：58-59.

第十三章 绿色物流

本章学习目标

了解绿色物流产生的原因,掌握绿色物流产生的理论基础和绿色物流的概念,理解发展绿色物流的经济效益;掌握绿色物流系统的构成,了解绿色包装、绿色运输、绿色流通加工、绿色仓储等基本概念,理解绿色物流系统的特征;了解基于产品生命周期的绿色物流运作模式和基于供应链的循环物流系统运作模式。

引例

夏普公司的绿色物流实践

夏普公司是创始于日本的一家电子电器公司。作为国际知名的大企业,夏普公司为了实施自己的绿色工程,制定并通过了"Green Initiative"计划。该计划为公司的产品设计、制造以及运输等建立起一个持续性的管理框架。鉴于该管理框架设计内容的广泛性,这里只选择其中的绿色包装与绿色运输这两项内容来展开分析。

在绿色包装行动方面,夏普公司着重关注以下几项工作:一是对相关的包装材料进行再生设计。这方面,公司主要开发并使用了纸板制造的缓冲材料来取代不易降解的普通塑料。二是实现包装材料的重复使用。这方面,公司将可反复使用的安全气袋作为包装袋减震衬垫的做法在实践中取得了相当好的效果。三是创新设计一些易于重复使用的包装箱结构。四是推行包装材料的环境标识,以真正响应政府部门提出的"促进资源有效利用"的法规政策。

在绿色运输实践方面,夏普公司在以下几方面进行了许多尝试:首先,积极将自己的运输方式向铁路运输模式转移。据统计,夏普公司通过铁路运输的集装箱每月即达311标箱,这样大约能有效减少131t二氧化碳的排放。此外,公司还将普通使用的5t型的集装箱改装成了10t重量的铁路集装箱;同时,还将船舶运输与铁路运输进行了很好的组合。其次,推广并使用低污染的车辆。夏普公司仅一年就淘汰了98%的燃料机动叉车。再次,采取切实措施以消除发动机的空转等待现象。为此,夏普公司一边在货车上广泛张贴相关的标语与海报,一边对驾驶员进行环境保护方面的知识宣传和观念培养。最后,尽量降低总的运输量,并借此切实提高物流效率。为此,夏普公司既注重提高一次运输的装载率,尽量实现满载行驶;同时,重视提高从制造厂的直接转运量和减少中间转运量。实践证明,这些措施均在具体应用中收到了良好效果。

党的二十大报告提出,大自然是人类赖以生存发展的基本条件。尊重自然、顺应自然、保护自然,是全面建设社会主义现代化国家的内在要求。必须牢固树立和践行绿水青山就是金山银山的理念,站在人与自然和谐共生的高度谋划发展。我们要推进美丽中国建设，坚持山水林田湖草沙一体化保护和系统治理，统筹产业结构调整、污染治理、生态保护、应对气候变化，协同推进降碳、减污、扩绿、增长，推进生态优先、节约集约、绿色低碳发展。推动经济社会发展绿色化、低碳化是实现高质量发展的关键环节。加快推动产业结构、能源结构、交通运输结构等调整优化。实施全面节约战略，推进各类资源节约集约利用，加快构建废弃物循环利用体系。完善支持绿色发展的财税、金融、投资、价格政策和标准体系，发展绿色低碳产业，健全资源环境要素市场化配置体系，加快节能降碳先进技术研发和推广应用，倡导绿色消费，推动形成绿色低碳的生产方式和生活方式。

绿色物流是一种融合了环境保护观念的物流决策模式，是连接绿色制造和绿色消费的纽带，也是企业降低资源和能源消耗、减少污染、提高竞争优势的一项具有长远利益的战略选择。

第一节 绿色物流概述

绿色物流也称为环保物流，以降低对环境的污染、减少资源消耗为目标，利用先进物流技术规划和实施的运输、储存、包装、装卸、流通加工等物流活动，连接绿色供给主体和绿色需求主体，克服空间和时间的阻碍。目前，绿色物流仍属于一个全新的概念，还缺乏成熟的理论体系，但是它显示出来的经济、社会、环境价值却是巨大的。

一、绿色物流产生的原因

随着世界经济的不断发展，人类的生存环境也在不断恶化，能源危机、资源枯竭、生态系统失衡等问题日益严重。在人们认识到生态环境保护的意义后，可持续发展成为热门话题，绿色消费运动在世界各国兴起。一时间，"绿色浪潮""绿色食品""绿色标志""绿色营销"等名词先后出现。伴随着绿色革命在生产、消费、流通领域的蓬勃发展，绿色物流也应运而生，并且逐渐成为 21 世纪物流管理的新方向。

（一）物流系统中日益突出的环境问题

众所周知，尽管物流系统中的信息系统对环境影响很小，但操作系统中的运输、保管、搬运、包装、流通加工等作业对环境均有一定的负面影响。例如，运输作业中的交通运输工具的燃料能耗、有害气体的排放、交通拥挤、噪声污染、运输商品的损坏或泄漏及运输业务发展导致道路面积的增加等；保管过程中某些化学养护方法（如喷洒杀虫剂、杀菌剂）的使用、冷藏设备制冷剂的使用及特殊商品（如易燃、易爆、化学危险品等）因保管不当而对周边环境造成的污染和破坏；搬运过程中的噪声污染，因搬运不当或商品本身因素而破坏商品实体，造成资源浪费和环境污染等；在包装作业中，不易降解、可耗竭资源型包装或不可再生资源材料的使用、过度包装或重复包装、非标准化包装及不合理包装等均可能影响生态平衡，造成环境污染；流通加工过程中的资源浪费或过度消耗及加工过程中产生的废气、废水和废固体物的污染。

随着物流业的快速发展，各行业对物流需求量的增加，这些负面影响也越来越大。为了充分发挥物流对经济的积极拉动作用，减少负面影响，必须从环境角度对物流系统进行改进，以形成一个与环境共生的现代综合物流系统——绿色物流系统。

（二）绿色物流是社会经济可持续发展的必然要求

社会的可持续发展需要有经济可持续发展作为基础，而物流是经济发展的物质保障。

第十三章　绿色物流

绿色物流作为可持续发展的一个重要环节，与绿色制造、绿色消费共同构成了一个节约资源、保护环境的绿色经济循环系统。绿色物流与绿色制造和绿色消费之间是相互渗透、相互作用的。绿色制造是实现绿色物流和绿色消费的前提，绿色物流可以通过流通对生产的反作用来促进绿色制造，通过绿色物流管理来满足和促进绿色消费，提高物流对生产和消费的服务水平。从整个社会发展的角度看，发展绿色物流还将有助于建立循环型社会经济系统。

二、绿色物流产生的理论基础

绿色物流的理论基础包括可持续发展理论、生态经济学理论、生态伦理学理论和循环经济理论。

（一）可持续发展理论

1987年，联合国世界环境与发展委员会把研究长达4年、经过充分论证的报告《我们共同的未来》(Our Common Future)提交给联合国大会，正式提出了可持续发展(Sustaining Development)的模式。根据国内外理论研究成果和对实践经验的总结，可持续发展具有深刻而又广泛的内涵。这里的"发展"既不是单纯的经济持续发展或社会持续发展，又不是单纯的生态持续发展。这里的"可持续"指的是以人为中心的"自然—社会—经济"复合系统，在不超越资源与环境承载能力的条件下，促进经济可持续发展，保持资源永续利用，不断提高生活质量，既满足当代人的需求，又不损害后代人的利益。这一基本概念表明，完整意义的可持续发展应当是可持续经济、可持续生态和可持续社会三个方面的和谐统一，是一个含义内容极为广泛的概念。经济可持续发展鼓励经济持续增长，因为经济增长是国家实力和社会财富的体现，它既为提高人民生活水平及其质量提供保障，也为可持续发展提供必要的人力和财力。但是没有了生态的可持续，没有社会的稳定，就没有经济的可持续发展。这就要求我们在追求经济发展时，必须注意保护环境，使人类的发展保持在地球的承载能力之内；同时强调社会公平，创造一个保障人人平等、自由和免受暴力，保障人人有受教育权和发展权，保障人权的社会环境。

将可持续发展应用于现代物流管理活动中，就是要求从环境保护的角度对现代物流体系进行研究，形成一种与环境共生的综合物流系统。这种物流系统建立在维护全球环境和可持续发展的基础上，改变原来发展与物流、消费生活与物流的单向作用关系，在抑制物流对环境造成危害的同时，形成一种能促进经济与消费健康发展的物流系统，即向现代绿色物流转变。

（二）生态经济学理论

西方生态经济学的出现是以国际生态经济协会(International Ecological Economy Promotion Association)的创立和《生态经济》杂志的创刊为标志的。生态经济学是指在研究社会生产和再生产过程中，经济系统与生态系统之间的物流循环、能量转化和价值增值规律及其应用的科学。生态经济学所关心的问题是当前世界面临的一系列紧迫问题，如可持续性、酸雨、全球变暖、物种灭绝和财富的分配等。它的研究对象为生态经济系统。它研究生态系统和经济系统相互作用、相互渗透的规律，以谋求人口、经济与环境的协调发展。

经济效益涉及目前与人类更密切相关的局部利益，而环境效益关系人类更宏观长远的利益，两者是对立统一的，前者是后者的经济表现形式，而后者是前者的自然基础和物质源泉。然而，传统的物流管理没有处理好两者的关系，过多地强调了经济效益，而忽视了环境效益，导致社会整体效益下降。现代绿色物流的出现较好地解决了这一问题。以生态经济学的原理为指导，绿色物流注重物流中的经济行为、经济关系和规律与生态系统之间的相互关系，以谋求在生态平衡、经济合理、技术先进的条件下生态与经济的最佳结合以及协调发展。

（三）生态伦理学理论

生态伦理学是随着环境科学的研究扩展而产生的。环境科学要求人们必须从人类生存和发展的高度，对开发自然和利用自然做出是否合乎人道主义的评价，这就涉及道德评价的问题。生态伦理学把伦理道德的研究从人与人之间的关系扩大到人与自然之间。只有维持生态平衡，才能使人与自然和谐一致，才是符合道德的。人类应依据一定的道德标准对自身的道德活动进行道德评价，并选择正确的生态伦理行为。人类应该做到环保的道德自觉。

生态伦理学的主要特征是把道德对象的范围从人与人、人与社会关系的领域，扩展到人与生命和自然界关系的领域，主张不仅对人讲道德，而且对生命和自然界讲道德。它使人们对物流中的环境问题进行深刻反思，从而产生了一种强烈的责任心和义务感。为了子孙后代的切身利益，为了人类更健康和安全地生存与发展，人类应当维护生态平衡。这是不可推卸的责任，是人类对自然应尽的义务。现代绿色物流管理正是从生态伦理学取得了道义上的支持。

（四）循环经济理论

循环经济（Circular Economy）是物质闭环流动型经济的简称，是一种"资源—产品—再生资源—再生产品"的反馈式或闭环流动的经济形式，是人类按照自然生态系统物质循环和能量流动规律建构的经济系统，其宗旨就是保护日益稀缺的环境资源，提高环境资源的配置效率。它把清洁生产、资源综合利用、生态设计和可持续发展消费等融为一体，运用生态学的规律来指导人类社会的经济活动，强调在保护生态环境和自然物质资源的前提下，合理地改造自然，创造物质资料。

首先，循环经济是一种非线性的闭环式经济系统。它改变了传统的思维方式、生产方式和生活方式，要求政府在产业结构调整、科学技术发展、城市建设等重大决策中，综合考虑经济效益、社会效益和环境效益，减少资源与环境的损耗，促进经济、社会和自然的良性循环。

其次，循环经济是一种环境友好型经济模式，通过延长产品的使用寿命来降低资源流动的速度；通过对资源的集约使用，达到某种规模效应，从而减少分散使用导致的资源浪费。循环经济通过这两条途径来提高资源和能源的利用率，最大限度地减少废物排放，充分体现自然资源与环境的价值。

循环经济要求人类在生产和消费的所有领域都能做到物尽其用，不给环境造成危害，为传统工业经济转向可持续发展经济提供了新的理论范式，也为绿色物流系统的建立和运行提供了又一理论基础。绿色物流要实现对正向物流过程和逆向物流过程的环境管理，也必须以物料循环利用、循环流动为手段，提高资源的利用效率，减少污染物的排放。

三、发展绿色物流的经济效益

（一）发展绿色物流的社会效益显著

发展绿色物流将对社会发展产生积极正面的效应，因为绿色物流的发展是基于节约资源、保护环境理念上的。因此，发展绿色物流是有利于社会经济可持续发展的战略措施。这主要体现在以下两个方面：第一，对生态保护的作用显著。随着人类社会的不断进步与发展，人类对生态环境的破坏也日益严重。长期以来，人类一方面掠夺式地对自然资源进行过度开采和利用，另一方面又不断地将各种污染与垃圾排放到自然空间，使人类面临着严重的生态问题，生存也受到威胁。物流活动与人们的生产和生活密不可分，在人类生产、生活中扮演重要的角色。解决物流中的环境问题，对生态环境保护有重要作用。绿色物流正是站在长远、全局的高度来协调物流与生态之间关系的重要模式。第二，对人类社会可持续发展的效益显著。可持续发展是指既满足当代人的需要，又不损害后代人满足其需要的能力的发展模式。在物流实施环节中，不可避免地会消耗各种能源、物资，并对环境产生压力。绿色物流作为一种可持续的生产和消费模式，正是依据可持续发展理论，形成了物流与环境之间相辅相成的互动关系，实现了物流与环境的共生，进而促进了现代物流的跨越式发展。

（二）发展绿色物流为企业带来的经济效益显著

企业实施绿色物流战略，不仅对环境保护和社会的可持续发展具有重要的意义，也会给企业带来巨大的经济效益。实践证明，绿色物流是有价值的。这种价值不仅体现在外部的社会效益上，还体现在内部的经济价值上。绿色物流的社会效益首先表现为一种节约资源、保护环境的理念，因此，实施绿色物流管理是一项有利于社会经济可持续发展的战略措施。对企业而言，实施绿色物流管理战略将给企业带来明显的社会价值，包括良好的企业形象、企业信誉、企业责任等。这将有助于企业赢得公众的信任和消费者的喜爱，从而获得更多的市场竞争优势，并给企业的发展带来新的机遇，这也是很多跨国公司非常关注公益事业、关注社会问题的根本原因。其次，实施绿色物流管理的企业更容易获得一些环境标准的认证，如 ISO 14000 环境管理体系，从而在激烈的市场竞争中占据优势。越来越多的国家和政府部门已经意识到环境保护的价值和意义。严格的环境标准，一方面将迫使企业选择更加环保的物流方式，另一方面也将迫使企业更加有效地利用资源，从而降低成本，提升竞争力。因此，我们不能只看到解决环境问题时需要的实际成本的一面，也应该认识到环境方面的改善会给企业带来更多的经济机遇和参与国际市场的机会，带来巨大的实实在在的经济效益。发达国家的最新研究和实践表明，一个在环境绩效方面表现良好的企业通常也具有良好的盈利表现。

实施绿色物流管理为企业创造的经济价值具体体现在以下三个方面：首先，绿色物流有利于树立良好的企业形象，使企业更容易获得股民和其他投资者的青睐；其次，企业通过对资源的节约利用，对运输和仓储的科学规划和合理布局，将大大降低物流成本，降低物流过程中的环境风险成本，从而为企业拓展利润空间；最后，资源的回收、重复使用等举措可以降低企业的原材料成本，提升客户服务价值，增强企业竞争优势。

四、绿色物流的概念

绿色物流是近几年提出的一个新概念，目前还没有完全成熟的定义。由布鲁尔（Brewer）、巴顿（Patton）和亨合尔（Henschel）合著的《供应链管理和物流手册》一书中，认为由"绿色"（Green）和"物流"（Logistics）组合在一起的"绿色物流"（Green Logistics）一词，代表着与环境相协调的高效运输配送系统。美国逆向物流执行委员会（Reverse Logistics Executive Council，RLEC）在研究报告中对绿色物流的定义是：绿色物流是一种对物流过程产生的生态环境影响进行认识并使其最小化的过程。丹麦出版的，由比约恩·N. 彼得森（Bjorn N.Petersen）和帕尔·彼得森（Palle Petersen）合著的《绿色物流》*Green Logistics* 对绿色物流的定义是：绿色物流就是对正向物流（Forward Logistics）和逆向物流（Reverse Logistics）的生态管理（Eco-management）。从国外不同学者的定义可以看出，绿色物流实际上是一个内涵丰富、外延广泛的概念，凡是以降低物流过程的生态环

现代物流学

境影响为目的的一切手段、方法和过程都属于绿色物流的范畴。

在国内，随着加入 WTO 以来国际贸易的日益增多，国内企业不仅面临同类国际企业的产品质量竞争，还将面临有关的环境贸易壁垒。国内少数企业及学者已经在绿色生产、绿色包装、绿色流通、绿色物流等方面进行了有意义的探索，认为绿色物流是指在运输、储存、包装、装卸、流通加工等物流活动中，采用先进的物流技术、物流设施，最大限度地降低对环境的污染，提高资源的利用率的过程。《物流术语》（GB/T 18354—2021）对绿色物流的定义是："通过充分利用物流资源、采用先进的物流技术，合理规划和实施运输、储存、装卸、搬运、包装、流通加工、配送、信息处理等物流活动，降低物流对环境影响的过程。"

（一）绿色物流的行为主体有很多个

绿色物流的行为主体主要是专业物流企业，同时也涉及产品供应链上有关生产企业和消费者、不同级别的政府和物流行政主管部门等。在产品生命周期的每一个阶段，都不同程度地存在着环境问题。专业的物流企业对运输、包装、储存等物流作业的绿色化负有责任和义务；制造企业既要设计绿色产品，又要与供应链上其他企业协同起来制定绿色物流战略；各级政府和物流行政主管部门在推广与实施绿色物流战略中有着不可替代的作用。

（二）绿色物流的最终目标是可持续发展

不同于一般的物流活动，绿色物流的最终目标是可持续发展，实现该目标的准则是经济利益、社会利益与环境利益的统一。一般物流活动的最终目标是追求某一主体的经济利益最大化，通过实现物流企业的盈利、满足客户需求和扩大市场占有率来获取。绿色物流的目标则是在上述经济利益目标之外，还追求节约资源、保护环境这一既具有经济属性，又具有社会属性的目标。

（三）绿色物流是一个多层次的概念

绿色物流既包括企业的绿色物流，又包括社会对绿色物流的管理、规范和控制。从绿色物流的范围来看，它既包括各个单项的绿色物流功能要素（如绿色运输、绿色包装、绿色储存等），还包括为实现资源再利用而进行的废弃物循环物流。因而，绿色物流至少还应该从两个层次来定义：一是微观层次，二是宏观层次。在微观层次，绿色物流从物流活动的开始就注意防止环境污染，以先进的设施和科学管理为手段，在运输、储存、装卸、搬运、包装、流通加工、配送、信息处理等功能要素中实现节能、降耗以及减少环境污染，并由此实现盈利目的。在宏观层次，绿色物流旨在通过对城市、区域乃至全国的产业布局、人口布局进行合理规划，适当调整，尽量减少重复的物流活动，降低总的物流发生量；提倡环境友好的物流技术，用健全的标准体系来规范物流企业的环境行为，建立绿色物流评审制度，从技术和管理上抑制物流对环境的影响，大力发展废弃物物流，使之规范化、产业化，最终实现物流与经济、社会的协调和可持续发展。

第二节 绿色物流系统

一般物流系统的运行需要大量的人力、财力、物力、信息投入，通过各项物流功能要素，在实现物流效益、服务、信息的同时，还会对环境产生污染排放。物流系统要在社会经济大系统中可持续发展，需要构建降低物资消耗、减少环境污染的绿色物流系统。

第十三章　绿色物流

一、绿色物流系统的构成

一般来说，包装、运输、装卸、流通加工和仓储是物流系统最基本的五个功能环节，也是物流系统绿色化的基本内容。在五个功能环节中，包装、运输、流通加工和仓储对环境的影响较大，因此绿色物流系统的功能要素主要由绿色包装、绿色运输、绿色流通加工和绿色仓储构成。

（一）绿色包装

《物流术语》（GB/T 18354—2021）对绿色包装的定义是："满足包装功能要求的对人体健康和生态环境危害小、资源能源消耗少的包装。"按照包装的构成，绿色包装可进一步分解为绿色包装材料、绿色包装方式和绿色包装作业过程三个方面。绿色包装方式可以从简量化的、可重复利用的、模数化的包装结构等途径实施。按照包装产品生命周期的观点，绿色包装包括绿色包装设计、绿色包装生产、绿色包装使用和包装回收再利用等。绿色包装的构成如图 13-1 所示。

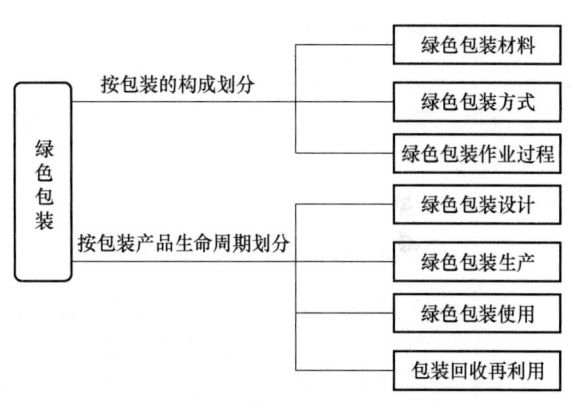

图 13-1　绿色包装的构成

（二）绿色运输

绿色运输是指以节约能源、减少废气排放为特征的运输。绿色运输是绿色物流的一项重要内容。根据运输环节对环境影响的特点，运输绿色化的关键原则就是降低货车在道路上的行驶总里程。围绕这一原则的绿色运输途径有多种：①绿色运输方式，即结合其他几种运输方式（如复合一贯制运输方式），尽量采用铁路、海运等环保运输方式，降低公路运输的比例；②环保型运输工具，主要针对的是货运汽车，采用节能型的或以清洁燃料为动力的汽车；③绿色物流网络，即合理配置配送中心，构建路程最短的、最合理的物流运输网络，以便减少无效运输；④绿色货运组织模式，是指在城市货运体系中，通过组织模式的创新（如共同配送），制订合理的配送计划，提高运输效率，降低货车出动次数、行驶里程、周转量和货损量，去除多余的交错运输等。

小案例

贝克啤酒厂的环保运输

船舶运输是贝克啤酒厂出口业务的最重要的运输方式。贝克啤酒厂毗邻不莱梅港，是其采取海运的最大优势。凭借全自动化设备，标准集装箱可在 8min 内罐满啤酒、15min 内完成一切发运手续。每年，贝克啤酒厂通过海运方式发往美国一地的啤酒就达 9000TEU（为货柜容量的计算基础）。之所以选择铁路运输和海运方式，贝克啤酒厂解释为两个字：环保。欧洲乃至世界范围陆运运输的堵塞和污染日益严重，贝克啤酒厂选择环保的方式，不仅节约了运输成本，还为自己贴上了环保的金色印记。

（三）绿色流通加工

流通加工具有较强的生产特性，对环境的影响主要表现在：分散进行的流通加工过程能源利用率低，产生的边角余料、排放的废气、废弃物等污染周边环境，还有可能产生二次污染等。归根结底，流通加工对环境产生影响的关键原因有两点：一是分散进行；二是流通加工中心的选址不合理。因而绿色流通加工实施的途径主要有两条：第一，专业化集中式流通加工，以规模作业方式提高资源的利用效率，如饮食服务业对食品进行集中加工，以减少分散烹调所带来的能源消耗和空气污染；第二，流通加工废料的集中处理，与废弃物物流顺畅对接，降低废弃物污染及废弃物物流过程的污染，如流通部门对蔬菜集中加工，可减少居民分散加工产生的垃圾丢弃及相应的环境治理问题。

（四）绿色仓储

绿色仓储是指要求仓库布局合理，以减少运输里程、节约运输成本。如果仓库布局过于密集，会增加运输的次数，从而增加能源消耗，增加污染物排放；如果布局过于松散，则会降低运输的效率，增加空载率。此外，仓库建设前还应当进行相应的环境影响评价，充分考虑仓库建设和运营对所在地的环境影响。例如，易燃、易爆商品仓库不应设置在居民区，有害物质仓库不应设置在重要水源地附近等。

二、绿色物流系统的特征

从系统论的角度看，绿色物流系统主要有以下几个特征：

（1）开放性　绿色物流系统由多个要素构成，其内部各要素之间、系统与外部大环境之间不断地进行着物质、能量和信息的交换，并且以"流"的形态贯穿其间，从而形成一个动态的、系列的、层次的、具有自我调节和反馈能力的相对独立体系。正是通过"流"，物流系统才得以维持自身的发展。只有通过"流"，才能识别绿色物流系统的动态特征和演化规律，才能评判、比较和推断不同系统的优劣。开放性的另一个体现就是绿色物流系统内部要素之间存在着协同与竞争的复杂关系。

（2）时域和区域性　绿色物流系统内部要素贯穿于产品的生命周期全过程，包括从原材料供应、生产内部物流到产成品分销、报废、回收等整个过程。此外，绿色物流系统总是有一定的空间范围，也就是说当讨论物流业发展和物流业的绿色化发展时，总是将它放在特定的空间去考察。区域作为某种特定范围的地域综合体，有其特定的自然、社会、经济、生态环境等要素，也有其固有的形成、发展和演化机制，一个区域的社会经济活动必须遵循其固有的基本规律。因此，绿色物流系统也必须考虑区域这一基本特征。按照区域范围的大小，绿色物流系统可以划分为社会物流系统和城市物流系统，而企业物流是社会物流系统和城市物流系统的基本组成部分。

（3）多环节性　绿色物流系统也就是物流系统的绿色化，既包括物流系统的绿色状态，也包括为使物流系统变得"绿色"所进行的调整和行动过程。由于绿色物流系统的多环节特点，不管是哪种物流，都应该包括绿色包装、绿色运输、绿色流通加工、绿色仓储等功能环节。

（4）层次性　层次性表现在绿色物流系统本身可以分解为若干子系统，各子系统还可以进一步分解为更小的子系统。绿色物流系统的层次性有不同的体现。按照对绿色物流系统管理和控制的主体划分，可分为社会决策层、企业战略层和企业作业层三个层次的绿色物流活动。其中，社会决策层的职能是通过制定绿色物流方面的政策、法规、标准，传播绿色理念、约束和指导企业的绿色物流战略；企业战略层的任务则是从战略高度，与供应链上的其他企业协同，共同规划并管理企业的绿色物流系统，建立有利于资源再利用的循环物流系统；企业作业层的绿色物流活动主要是指物流作业环节的绿色化，如运输的绿色化、包装的绿色化、流通加工的绿色化、仓储的绿色化等。按照绿色

第十三章 绿色物流

物流系统的考察范围划分，可分为社会宏观物流的绿色化、城市物流的绿色化和企业物流的绿色化三个层次。城市物流系统包含了企业物流，而社会宏观物流系统又包含了城市物流。所有这些物流子系统又都是由绿色包装、绿色运输、绿色流通加工、绿色仓储等功能环节构成的。

第三节 绿色物流运作模式

一、基于产品生命周期的绿色物流运作模式

基于产品生命周期的环境管理是可持续发展的必然要求。一般的企业环境管理往往只注重产品生产过程的污染防治。实际上，在产品的整个生命周期，重大的环境压力往往与原材料开采和产品的使用阶段有着密切关系。在产品全生命周期的物流过程中，对环境的危害不可忽视。因此，绿色物流系统的特点要求企业必须从产品全生命周期的范围进行企业物流的绿色化管理。

（一）产品的全生命周期管理

产品从原材料开采或原材料供应开始，经过加工、产品制造、包装、运输和销售，经消费者使用、回收直至最终废弃处理，这一整个过程称为产品的全生命周期。产品在生命周期的不同阶段，物料及其信息从一个企业（或部门）向另一个企业（或部门）流动，或者按照一定的工艺流程要求，在不同车间进行流转。因此，在产品的全生命周期，不断伴随着企业之间、部门之间以及企业内部的物料流动和相伴随的信息流动。在产品全生命周期各阶段以及各阶段之间的物流过程、各阶段内部的物流过程中，还会排放各种废物，如废气、废水、固体废弃物、噪声等，这反映了产品在全生命周期对环境的负面影响。

（二）绿色化运作过程

为响应可持续发展战略，企业应该从产品原材料或零部件的采购阶段开始，制定物资供应物流的绿色化、生产物流的绿色化、销售物流的绿色化、产品回收及废弃物处置的绿色化策略，构建一个物料循环流动系统，如图 13-2 所示。

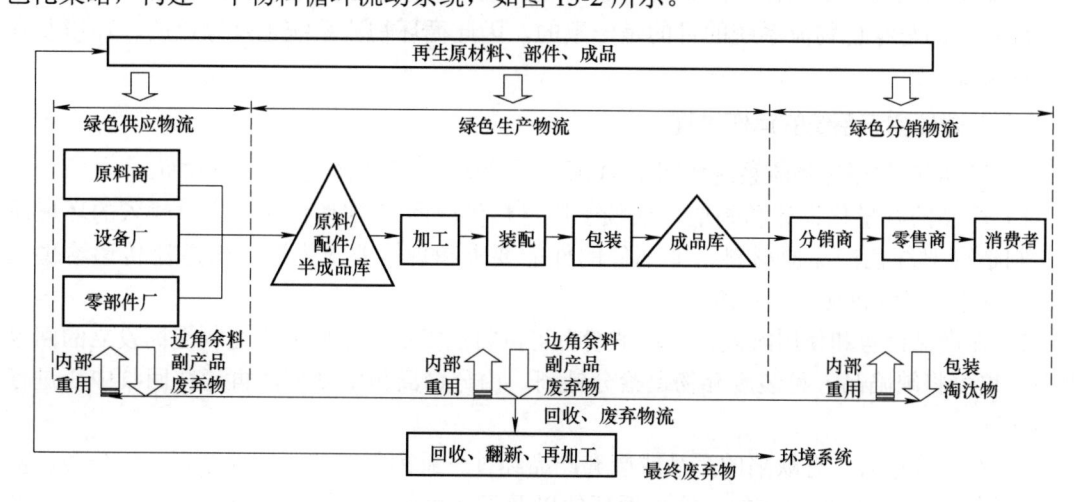

图 13-2 基于产品生命周期的绿色物流系统

以产品制造商为核心,其绿色物流系统的运作过程如下:

1) 制造商经过对供应商的评估,选择出绿色供应商。供应商将由自然资源、能源和人力资源转化而来的原材料和配件送到生产企业。

2) 企业经过对产品的绿色设计、绿色制造、绿色包装,形成最终的绿色产品。

3) 生产过程中的边角余料、副产品、废弃物等,直接进入内部回收系统,尽量做到维修后再利用,避免最终废弃物的产生。

4) 产品被制造出来后,经过企业的绿色分销渠道,交给第三方物流企业进行专业化的运输和配送。

5) 企业的分销系统规划必须考虑产品退货、产品召回以及报废后的回收和处理要求,并制定相应的运行策略。

总之,企业既要从整体上把握物流绿色化的策略和途径,又要从物资供应、产品生产、分销、回收等环节实现物流的绿色化,即从产品生命周期实现物流的绿色化,这是企业实现全面环境管理的重要内容。

二、基于供应链的循环物流系统运作模式

随着物质生活水平的提高,人们的消费越来越追求个性化、多样化,导致产品更新换代越来越快。这就产生了大量生产→大量流通→大量消费→大量废弃物的必然结果,进而引发社会资源的枯竭及自然资源的恶化。因此,绿色物流系统的构筑,不仅要考虑单个企业的物流系统,还必须与供应链上的关联者协同起来,最终建立起包括生产商、批发商、零售商和消费者在内的生产→流通→消费→再利用的循环物流系统。

(一) 循环物流概述

保护环境、维持环境可持续发展是循环经济的根本目标;节约资源和能源、减少废弃物排放则是循环经济的本质。按照这种理解,所谓"循环物流"(Cycle Logistics)就是物料及其相伴随的信息在原材料生产商、产品生产商、批发商、零售商以及使用者之间的空间坐标和时间坐标上的往复流动;在这种循环流动中,由物料流和信息流经过的节点、路径及相互联系和相互作用方式等构成的整体就是循环物流系统。循环物流系统的目标是资源消耗和能源消耗的最少量化、废弃物排放的最少量化。循环物流系统节约资源、降低废弃物排放的目的与绿色物流系统的目的是一致的,因此循环物流系统也是绿色的、环境友好的物流系统。

(二) 循环物流系统的运作过程

基于供应链的循环物流系统如图13-3所示,其运作过程包括以下几个方面:

1) 产品的减量化设计和制造,依赖于原材料供应商/零部件供应商提供输入的环境质量;制造商对绿色产品原材料、零部件的性能要求和规格要求先通过信息流传递给供应商,然后才是货物供应的实物流。

2) 在产品销售和使用阶段,末端消费者可以将退货品、报废品送达制造商设立的回收中心;也可将缺陷品、包装废弃物退给分销商,由分销商集中受理,再运往回收中心进行正确处理。

3) 在回收中心,有缺陷的产品或废弃产品经过一系列复杂的预处理过程,如分类、检验等,划分出能维修再利用的、能再循环的以及不能再处理的最终废弃物三种类型,分别

进入不同的循环渠道。

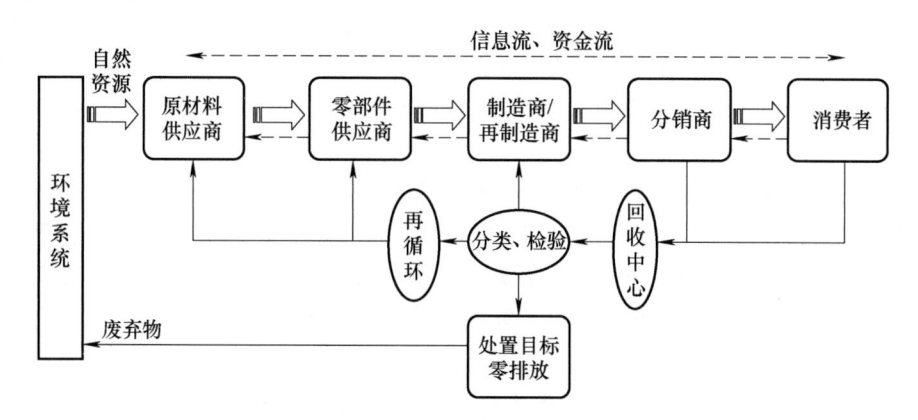

图 13-3　基于供应链的循环物流系统

4）适于维修、改制、翻新的产品，直接送给制造商，经过抛光、修整、替换上新的零部件，重新组装成"新"产品，再进入分销网络。不能整体利用的产品，则经过拆卸进入再循环，优先考虑以零件的形式再循环，然后是以提取原材料为目的的再循环。再循环的零件流向零部件供应商，再生的材料流向原材料供应商。在再循环过程中，可能还有部分再循环材料或零件进入其他的产品链。

5）原材料经过上述循环流动后，最终一定会有部分无法被再利用或不值得再循环的残余物，这类物资经过焚烧或填埋做最后处置。循环物流理想的目标是最终废弃物的零排放，但真正的零排放是不可能实现的，因为物流过程中的能量消耗和废气排放只能控制而不能完全避免，最终的包装废弃物也是不可避免的。

课外阅读

富士施乐（中国）如何将绿色环保举措贯穿全价值链？

谈到制造企业对环境污染的治理问题，不得不提富士施乐（中国）。富士施乐（中国）拥有三家工厂：位于上海、深圳的两家打印机及数码多功能机工厂以及苏州的整合资源循环工厂。十多年前，富士施乐（中国）主动实现了生产过程的"废弃物零排放"目标，并且是迄今业界为数不多的主动对客户使用过的产品进行回收、再利用和再生利用的企业。富士施乐上海工厂和深圳工厂还曾先后获得"环境保护卓越奖"和国家环保总局（现已更名）授予的"环境友好型企业"称号。2016 年，富士施乐（中国）总裁徐正刚当选"绿色中国年度人物"，成为该奖项第一位外资企业获奖者，富士施乐（中国）究竟是怎样做到的呢？

一、建立可持续供应链

富士施乐（中国）秉承"企业社会责任即是经营管理"的理念，坚持将节能环保举措践行于产品设计、采购、生产、客户使用现场到再利用/再生利用等企业价值链的各个环节。

在原材料采购方面，为逐步提升对供应商采购的绿色环保水平，富士施乐（中国）在 2002 年便根据环境、化学物质等国际法规制定了《绿色采购标准》。富士施乐还专门设立了"有害化学物质削减实施小组",在供应商的配合下找出并剔除零部件中的有害物质,成功解决了产品无铅化的技术问题。此外,通过加强对供应商管理与监察等一系列举措,确保采用的零部件不含铅、汞、六甲铬、镉、聚溴联苯(PPB)等有毒害物质。2005年,富士施乐(中国)建立了符合中国及欧盟 RoHS 标准的体系,并推出了符合 RoHS 标准的全线产品。

从 2012 年开始,富士施乐(中国)向合作伙伴推广"XPW"(富士施乐生产方式)和新工具"标准 3 票"(提高效率、减少工时浪费的新方法),帮助供应商减少生产过程中的浪费并降低成本。富士施乐(中国)将绿色采购作为杠杆,在达成绿色供应链目标的同时,协助供应商有效降低对环境的污染,实现与所有供应商的可持续发展。

二、坚持绿色设计

在产品研发、设计之初,富士施乐(中国)便坚持"Real Green"的产品节能环保理念,不断将先进的节能环保理念植入产品设计中,力求将产品能耗以及对环境的影响降至最低。富士施乐(中国)开发的包括智能眼、智能节电、快速启动、传导式加热定影等多项节能技术,已经成功运用到数码多功能机上,其系列产品不仅符合"国际能源之星"的标准,也成为业界同级别产品中 TEC 值(周平均典型能耗)最低的产品系列。富士施乐(中国)的 EA 环保碳粉定影温度低,并且为恒温无油碳粉,附着性强,可大幅降低碳粉消耗和损耗,减少二氧化碳的排放和在定影过程中的能耗。此外,富士施乐(中国)还通过研发非食用性木质纤维原材料的生物塑料,使用便于拆解和再利用的模块式产品设计,进一步节省自然资源。

三、环保举措全面渗透生产各个环节

富士施乐(中国)一贯倡导节约能源、有效利用资源和循环利用废弃物,并在各分支机构、生产工厂建立了环境管理体系。富士施乐位于上海和深圳的工厂担负着富士施乐(中国)80%以上的产能,两家工厂通过贯彻环境管理体系 ISO14001,从源头开始控制生产过程的废弃物产出,对于无法避免的物料残余、物流和生产过程中的废弃物,则联合供应商进行最大限度的再利用。早在 1989 年,富士施乐上海工厂便创建了一系列环保硬件设施,如高效集尘装置、雨污水分流系统等,这为有效控制污染物排放打下了良好的基础。自 2004 年 3 月开始,该工厂实施废弃物分类,通过严格控制废弃物填埋和焚烧量等有效举措,使现有资源得到最大限度的再次利用,从而将废弃物填埋量和焚烧量从近百吨降至零。2005 年,上海工厂实现了在生产过程中"废弃物零排放"的目标。

为促进"低能耗、高利用、再循环"的循环经济发展,实现环保目标,富士施乐上海工厂将在生产过程中产生的废碳粉直接送到处置单位,利用其焚烧后的余热蒸汽为职工浴室提供热水;将分类后的生活垃圾送往垃圾发电厂,利用其余热发电技术进行焚烧发电等,不仅避免陈旧的垃圾填埋处理方式,还实现了废弃物的能量再利用。

富士施乐深圳工厂的做法也值得诸多生产企业借鉴。富士施乐深圳工厂于 2000 年 11 月通过了 ISO14001 环境质量管理体系认证,于 2005 年实现了生产过程的"废弃物零排放"。深圳工厂还通过节能节电举措提高环境效能,降低能耗并循环利用废弃物,削减危险化学品的使用,确保不对环境造成任何影响。深圳工厂除了在厂区推行垃圾分类活动,还制订了一系列减少日常办公中排放废弃物的计划。此外,工厂利用生活垃圾发电,并修建了垃圾储存设备和垃圾回收箱。对生产过程中产生的有害物质,如有机废液、废溶剂桶、废油等,工厂都会统一交给地方危险废物处理站进行处理。处理废液后产生的污泥按照惯

第十三章 绿色物流

例和相关法律是可以填埋的，但考虑到填埋后的有害物质无法被完全去除，富士施乐（中国）于2004年资助处理厂商与建材厂合作，将污泥制造成一种特殊的砖，将工业废弃物再资源化。

另外，富士施乐（中国）还曾在2011年主动对上海、深圳和苏州三家工厂厂区及周边的土壤进行调查并采取相应措施，以确保其生产基地的运营没有对当地生态系统和生物多样性带来任何影响。

1. 帮助客户降低碳足迹

在确保设计、采购、生产等自身经营各个环节的节能环保外，富士施乐（中国）还将客户的工作环境作为环保的重点，通过提供节能绿色产品和解决方案，为客户创建一个健康、低碳环保的工作环境。因此，富士施乐（中国）为客户提供的产品均符合能源之星的标准，也是同级别产品中平均典型能耗值（TEC）最低的。同时，富士施乐（中国）为客户提供丰富的低碳办公解决方案。例如，采用环保纸张、双面打印和单张多页合并打印，以减少不必要的资源消耗；利用"无服务器随心印"，可识别操作者身份并设置打印权限，在降低企业碳足迹的同时又保障了文印的安全；针对行业客户，量身定制"无纸化订房"系统，既优化了工作流程，又实现了无纸化办公。"绿色办公解决方案"通过调查客户的办公文件处理流程，使之"可视化"，模拟出适合不同客户的办公环境的服务及解决方案的导入效果，从而降低客户办公环境的负荷。

2. 让电子垃圾重生

当下，政府和各界人士正在积极寻找和推进能彻底治理电子垃圾污染问题的有效方法。使用过的废旧电子产品中包含重金属、挥发性有机物和颗粒物等有害物质，如果处理不当，会对水源、土壤等造成严重污染。富士施乐是目前行业内在我国唯一对使用过的设备主动进行回收和再利用/再生利用的生产企业。富士施乐于2006年年底在苏州建立了一家专门解决电子垃圾污染问题的整合资源循环系统工厂——富士施乐爱科制造（苏州）有限公司。该工厂的投入运营意味着富士施乐在我国的环保举措已经贯穿价值链的所有环节。

富士施乐（中国）将从全国客户处回收的富士施乐设备送往苏州资源循环工厂进行拆解、分类、再利用或再生利用，在不对环境造成任何污染的同时减少使用新的资源。为确保"零废弃""零污染""零非法丢弃"，所有产品进工厂后和出工厂前，都要称重、录入所有数据。产品拆分后，凡是符合新品质量的零部件将通过清洗、检测等多重严格工序进行资源的再利用，无法再利用的零部件则被拆解成如玻璃、铜、铁、塑料等56类材料，再分别交由具有相关资质的合作伙伴进一步再生利用。例如，将设备和耗材中残余的碳粉收集起来，作为冶炼厂的还原剂使用；而难以处理且易破坏环境的泡沫、塑料则被压缩成块，再送往塑料加工厂加工成再生塑料制品等。

富士施乐苏州工厂获得了苏州市政府授予的"文明企业"及"循环经济示范企业"称号、中国电子质量管理协会颁发的"2015年度电器电子产品污染控制优秀成果案例"、中国工业和信息化部"机电产品再制造示范企业"称号。这家资源循环工厂已经成为治理电子垃圾和循环经济的标杆，而且富士施乐苏州工厂的产品再资源化率已达到99.99%。在这里，废旧产品通过在富士施乐苏州工厂的一进一出，以不同形式实现了近100%的资源再生利用，完成了二次重生之旅。

除将环保举措贯穿整个价值链外，富士施乐（中国）积极参与国家有关部门节能环保相关政策及标准的制定，推动了相关领域资源循环的发展进程。尽管富士施乐苏州工厂在资源循环方面非常成功，但是在运营的十多年时间里，一直未能实现盈利，并且每年用于回收的支出高达千万元人民币。为何如此坚持，富士施乐（中国）的理由很简单："企业存在是要服务于社会，为创建更加美好的社会做出贡献。"

环境污染不仅严重威胁着大众的健康，也不利于社会经济的可持续发展。面对环境污染问题，没有人可以置身事外，富士施乐（中国）很好地诠释了如何令企业的环保责任与经营管理相辅相成。现在，很多企业也正将它们所理解的企业环保责任付诸行动，通过各自的方式将企业经营与社会、环境、资源的可持续发展有机地结合在一起。我们期待能够有更多企业肩负起社会责任，让环境保护融入企业经营的方方面面，在提升企业市场竞争力的同时，使我们所生活的社会和环境变得更加美好。

◇ 复习思考题

1. 什么是绿色物流？
2. 简述绿色物流产生的原因。
3. 阐述绿色物流产生的理论基础。
4. 发展绿色物流的经济效益有哪些？
5. 绿色物流系统最基本的功能环节有哪些？
6. 简述绿色物流系统的特征。
7. 简述基于产品生命周期的绿色物流运作模式。
8. 简述基于供应链的循环物流系统运作模式。
9. 在进行课外阅读后，请谈谈生产制造类企业在实施绿色物流时应重点关注哪些环节。

◇ 参考文献

[1] 施丽华，刘娜. 现代物流管理[M]. 北京：清华大学出版社，2014.
[2] 崔介何. 物流学概论[M]. 5版. 北京：北京大学出版社，2015.
[3] 张令荣. 现代物流管理[M]. 北京：清华大学出版社，2013.

第十四章

智慧物流与数字物流

本章学习目标

理解智慧物流产生的背景及基本概念,掌握典型智慧物流的发展模式;了解大数据技术的基本概念和特征;理解大数据产业的实际应用;了解大数据时代智慧物流的特点,掌握大数据技术在物流管理中的应用;理解数字物流的概念和特点,掌握数字物流的四个阶段与应用技术。

引例

一件包裹的智慧旅程:鸿星尔克的智慧物流

每天,都有数以亿计的货物通过物流送到用户手中。从下单到货物发出,信息技术的力量正在改变着物流,让速度越来越快。大数据的应用提升了人们的购物体验,也为企业的转型升级提供了引擎。

鸿星尔克物流园区总占地面积达 600 亩[⊖],相当于 63 个国际标准足球场的大小,是全国体育鞋服企业中,首家运用"互联、智能、绿色"设计理念建造的电商产业园区。每一个电商下单,都会通过生产、入库储存、拣选、打包、发货等五道工序,用时是传统模式的 1/3。园区配备国际先进的智能吊挂系统生产线,生产的每件产品都被赋予唯一身份条码,保证货物的跟踪,并可辨别真伪。每件产品在多道严格质检程序后,送到 VNA 窄通道立体货架临时待命,年吞吐量达 560 万箱。为了能够在海量货物中精准、高效地找到对应产品,每箱货物都被标注了特定的条码。当用户发出订单后,在 WMS 和 WCS 智能管理系统的帮助下,通过磁导线和自动定位导航系统,三种不同功能的自动化叉车能快速、精准地通过系统自动找到对应的货物。物流中心采用输送带传送模式运作,物品在 2km 长的输送带的"一路护送"下,实现了在 5 座仓库之间有序流通。在这里,智能定位被最大化,在 WMS 系统精细化管理下,被分配任务的周转箱通过箱体条码的精确调控,能将分拣好的货物准确无物地护送到打包区,订单拣选准确率高达 99.99%,并且工作效率提升了 8 倍。

(资料来源:搜狐网,https://www.sohu.com/a/439228968_649545.)

大数据时代的到来给我国物流行业的发展制造了契机,通过各种先进的大数据技术对物流活动中生成的数据信息进行采集、分析和处理,为物流管理决策的制定提供可靠依据,显著提高了物流企业的核心竞争力。智慧供应链的打造更是为物流行业的发展注入了勃勃生机,智慧化已经成为物流行业发展的重要趋势。本章探讨和分析大数据时代下智慧

⊖ 1 亩= 666.6m² 。

物流的主要特点、发展现状、应用情况和优化策略，以期能够充分把握好这一时代机遇，促进智慧物流的蓬勃发展。

第一节 智慧物流

计算机技术和网络技术的快速普及标志着以大数据和云计算等为代表的新兴 IT 技术正式改变传统的服务模式。对物流行业来说，传统的物流服务模式已经无法满足客户的多样化需求，现代物流业需要通过全面化和高效化的智慧物流服务模式进行工作调整。智能化和信息化成为我国物流业务模式的主要发展方向。

一、智慧物流概念的提出

（一）政策宏观背景

受"工业 4.0""中国制造 2025"等智能制造概念的影响，不仅制造业的生产流程与产出形式发生了巨大的改变，并且重新定义了供应链物流的方式。传统制造业的革命将引发流通革命，制造业与物流业将向深度融合发展。智慧物流作为"工业 4.0"的三大主题之一，其实是为另外两大主题："智能工厂""智能生产"服务的。2018 年，习近平总书记指出，"要加快推进人工智能、大数据等新一代信息技术与实体经济深度融合，做好数字经济"。国家交通运输部根据指示，发布了推进国家智慧交通道路控制试点的通知，并且提出要促进信息技术在先进交通设施领域的应用，构建智慧高效的全国物流枢纽，提升物流质量，降低物流成本。

（二）市场"新零售"背景

2016 年，阿里巴巴首次提出了"新零售"概念，认为以线上、线下与物流相结合的新零售模式会取代传统的电子商务模式。物流专家王继祥认为，新零售是以互联网为核心，以大数据、云计算、物联网技术应用为基础，通过推动零售体系在互联网环境下的全面融合与重构，产生的全新零售业态的变革。新零售对物流行业的服务提出了新的要求。首先，对线下配送服务质量的提升，快速、准时、安全、便捷是新零售模式下对配送服务的基本要求。其次，新零售强调的线上与线下深度融合，要求供应链拥有相关大数据平台，实时共享产品设计、生产、加工、分销、零售等信息，实现供应链的信息整合。这两点要求与智慧物流的发展方向是契合的，因此在市场"新零售"的背景下，发展智慧物流成为物流业转型升级的必经之路。

二、智慧物流的概念

智慧物流的概念最早出现在 2009 年，IBM 公司是智慧物流概念的最早提出者，中国物流技术协会信息中心与华夏物联网和《物流技术与应用》编辑部，共同对智慧物流概念进行了革新，因此衍生了新型的智慧物流概念。

但在智慧物流概念出现之前，还有一个重要的概要，即物联网（Internet of Things，IOT），也叫"万物相连的互联网"，最早出现于比尔·盖茨 1995 年出版的《未来之路》一书中。2005 年，国际电信联盟（ITU）发布《ITU 互联网报告 2005：物联网》，正式提出了"物联网"的概念。

智慧物流可以被简单地理解为在物流系统中采用物联网、大数据、云计算和人工智能等先进技术，使整个物流系统运作如同在人的大脑指挥下智能、实时收集并处理信息，做出最优决策、实现最优布局。物流系统中各组成单元能实现高质量、高效率、低成本地分工、协同和合作。智慧的本质就是模仿人的智能，运用感知、学习、推理判断等思维能力，使物流系统具备自行解决物流中某些问题的能力。

随着社会经济的高速发展，智慧物流也应该结合我国的经济发展现状，从多个方面更新自身的核心内涵。大数据技术的出现，让智慧物流的概念综合了各项新兴技术，系统化地将一般物流的各个环节进行优化，重点提升物流效率，降低运营成本。智慧物流作为物流产业的一种新业态，其核心内容在于依靠大数据、云计算等技术实现产业优化。在这一方面国外的研究起步比较早，内容也更加深入，侧重于智慧物流技术的实际应用。例如，物流信息系统的应用可以在收益与成本计算方面发挥促进作用，而企业的规模与核心业务水平也取决于智慧物流水平。所以，在大数据时代下，智慧物流系统与应用方式可以缩短供应链周期，降低生产成本，以动态化、精确化的发展规划方案适应现代电子商务运营模式。

三、智慧物流的三大主要特征

（1）实现信息交互与共享　智慧物流可以有效地降低物流成本，提高物流效率。

（2）智能决策与执行　智慧物流向自动化与程序化方向发展，打破以往传统物流主要靠人工进行分析的方式。

（3）深度协同与一体化　智慧物流以智能管理为核心优化管理模式，实现用最低的成本向客户提供高质量的物流服务。

智慧物流本质上是依赖信息的实时性、充分性来模拟人工做出最优决策，从而为客户创造更多价值，为客户提供更好的服务体验。在传统物流模式下，信息不充分、滞后，只能依赖经验进行决策。智慧物流实现到一定程度，就是对传统物流模式颠覆创新，将对物流产业的商业模式、运营模式、产业结构和产业发展模式、产业生态等，产生巨大的影响。

大数据背景下的智慧物流具备信息化、数字化、网络化、集成化、可视化等先进技术特征，依据大数据对物流信息进行处理。智慧物流信息技术主要包括物流信息感知技术、物流信息推送技术、物流信息处理技术、物流信息分析技术、物流信息预测技术。

四、国内几种典型的智慧物流发展模式

（一）智慧物流产业联盟发展模式

这种发展模式的原理是：发展这种模式的地区，首先必须具备智慧物流发展的技术、政策、基础设施等成熟完备的支持，通过政府和社会的积极鼓励，由地区的企业以自主自愿的原则，通过协商组建企业联盟机构，制定完善的工作目标和工作机制，各企业成员向联盟提供自己的资源、服务，开展指定的项目工作，协作完成目标，工作成果由团队共享，并且推动其向社会化发展，最终实现技术、市场、标准、产业四个方面的进步。目前，实施这种发展模式的有宁波智慧物流产业发展联盟和南京智慧物流产业联盟。前者主要是为了实现互联互通，从而通过统一标准、建立平台及深化和优化应用而建立的联盟；后者是由社会各界共同推动发展起来的标准联盟，通过标准支持、提升和引领产业发展。

（二）"平台"载体型智慧物流的发展模式

这种发展模式是建立智慧物流园区平台，建立的方式有三种：政府为主、企业为主及政府与企业合作，需要强大的技术支撑，吸引更多的企业加入平台，实现智慧物流的资源共享等功能，并按照平台要求的标准改造和提升自己，以实现智慧化。待物联网应用逐步

现代物流学

成熟及智慧型的物流企业逐步增多,可以把成熟的技术、流程及管理总结上升到产业标准,进而在行业推广,实现物流产业的智慧化。目前,国内实施这种发展模式的地区和企业较多,比较典型的有菜鸟网络平台、成都智慧物流信息平台等。

(三)示范工程带动型智慧物流发展模式

这种发展模式主要是由国家或地方的有关部门发布智慧物流示范项目,由相关政府部门或其委托的物流协会等中介组织负责项目实体前期的审查、评估,中期的跟踪、管理,以及后期的验收和考核。项目可获得一定的政策支持、财政补贴及其他服务的支持。这种发展模式通过智慧物流工程立项、实施及验收来选择、培育智慧物流主体,促进主体的成长、成熟及发展。目前,实施这种发展模式比较典型的是广东省的南方物联网示范工程,此工程由九大领域的应用项目组成。它的显著特点是物流协会不仅代替政府承担了项目管理工作,还承担了为项目示范企业沟通、协调和服务的工作,为其提供了改造物流装备、培育企业品牌、提升管理水平、强化行业自律、应用物联网技术"五位一体"的服务方案。

当然,以上几种发展模式并不是孤立进行的,也不是一成不变的,各种模式之间也有交叉。例如,示范工程带动型模式也包括物流信息平台和园区建设的内容。企业应根据自己的实际情况采用适合自己的发展模式,为未来智慧物流的发展提供更大的可能。

五、智慧物流实施示例

(一)菜鸟网络"AR智慧物流系统"

菜鸟网络通过"E.T.物流实验室"对外展示了一系列物流前沿科技产品,其中包括"AR智慧物流系统",这是菜鸟目前在智慧物流方面的研究。AR智慧物流系统的原理是技术智慧操作系统。这是一种AR智慧眼镜,不需要人为操作,只需要根据命令的指引,提供智能服务。系统接收订单,通过内配技术自动安排好最优路线来指导人员按其行走,避免浪费时间,从而可以迅速找到货架上的商品并进行自动扫描等操作,提高了操作效率和准确率,有效地缓解工作人员的压力,提升人对于复杂流程的快速学习能力。这种技术现在还不具备自我提货的能力,但未来菜鸟网络将会继续拓展AR技术在物流体系中的应用,帮助提升物流效率,解放快递员的双手。

(二)京东智慧物流体系

2016年,京东正式宣布进军智慧物流领域,在这一方面取得了较大的进展。京东X事业部总裁肖军说:"智慧物流是从整个系统进行效率的提升与改进,不能分裂开来。"因此,京东接下来的发展计划和重点方向在三个方面:全智能化无人仓库、无人车和无人机。通过"三无计划",京东形成了紧密结合的完整的智慧物流系统,为京东持续发展提供强大的支撑。京东的"三无计划"产品如图14-1所示。

图14-1 京东的"三无计划产品"

第十四章　智慧物流与数字物流

第二节　大数据理论知识

一、大数据的定义

大数据（Big Data）就是用专门的处理方法对信息资源集进行挖掘、分析和呈现。内部数据处理和分析技术是大数据技术的中心内容，通过大数据技术对原始数据进行处理和解析，会得出很多有价值的信息，从而提高数据的信息价值。大数据技术的战略意义不在于掌握庞大的数据信息，而在于对这些含有意义的数据进行专业化处理。换言之，如果把大数据比作一种产业，那么这种产业实现盈利的关键，在于提高对数据的"加工能力"，通过"加工"实现数据的"增值"。

大数据包括结构化、半结构化和非结构化数据。非结构化数据越来越成为数据的主要部分。互联网数据中心（IDC）的调查报告显示：企业中 80%的数据是非结构化数据，这些数据每年都按指数增长 60%。大数据必然无法用单台计算机进行处理，必须采用分布式架构。它的特色在于对海量数据进行分布式数据挖掘。但它必须依托云计算的分布式处理、分布式数据库和云存储以及虚拟化技术。大数据就是互联网发展到现今阶段的一种表象或特征，在以云计算为代表的技术创新大幕的衬托下，这些原本看起来很难收集和使用的数据开始容易被利用起来了，通过各行各业的不断创新，大数据会逐步为人类创造更多的价值。

二、大数据的特征

在维克托·迈尔-舍恩伯格（Viktor Mayer-Schönberger）及肯尼斯·库克耶（Kenneth Cukier）编写的《大数据时代》一书中，大数据是指不用随机分析法（抽样调查）这种捷径，而采用所有数据进行分析处理。大数据的 5V 特点（IBM 提出）：大量（Volume）、高速（Velocity）、多样（Variety）、低价值密度（Value）和真实性（Veracity）。

大量（Volume）：数据的大小决定所考虑的数据的价值和潜在的信息。

高度（Velocity）：获得数据的速度。

多样（Variety）：数据类型的多样性。

低价值密度（Value）：合理运用大数据，以低成本创造高价值。

真实性（Veracity）：数据的质量。

三、大数据的架构

数据提取：在发生任何事情之前，需要一些数据。这可以通过多种方式获得，通常通过对公司 Web 服务的 API 调用获取。

数据存储：大数据的主要难点在于如何管理数据的存储。这完全取决于负责建立数据存储的预算和专业知识，因为大多数提供商需要一些编程知识来实施。供应商服务质量的优劣取决于是否提供一个安全、易操作的环境存储和查询客户的数据。

数据清理：数据集有各种形状和大小。在考虑如何存储数据之前，需要确保它处于干净和可接受的格式。

数据挖掘：数据挖掘是发现数据库内信息的洞察过程。这样做的目的是根据目前掌握的数据提供预测和做出决定。

数据分析：一旦收集完所有数据，就需要分析以寻找有趣的模式和趋势。一位优秀的数据分析师会发现一些不寻常的东西,或者其他人没有想到的东西。

数据可视化:最重要的是数据的可视化。这是先完成所有工作并在输出理想的情况下任何人都能理解的可视化的部分。该部分可以使用编程语言或软件来完成。

四、大数据的发展趋势

趋势一:数据的资源化。数据的资源化是指大数据成为企业和社会关注的重要战略资源,并已成为大家争相抢夺的新焦点。因而,企业必须提前制订大数据营销战略计划,抢占市场先机。

趋势二:与云计算的深度结合。大数据离不开云计算,云计算为大数据提供了弹性可拓展的基础设备,是产生大数据的平台之一。除此之外,物联网、移动互联网等新兴计算形态,也将一起助力大数据革命,让大数据营销发挥更大的影响力。

趋势三:科学理论的突破。数据挖掘、机器学习和人工智能等相关技术,可能会改变数据世界里的很多算法和基础理论,实现科学技术上的突破。

趋势四:数据科学和数据联盟的成立。未来,数据科学将成为一门专门的学科,被越来越多的人认知。各大高校设立了专门的数据科学类专业,也会催生一批与之相关的新兴就业岗位。与此同时,基于数据这个基础平台,也将建立起跨领域的数据共享平台。之后,数据共享将扩展到企业层面,并且成为未来产业的核心一环。

趋势五:数据泄露泛滥。未来几年数据泄露事件的增长率可能达到 100%,除非数据在其源头就能够得到安全保障。企业需要从新的角度来确保自身的以及客户的数据,所有数据在创建之初便需要获得安全保障,而并非在数据保存的最后一个环节,仅仅加强后者的安全措施已被证明于事无补。

趋势六:数据管理成为核心竞争力。数据管理成为核心竞争力,直接影响财务表现。"数据资产是企业核心资产"的概念深入人心之后,企业对于数据管理便有了更清晰的界定,将数据管理作为企业核心竞争力、持续发展和战略性规划与运用数据资产,成为企业数据管理的核心。

趋势七:数据质量是 BI(Business Inteligence,商业智能)成功的关键。采用自助式商业智能工具进行大数据处理的企业将会脱颖而出。其中,要面临的一个挑战是,很多数据源会带来大量低质量数据。想要成功,企业需要理解原始数据与数据分析之间的差距,从而消除低质量数据并通过 BI 获得更佳决策。

趋势八:数据生态系统复合化程度加强。大数据的世界不只是一个单一的、巨大的计算机网络,而是一个由大量活动构件与多元参与者元素所构成的生态系统,终端设备提供商、基础设施提供商、网络服务提供商、网络接入服务提供商、数据服务使能者、数据服务提供商、触点服务、数据服务零售商等一系列的参与者共同构建的生态系统。

五、大数据产业的实际应用

(1)数据记录 有些数据记录以模拟或数据的形式存在,但都是本地存储的,不是公共数据资源,也不向互联网用户开放,如音乐、照片、视频、监控视频等音视频资料。互联网上不仅有海量的数据,而且正在以前所未有的数量被所有互联网用户共享。

(2)移动互联网发展的现状 移动互联网出现后,许多移动设备的传感器收集了大量有关用户点击行为的数据。手机的传感器每天生成大量的点击数据,这些数据由某些公司拥有，并且包含大量的用户行为数据。

（3）电子地图　电子地图，如高德、百度、谷歌地图，它们产生大量数据流的数据。这种数据不同于传统数据，传统数据代表一个属性或一个度量值，但数据流表示一个行为、一种习惯，数据流频率经过分析后将会产生巨大的商业价值。基于地图的数据流是一种过去不存在的新型数据。

（4）社交网络的发展现状　进入社交网络时代后，网络行为主要是由用户参与创造的，大量的互联网用户创造了大量的社交行为数据，这是前所未有的。它揭示了人们的行为和生活习惯的特点。

（5）电子商务　电子商务的兴起产生了大量的在线交易数据，包括支付数据、查询行为、物流运输、购买偏好、点击订单、评价行为等，这是信息流和资金流数据。

（6）搜索引擎　大数据平台使搜索引擎对数据的深入加工和处理变成现实，能够更好地理解用户的搜索意图。用户不用筛选信息，搜索引擎就会根据其搜索历史及个人偏好把有价值的信息呈现给用户。

第三节　大数据时代下的智慧物流

大数据技术的出现，让智慧物流的概念综合了各项新兴技术，系统化地将一般物流的各个环节进行优化，重点提升物流效率，降低运营成本。大数据应用与物流业相结合，推动了物流业向智慧物流这一更高层次的进步。大数据时代的到来给物流业带来极其深远的影响。

一、物流管理应用大数据的必要性

（一）实现物流信息管理系统是大势所趋

在大数据时代背景下，数据处理不只是依靠人脑去完成的，庞大的数据量和实时实地的变化速度，需要现代科技进行跟踪和分析。信息管理系统和物流结合起来，迅速采集录入货物信息甚至可以做到分类、追踪、识别、查询。只有运用大数据，才能真正实现从信息接收、订单处理到分拣、仓储和运输监控各方面，完成由传统物流体系向系统化、自动化的物流信息系统的转变。

（二）实现物流信息管理系统是企业扩大经营范围的必要条件

我国国内物流企业参差不齐，大多数还按照较为传统的流程进行操作，有些只提供单一的服务而没有系统的物流管理系统，并且也不具备能够进行物流操作管理的硬件设施，缺乏一定的进步意识。物流企业的转型需要循序渐进，虽然许多企业能够意识到这一点，但是还需要时间来调整发展方向。企业只有完善物流信息管理系统，才能形成一条完整的物流产业链，做到每一个流程都可以实现有迹可循。只有这样，物流企业才能扩大自己的经营范围，降低生产成本，去除资源浪费，优化资源配置，扩大利润，也才能为消费者提供更好的服务。物流信息管理系统是物流运作过程中用作调节和控制的必要手段，将物流管理系统应用于实际操作，会大大降低人力和财力的输出，达到解放劳动力、合理调配人力资源的目的。

二、大数据时代下智慧物流的主要特点

（1）数据驱动　在互联网信息技术大力发展背景下，物流行业搭建起了公共信息平台，并有效形成了物流大数据中心。越来越多的互联网企业通过推出物流云服务，为我国

现代物流学

物流大数据发展提供了重要保障。大数据技术在智慧物流产业中的有效应用，能够全面提升物流仓储、运输以及配送等不同环节的智能管理工作水平，为相关工作人员提供高价值的数据信息，方便各项物流服务的管理操作。例如，通过对物流运输路线相关数据的分析，实现物流企业运输路线的最佳配置和对物流网点的智能选址；通过对海量物流数据进行分析，深入挖掘更多具有潜在价值的数据信息，为物流企业高层领导做出最佳决策提供科学依据。

（2）信息联通　在大数据下智慧物流发展具有信息联通的特点。近几年，我国物流新模式、新技术以及新业态的不断创新发展，早已成为智慧物流产业的发展新动力，也随之产生了"互联网+"高效运输、"互联网+"智能仓储以及"互联网+"便捷配送等智慧物流生态模式，全面提高了我国物流管理的服务水平，能够为广大用户提供多样化的智能物流服务。

（3）人工智能　在现代物流行业中发展智慧物流的根本目的是提高物流管理效率，降低物流总成本。物流企业通过在各个环节中科学应用机器人技术、无线射频技术以及定位技术等，能够实现物流的智能化、制动化管理，推动物流企业的科技信息化发展。例如，申通快递推出了全自动快递分拣机器人"小黄人"，运用机器人代替工作人员完成大量货物的智能分拣。这样不仅能够提高货物分拣处理工作的效率，还可以减少物流企业的人工费用支出。

三、大数据技术在智慧物流具体管控中的应用

随着移动互联网的飞速发展，物流行业信息化程度不断加深，在物流运营过程中产生了海量的数据。大数据技术的应用可以帮助物流企业提高管理水平，实现智能决策，达到精准预测的目的。

（一）大数据技术在智慧物流商物管控中的应用

在大数据背景下，智慧物流商物数据包括大宗商品数据和零售商品数据。大数据在商物管理中的应用可以对商品管理在时间空间上进行智能化决策，科学管理商物的流通节点及流通通道，实时掌控商物的流量流向。

商品的流量流向呈现动态变化的特点，物流企业运用大数据技术及时捕捉商品的生产厂商数据、供应商数据、商品市场数据、商品流量数据、商品流向数据、消费者购买数据、消费者行为习惯、竞争对手数据等，运用分布式存储、云存储技术、SQL/NoSQL 技术对数据进行整合管理，按照结构化数据、半结构化数据、非结构化数据的分类对数据进行分类管理，通过云计算技术、并行处理技术、网络技术等对数据进行处理。建立关于商品流量流向、流通结构等方面的数学模型，对相关指标进行分析，再运用关联分析、聚类分析等大数据分析挖掘技术，从中找出对商品流量流向、流通结构影响最大的指标，排除干扰分析结果的指标，得出最优的解决方案，以调整商品的流通结构使之合理化，控制商品的流量流向，对商品流通的核心节点及流通通道实现实时控制，进而还可以预测商品未来的需求情况，开拓新市场，扩大业务范围，实现商品流通过程的精细化、可视化管控。

（二）大数据技术在智慧物流供应链管理中的应用

大数据技术在物流供应链管理中的应用可以提高物流供应链的灵活度，通过大数据预测分析，实现智慧物流供应链管理的智能化、可视化，极大地提高客户的满意度，塑造差异化的物流服务，并且可以及时快速地掌控供应链各环节可能存在的风险，为客户提供安全运营保障。

在智慧物流采购中，通过大数据采集捕捉技术捕捉供应商数据、采购批量批次数据、进货成本数据等一系列数据，运用大数据计算处理技术，建立最优订购量决策模型和风险

第十四章 智慧物流与数字物流

评价指标体系，从而确定最佳订购方案，实现对采购过程中的各种潜在风险的可视化管理，使管理层可以以直观的方式了解和控制风险点，达到降低采购成本的目的；在生产物流环节运用大数据技术，可对生产过程中的数据进行采集处理，通过数据掌控整个生产过程，从而更好地指导生产，减少生产过程中的资源浪费；在销售环节利用大数据技术通过采集消费者行为、历史季节性销售额、消费者交易、来自社交媒体上的有用信息、用户定位显示所在的位置、发布的内容等数据，对这些数据进行实时分析，开展关联性促销，随时改变产品的摆放布局，为自身各类商品的库存提供参考。

（三）大数据技术在智慧物流业务管理中的应用

大数据技术在智慧物流业务管理中的应用主要体现在运输业务、仓储业务、配送业务三大核心业务中。大数据的应用可以实现物流作业的智能运输，使运输资源得到最优化配置；可以实现仓储业务的自动化，提高仓储物流服务水平；可以实现配送环节的动态控制，从而提高配送效率，为客户提供动态多样化的配送服务。

在运输业务中，利用大数据技术对运输过程中产生的数据进行处理分析，可以使运输资源得到最优化配置，满足客户对运输业务的个性化需求，实现运输过程的信息化、智能化管控；在仓储业务中，大数据技术可对仓库备货进行指导，实现精细化库存管理，提高预测的精确度，有效地降低仓储保管成本，实现仓储物流作业的可视化、透明化，提高仓储物流服务水平；在配送业务中，大数据技术通过对交通条件、价格因素、用户数量及分布和用户需求等影响因素进行数据采集及挖掘分析，形成动态的配送方案，为客户提供实时的配送状态信息服务，从而提高配送效率，提升服务质量。

大数据背景下的智慧物流信息技术框架如图 14-2 所示。

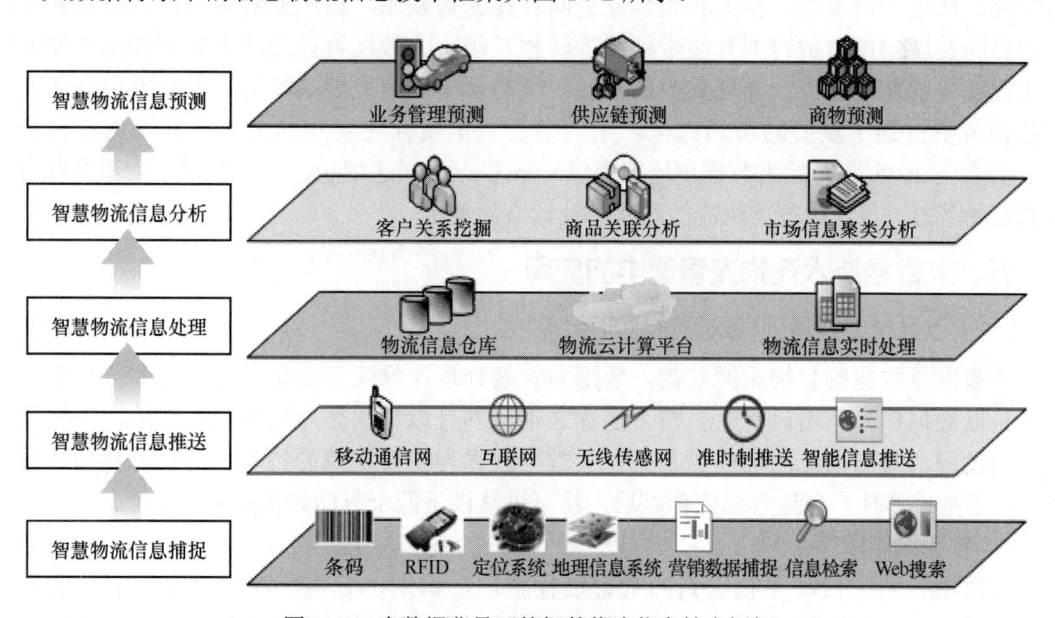

图 14-2 大数据背景下的智慧物流信息技术框架

四、大数据技术对智能物流产生的积极作用

（一）实现传统物流工作的全面优化

在大数据技术的支持下，智慧物流实现了新时期的发展和创新，能够将各个区域的资

现代物流学

源进行有效整合，通过统一调度管理的方式扩大物流服务空间。在此背景下，各个物流企业通过合作关系让资源配置更加合理，打造有效的资源调度体系。可以预见的是，传统物流企业的仓储环节也将被智慧物流所取代，因为每一个业务模块都有相关的部门负责，但每个环节都可以进行监督控制，在出现问题时快速反应并及时决策。例如，在配送运输方面，智慧物流在大数据的支持下明显缩短了配送时间，一方面与上下游企业进行了信息共享，另一方面对交通线路展开了合理分析，能够在短时间内完成配送作业，对工作效率的提高具有明显的促进作用。总之，大数据技术的出现，将普及整个智慧物流领域，颠覆物流行业的运营机制和产业发展趋势，以此为基础构建一个新的业态。

（二）促进实体经济的快速发展

当今社会的需求结构不断改善，消费已经成为国家经济增长的主要组成部分，而物流行业可以连接生产过程和消费群体，贯穿整个资源分配的全过程。大数据凭借其智能化的优势，简化了原有的分配交换环节，产品消费周期明显缩短。对企业而言，主要的利润来源除了生产成本和劳动生产率以外，还有物流。在现代生产模式下，单纯从生产成本中获取利益的难度较大，智慧物流在大数据的支持下，以打造专业的服务运营模式为客户提供更加高效的物流服务，也可以将工作重心集中在生产环节，物流成本控制直接由智慧物流体系负责。

（三）促进服务专业化

生产性服务具有知识密集和专业化的特点，其优势在于促进产业结构的升级调整，多个方面的技术研发和管理服务，从而促进整个经济结构的转型和升级，促进服务专业化。在现代技术支持下的物流工作，不仅集中在生产和分配环节，而且影响物流服务和产业联动发展。从这一角度看，物流和制造业之间存在密切联系，以产业对接的形式促进各方之间的协同发展，以消费转型升级带动经济转型升级。大数据可以反映出智慧物流产业的信息化程度与智能化程度，全球大数据市场规模显示出加速发展的趋势，大数据也在各行业和各领域中占据了重要的市场比例。中国信息通信研究院发布的大数据发展调查报告显示，我国从 2018 年开始大数据市场规模以 40%以上的增速增长，这说明智慧物流产业有巨大的发展潜力，也说明智慧物流的产业经济价值显著。

五、大数据技术在物流管理中的应用

（一）以大数据为基础构建智慧物流系统

大数据是构建智慧物流的基础，数据的有效处理在物流行业是非常重要的。智慧物流系统是以数据作为开始，贯穿于整个过程之中，并且以数据处理结果为终点的一个螺旋式上升的过程。智慧物流的构建要具备以大数据技术为主要支撑的技术应用和可靠的数据来源这两个基础条件，在这方面完善以后，就可以从以下四个方面来构建智慧物流。

1. 收集原始数据

大数据技术会自动将收集到的数据进行整理、识别、分类，准确地实现业务的数字化。智慧物流系统将数据化的业务通过图形展示出来，可以直观地看出，在时间维度上，各个节点的变化和其他差异，可以更好地及时把控还原业务，避免不同步或产生差异。

2. 业务评估

物流这种数据密集型的业务，评估的方法有很多。例如，互联网灰度测试法、业内排名法、社会化评估法等，通过评估能更准确地了解这种业务的价值。

第十四章 智慧物流与数字物流

3. 预测未来的业务类型与业务量

物流环境没有固定的模式，是动态变化的。因此，预测会受到各种因素的影响，如果能收集到各方面的信息便可以降低风险，增加其准确性，这就需要大数据技术的应用。对物流行业而言，通过预测进行资源的合理分配，可以降低成本，提高物流水平。

4. 进行智能决策

对业务进行预测之后，就可以通过大数据技术进行决策。目前采取的方法是人机结合，通过上述过程可以减少人为工作，在人工决策时提供参考，让人工决策更加准确。

（二）大数据下物流环节优化实施示例

智慧物流系统实施示例如图 14-3 所示。

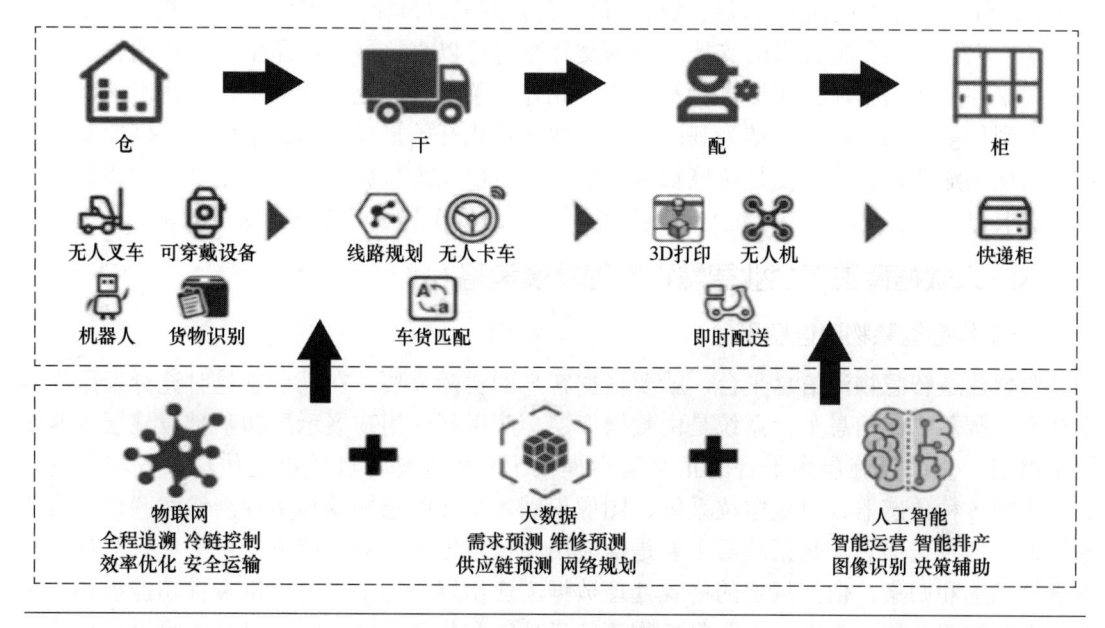

图 14-3 智慧物流系统实施示例

1. 数据分析与市场供给

数据分析的作用在于了解市场需求，精确定位市场的发展趋势。物流需求是物流产业发展的基础性保障，与社会经济活动之间存在必然联系。智慧物流产业可以借助大数据信息技术手段对市场物流需求展开精准预测，从市场需求主体的分析过程中筛选有价值的信息。从原材料生产管理直至最终的销售环节，所有数据都可以被智慧物流信息系统收集，并经过分析加工后得出最终的物流需求，对批发商或配送商的了解程度会更加深入。这样可以得到企业在物流活动方面的发展趋势和规模特点，精准分析企业物流工作的实际需求。从物流供给的角度看，以大数据为基础建立信息管理系统，可以对物流基础设施和服务水平进行衡量，提前准备好客户需求的产品。为了保障精准预测工作的有效性，智慧物流也将通过数据分析和数据挖掘的形式来掌握供给市场在后续阶段的发展趋势，无论是软件分析还是硬件分析，都能给有关工作提供支持。

2. 物流配送优化

物流配送是整个物流服务的核心环节之一，也是物流服务的最终结果。对客户而言，物流配送水平和质量将成为消费体验的核心部分。特别是在现代电子商务快速发展的时代

现代物流学

下,人们更倾向于通过网络渠道购买商品,通过物流提供者获取商品信息。智慧物流信息系统借助大数据分析技术与信息网络计算出客户的需求后,对货物供给和配送路线进行全程优化,也让配送环节和其他环节之间形成工作联动,最大化保障物流服务水平,减少运输过程和其他环节的经济损失。例如,在运输决策方面,通过分析原材料采购和客户运输条件后,可以确定物流设施的数量与规模,让物流网络中的各个节点发挥应有的功能,在制定决策的同时,分析成本与效率之间的差异性,最终得出物流方案与最佳管理策略。

3. 大数据在物流服务效率提升中的应用

大数据支持下的企业,物流配送中心能运用各项先进技术建立全自动化的配送体系。例如,很多自动化物流中心已经实现了机器人装卸、无人搬运等工作模式。货物的出库、入库、运输、储存等过程都可以借助自动化设备来完成。再加上 EDI 技术、RFID 技术、条码技术、无线网络传输技术的支持,数据交互平台可以直接展开产品生产过程的管控,以信息共享的方式为物流工作提供决策支持。此外,整个物流企业的信息化运作水平与服务效率得到稳定提高,以供应链为基础的信息共享模式开始形成,构建现代智慧供应链,促进全球化物流的发展。即便是跨境物流运输,也可以在大数据的支持下精准地预测目标区域的需求和供给情况,制定选址与运输策略后,推进安全化物流以保障服务效率。

六、大数据背景下企业智慧物流的发展策略

(一)构建智慧物流信息平台

要想建造智慧物流信息平台,就要根据客户的实际需要,在平台创建时充分运用大数据技术。智慧物流信息平台系统是由数据库层、应用层、用户展示层和基础设施层这四个构架组成。基础设施层为平台的正常运行提供了基础保障,其关键是传送和收集物流信息,它把各种传感器、卫星定位系统、图像识别等组成的感知端和多种网络相联合形成传输端来收集发送信息。数据库层主要是给应用层供应数据方面的服务,把采集到的各种数据进行挑选和归集,依据规定的格式处理数据。应用层为这个平台提供多种功能板块,是这个平台的服务层。应用层主要包括物流信息功能和物流管理,它可以完成物流信息平台的智能操作。用户展示层是通过与网站和 App 等客户端进行融合,提供服务入口,可以让客户通过手机实时查看物流信息。

(二)加强智慧物流相关标准的完善

随着我国经济的高速发展,物流市场的发展也越来越快,这就使国家和行业自身对物流的标准有了进一步的要求。因此,在发展智慧物流时面临很大的机会与挑战,标准化的完成也很重要。所以,政府部门要积极探究先进的智慧物流标准化平台,在有关区域内开展标准化规定的订正,协调行业机制,制定信息安全、信息接口标准。还要相关部门对物流发展进行合理的监控,使物流企业日益创新升级,进而一步步迈向国际市场。

(三)完善智慧物流的管理体系

就目前看,我国很注重物流经济的发展,物流行业在不断地改进,制定了多个协助物流企业完成智慧物流的策略。随着物流不断地发展,企业和国家都期望物流能够实现信息化和智慧化,在以后的规划中也提出了四个要求,就是物流发展要实现标准化、智能化、信息化和集约化。依据我国的国情,要想使物流企业更好地发展,就要一步步完善智慧物流的有关法律法规和管理政策,做好智慧物流的发展保障。

第十四章 智慧物流与数字物流

（四）大力发展第三方物流

目前物流企业发展以实现智慧物流为中心，而智慧物流和第三方物流是不可拆分的。所以，随着物流的发展，国家物流标准的水平直接影响到第三方物流的发展，要想迅速提升我国的经济水平，就要在发展过程中大力推进第三方物流的创建，使我国的传统物流企业进行转型，并能成为智慧物流的积极支持者和呼应者。

（五）提升智慧物流核心业务的管理能力

现代物流的中心业务由运输、仓储、配送和信息服务四个板块构成。然而，大数据智慧物流是从网络化、智慧化的视角对物流业务板块进行改进，通过大数据可以提升物流企业的工作效率和数据信息的共享程度。智能运输是对运输线路进行有效的跟踪，并能有效地把控货品在途中的情况；智能仓储是通过智能化入库、自动分拣和盘点，高效地提升仓储管理；在进行配送时，员工可以通过节点，根据具体的交通情况、价格原因和配送时间等因素，以大数据分析和计算为基础，制定出合理的配送方案。物流企业可以根据相关业务数据和大数据的共享及互动来提升信息交流的速度，可以提高物流链的精准度和反应速度。例如，菜鸟、京东等企业，都是运用了物流云服务为其提供一定的信息支持。

（六）加强智慧物流辅助业务能力

智能包装和智能装卸搬运是提高智慧物流服务的主要业务。在对货物打包前，要先对客户的要求、打包成本和货物的状态属性进行分析，再自动选择最适合的包装物和尺寸，这种方法既能减少打包人员的工作量，又能提高打包的速度。智能装卸搬运是指通过系统合理地运用搬运车和运输车这些设备来完善货物装卸的次数和运输途径，这样可以提高货物运输和装卸的速度。例如，智能打包技术在菜鸟网络中就得到了很好的运用，它是把多种货物的属性和包装材料的尺寸等数据录入有关的设备中，再通过相应的计算方法，就可以马上获取最适合的打包方案。

第四节 数字物流

数字经济是全球经济未来的发展方向，也是中国经济高质量发展的新动能。在《中华人民共和国国民经济和社会发展第十四个五年规划和 2035 年远景目标纲要》（以下简称《十四五规划》）中，"数字"出现了 81 次，"物流"出现了 20 次，足见数字和物流对经济发展的重要性，以及政府对数字经济和物流发展的重视。《十四五规划》专门将"加快数字化发展　建设数字中国"作为独立篇，并在"加快推动数字产业化"部分提出，要将智慧物流作为构建基于 5G 的应用场景和产业生态的重点领域进行推进，在"推进产业数字化转型"部分提出要将智慧物流作为新增长点，这充分反映了数字物流对我国未来经济发展的重要性。当前企业面临消费需求的多样化、个性化等复杂多变的市场需求，传统物流已经难以满足需求，而数字物流利用互联网、物联网、云计算、大数据、区块链、人工智能等数字化技术赋能物流各业务环节，具有高效、快速传输和低成本的特点，能满足快速多变的市场需求。

一、数字物流的概念

2020 年 12 月 5 日，广东省运筹学会双循环背景下"物流运筹学创新理论与实践学术会

现代物流学

议报告"中首次提出数字物流。数字物流也称为"第五方物流",是指在商贸的实际运作中应用互联网技术去支持整个物流服务链,并且能组合相关的执行成员协同为企业的物流需求提供高效服务。

数字物流通过物流系统运作环节之间的数据流(数字化、电子化的业务单证流)的识别、选择、过滤、存储和使用,引导物流资源的快速优化配置与再生,实现高质量物流服务的经济活动。数字物流应用现代数字技术、信息技术、网络技术,包括大数据、云计算、物联网、区块链、人工智能、5G 通信等新兴技术。主要应用于"新零售""新制造""新物流"三个业态,主要关注干线物流通道(一体化物流)、区域物流枢纽(区域物流)和城市共同配送中心(城市物流)是否形成。

数字物流的主要研究方向,一是如何实现物流数字信息交互;二是根据数字物流存在的形态和演进,如何实现为物流行业提供企业信息数字化服务及物流系统的物流资源数字化元素;三是如何实现数字化过程,推动物流系统全链条数字化运筹与优化,提高物流效率。

数字物流以"一切业务数据化"和"一切数据业务化"为指导原则,开展智慧物流研究、准确采集物流供应全过程数据,建立数字化、智能化物流作业系统,为企业发展提供物流体系保障。

二、数字物流的特点

(1)数字技术与物流业的融合更加深入 作为全球数字经济大国与数字技术的领先国家,数字技术与物流业的融合更加深入,我国物流业数字化、智慧化程度进一步提高,推动物流业转型升级,铁路货运、公路货运、水路货运、航空货运、邮政、快递、仓储、配送等将会加速与移动互联网、物联网、人工智能、云计算、区块链等的深度融合,加快数字化、智慧化和平台化步伐。

(2)新生产要素 数据和数字化基础设施成为新的生产要素,大数据、云计算、人工智能等为物流全链条、供应链赋能,成为物流企业新竞争力的重要来源。物流与供应链在体系、功能、结构、形态、时空分布、市场主体、运作模式等方面会进一步演化,物流业的成本结构、要素结构、产业组织结构会进一步调整。

(3)推动变革 物流大数据平台、物流云、物流服务 App、智能物流终端等数字化物流基础设施与自动化、智能化的实体物流基础设施将迎来大发展,有力地支撑我国的生产、流通和消费方式变革。

(4)提升服务 在数字化的推动下,物流服务整体速度、服务质量、差异化、个性化服务水平、国际化服务等有较大的提升。全社会物流成本与数字化程度成反比,随着数字物流的深入推进,全社会物流资源得以在更大范围内优化。

(5)重塑物流市场主体 数字化重塑物流市场主体。许多非传统意义的物流业者成为物流市场的重要参与者,甚至成为新一轮发展的主导者。例如,平台型企业、数据型企业等通过整合社会资源或为物流链赋能,推动物流业升级和物流市场格局的变动。

(6)物流服务体系化 物流资源分散、分割、分立、组织化程度低的状况在数字化的洗礼下会得到改观,基于数字化互联互通、资源与要素共享、更大价值创造的物流服务体系将不断推进,生产、流通、消费、线上与线下等各类资源会得到进一步整合与重组,加速涌现一大批具有数字基因的大型物流企业集团,强大、智能、绿色的全国性物流服务体系将会最终形成。

第十四章　智慧物流与数字物流

三、数字物流发展的四个阶段

数字物流与物流信息化相辅相成。但发展数字物流只是手段，实现物流运作的信息化、可视化、可控化、智能化、协同化、精益化、效率化是目的，提高物流服务水平、提升物流服务效率、降低物流服务成本是终极目标。数字物流发展经历了以下四个阶段：

（1）数字物流 1.0 阶段　社会上宣传推广数字物流理念，企业意识到数字化提升对物流运作的重要影响，但由于理论、技术、设备、人员等原因导致尚未开展实质性的数字化工作。

（2）数字物流 2.0 阶段　企业开始推行数字化，通过应用条码、射频、网络通信、自动识别控制、电子数据交换（EDI）、仓库管理系统（WMS）、运输管理系统（TMS）、地理信息系统（GIS）、配送管理系统（DCMS）、全球定位系统（GPS）等技术，在订单处理、仓储保管、运输配送等物流环节实现了便捷管理、货物感知、动态定位、智能调度、实时跟踪、线路优化，提高了物流作业的信息化、自动化、智能化和效率化，物流作业中的人工处理越来越少。这一阶段的重点在物流局部环节的数字化，企业内部各部门在信息化、数字化实施上"各自为战"。物流运作分散、复杂，各部门数字化程度不一导致企业物流运作仍是基于需求的多条线进行，数据归集困难。

（3）数字物流 3.0 阶段　企业全面接受数字化理念，进入数字化物流全面贯通阶段，广泛运用信息技术实现物流运作数字化、信息化、电子化、可视化、智能化和自动化，实现了企业内部各环节的数据整合以及纵向集成。企业各环节都基本开展了数字化管理，各环节的数字化信息可以融会贯通，形成有效的数字化网络，促进了整体物流运营的协同和高效。这一阶段，数字物流的重点虽然仍在企业内部，但已经开始构建与供应商和经销商之间的数字化联系。

（4）数字物流 4.0 阶段　5G、大数据、工业互联网、云计算、人工智能等新一代信息技术的推广应用，加快了各个行业数字化、网络化和智能化的进程。企业数字化物流全面突破企业边界，向供应链上下游企业延伸，进而实现企业客户端、企业与合作伙伴一直到供应链上游供应端企业的数字化集成。企业内外部物流运作实现了网络化的数字化集成，信息实现了纵横交错的网络化传递，进而实现企业内外物流运营的自动化、协同化、智能化，进一步提升物流效率。这一阶段，物流与商流、信息流、资金流深度协同，高效运行。

目前，我国少数实力雄厚的企业处在数字物流 4.0 阶段，一部分企业处在数字物流 3.0 阶段，大部分企业处在数字物流 2.0 阶段。

四、数字物流的应用

（1）数字物流的应用技术　数字物流的应用技术，涉及数字技术本身、物流管理技术以及两者的结合应用。对数字技术而言，第一类是数字化、信息化和网络化技术，如互联网、物联网、移动互联网、5G 等；第二类是利用收集的数字进行精细加工和提升。通过大数据、云计算、区块链、边缘计算等技术应用实现物流过程可视化、智能化和集成化。值得注意的是，物流管理本身是有技术的，所以数字物流本身就是需要用数字技术对物流管理技术进行提升，如流程优化、网络优化、运营调度、运输管理等一些管理方面的技术本身怎样数字化的问题。对两种技术的结合，就是要用数字化的手段来武装物流管理技术，建构数字物流平台、数字物流追溯系统、数字物流供应系统、数字物流控制台等。

应，分别由 ACS、上海中货、大通及其他供应商自行组织有关的运输，各服务提供商之间的信息无法有效地沟通。例如，通过整车配送，以协助上海通用汽车有限公司的销售部门改善营销预测的准确性和提前量，根据改善的预测信息来确定随后的生产和原材料采购（进口）计划，可使每批进口汽车零配件的品种构成更为合理化，从而可相应减少在途和上海再配送中心不必要的库存积压。

随着经济全球化、市场国际化和电子商务的发展，单个企业之间的竞争已转变为供应链之间的竞争。任何一个企业，只有建立有效的供应链系统，才能掌握市场竞争的主动权。

第一节　供应链概述

20 世纪 90 年代以来，随着全球制造的出现，国际竞争加剧，客户需求多样化，技术更新迅速，供应链在企业管理中得到了普遍应用，成为一种新的组织和管理模式。

一、供应链的产生

20 世纪 90 年代以来，随着科学技术不断进步和经济的不断发展，全球化信息网络和全球化市场的形成及技术变革的加速，围绕新产品的市场竞争也日趋激烈。技术进步和需求多样化使产品寿命周期不断缩短，企业面临着缩短交货期、提高产品质量、降低成本和改进服务的多重压力。企业为了能对不断变化的市场做出快速反应，以源源不断地开发出满足客户需求的个性化产品去占领市场以赢得竞争，管理模式发生了变革，即从传统的"纵向一体化"向"横向一体化"转变，从而形成了一条从供应商到制造商再到分销商的贯穿所有企业的"链"——供应链。

1. 供应链产生的背景

企业经营环境的变化，使原先各个分散的企业逐渐意识到：要在竞争激烈的市场中生存下来，必须与其他企业建立一种战略上的伙伴关系，实行优势互补，发挥各自的核心能力，并且在一种跨企业的集成管理模式下，使各个企业能够统一协调起来。供应链管理思想就是在这样的背景下产生的。

（1）产品寿命周期越来越短　随着消费者需求的多样化发展，企业的产品开发能力也在不断提高，新产品的研制周期大大缩短。与此相对应的是产品的生命周期缩短，更新换代速度加快。由于产品在市场上存留时间大大缩短，企业在产品开发和上市时间的活动余地也越来越小，给企业造成巨大压力。

（2）产品品种数大量增长　因消费者需求的多样化越来越突出，厂家为了更好地满足其要求，便不断推出新的品种，从而引起了一轮又一轮的产品开发竞争，结果是产品的品种数成倍增长。尽管产品数已非常丰富，但消费者在购买商品时仍然感到难以称心如意。为了吸引客户，许多厂家不得不绞尽脑汁地不断增加花色品种。但是，按照传统的思路，如果每一种产品都生产一批以备客户选择的话，那么制造商和销售商都将背上沉重的负担。

（3）对交货期的要求越来越高　随着市场竞争的加剧，经济活动的节奏越来越快。其结果是每个企业都感到客户对时限的要求越来越高。这一变化的直接反映就是竞争主要因素的变化。20 世纪 60 年代，企业之间竞争的主要因素是成本；到了 70 年代，竞争的主要因素转变为质量；进入 80 年代以后，竞争的主要因素转变为时间，主要是指交货期和响应周期。客户不但要求厂家按期交货，而且要求交货期越来越短。对现在的厂家来说，市场

第十五章 供应链管理

机会几乎是稍纵即逝的，留给企业思考和决策的时间有限。如果一个企业对客户要求的反应稍微慢一点，很快就会被竞争对手抢占先机。因此，缩短产品的开发、生产周期，在尽可能短的时间内满足客户的要求，已成为当今所有管理者最关注的问题之一。

（4）对产品和服务的期望越来越高　进入 20 世纪 90 年代，客户对产品质量、服务质量的要求越来越高。客户已不满足于标准化生产的产品，他们希望得到按照自己要求定制的产品或服务。这些变化导致产品的生产方式发生革命性的变化。传统的标准化生产方式是"一对多"（One-to-Many）的关系，即企业开发出一种产品，然后组织规模化大批量生产，用一种标准产品满足不同消费者的需求。然而，这种模式已不能满足市场需求。现在的企业必须具有根据每一个消费者的特别要求定制产品或服务的能力，即所谓的"一对一"（One-to-One）的定制化服务（Customized Service）。企业为了能在新的环境下继续保持发展，纷纷转变生产管理模式，采取措施从大量生产（Mass Production）转向定制化生产（Mass Customization）。例如，以生产芭比娃娃著称的玛泰尔公司会让消费者进入公司网站选择娃娃的皮肤弹性、眼睛颜色、头发的式样和颜色、附件和名字等来设计其需要的芭比娃娃。当娃娃邮寄到孩子手上时，女孩子会在上面找到她们娃娃的名字。不过，虽然个性化定制生产能高质量、低成本地快速响应客户需求，但是对企业的运作模式提出了更高的要求。

2. 纵向一体化、横向一体化与供应链

管理模式是一种系统化的指导与控制方法，它把企业中的人、财、物和信息等资源，高质量、低成本、快速而及时地转换为市场所需要的产品和服务。传统的企业管理模式是"大而全""小而全"的经营方式，即"纵向一体化"（Vertical Integration）管理模式。这种企业把产品设计、计划、财务、会计、生产、人事、管理信息、设备维修等工作看作本企业必不可少的业务工作，许多管理人员往往花费过多的时间、精力和资源去从事辅助性的管理工作。结果往往是，辅助性的管理工作没有抓起来，关键性业务也无法发挥出核心作用，不仅使企业失去了竞争特色，而且还增加了生产成本。此外，传统管理模式一般是以规模化需求和区域性的卖方市场为决策背景的，通过规模效应降低成本，获得效益。在这种决策背景下，它所选择的必然是少品种、大批量生产方式，采用刚性和专用的流水生产线，因为这种生产方式可以最大限度地提高效率、降低成本，其规模化效益是最好的。但是它的致命弱点是适应市场变化的能力很差，一旦外界发生新的需求，原有的生产系统很难适应。

从组织结构的特征来看，它是一种多级递阶控制的组织结构，管理跨度小、层次多，但管理层次的增加必然影响整个企业的响应速度。从管理思想和管理制度的特征看，这种管理主要是一种集权式管理，以追求稳定和控制为主。也就是说，为了控制影响企业生产的这些资源，企业要么是自己投资建设，要么是参资控股，目的只有一个，就是要控制可能影响自己生产和经营的资源。但要最大限度地来控制这些资源，必然走向集权式管理。因为只有集权式管理，才能最大限度地实现企业对资源的控制。

"纵向一体化"管理模式有增加企业投资负担和丧失市场时机的风险，难以形成突出的核心优势，对于复杂多变的市场需求无法做出及时的响应。因此，从 20 世纪 80 年代后期开始，国际上越来越多的企业放弃了"纵向一体化"经营模式，"横向一体化"（Horizontal Integration）思想随之兴起，即利用企业外部资源快速响应市场需求，企业只抓最核心的东西：产品方向和市场。至于生产，只抓关键零部件的制造，甚至全部委托其他企业加工。例如，福特汽车公司的 Festiva 车就是由美国人设计的，在日本的马自达生产发动机，在韩国的制造厂生产其他零件和装配，最后组装后再在美国市场上销售。制造商把零部件生产

现代物流学

和整车装配都放在了企业外部，这样做的目的是利用其他企业的资源促使产品快速上马，避免自己投资带来的基建周期长等问题，以赢得产品在低成本、高质量、早上市等方面的竞争优势。"横向一体化"形成了一条从供应商到制造商再到分销商的贯穿所有企业的"链"。由于相邻节点企业表现出一种需求与供应的关系，当把所有相邻企业依次连接起来，便形成了供应链（Supply Chain）。这条链上的节点企业必须达到同步、协调运行，才有可能使链上的所有企业都能受益。于是便产生了供应链管理（Supply Chain Management，SCM）这一新的经营与运作模式。

供应链管理强调核心企业与世界上最杰出的企业建立战略合作关系，委托这些企业完成一部分业务工作，自己则集中精力和各种资源，通过重新设计业务流程，确保本企业能创造特殊价值，比竞争对手更擅长某些关键性业务工作，这样不仅大大提高了本企业的竞争能力，而且使供应链上的其他企业都能受益。供应链管理利用现代信息技术，通过改造和集成业务流程，与供应商以及客户建立协同的业务伙伴联盟，实施电子商务，使企业在复杂的市场环境中立于不败之地。因此，供应链管理模式吸引了越来越多的企业。

小案例

亨利·福特最初的想法和最终结果

作为世界上第一条流水线生产地，福特公司的创始人亨利·福特曾经希望自己的公司成为一个完全自给自足的行业寡头。在底特律正西南方的鲁日河旁，福特开发了一个庞大的制造业联合体，其中包括内陆港口和一个错综复杂的铁路和公路网络。为了确保制造汽车材料诸如钢铁、木材、油漆、橡胶等的供给，福特还投资于煤矿、铁矿石、森林、玻璃厂等方面，购买大量土地种植用于制造油漆的大豆和开发福特兰地亚橡胶种植园。为了把材料运到鲁日河，把制成品运送给零售商，福特公司还投资铁路、运货车以及内湖与远洋船舶。公司设想控制从一个遍及美国、加拿大、澳大利亚、新西兰、英国和南非等国的，由40多家制造、服务和装配企业组成的网络运输，到遍及全球零售商的各种存货。但结果是，公司面临着经济调整和工会的障碍，最终由一个独立的供应商组成的网络来提供产品和服务。他们发现专业化公司能够承担最基本的工作，而且这些专业人员在质量、成本方面的表现都要胜过福特公司。于是福特公司将金融资源用于开发核心制造能力，由控制物权转变为建立协调融合的供应渠道关系。毕竟，没有一家公司能管理整个供应链，能做的只是分析自己在供应链中负责的部分，找出能为自己的业务、客户、供应商及整个产业增加价值的机会。

二、供应链的概念

供应链也有人称其为"需求链"或者"供需链"，目前尚未形成统一的定义，许多学者从不同的角度出发给出了不同的定义。

早期的观点认为，供应链是制造企业中的一个内部过程，它是指把从企业外部采购的原材料和零部件，通过生产转换和销售等活动，再传递到零售商和客户的一个过程。传统的供应链概念局限于企业的内部操作层上，注重企业自身的资源利用，并没有关注与之相关的企业。

有些学者把供应链的概念与采购、供应管理相关联，用来表示与供应商之间的关系，这种观点得到了研究合作关系、JIT 关系、精益供应、供应商行为评估和客户满意度等问题的学者的重视。但这样一种关系也只局限在企业与供应商之间，而且供应链中的各企业独

第十五章　供应链管理

立运作，忽略了与外部供应链成员企业的联系，往往造成了企业之间的目标冲突。

后来供应链的概念强调了与其他企业的联系，关注到了供应链的外部环境，认为它应是一个"通过链中不同企业的制造、组装、分销、零售等过程将原材料转换成产品，再到最终客户的转换过程"，这是更大范围、更为系统的概念。例如，史迪文斯（Stevens）认为："通过增值过程和分销渠道控制从供应商的供应商到客户的客户的流就是供应链，它开始于供应的源点，结束于消费的终点。"罕菲尔德（Hanfield）和尼科斯（Nicos）将供应链定义为："确保原材料到最终消费者整个过程中所发生的与物流和信息流相关的所有活动，而供应链管理则是为获得持续的竞争优势，在供应链关系（Supply Chain Relations）基础上种种活动的整合。"这些定义更强调供应链的完整性，考虑了供应链中所有成员操作的一致性（链中成员的关系）。

近几年，供应链的概念更加注重围绕核心企业的网链关系，如核心企业与供应商、供应商的供应商乃至与一切前向的关系，与客户、客户的客户及一切后向的关系。此时对供应链的认识形成了一个网链的概念，像丰田、耐克、尼桑、麦当劳和苹果等公司的供应链管理都从网链的角度来实施。哈理森（Harrison）进而将供应链定义为："供应链是执行采购原材料、将它们转换为中间产品和成品，并且将成品销售到客户的功能网络。"这些概念同时强调供应链的战略伙伴关系问题。菲利浦（Phillip）和温德尔（Wendell）认为，供应链中战略伙伴关系是很重要的，通过建立战略伙伴关系，可以与重要的供应商和客户更有效地开展工作。

《物流术语》（GB/T 18354—2021）对供应链的定义是："生产及流通过程中，围绕核心企业的产品或服务，由所涉及的原材料供应商、制造商、分销商、零售商直到最终客户等所形成的网链结构。"我国学者马士华认为，供应链是围绕核心企业，通过对信息流、物流、资金流的控制，从采购原材料开始，制成中间产品以及最终产品，最后由销售网络把产品送到消费者手中的将供应商、制造商、分销商、零售商直到最终客户连成一个整体的功能网链结构模式。

从以上定义可以看出，供应链具有如下特点：它是一个范围更广的企业结构模式，包含所有加盟的节点企业，从原材料的供应开始，经过链中不同企业的制造加工、组装、分销等过程直到最终客户；它不仅是一条连接供应商到客户的物料链、信息链、资金链，而且是一条增值链，物料在供应链上因加工、包装、运输等过程而增加其价值，给相关企业都带来收益；在这个网络中，每个贸易伙伴既是其客户的供应商，又是其供应商的客户，他们既向上游的贸易伙伴订购产品，又向下游的贸易伙伴供应产品。

三、供应链的特征

供应链是一个围绕核心企业的供应商、供应商的供应商、分销商、零售商、最终客户组成的网链结构，如图 15-1 所示。供应链作为习惯称呼，是从上下游关系来理解从供应商的供应商到客户的客户的关系，但事实上供应链不可能是单一链状结构，而是交错的链状网络结构（Supply network）。一个企业就是一个节点，节点企业之间是一种供需协调、物流同步的关系。所以供应链的特征在于网链结构，由客户需求拉动，高度一体化地提供产品和服务的增值过程，并且每一个节点代表一个经济实体以及供需的两个方面，具有物流、信息流和资金流三种表现形态。供应链的特征还表现在它是增值的和有利可图的，即供应链不仅是物流链、信息链、资金链，还是增值链，使所有供应链的参与者受益，否则就没有存在的必要。

现代物流学

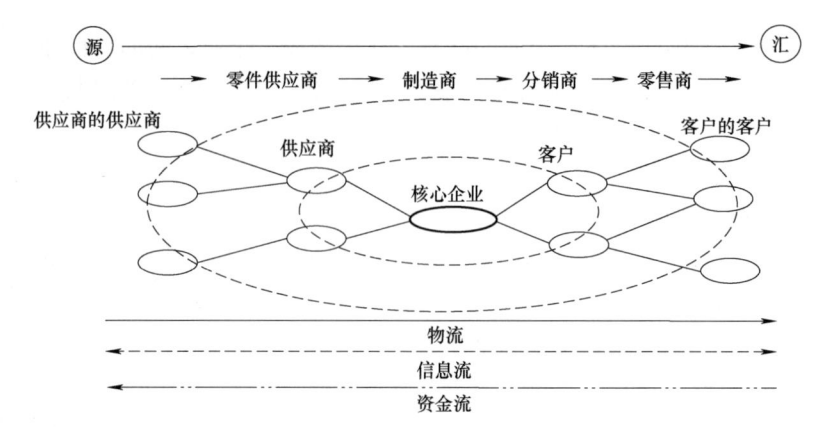

图 15-1 供应链的基本结构

此外，供应链还具有复杂性和虚拟性、选择性和动态性等主要特征。

（1）复杂性和虚拟性 供应链是一个复杂的网络，节点企业组成的跨度（层次）不同。供应链往往由多个、多类型甚至是多国企业构成，这些成员由具有不同的甚至冲突的目标的组织构成，依靠信息网络的支撑和相互信任关系，为了共同的利益，强强联合，优势互补，协调运转。所以，供应链结构模式比一般单个企业的结构模式更复杂，具有一定的虚拟性。

（2）选择性和动态性 供应链的组成企业是在众多候选企业中经过筛选而确定的合作伙伴，合作关系是非固定的，是在动态中调整的。供应链管理因企业战略和适应市场需求变化的需要，其中节点企业需要动态地更新，这就使供应链具有明显的动态性。

（3）面向客户需求 供应链的形成、存在、重构，都是基于一定的市场需求而发生的，并且在供应链的运作过程中，客户的需求拉动是供应链中信息流、资金流、产品和服务流运作的驱动源。

（4）协调性和交叉性 供应链本身是一个整体合作、协调一致的系统，它有多个合作者，像链条一样一环扣着一环，参与者为了共同的目标协调运作，紧密配合。由于节点企业既可以是这个供应链的成员，又可以是另一个供应链的成员，众多的供应链形成交叉结构，增加了协调管理的难度。

（5）风险性 供应链的需求匹配是一个持续性的难题。供应链上的消费者需求和生产供应，始终存在时间差和空间分隔。通常，在实现产品销售的数周和数月之前，制造商必须先期确定生产的款式和数量，这一决定直接影响到供应链柔性的生产、仓储、配送等功能的容量设定，以及相关成本的构成。因此供应链上的供需匹配隐藏着巨大的财务风险和供应风险。

四、供应链的分类

供应链产生和发展的历史虽然短暂，但由于它在企业经营中的重要地位和作用，以及它对提升企业竞争力的明显优势，其发展速度很快，已经形成了一系列具有明显特点的供应链模式和结构。随着研究角度和着眼点的不断变化，人们对供应链管理问题的认识逐步深入。从不同的角度出发，按照不同的标准，可以将供应链划分为不同的类型。

（一）供应链的基本类型

1. 稳定供应链和动态供应链

根据供应链的稳定程度，可以将供应链分为稳定供应链和动态供应链。基于相对稳定、单一的市场需求而组成的供应链稳定性较强，而基于相对频繁变化、复杂的需求而组成的供应链动态性较高。在实际管理运作中，需要根据不断变化的需求，相应地改变供应链的组成。

2. 平衡供应链和倾斜供应链

根据供应链容量与客户需求的关系，可以将供应链分为平衡供应链和倾斜供应链。一个供应链具有一定的、相对稳定的设备容量和生产能力，但客户需求处于不断变化的过程中。当供应链的容量能满足客户需求时，供应链处于平衡状态；当市场变化加剧，造成供应链成本增加、库存增加、浪费增加等现象时，企业不是在最优状态下运作，供应链则处于倾斜状态，如图 15-2 所示。平衡供应链可以在各主要职能（采购——低采购成本、生产——规模效益、分销——低运输成本、市场——产品多样化和财务——资金运转快）之间实现均衡。

图 15-2 平衡供应链和倾斜供应链示意图

3. 有效性供应链和反应性供应链

根据供应链的功能模式（物理功能和市场中介功能），可以把供应链划分为有效性供应链（Efficient Supply Chain）和反应性供应链（Responsive Supply Chain）。有效性供应链主要体现供应链的物理功能，即以最低的成本将原材料转化成零部件、半成品、产品，以及在供应链中的运输等；反应性供应链主要体现供应链的市场中介功能，即把产品分配到满足客户需求的市场，对未预知的需求做出快速反应等。两种类型的供应链的比较分析见表 15-1。

表 15-1 有效性供应链与反应性供应链比较分析

内容	有效性供应链	反应性供应链
产品特征	产品技术和市场技术相对平稳	产品技术和市场需求变化很大
基本目标	以最低成本供应可预测的需求，提高服务水平，减少缺货等	对不可预测的需求做出快速反应，使缺货、库存最小化
产品设计策略	获取规模经济和绩效最大化	模块化设计，尽量延迟产品差别
提前期	在不增加成本的前提下缩短提货期	大量投资以缩短提前期
制造策略	保持较高的设备利用率	配置缓冲设备，柔性制造
库存策略	保持合理的库存	部署零部件和成品的缓冲库存
选择供应商	以成本和质量为核心	以速度、柔性和质量为核心

4. 风险规避供应链和敏捷供应链

有效性供应链和反应性供应链的划分主要是从市场需求变化的角度出发的，重点是供应链如何处理市场需求不确定的运作问题。在实际供应链管理过程中，不仅要处理来自需求端的不确定性问题，而且还要考虑如何处理来自供应端的不确定性问题。在有些情况下，来自供应端的不确定性对整个供应链运作绩效的影响可能更大一些。从供应和需求两个方向的不确定性对供应链运作的影响出发，可以进一步细分供应链的类型，如图 15-3

现代物流学

所示。敏捷供应链（Agile Supply Chain）是一种综合能力最强的供应链系统，它能够对来自需求和供应的不确定性做出及时反应，使自己始终能够围绕运行环境的变化而变化。对于风险规避供应链而言，来自需求端的不确定性较低，来自供应端的不确定性较高，这种供应链需要对来自供应端的不确定性有较强的应变能力。

	需求不确定性 低（功能性产品）	需求不确定性 高（创新性产品）
供应不确定性 低（稳定流程）	有效性供应链	反应性供应链
供应不确定性 高（变化流程）	风险规避供应链	敏捷供应链

图 15-3 考虑不确定性的供应链类型

5. 推式供应链和拉式供应链

根据供应链的推动力来源，可以将供应链分为推式供应链和拉式供应链两种，如图 15-4 和图 15-5 所示。推式供应链管理的出发点是从原材料推到产成品、市场，一直推至客户端；拉式供应链管理的出发点是以客户及客户满意度为中心的管理，根据实际客户需求而不是预测需求进行协调的。

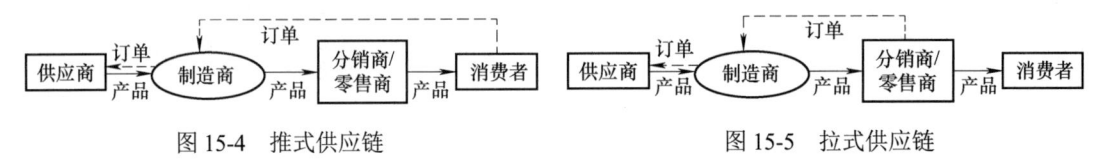

图 15-4 推式供应链

图 15-5 拉式供应链

传统的供应链模式叫作"推式"模式，即根据商品的库存情况，有计划地将商品推销给客户。推式供应链管理以企业资源计划（ERP）为核心，要求企业按计划来配置资源。制造商领导的推式供应链，要求高度多样化，庞大的备用存货。现今流行的供应链模式是"拉动"模式，生产是受需求驱动的，客户是该供应链中一切业务的原动力。在超市的收款台前，扫描器采集到客户所购商品的确切信息传递给制造机构。这样，制造商就可以为下一次交货以补充分销仓库提前做准备。为此，制造商将调整交货计划和采购计划，同时更新生产计划，以便原材料供应商改变相应的交货计划。供应链可以整体采用生产推进型或需求拉动型系统，也可以在供应链的某一部分采用生产推进系统，并在另一部分采用需求拉动系统，以发挥两种系统的优点，规避风险。

（二）不同主体的供应链

各种经营主体的特定性和其在供应链中的地位决定了不同经济主体的供应链结构是有差异的。这里的经营主体可以是生产商、批发商、零售商和各种形式的物流服务提供商，一般在供应链中占有主导地位，对其他成员具有很强的辐射能力和吸引能力，也称为核心企业或主导企业。供应链中可以有一个或多个核心企业，或者无核心企业。对单一核心企业的供应链，依据核心企业的不同，可以分为以生产商为主体的供应链、以批发商为主体的供应链、以零售商为主体的供应链等。

1. 以生产商为主体的供应链

生产商的供应链最为复杂，其供应链的结构形式是多种多样的。某公司主要产品的供应链结构如图 15-6 所示。

2. 以批发商为主体的供应链

批发商一般在供应链结构中执行配送功能，其供应链结构一般取决于产品的特征、生产商所选择的渠道、消费者的购买渠道以及批发商的营销策略。消费品批发商的供应链结构如图 15-7 所示，绝大多数批量生产的消费品是通过批发商或零售商到达市场的。

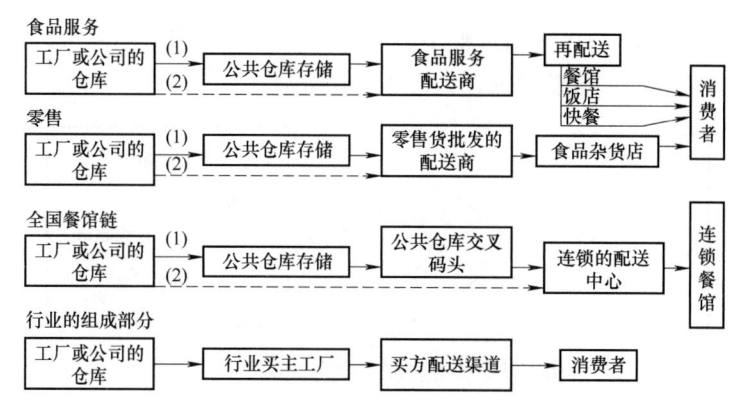

图 15-6 某公司主要产品的供应链结构

工业品批发商的供应链结构如图 15-8 所示。绝大多数产品是从生产者手中转移到消费者手中的，批发商往往处理供应品、替换零件及小批量的订货。

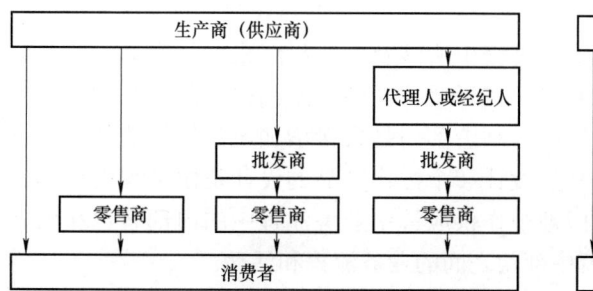

图 15-7 消费品批发商的供应链结构

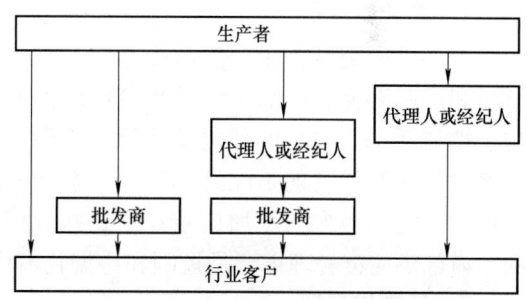

图 15-8 工业品批发商的供应链结构

3. 以零售商为主体的供应链

零售商供应链管理的目标是增加销售量，降低库存，提高效率，提高纯利润与有效利用空间。因此，其供应链的形式应该尽量简化，更好地与制造商结成一体。沃尔玛就是这种模式的典型案例。连锁店的供应链结构如图 15-9 所示，其经营的商品包括不易腐烂的食品、冷冻食品、奶制品、烘烤食品和报刊等。

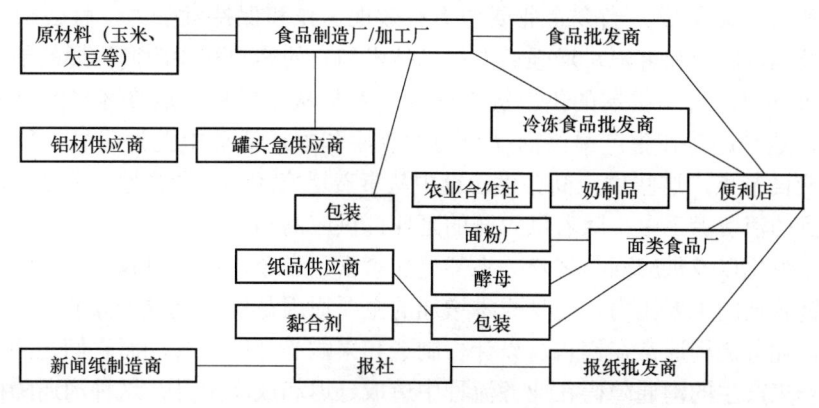

图 15-9 连锁店的供应链结构

4. 以第三方物流服务提供商为主体的供应链

第三方物流企业在参与供应链管理过程中，与供应链其他成员之间的合作不断加深，

现代物流学

而将业务延伸出物流领域,并成为对整个供应链运作质量的真正控制者。这样就形成了以第三方物流企业为主导的供应链模式,如图 15-10 所示。

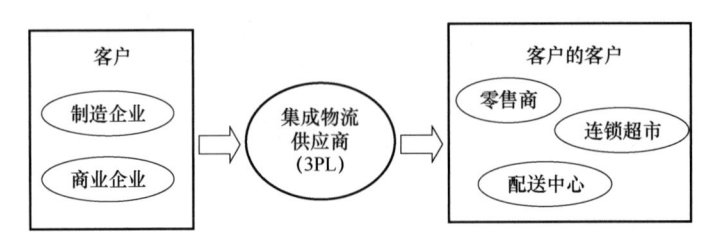

图 15-10　以第三方物流企业为主导的供应链模式

(三) 分布范围不同的供应链

根据分布范围划分,供应链可以分为内部供应链和外部供应链,两者共同组成了企业产品从原材料、半成品、成品到消费者的完整供应链。

1. 内部供应链

内部供应链是指企业内部产品生产和流动过程中所涉及的原材料采购、产品生产、原材料和产品存储、产品销售等环节组成的网络。在每个公司中,不同的部门都在物流中参与了增值活动,如采购部门是资源的来源部门,制造部门是直接增加产品价值的部门,管理客户订单和送货的是配送部门。一般产品的设计和个性化产品的设计是由工程设计部门完成的,它们也参与了增值活动。这些部门被视作供应链中业务流程中的内部客户和供应商。内部供应链管理主要是控制和协调物流中部门之间的业务流程和活动。

2. 外部供应链

外部供应链是指企业外部的各相关方构成的供需网络,包括集团供应链、扩展的供应链、全球供应链。

(1) 集团供应链　一个集团可以在不同的地点进行制造并且对过程实现集中控制,而通过自有的区域和本地仓库网络配送产品。这种情况由于业务活动涉及许多企业(或部门),成为一种形式上的集团供应链。在供应链中每个公司都有自己的位置。一个公司有一个物流流向下游的客户供给链和从上游流下的供应商的供应链。大量的信息需要快速地传递,供应链上业务流程也必须集成。当今企业要想更有效地运作和保持竞争力,就必须有效地管理集团内公司及其供应商和客户,增强通过信息技术与它的客户和供应商沟通的能力。

(2) 扩展的供应链　扩展的供应链表现为:参与从原材料到最终客户的物流活动的公司日益增多,这种趋势在生产最终商品公司的供应和配送活动中尤为明显;复杂的网络包含着几层供应商节点,这些供应商在供应链中从事着增值活动。同样地,分销商网络能够把产品带到更远的消费者手中;随着供应链的延伸,供应商和最终客户之间的距离在拉大,产品和制造的个性化以及供应商与客户关系却更加紧密。当今,供应商和客户之间交易成本的增加是供应链管理的主要压力,交易成本增加的主要原因是供应链过于分散和冗长。过去在一个公司里,业务流程通常在销售、设计、制造和采购等部门进行,而它们之间却缺乏及时沟通。这样一来产生的沟通障碍在业务流程中造成延迟和成本上升,这种沟通障碍也使公司很难对客户的需求和市场变化做出快速反应。扩展的供应链正是在个性化生产、提前期的缩短和业务量增加的因素影响下,迫使企业实现物流同步,成为一个连接着供应商和分销商的复杂供应链。基于扩展供应链的协同商务运作,将是未来企业供应链管理的重要模式。

第十五章　供应链管理

（3）全球供应链　为了降低成本、提高效率和增强企业核心竞争力，许多公司采用了全球化的经营模式，从而出现了跨国家、跨地域和跨文化的全球供应链管理。因特网的应用以及电子商务的出现，彻底改变了商业模式，也改变了现有供应链结构，层式的供应链将转变为基于因特网的开放式的全球网络供应链（Global-Net Supply chain，GNS），以适应市场变化、柔性、速度、革新、知识的需要。因而，全球供应链又称为全球网络供应链。在全球网络供应链中，企业的形态和边界将产生根本性的改变，整个供应链的协同运作将取代传统的电子订单，供应商与客户间信息交流层次的沟通与协调将是一种交互式的协同工作。这种因特网驱动的供应链协同规划的应用将降低企业的运营成本，提高供应链效率，使供应链以"电子化的速度"运作，取得整条供应链的竞争优势。戴尔公司就是全球网络供应链成功运作的典范。

第二节　供应链管理

供应链中的每个节点企业在网络中都扮演着不同的角色，它们既相互合作，谋求共同的收益，同时在经济利益上又相互独立，存在一定的冲突。要使一个供应链获得良好的整体绩效，实现各节点企业的双赢或者多赢，就要使整个供应链的价值最大化。要在供应链之间的竞争中占据优势地位，就必须对供应链中各节点企业进行有效管理。

一、供应链管理的概念和内涵

在传统"纵向一体化"管理模式下，企业产品开发和市场营销能力很弱，无法快速响应客户需求，严重阻碍了企业的竞争力，促使"横向一体化"的兴起，于是产生了新的经营和运作模式——供应链管理。

1. 供应链管理的概念

1982 年，开思·奥立夫（Keith Oliver）和麦考尔·威波尔（Michael Webber）在《观察》杂志上发表的《供应链管理：物流的更新战略》中，首次提出了供应链管理的概念。供应链管理是一种集成的管理思想和方法，它执行供应链中从供应商到最终客户的物流计划和控制等职能。例如，伊文斯（Evens）认为，"供应链管理是通过前馈的信息流和反馈的物料流及信息流，将供应商、制造商、分销商、零售商，直到最终客户连成一个整体的管理模式。"菲利浦（Phillip）则认为，供应链管理不是供应商管理的别称，而是一种新的管理策略，它把不同企业集成起来以提升整个供应链的效率，注重企业之间的合作。刚开始，人们把供应链管理的重点放在管理库存上，作为平衡有限的生产能力和适应客户需求变化的缓冲手段。它通过各种协调手段，寻求把产品迅速、可靠地送到客户手中所需要的费用与生产、库存管理费用之间的平衡点，从而确定最佳的库存投资额，其主要的工作任务是管理库存和运输。现在的供应链管理则把供应链上的各个企业作为一个不可分割的整体，使供应链上各企业分担的采购、生产、分销和销售的职能成为一个协调发展的有机体。

综合以上定义，对供应链管理的概念，可以从以下几个方面来把握：

1）供应链管理把对成本有影响和在产品满足客户需求的过程中起作用的每一方都考虑在内，从供应商、制造工厂经过仓库、配送中心到批发商、零售商以及商店。

2）供应链管理的目的在于追求效率和整个系统的费用有效性。它通过调和总成本最小化、客户服务最优化、总库存最少化、总周期时间最短化和物流质量最优化等目标之间的

现代物流学

冲突，使系统总成本达到最小，实现供应链绩效最大化。

3）供应链管理是围绕着把供应商、制造商、分销商（包括批发商和零售商）有效率地结合成一体这个问题来展开的，因此它包括公司许多层次上的活动，从战略层次到战术层次一直到作业层次。

> **小贴士　供应链管理与物流管理的区别**
>
> 在1990年左右，学术界开始探讨供应链管理与传统物流管理的关系。由于供应链管理理论源于物流管理研究，其产生背景不可分割地与物流管理联系在一起。供应链管理思想的提出经历了一个由传统物流管理到供应链管理的演化过程。学术界和企业对它有不同的理解，有的认为供应链管理与物流管理的内涵是相同的，有的认为供应链管理是物流管理的延伸，有的认为供应链是一种企业业务的综合等。事实上，供应链管理的概念与物流管理的概念密切相关，但两者的范围、角度、运营基础、整合资源的方式和运营难度存在一定的区别。供应链管理是在物流发展的基础上产生的，是物流管理的延伸或扩展，是对物流各环节的一体化管理，更强调"外源"的利用。供应链管理除了包含与物品实体运动相关的种种活动外，还包括组织之间的协调活动和业务流程的整合过程，管理难度大。贯穿于整个供应链的物流，是供应链管理系统的一个子集。物流管理限于物品的流动，相对简单。

2. 供应链管理的特点

供应链管理与传统的物料管理和控制有着明显的区别，主要体现在以下几个方面：

（1）**供应链管理是一种集成化管理模式**　供应链管理关键是需要采用集成的、系统的思想和方法来统筹管理整个供应链的各个功能，而不仅仅是对节点企业、技术方法等资源简单的连接。传统的管理以职能部门为基础，往往由于职能矛盾、利益目标冲突、信息分散等原因，各职能部门无法完全发挥其潜在效能，因而很难实现整体目标最优。供应链管理把供应链中所有节点企业看成一个整体，以供应链的流程为基础，物流、信息流、价值流、资金流、工作流贯穿于供应链的全过程。通过业务流程重组，消除各职能部门以及供应链成员企业的自我保护主义，实现供应链组织的集成与优化。

（2）**供应链管理是全过程的战略管理**　供应链是由供应商、制造商、分销商、零售商、客户组成的网络结构，链中各环节不是彼此分割的，而是环环相扣的一个有机整体。"供应"是整个供应链中节点企业之间共享的一个概念（任意两节点之间都是供应与需求关系），同时它又是一个有重要战略意义的概念，因为它影响甚至决定了整个供应链的成本和市场占有份额。因此，从整体上考虑，如果只依赖于部分环节信息，则由于信息局限或失真，就可能导致决策失误、计划失控和管理失效。进一步说，由于供应链上供应、制造、分销等职能目标之间的冲突是经济生活中不争的事实，只有高层管理层才能充分认识到供应链管理的重要性，运用战略管理的思想才能有效实现供应链的管理目标。因此，供应链管理强调和依赖战略管理，对整个供应链进行战略决策。

（3）**供应链管理提出了全新的库存观**　传统的库存管理思想认为，库存是维系生产与销售的必要措施，因而企业与其上下游企业之间在不同的市场环境下只是实现了库存的转移，整个社会库存量并未减少。供应链管理具有更高的目标，通过管理库存和合作关系来达到高水平的服务，而不是仅仅达到一定的市场目标。从供应链的角度来看，库存不一定是必需的，它只是平衡产销的最后工具。供应链的形成使供应链上各个成员之间建立了战略合作关系，通过快速反应致力于总体库存的大幅度降低，库存是供应链管理的平衡机制。

第十五章　供应链管理

（4）供应链管理以最终客户为中心　不管供应链的连接企业有多少种类型，也不论供应链是长还是短（供应链的层次多少），都是由客户需求驱动的。正是最终客户的需求，才使供应链得以存在。而且只有客户获得成功，供应链才能延续发展。传统管理基于企业自己的情况，如行业、产品、分销渠道等对市场进行划分，然后对同一区域的客户提供相同水平的服务；供应链管理则强调根据客户的状况和需求提供个性化的服务。因此，供应链管理是以最终客户为中心，将客户服务（Customer Service）、客户满意（Customer Satisfaction）、客户成功（Customer Success）与客户价值（Customer Value）这"4Cs"作为管理的出发点，并贯穿于供应链管理的全过程；将改善客户服务质量，实现客户满意，促进客户成功作为创造竞争优势的根本手段。

3. 供应链管理的作用

PRTM 公司曾进行的一项关于集成化供应链管理的调查（调查涉及 6 个行业的 165 个企业）表明，通过实施供应链管理，企业可以达到以下多个方面的效益：总供应链管理成本（占收入的百分比）降低 10%以上、中型企业的准时交货率提高 15%、订单满足提前期缩短 25%～35%、中型企业的增值生产率提高 10%以上、绩优企业资产运营业绩提高 15%～20%、中型企业的库存降低 3%、绩优企业的库存降低 15%、绩优企业在现金流周转周期上具有比一般企业少 40～65 天的优势。戴维德·霍尔（David Hole）认为，通过良好的供应链管理，企业可以在进入新市场、开发新产品、开发新分销渠道、改善售后服务水平、提高客户满意程度、降低库存和后勤成本、降低单位制造成本、提高工作效率等方面获得满意效果。

（1）降低库存量　供应链管理可以有效地减少成员之间的重复工作，剔除流程的多余步骤，使供应链流程低成本、高效化。此外，通过建立公共的电子数据交换系统，既可以减少因信息交换不充分带来的信息扭曲，又可使成员之间实现全流程无缝作业，大大提高工作效率，减少失误。许多企业长期存在库存不确定性，并用一定的人力、物力准备来应对不确定性。这种不确定性既存在于物流过程中，也存在于信息流过程中。供应链管理通过对组织内部业务流程的重组，链上各成员之间建立战略合作伙伴关系，实现物资通畅、信息共享，从而有效地消除不确定性，减少各环节的库存数量和多余人员。

（2）为决策人员提供服务　这种服务主要表现在以下几个方面：分析供应链中的不确定性因素，确定库存量，制定订货政策，优化投资；评估各方案以选择其中最有利的方案；评价不同因素对供应链运行中库存和服务政策的影响，通过协调提高整体效益。

（3）改善企业与企业之间的关系　供应链管理使企业与企业之间的竞争转变为供应链与供应链之间的竞争，它强调核心企业通过和其上下游企业之间建立的战略伙伴关系，每一个企业都发挥自己的优势，达到共赢的目的。这一竞争方式将会改变企业的组织结构、管理机制、企业文化以及企业与企业之间的关系。

（4）提高服务质量，刺激消费需求　供应链通过企业内外部之间的协调与合作，大大缩短了产品的生命周期，把适销对路的产品及时送到消费者手中。供应链管理还使物流服务系列化，在储存、运输、流通加工等服务的基础上，新增了市场调查与预测、配送、物流咨询、教育培训、快速及优质的服务，可以塑造良好的企业形象，提高消费者的满意度，提高产品的市场占有份额。

（5）实现供求的良好结合　供应链把供应商、生产商、销售商紧密地结合在一起，并对其进行协调、优化，使企业与企业之间形成和谐的关系，使产品、信息的流通渠道最

现代物流学

短,进而可以使消费者的需求信息沿供应链逆向迅速、准确地反馈给销售商、生产商、供应商。商家据此做出正确的决策,保证供求的良好结合。供应链管理的主要职能包括营销管理、物流一体化管理、生产过程管理以及财务管理等。

综上所述,供应链管理使企业与其相关企业形成了一个融会贯通的网络整体,加速了产品从生产到消费的过程,缩短了产销周期,使企业可以对市场需求变化做出快速反应,大大增强供应链企业的市场竞争能力。

二、供应链管理的实施

1. 供应链管理涉及的内容

供应链管理主要涉及四个领域:供应(Supply)、生产计划(Schedule Plan)、物流(Logistics)和需求(Demand)。供应链管理是以同步化、集成化生产计划为指导,以各种技术为支持,尤其以因特网/局域网(Internet/Intranet)为依托,围绕供应、生产计划、物流(主要指制造过程)、满足需求来实施的,如图15-11所示。

在以上四个领域的基础上,可以将供应链管理细分为职能领域和辅助领域。职能领域主要包括产品工程、产品技术保证、采购、生产控制、库存控制、仓储管理和分销管理。辅助领域主要包括客户服务、制造、设计工程、会计核算、人力资源和市场营销。

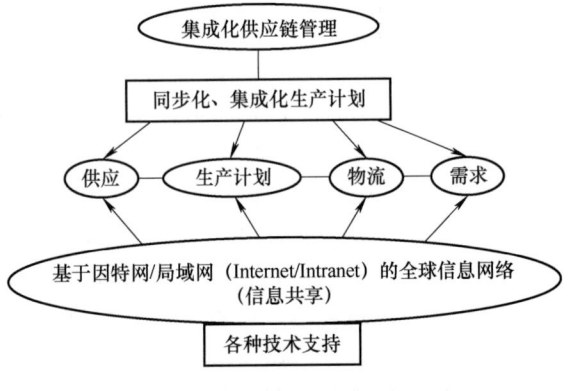

图15-11 供应链管理涉及的领域

2. 供应链的管理流程

供应链管理包含一系列业务流程,这些流程发生在一个组织内部或供应链中的不同组织之间,它们结合在一起共同满足客户对产品的需求,如图15-12所示。

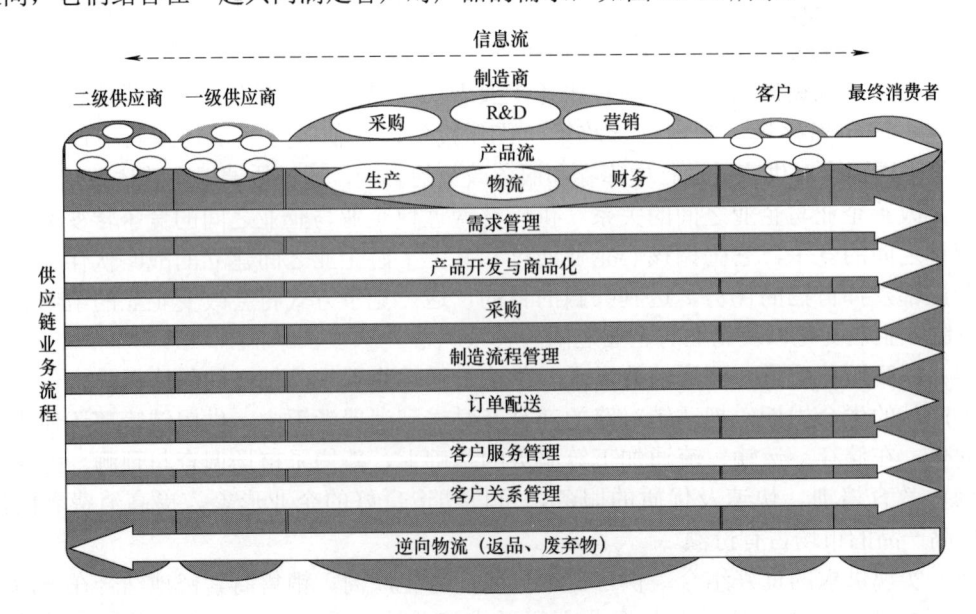

图15-12 供应链的主要业务流程

第十五章 供应链管理

由此可见，供应链管理主要包括以下八大关键业务：

（1）供应链战略管理　供应链管理本身属于企业战略层面的问题，因此在选择和参与供应链时，必须从企业发展战略的高度考虑问题。它涉及企业经营思想，在企业经营思想指导下的企业文化发展战略、组织战略、技术开发与应用战略、绩效管理战略等，以及这些战略的具体实施。供应链运作方式、为参与供应链联盟而必需的信息支持系统、技术开发与应用以及绩效管理等都必须符合企业的经营战略。

（2）信息管理　信息以及对信息的处理质量和速度，是企业能否在供应链中获益以及获益大小的关键，也是实现供应链整体效益的关键。因此，信息管理是供应链管理的重要方面之一。信息管理的基础是构建信息平台，实现供应链的信息共享，通过对 ERP 和 VMI 等系统的应用，将供求信息及时、准确地传递到相关的节点企业，从技术上实现与供应链其他成员的集成化和一体化。

（3）客户管理　客户管理是供应链管理的起点。如前所述，供应链源于客户需求，同时也终于客户需求，因此供应链管理是以满足客户需求为核心来运作的。通过客户管理，详细地掌握客户信息，从而预先控制，在最大限度节约资源的同时，为客户提供优质的服务。

（4）库存管理　供应链管理就是利用先进的信息技术，收集供应链各方以及市场需求方面的信息，减小需求预测的误差，用实时、准确的信息控制物流，减少甚至取消实物库存（实现库存的"虚拟化"），从而降低库存的持有风险。

（5）生产流程管理　供应链中的生产是拉式按需生产，企业要进行柔性生产以适应频繁的市场需求变化。生产流程管理的改进可以缩短生产周期，提高客户响应速度。

（6）逆向物流管理　逆向物流作为一个业务过程，同样提供了取得持续竞争优势的机会。有效的逆向物流管理能够使企业改善市场形象并获取市场机会，更好地改善与客户之间的关系，提高资产的利用率，降低成本。

（7）关系管理　通过协调供应链各节点企业，改变传统企业之间进行交易时的"单向有利"意识，使节点企业在协调合作关系的基础上进行交易，从而有效地降低供应链的整体交易成本，实现供应链的全局最优化，使供应链上的节点企业增加收益，进而达到双赢的效果。

（8）风险管理　信息不对称、信息扭曲、市场不确定性以及其他政治、经济、法律等因素，导致供应链上节点企业的运作风险，企业必须采取一定的措施尽可能地规避这些风险。例如，通过提高信息透明度和共享性、优化合同模式、建立监督控制机制，在供应链节点企业之间合作的各个方面、各个阶段，建立有效的激励机制，促使节点企业之间的诚意合作。

供应链一体化管理的目的在于协调传统职能部门的各项职能，而传统职能部门一般都倾向于保持自己的职能优势，这样的组织结构阻碍了供应链一体化的发展和成功。因此，供应链一体化管理的关键就在于完成一个转变，即从管理个别职能到把不同的活动整合成供应链关键业务过程的转变。为此，企业要把供应链各个职能部门有机地结合在一起，从而最大限度地发挥供应链整体的力量，达到供应链企业群体获益的目的。

3. 供应链的管理原则

（1）以客户需求为中心　客户的需求是当今市场竞争的新特点，供应链管理的任务在于通过有效的链上的企业之间的合作，快速响应客户的需求。企业根据不同细分市场要求的客户服务水平，提供多样化的产品和服务，以满足客户多样化的需求。针对复杂、成熟的客户提供高层次的服务，对简单、不成熟的客户提供较低层次的服务。

（2）相关企业之间共享利益、共担风险　供应链管理不同于传统的企业管理，它强调供应链整体的集成和协调，要求链上的企业围绕物流、商流、资金流、信息流进行信息共享与经营协调，实现稳定高效的供应链关系。成功的供应链能够创造更多的利润，这些利润在链上各成员之间进行分配，若因互相指责、互设阻碍而导致整个供应链效率低下，造成的风险和损失也会由每个成员分担。

（3）应用信息技术、实现管理目标　物流信息化是现代物流的基本要求，也是实现管理目标的手段。物流信息化表现为物流信息收集的数据化和代码化、物流信息处理的计算机化和电子化、物流信息传递的标准化和实时化。高效率供应链管理的实现，既需要快速的物流、资金流，更需要快速、准确的信息流，而网络技术和电子商务的应用和发展，为信息的快速、准确传递提供了保证。快速、准确的信息流可以使整个供应链对市场需求做出快速反应，从而给供应链带来极大的效益。

（4）信息共享　供应链管理的关键是信息共享。供应链管理需要来自链上各成员的及时、准确的信息，为了实现信息共享，供应链的各成员应做到建立统一的系统功能和结构标准；统一定义、设计信息系统，实施连续的试验、检测方法；运用恰当的技术提高运行速度以降低成本，力求业务信息需求与关键业务指标一致。

4. 供应链管理的实施步骤

实施供应链管理需要耗费大量的时间和财力。在美国，只有不足50%的企业在实施供应链管理。因而，供应链管理的建立实施不能一蹴而就，要循序渐进，抓住供应链管理的本质。供应链管理的主要实施步骤如下：

（1）制订供应链战略实施计划　实施供应链战略首先应该制订可行的计划，这项工作一般分为四个步骤：①将企业的业务目标同现有能力及业绩进行比较，首先发现现有供应链的弱点，经过改善，迅速提高企业的竞争力；②同关键客户和供应商一起探讨，评估全球化、新技术和竞争局势，建立供应链的远景目标；③制订从现实过渡到理想供应链目标的行动计划，同时评估企业实现这种过渡的现实条件；④根据优先级安排上述计划，并且承诺相应的资源。根据实施计划，首先定义长期的供应链结构，使企业在与正确的客户和供应商建立的正确供应链中，处于正确的位置；然后重组和优化企业内部和外部的产品、信息和资金流；最后在供应链的重要领域，如库存、运输等环节提高质量和生产率。

（2）构建供应链　现代供应链的重心已向销售领域倾斜，在市场日益规范、竞争日趋激烈的情况下，建立供应链、推行供应链管理是企业必须采取的对策。企业可以采取一些措施建立供应链：①明确自己在供应链中的定位。供应链由原材料供应商、制造商、分销商、零售商及消费者组成。一条富有竞争力的供应链要求组成供应链的各成员都具有较强的竞争力，不管每个成员为整个供应链做什么，都应该是专业化的，而专业化就是优势。在供应链中总会有处于从属地位的企业。任何企业都不可能包揽供应链的所有环节，必须根据自己的优势来确定自己的位置，制定相关的发展战略，如对自己的业务活动进行调整和取舍，着重培养自己的业务优势等。②建立物流、配送网络。企业产品能否通过供应链快速地分销到目标市场，取决于供应链上物流、配送网络的健全程度及市场开发状况等。物流、配送网络是供应链存在的基础。一个供应链组建物流、配送网络时应该最大限度地谋求专业化。③广泛运用信息技术。目前在我国，少数生产企业处在生产引导消费的阶段，大量的生产企业则处于由消费引导生产的阶段。无论哪种情况，都应该尽可能全面地收集消费信息。零售店铺的 POS 系统可以收集一部分信息，物流、配送环节的信息就比较难收集，应该通过应用条码及其他一些自动数据采集系统进行采集。供应链的领导者还应该倡导建立整个供应链管理的信息系统。

（3）改造供应链流程　企业的目标是决定在哪个变化的部分进行改造，可从范畴和深度两个角度来思考。企业供应链流程改造，其本质是以使命导向或问题导向来衡量的，使命导向追求差异化，问题导向追求效率。因此，前者的流程范围须根据使命重新厘清，后者的流程范围则相当清楚并且容易确认。使命导向改造的重点是关键流程与整合，问题导向改造的重点则是流程分析与原因确认。其绩效指标，前者为修改或建立新的指标，后者为确认并努力减少差异的指标。

一般企业若遇到新产品导入时效慢、交货准确率差、存货周转率低、产品成本过高，必须进行企业流程改造，这属于问题导向，其策略应是以新的做法来维持竞争优势。一般而言，企业流程改造必须考虑策略、基础架构、流程、信息科技、变革等几项要素所形成的基本架构。

（4）评估供应链管理绩效　供应链管理绩效的评价指标应该是基于业务流程的绩效评价指标，能够恰当地反映供应链的整体运营状况，以及上下节点企业之间的运营关系，而不是单独地评价某一供应商的运营情况。关于供应商的指标应该有循环期、准时交货、产品质量等，关于制造商的指标应该有循环期、交货可靠性、产品质量等，而关于分销商的指标应该有循环期、订单完成情况等。

三、供应链管理的运营机制

供应链有广义和狭义两种解释。从狭义上来说，供应链是指一种企业网络；从广义上说，任何一个企业组织都是一个供应链的结构体（产供销一体化）。供应链运作的表象是物流、信息流、资金流，但是供应链的成长过程实质包含两个方面的含义：一是通过产品（技术、服务）的扩散机制来满足社会的需求，二是通过市场的竞争机制来发展壮大企业的实力。因此，供应链管理实际上是一种基于"竞争—合作—协调"机制的、以分布企业集成和分布作业协调为保证的新的企业运作模式。供应链成长过程体现在企业在市场竞争中的成熟与发展之中，通过供应链管理的合作机制（Cooperation Mechanism）、决策机制（Decision Mechanism）、激励机制（Encourage Mechanism）和自律机制（Benchmarking）等实现满足客户需求、使客户满意以及留住客户等功能目标，从而实现供应链管理的最终目标：社会目标（满足社会就业需求）、经济目标（创造最佳利益）和环境目标（保持生态与环境平衡）的合一，如图 15-13 所示。这可以说是对供应链管理思想的哲学概括。

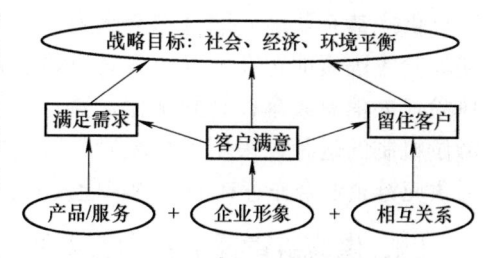

图 15-13　供应链管理目标的实现过程

1. 合作机制

供应链合作机制体现了战略伙伴关系和企业内外资源的集成与优化利用。基于这种企业环境的产品制造过程，从产品的研究开发到投放市场，周期大大缩短，而且客户导向化（Customization）程度更高。模块化、简单化产品和标准化组件，使企业在多变的市场中的柔性和敏捷性明显增强，虚拟制造与动态联盟提高了业务外包（Outsourcing）策略的利用程

现代物流学

度。企业集成的范围扩展了,从原来的中低层次的内部业务流程重组上升到企业之间的协作,这是一种更高级别的企业集成模式。在这种企业关系中,市场竞争的策略最明显的变化就是基于时间的竞争(Time-based)和价值链(Value Chain)及价值递送系统管理或基于价值的供应链管理。

2. 决策机制

供应链企业决策信息的来源不再仅限于一个企业内部,而是在开放的信息网络环境下,不断进行信息交换和共享,达到供应链企业同步化、集成化计划与控制的目的。随着互联网发展成为新的企业决策支持系统,企业的决策模式将会产生很大的变化,处于供应链中的任何企业决策模式都应该是基于互联网的开放性信息环境下的群体决策模式。

3. 激励机制

供应链管理和任何其他的管理思想一样,都是要使企业在 21 世纪的竞争中在"TQCSF"(T 为时间,指反应快,如提前期短、交货迅速等;Q 为质量,企业要提高产品、工作及服务质量;C 为成本,企业要以更少的成本获取更大的收益;S 为服务,企业要不断提高客户服务水平,提高客户满意度;F 为柔性,企业要有较好的应变能力)上有良好的表现。缺乏均衡一致的供应链管理业绩评价指标和评价方法,是目前供应链管理研究的弱点和导致供应链管理实践效率不高的一个主要问题。为了掌握供应链管理的技术,必须建立、健全业绩评价和激励机制,使企业知道供应链管理思想在哪些方面、多大程度上给予改进和提高,以推动企业管理工作不断完善和提高;也使供应链管理能够沿着正确的轨道与方向发展,真正成为能为企业管理者乐于接受和实践的新的管理模式。

4. 自律机制

自律机制要求供应链企业向行业的领头企业或最具竞争力的竞争对手看齐,不断对产品、服务和供应链业绩进行评价,并不断地改进,以使企业能保持自己的竞争力,持续发展。自律机制主要包括企业内部的自律、对比竞争对手的自律、对比同行企业的自律和比较领头企业的自律。企业通过推行自律机制,可以降低成本,增加利润和销售量,更好地了解竞争对手,提高客户满意度,增加信誉;企业内部部门之间的业绩差距也可以得到缩小,提高企业的整体竞争力。

5. 风险机制

供应链企业之间的合作会因为信息不对称,信息扭曲,市场不确定,政治、经济、法律风险等因素的存在而导致各种风险的存在。为了使合作满意,必须采取一定的措施规避风险,如信息共享、合同优化、监督控制机制等。尤其是必须在企业合作的各个阶段通过激励机制的运行,采用各种激励手段实施激励,以使供应链企业之间的合作更加有效。针对供应链企业合作存在的各种风险及其特征,应该采取不同的防范对策。

四、供应链管理下的物流管理

物流贯穿整个供应链,它连接供应链的各个企业,是企业之间相互合作的纽带、供应链管理赋予物流管理新的意义和作用,如何有效地管理供应链的物流过程,使供应链上的物流、信息流、资金流有效集成并保持高效运作,是供应链管理要解决的一个重要问题。

1. 供应链管理下物流管理的特点

由于供应链管理下的物流环境发生了很大的变化,从而使供应链管理下的物流管理和

第十五章 供应链管理

传统物流管理的理念、内容形式、技术手段、意义和方法等都有所不同,产生许多新的特点。这些特点反映了供应链管理思想的要求和企业竞争的新策略。

(1) 信息共享程度高　一般情况下的物流管理,其信息传递在企业之间是逐级进行的,信息偏差会沿着传递方向逐级变大,结果信息扭曲现象在所难免,信息的利用率也很低,如图 15-14 所示。另外,一般情况下的物流管理缺乏从整体出发的观念来进行规划,链上的每个节点企业只关心自己的资源(如库存),相互之间很少沟通和合作。经常出现一方面库存不断增加,另一方面当市场需求出现时又无法满足,因而企业库存成本很高,企业之间因为物流系统不完善而错失市场机会。

图 15-14　一般情况下的信息传递

在供应链管理下,各成员之间是战略合作伙伴关系,具有利益一致性。各方的信息交流不受时间和空间的限制,信息的流量增加,信息的传递方式也改为了网络化,进而各方提高了信息共享的程度,避免了信息的失真现象,如图 15-15 所示。企业通过互联网可以很快掌握供应链上不同环节的供求信息和市场信息。由于可以做到信息共享,供应链上任何节点企业都能及时掌握市场需求信息和整个供应链的运行情况,每个环节的物流信息都能透明地与其他环节进行交流与共享。因此,在供应链管理下的物流系统有三种信息在系统中运行:需求信息、供应信息和共享信息。

图 15-15　供应链下的信息传递

(2) 物流网络规划能力增强　物流网络规划能力的增强,反映了供应链管理下的物流特征。它充分利用第三方物流、代理运输等多种形式的运输和交货手段,降低了库存压力,保证了安全库存水平。

(3) 流程重组能力增强　作业流程的快速重组能力,极大地提高了物流系统的敏捷性。通过消除不增加价值的过程和时间,使供应链的物流系统进一步降低成本,为实现供应链的敏捷性、精细化运作提供了基本保障。

(4) 信息跟踪能力提高　信息跟踪能力的提高,使供应链物流过程更加透明化,为实时控制物流过程提供了条件。在传统物流系统中,没有共享的信息系统和信息反馈机制,许多企业有能力跟踪企业内部的物流过程,但没有能力跟踪企业之外的物流过程。

(5) 物流环节协调性增强　合作性与协调性是供应链管理的一个重要特点。但如果没有物流系统的无缝链接,供应链的合作性将大打折扣。无缝链接的供应链物流系统是供应链获得协调运作的前提条件。

(6) 客户满意度提高　灵活多样的物流服务将会提高客户的满意度。通过制造商和运输部门的实时信息交换,及时地把客户关于运输、包装和装卸方面的要求反映给相关部门,提高了供应链管理对客户个性化需求响应的能力。

总之,供应链环境下物流管理的特点可归纳为:信息共享、过程同步、合作互利、交

现代物流学

货准时、响应敏捷和服务满意。

2. 供应链管理下的物流管理策略

在供应链管理下,要求物流不断提高效率,提供更好的服务。为此,企业可以采取一些措施来加强物流管理。

(1) 利用现代信息技术　供应链管理下的物流管理,高度依赖对大量数据信息的采集、分析、处理和及时更新。在物流管理中应用的现代信息技术主要有电子数据交换技术、条码技术和电子商务技术。

(2) 建立科学、合理的配送网络和配送中心　产品能否通过供应链快速送到目的地,取决于物流配送网络的健全程度。一般情况下,企业要在国家总体规划下稳定发展、统一规划、分步实施物流配送网络,充分利用现有基础,避免重复建设。利用现有储运批发企业的场地、设施进行改造扩建,建立适应国情、重视技术进步的现代化配送中心;立足优化流通结构,实现物流合理化。企业对采用的软、硬件信息系统,要充分了解其内在性能指标和稳定性,只有满足自己需求的技术,才是最好的技术,而不是盲目地追求最先进的信息技术。

(3) 利用第三方物流　第三方物流是由供应方和需求方以外的物流企业提供物流服务的业务模式。由于第三方物流企业的专业化物流服务更有效率,通过物流业务的外包,企业能够把时间和精力放在自己的核心业务上,提高供应链管理的运作效率。另外,第三方物流在供应链的小批量库存补给、运输以外,如联合仓库管理、客户订单处理等方面的优势,使供应链管理过程实现了产品从供应方到需求方全过程中环节减少、时间最短和费用最省。

(4) 利用延迟化策略　延迟化策略是一种为适应大规模定制生产而采用的策略,是在客户需求多样化条件下提出的。在这种策略下,分销中心没有必要储备所有客户所需的商品,只储备商品的通用组件,库存成本大为下降,而此时物流系统则采用比较有代表性的交接运输方式。交接运输是将仓库或分销中心的货不作为存货,而是为紧接着的下一次货物发送做准备的一种分销系统。

第三节　供应链的构建

为了提高供应链管理的绩效,除了必须有一个高效的运行机制外,建立一个高效精简的供应链也是极为重要的一环。虽然供应链的构成不是一成不变的,但是在实际经营中,也不可能随意改变供应链上的节点企业。因此,作为供应链管理的一个重要环节,无论是理论研究人员还是企业实际管理人员,都非常重视供应链的构建问题。

一、供应链流程分析

进行供应链流程分析的前提是了解供应链的结构模型,在此基础上,可采用环节法和推拉法进一步了解供应链中物流、资金流、信息流的流动过程和机理。

1. 供应链的结构模型

为了有效指导供应链的设计,了解和掌握供应链的结构模型是十分必要的。以下着重从企业与企业之间关系的角度考查几种供应链的拓扑结构模型。

(1) 供应链的链状结构模型　前文根据供应链的定义,已经给出一个简单的供应链结

第十五章　供应链管理

构模型，称为模型Ⅰ（见图 15-1）。在模型Ⅰ中，产品的最初来源是自然界，如矿山、油田、橡胶园等，经过供应商、制造商、分销商和零售商的传递，最终去向是客户。被客户消耗掉的最终产品仍回到自然界，完成物质循环。模型Ⅰ是一个简单的静态模型，仅反映了供应链的基本组成和轮廓，若将其进一步简化则就变成了链状模型Ⅱ，如图 15-16 所示。在模型Ⅱ中，把模型Ⅰ中的厂商都抽象为一个个节点，并用字母或数字

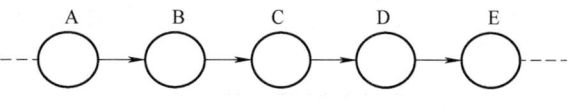

图 15-16　供应链的链状模型Ⅱ

来表示。节点以一定的方式和顺序连接成一串，构成一条图 15-16 中的供应链。在模型Ⅱ中，若假设 C 是制造商，则 B 为供应商，D 为分销商；同样，若假定 B 为制造商，则 A 为供应商，C 为分销商。在模型Ⅱ中，产品的最初来源（自然界），最终去向（客户）以及产品的物质循环过程都被隐含掉了，只注重供应链中间过程的研究。

1）供应链的方向。在供应链上除了有物流和信息流外，还存在资金流。在正常情况下，物流的方向一般都是从供应商流向制造商，再流向分销商。在供应商的研究中，也按照物流的方向来定义供应链的方向，以确定供应商、制造商和分销商之间的顺序关系。模型Ⅱ中的箭头方向即表示供应链的物流方向。

2）供应链的级。在模型Ⅱ中，当定义 C 为制造商时，可以相应地认为 B 为一级供应商，A 为二级供应商，而且还可依次地定义三级供应商、四级供应商……同样，可以认为 D 为一级分销商，E 为二级分销商，并依次地定义三级分销商，四级分销商……一般来说，一个企业应尽可能考虑多个供应商或分销商，这有利于从整体上了解供应链的运行状态。

（2）供应链的网状结构模型　现实中的产品供应关系是十分复杂的，一个厂商一般会与多个厂商相互联系。也就是说，在模型Ⅱ中，C 的供应商可能不止一家，而是有 B_1，B_2，…，B_n 等 n 家，分销商也可能有 D_1，D_2，…，D_k 等 k 家。从动态角度考虑，C 也可能有 C_1，C_2，…，C_m 等共 m 家。这样模型Ⅱ转变为一个网状模型，即供应链的结构模型，如图 15-17 所示。在理论上，网状模型可以涵盖世界上所有厂商，把所有厂商都看作其上面的一个节点，并认为这些节点之间存在着联系。网状模型对供应关系的表述性很强，适合从宏观上把握供应关系。

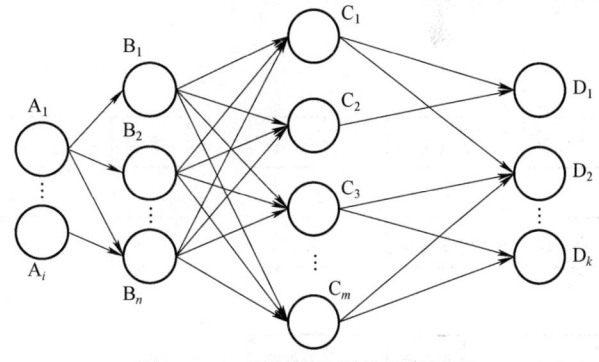

图 15-17　供应链的网状结构模型

1）入点和出点。在网状模型中，物流进行有向流动，从一个节点流向另一个节点。这些物流从某些节点补充流入，又从某些节点分流流出。把这些物流进入的节点称为入点，把物流流出的节点称为出点。入点相当于矿山、油田、橡胶园等原材料提供商，出点相当于客户。

2）子网。有些厂商规模非常大，内部结构十分复杂，与其他厂商相联系的只是其中一个部门，而且内部也存在着产品供应关系，用一个节点不能表示这些复杂关系，将表示这个厂商的节点分解成很多相互联系的小节点，这些小节点构成一个网，称为子网。引入子网概念后，C 与 D 的联系如图 15-18 所示，这时仅需考虑 C_2 与 D 的联系，而不必考虑 C_1、C_3、C_4 与 D 的联系。子网模型适合描述企业集团的组织结构。

（3）核心企业网状供应链　在核心企业网状供应链中，存在一个核心企业，在供应链

现代物流学

的组建及运行过程中起着主导作用。核心企业的价值认同方式、管理理念、组织及信息模式对整个供应链的相应方面有着绝对性的影响。从某种程度上说，这一供应链是围绕核心企业的运作而建立起来的。这种特殊的供应链表现在供应链的组织结构图上时，有一个明显的特点，即供应链的核心级只有一个节点，如图 15-19 所示。

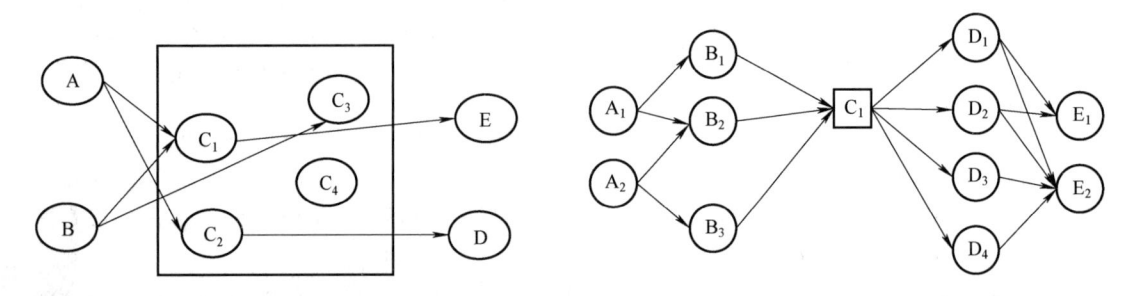

图 15-18　供应链的子网模型　　　　图 15-19　核心企业网状供应链结构模型

2. 分析方法

供应链流程分析包括供应链主要流程的划分和供应链主要职能的分析确认。在这一阶段主要集中于确认供应链中关键性的职能，可以采用环节法和推/拉法分析。

(1) 供应链流程的环节法分析　环节法是将供应链流程分解为一系列的环节，每一个环节用来连接供应链中两个相继出现的阶段。供应链流程环节法分析对提高决策的可操作性很有帮助，因为它清楚地界定了供应链中每个成员的角色和责任。假定供应链由 5 个阶段组成，如图 15-20 所示。

所有的供应链流程都可以分解成 4 个环节，如图 15-21 所示。

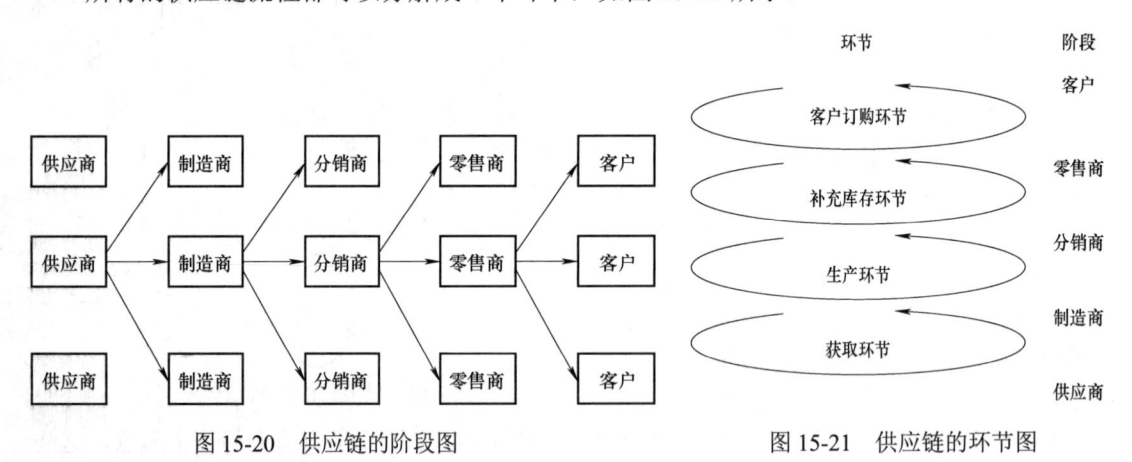

图 15-20　供应链的阶段图　　　　图 15-21　供应链的环节图

(2) 供应链流程的推/拉法分析　推/拉法根据其运营是响应一个客户订购还是预期多个客户订购，将供应链流程分为两个大类：拉动流程和推动流程。拉动流程是由一个客户订购启动的，而推动流程则由对多个客户订购预期引发并运行的。在拉动流程执行过程中，需求是已知的、确定的；而在推动流程执行过程中，需求是未知的，因此必须进行预测。由于拉动流程是对客户需求的反映，因而也可以被视为反应性流程。相应地，推动流程可以被视为推测性流程，因为它们是依据预测进行的，而不是对客户实际需求的反映。供应链上的推拉边界（Push-Pull Boundary）将推动流程和拉动流程区别开来。

第十五章 供应链管理

> **小案例**
>
> ### 戴尔的推/拉流程
>
> 戴尔是一个典型的以订单拉动为主，市场预测推动为辅的企业。在戴尔公司，PC 组装线的起点就代表推/拉边界。PC 组装前的所有流程是推动流程；而所有组装过程中和此后的所有流程均是对客户需求的反应，因而是拉动流程，如图 15-22 所示。戴尔的客户订购和生产环节中的所有流程都是由客户到达启动的，因此可以将其归为拉动流程。然而，原材料采购不是依据客户订单，而是预测客户需求，并据此补充库存。
>
> 图 15-22　戴尔推/拉流程分析

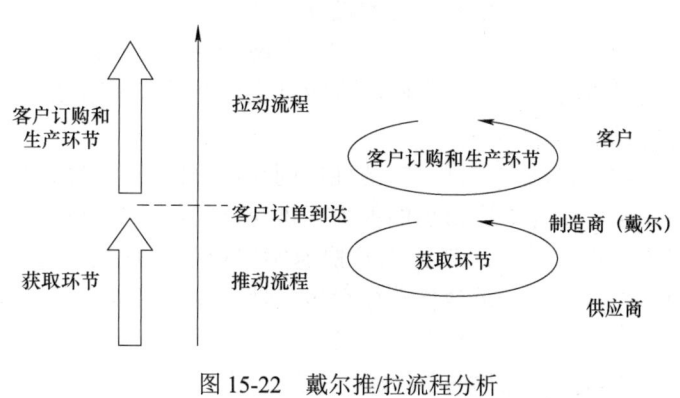

二、供应链的设计

供应链设计是一项复杂而艰巨的工作，也是供应链管理的重要环节，它涉及供应链组织机制、供应链成员的选择、供应链成员之间的相互关系、物流网络、管理流程的设计与规划，以及信息支持系统等多个方面的内容。供应链设计必须遵循一定的设计原则，运用科学合理的策略才能完成。

1. 设计内容

战略层面的供应链设计的主要内容包括供应链成员及合作伙伴的选择、网络结构设计、供应链运行的基本规则等。

（1）供应链成员及合作伙伴的选择　一个供应链是由多个供应链成员组成的。供应链成员包括为满足客户需求，从原产地到消费地，供应商或客户直接或间接的相互作用的所有公司和组织。这样的供应链是非常复杂的。因此，关于供应链成员及合作伙伴的选择是供应链管理的研究重点。

（2）网络结构设计　供应链网络结构主要由供应链成员、网络结构变量和供应链之间工序连接方式三个方面组成。为了使非常复杂的网络更易于设计和合理分配资源，有必要从整体出发进行网络结构的设计。

（3）供应链运行的基本规则。供应链上节点企业之间的合作是以信任为基础的。信任关系的建立和维系除了各个节点企业的真诚和行为之外，必须有一个共同平台，即供应链运行的基本规则。它的主要内容包括：协调机制、信息开放与交互方式、生产物流的计划与控制体系、库存的总体布局、资金结算方式、争议解决机制等。

2. 设计原则

（1）自上而下和自下而上相结合的设计原则　在系统模型的设计方法中有两种常用的设计方法，即自上而下和自下而上的设计方法。自上而下的设计方法是从全局宏观规划到

现代物流学

局部实现步骤的设计方法;自下而上的设计方法是从局部的功能实现到全局的功能集成的设计方法。自上而下是系统分解设计的过程;自下而上则是一种功能集成的过程。在设计供应链系统时,通常先由高层管理者从企业发展战略规划的角度考虑,根据市场环境的需求和企业发展的现实状况,制定宏观的设计目标,然后由下级实施部门从各个操作环节和流程出发进行供应链流程的设计。在设计过程中,下级设计部门经常就一些问题与高层管理人员进行沟通交流,双方从上下两个层次对设计目标和设计细节做适当的调整,达成可以继续设计的共识。因此,供应链设计通常采用的是自上而下和自下而上相结合的综合设计方法。

（2）简洁性原则 简洁性原则是供应链设计遵循的一个重要原则。为了保证供应链具有灵活、快速响应市场的能力,供应链的每一个节点,如作业、资源或节点企业,都应该具有敏捷、简单、活力以及快速实现业务流程组合的特点。所以,在设计或改造供应链时,供应链上的无效作业要尽可能地减少,可以自动化处理的作业尽可能由自动化设备来处理,供应商的选择要少而精,合作伙伴的选择要具有战略性,采购管理要保证能降低采购成本,推动准时生产,推行精益思想。

（3）协调与互补性原则 供应链是一根长长的链条,涉及众多的成员和复杂的供求关系。竞争的角度来看,供应链是一个有机的整体,在设计供应链时,核心企业在选择供应链上节点企业的过程中,应该遵循强强联合的原则,注意强调供应链的内部协调和优势互补,充分实现最大限度地利用外部资源的目的,使每个节点企业集中精力致力于其核心业务的发展,以充分发挥各成员的主动性和创造性,形成一个团结、和谐和富有战斗力的竞争集体。这些独立的单元化企业具有自我组织、简单优化、面向目标、动态联合、动态运行、活力充沛的特点,能够快速联合其他单元企业,对客户需求做出有效反应,从而实现供应链业务的快速运行。另外,协调性还包括供应链系统与周围环境之间的协同。

（4）战略性原则 随着经济全球化的发展,企业为了保持市场竞争优势,逐渐从传统的注重个别企业管理转变为重视供应链管理。在实践中,供应链管理是需要成本的,特别是在供应链管理思想尚未完全深入人心,链上成员之间的配合还不够默契的情况下,保持设计者的战略眼光,力图从全局的角度来规划和设计供应链,使供应链的所有环节都向着同一个目标运转,显得十分必要。另外,在供应链竞争时代,企业的发展战略是依托供应链战略来实现的。因此,供应链的设计应与企业的战略规划(如产品规划和市场规划)保持一致。

（5）创新性原则 供应链是一个价值链,是指产品从原材料到成品再到客户手中的全过程,实际上是在波特教授所谓的"价值系统"中运行的,其中包括上游价值、渠道价值等。供应链活动体现了这种价值的提升。通常认为,产品在这个过程中肯定存在一个最低成本,而目前要达到这个最低成本还存在很大的空间。为此,在设计供应链时应具有创新的思想和眼光,打破传统企业管理中的常规和陈旧的思想,集思广益,大胆开拓和创新,为供应链管理新格局打下基础。

（6）系统性原则 供应链设计是一项复杂的系统工程,必然会牵涉方方面面的关系,尤其是要考虑战略合作伙伴关系的选择,链上成员如何在以后的实践中实现协同,如何实现共赢的目标,如何进行成本分摊和利益分配等一系列具体问题。此外,在设计供应链时,还要系统地研究市场竞争环境、企业现状及发展规划、供应链设计目标等战略性问题。

（7）动态与发展性原则 供应链构建之后不可能一成不变。随着市场环境的变化,供

第十五章 供应链管理

应链上合作伙伴关系的调整,企业内部组织和其他因素的改变,原有的供应链可能会存在这样或那样的问题。例如,随着供应链的运转,某些环节可能会变得过于薄弱,成为制约供应链运转效率的瓶颈,甚至会崩溃。又如,对于生命周期较短的产品,随着市场和客户需求情况的改变,企业的产品计划可能会经常地发生改变,进而导致供应链结构的巨大调整。另外,企业常常不仅参与一个供应链,而且在不同的供应链中担当不同的角色。供应链中某个企业角色的变化必然会带来供应链的波动甚至构建上的变化。这些都要求企业在设计供应链时尽量留有余地。只有这样,才能防患于未然。总的思路是,所设计的供应链应该是充满活力的而不是僵硬、死板的,应具有一定的自适应和自修补能力,能够随着市场环境的变化而自我调整和自我优化。

3. 设计策略

供应链设计和管理的目标是降低成本,提高利润,其前提是供应链能保证产品在流通中畅通无阻、供应链对客户的需求变化能做出迅速反应,这体现了以产品为中心的供应链设计策略。为了保证供应链对客户需求变化保持敏捷反应,保证产品流通的顺畅,设计供应链时需要研究客户的需求、产品生命周期、需求变化、产品多样性、前置期等。

(1) 基于产品的供应链设计

1) 产品类型与功能特征。不同的产品在供应链中的流通特性不一样,对供应链设计有不同的要求。一般来说,产品可分为两大类:功能性产品(Functional Products)和创新性产品(Innovative Products)。其中,功能性产品是指满足客户基本功能需要的产品,其主要特点是随时间改变不大、生命周期较长、边际利润较低,如日用品等。创新性产品是指增加了特殊功能的产品,或在技术和外观上具有创新性的产品,其主要特点是具有较高的边际利润、生命周期短、市场需求无法预测,如时尚产品等。

2) 基于产品的供应链设计策略。创新性产品和功能性产品的供应链设计策略不同。与产品需求一致的供应链设计策略如图 15-23 所示。

	功能性产品	创新性产品
有效性供应链	匹配	不匹配
反应性供应链	不匹配	匹配

图 15-23 供应链设计与产品类型策略矩阵

功能性产品具有客户已接受的功能,根据历史数据可对未来或季节性需求做出较准确的预测,产品很容易被模仿,产品的边际利润低。与这类产品匹配的供应链应当尽可能地降低链中的物理成本,追求以最小的成本占据市场和利润优势。因此,对于功能性产品,应采取有效性供应链。创新性产品追求创新,不惜一切努力来满足客户差异性需求。这类产品往往具有某些独特的、能满足部分客户所好的功能,由于创新不易被模仿、具有高边际利润,在产品供货中强调速度、灵活性和质量,甚至通过增加供应链物理成本的方法来提升这些指标。由于很难对创新功能的需求做出准确的预测,因此追求降低成本的有效性供应链很难灵敏地对需求变化做出反应。这时,只有反应性供应链才能抓住产品创新机会,以速度、灵活性和质量获取高边际利润。强调速度和灵活性的原因是:一方面,创新性产品如果有较大市场,表现出供不应求,自然会被对手模仿,这时创新性产品可能会变成功能性产品。在这种情况下,反应性供应链能利用先入的优势继续供应这类产品,同时又不惜成本地开发新的创新性产品。另一方面,如果创新性产品并不受客户青睐,反应性供应链能很灵活地转向开发另一类新的创新性产品。对反应性供应链来说,因为它用模型设计尽可能地减少产品差别,所以很容易开发出一种新的稍微有变化的产品。

理论上很容易得出有效性供应链匹配功能性产品、反应性供应链匹配创新性产品的判断，但实践中，由于市场行情、客户需求、企业经营状况等因素的影响，使匹配和不匹配只能是相对而言的。一方面，原本相匹配的产品和供应链可能变成不相匹配的。例如，对创新性产品采用反应性供应链，这时两者是匹配的，但随着时间的推移，创新性产品的创新功能也会被模仿，一旦创新性产品变成功能性产品，原来匹配的情形就会相应变成不匹配的情形。这时，应在矩阵中人为地进行垂直上移，重返匹配的情形。另一方面，原本不匹配的产品和供应链也可能变成相匹配的。创新性产品具有高边际利润，企业在产品开发时，由于市场信息不灵，不知对手已推出相同的产品，当将自己刚刚开发出的功能性产品误认为是创新性产品时（相对于一定的客户需求），进而错误地采用反应性供应链。随着客户需求的增加，这类功能性产品在一定时间内对某些客户可能表现出创新性的特征，这时不匹配的情况变成匹配的情况。但如果在产品表现出创新性特征时，由于没有认清形势，错误地从矩阵中的左下角移向左上角，又会造成新的不匹配。

（2）基于产品协调开发的供应链设计策略　基于产品协调开发的供应链设计策略就是为供应链管理设计产品（Design for Supply Chain Management）。目的在于设计产品和工艺，以使与供应链相关的成本和业务能得到有效的管理。也就是说，要使产品开发与设计和供应链设计、供应链管理协调起来，使产品能够较好地适应供应链管理的要求。在一些高科技型企业，如惠普公司，产品设计被认为是供应链管理的一个重要因素。

设计策略的实施可以从以下几个方面考虑：

1）设计适合供应链的产品。在 20 世纪 80 年代，设计人员开始意识到产品和流程设计是重要的产品成本因素，尽早地在设计中考虑制造流程是使生产流程奏效的唯一方法，因而诞生了为生产制造而设计的概念。受此启发，管理者开始意识到，在产品和流程设计阶段考虑物流和供应链管理能够更有效地运营供应链，即将产品的外形和性质等与供应链的各个环节统一考虑，设计出适合制造、运输、搬运、储存和回收再利用的产品。

2）采用新的工艺或生产方式进行产品设计与生产。一种方法是采取并行和平行工艺开发与生产产品。在产品生产的同时，对生产工艺进行修改，确保以前依序运行的步骤可以同时完成。这显然可以帮助缩短生产周期。另外一种方法是采用延迟技术。这些技术通过设计产品和生产工艺，可以把制造何种产品和差异化的决策延迟到开始进行生产时，这样也可以缩短生产周期。要采用这种方法，通常需要对具体的产品具体分析。利用总体预测的信息，延迟产品差异设计还可以有效地改善最终需求的不确定性。

3）适合运输和储存的产品包装。对产品包装的设计可以有效提高包装和储存的质量与效率。如果是空间原因，而不是重量原因限制了运输设施的运输能力，那么产品装得越紧凑，运费就越便宜。同样，产品包装紧凑，可以有效地储存，降低部分库存成本。在产品设计完成后不能有效地设计包装时，就必须对产品本身进行重新设计。大批量地运送货物通常可以直到仓库甚至零售商处才进行最终包装，有时甚至可以使最终包装延迟到产品实际最终销售时，这样可以节约运输费用，提高运送物品的效率。

（3）基于信息的供应链设计　全球经济一体化打破了国界，互联网的发展使全球购物和网上商务得以盛行，因此供应链的设计策略需要重新考虑新形势带来的机遇和挑战。一方面，在供应链中，与物流相伴随的还有信息流，包括客户需求、生产能力、促销计划、交货计划、质量体系等，信息技术的发展极大地提高了信息流管理的效率和重要性，使以信息为中心的供应链设计策略变为可能。另一方面，信息在供应链管理中起着至关重要的作用。例如，掌握客户需求变化信息是开发创新性产品的前提，在反应性供应链中，供应链的上下游节点之间除了应具备正常的信息沟通以外，还应在某种程度上做到信息共享，

第十五章 供应链管理

只有这样才能对客户的需求变化做出敏捷的反应。信息化程度能有效地带动供应链管理的现代化程度，这使以信息为中心的供应链设计成为必然。

在以信息为中心设计供应链时应强调以下策略：

1）应强调信息技术基础设施的建设和 IT 系统的开发。针对功能性或创新性产品，应分别开发不同的 IT 系统。对既生产功能性产品又生产创新性产品的企业（创新性产品和功能性产品在一定条件下会发生互变），有必要开发出集成的 IT 系统。

2）应强调通过信息分析和数据仓库解决供应链中的信息供应问题。在供应链运转中，包含着丰富的业务内容，如信息模型、报告、数据内容、公司基准等，均与信息有关。因此，在设计供应链时，为有效地提取数据，以支持信息分析活动的顺利进行，应当考虑为系统提供最佳数据仓库方案。此外，应当考虑为系统提供强大的信息分析能力，包括联机分析处理（On-Line Analytical Processing，OLAP）、数据挖掘（Data Mining，DM）等。

3）应注意通过高效的 IT 系统的开发，以及信息分析能力的设计和最佳数据仓库解决方案的选择，生产出能为整个供应链带来绩效和竞争优势的信息，扩大信息共享的程度，减少供应链中不增值的环节，使供应链充分享受信息优势带来的利益，如通过有效的信息管理，促进产品流通的顺畅和客户需求变化的满足。

4）以信息为中心的供应链设计需要相当大的投资，特别是 IT 系统和一些应用软件，其开发周期长，而淘汰速度又非常快，因此需要供应链设计者具备敏锐的战略目光和高度的责任感。

案 例 分 析

雅芳重塑供应链

雅芳是世界上领先的美容产品直销商，除了化妆品、护肤品、香水和人身护理用品外，雅芳还生产范围广泛的礼品项目，包括珠宝、女式内衣和时尚饰品。它通过 390 万名独立的销售代表向 145 个国家和地区的消费者销售。雅芳每年有 12 亿美元以上的销售额来自欧洲区，该区域包括欧洲、中东和非洲的 32 个国家和地区的 100 多万名销售代表。但是，在 20 世纪 90 年代，这个区域强大的增长趋势却几乎使它的供应链组织面临崩溃。

雅芳最初的重点是营销和销售，多年来一直忽视了供应链的管理。回顾 20 世纪 80 年代，在欧洲，雅芳仅仅在 6 个国家设立了分支机构，每一个分支机构都有独自的工厂和仓库来供应当地的市场。这些分支机构都是独立运作的，有独立的信息系统，没有整体的计划和共同的生产、营销和分销体系。到了 20 世纪 90 年代初期，雅芳开始把它的关键品牌进行全球化。首要的问题是公司的销售周期与供应链根本不匹配。在大部分欧洲市场，雅芳每三个星期就会开展一轮新的销售活动——推出新的宣传材料、新的赠品和促销活动。这种短销售周期是雅芳直销模式的基石。短的销售周期需要一个灵活、反应灵敏的供应链。它的工厂根据预测生产每一种产品，然后在每三周一次的销售活动开始前把货物运到各个国家和地区的仓库。某些产品会大受欢迎，分支机构会再向工厂下紧急补充订单。然而，产品要经过从原材料到生产、再到分销，平均需要 12 周的时间。这种时间上的不匹配导致了每一次销售活动都会出现一些仓促的解决方法和低效率现象。随着业务的增长，满足不

现代物流学

同市场和精确预测不同产品需求的难度越来越大。自从雅芳开始以每年进入两到三个新市场的速度增长以来,难度就更大了。

由于40%~50%的产品的销售都会超出预期,工厂要经常打断进度表,从生产一种产品转到生产另一种产品,所以紧急补充订单经常破坏生产效率。另外,转换成本很高,因为工厂的设计模式是适应大批量生产的。由于在每一个销售周期里都会有些产品的销售量小于预测数,所以雅芳积压的产品逐渐增加,存货水平高达150天。

语言是另一个问题。进入新的市场就需要使用新的语言,雅芳不得不订购大量预先打印好的多种包装盒。

为解决这些问题,雅芳设置了一个集中的计划职能。首先,雅芳需要建立一个公共数据库,通过设置标准产品代码、产品描述和其他信息,使所有的国家和地区都使用同一种语言。这个数据库使雅芳能够了解销售的趋势和存货情况,使管理者能够同时监控供给和需求。雅芳公司还设置了一个供应链和进度计划系统来支持跨区域的规划与协调职能,并设置了一个区域计划组织,在全面了解整个供应链的基础上,决定服务水平、存货和成本。

下一个关键步骤就是以一种操作上比较合理的方式重新设计供应链。雅芳保留了它在德国的工厂,同时把其他的工厂都集中到了波兰。这个措施扩大了雅芳在新兴市场的核心部分的生产能力。同时,雅芳还在离生产地较近的波兰建立了一个集中的存货中心,为公司在欧洲的分支机构服务。

一旦雅芳能把供应链看作一个整体,那些从单一职能的角度看似乎不太明智的决定就会突然显示出实实在在的利益,而且经常是意想不到的利益。例如,雅芳已经考虑自己给包装瓶贴标签,这样它就可以一直到销售趋势比较清晰的时候再决定应该把哪种语言的标签贴在产品上。多年来,市场营销部门认为这会影响产品包装的美观;而财务部门认为制作标签和粘贴标签都需要增加设备和劳动力,会抵消这一措施带来的成本节约,所以都不支持。只有当雅芳把供应链看作一个端到端的过程时,真正的收益才显得比较清晰。雅芳只需要买一种空白的包装瓶来装洗发水或润肤水就可以了,而不需要买印着五六种不同语言的包装瓶。工厂可以持续地生产,客户服务水平也会得到改善,与此紧密联系的就是存货中心系统。雅芳的两个工厂生产出的产品都运到波兰的一个集中仓库去,在那里给产品贴标签、装货,再分销到不同的区域。

雅芳还努力使它的包装盒标准化,以降低成本,提高效率。过去每一种产品都有不同的包装瓶和形状,现在用瓶盖、颜色和标签来实现产品的差异化。生产会变得更加灵活,供应商现在可以用更有效的高速生产线生产雅芳的包装盒,产品成本也会降低。

雅芳新的端对端视野也改变了公司与供应商合作的方式。雅芳公司过去习惯于寻找最便宜的材料,并大批量购买,以保持低成本。但是,它开始发现,价格最低不一定等于总成本最低。例如,雅芳公司在墨西哥找到了生产廉价玻璃瓶的供应商,但从墨西哥到欧洲的货运时间很长——用船运需要8~12周。现在雅芳的大部分存货都是从离它在波兰和德国的工厂比较近的供应商那里购买的。尽管雅芳公司支付的单价会稍微高一些,但只需要与较少反应更灵活、更迅速的供应商建立关系,所以总成本反而降低了。

与数量较少的供应商打交道还有另外一些好处。例如,雅芳请供应商帮忙设计一些成本效率最高的新包装瓶。在很多情况下,雅芳调整自己的方法,以便供应商能够以成本效率更高的方式生产。例如，公司同意改变它的订单模式，以降低供应商的先期准备成本。供应商可以在网上浏览雅芳的产品信息。

雅芳计划把协作的概念扩展到整个供应链。公司最近组织了一次协作设计讨论会，参与的有各供应商、一家设计公司以及来自市场营销和供应链的代表。在 3 天内，这个团队设计出了一个产品方案，它不仅在市场营销和设计方面非常出色，而且能够使供应链每个步骤的成本降到最低。例如，包装箱和包装瓶的适当设计，使每个货盘里的箱数和每个箱子里的瓶数达到最优。如果雅芳能将每辆卡车上装瓶的箱数增加 20%，公司每年就能节约几十万美元的运费。只有每天装卸卡车的人了解这些情况，但过去的设计程序没有充分吸收这些人的意见。

在对供应链的流程进行重新设计之后，雅芳把注意力转移到自己的组织，并且围绕 4 个流程（计划、配置资源、生产和发货）重新设计组织的结构。重新设计完全改变了整个欧洲区一般管理者的角色和职责。从前他们管理的是自己市场上的存货，但现在一直到发货的时候才会给产品贴上标签。对他们来说，拥有自己的库存没有任何意义了。相反，雅芳将存货留在供应链比较靠后的地方，以便更好地把它分配到最需要的地方。在新的组织里，一般管理者主要是负责销售的。

雅芳改革的领导者相信，沟通也许是唯一最重要的成功因素，而且也是价值被最严重低估的一个因素。组织中的每个人都必须理解这场变革，理解它在新世界里的作用。由于雅芳的增长十分复杂，而且需要速度更快，反应更灵敏，其已经着手设计一个全球性的平台，来替代现有的系统并支持新的工作流程。

（资料来源：MBA 智库文档，供应链案例集.）

问题：
1. 雅芳遇到了哪些问题？如何通过供应链重构来解决这些问题？
2. 雅芳的供应链重构中体现了哪些供应链设计原则？

◇复习思考题

1. 谈谈对供应链概念的认识。
2. 供应链管理的特点有哪些？
3. 供应链管理的原则包括哪些？
4. 如何实施有效的供应链管理？
5. 如何用环节法和推/拉法分析供应链流程？
6. 供应链设计策略有哪些？

◇参考文献

[1] 马士华，林勇. 供应链管理[M]. 5 版. 北京：机械工业出版社，2016.
[2] 马士华. 供应链管理[M]. 3 版. 北京：中国人民大学出版社，2017.
[3] 蒋长兵. 现代物流理论与供应链管理实践[M]. 杭州：浙江大学出版社，2006.
[4] 廖巍，刘勤. 供应链设计与管理[M]. 北京：中国物资出版社，2007.
[5] 王耀球，施先亮.供应链管理[M]. 北京：机械工业出版社，2005.

第十六章

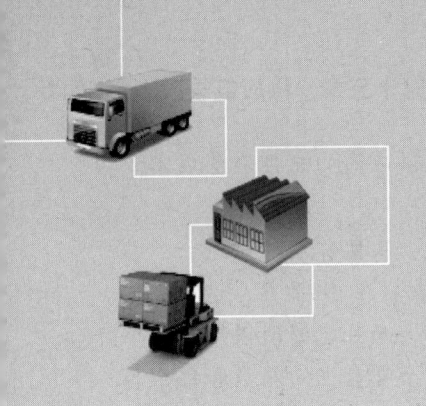

现代物流与供应链经典案例

> **本章学习目标**
>
> 以海尔集团及其日日顺物流为典型案例,了解制造业物流创新和革命的具体措施,及其经验启示;以顺丰物流发展模式为典型案例,了解商贸业物流创新的具体模式,及其经验启示;以中谷海运物流发展创新为典型案例,了解港航物流创新的模式,及其经验启示。

第一节 制造业物流创新——海尔集团物流革命及其一体化

由于现代物流运营的复杂性和高难度,很多家电企业选择了将物流业务外包,这样既可以获得较高质量的物流服务,又不必承担过多的风险与物流成本。但是,与此形成鲜明对比的是,海尔集团选择了自己重构物流体系。海尔集团从实施国际化战略以来,在全集团范围以现代物流革命为突破口,对原来的业务流程进行了重新设计和再造,并以"市场链"为纽带对再造后的流程进行了整合,在业务流程上与国际化大公司全面接轨,实现国际化的效率和效益,大大提升了国际竞争力。作为海尔物流旗下的品牌,日日顺物流利用物流基础网络能力以及供应链一体化定制能力,正实现向场景物流生态的转型,目前已联合资源方打造了健身、家居、智家服务、便捷出行等场景生态链群,未来将沿着此方向继续前行。

一、企业背景

海尔集团为适应新时代的需要,于 1998 年开始进行流程再造,改对上级负责任的职能管理为对市场负责任的流程管理,成立物流推进本部、商流推进本部与资金推进本部,在各流程内部实施市场链咬合管理模式。

海尔物流成立于 1999 年,依托海尔集团的先进管理理念及强大的资源网络构建核心竞争力,为全球客户提供最具有竞争力的综合物流集成服务,成为全球最具有竞争力的第三方物流企业。海尔物流注重整个供应链全流程最优与同步工程,消除企业内部与外部环节重复、无效劳动,让资源在每一个过程中流动时实现增值,使物流业务能够支持客户快速获取订单与满足订单的目标。

海尔物流以订单信息为中心,以全球供应链资源网、全球配送资源网络、计算机信息网络为基础,三网同步流动,为订单信息流的增值提供支持。

海尔物流的目标是成为世界一流的物流增值服务供应商。海尔物流希望利用自己高质量的服务为所有企业建立起高效的供应链体系。海尔物流能够结合自身的优势特点以及每

第十六章　现代物流与供应链经典案例

个行业的不同特性，为客户量身定制个性化的物流解决方案。

二、海尔集团物流革命的缘由

过去，海尔集团的物流同国内其他企业一样，仅仅做纯粹的仓储和运输工作。随着市场开拓，对生产系统提出了越来越高的要求：不单纯是产品产量、质量能否满足市场，更重要的是如何及时向客户递交他们所需要的产品及相关的服务。但由于种种原因，海尔集团过去的物流状况不尽如人意，亟须物流革命。

（一）海尔集团发展现代物流的背景

1. 国际化战略需要，全球化和新经济时代使竞争面向全球化资源

海尔集团"创立世界名牌"的国际化战略目标，要求持续批量地生产高质量的产品，从而保持大批量生产条件下产品质量的一致性，还要求从原来分散在各事业部的局限于国内的采购活动，变为整个集团的国际化采购。

2. 在网络经济时代，现代企业必须搞现代化物流

在传统经济条件下，由企业决定市场，"我生产你购买"。在网络经济时代，由于网络的出现，企业直接面对消费者，决定市场的已不再是企业，而是消费者，由消费者设计企业生产。要满足这一要求，没有现代物流是不可能实现的。

从企业外部来看，没有现代物流，就不可能和 Internet 相连接。目前，国际化大企业都在发展现代物流。在网络经济时代，一个现代企业如果没有建立起现代物流体系，就意味着无物可流。

3. 高效供应链、低成本供应链是供应链之间竞争获胜的关键

1998 年，海尔集团在美国设厂遇到的第一个问题就是必须和美国市场联网。信息化和物流的瓶颈困惑使海尔集团意识到从海尔的国际化到国际化的海尔，首先要做的事情是建立全球供应链网络，而支撑这个网络体系的正是现代物流。

21 世纪的竞争不再是单个企业之间的竞争，而是供应链与供应链之间的竞争。谁的供应链总成本低、对市场响应速度快，谁就能赢得市场，因此建立现代物流体系迫在眉睫。

（二）海尔集团进行物流流程再造的直观原因

1. 提高物流效率，加快市场反应速度

以前，海尔集团下属的各个生产厂都是各自采购各自的原材料、零部件。向海尔集团供货的企业有很多家，供方的供货能力、技术实力和质量保证体系参差不齐，这会影响海尔集团市场反应的速度、产品质量的稳定性和成本的有效控制。因此，多头采购，多家供方同供一种原材料的现状，已难以与飞速发展的海尔集团相适应。

传统的物流方式效率低、成本高，手工作业的方式和存货式的仓储管理水平落后，已无法满足客户的需求和提供优质的服务。因此，需要建立现代物流体系，提高物流效率，加快市场反应速度，通过成本最小化实现利润最大化。

2. 寻求和获得核心竞争力

张瑞敏曾说，核心竞争力是在市场上可以获得客户忠诚度的能力，通过业务流程再造，建立现代物流，使我们获得了核心竞争力，因为它使我们一只手抓住了客户的需求，另一只手抓住了可以满足客户需求的全球供应链，把这两种能力结合在一起，这就是企业的核心竞争力。

3. 以订单为企业的驱动力，物流成为基础

如果没有订单，现代企业就不可能运作。企业要完成订单，就必须完成采购、制造与销售。如果想要完全根据订单去采购、制造、销售，一定离不开现代物流系统的支撑。如果没有物流，就不可能完成订单的采购，企业也无法实现生产制造和产品销售。

三、海尔集团物流革命的措施

海尔集团的"以时间消灭空间"的物流革命，核心就是以订单信息流为中心对仓库进行革命，通过同步模式以高效的物流运作实现"与客户的零距离"的战略目标。使海尔集团通过现代物流一只手抓住用客户的需求，另一只手抓住可以满足客户需求的全球供应链，获得核心竞争力。

（一）生产方式的变革

海尔集团改变原有的生产方式：由典型的按库存生产（MTS）方式转向由订单牵引（MTO）方式。订单是企业管理和业务流动的驱动源，物流是满足客户需求并获得更多订单的根本保障。传统的生产观念是按计划生产，而海尔集团实施的物流革命是以订单信息流为核心，"无订单的生产就是为库存生产、为亏损生产"，从而使全体员工专注于客户的需求，创造市场、创造需求。

（二）组织结构的变革

20世纪80年代，海尔集团同其他企业一样，实行的是"工厂制"。随着企业做大做强，业务不断发展，海尔集团的组织结构也随着企业战略目标的转移和市场环境的变化而改变。要实施物流革命，靠传统的流程模式已经不能实现，必须进行流程再造，就是把原来的直线职能式的组织结构改为扁平化的组织结构，为此海尔集团成立了物流推进本部。海尔集团基于战略的五次组织革命如图16-1所示。

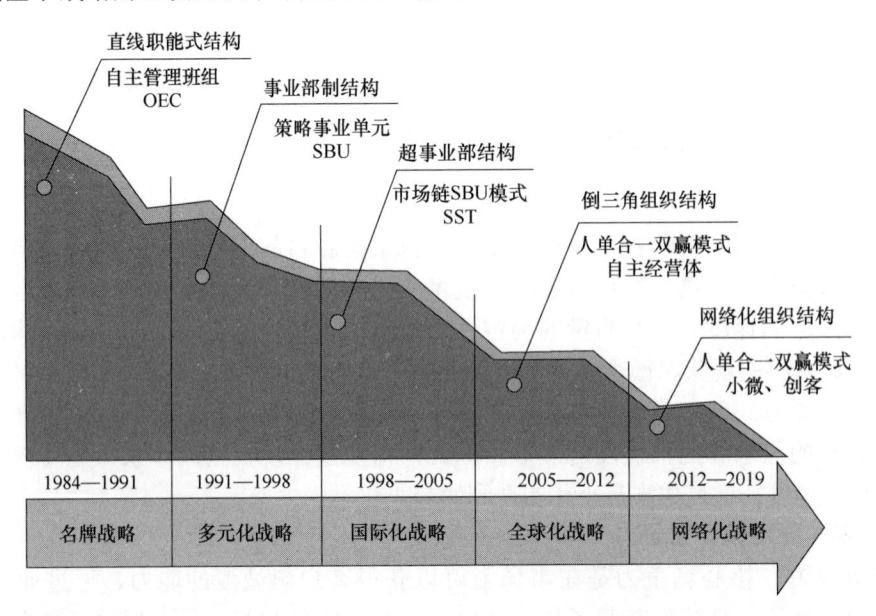

图16-1　海尔集团基于战略的五次组织革命

第十六章　现代物流与供应链经典案例

海尔集团基于战略的五次组织革命是通过三步完成的。

第一步，把原来分属于每个事业部的财务、采购、销售业务全部分离出来，整合成独立经营的商流推进本部、物流推进本部、资金流推进本部，实行全集团范围内统一营销、统一采购、统一结算。

第二步，把集团原来的职能管理资源进行整合，整合后集团形成直接面对市场的、完整的物流、商流、资金流等核心流程体系和企业基础设施、研发、人力资源等支持流程体系。

第三步，把这些专业化的流程体系通过"市场链"连接起来，对原来的职能结构和事业部进行重新设计，把原来的职能型组织结构转变成流程型的网络体系结构，垂直业务结构转变为水平业务流程，形成首尾相接和完整连贯的新业务流程。

这种扁平化的组织结构不仅为海尔集团实现以订单信息流为中心的业务流程打下基础，也为海尔集团最终建成信息化、网络化、快速响应的物流系统铺平了道路。

（三）创造"一流三网"的物流模式

现代物流区别于传统物流的是信息化和网络化，海尔集团创新了一套富有特色的"一流三网"同步流程模式。

1. "一流"

"一流"就是订单信息流。没有订单不生产；要按订单生产，不能使生产出的产品变为库存产品，这是订单信息流。

2. "三网"

（1）计算机信息网络　物流操作以在计算机信息网络平台上运作为主，为提高物流效率提供了很好的基础。

（2）全球供应链资源网络　海尔集团的供应是全球化的供应。海尔集团是国际性企业，它在国外有很多工厂是用当地的资源、当地的人力和当地的资金，在当地市场进行销售。海尔集团通过整合内部资源、优化外部资源，将供应商由原来的2336家优化至840家，国际化供应商的比例达到74%，从而建立起强大的全球供应链网络。它的供应链资源网络符合经济全球化趋势，资源得到了更合理的配置。

（3）全球配送资源网络　海尔集团以高效地整合并充分利用有限的资源为出发点。既然海尔集团的供应是全球化的，那么海尔集团也要进行全球配送，因此需要形成全球配送资源网络。

（四）实现三个准时制同步流程

海尔集团在物流重组阶段，整合了集团分散在28个产品事业部的采购、原材料仓储配送、成品仓储配送的职能，并率先提出来三个准时制（JIT）的管理。正是因为有"一流三网"的支撑，以及物流技术和计算机信息管理的支持，海尔集团得以用JIT采购、JIT原材料配送、JIT分拨物流，实现同步流程，即商流与海外推进本部从全球营销网络获得的订单可以同步传递到产品事业部和物流推进本部，物流推进本部按照订单安排原材料采购、配送，产品事业部组织安排生产；产品下线后再通过物流的配送网络送到客户手中。

1. 准时制的基本思想和核心

（1）基本思想　"只在需要的时候，按需要的量，生产所需的产品"，也就是追求一种无库存，或库存最小的生产系统。

（2）核心　消除一切无效的劳动与浪费，在市场竞争中永无休止地追求尽善尽美。准时制十分重视客户的个性化需求，重视全面质量管理，重视人的作用，重视对物流的控制，主张在生产活动中有效降低采购、物流成本。

2. JIT 采购

海尔集团 JIT 采购管理体系的核心思想是为订单而采购，其目标是降低物流采购成本。在整个集团内部推行 VMI（Vendor Managed Inventory，供应链管理库存）模式，通过与供应商建立战略合作伙伴关系，资源互补，实现双赢。成熟、强大的 JIT 采购除了为海尔集团提供服务外，已经发展为向其他客户提供一站到位的第三方服务。

目前，通过海尔集团的 BBP 采购平台，所有的供应商均在网上接受订单，使下达订单的周期从原来的 7 天以上缩短为 1 小时以内，而且准确率达 100%。除下达订单外，供应商还能通过网上查询库存、配额、价格等信息，实现及时补货及 JIT 采购。JIT 采购方式如下：

（1）全球统一采购　随着海尔集团国际化战略的全面实施，海尔全球策略采购及全球供应链管理也不断完善，海尔物流已搭建起了世界级的采购平台。目前，海尔集团在全球建成工业园 13 个，海外工厂及制造基地 30 个，这些工厂的采购全部通过物流统一的采购平台进行全球资源统一管理、统一配置，海尔全球工厂的规模优势也实现了采购资源的最大共享，使每年采购成本环比降低 6%。

（2）招标竞价　海尔集团每年的采购金额有 100 多亿元人民币，它通过竞标、竞价，要把采购价格下降 5%。每年下降 100 亿元的 5%，就可以直接提高利润，或者说其价格在市场上就更有竞争力。

（3）网络优化供应商　网络优化供应商就是通过网络，通过信息技术平台在全球选择和评估供应商。网络优化供应商比单纯压价更重要得多，因为它的选择余地很大，真正国际化的企业在国际大背景下运作，就可以有很多资源供它选择。

（4）对外变买卖关系为战略合作伙伴关系　从采购管理向资源管理转变，与供应商实现公平、互动、双赢的战略合作伙伴关系。实施并行工程，由国际化供应商参与设计与开发，不但保证了海尔产品技术的领先性，增加了产品的技术含量，同时开发的速度也大大加快。对外实施日付款制度，对供应商付款及时率 100%，杜绝了"三角债"的出现，凭借良好的信誉与供应商实现"双赢"。

3. JIT 配送

海尔集团利用 JIT 配送体系提高原材料配送的效率，其指导思想是建立现代智能化的立体仓库及自动化物流中心，对库存运用 ERP 物流信息管理手段进行智能控制，从而实现 JIT 配送模式。在原材料的配送方面，海尔集团采用 JIT 的方式，从最基本的物流容器单元化、标准化、集装化、通用化等先进技术着手，通过按单分拣、按单配送，研用智能化电子分拣系统来降低人员劳动的强度，提高准确率。运用供应链管理库存模式提高供应链的柔性和持续改进能力，通过看板管理计算和控制投入产出，有效降低物耗。

为实现"以时间消灭空间"的物流管理目的，海尔集团从最基本的物流容器单元化、集装化、标准化、通用化到物料搬运机械化开始实施，逐步深入对车间工位的五定送料管理系统、日清管理系统进行全面改革，加快库存资金的周转速度，库存资金周转天数由原来的 30 天以上减少到 12 天，实现 JIT 过站式物流管理。

4. JIT 分拨物流

海尔集团整合企业内部的仓储、运输资源，以 42 个全球物流配送中心为基础，采用机械化、自动化操作和先进的信息化手段，创建 JIT 分拨物流体系，设立成品库存管理系统、装货系统、运输系统、卸货系统等，建立物流操作平台，串联生产与销售的物流，实现统一信息化管理分拨物流，成功地执行并满足了企业内物流的需求，成为海尔物流在新经济时代下重要的竞争手段之一。

生产部门按照 B2B、B2C 订单的需求完成生产以后，可以通过海尔全球配送网络将产品送达客户手中。目前，海尔的配送网络已从城市扩展到农村，从沿海扩展到内地，从国内扩展到国际。全国可调配车辆达 1.6 万辆，可以做到物流中心城市 6~8h 配送到位，区域配送 24h 到位，全国主干线分拨配送平均 4.5 天，形成全国最大的分拨物流体系。

（五）实现"三个零"

海尔集团的物流革命促进其"三个零"目标的实现，给其带来能够在市场竞争中取胜的核心竞争力。"三个零"就是零库存、零距离、零运营资本。

以计算机网络连接企业内部和外部，在企业外部，海尔集团的 CRM（客户关系管理）和 BBP 电子商务平台的应用架起了与全球客户资源网络、全球供应链资源网络沟通的桥梁，实现了与客户的零距离。在企业内部，计算机自动控制的各种先进物流设备不但降低了人工成本、提高了劳动效率，而且直接提升了物流过程的精细化水平，达到质量零缺陷的目的。计算机管理系统搭建了海尔集团内部的信息高速公路，能将电子商务平台上获得的信息迅速转化为企业内部的信息，以信息代替库存，达到零运营资本的目的。

1. 零库存

零库存是指三个准时制（JIT），即 JIT 采购、JIT 分拨、JITf 配送。配送中心只是为了给下道工序配送而暂存在制品的地方，这使海尔集团能实现零库存。在海尔集团，仓库不再是储存物资的水库，而是条流动的河，河中流动的是按单采购来生产的必需的物资，从根本上消除了呆滞物资、消灭了库存。

2. 零距离

零距离是指根据客户的需求，海尔集团拿到客户的订单，再以最快的速度满足客户的需求。生产过程是柔性的，都是为订单而进行生产。在全国设有 42 个配送中心，这些配送中心可以及时地将产品送到客户手中，同时可以在市场中不断地获取新市场、创造新市场。

3. 零运营资本

零运营资本是指零流动资金占用。因为根据客户的订单来制造，加上"零库存""零距离"就可以做到现款现货，实现零运营资本占用，即以订单信息流为核心，按订单制造，产品到客户手中时，客户就可以把款现付给海尔集团，也就是在给供货方付款期到来之前，海尔集团通过现款现货的办法先把客户应该给的货款收回来，从而使企业进入良性运作的过程。

四、如何通过三个准时制实现企业物流一体化

（一）物流一体化的含义

"物流一体化"是指将物流的仓储、配送结合起来，进行总体调度和资源分配，将传统的仓储重新定义为：配送中心、转运中心、分拨中心；将传统的运输重新整合为：干线运输、支线运输；在物流节点上把转运中心、分拨中心和物流运输结合起来，加快转运速度，降低运输费用，减少损耗，提高配送准确率。

"物流一体化"是指以物流系统为核心的由生产企业起、经由物流企业、销售企业直至消费者供应链的整体化和系统化。它是物流业发展的一个高级和成熟的阶段。只有当物流

现代物流学

业高度发达，物流系统日趋完善，物流业成为社会生产链条的领导者和协调者时，才能够为社会提供全方位的物流服务。

"物流一体化"是指一个连续补充的过程。物流一体化系统是促进生产、进货与市场保持同步的管理系统。

（二）通过三个准时制实现物流一体化

海尔集团通过及时生产的思想演变，总结出三个准时制体系，实现把合适数量、合适质量的物品，在合适的时间供应到合适的地点。

在物流技术和计算机信息技术的支持下，海尔物流通过了三个准时制（JIT），即 JIT 采购、JIT 配送和 JIT 分拨物流来实现同步物流。特别是在 JIT 采购环节，海尔集团实现了信息同步，采购、备料同步和距离同步，大大降低了采购环节的费用。信息同步保障了信息的准确性，实现了准时采购。采购、备料同步，使供应链上原材料的库存周期大大缩短。分销商、供应商的距离同步，有力地保障了海尔集团的 JIT 采购和配送。

目前，通过海尔集团的 BBP 采购平台，所有的供应商均在网上接受订单，并通过网上查询计划与库存，及时补货，实现 JIT 采购；货物入库后，物流部门可根据次日的生产计划利用 ERP 信息系统进行配料，同时根据看板管理 4h 送料到工位，实现 JIT 配送；生产部门按照 B2B、B2C 订单的需求完成订单生产以后，满足客户个性化需求的定制产品通过海尔全球配送网络送达客户手中。海尔集团业务流程一体化运作如图 16-2 所示。

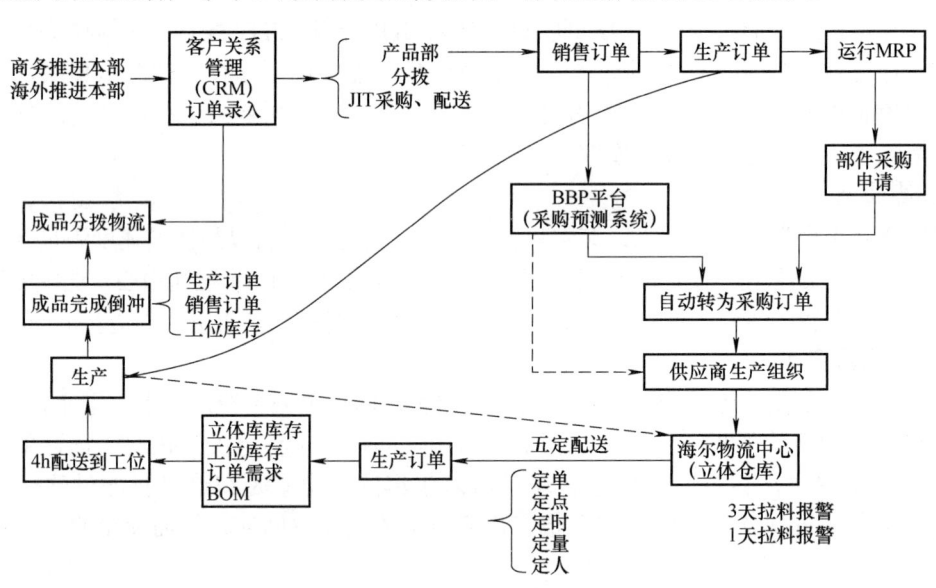

图 16-2 海尔集团业务流程一体化运作

五、日日顺物流的创新模式

（一）日日顺物流：企业介绍

日日顺物流的前身为海尔物流，负责海尔家电的仓储运输、客户配送等，2014 年开始承运社会化产品订单并更名为青岛日日顺物流，是国家 5A 级物流企业和 3A 信用企业。它始终坚持以客户最佳体验为标准，为客户提供供应链一体化服务解决方案，目前已经为家电、家具、卫浴、健身器材及互补行业的客户提供全品类、全渠道、全流程和一体化物流服务。

第十六章 现代物流与供应链经典案例

由于海尔集团的线下零售渠道正在萎缩，真正意义上能有效率地接触到客户的只有日日顺物流。家电厂商自营电子商务被无数次地验证为一种不靠谱的商业模式，日日顺物流反而成了海尔目标客户唯一的"刚需"。

2016年，中国标准化协会联合大件物流品牌日日顺物流，共同在北京举行居家大件智慧物流全流程服务标准启动会，新发布的标准涵盖"仓、干、配、装、揽、鉴、修、访"八大步骤的规范，被称为物流界的"天龙八步"，如图16-3所示。

日日顺物流携手中国标准化协会发布
中国首个大件物流服务行业标准——"天龙八步"

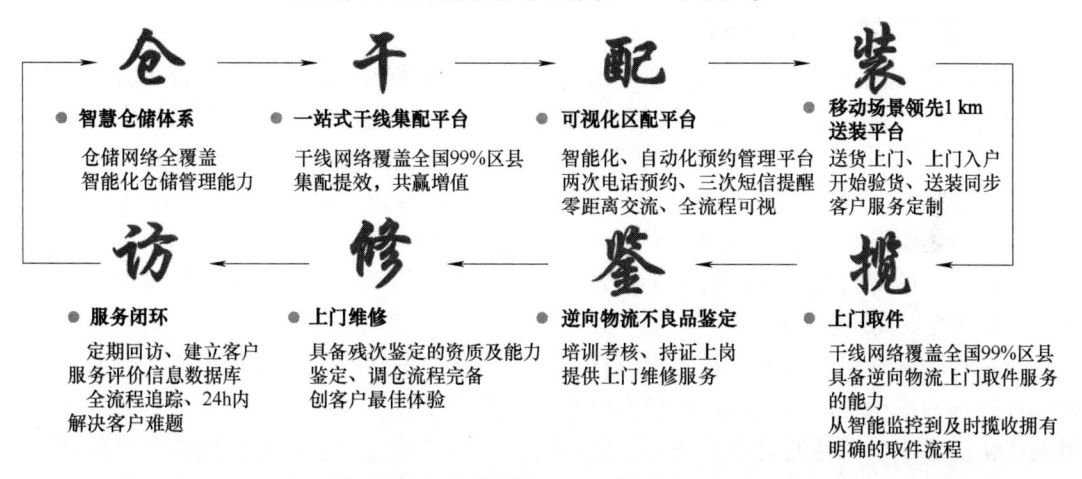

仓 → **干** → **配** → **装**
- 智慧仓储体系
  仓储网络全覆盖
  智能化仓储管理能力
- 一站式干线集配平台
  干线网络覆盖全国99%区县
  集配提效，共赢增值
- 可视化区配平台
  智能化、自动化预约管理平台
  两次电话预约、三次短信提醒
  零距离交流、全流程可视
- 移动场景领先1 km送装平台
  送货上门、上门入户
  开始验货、送装同步
  客户服务定制

访 ← **修** ← **鉴** ← **揽**
- 服务闭环
  定期回访、建立客户
  服务评价信息数据库
  全流程追踪、24h内
  解决客户难题
- 上门维修
  具备残次鉴定的资质及能力
  鉴定、调仓流程完备
  创客户最佳体验
- 逆向物流不良品鉴定
  培训考核、持证上岗
  提供上门维修服务
- 上门取件
  干线网络覆盖全国99%区县
  具备逆向物流上门取件服务的能力
  从智能监控到及时揽收拥有明确的取件流程

图16-3 物流界的"天龙八步"

作为行业首个物联网场景的物流生态品牌，日日顺物流始终引领行业不断创新发展，同时注重品牌的社会价值塑造。一方面，中国物流学会与日日顺物流联合创建的"日日顺物流创客训练营"，为行业发展搭建人才蓄水池，助力高校学子抓住时代机遇，放飞青春梦想。另一方面，由中国物流与采购联合会主办、日日顺物流承办的"中国智慧物流品牌日"，是行业首个物流人的节日，该峰会以"面向行业、着眼长远、注重实效"为宗旨，致力于成为国内最专业、参与方最广泛的物流行业盛会，举办时间为每年5月6日（取"56"谐音"物流"），创造了物流人的节日。

定位于为居家大件提供供应链一体化解决方案服务平台，以客户的全流程最佳体验为核心，客户付薪机制驱动，日日顺物流建立起开放的互联互通的物流资源生态圈，快速吸引物流地产商、仓储管理合作商、设备商和运输商；区域配送商、加盟车主、最后一公里服务商、保险公司等一流的物流资源进入，实现平台与物流资源方的共创共赢。

日日顺物流的竞争优势有以下三个方面：

（1）"科技化"的基础物流能力　日日顺物流牵头承担了首个智慧物流领域国家级重点专项——"智慧物流管理与智能服务关键技术"，以此为基础，打造了行业首创的智能供应链全流程体验方案，并通过"智能仓网"等六大科技化基础服务能力，为客户及品牌资源方提供从SCM方案到客户信息直达的个性化定制服务。

（2）"数字化"SCM定制方案　日日顺物流以居家大件物流网络及供应链全链路数字化管理为核心，提供全流程、全渠道、全网定制SCM方案及C端送、装、修、服一站式定制物流方案，成为国内行业领先、客户体验最优的一站式智慧物流解决方案的服务商。

现代物流学

（3）"场景化"社群服务平台　日日顺物流以遍布城乡的 30 万触点为核心竞争力，打造国内独有、国际领先的送装一体化服务→专属居家服务→美好生活场景方案的场景生态服务平台，将传统的"送达"由服务的终点转变为服务的起点，后续服务将通过触点网络感知客户个性化需求并提供定制化的场景解决方案，成为社区客户首选。

依托先进的管理理念和物流技术，整合全球一流网络资源，日日顺物流目前建立起辐射全国的分布式三级云仓网络，拥有 100 个物流中心、6000 个中心（枢纽）服务点、600 万 m^2 仓储面积、15 个发运基地、2.2 万辆整车在线车辆、3300 多条对流班车专线，为客户提供到村、入户送装服务，并在全国 2915 个区县已实现"按约送达，送装同步"。

（二）日日顺物流创客训练营

"日日顺物流创客训练营"由中国物流学会与日日顺物流联合主办，是首个大学生社群交互的创业创新共创平台，以激发创新思维、激励创业行动、激活创客梦想为宗旨，以居家大件物流行业及客户的"痛点"为出发点，围绕"物联网场景迭代""触点网络体验升级""管理创新"三大方向设置若干创业课题，进行创业创新，圆在校大学生的创业梦！

日日顺物流秉承海尔"人的价值第一"的文化基因，通过"产、学、研、用"创新模式，始终以人的价值为主线，致力于搭建一个共创共赢的平台，为行业培育出更多的物流精英，加速行业高质量发展。

随着物联网时代的到来，我国物流行业迈入崭新的发展阶段。尤其是在大数据、人工智能等技术的推动下，物流行业转型升级在即，创新发展智慧物流必须拥有一大批善于运用现代化信息手段，精通物流业务，了解物流运作规律的复合型人才。凭借日日顺物流在大件物流领域的创新实践，日日顺物流创客训练营将全面助力物流行业人才创新，为物流行业的高质量发展提供智力支持。

（三）日日顺物流平台创新模式

最后一公里体验差导致大件网购行业"外冷内热"。就目前大件物流最后一公里领域的服务企业来看，也普遍存在标准不统一、价格不透明、服务不专业等多重问题，由此导致的客户体验差，进一步造成了大件网购行业"外冷内热"的尴尬处境。碎片化的供需资源和高成本、高要求的行业特点决定了大件物流最后一公里很难做大、做强。从目前的解决方案来看，为了及时满足客户的需求，大多数物流企业只能提前储备较高的铺货库存，不仅占用了企业大量的资金、人力成本，也容易带来库存积压的风险，而客户体验的改善度并不明显。

日日顺物流创新平台模式引领行业标准。面对大件物流行业最后一公里发展难题，日日顺物流认为只有转变模式才能从根本上解决问题。因此，在承袭海尔集团创业创新基因的基础上，日日顺物流对互联网新思维进行深度思考，以开放平台的模式重塑大件物流行业发展逻辑，整合海尔集团的物流网、服务网、专卖店的营销网及信息网，总结自身多年来专注的大件物流的实践经验和客户体验，创新性地提出大件物流五大核心解决方案，形成了大件物流供应链一体化服务平台。

其中，作为五大核心解决方案中门槛最高、最具竞争力的环节，日日顺物流最后一公里解决方案可以说是互联网开放平台模式的代表。作为日日顺物流最后一公里解决方案的具体承接，日日顺快线实践探索出最后一公里智慧物流平台"车小微"，即为社会上闲散的 3000 多万名货车司机搭建一个开放的创业平台，可根据市场需求动态实时调度这个平台网络。目前，车小微吸引了 9 万辆车、18 万"服务兵"、3 万多个乡镇物流服务点加入，有效改变了现有最后一公里物流服务市场小、散、乱的现状。

第十六章 现代物流与供应链经典案例

之所以能将这么多的人和车吸引到车小微平台上来,一方面是因为日日顺物流近 20 年来深耕大件物流领域,已经积累了大量的经验、资源;另一方面是因为车小微形成了独特的创业机制,激发每个车小微的创业热情,保证碎片化资源聚集在一起发挥出 $1+1>N$ 的效果。

凭借差异化的"人、车、店、库 O2O 融合的最后一公里智慧物流平台",日日顺物流的发展模式被越来越多的企业认可和借鉴,目前已吸引到阿里、京东、小牛电动车、微鲸电视、亿健及伊吉康健身器材等 2000 多家品牌商,与它们建立稳定的合作关系,形成了行业最大的智慧物流生态圈。这一切的实现,正是得益于开放平台模式下日日顺物流对最后一公里服务标准的引领。

日日顺物流通过车小微创业平台,将原本分散的司机与货物、客户连接起来,在解决行业最后一公里难题的同时,也率先抢占了行业标准的话语权,既有利于日日顺物流在未来竞争中占据先发优势,也确保了大件物流行业在健康、诚信的轨道上可持续发展。

(四)日日顺物流创新统仓统配模式

统仓统配从理论上说,就是将物流与商流分离。统仓统配能够把商流经营与物流交付分离,实现社会化专业分工,降低流通成本,提升行业竞争力。为了更好地应对人们对物流配送时效、体验的高要求,日日顺物流依托平台创新、资源整合、系统管理等方面的优势,创新统仓统配模式,为行业发展城乡无差异配送服务提供借鉴参考。

在长期的实践过程以及实地调研中,日日顺物流向上整合厂商及经销商资源,强化、融合供应链,向下拓展城乡终端连锁体系,创新性地取消"区县客户"这一中间环节,直接配送到镇。对于承担最后一公里配送的乡镇网点来说,新模式将服务时效缩短至 24h 甚至 12h。

日日顺物流的这种创新模式,一来解决了中间商管理成本、各区域货损率等问题。实施统仓统配后,企业不再需要将货品大批量配送到区县,而是利用日日顺物流统仓统配平台,向经销商共享商品资源,将大大降低区县这一层级的仓配压力,减少仓库运营、人员管理等费用。由于不再需要到区县中转,各区域在提升配送效率的同时,也有效降低了多次搬运造成的货损。二来缩短了产品抵达客户的时间,提升终端客户体验。通过创新统仓统配模式,减少了配送环节,进一步提升了配送时效。对有产品维修或者退换需求的客户来说,也减少了逆向物流环节,进一步提升逆向物流时效,改善客户体验。

(五)日日顺智慧物流模式

近年来,智能技术与电商经济的发展推动着物流行业不断革新升级,"智慧物流"成为当下各物流企业争相布局的领域。日日顺物流深耕于大件物流领域,经过与客户持续交互以及不断地探索创新,实现了智能技术与物流的逐步融合,打造了以客户体验迭代为核心的智慧物流生态圈,成为智慧物流领域的领先者。目前,日日顺智慧物流有以下三种模式:

(1) 辐射全国的三级云仓网络　日日顺智慧物流已经建立起辐射全国的三级云仓网络;建立了行业内首个智慧无人仓,率先实现了从商品入库到出库全过程的无人化作业模式。日日顺智慧物流实现了全国物流网络全覆盖,形成了包括智能多级云仓方案、干线集配方案、区域可视化配送方案、领先一公里送装方案、价值交互增值方案在内的智慧物流五大核心解决方案,从仓储到配送到安装,无断点地为客户提供了全流程的解决方案。

(2) 打造有温度的物流　日日顺智慧物流以场景化交互为切入点,提供"线下体验+服务兵入户交互+线上导流"的一体化服务。日日顺智慧物流通过有温度的触点和服务,一方面可以对接基础物流服务的口碑支撑,实现客户体验迭代,塑造终身客户;另一方面,日日顺智慧物流在全国布局了 30 多万有温度的触点,通过城市与乡村的社群小管家,搭建起

现代物流学

以客户体验为核心的开放生态圈。

（3）搭建全产业链生态圈 日日顺物流不是简单地做物流，而是达到全产业链的生态圈。这个生态圈，基于海尔智能制造的基因，植入 COSMO 工业互联网平台，通过海尔的共享资源，把它变成一个开放的平台，打造一个产业集群的园区共创模式。

日日顺物流将打造智慧物流研究院平台，定位于以下两点：一是对内以降本增效、提升产业竞争力为目的，打造有竞争力的大件物流供应链平台（传统防守型供应链）；二是对外创造客户增值，引领大件行业的发展，建立产业（家电、家居）的供应链生态系统（进攻型供应链）。与此同时，通过聚焦系统及设备的智能升级，聚焦成本及效益的流程升级，聚焦专业及标准的管理升级以及聚焦产品及体系的模式升级，最终打造日日顺智能仓平台，定位于连接产业/客户端到端的大件物流供应链一体化的智能仓平台，涵盖智能中心（枢纽）、智能区域配送中心、智能中央配送中心的打造。

六、日日顺物流方案的行业解决方案

（一）家电

日日顺物流作为居家大件物流专业品牌，致力于家电行业供应链一体化解决方案，为品牌商、平台商、渠道商等提供专业化、定制化、标准化和一体化的物流解决方案，全流程可视化，零距离交互，保证客户最佳体验。

对于家电行业，日日顺物流的解决方案如下：

（1）VMI（供应商管理库存）服务 为工厂提供原材料库存管理服务，保证零部件 2h 到达生产工位，大大缩短家电零部件供应商到生产线的距离，降低供应商成本。

（2）干线配送 日日顺物流提供上门揽收服务，将货物从工厂发往遍布全国的中央配送中心仓、区域配送中心仓及转运中心仓。

（3）最后一公里 全国 2915 个区县实现"按约送达，送装同步"，从"一日一配"提高到"一日三配"，客户体验迭代升级，服务能力深度扩展。

日日顺物流建立线上、线下库存共享的分布式云仓网络，实现全网覆盖。基于全国 15 个发运基地、2.2 万辆在线车辆，搭建整车干线网络，并实现智能化管车、可视化管货、集配提效，家电产品可从工厂配至 5 个集货仓直发全国。

日日顺物流通过八大系统（见图 16-4）、六大节点，实现家电物流配送的全流程可视与

图 16-4 日日顺物流的八大系统

客户零距离交互。日日顺物流建立司机创业平台，采取客户付薪制，实现送装同步，解决大件家电"最后一公里"客户体验差、送不到、送装分离等难题。

（二）家居行业

家居物流服务平台是日日顺物流的全资子公司，致力于提供家居行业的物流服务解决方案，为家具、卫浴等家居行业提供专业的干线运输、仓储管理、同城配送、上门安装、维修保养等一体化服务。

对该行业，日日顺物流的解决方案为：

1）依托日日顺物流转运中心仓及服务商的仓库资源，为商家提供仓储管理及配送安装一体化服务，帮助商家实现按照客户约定送货上门并安装到位的家居物流服务。

2）最后一公里，送装同步服务。全国无空白网络，服务无盲区，为需要落地配的客户提供最后一公里的送装同步服务。

3）家居电商物流五包服务。在佛山、成都、北京、苏州等9个城市设立专业的家居电商物流集配中心，提供从物流集配中心发往全国各区域的干线运输、支线配送、搬运上楼、专业安装和售后维修五项服务一体化的全流程解决方案。

（三）健身&出行

以供应链一体化解决方案为切入点，颠覆行业分段式竞价模式，实现从价格竞争到解决方案能力竞争的转变，并根据客户的不同需求，定制订单促发模式及备货模式两种个性化解决方案。

（1）订单促发模式　根据客户订单情况，日日顺物流提供上门（商家工厂或仓库）揽收服务，将揽收货物分拨至日日顺物流31个始发仓或100个过站仓，区配至6000个送装网点或直接配送至最终客户，降低客户库存压力。

（2）备货模式　日日顺物流上门（商家工厂或仓库）提货，分拨至5个区域配送中心仓或31个转运中心仓，完成系统入库。客户订单生成后，在5个区域配送中心仓的货物将转运至31个转运中心仓或100个所属仓，区配至6000个服务网点或直接配送至最终客户，并为最终客户提供送装一体化服务。

（四）3C电子行业

日日顺物流3C物流服务平台，为计算机、电视、通信及消费数码产品行业提供专业的仓储、配送、安装一体化服务。针对不同类型的客户，日日顺物流同样给出了不同的解决方案。

针对厂家类客户：在全国拥有15个干线发运基地和100个区域配送中心，根据客户的工厂布局和销售网络覆盖分布，提供工厂整车提货、直发全国的干线运输和多批次小批量、即需即供、门到门的一体化物流解决方案，同时还可提供相应的逆向物流服务。

针对B2B类客户：针对小件客户订单体积小，但时效要求高的特点，为客户提供工厂提货后直发、直供全国各区域终端客户的物流解决方案。

针对B2C类客户：拥有全国覆盖面积最广的最后一公里送装服务网络，在全国2915个区县实现按约送达、送装同步服务，结合100个仓库布局，为电商客户提供适合自身商业模式的最后一公里解决方案。

（五）快消品行业

依托仓储WMS和配送TMS系统的实时管理，实现管理全流程的可视化。为客户提供先进先出、库龄控制、批次管理及配车返单、GPS轨迹监控等运营服务；同时提供相应的

现代物流学

增值服务，如新品铺货、二次包装、小批量多频次拣货、退货返货等。依托全国 100 个物流网点覆盖乡镇的无盲点区域配送能力，提供多元化配送服务，满足客户需求。

（六）零担物流

日日顺物流零担服务平台专注于 300～500kg 及 500kg 以上大票零担市场，致力于为制造业、商贸业、电商与中小企业提供安全、快捷、经济、周到的一点对全网大票零担快运解决方案，全国设有 43 个零担分拨中心、40 万 m^2 周转仓库、自有运输车辆 1300 多辆、供应商车辆 9000 余辆，并自主研发全程全网物流信息管理系统，网络已经覆盖 2915 个区县。

目前，日日顺物流包括以下五种服务：

（1）前端服务　分行业提供个性化前端服务，包括订单对接、驻厂服务和短程盘驳。

（2）干线甩挂运输　提供标准化、集约化、高时效、低成本的干线甩挂运输服务。

（3）电商平台　提供电商平台全国入仓与逆向退货到供货商一体化运输服务，按客户需求提供 EDI（电子数据交换）对接、网上查询、邮件推送等多种信息反馈渠道。

（4）末端服务　按客户需求提供定制化末端服务，包括预约送货、定时送货、带人卸货、搬运上楼和开箱验货。

（5）增值服务　提供仓储、包装、再加工等增值服务。

（七）供应链管理库存（VMI）物流

日日顺物流已在全国建立 9 个 VMI-HUB 中心，服务 32 家家电制造工厂，合作客户超过 240 家。借助遍布全国的 100 个转运中心仓，日日顺物流在多个供应商集中的区域提供循环上门取货服务，并利用日日顺物流干线运输的返程车辆资源，集中运输原材料、零部件至生产工厂，实现循环取货、返程运输。

日日顺物流的 VMI 系统可以实现收、存、发全过程精准管理。为每个客户免费建立账号，客户可以进行网上库存实时查询和下载、历史出入库数据查询和下载、订单状态查询、服务费用查询，并提供到货预约、安全库存等免费增值服务。VMI 服务过程如图 16-5 所示。

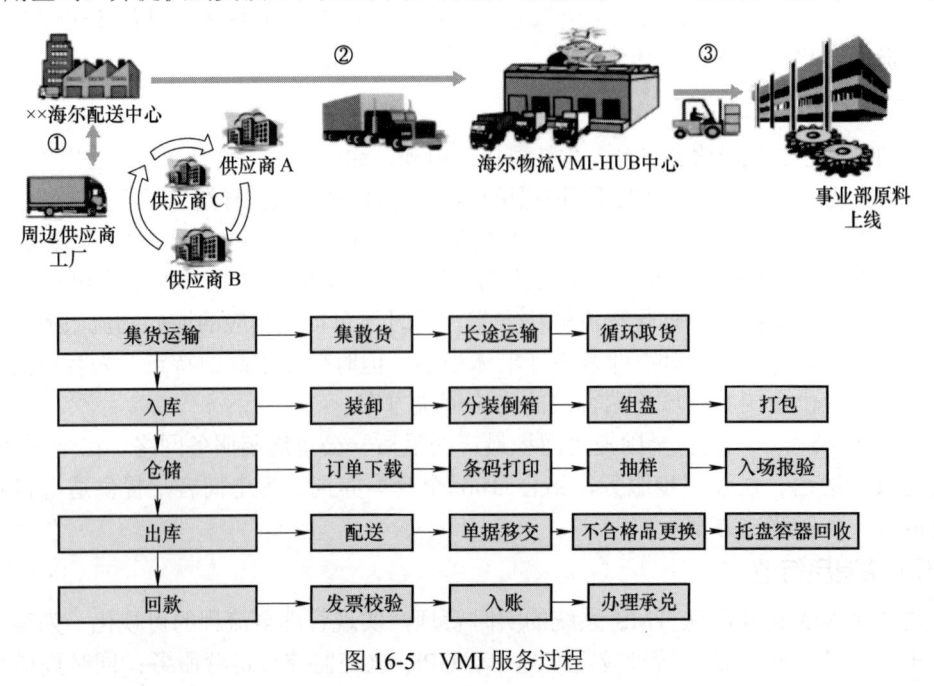

图 16-5　VMI 服务过程

第十六章　现代物流与供应链经典案例

(八) 冷链物流

2015 年,海尔日日顺物流投资上海广德物流,这标志着日日顺物流开始进军冷链物流领域。日日顺物流具有非常完善的家电物流网络,而这可以跟冷链进行很好的嫁接。

日日顺物流冷链服务平台全国拥有 5 个大规模的冷链服务基地,管理仓储面积达 8 万 m^2;设有冷藏、冷冻库配送中心,提供批量、零散冷藏冷冻仓储服务及增值服务,根据客户的产品特性和服务要求,提供冷库管理、产品入库、出库拣配、理货、代包装、贴标签等服务。

对冷链物流,日日顺物流使用了三个解决方案:

(1) 专业管理　专业管理包括 24h 专职的消防及安保人员配置、全封闭式仓库管理、温控设备、防鼠防虫、建设小型冷冻库等。

(2) 冷链配送网络　专业冷冻自有车辆共计 70 辆,合作车辆 300 余辆,冷链配送网络覆盖长三角、珠三角、东三省、云贵川、华中、西北等地区。

(3) 移动冷库　提供全国范围内一二线城市之间移动冷库式的长途运输,并保证全程车辆路线智能监控(路线监控和温度监控),同时提供城市内配送,根据客户商品分销要求规划最优路线。

(九) 日日顺快线

日日顺快线是海尔集团旗下日日顺物流推出的 O2O 到家物流服务平台。目标是在互联网时代凭借专业的泛大件产品最后一公里城市配送方案,解决社区电商的供应链管理和供需在线服务。

日日顺快线运营服务包括以下四个方面:

(1) 电商物流　提供一仓及多仓发全国的全流程个性化解决方案和送装一体、24h 限时达、超时免单的承诺服务。

(2) 班车服务　以服务网点、农村服务站为中心,为客户提供定时、定线、定点、定人、定车的贴心"五定"物流班车服务。

(3) 城市配送　全流程以诚信为核心竞争力的运力体系,高效快捷的车货匹配平台,实现快速、便捷、低成本、诚实可信赖的订单响应。

(4) 公共仓储　四级智慧云仓为企业提供离客户最近的仓储服务,实现库存共享、就近派单。

结合时代特性,日日顺快线率先推出了"三端一号",并对其进行了升级,在网页端、微信端、App 端与 400 电话"四位一体"的基础上,严格把控服务质量,为客户提供全程可视的货运信息和 24h 快速理赔的免费基础保险服务,全面实现物流服务的移动化和便捷化,让个人手机客户下单变得更加便捷。

日日顺快线凭借专业云仓云配网络布局及管理体系,针对企业客户不同的行业属性和物流痛点,提供个性化的物流解决方案,实现全流程无断点,助力企业在电商时代的发展。使最终客户获得最优购物体验的同时提升品牌口碑,增强品牌竞争力。日日顺快线正迅速成为越来越多平台电商、品牌企业、社区电商平台、O2O 店乃至个体客户实现自身蜕变、发展的最大助力。

(十) 跨境物流

日日顺物流作为具有无船承运人资质的国际货运代理平台,坚持以客户需求为导向,以

现代物流学

追求高效、稳定、创新的服务理念为核心，以平台拥有的完善的海运、空运、内贸海运、快递、多式联运等国际运输网络资源为依托，为客户量体设计各种国际运输解决方案。

该领域包括以下五种服务：

（1）国际海运　已与世界排名前 30 位的船公司建立了密切的合作关系，海运航线遍及全球 200 多个港口和城市，可为客户提供港到港、门到门的集装箱海运运输服务。

（2）海铁联运　国际铁路运输最大的优势是运量较大、速度较快、准点运营与运输风险明显小于海洋运输。

（3）国际空运　依托多家国际知名航空公司及国际货代资源，业务网络覆盖世界 200 多个国家和地区空港的空运业务，可以提供上门取货、仓储、制单、订舱、清关、商检等地面增值服务。

（4）国际快递　国内外均可进行联网下单、在途查询等可视化管理。具有吸引力的一站式价格，为单件、多件或托盘货件提供限日送达服务。

（5）跨境电商物流　搭建集物流服务、跨境贸易电子商务服务、报关服务等一站式服务于一体的服务平台，实现线上销售与线下跨国供应链整合，实时传输订单指令，无缝对接应用系统。

国际海运可为客户提供港到港、门到门的集装箱海运运输服务，海铁联运业务范围覆盖进口货物运输、过境货物运输、出口货物运输，国际空运业务涉及中国境内的进口、出口，快递运输一站式服务报价，同时提供订舱、监装、报检、报关、在途追踪、集装箱陆路运输、内贸海运等地面增值服务。

七、总结与启示

（一）总结

作为中国家电行业中品牌价值最高的企业之一，海尔在物流改革方面做到了四个"从根本上"：一是从根本上重塑了企业的业务流程，真正实现了市场化程度最高的订单经济；二是从根本上改变了物品在企业的流通方式，基本实现了资本效率最大化的零库存；三是海尔现代物流从根本上打破了企业自循环的封闭体系，建立了市场快速响应体系；四是从根本上扭转了企业以单体参与市场竞争的局面，使通过全球供应链参与国际竞争成为可能。

通过这次物流革命，海尔集团取得了很大的成效：

（1）提高了效率，降低了成本　海尔物流通过 JIT 采购、JIT 配送、JIT 分拨实现同步流程，形成了直接面对市场的、完整的以信息流支撑的物流、商流、资金流的同步流程体系，从而获得了基于时间的竞争优势，以时间消灭空间，以最低的物流总成本向客户提供最大的附加价值服务。

（2）整合资源，优化供应链　海尔集团通过整合全球化的采购资源，建立起双赢的供应链，多产业的积聚促成一条完整的家电产业链，大大地提高了核心竞争力。

（3）打造物流核心竞争力，社会化物流显成效　2003 年，海尔物流在发展企业物流的同时，成功地向物流企业转变，以客户为中心，为客户提供增值服务。目前，海尔第三方物流服务领域正迅速拓展至 IT 业、食品业、制造业等多个行业。

（二）启示

在专业物流人看来，与其说海尔集团创新有方，不如说海尔集团的勇气可嘉。从这个意义上看，海尔集团带来的不仅是企业自身的发展，其革命性的思维方式更将深远地影响

第十六章 现代物流与供应链经典案例

我国物流产业。

我国其他物流企业可以从以下几个方面进行借鉴和改进：

（1）把握市场动态，制定科学的发展战略　市场开拓过程贯穿企业整个发展过程，但是制定战略在企业发展前。从海尔物流发展历程来看，无不体现了步步为营、战略明确的特点。作为"中国物流觉醒第一人"，其稳扎稳打，充分利用国内和自身的资源，获取最大的利益。国内其他的物流企业，应该利用自身在地理和政策上的优势，克服物流企业小而杂的弱势，审时度势，把握市场，做大做强。

（2）突出核心优势，促进全面发展　一个企业的资金是有限的，尤其对于一些中小企业来说。在这种情况下，企业的目标就是如何利用有限的资源创造最大的利润。海尔集团在核心业务上做得非常出色，它集中力量发展自身的核心业务。这样既避免了因企业业务交叉而造成的不良竞争，也最大化地为企业创造了利润。对于一些中小物流企业来说，这点就显得尤为重要。中小企业要尽量减少由于业务分散而导致的资金浪费，以点带线，以线促面，带动整个企业的发展。

（3）重视物流人才的培养，加大对物流人才培养的投入　人才是企业的主体，是企业的灵魂。首先，国内其他物流企业应该有针对性地制订人才培养计划，使员工个人逐步具备向更高职位发展的条件，这主要参考职位的性质和企业的需要。其次，应该加强人才入职前的培训。最后，可以采用人性化的激励机制。激励是企业文化的链，良好的激励机制可以提高企业人员工作的积极性。

（4）从战略角度创新，实施物流企业的成本控制　海尔物流进行业务流程再造，结合扁平化的组织结构，实现物流资源重组，使所有的部门都能够同步面对订单做出快速响应，提高运作效率。

（5）构建物流信息平台，在物流服务方面对成本进行控制　海尔物流以信息化为中心，优化业务流程，整合资源，使信息化贯穿于海尔物流发展的全过程。海尔集团通过整合全球化的采购资源，建立起双赢的供应链，促成一条完整的多产业的家电产业链，做好物流服务，大大提高了企业的核心竞争力。

（6）利用先进的物流技术和设备，降低物流成本　在智能物流系统的基础上，结合现代物流技术、信息技术、自动化技术等，有效完成运输、仓储、配送、装卸等多项作业环节，有利于商流、物流、信息流、资金流的互通有无，使物流标准、物流活动、物流信息、物流资源优化运行，实现强化流动监控。

（7）实现库存成本控制的科学化管理　海尔物流以全方位流程再造为基础，凭借强大的全球运送网络，提高了运作效率，降低了成本。海尔集团通过实施现代物流，使采购成本持续降低6%以上，减少了90%的仓储面积，原材料的库存资金周转天数降低至77%，物流成本下降10%～15%，以至于整个供应链的运作费用下降了10%～25%。

（8）规范物流标准化，实现物流全过程的精细化管理　海尔物流中心包括原材料、成品两个自动化物流系统，充分利用无线数字通信、激光导引、条码识别、智能充电和计算机网络等国际先进技术，成功集成了具有国际先进水平的自动化物流设备，并与海尔集团的ERP系统实现了有效对接，有利于信息的集成，以最少的人机接口实现了最大的物流自动化。

海尔集团的物流成本控制启示国内的物流企业，激发创新思维，运用信息技术，改变传统模式，有效控制成本。海尔物流的成功是优秀的物流模式与先进的信息技术相结合的产物。我国的物流企业应积极效仿，从战略角度进行创新，提高核心竞争力，积极采取措施控制物流成本，在提升利润空间的同时，通过学习先进的物流管理理念和技术，推动物流产业的发展。

第二节　商贸业物流创新
——顺丰物流集团供应链生态体系与物流服务创新

传统的供应链是由供应商、制造商、仓库、配送中心和渠道商等构成的物流网络。随着互联网和大数据的不断发展，供应链也在不断迭代，传统供应链已难以满足企业发展的需要，市场需求创新出"供应链+生态"模式。供应链+生态模式以供应链为中心，链接产业链（实体生产企业）、流通链（现货交易中心或电商平台）、资本链（银行、保险、基金等）、区块链（分布式数据库）等机构，形成一个互为依托、互为扶持的稳定闭环生态圈。围绕供应链上的一家核心企业，通过管理上下游的资金流和物流来为整条产业链上的企业授信，由此将单个企业的不可控风险转变为供应链企业整体的可控风险，将宽货币转化为宽信用，改变风险管理模式，让更多金融机构帮助中小企业获得门槛较低、成本合理的融资。目前，顺丰已经改变了原有的单一快递业务模式，并不断向供应链上游延伸，积极拓展服务的广度与深度，致力于打造出一套完整的生态化供应链服务体系。从物流行业未来的发展前景来看，供应链管理将成为企业的核心竞争力。因而物流企业要想长期发展，就必须转变单一的物流服务模式，并逐步融合技术、金融、商贸等业务内容，打造智慧供应链体系。

一、公司介绍

1993年，顺丰诞生于广东顺德。2016年12月12日，顺丰速运取得证监会批文获准登陆A股市场，2017年2月24日，正式更名为顺丰，股票代码002352。

作为国内领先的综合物流服务商，顺丰致力于成为独立的第三方行业解决方案的数据科技服务公司。经过多年发展，顺丰拥有了为客户提供一体化综合物流服务的能力，不仅提供配送端的高质量物流服务，而且向产业链上下游延伸，为行业客户提供贯穿采购、生产、流通、销售、售后的高效、稳定、敏捷的数字化、一体化的供应链解决方案，助力行业客户产业链升级。

顺丰还是一家具有"天网+地网+信息网"网络规模优势的智能物流运营商，拥有对全网络强有力管控的经营模式，即直营，由总部对各分支机构实施统一经营、统一管理，保障了网络整体运营质量。顺丰集团的生态圈如图16-6所示。

图16-6　顺丰集团的生态圈

二、顺丰金融

(一) 顺丰金融

顺丰金融是一家综合金融服务提供商,其主营业务分为供应链金融、第三方支付、财富管理三个板块。供应链金融涉及商业保理、订单融资、融资租赁、仓储融资等服务。第三方支付包括钱包支付、POS 收单、聚合支付、代收付、认证支付、预付费卡等。财富管理包括理财、基金等多品类投资服务。

2020 年 4 月,顺丰金融 App 的运营主体"深圳市顺恒融丰投资有限公司"更名为"深圳市顺恒融丰供应链科技有限公司"(以下简称"顺丰供应链科技")。

顺丰供应链科技依托顺丰集团资源,致力发展科技实力,坚持自主创新,整合业界一流的科研能力,将大数据、移动互联网、区块链、云计算、神经网络等技术与工具引入产品及服务流程,协助企业合作伙伴进入智能化、数字化的新时代,为企业合作伙伴及产业链上下游提供以科技赋能、科技创新为手段的信息化系统与数字化服务解决方案。

2015 年,顺丰集团成立金融服务事业群并正式组建供应链金融部门。顺丰金融供应链金融部总监张慧表示:顺丰其实早在 2013 年左右就从代收货款介入物流金融了,这也是大多数物流公司开展供应链金融的起点。

经过几年发展,顺丰陆续推出了订单融资、应收账款保理融资、仓储质押和信用贷款(顺小贷)四种供应链金融产品模式。

1. 订单融资

订单融资服务主要提供给与顺丰有着多年深层次合作的客户。当客户与下游签订了一笔货物销售合同时,如果缺乏资金采购生产该笔货物的原材料,可向顺丰申请订单融资,由顺丰代付采购资金。当然,货物从原材料、生产到销售各环节的仓储、运输、配送也由顺丰代理。

2. 应收账款保理融资

应收账款保理融资服务主要针对供应链上存在应收应付关系的客户,具有期限长、门槛低和费用低三大优势。操作方式为顺丰买断合作客户的应收账款,由采购商直接将货款支付至保理公司账户。

3. 仓储质押

仓储质押是顺丰最早上线的供应链金融产品,针对提前在顺丰分仓备货的客户,为其提供额度为 100 万~3000 万元不等的授信额度。

"这和电商近年来的高速发展有关,依靠互联网销售的电商越来越倾向于走轻资产模式。这让它们在银行更难获得贷款,而顺丰仓储质押可以满足它们的需求。"顺丰金融服务事业群供应链金融部产品经理张春红曾说道。

客户可以选择先款后货或先货后款方式,即先向顺丰申请贷款,将贷款采购的商品质押到顺丰仓库,再用销售回款还款,或者先将货物质押到顺丰仓库再贷款,利用销售回款偿还。

顺丰仓储质押还实现了动态质押。在给客户提供融资贷款期间,仓储管理系统 WMS 监测客户每天的货品出入库情况和剩余仓储货品的价值,根据动态记录调整授信额度。

4. 信用贷款(顺小贷)

针对与顺丰有较好合作并且从事商品销售的实体经销商或电商客户,顺小贷为其提供 5 万~100 万元不等的信用贷款。

（二）风控之道

物流企业开展供应链金融业务将成为行业发展趋势，但是需要有很强的风控意识，如质押物选取、价值评估、平仓点选取、货物流向控制等。

顺丰如何做好风控？首先，顺丰通过交易数据、物流数据、系统对接以及评级监控系统来实现整个供应链金融产品的设计与风控。其次，顺丰也要多方借鉴，学习一些主流平台对大数据的分析和应用技能，对传统银行的风控模型和评分系统设计加以研究，将其改进、应用到自己的产品上来。不同的融资模式也有独特的风控策略。例如，仓储质押要重视客户的采购信息、支付信息以及对货物的评估和验收，在仓储和运输环节要加强物品管控。应收账款保理融资则要详细了解双方的供应关系、供应周期，提取多维度数据加以分析和验证。

三、顺丰科技

顺丰集团近 30 年的物流快递从业经验，以及围绕物流供应链进行的全场景生态建设，为顺丰科技在物流供应链领域开展技术诊断提供了坚实的基础。基于对物流供应链领域多元的生产运营节点及其痛点的精准洞察、分析和判断，顺丰科技有针对性地推出了一系列大数据智能产品。

（一）大数据生态

顺丰科技经过多年的自主研发，已经建成了大数据整体生态系统，成为顺丰天网、地网、信息网的"黏合剂"，已完成数据采集与同步、数据存储与整合、数据分析与挖掘、机器学习、数据可视化等平台的构建。在建设底层平台的基础上，结合大数据与人工智能技术，广泛应用于速运、仓储、冷运、医药、商业、金融、国际业务等领域。顺丰科技建设了包括智慧管理平台、智能决策平台、物联网实时监控平台、智慧仓储系统、数据灯塔等一系列大数据产品和系统。

（二）人工智能

顺丰科技通过业务积累和技术创新，融合人工智能到实际业务场景中，打通各个流程，进一步推动物流全链路的信息互联互通。通过机器学习、计算机视觉、运筹学和全局优化等技术，实现物流系统状态感知、实时分析、科学决策和精准执行，构建顺丰物流体系的"智慧大脑"。

（三）智慧地图

顺丰科技在客户下单、智能调度、中转分拣、规划运输、末端配送等环节积累了大量数据，沉淀了多种物流解决方案，提供货车和骑行场景的高效路径规划服务，为业务赋能。

顺丰地图拥有国内领先的物流骨干网络及道路数据、丰富的骑行经验轨迹数据，让"每一票快递"都不走冤枉路，派送效率得到大幅提升；分词算法、LBS 等技术的加入，让智能录入、智能调度、智慧化分拣中转成为可能，降低了人工成本，提升了物流运转的准确率。

（四）无人机

基于解决各种特殊场景（特色经济、医疗冷链、应急配送、特种物流等）下物流运输的末端配送问题，顺丰科技已成功研发出满足不同运营需求的多款机型和相关配套软硬件，包括多旋翼无人机、垂直起降固定翼无人机、运营管控系统、通信系统、无人机快递接驳柜等，并于 2018 年 3 月 27 日获得国内首张无人机航空运营许可证，致力于为跋山涉水、陆路交通不便的广大偏远地区提供高质量的物流配送服务，为特定行业提供通用或定制化的无人机产品和综合解决方案。

（五）一站式智能移动办公平台——丰声

丰声以沟通、分享、协作、激活、开放为产品价值，为企业提供信息透明化、传达更精准、高效协同工作等智慧办公解决方案，提升管理效能。丰声作为开放性的平台，将继续致力于快速接入个性化移动智能办公服务，为企业定制专属的解决方案。

（六）自动化与机器人

在整个快递流通过程中，以高效、自动、智能的方式来减轻对人员的压力，提升客户体验、保证货品安全、确保快递时效、提升员工工作舒适度，促进物流行业由劳动密集型向智慧舒适型转变。基于物流各个环节中的实际业务场景，全面布局 AI 自动化，增强物流系统的容错力，提升处理复杂问题的能力，减少人工失误对物流服务质量的影响，保持并增强客户黏性。

（七）顺路

通过智能算法、深度学习等科技手段，为顺丰自营车队、供应商车队及社会个体车辆提供海量内外部货运资源，提升车货匹配效率，降低货物运输成本，为客户提供更好的服务与体验，致力于打造国内领先的货运互联网交易平台。

（八）顺丰云

顺丰云是顺丰旗下顺丰科技的云计算服务，提供云服务器、云数据库、云存储和负载均衡等云计算服务，支撑大数据、人工智能、智慧地图等新科技应用，提前资源布局，掌握核心技术。它是业务科技化发展的基石。

1. 一站式云计算解决方案

顺丰云为顺丰新一代云计算数据中心提供高效率、高效益、高质量的一站式云计算解决方案，旨在解决 IT 基础设施的复杂度、稳定性、可伸缩性和灵活性等问题，使客户能够根据业务需要，自主配置云计算资源，帮助顺丰孵化快递业务落地。目前，顺丰云已经支撑 700 套业务系统，拥有 3 万多个计算单元。

2. 物流云生态

近年来，我国正积极打造行业"最佳实践"，积极推广"物流云生态"战略在物流行业落地，面向供应链上下游进行科技能力输出，从而推动中国物流行业科技力量的整体转型与升级，提升中国物流行业在国际物流业中的整体水平及竞争力，实现共同发展与进步的行业良性循环。

海量的物流数据，为顺丰科技搭建智慧物流生态系统，打通各业务板块数据，消除数据孤岛提供了良好的基础。目前，顺丰体系拥有百万企业级客户和亿级终端客户，顺丰科技日均处理数据逾 PB 级，覆盖物流及其上下游长价值链数据，涵盖物流、金融、商业、产业园、国际业务、智能设备、IOT 设备等多个数据源。据悉，顺丰科技早就着手大数据领域的整体生态布局，推动建立高效协同的现代供应链体系，打造智慧供应链。在 2019 年数博会上，顺丰自主研发的大数据解决方案"顺丰大数据平台"，荣获了十佳大数据案例奖。

在第五届中国国际大数据产业博览会上，顺丰集团 CTO、顺丰科技 CEO 幺宝刚表示，顺丰科技将聚焦技术、聚焦应用、聚焦整合，推动大数据技术的实际应用，通过"大数据生态体系+丰富供应链运营经验"，构建开放共赢的平台，发展数字经济，服务实体经济。

四、顺丰物流

（1）即时配　顺丰同城急送：面向所有客户的全场景同城物流配送，专人专送，为客户提供全城范围内的点到点急速配送服务。3km 平均 30min 送达，5km 平均 60min 送达，如遇恶劣天气、高峰时段等，配送时效可能会临时调整。

（2）快递服务　快递服务包括顺丰即日、顺丰特快和顺丰标快。

（3）快运服务　快运服务包括重货包裹、标准零担、大票直送、整车直达和丰城专运。

（4）冷运服务　冷运服务包括冷运标快、冷运到店、冷运零担、冷运小票零担、冷运专车和冷运仓储。

顺丰速运的冷运业务虽然已经具有一定的规模，占据了一定的市场份额，但必须进一步做好人员的引进和培养，完善冷链操作标准体系和全程的执行监管体系，从而提升服务水平；在做到留住现有客户资源的同时，进一步辅助现有客户提升规模和开发新客户资源，从而提升自身的冷运服务能力和业务规模。

（5）医药服务　医药服务包括精温专递、精温定达、精温定航、精温整车和医药仓储。

（6）国际服务　国际服务包括国际标快、国际特惠、海购丰运、国际重货、海外仓、国际电商专递和国际电商小包。

（7）增值服务　增值服务包括保价服务、货物保管、包装服务、代收货款、保鲜服务、签单返还、送货上楼、验货服务和签收确认等。

五、顺丰商业

顺丰优选作为顺丰一体化战略的一部分，被顺丰总裁定义为不可失败的项目。顺丰优选承担着顺丰从物流向商流迈进的责任，只要其能够切实满足消费者的需求，采购、物流和服务等紧紧围绕消费者体验，就一定能够突破重围。"丰伙台"是顺丰集团丰农科技打造的城乡供应链综合服务平台，依托顺丰遍布全国的冷链物流体系和源头直采的供应链能力，为社区店提供生鲜、快消品 B2B 采销、社区营销工具、快递共配等赋能服务，为消费者提供源头直采的安全、新鲜、优质产品。

六、顺丰供应链

顺丰供应链中国（以下简称"顺丰 DSC"）是领先的供应链服务企业。结合了 DPDHL 集团领先的供应链经验及顺丰控股在本地市场的丰富基础设施和客户基础，顺丰 DSC 为跨行业企业客户提供优质一体化的供应链解决方案。

顺丰 DSC 的总部设在上海，拥有 3000 余位员工，在 80 多个城市拥有仓储物流设施及运营操作，拥有和管理的仓库面积超过 110 万 m^2，同时拥有 13 个区域分拨中心和 70 多个次级转运中心，干线运输网络 30 余条，运输能力已经覆盖 300 多个城市。

高科技行业：原材料与采购物流服务、生产物流服务、销售物流服务和售后备件物流服务。

汽车行业：零部件物流、整车物流、电池物流、轮胎物流、证照及许可证。

生命科学与医疗行业：仓储服务、运输服务、逆向物流、证照及许可证。

工程与工业制造行业：入场仓配一体化服务和售后仓配一体化服务。

快消品与零售行业：巧克力二次包装、电商物流、增值服务、证照及许可证。

第十六章 现代物流与供应链经典案例

香港和澳门产业：航空、高科技及销售服务物流、零售和消费品、生命科学与医疗保健。

顺丰控股从快递公司向综合物流服务提供商的转型已经初见成效，公司表现和显示出的在快递行业的品牌美誉和时效优势仍然具备，传统业务能够保持稳健增长。新业务领域的业务规模也逐步成型，在快运、冷运、国际业务等方面也成为该领域的第一梯队，随着这些领域的市场规模逐步扩大，公司有望长期保持超过行业平均的业绩增速。顺丰之所以能乘势而上，成为"行业龙头"，不仅是其口碑和服务的作用，而且是其顺应时代潮流，科技赋能物流、"三网合一"等战略部署推动其在时代的浪潮下屹立不倒。

七、未来新趋势

实际上，顺丰在供应链领域的拓展早已启动，逐渐从单一快递业务拓展至 B2B 市场，并向供应链上游延伸，拓展服务的广度与深度，目标是打造一套完整的生态化供应链服务体系。

2017 年 12 月 13 日，顺丰发布公告称，其全资子公司深圳顺丰泰森控股（集团）有限公司与湖北省政府签订了《关于湖北国际物流核心枢纽项目合作协议》。按照协议，湖北省将与顺丰充分发挥各自的优势，按照合作共建、互惠共赢原则，共同推进湖北国际物流核心枢纽项目建设。该项目包括 4E 级全货机机场、物流运输基地、客运航站区、顺丰瀚空公司基地和产业园区等系列工程。该项目于 2020 年建设完成，成为全球第四个、亚洲第一个航空货运物流枢纽。

公开资料显示，我国日平均包裹量已达到 1 亿件，庞大的业务量需要大数据及 AI 等新技术支撑，将技术应用于运输、仓储、搬运、装卸等环节中。

顺丰控股公告显示，2018 年 4 月 26 日，顺丰控股股份有限公司的全资子公司深圳市顺丰投资有限公司（简称"顺丰投资"）与深圳市东方嘉盛供应链股份有限公司、深圳市飞马国际供应链股份有限公司、深圳华南城投资有限公司、深圳市朗华投资控股有限公司、深圳市普路通供应链管理股份有限公司、腾邦控股有限公司、深圳市怡亚通供应链股份有限公司、深圳市越海全球物流有限公司 8 家供应链企业，签署《关于设立超级大数据合资公司之股东协议》，出资成立大数据运营平台。此次成立的合资公司所构建的大数据平台将帮助顺丰等 9 家股东企业挖掘、发挥数据价值，提升物流效率，降低成本。同时，供应链智慧化升级将有效提升企业的行业竞争力，形成数据助推企业发展，企业发展反哺数据储备的良性循环。

顺丰在过去的业务实践中积累了大量数据，同时拥有智慧物流、智慧服务、智慧决策、智慧管理、智慧地图、智慧包装六大业务场景。只有充分发展硬件、软件和算法等相关技术，将数据转化为信息，并落地到实际业务场景中，才能产生巨大无比的价值。数据与计算驱动下的智慧物流将呈现互联互通、数据驱动、深度协同、高效执行4大趋势。

作为我国全货机数量最多的货运航空公司，顺丰航空有 61 架自营全货机、14 架租赁全货机，共执行航线 83 条。2020 年，顺丰大力发展国际货运业务，继续加强系统及网络底盘能力。其中，重点开拓中国出口至美国、欧洲航线，在主要港口引入一级货运代理，保障舱位和集装箱供应，大力发展中国至欧洲优势铁路线路。供应链是未来企业的核心竞争力，也是国家经济运行效率的关键因素。在 AI 时代，只有将数据分析合理应用于每一处运作环节之中，才能始终站在高效、敏捷的行业高台之上。顺丰等 9 家公司联合构建的供应链大数据平台不仅为供应链行业建立标杆，也将成为其他领域"智慧转型"的参考，不断推动我国经济发展，提升国际竞争力。

第三节 港航物流业创新——中谷物流运营体系及服务创新策略

一、中谷物流运营体系

物流业是融合运输、仓储、货代、信息等产业的复合型服务业，是支撑国民经济发展的基础性、战略性产业。物流业贯穿第一二三产业，衔接生产与消费，涉及领域广，发展潜力大，带动作用强。

综合国外物流行业发展规律及我国物流行业现状，可以预见我国物流行业在产业升级、行业整合等方面存在诸多机遇，具备良好的发展前景。中谷物流主要从事内贸集装箱物流业务，以客户需求为中心，以集装箱为核心载体，以服务实体经济为宗旨，整合水路、公路、铁路运输资源协同运作，依托现代化物流信息平台，致力于为客户提供定制化、高性价比的"门到门"全程集装箱物流解决方案。

自成立以来，中谷物流保持了快速、健康的发展态势。中谷物流目前已形成以全国沿海、内河主要港口为物流节点，以沿海航线及长江、珠江航线共同构成的"一纵两横"航线结构为骨架，以连接公路、铁路场站的铁水联运、海铁联运班列线路为脉络的多层次、全方位协同的综合物流网络，通达全国沿海及各江河流域的主要水系。中谷物流以精品航线为特色，聚焦客户需求，凭借服务优质、运营高效的物流服务，在行业内积攒了良好的口碑。

（一）集装箱运输

中谷物流主要从事内贸集装箱物流业务，建立了以水路运输为核心的"公、铁、水"三维物流网络。截至 2019 年年末，中谷物流拥有高效运营集装箱船舶 112 艘，拥有及控制运力达到 248.65 万载重吨；拥有标准化（长宽高分别为 5.93m、2.34m、2.4m）集装箱 38.24 万 TEU。2017 年—2019 年（以下简称报告期内），该公司集装箱物流服务收入分别为 56 亿元、80.79 亿元和 99 亿元。集装箱物流行业上下游如图 16-7 所示。

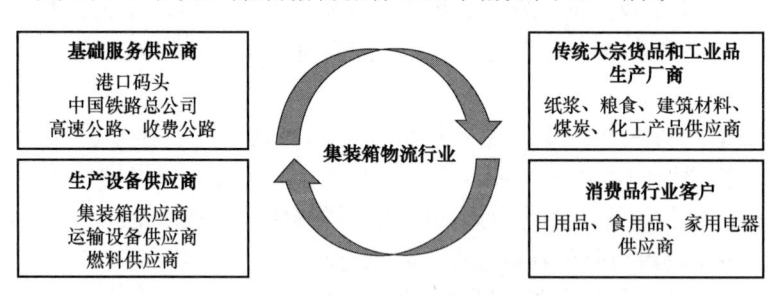

图 16-7 集装箱物流行业上下游

全程物流：面对内贸集运市场新形势，中谷实施"登陆战略"。2015 年，中谷物流股份有限公司成立，在全国主要枢纽城市建立中谷现代物流基地，整合各类资源，打造"全物流链条"，为客户提供"门到门"全程物流解决方案，做好"最后一公里"服务。

中谷目前拥有 38 万集装箱保有量，覆盖全国 200 多个口岸，已形成网络效应，通过水水中转、海铁联运，可辐射国内大部分地区。借助平台优势，中谷与各大世界知名租箱公司均有深入合作，包括 TEXTAINER、SEACO、SEACUBE、RAFFLES、TRITION、

BEACON、UES 在内都合作良好。

中谷每年都有大量新箱投入，置换旧箱，确保整体箱况较好。

SQ 箱：自主研发的特色高品质箱（SQ 箱）在选材、建造工艺、设计结构、箱体强度方面都进行了改良和优化，日常维护也区别于普通箱，确保其始终处于稳定的高品质箱况，获得了客户广泛的认可和好评。

煤炭箱：为实现集装箱分级管理，更好地贯彻"专箱专用"原则，中谷特别划分出了专属煤炭箱，以便日常管理和维护。

特种箱：为丰富业务开展，中谷有各类特种箱运输服务，包括开顶箱、框架箱等，多元化的业务发展也使中谷在行业内更具有竞争力。

冷冻箱：中谷运营冷箱为客户提供从-40～25℃范围内的冷链运输，可运载肉类、水产、果蔬以及化工品等各类货物。冷箱箱况良好，都采用最新机型，兼具安全可靠和节能环保的优势。中谷拥有专业的冷链服务团队，能根据客户需求提供多式联运全程物流服务。

目前，中谷已开展并具有冷箱运营能力的口岸遍布国内主要大港，各地都有专业冷箱维护合作单位，具备机组商代理资质。确保每台冷箱运营前都经过箱内清洗和预检测试，并能提供预冷服务。冷箱在中途及目的港有完善的重箱监护及其他需要的一切服务，确保全程运输无监控盲点，力争故障被第一时间发现和修复。中谷将向成为质量最优、效率最高、成本最低，面向全国的冷链物流运营商的目标不断前行。

装箱工艺：通过改进优化各类散货的装箱工艺，中谷目前可为各类客户定制"门到门"全程物流解决方案。

随着国内经济的发展以及集装箱物流的推广和发展，内贸集装箱吞吐量占国内主要港口的比例越来越大。"扩大内需"是我国经济转型的主要方向，内贸集装箱运输将迎来更大的发展。2017 年，全国主要港口集装箱码头内贸集装箱吞吐量合计达到 6058 万 TEU，同比增长 8.04%。随着集装箱化的提升，多式联运的发展将持续增长。

（二）多式联运

面对内贸集运市场的新形势、新变化，中谷在行业内率先实施"登陆战略"，整合公路、铁路、水路等各类资源，大力推进集装箱多式联运相关业务，为客户提供全方位的综合物流解决方案。

目前，中谷在国内各主要枢纽城市均建有现代物流基地，整合了超 2000 家拖车公司、逾 25000 辆集装箱卡车、500 多艘驳船，运输货物品类已超过 12000 种，拥有超过 10000 家稳定客户，可提供海陆联运、江海联运、水水中转、海铁联运等综合物流服务，真正实现了货物"门到门"的全程运输。

1. 海铁联运

在海铁联运方面，随着大宗散货类运输逐渐向集装箱化改进，中谷根据客户需求及货源条件，开通了多条铁路集装箱运输班列，逐步实现运贸结合。目前，中谷集装箱铁路班列已通达黑龙江、吉林、辽宁、内蒙古、新疆、甘肃、宁夏、陕西、山西、天津、山东、河南、四川、重庆、贵州、江西、广东、广西、云南等省市自治区。

2. 冷链运输

中谷冷箱可为客户提供-40～25℃范围内冷藏运输服务，满足肉类、水产、果蔬以及化

现代物流学

工品等不同货物升降温度要求,可根据客户的需求提供多式联运全程物流服务。

以规模化的冷链物流设施和高品质的冷箱设备为基础,以完善的信息化平台为手段,以专业的冷链运营团队为核心,优化冷冻冷藏货物的流通环节,让生产者与消费者之间实现无缝连接,成为质量最优、环节最少、效率最高、成本最低,面向全国的冷链物流运营商。

(三) 全方位、多层次的多式联运综合物流体系

中谷物流通过港口、航线、联运线路的有机结合,构筑了全方位、多层次的多式联运综合物流体系。中谷物流网点布局见表16-1。

表16-1 中谷物流网点布局

片 区	网 点 布 局
东北片区	营口、锦州、大连、丹东、盘锦、沈阳、长春、哈尔滨、齐齐哈尔
华北片区	唐山、天津、黄骅、秦皇岛、京唐、包头、乌海、石家庄、西安
山东片区	青岛、董家口、龙口、日照、连云港、盐城、威海、潍坊
长江片区	太仓、无锡、常熟、南通、张家港、江阴、常州、金坛、泰州、靖江、如皋、镇江、龙潭、七坝、弘阳、宜兴
华中片区	扬州、淮安、徐州、泗阳、周口、宿迁、蚌埠、安庆、合肥、南昌、九江、樟树、横岗、武汉、岳阳、长沙、钟祥、沙洋、仙桃、车阳河、白洋、黄石、经开、荆州、宜昌、重庆、万州、成都、仪征、泸州、宜宾、团结村、樟树村、阳逻港、新沂、凤阳、长寿、涪陵、马鞍山、九江老港
华东片区	上海、宁波、温州、乍浦、嘉兴、安吉、德清、苏州、绍兴、长兴、富阳、上虞
东南片区	厦门、汕头、揭阳、福州、泉州、漳州、龙岩、福清、宁德、罗源
华南片区	广州新港、东江仓、广浚、新沙、南沙、小铲滩、海口、蛇口、珠海、珠海国码、南利、南庄、南鲲、高明、和乐、南港、乐平、南拓、三埠、公益、肇庆、肇庆新港、四会、石龙、龙溪、顺德、炭步、虎门、中山、小榄、新会、亚太、李锦记、高宝隆、良发、梧州、大利口、梧州中储粮、贵港、苏ububu、白沙、赤水、云浮、乐从、龙川站、中山港航、清远、盛发、花都、珠江清远、洪梅、南江、惠州、东莞港务
西南片区	钦州、湛江、昆明、贵阳、北海、铁山、防城、大理、南宁

经过多年积累,中谷物流以全方位、多层次的多式联运综合物流体系、高效专业的集装箱物流运营体系、领先的服务创新能力、先进的信息化管理平台、良好的品牌形象和独具特色的企业文化打造了公司的竞争力。其中,通过港口、航线、联运线路的有机结合,构筑的全方位、多层次多式联运综合物流体系,是中谷物流核心竞争力的突出体现。

中谷物流港口体系覆盖全国25个沿海主要港口与超过50个内河港口,覆盖除三亚港外全部"一带一路"重点布局的15个港口,及环渤海、长江三角洲、东南沿海、珠江三角洲和西南沿海等全国沿海港口群体。

中谷物流采取"双核战略"对港口资源进行有效配置,即在全国沿海港口群体所在的每一个沿海主要经济腹地均选取两个距离不超过200海里的主要港口,双重保障对经济腹地的辐射。经过多年经营,本公司形成了在辽宁沿海地区以营口港、大连港为核心,津冀沿海地区以天津港、唐山港为核心,山东沿海地区以青岛港、日照港为核心,长江三角洲地区以上海港、太仓港为核心,东南沿海地区以厦门港和泉州港为核心,西南沿海地区以钦州港、海口港为核心,珠江三角洲地区以广州港与珠海港为核心的"双核"布局。

第十六章　现代物流与供应链经典案例

"双核"港口地理位置相邻但辐射地区各有侧重，腹地货源货种有所不同，可以有效平衡季节因素等对集装箱物流行业供需的影响，充分保障稳定的货源。"双核"战略使中谷物流获得更多核心港口资源，可以根据港口的饱和、拥堵程度灵活地进行运力安排和调度，优化航线网络和提高航线的周转效率，为客户提供更加优质的服务，有利于提高公司的市场份额。

中谷物流是全球排名第 13 的集运企业，也是我国第二大内贸集装箱运输企业。根据权威机构 Alphaliner 发布的数据，截至 2020 年 9 月 25 日，中谷物流总运力达 168581TEU，拥有船舶总数 115 艘，其中，自有运力 101689TEU，自有船舶 38 艘，租赁运力 66892TEU，租赁船舶 77 艘。

充足的运力布置带来了广泛的航线和港口覆盖。中谷物流经营沿海干线 50 余条，布局涵盖我国 18000 多万公里海岸线，已形成覆盖全国的运输网络。

目前，在航线方面，中谷物流拥有超过 60 条我国沿海航线、超过 30 条长江航线、超过 160 条珠江航线，通达全国沿海及各江河流域的主要水系，构成了"一纵两横"结构、班期稳定、覆盖面广的航线网络。公司还聚焦客户需求，适时加密旧航线、拓展新航线，不断向内陆区域延伸，适应客户的发展步伐并提供高质量的物流服务，提升客户黏性，与客户共同发展。

在内贸集装箱航运领域，中谷物流投入的集装箱运输船舶超过百艘，开设的内贸航线网络已覆盖沿海所有枢纽港及长江流域干线近百个港口，各条航线均已形成稳定的班轮航次，构建起由长江与中国沿海航线连接形成的"T 字形"大海运、大物流体系。

依托港口资源及航线网络，中谷物流逐步向两端陆路运输延伸，联通铁路网络、公路网络，形成多式联运物流平台，产业触角从沿海、沿江省市经济腹地不断向内陆延伸。

多式联运的开展，有助于中谷物流进一步开拓内贸集装箱货源。公司在港口、航线网络资源基础上，整合集装箱卡车资源，灵活调配分布在全国的集装箱卡车运力。同时，公司与铁路部门、铁路场站协议合作，嫁接铁路场站周边资源并通过"铁路+公路"扩大服务半径，将物流网络延伸至西北、西南等纵深腹地，打通新的连接西北、西南的物流大通道，激发客户潜在的物流需求。

多式联运业务的开展，扩展了中谷物流的客户范围，可以服务于中西部经济腹地等潜在客户，公司作为拥有丰富的港口、航线网络资源及延伸至经济腹地的铁路及集装箱卡车资源，且服务能力强的集装箱物流企业，具备良好的发展机遇。

（四）高效、专业的集装箱物流运营体系

中谷物流在日常经营过程中重视运营效率，通过多年的精细化管理，建立了高效、专业的集装箱物流运营体系。

1. 优化的集装箱船队配置

中谷物流采取科学合理的船舶配置方案，综合考虑市场行情、营运成本和使用效率等因素，灵活采取租赁和购买船舶两种方式，稳健地扩充船舶规模并不断优化调节船舶结构。公司在水位较深、适宜大型船舶通行的沿海航线主要投放自有运力，在水网密度较高且内河航运发达、适宜驳船运输的长江和珠江航线，主要采用租赁运力进行填补。该等船舶配置方式有效地节约了船舶运营成本，提高了运营能力。

在中谷物流现有船队中，最大船型已达到 6.8 万载重吨，3 万载重吨级以上船舶运力占

现代物流学

比超过 50%，船舶大型化带来单箱运输成本的降低。此外，中谷物流集装箱船舶较新，船况优良，保证了其航线运力，优化了运力结构，提高了中谷船舶的资产质量。

中谷物流集装箱船舶适宜内贸货品且高度匹配沿海主要港口及航线特点，中谷深入研究各港口条件和所在腹地市场货源的情况，从航速、船长、吃水深度等多个参数研究、设计、定制最经济的船型，保证整个航线的周转率和物流效率。以上海至广州航线为例，上海港张华浜集装箱码头及广州新港码头的前沿水深为 9～12m，码头前沿原地最大可供 200m 船舶调头，每隔 12h 一个靠离泊潮水。基于港口特征，本公司上海至广州航线采用船舶满载吃水 10.4m、船长 180m，设计航速为 14 节。船舶航速适合上海至广州航线里程潮水需求，船长、吃水深度适合港口潮水靠泊条件，设计航速吻合港口潮汐时间，系该航线可以匹配的最大装载、最佳航速，降低油耗经济节能，并且保证了航班运营班期的稳定性。

2. 完善的集装箱管控体系

中谷物流以标准化集装箱为载体实现多种运输方式的无缝衔接，凭借丰富的行业经验形成了集装箱科学管理体系。中谷物流从集装箱造箱控制、租箱控制、调箱控制、用箱控制、修箱控制等方面实行智能化管理，保证集装箱的高效持续运转，集装箱管控体系如图 16-8 所示。

信息化管理贯穿造箱控制、租箱控制、调箱控制、用箱控制、修箱控制五个环节。中谷物流对集装箱全物流环节进行信息化管控，通过信息系统进行集装箱货物跟踪、在线查询集装箱外观、备注残损集装箱，进行新兴业务操作管理。

图 16-8 集装箱管控体系

3. 全方位的标准化管理体系

中谷物流通过建立覆盖全面，规范化、制度化、标准化的体系进行规范管理，搭建整合各业务资源的相关职能部门，高效协调和分配公司资源，提高管理效率，确保集装箱物流各个环节的高效运转。

（五）先进的信息化管理平台

中谷物流自主研发的物流业务综合管理平台，覆盖了订舱管理、集装箱管理、船舶管理、陆路管理、驳运管理、运价管理等核心业务环节，贯穿订舱等各个方面，基本实现对集装箱物流完整业务流程的信息监控、跟踪及资源调度，促进了服务质量的提高。中谷物流的信息管理平台运行过程如图 16-9 所示。

中谷物流积极响应国家关于建立信息共享服务平台，支持制造业物流服务平台与供应链上下游企业之间信息标准统一和系统对接的相关政策，采用国际公认的标准格式建立统一的 EDI 数据交换平台，与产业链上下游的港口、银行等建立数据合作、交换和共享机制。目前，本公司与营口港、天津港、广州新港、东江仓港、广浚港、张家港、扬州港、虎门港、厦门港、日照港等已可以通过 EDI 信息平台直接进行数据导入。

中谷物流表示将积极推进信息系统的数据化，充分利用数据挖掘与大数据分析技术，建立面向需求的数据仓库，精准分析客户需求，支持公司精细化运营，支持公司经营战略决策。

同时，中谷物流表示，将推进信息系统的移动化，充分利用地理信息系统，通过开发成系列的移动端产品，实现客户随时随地订舱、集装箱精准定位、货品位置实时跟踪，完善业务流程监控信息系统，建立特殊情况自动预警程序和应急处理机制，进一步实现集装箱"门到门"运输过程中全生命周期可视可控，建设并完善订舱在线自助结算、售后评价等功能，提升售后服务质量和客户体验，实现集装箱物流服务的智慧化、智能化。

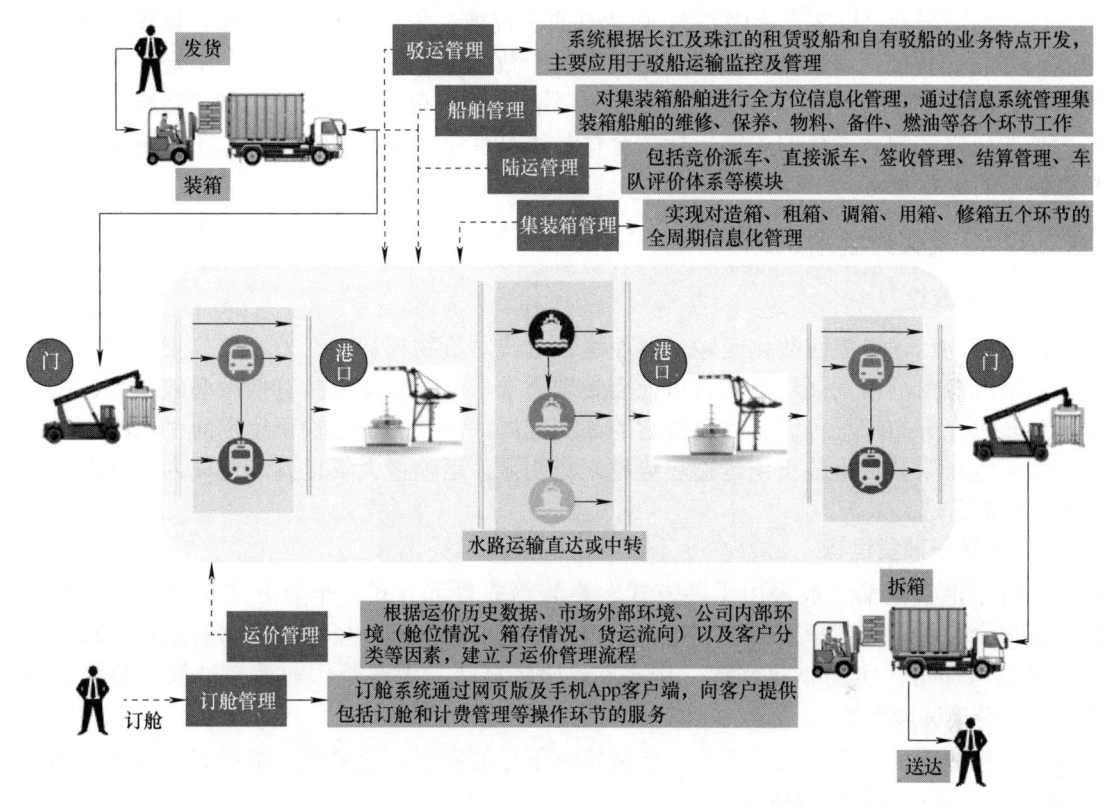

图 16-9　中谷物流的信息管理平台运行过程

（六）良好的品牌形象和定制化服务

中谷物流专注于集装箱物流业务，经过在行业内多年来的精耕细作，已经在客户中积累了广泛的认知度和良好的品牌形象，在集装箱物流的全部服务流程、集装箱及集装箱船舶的运营、客户管理等方面形成了一套完整的标准体系。在执行严格、标准化的质量控制的同时，中谷物流亦为客户提供专业化、差异化的定制服务，打造优质的品牌形象，为进一步提升公司的市场竞争力奠定基础。

中谷物流从客户需求出发，根据客户的地理位置、实际生产情况为其定制差异化、个性化、多样化的服务方案，设计完整的集装箱物流路线，组合"公、铁、水"多式联运中适合的运输方式，选择适合货品的箱型，从客户订舱、装箱、运输、抵港后跟踪、签收单回收、对账收款等各个环节提供全方位服务。客户可以通过订单号查询集装箱物流具体推进环节及集装箱具体所经位置和时间，掌握集装箱全程流转信息。

公司良好的品牌形象和优质的服务也得到了行业内部的认可。中谷物流是国家 5A 级物流企业、中国物流与采购联合会副会长单位、中国物流与采购联合会采购与供应链管理专业委员会副会长单位、中国交通运输协会副会长单位、国际物流商会副会长单位。

(七)独具特色的企业文化

中谷物流秉持"文化先行"的发展理念,将企业文化视为"核心竞争力"。中谷物流在多年发展中不断自我丰富、自我更新企业文化,形成凝聚力高、实用性强、经营管理理念可有效贯彻的特色企业文化。

中谷物流坚持"以客户为中心",以"认真、高效、负责"为企业作风,重视客户的满意度,并通过各种创新提高服务质量。公司基于数据与事实的理性分析,制定出一套完善的"客户满意度评测体系",并在经营过程中不断优化公司的服务。公司把"客户满意度"作为任职资格和绩效考核的关键指标,全体员工高度重视提升客户体验,在公司内部形成积极向上的企业文化。

二、物流服务创新策略

(一)散改集

散装货物运输提倡四散化运输,然而这种方式对货物损耗大、效率低、安全性低,逐渐无法适应当前港口发展趋势和城市社会管理需求。集装箱运输具有低撒漏破损率、低成本和中转网点分布广等优势,随着它的高速发展,散装货物运输正逐步向"散改集"运输转变。近年来散货集装箱化运输趋势越来越明显,运输量大幅提升,也成为诸多港口企业和客户的首选。

1. 传统干散货运输

传统干散货运输一般采用平装方式、集装箱放置坑方式。平装方式是利用皮带机搭接,将粮食直接输送到平置的集装箱内。该种工艺的优点是投资小,只需要皮带机和小型吸粮机供料即可,实现非常容易。其缺点也比较显著,主要是作业效率过低,装箱量不足,人工劳动强度大等。

集装箱放置坑方式解决了平装工艺装箱量不足的问题,效率也大幅提高,投资较小。但该工艺存在以下两个主要问题:

(1)该工艺使用的葫芦吊存在严重的超负荷作业问题,钢结构设计也比较薄弱,存在安全隐患;如果按照起重设计标准,投资会过大。

(2)该工艺适合货物量较大的粮库,无法实现"设备随货源走",小货主和小粮库不能采用该方式。

2. 传统散货装卸工艺

传统散货装卸工艺包括8种操作工艺流程,见表16-2。各种操作工艺流程的区别是所需的作业人数、港口机械以及辅助工具不一样。

表16-2 传统散货装卸工艺操作工艺流程

运输方式	水路	公路	铁路	储存
泊位/船库场	船—船(驳)	船—车	船—火车	船—场
	场—船(驳)	场—车	场—火车	场—场

传统的干散货运输存在以下问题:

(1)对港口及周边环境造成严重污染。

(2)某些怕湿货物(如化肥、粮食等)需要堆放在专用仓库。

(3)货损、货差较为严重,运输安全性低。

第十六章　现代物流与供应链经典案例

而"散改集"运输具备运输安全性高、货损货差率低、受天气影响小、环境污染小且运输周转快等优点。

3. 散改集

"散改集"是在传统散货运输的前端或末端添加换装环节，进而实现通用散货装卸作业。换装环节的具体过程是泊位（船舶）或库场的散装散货换装为集装箱货物。"散改集"运输模式能避免传统散货运输的缺点且减轻污染，同时，增加换装环节的集装箱能临时储存货物。

以"船—船（驳）"为例，首先把泊位停靠船舶的散装货物换装到集装箱，再把整个集装箱放入驳船或者把集装箱内的货物卸至驳船，由此完成散装货物集装箱化。

"散改集"适用货物：部分散货由于货物价值较低或不适箱装等原因而不能采用"散改集"运输方式，因此，只有部分货种适合"散改集"运输。"散改集"主要适应货种见表16-3。

表16-3 "散改集"主要适应货种

货种类别	粮食	化学品	钢材	其他
具体分类	淀粉、散玉米、大豆等	化肥、液体化工品等	铬铁等合金、铜精矿等	小汽车、铜精矿等

4. 散改集优势

（1）环保　"散改集"运输采用全封闭的运输方式，不会对环境造成扬尘污染。

（2）安全　一般散装运输的货损、货差比较严重，比如损耗通常占总量的3%～5%，而"散改集"运输，不怕风吹雨打，不易被盗抢，通常不受运输损耗的困扰。

（3）高效　"散改集"运输可以使散货运输时间准确、稳定而且密集，保证货主安排全程出货计划。

（4）回程空箱得以有效利用　利用回程空箱载运散货，船公司可以增加收入，同时因其运费较低，因而对货主也十分有利。

（5）有利于货主对海运成本的控制　大部分散货市场供需的频繁变动，导致运价波动较大，从而不利于货主对海运成本进行有效控制。在这种情况下，散货"散改集"运输模式的推出，在一定程度上可化解干散货市场的运价波动，从而有利于货主对海运成本的控制。

5. 实例

中谷物流大力推进"散改集"，创造"增量"，即通过创新驱动散货改装集装箱，比如在东北，大量粮食（包括玉米、小麦、稻谷）改用集装箱运输；在华北，煤炭、铝锭等传统通过散货运输的货种现在大批量地改为集装箱运输；在西南，创新性地采用"集装箱+液袋"的方式摸索出了用集装箱为客户运输食用油的新型物流模式。

广西氧化铝运输是当地"散改集"重点推进项目。新疆、内蒙古地区工业用电价格低廉，吸引了较多铝锭生产厂。基于地域资源优势，本公司设计了铝产业多式联运完整闭环集装箱物流路线。通过公路将广西的氧化铝运输至钦州港下水，通过海运至天津、营口，以铁路运输发往乌西和霍林郭勒的铝锭生产厂。待氧化铝加工后，将形成的铝锭再通过集装箱以海铁联运送回至天津、营口并发往华南地区。通过整合各种运输方式，实现南北和东西的物流无缝衔接，提高运输效率与质量，形成闭环、对流的运输模式，保证了货源的稳定性。图16-10为广西氧化铝运输实例。

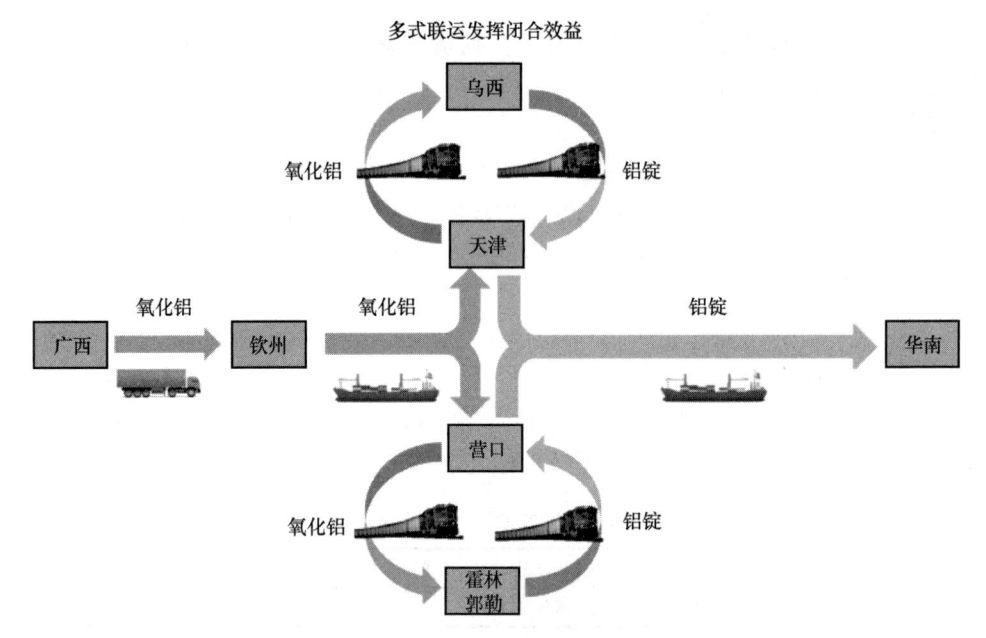

图 16-10　广西氧化铝运输实例

（二）双循环

1. 概念及现状

所谓"双循环"，是指以国内大循环为主体、国内国际双循环相互促进的新发展格局。在当前构建国内大循环为主体、国际国内双循环相互促进的新发展格局中，加快畅通物流大通道已经成为重要发力点。《经济参考报》的记者了解到，不少地方提出加快建设国际物流枢纽，蓄势打造新物流大通道。与此同时，在新基建领衔下，以智慧物流支撑新发展格局建设的步伐也在加快。专家表示，围绕畅通"双循环"，新物流大通道将加速成型。随着政策红利持续释放，物流行业将迎来新的变革机遇。

党的十九届五中全会通过的《中共中央关于制定国民经济和社会发展第十四个五年规划和二〇三五年远景目标的建议》中提出，"要加快构建以国内大循环为主体、国内国际双循环相互促进的新发展格局"。构建新发展格局是"十四五"规划的最大亮点，是以习近平同志为核心的党中央根据国内外发展大势和我国发展阶段变化做出的重大决策部署，也是新时期我国物流业高质量发展的方向指引。物流业连接生产、分配、流通和消费，是打通供应链、协调产业链、创造价值链、构建双循环新发展格局的重要保障。面对新的历史机遇和现实挑战，我们要加强物流行业的顶层设计，依托强大国内市场，加强产业联动融合，进一步深化供给侧结构性改革，释放高质量新供给，创造高品质新需求，增强高能级新动力，打造新时代物流强国，培育壮大具有国际竞争力的现代物流企业，构建支撑双循环新发展格局的高质量现代物流运行体系，为全面建设社会主义现代化国家提供必要物流保障。

2. "双循环"发展优势

拥有规模巨大的国内市场：数据显示，2016 年—2019 年，中国全年社会消费品零售总额从 33.2 万亿元增至 41.2 万亿元；从对经济的贡献来看，2019 年中国最终消费支出对经济增长的贡献率保持在 60% 左右，消费连续 6 年成为拉动经济增长的重要引擎。

第十六章　现代物流与供应链经典案例

（1）拥有全产业链　来自工信部的数据显示，在世界 500 多种主要工业产品当中，有 220 多种工业产品中国的产量居全球第一。我国已经成为全世界唯一拥有联合国产业分类中所列全部工业门类的国家。

（2）产业布局形成了工业集聚特征　降低固定成本，实现产业规模经济递增的态势，从而提高企业的利润，提高企业的竞争力。

（3）交易成本相对较低　中国企业的用工成本相对较低，国内用工成本是四五千元人民币一个月，几乎为欧美国家的 1/5，但是生产绩效其实已经达到他们的 1/2 以上。换言之，欧美生产一双鞋用一个小时，中国生产一双鞋用两个小时，但成本只有他们的 1/5，也就意味着中国的产品更有竞争力。

3. 中谷物流借内循环新动力，加强企业稳定发展

"内循环的概念，对于从事内贸集装箱、内贸物流业的企业来说是一个利好消息，预示着下一步中央的政策、资金将会往内循环相关产业倾斜。" 2020 年一季度，中国航运景气指数显著下滑。伴随产业链企业陆续复产复工，自二季度起，航运景气指数呈现出回升趋势。下半年伊始，上海港、宁波港、天津港等各大港口迎来集装箱运输的高潮，月吞吐量均高于上年同期。其中，上海港 2020 年 7 月集装箱吞吐量首次突破 390 万标准箱大关，创开港以来历史新高。

航运业是宏观经济的晴雨表，久违的转暖行情一方面来自中国经济展现出的韧性，另一方面受益于"内循环"新格局下的政策指引。

业内预计，"内循环"将为流通渠道领域带来巨大的增量需求，内贸集装箱物流行业也是内循环新格局下的直接受益者，国内贸易的上升势必将带动内贸集装箱物流需求及规模的增长。

加快发展集装箱物流对促进物流业现代化、满足经贸发展要求、改善经济结构和运输结构具有十分重要的意义，以内需为导向型的经济，将影响我国物流业的货源结构，进一步促进内贸规模的扩大、水平的提高，从而为集装箱物流运输的发展带来空间。

根据上海国际航运研究中心对外发布的《中国国内集装箱运输市场分析》报告，2019 年中国内贸和内支线集装箱运输需求分别增长 5.65% 和 8.03%。

例如，在"双循环"战略下，经济结构和产业结构将得到调整，地区之间的分工和协作将得到加强，高技术产品和高附加值产品的比重将不断提高，机电产品和大量制成品运量将迅速增长，集装箱适箱货的比重将呈明显上升趋势。

"中国内贸集装箱化率仅有 20%左右，国际发达国家已经达到 70%~80%，所以还有巨大的发展空间。""集装箱本身是活动的仓库，随时与商家对接，不像散货船一样卸货后没有地方存放，大大方便了客户。"中谷物流总经理认为，集装箱化是大趋势，所以中谷物流提出"用集装箱改变中国物流方式"的企业使命。

近年来国家推动多式联运发展的重磅政策持续出台。2020 年 5 月，国家发改委、交通运输部印发《关于进一步降低物流成本的实施意见》，提出要加快推动大宗货物中长距离运输"公转铁""公转水"，带动上下游物流装载器具标准化。集装箱化便是多式联运发展的最佳利器。

因此，中谷物流将直接受益于集装箱多式联运的发展。在多式联运行业利好政策频发、增长趋势良好的背景下，中谷物流也开始着重寻求新的战略机遇。

招股说明书显示，中谷物流拥有内蒙古海铁互联国际物流有限公司及铁海顺达国际货运代理（北京）有限公司两家控股子公司运营海铁联运业务。此外，中谷物流在 2020 年 4 月参股 50%设立辽宁沈哈红谷物流联运有限公司，另外 50%股权的参与方包括哈尔滨铁路局、沈阳铁路局和营口港。

"与哈铁、沈铁的合作将助力中谷进一步提升东北地区海铁联运的市场份额。"中谷物流总经理透露，中谷在南方也同样布局了海铁联运业务。例如，与昆明铁路局合作，开通了第一条五定班列（定点、定线、定车次、定时、定价发车），集装箱通过海运运抵钦州之后，换乘铁路运输到昆明，已经取得了非常好的效果。

中谷物流认为铁水联运的前景非常好。由于水运价格比其他运输方式便宜得多，速度也不比公路、铁路运输慢，因此在长距离运输特别是沿海运输中很占优势。中谷在铁水联运业务上，每年的增长幅度超过 100%。

（三）开设精品航线

为满足客户对物流时效性及稳定性的需求，中谷物流提供连接重要沿海主要港口的精品航线服务。精品航线以"航速快、班期准、密度高"为特色，以"五定"即定港、定线、定时、定班、定船为原则，保证集装箱船舶在特定时间内起航和货品及时运输，在交货时间和服务质量上真正做到"精"。精品航线的开通有助于提升连接港口的吞吐量，实现港口与物流企业双方优势互补、协作共赢。截至目前，中谷物流已开通"上广快航""青岛—厦门""青岛—广州""太仓—广州"等精品航线。

通过整合水路、铁路、公路资源，本公司在地理位置上的受限减小，从而可以根据客户所要求的时间灵活优化配置多种运输方式，机动灵活地为客户提供定制化的"门到门"全程物流服务和立体化的物流解决方案，满足客户对"最后一公里"的物流需求。降低客户的物流综合成本，提升物流的时效性，增强客户黏性与公司服务的稳定性，提升公司的盈利能力。

三、总结

"集装箱是一个载体，是一个渠道，更是一个活动的仓库。"基于对所处行业的独到见解，如今中谷物流勾勒出一幅别样新蓝图——"用集装箱改变中国物流方式"。

作为国内内贸集装箱航运的龙头，中谷物流自成立以来，保持着快速、健康的发展态势。

中谷物流以全方位、多层次的多式联运综合物流体系、高效专业的集装箱物流运营体系、领先的服务创新能力、先进的信息化管理平台、良好的品牌形象和独具特色的企业文化打造了公司的竞争力。

在全程物流方面，中谷物流始终以集装箱为核心载体，专注于为客户提供标准化、高性价比的"门到门"全程集装箱物流解决方案。经过在行业内多年的精耕细作，已形成了以枢纽港与喂给港相结合的覆盖全国的港口体系，布局完善、服务稳定的航线网络，以及深入腹地的多式联运网络，共同构筑了全方位、多层次的多式联运物流体系。

在优质服务方面，中谷物流在日常经营过程中始终重视运营效率，通过多年的精细化管理，建立了高效、专业的集装箱物流运营体系，面对市场竞争，坚持以客户为中心，以优质服务体现核心竞争力。

第十六章 现代物流与供应链经典案例

在信息化建设方面，中谷物流高度重视信息化建设，坚持自主研发，建立了适应企业集装箱物流体系的稳定高效的信息系统。在经营过程中，不断根据业务发展情况适时升级更新信息系统，保证系统功能与企业业务发展要求高度匹配，实现了业务和财务数据的实时管控和风险管理，有效提升了内部管理效率。

在标准体系方面，经过多年耕耘，中谷物流已经在客户中积累了广泛的认知度和良好的品牌形象，在集装箱物流的全部服务流程、集装箱及集装箱船舶的运营、客户的管理等方面形成了一套完整的标准体系。

在企业文化方面，中谷物流秉持"文化先行"的发展理念，将"用集装箱改变中国物流方式"作为企业使命，以"让客户成为其行业内最具竞争力的企业"作为客户愿景，让文化助推经营。

中谷物流已经具备了发展成为先进物流企业的坚实基础。"时人不识凌云木，直待凌云始道高。"时间会给前行者奖赏，而中谷物流也必将在我国先进物流业的发展中占据一席之地。

◇**复习思考题**

1．什么是三个JIT？海尔是如何通过三个JIT实现企业物流一体化运作的？
2．分析日日顺物流的运作模式及其创新。
3．分析顺丰集团所构建的供应链生态及其发展趋势。
4．分析中谷物流的运营体系及其服务创新策略。

◇**参考文献**

[1] 孙健. 海尔物流[M]. 广州：广东经济出版社，2003.
[2] 孙健. 海尔的企业战略[M]. 北京：企业管理出版社，2002.
[3] 傅桂林. 物流成本管理[M]. 北京：中国物资出版社，2004.
[4] 朱华. 配送中心管理与运作[M]. 北京：高等教育出版社，2003.
[5] 徐梅. 中国海尔与JIT应用[J]. 商，2013（16）：69-70.
[6] 褚方鸿，江宏. 海尔物流：不断增强核心竞争力[J]. 物流技术与用，2005（7）：58-64.
[7] 亚太博宇. 海尔：物流革命贯穿品牌建设之始终[J]. 中国物流与采购，2004（12）：32-33.
[8] 朱晓欢. 浅析海尔的"物流革命"[J]. 中国资源综合利用，2002（9）：39-41.
[9] 周行. 推进物流革命建设现代物流：海尔集团建设现代物流的经验[J]. 江南论坛，2002（2）：22-23.
[10] 李新田. 中国物流业发展的现状及路径选择[J]. 山西高等教育学校社会科学报，2008，20（10）：58-60；88.
[11] 孙燕飚. 全面收编日日顺[N]. 第一财经日报，2011-06-30.
[12] 张昊. "解剖"日日顺[N]. 经济观察报，2014-03-07.
[13] 魏涛. 供应链金融：直击中小企业融资痛点，助力实体经济发展[J]. 国际金融，2020（1）：14-24.
[14] 蒋林伶，李碧珍. 基于改进KMV模型农产品供应链金融信用风险研究[J]. 福建农林大学学报（哲学社会科学版），2021，24（1）：41-49.

现代物流学

[15] 何铭强，陶亚萍. 顺丰速运冷链发展研究[J]. 商场现代化，2020（12）：60-62.

[16] 王彤. 顺丰生鲜 O2O 业务运营模式探究：以顺丰优选为例[J]. 中国市场，2020（24）：167-168.

[17] 张嘉昕. 以顺丰优选为例分析电商时代的生鲜冷链物流发展[J]. 物流技术与应用，2020，25（S1）：62-65.

[18] 徐翔. 顺丰收购 DHL 在华供应链业务[J]. 中国储运，2018（12）：60-61.

[19] 顺丰与夏晖联手成立"新夏晖"公司[J]. 物流技术与应用，2018，23（9）：166.

[20] 徐晓函. 当快递业遇上黑天鹅：顺丰为何还能突破千亿，逆势增长[J]. 中小企业管理与科技（中旬刊），2021（2）：120-121.

[21] 杨云飞. 顺丰：致力于打造全球物流标杆[J]. 中国物流与采购，2021（8）：21-22.

[22] 苗红云. "散改集"货物低碳运输网络优化研究[D]. 武汉：武汉理工大学，2018.

[23] 李潇. 日照港内贸"散改集"运输发展策略[J]. 集装箱化，2015（5）：1-2.

[24] 李上康. 我国民营中小航运企业内河水运发展策略：以上海中谷新良海运有限公司为例[J]. 水运管理，2011，33：11.

[25] 刘德义. 港口货物运输的"散改集"[J]. 集装箱化，2010（2）：25.

[26] 孙家庆. 绿色物流理念下煤炭"散改集"运输的若干思考[J].中国煤炭，2013（9）：14-15.

[27] 赵多发. 港口"散改集"拆装箱作业设备及工艺[J]. 集装箱化，2019（2）：13.

[28] 李浩杰，林相刚."散改集"可移动卸车装箱平台系统开发及应用[J]. 装备技术，2015（3）：17.